Alfred Dorn – Rosi Sonnenschein – Frieda Wolkenlos

Wenn du kein CO$_2$ einatmest, bist du tot

Ein Aufklärungsbuch hinter der Klima-Mafia

Ein Buch vom Volk für das Volk

Kamasha Verlag

MIX
Papier aus verantwor-
tungsvollen Quellen
FSC
www.fsc.org   FSC® C083411

Alle Rechte vorbehalten

© Jörg Loskant Heim

© Kamasha Verlag
Marie-Curie-Str. 6
36039 Fulda
Tel.: +49 (0) 661 /38 000-240
Fax: +49 (0) 661 /38 000-249
love@kamasha.de
www.kamasha.de

Umschlaggestaltung: Uta Kessler
Druck: CPI books GmbH, Ulm
Satz: DRUCK+SATZ, GbR Mayer und Lorz, Großräschen

ISBN 978-3-936767-22-3
1. Auflage Januar 2020

www.shop-kamasha.de

Bibliografische Information der Deutschen Nationalbibliothek:
Die Deutsche Nationalbibliothek verzeichnet diese Publikation in der
Deutschen Nationalbibliografie.

Kamasha ist ein beim Deutschen Patent- und Markenamt eingetragener
und geschützter Name.

Vorwort

Liebe interessierte Leser,

dieses Buch ist ein Werk, das vieles über die aktuelle Klimageschichte in Deutschland und in Europa aufdeckt. Jedem, der dieses Wissen erfährt, wird bewusst, welchen Apparat Medien, Politik und Industrien aufgebaut haben, um diese perfekte Manipulation zu aktivieren.
Was dabei herauskommt, ist eine Klimapolitik, die dem Staat mehr Einnahmen generiert – und durch die das Volk das Klima in den Geldtaschen und Konten spürt.

Es gibt viele, viele Menschen, die das nicht mehr wollen.
Dieses Buch zeigt die ganzen Missstände auf und ihr könnt wirklich alle ins Handeln gehen.
Unterstützt unsere Petition oder abonniert den Telegram-Chat.

Einen großen Dank an die mutigen Autoren, die das gesamte Wissen in einer intensiven Recherche zusammengestellt haben und es uns über den Kamasha Verlag zur Verfügung stellen.

Es ist wirklich ein Buch vom Volk für das Volk!

Eine gute, verantwortungsvolle und CO_2-erfüllte Zeit

Jörg Loskant Heim

im Dezember 2019

Inhaltsverzeichnis

Unsere Vision ist es, dass alle Menschen wieder gleichberechtigt in einem würde- und respektvollen Miteinander (auch mit den Tieren und Pflanzen) auf unserem wundervollen Planeten Erde leben. Für uns Autoren (zwei Frauen und ein Mann) ist jede Leserin und jeder Leser gleich wichtig und wertgeschätzt. Für einen besseren Lesefluss verzichten wir im Buch überwiegend auf die Trennung von Frauen und Männern durch eine extra Anführung.

„Die größte Herausforderung, der sich die Menschheit stellen muss, ist die, zwischen Wirklichkeit und Fantasie, zwischen Wahrheit und Propaganda zu unterscheiden."
Michael Crichton, Autor[0]

„Die einzige Möglichkeit, um unsere Gesellschaft dazu zu bekommen, sich wahrhaft zu verändern, ist die, den Menschen Angst vor einer möglichen Katastrophe einzujagen."
Prof. Dr. Daniel Botkin, Universität Santa Barbara[0c]

„Wir beschließen etwas, stellen das dann in den Raum und warten einige Zeit ab, was passiert. Wenn es dann kein großes Geschrei gibt und keine Aufstände, weil die meisten gar nicht begreifen, was da beschlossen wurde, dann machen wir weiter – Schritt für Schritt, bis es kein Zurück mehr gibt."
Jean-Claude Juncker, ehem. EU-Kommissionspräsident[0b]

„Die Leute werden nicht revoltieren. Sie werden nicht lange genug von ihren Bildschirmen aufschauen, um mitzubekommen, was vor sich geht."
George Orwell in „1984"[0a]

„Die derzeitige Klimadebatte erwecke den Anschein, ‚dass die Welt untergeht' ... ‚Und genau das ist der Sinn des Klimatismus.' Die Anhänger dieser ‚Ideologie' versuchten ein ‚moralisches Pendant zum Krieg' aufzubauen, um den ‚Grundfreiheiten' mit Richtlinien und Beschränkungen entgegenzuwirken."
Ernesto Araújo, Außenminister von Brasilien, zitiert in „Epoch Times"[1]

»Es ist egal, was wahr ist, wichtig ist nur, was die Menschen glauben, was wahr ist.«
Paul Watson, kanadischer Umweltschützer, Greenpeace-Gründungsmitglied[0c]

„Jetzt können wir eine neue Welt erkennen. Einer Welt mit einer realistischen Aussicht auf eine neue Weltordnung."
George H. W. Bush, ehem. US-Präsident[0d]

„Ich habe das Gefühl, dass der Klimawandel ein so schwerwiegendes Problem sein kann wie ein Krieg. Es kann notwendig sein, die Demokratie für eine Weile in den Wartezustand zu versetzen."
James Lovelock, Begründer des „Gaia-Konzepts"[0c]

Einleitung

Weißt du, ...

○ welcher prominente Klimaschützer privat mit seiner Frau und den Kindern „etwa" fünfzehn bis zwanzig Autos besitzt und nützt?

○ wieviel Regenwaldholz für einen Hamburger im Fastfood-Lokal um die Ecke draufgeht?

○ dass Windräder ihre Rotorblätter verlieren können?

○ warum die USA und Kanada problemlos aus den Klimaverträgen aussteigen können und warum das für Deutschland nicht so einfach möglich wäre?

○ wie viele Lande-Lizenzen für Privatjets der Promis anlässlich des „Google-Camps" 2019 (Hauptthema: Klimaschutz) auf Sizilien ausgestellt wurden?

○ von welcher deutschen Partei die Bundestagsabgeordneten am öftesten mit dem Flugzeug fliegen?

○ in welchem Stadtteil in Deutschland das Motto „Eseltaxis statt Autobus" lautet?

○ warum der Mensch in gewissen Situationen CO_2 nicht nur aus-, sondern auch einatmen soll?

Spätestens, wenn du auf den letzten Seiten dieses Buches angekommen bist, wirst du das und noch viel mehr wissen.

Diesen Scheinwerfer findest du überall dort, wo wir der Meinung sind, dass etwas noch mehr ans Licht kommen darf.

Der aktuelle Kampf gegen den Klimawandel:
Ist es ein Kampf der Jugend, die mutig aufsteht, um die Politiker endlich zum Handeln zu zwingen? Ist es ein Kampf der jungen Generation für die Rettung der Erde und ihres Klimas? Ist es ein Kampf für unser aller Zukunft? Ist es ein Kampf, der dem Miteinander der Menschen guttut, der die Gesellschaft und jeden einzelnen darin stärkt und glücklicher macht sowie das Leben auf der Erde positiver gestaltet?
Oder ist es in Wahrheit ein Kampf gegen das Volk? Ist es ein Kampf, bei dem Millionen von wohlmeinenden Kindern, Jugendlichen und auch immer mehr Erwachsenen bewusst instrumentalisiert werden,

vermeintlich gegen die Eliten aufzustehen? Und die Demonstranten liefern mit ihren Forderungen nach sofortigen Maßnahmen für den Klimaschutz die beste Legitimation für diese Entscheidungsträger, um radikal ihre Globalisierungs-Pläne umzusetzen? Schließlich wurde ja verlangt, dass sich alles ändern müsse – und zwar radikal und jetzt und nicht erst in zehn, zwanzig oder dreißig Jahren.

Auf den folgenden Seiten begeben wir uns auf eine Erkundungstour rund um das Thema Klima – von CO_2 über die „Fridays for Future" bis zum CO_2-Emissionszertifikate-Handel an der Börse. Wir laden dich von Herzen ein, mit uns auf diese Reise zu kommen. Lass bitte möglichst alle deine Meinungen über CO_2, den Klimawandel und alles, was drumherum derzeit vor sich geht, kurz beiseite. Sei einfach offen, was kommt, egal welche Meinung du jetzt am Beginn hast und ob du „Klimawarnerin" oder „Klimaleugner", ob du Schüler oder Lehrerin, Tochter oder Papa, Unternehmerin oder Arzt, Rentner oder Polizistin, Beamter oder Lebenskünstlerin bist.

Unsere Bitte an dich: Bleib auch dann dran, falls du grundsätzlich glaubst, schon alles Wichtige zu wissen, falls du erstmal skeptisch bist oder etwas nicht gleich nachvollziehen kannst. Bitte mach besonders auch dann weiter, wenn du zu jenen engagierten (jungen und älteren) Menschen (und ihren Lehrern und Direktoren) gehörst, die derzeit jede Woche Freitag auf die Straße gehen, um für unsere Zukunft und die Zukunft des Planeten etwas Positives zu bewirken. Möglicherweise erfährst du hier zusätzliche Infos, die dir eine erweiterte Informations- und Einschätzungs-Basis schenken.

Bilde dir immer deine eigene Meinung, höre in dich hinein, hinterfrage und recherchiere gegebenenfalls selbst – in diesem Buch genauso wie in der allgemeinen politischen Debatte und allen Bereichen in deinem Leben. Es ist jetzt wichtiger denn je, dich selbst möglichst breit zu informieren. Und auch deine eigene Wahrnehmung, die jedes Baby noch sehr deutlich spürt, wieder zu trainieren – und du wirst geniale Erfahrungen machen. Nimm absolut nichts als gegeben hin, nur weil es die meisten etablierten Medien übereinstimmend so berichten, weil es immer schon so war, weil es Politiker oder sogenannte „führende Wissenschaftler" und Experten erzählen oder alle in deinem Umfeld die gleiche Meinung vertreten. Lass dich auch nicht davon abhalten, genau hinzusehen, wenn etwas gesellschaftlich verpönt ist (und zum Beispiel als links, rechts oder eine Verschwörungstheorie bezeichnet wird). Es kann natürlich sein, dass diese Einordnungen zutreffen, mindestens genauso oft sind sie jedoch auch falsch.

Vieles auf den kommenden Seiten spielt sich (nicht nur, aber vorrangig) in Deutschland ab. Es ist nicht zuletzt aufgrund seiner Größe erfahrungsgemäß oft Vorreiter auch für seine Nachbarländer und gibt ein Bild ab, dessen Aspekte auch in anderen Ländern sichtbar sind und werden. Deshalb ist das Buch für dich auf jeden Fall auch dann lesenswert, falls du beispielsweise in Österreich, der Schweiz, Südtirol oder wo auch immer sonst auf der Erde zuhause bist.
Wenn du auf den letzten Seiten dieses Buches angelangt bist, wirst du möglicherweise nicht nur rund um das Klima und die dazugehörigen politischen Kampagnen und Demonstrationen einiges anders sehen als bisher.

Wir freuen uns auf eine spannende Reise mit dir in die Welt des Klimawandels!

A. Der Klimawandel als globales Thema

1. Eine kurze Einführung in die aktuelle Debatte

„Ich will, dass ihr in Panik geratet. Ich will, dass ihr die gleiche Angst habt, die ich tagtäglich verspüre, und dann will ich, dass ihr handelt."
Greta Thunberg, 2018[1a]

Der Plan der damals 15-jährigen schwedischen (Noch-)Schülerin und Klima-Aktivistin Greta Thunberg ist aufgegangen – sie hat ihre Angst und Panik in den letzten Monaten weltweit erfolgreich an Millionen andere Kinder und Jugendliche und auch an so manchen Erwachsenen übertragen. Mittlerweile demonstrieren und hüpfen (*„Wer nicht hüpft, der ist für Kohle"*) jede Woche Freitag während der Unterrichtszeit Kinder und Jugendliche für den Schutz des Klimas und für die Ergreifung von Maßnahmen gegen den Klimawandel – gut organisiert zu meist identen und auf Zetteln verteilten Klimasprüchen. Die Anzahl der überwiegend jungen Demonstranten wird insgesamt weltweit mit einer mehrstelligen Millionenzahl angegeben. Eine genaue Angabe der Teilnehmer ist genauso unmöglich wie eine Überprüfung der veröffentlichten Zahlen. So liegen bei den einzelnen Demonstrationen die Angaben zwischen Polizei und Veranstaltern oft um mehr als die Hälfte auseinander (als Beispiel die erste deutsche Demo unter Beteiligung von Greta Thunberg in Hamburg am 1. März 2019: Hier meldete die Polizei rund 3.800 Teilnehmer, während die Veranstalter von „Fridays for Future Deutschland" mehr als 10.000 angaben[2]).

Es sind fast immer die gleichen Forderungen, die von den engagierten Jugendlichen bei den „Fridays for Future"-Demonstrationen genannt werden: eine Einhaltung des Pariser Klimaabkommens und damit einhergehend eine Beschränkung der Erderwärmung mit 1,5 Grad, ein Ausstieg aus den Kohlekraftwerken und dazu mal die Einführung einer CO_2-Steuer, ein Verbot von Flugreisen, die flächendeckende Einführung von E-Autos.
Die Kinder und Jugendlichen gehen überwiegend voll motiviert und mit der Überzeugung auf die Straßen, damit wirklich etwas für den Schutz unseres Planeten zu bewirken und die Erde vor einem angeblich unmittelbar drohenden Klimakollaps zu retten. Sie wollen für ihre Zukunft einstehen und etwas verändern, bevor es zu spät sei. Das Engagement ist also prinzipiell positiv zu sehen und verdient vollen Respekt.

Gestützt durch eine medial sehr breit getretene Klimawandel-Debatte hat das Kohlenstoffdioxid (CO_2) in der Gesellschaft mittlerweile einen sehr negativen, gar gefürchteten Ruf. Wenn man sich am Rande der Demos unter den Teilnehmern umhört, fällt eines auf: Die wenigsten dürften wissen, dass das derzeit so negativ besetzte CO_2 schon immer auch ganz natürlich in unserer Atmosphäre vorkommt. Auch dürfte vielen nicht bekannt sein, dass das Kohlendioxid (CO_2) absolut lebenswichtig und unverzichtbar für alles Leben auf unserem Planeten ist, dass die Natur umso besser gedeiht, je mehr CO_2 es auf der Erde gibt und wieviel CO_2 in der Atmosphäre vorkommt. Ebenso dürfte es vielen in der Schule noch nicht (bleibend) vermittelt worden sein, wie viel oder wenig Einfluss der Mensch auf Klimaveränderungen hat und durch welche Maßnahmen. Hängt die Temperaturkurve überhaupt mit der CO_2-Kurve zusammen?

Wie auch immer: Die Demonstranten werden zweifelsfrei überwiegend aus gutem Glauben und mit der besten Absicht aktiv, damit unser aller Zukunft zu retten. Sie bewirken dabei mit ihren Demonstrationen möglicherweise viel mehr, als ihnen lieb und bewusst ist ...

2. Zeitreise in eine mögliche Zukunft

Noch lassen wir die wissenschaftlichen Daten und Fakten beiseite, ob und wie viel Einfluss der Mensch tatsächlich auf den Klimawandel hat, wo die größten Einflussmöglichkeiten bestehen und ob die Schwankungen in den letzten Jahrzehnten außergewöhnlich waren. Auch ein gerichtliches Urteil nach einem jahrelangen Streit zweier Klimaexperten werden wir uns in Teil B dieses Buches ansehen. Zuerst möchten wir allerdings einen Blick in eine mögliche Zukunft werfen, die bereits unmittelbar bevorstehen könnte. Wir versetzen uns einfach kurz in die Zeit nach Einführung einer CO_2-Steuer. Es mag manchen wie eine lebensfremde Fiktion erscheinen – das Gedankenspiel über die möglichen Auswirkungen basiert allerdings ausschließlich auf bestehenden Forderungen, Aussagen, Plänen, Beschlüssen oder Überlegungen in Politik, Wissenschaft und Gesellschaft. Zwischendrin gibt es immer wieder erkenntnisreiche Beispiele für das Verhalten jener, die lautstark nach Veränderungen rufen.

Die CO_2-Steuer verteuerte *alles*, vieles wurde unmöglich
Handy – weg! Spielkonsole – weg! Laptop – weg! Auto für Taxi-Dienste durch die Eltern – zuerst verteuert, dann verboten! Führerschein – zu teuer und unbrauchbar! Urlaubsreisen? Verteuert, verpönt und schließlich verboten! Ausflüge gibt es maximal noch in geh- und fahrradtauglicher Nähe.

Die ursprüngliche Botschaft der zuständigen Politiker lautete: „Nur" Tanken und Heizen solle teurer werden. Die Bürger sollen nicht mehr belastet werden und eine „CO_2-Bepreisung" würde die Wirtschaft nicht schädigen, sondern Innovationen ankurbeln (so die deutsche Bundesumweltministerin Svenja Schulze/SPD).[3] Das durch eine CO_2-Steuer von den Bürgern eingenommene Geld würde auch gar nicht in die Staatskassen fließen, sondern über Prämien wieder rückvergütet werden – soweit der offiziell verlautbarte Plan.
De facto wurde zwar auf der einen Seite eine Deckelung der Mieten angedacht, auf der anderen Seite wurden allerdings die Miet-Nebenkosten (Heizung, Heißwasser ...) massiv in die Höhe getrieben. Das Heizen eines durchschnittlichen, nicht wärmegedämmten Einfamilienhauses wurde durch die Einführung der CO_2-Steuer um rund 1500 Euro[4] pro Jahr teurer (andere Berechnungen ergaben sogar bis zu 3000 Euro), für viele Familien ein fast unerschwinglich hoher Betrag.

Was meist verschwiegen wurde: Tatsächlich wurden durch die Einführung der CO_2-Steuer *alle* Waren, Dienstleistungen und Konsumationen (vom Wohnen angefangen) teurer. So gut wie jede Ware, die produziert wird, und jede Dienstleistung, die ausgeführt wird, ist mit einer Fahrt, einem Transport verbunden. Damit kommt am Kassenzettel noch ein zusätzlicher Aufschlag auf den Preis dazu. Dabei gab es auch davor schon hohe Aufschläge (in Deutschland im OECD-Vergleich die zweithöchsten). Selbst das als umweltfreundlich propagierte Fahren mit den öffentlichen Verkehrsmitteln wurde teurer – denn natürlich werden die teureren Sprit- und Strompreise auch hier über die Tickets weitergegeben.

Wenn man dran glauben will, entstehen im besten Fall wenige Euros Gewinn in der Geldtasche, eher jedoch im besten Einzelfall nur wenige Euros Verlust. Für die breite Mehrheit jedoch entsteht durch die neue Besteuerung eine riesengroße finanzielle Belastung – und dies vor allem für ärmere Menschen. Im Juli 2019 wurden vom Deutschen Institut für Wirtschaftsforschung (DIW) Berechnungen über die Auswirkungen einer CO_2-Steuer aufgrund von Durchschnittswerten[5] publiziert. Vorausgesetzt, man hält eine Berechnung „aufgrund von Durchschnittswerten" für aussagekräftig, könnten etwa zwei erwerbstätige Eltern mit einem Kind in einer Mietwohnung und *ohne* Auto 27 Euro pro Monat mehr in der Tasche haben. Wer sich die Rechnungen genau ansieht, kommt allerdings relativ schnell zu dem Rückschluss, dass die Berechnungen möglicherweise nicht die ganzen Auswirkungen einer solchen Steuer widerspiegeln: Es dürften darin den Berichten zufolge nämlich nur die reinen durchschnittlichen Mehrkosten für das Tanken (im Beispiel mangels Autos null) und Heizen berechnet worden sein – wir konnten nichts darüber finden, dass die Folgekosten (teurere Lebensmittel/Produkte und Dienstleistungen, die jeden treffen) mitberechnet wurden. Was nahelegt, dass selbst in diesem günstigen Beispielsfall (der in der Bevölkerung nicht allzu häufig vertreten ist?) kein Plus in der Tasche, sondern viel mehr ein dickes Minus übrigbleiben würde. Täuscht der Eindruck, oder wurde das Volk hier von der Politik bewusst hinters Licht geführt?

Die Einnahmen des Staates würden über Vergütungen durch ein Bonus-System oder eine Klimaprämie bei CO_2-sparendem Verhalten wieder zurückgeführt, hieß es. Doch alleine der Aufwand zur Einhebung, Kontrolle und zur Verwaltung des Bonus-/Malus-Systems würde enorme Mehrkosten verursachen. Kritiker sprechen bereits von einer „Atemsteuer", weil wir Menschen auch CO_2 produzieren und ausatmen, in gewissen Fällen sogar CO_2 einatmen müssen, um am Leben zu bleiben.

„Wir brauchen vor allen Dingen – das mag vielen nicht gefallen –
eine tatsächliche Umverteilung von Vermögen."
Prof. Harald Lesch, stetiger Warner vor einem CO_2-bedingten Klimawandel[5a]

Wer nicht oft fliegt, steigt gut aus? Falsch. Die „mittleren und unteren Bevölkerungsschichten" spüren nicht viel von der angepriesenen
„Sozialverträglichkeit". Tatsächlich dürfte die Rückvergütung nämlich
hauptsächlich in die Taschen jener umverteilt werden, die sich teure
E-Autos, eine Wärmedämmung ihrer Häuser etc. leisten und damit nun
in vielen Bereichen „klimakonform" leben können – also im Endeffekt
geht die „Rückvergütung" nicht an die ärmeren, sondern wohl eher an
die reichsten Bevölkerungsschichten.

Die CO_2-Steuer sollte die Menschen zu einem klimafreundlicheren Verhalten anleiten, heißt es von Seiten der Politik. Doch gab es nicht schon
lange davor staatliche Abgaben, Entgelte und Umlagen auf Energie in
Milliardenhöhe, um das Verhalten der Konsumenten hin zu mehr Umweltschutz zu bringen?

Wie die „Agora Energiewende" berichtet, wurden 2017 in Deutschland
folgende Aufschläge auf den Energiepreis pro Kilowattstunde verrechnet:

Heizöl 0,6 Cent pro kWh
Diesel 4,7 Cent pro kWh
Benzin 7,3 Cent pro kWh
Strom 18,7 Cent pro kWh

Strom wurde also damit vom Staat am meisten belastet. (Beachte bitte: Mit Strom sollen nach dem Willen der Regierung und der Grünen
schon bald unsere Autos betrieben werden!). Schon 1999 (also vor
rund 20 Jahren) wurde im Zuge einer „ökologischen Steuerreform" in
Deutschland mit der Erhöhung der Mineralölsteuer von Rot-Grün unter dem Begriff „Ökosteuer" bekannte Abgaben eingeführt. Doch wer
glaubt, dass diese der Umwelt zu Gute gekommen seien, der irrt. So
sollen ca. 90 Prozent der Einnahmen aus dieser Stromsteuer in die
Rentenkassen geflossen sein – und noch immer fließen.[45] Das Verhalten der Menschen dürfte sich übrigens damit nicht „gebessert" haben.

Laut dem „Deutschen Institut für Wirtschaftsforschung (DIW)" zeigte sich in den letzten zwanzig Jahren auch bei der „Ökosteuer" (festgelegt in verschiedenen Steuergesetzen[5a]):

Auch hier zahlten demnach die Ärmeren drauf. Wenn die Bevölkerung jedoch über Jahrzehnte eine Ökosteuer zahlt, wird das doch wenigstens der Umwelt etwas gebracht haben? Falsch! Den erwähnten Studien zufolge habe diese Abgabe keinen positiven Lenkungseffekt auf das Verhalten der Verbraucher gehabt![6]

Was erwarten sich die Politiker also jetzt davon?

Eine Verteuerung von Flugreisen schmerzt die Reichen kaum: Sie reisen weiterhin bei voller Mobilität und für sie gibt es sicher auch genügend Ausnahmegenehmigungen und Kontrollausnahmen – z.B. für Privatjets, die von gewissen prominenten „Klimaschützern" gerne genützt werden, wie wir noch sehen werden. Auch eine finanzielle Kompensation (= Ausgleichszahlung) der Reise durch höhere Preise stecken sie leicht weg.
Eine Alleinverdienerin mit einem alten Diesel-PKW, der Patient am Land, der mehr als 100 Kilometer zu seinem Facharzt fahren soll oder die Familie, die im geerbten Elternhaus wohnt und das Geld für eine Wärmedämmung oder Umstellung der Heizung nicht aufbringen kann: Sie werden wohl kaum in den Genuss einer Rückvergütung kommen. Von Flugreisen brauchen sie nicht mal mehr zu träumen. Die Fahrten in Zug oder Bus werden gut kontrolliert und überwacht (es ist eine flächendeckende Erfassung der Reisedaten auch für Zug- und Busreisen geplant, dazu später).

Schon vor Einführung der CO_2-Steuer sackten immer mehr Familien und auch ältere Menschen, die oft ihr Leben lang ins Rentensystem einbezahlt haben, in Armut ab. Immer mehr mussten und müssen sich mit mehreren Jobs über Wasser halten, sie suchen Nahrung oder Pfandflaschen im Müll, um Geld zu generieren. Zumindest einer von ihnen wurde dann auch noch gerichtlich zur Zahlung von 200 Euro verurteilt – der Summe, mit der er einen ganzen Monat lang auskommen muss[7] (während in anderen Bereichen der Bundesrepublik Deutschland Geld keine Rolle zu spielen scheint). Jetzt nach Einführung der zusätzlichen Steuer ist ihre finanzielle Situation noch schlimmer.

So sieht es nicht nur die F.A.Z. als zur „Wahrheit" gehörend an, dass *„Gutverdiener sich teurere Energie besser leisten können als Geringverdiener. Die von der grünen „Fridays for Future"-Bewegung geforderte drastische Einschränkung der CO_2-Emissionen durch eine abrupte Abkehr von allen fossilen Brennstoffen oder eine hohe CO_2-Steuer würde einen starken Anstieg der Energiekosten bedeuten, der für einkommensschwache Schichten nur schwer zu ertragen wäre."*[8]

Die F.A.Z. geht sogar noch weiter und kommt zum Ergebnis, dass steigende Nahrungsmittelpreise mehr Hungernde bedeuten:

„Der von manchen wohlsituierten Aktivisten recht naiv geforderte Weg könnte im Extremfall das Todesurteil für Arme in Entwicklungsländern bedeuten, für deren künftiges Wohl und Überleben sie angeblich streiten." [8]

Die CO_2-Steuer wurde also von Deutschland ausgehend flächendeckend eingeführt (davor hatten einzelne Länder Aspekte davon: in Frankreich gilt ein Aufschlag auf den Benzinpreis als Auslöser für die anhaltenden Gelbwesten-Proteste der Bevölkerung). Diese Demos sind übrigens zuerst Großteils friedlich und im harmonischen Miteinander zwischen Demo-Teilnehmern, Polizisten und dem Rest der Bevölkerung verlaufen – Lieferung von kleinen Imbissen und Stärkungen für die Demonstranten und sonstige Unterstützung inklusive. Sie sind vom Volk ausgegangen und wendeten sich rasch gegen die gesamte Arbeit der Regierung. Obwohl die Polizei immer härter gegen die Protestierenden vorging, ließen sich diese nicht vertreiben.[44a] Es soll immer wieder auch zu Ausschreitungen der Demonstranten gekommen sein.

Waren hier tatsächlich Menschen der Gelbwestenbewegung gewalttätig? Oder wollte die politische Führung mit möglicherweise beauftragten Gewaltakten etwas gegen das Aufstehen des französischen Volkes tun? Sollte durch die Ausschreitungen das staatliche Einschreiten gegen die Proteste des Volkes legitimiert werden? Wurden die Proteste deshalb bewusst in die rechte Ecke gestellt, um sie bekämpfen zu können? Im Zuge der Ausschreitungen erteilte Frankreichs Präsident Emmanuel Macron den französischen Soldaten übrigens die Erlaubnis, mit ihren Waffen gegen die Demonstranten vorzugehen – erteilte er damit den Befehl, auf sein eigenes Volk zu schießen, das sich mit seiner Politik nicht mehr einverstanden zeigte und daher auf die Straße ging? Der Militärgouverneur von Paris bestätigte in einem Radiointerview, dass die Soldaten *„bis zur Eröffnung des Feuers mit ihren verschiedenen Waffen auf die Demonstranten gehen"* dürfen.[9]

Wer es jetzt lieber als Verschwörungstheorie beiseiteschieben möchte, sei an die Vorgänge in Chemnitz im Jahr 2018 erinnert (etwas mehr dazu kannst du auf den letzten Seiten dieses Buches noch lesen, wenn es dich interessiert).

„Die Regierungen des Westens verbergen nicht länger ihre wahren Absichten. Man kann den Schrecken erkennen, der sich unter ihren Masken befindet. Behaltet sie im Blick. Fallt nicht auf ihre Tricks herein."
Russlands Präsident Vladimir Putin[3a]

Ist die CO_2-Steuer also gut für die Umwelt oder asozial für die künftigen Generationen, wie Kritiker behaupten? Die weit verbreiteten „Hauptmedien" haben die Steuer und deren immense Auswirkungen auf die Menschen allem Anschein nach kaum hinterfragt, sondern überwiegend die Argumente der Politik und Klimaaktivisten oftmals sogar beinahe unkommentiert wiedergegeben. (Erkennbar sind die Mainstream-Medien unter anderem daran, dass sie ihre Nachrichten überwiegend aus denselben Quellen und Nachrichtenagenturen beziehen, oftmals sogar wortident das Gleiche berichten – siehe Suchergebnisse im Internet – und zudem die Mehrheit der Bevölkerung erreichen). Sie verbreiten „Nachrichten" – soll sich die Bevölkerung nach diesen richten?

„Eine Ökokatastrophe erobert die Erde. Disziplin, Verbot, Durchsetzung und Unterdrückung sind die einzige Lösung."
„Und Wettbewerb, dass sie zur Umerziehung in Öko-Gulags in die Berge geschickt werden."
„Der einzige Hoffnungsschimmer liegt in einer zentralisierten Regierung und der unermüdlichen Kontrolle der Bürger."
Pentti Linkola, ökologischer Philosoph aus Finnland[10]

Deutschland hatte bereits vor der CO_2-Steuer den zweithöchsten Steuersatz – halte dir bitte dabei eines vor Augen: Das ist das Geld, das dem Volk abgenommen wird. Jene Kräfte, die global im Hintergrund die Fäden ziehen, zahlen möglicherweise selbst keine bis nur sehr wenige Steuern, weil viele davon vermutlich Steueroasen wie etwa Monaco und/oder verflochtene Steuer-Minimierungs- und -Vermeidungs-Konstrukte nützen dürften, die dem „normalen" Menschen praktisch nicht zur Verfügung stehen. Es dürfte in den Augen mancher Entscheidungsträger offensichtlich reichen, wenn die Mehrheit der anderen immer mehr Steuern zahlt, obwohl sie nur einen Bruchteil an Eigentum besitzt.

George Orwell und Framing

Da das Wort Steuer nur mehr bei einem Drittel der Bevölkerung für Zustimmung sorgte, veränderten die Politiker einfach ihre Sprache. Allen voran verwendeten die Grünen positiver besetzte Wörter, es dauerte nicht lange, bis andere Parteien folgten. Das unpopuläre Wort CO_2-Steuer wurde durch „CO_2-Bepreisung" und eine „Abgabe nach Verbrauch" ersetzt. Menschen, die am menschengemachten, CO_2-bedingten Klimawandel Zweifel äußern, werden automatisch als „Klima-Leugner" oder „Klimawandel-Leugner" tituliert. Dabei gibt es wohl (fast) niemanden, der Klimaschwankungen anzweifelt oder das Klima leugnet. Damit die Menschen bei den geplanten Veränderungen auch mitspielen, wird immer wieder von einem Wettlauf mit der Zeit gesprochen, und davon, dass die Zeit ablaufe, dass keine Zeit mehr sei und dass jetzt sofort gehandelt werden müsse.

Damit wird Angst verbreitet und der Druck auf die Menschen immer größer, allem zuzustimmen und noch viel mehr sogar selbst für neue Steuern und Einschränkungen einzutreten! (In Frankreich wurde gegen die neue Steuer demonstriert, vor allem in Deutschland dafür!). Dazu kommt noch die Schuld, den kommenden Generationen „die Zukunft zu rauben". Angst und Schuld sind selten ein guter Ratgeber, wenn es darum geht, aus der inneren Mitte heraus selbst nachzuforschen und nicht überstürzt und „ferngesteuert" zu handeln.
Es ist neuerdings von „Saubermenschen" und „Zukunftsradikalität" die Rede und wer in der Bevölkerung traut sich schon gegen „Klimagerechtigkeit" zu sein? Gerechtigkeit ist doch immer gut. Oder?

George Orwell lässt grüßen. Er sah in der Veränderung der Sprache und der Einführung eines „Neusprechs" eines der wirksamsten Mittel, um eine freie Gesellschaft in einen autoritären Staat zu verwandeln. Heutzutage gibt es für den „Neusprech" ein modernes Wort: „Framing".[10a] Darunter versteht man eine bestimmte Kommunikationsstrategie mit geschickter und emotional berührender Wortwahl, um dem Empfänger einer Nachricht keine Alternativen zu lassen, wie er etwas aufzufassen hat.

Jetzt, nach Einführung der Steuer und wo es für sie „zu spät" zum Aufwachen ist, fühlen sich die meisten Menschen verraten. Doch in den Augen des Vorsitzenden des Bündnis 90/Die Grünen könne das, ein Verrat am Volk, ja gar nicht möglich sein: Der in den Medien als potenzieller Nachfolger der deutschen Bundeskanzlerin Angela Merkel gehandelte Robert Habeck antwortete in einem Videointerview mit Informr (Informr ist ein Format der öffentlich-rechtlichen deutschen Sender ARD und ZDF für Facebook) vor laufender Kamera auf das Stichwort „Volksverräter":

„... ist ein Nazi-Begriff.
Es gibt kein Volk und es gibt deswegen auch keinen Verrat am Volk,
sondern das ist ein böser Satz, um Menschen auszugrenzen und zu
stigmatisieren."
Robert Habeck, Bundesvorsitzender Bündnis 90/Die Grünen

Aus seinem Buch „Patriotismus – ein linkes Plädoyer" aus dem Jahr 2010 wird er mit folgender Aussage zitiert:

„Vaterlandsliebe fand ich stets zum Kotzen.
Ich wusste mit Deutschland noch nie etwas anzufangen
und weiß es bis heute nicht."[46]
Robert Habeck, Bundesvorsitzender Bündnis 90/Die Grünen

Sollte er also deutscher Bundeskanzler werden, sollte man sich vielleicht die Frage stellen, wen er dann vertritt, wenn es für ihn kein Volk gibt und er mit Deutschland nichts anzufangen weiß. Interessant wäre auch, für wessen Interessen er seit seinem Einstieg in die Politik 2002 eigentlich arbeitet ...

Dass Robert Habeck kein Einzelfall ist, zeigt als Beispiel auch ein weiterer an die Öffentlichkeit gedrungener Interview-Ausschnitt mit einer deutschen Lokalpolitikerin der SPD, Elfie Handrick, aus Wustermark in Brandenburg. Die Politikerin äußerte im ZDF heute journal vom 11.08.2019 befragt zu Umfragen, nach denen ihre Partei bei den Wahlen in Ostdeutschland Verluste, die AfD hingegen große Gewinne einfahren könnte:

> *„Ich finde es auch nicht richtig, dass man da immer*
> *die Sorgen und Nöte der Bevölkerung ernst nehmen muss.*
> *Was haben die denn für Sorgen und Nöte? Ich versteh das nicht,*
> *kann das nicht verstehen. Und ich denke mir auch, auch wenn sie*
> *Sorgen und Nöte haben, dann haben sie auch noch lange nicht das*
> *Recht, mit ‚Heil Hitler' durch die Straßen zu laufen."*[47]
>
> Elfie Handrick, Lokalpolitikerin (SPD)

Egal, was man von der AfD halten mag: Die Partei besteht legal im Rahmen der Gesetze einer Demokratie und wurde von einem Teil der Bevölkerung als Vertretung in den Bundestag gewählt. Wer die Partei wählt, ist in ihren Augen also – übereinstimmend mit einer gezielten öffentlichen Stimmungsmache? – automatisch rechtsradikal ...

Das (überwiegende) Medienbild zeichnet die Partei als rechts(extrem?), gefährlich und undemokratisch und vermittelt einen Hauch des Verbotenen.
Wenn man sich Reden und Interviews von AfD-Politikern wie Alice Weidel, Peter Böhringer oder Alexander Gauland (zum Beispiel rund um das Haushaltsbudget 2020 und das Klimapaket im Deutschen Bundestag) anhört, erhält man möglicherweise eher das Bild, dass sich manche in dieser Partei vielleicht stärker für das Volk einsetzen als Politiker manch anderer Partei.
Dennoch (oder gerade deshalb?) gilt jeglicher Kontakt mit der AfD in gewissen Kreisen als äußerst verpönt: So musste der damalige Verfassungsschutzpräsident Hans-Georg Maaßen massive Kritik anderer Politiker einstecken, weil er mit der AfD Gespräche führte.[48] Wir stellen uns die Frage: Sind Gespräche mit allen Parteien und gerade solchen, wo Kritiker Gefahr von Verfassungsbrüchen sehen, nicht geradezu die Pflicht eines Verfassungsschutzpräsidenten, wenn er sein Amt verantwortungsbewusst ausüben will?

Erst unlängst im Herbst 2019 wurde der Leiter der hessischen Filmförderung vom Aufsichtsrat einstimmig seines Amtes enthoben. Der Grund dafür: er hat sich mit AfD-Chef Jörg Meuthen zum Abendessen getroffen! Daraufhin sollen mehr als 300 Filmschaffende den Rücktritt gefordert haben, Jurymitglieder der Filmförderung wollten ihre Ämter ruhen lassen.

 Jüngstes Beispiel für eine Art von Selbstjustiz fern jeglicher Gerichte und Rechtsverfahren (inklusive dem Recht, sich zu verteidigen) ist der Fall des Bio-Hirsebauern Jan Plessow: Weil sich der Chef der Spreewälder Hirsemühle aktiv für die AfD engagiert, hat ein Abnehmer (und in der Folge noch weitere) die regionalen Produkte der Spreewälder Hirsemühle[49] aus dem Sortiment genommen und damit diese regional produzierten Produkte seinen Kunden vorenthalten![50] Alternativen könnten Produkte aus China und der Ukraine sein.

Dieser Abnehmer, der die Hirsemühle-Erzeugnisse aus dem Sortiment genommen hatte, war Betreiber der Bio-Lebensmittelkette Biomare und selbst aktiver Grünen-Politiker Malte Reupert. Alnatura, Bio Company, Dresden Vorwerk Podemus und Naturkost Grell aus Hamburg sollen es ihm gleichgetan und die Bio-Hirsemühle ausgelistet haben. Plessow könne nicht nachhaltig produzieren, weil er in der AfD sei, wird im Bericht der „Jungen Freiheit" als Begründung von Biomare genannt![51] Mit dem Boykott der Hirsemühle hängen neben Plessows Familie auch 15 weitere Bio-Bauern und deren Familien mit drin.
Der Chef der Spreemühle hat vor 15 Jahren mit anderen Bauern begonnen, die Hirse in Deutschland wieder einzuführen. Seine Intention nach eigenen Aussagen: ökologisch wirtschaften, ohne Spritzmittel und Ackergifte. Artenschutz, Vielfalt, Ökolandwirtschaft und regionale Produktion waren demnach sein Anliegen. Die Mühle ist zudem mit einem Biomasse-Heizwerk ausgestattet. Klingt soweit gut, oder? Seit dem Auftauchen von Greta Thunberg werde Ökologie und Bio-Landwirtschaft plötzlich nur mehr auf Klimaschutz runtergebrochen, schätzt Plessow die Situation ein.

Sieht so, wie es Biomare und die anderen Unternehmen vorgezeigt haben, weitsichtiges, umweltfreundliches und regionales Denken und Handeln aus?

Überleg dir bitte: Was hat Jan Plessow getan? Er hat möglichst naturbelassene Bio-Produkte produziert und verkauft, vor dem Boykott genauso wie danach. Nur weil er in seiner Freizeit ebenso wie der Biomare-Chef sein Recht als Staatsbürger auf politische Betätigung ausgeübt hat, werden seine Waren boykottiert (und damit den Kunden zwangsweise regionale Bio-Produkte vorenthalten)? Obwohl die Gesetze anderes sagen, ist jetzt nur mehr das Engagement für Parteien links der Mitte erlaubt? Andere politisch Interessierte lassen sich dadurch möglicherweise von vornherein davon abschrecken, sich politisch zu engagieren, wenn sie nicht ebenso ihr berufliches Ein- und Weiterkommen gefährden wollen. Sind die Bürgerrechte 2019 nur mehr das Papier wert, auf dem sie geschrieben stehen (solange noch Papier verwendet werden darf)?

Wenn in einer (vermeintlichen?) Demokratie mit Meinungsfreiheit nicht mal Gespräche mit allen möglich sein sollen – wovor haben die Politiker und Schauspieler (sowie sonstige Prominente) offensichtlich Angst? Selbst wenn die AfD so gefährlich wäre, wie medial und politisch kolportiert: Würden nicht gerade dann Gespräche wichtig und sinnvoll sein? Warum soll alles gleich gemacht, anderes zum Schweigen gebracht werden? Warum führt man nicht gerade dann Gespräche, wenn man nicht einer Meinung ist? Warum setzt man nicht auf respektvollen Dialog, um die Gräben vielleicht zu überwinden? Warum wird es nicht akzeptiert, dass sowohl am politischen Parkett wie auch in der Bevölkerung verschiedene Meinungen vertreten sind, dass jemand auch dann eine Meinung vertreten darf, wenn sie sich nicht mit der eigenen deckt – solange sie sich im Rahmen der Gesetze bewegt, und wenn dem nicht so ist, steht der Rechtsweg offen?

Weitere neue Steuern (Bsp.: Fleischsteuer, SUV-Steuer)
Der „Wissenschaftliche Dienst" des Bundestags hatte eine Steuer auf den Ausstoß von CO_2 mit dem Hinweis als verfassungswidrig eingestuft, dass es kein „Steuererfindungsrecht" gäbe.[52] Das Koalitionsübereinkommen von 2018 hatte Steuererhöhungen ausgeschlossen und auch die Parteiprogramme von CDU und CSU sollen keine Steuererhöhungen vorsehen.[53]
Das dürfte jetzt nicht weiter verwundern, wenn man das folgende politische Beispiel mitverfolgt hat:

Im Frühsommer 2019 tagte zu nächtlicher Stunde noch der Bundestag. Obwohl offensichtlich weit weniger als die für die Beschlussfähigkeit wichtigen 355 von 709 Abgeordneten anwesend waren, wurde von der vorsitzenden Bundestags-Vizepräsidentin Claudia Roth (Bündnis 90/ Die Grünen) ein AfD-Antrag auf Feststellung der Beschlussfähigkeit abgelehnt. Die Begründung vor überwiegend leeren Sitzreihen: „Wir haben hier oben ... miteinander diskutiert und sind der Meinung, dass die Beschlussfähigkeit gegeben ist."

Der Sitzungsvorstand, dem außer ihr auch noch je ein FDP- und CDU-Politiker angehörten, hat die Beschlussfähigkeit einfach bejaht, obwohl offensichtlich zu wenige Mandatare im Saal waren! Rein rechtlich ist das gemäß § 45 Abs. 2 der Geschäftsordnung des Bundestages möglich[54] – die Mehrheit des Sitzungsvorstands kann die Beschlussfähigkeit des Parlaments als gegeben betrachten.[55] Von Respekt vor dem von ihnen vertretenen Volk und der Demokratie sowie von Fingerspitzengefühl zeugt diese Vorgangsweise aber wohl nicht ...

Neben der CO_2-Steuer wurden noch weitere eingeführt:

- Eine Fleischsteuer: Aus Klimaschutzgründen wurde auch der Fleischverzehr massiv verteuert und das Fleischessen so manchem zwangsweise abgewöhnt. Immer mehr Menschen verzichteten in den letzten Jahren aufgrund ethischer und gesundheitlicher Bedenken ohnehin auf den Verzehr von Fleisch. Von bewusstem und freiwilligem Fleischverzicht ist jedoch seit der Steuer keine Rede mehr.

- Eine SUV-Steuer: Sie sorgt für eine zusätzliche Umverteilung der Gelder unter dem Deckmantel „Klimaschutz" und „CO_2-Verschmutzung". SUV bedeutet „Sport Utility Vehicle" und umfasst eine Fahrzeugklasse zwischen herkömmlichem Auto und Geländewagen[56]. SUV erfreuten sich in den letzten Jahren – durch das verstärkte Marketing dafür? – steigender Beliebtheit. Am häufigsten vertreten sind zu 70 bis 80 Prozent Mittelklasse-Fahrzeuge, Kompakt- und Kleinwagengröße-Fahrzeuge, schildert der Autoexperte der Uni Duisburg-Essen, Ferdinand Dudenhöffer, in einem Bericht auf der Website web.de.
Dass es auch bei dieser Steuer primär um eine Zurückdrängung von SUV (und allgemein Autos, was sich an einzelnen Fahrverboten bereits erahnen lässt) gehen könnte, legt die Debatte nach einem tödlichen SUV-Unfall in Berlin nahe: Mehrere Politiker der Grünen und der mächtige Verein Deutsche Umwelthilfe verlangten in diesem

Zusammenhang ein Verbot und Obergrenzen für SUV in Innenstädten[57,58] oder gar einen kompletten Verkaufsstopp[59] für diese intensiv beworbene und auch beliebte Fahrzeugart. Man könnte den Eindruck erhalten, dass der tragische Unfall zum willkommenen Anlass dafür genommen wurde, um gegen das Feindbild SUV vorzugehen. Das zeigt auch die Forderung der grünen Mobilitätssenatorin in Bremen, die allen SUV-Fahrern höhere Parkgebühren abverlangen will. Der Weser Kurier zitiert außerdem Greenpeace-Sprecherin Marion Tiemann, dass Hersteller „schleunigst auf kleine, leichte, geteilte E-Autos setzen" sollen.[60] Man beachte dabei die Reichweite der derzeitigen E-Autos, deren „Umweltfreundlichkeit" in der Produktion und die für den Planeten entstehenden Belastungen, wenn jedes Auto gegen ein E-Auto getauscht werden müsste, wie es in der aktuellen Klimadebatte auch schon gefordert wurde. Wenn man sich das (auf den nächsten Seiten offenbarte) Verhalten der Politiker und Prominenten ansieht, die lautstark Besteuerungen und Einschränkungen zugunsten des Klimas einfordern, erscheint es eher unwahrscheinlich, dass diese dann ebenso auf kleine und leichte E-Autos umsteigen und diese dann auch noch mit anderen teilen würden ...

Beim Berliner Unfall, dem Anlass für ein neuerliches Aufflackern der Debatte über SUV, kam übrigens später zutage, dass möglicherweise ein gesundheitliches Versagen des Autofahrers den Unfall ausgelöst habe (ein Umstand, der in jedem anderen Fahrzeug ebenso geschehen und zu gefährlichen Situationen führen könnte).[61] In der Unfallstatistik sind die SUV jedenfalls prinzipiell unauffällig, berichtet ein Unfallforscher auf web.de (die Umwelthilfe dürfte allerdings andere Zahlen vorliegen haben, bei ihr klingt die Einschätzung des Gefährdungspotenzials durch SUV nämlich bedeutend dramatischer – oder haben ihre Forderungen vielleicht gar nichts mit der Unfallstatistik zu tun?). Die Gefahr gehe zunächst einmal vom Fahrer aus, falls es zu einem Unfall käme, spielen Tempo, Beschleunigung und Gewicht des Fahrzeugs eine größere Rolle als die Art des Autos. Bedeutender als das Gewicht des Autos sei seine Geschwindigkeit, betont Siegfried Brockmann, Unfallforscher der deutschen Versicherer.[62] Sowohl in der Unfallhäufigkeit, als auch bei den Unfällen mit Personenschaden seien SUV-Fahrer statistisch sogar weniger häufig vertreten, als es dem Anteil dieser Fahrzeuge am gesamten Autobestand entspräche.[63]

Eine riesige Rezession und arbeitslose Familien

Die Einführung einer CO_2-Bepreisung (von Steuer wollte die Große Koalition in Berlin im September 2019 ja nicht sprechen) war gar nicht mehr nötig. Die Wirtschaft wurde bereits davor in eine Rezession getrieben, die intensiv und nachhaltig sein dürfte. (Weitere Länder werden dem Zugpferd Deutschland folgen). Während die Regierungen in manch anderen Ländern darauf achten, die Wirtschaft zu stärken, dürften in der deutschen Bundesregierung jedoch möglicherweise andere Prioritäten vorliegen. (Dass der Klimaschutz nur schwer eine solche Priorität sein kann, wie offiziell vorgegeben wird, das kannst du in den folgenden Kapiteln noch selbst lesen). Den Tausenden weggebrochenen Arbeitsplätzen im einstigen deutschen Wirtschaftsaushängeschild Nummer eins, der Auto- und Zulieferindustrie, sind unzählige weitere gefolgt. In manchen Gebieten sind ganze Familien arbeitslos. Die Eltern haben ihre langjährigen Jobs in der Automobilindustrie verloren, die nachkommenden Jugendlichen finden nach ihrem Schulabschluss aufgrund des Einstellungsstopps der Unternehmen keine Lehr- und Arbeitsstelle mehr.

Flugreisen massiv verteuert und reglementiert

Einmal pro Jahr per Flugzeug zum Verwandtenbesuch oder in den Sommerurlaub? So teuer, dass es sich die Normalbevölkerung nicht mehr leisten kann.

Während die Klimawandel-Diskussion vor Einführung der Steuer 2019 bereits hitzig geführt wurde, gab es z. B. in Deutschland 2019 mehr statt weniger Flüge: Laut dem Flughafenverband ADV gab es im 1. Quartal 2019 2,4 % mehr Inlandsflüge,

5,5 % mehr Flüge innerhalb Europas,

2,6 % interkontinentale Flüge.

Insgesamt gab es um 4,3 % mehr Passagiere.[64] Weniger als 1 Prozent davon dürfte freiwillige Kompensationszahlungen geleistet haben – zum Beispiel für Baumpflanzungs-Projekte in Afrika. Das heißt, obwohl es für das Klima so schädlich sein soll, reisen immer mehr Menschen mit dem Flugzeug.

Politiker als gutes Beispiel im ausgerufenen „Klima-Kampf"?

Da die Politiker massive Einschränkungen und neue Steuern forderten, weil das CO_2 und damit auch Flugreisen so schädlich für das Klima seien, sind wenigstens sie sicher mit gutem Beispiel voran gegangen – oder?

 Das Ergebnis einer Auswertung[65] der Abgeordneten-Dienstreisen mit dem Flugzeug im deutschen Bundestag:
Just jene Partei, die am lautesten nach Einschränkungen zugunsten des Klimaschutzes schreit, das Bündnis 90/Die Grünen, wies in den 2 Jahren davor die höchste Flug-Rate bei Dienstreisen pro Kopf auf!

Erklärt wird dies der Zeitung „Bild" gegenüber so: *„Aufgabe von Abgeordneten ist es, sich umfassend zu informieren und auf einer validen Wissensgrundlage parlamentarische Initiativen zu bringen."*
Man werde Dienstreisen auch weiterhin prüfen und für solche per Flugzeug eine CO_2-Kompensation vornehmen. (Anmerkung: Wie sinnvoll ist ein finanzieller Ausgleich, wenn die Umwelt durch die Flüge bereits geschädigt worden sein soll? Kabarettistin Monika Gruber verglich es mit einem Mann, der sagt: *„Ja, ich schlage meine Frau, aber ich zahle ihr auch den Arzt."*)[66]

Im Frühjahr 2019 machte etwa die Grüne Vizepräsidentin des Bundestags, Claudia Roth, Schlagzeilen mit einer von der „Bild" thematisierten Dienstreise per Flugzeug über 41.000 km – damit verbunden ein CO_2-Ausstoß, mit dem ein durchschnittlicher deutscher PKW bis zu zehn Jahre fahren könnte! Die Reise führte sie gemeinsam mit Prof. Dr. Matthias Zimmer (CDU) und Parteikollege Dr. Frithjof Schmidt (Bündnis 90/Die Grünen) nach einer Einladung der dortigen parlamentarischen Versammlung auf Fidschi, nach Bangladesch und Kiribati. Intention der Reise nach eigenen Angaben: Ein Lokalaugenschein in besonders von Klimawandel betroffenen Gebieten. Das danach veröffentlichte Resümee hätte wahrscheinlich auch von Deutschland aus und ohne Fernreise eruiert werden können.[67,68] (Weil der Inselstaat Fidschi immer im Zusammenhang mit der Erderwärmung erwähnt wird, hat extra auch einer der erfahrensten Meeresforscher unserer Zeit, Ozeanograph Nils-Axel Mörner, einen Lokalaugenschein gemacht und kommt übrigens zu ganz anderen Ergebnissen.)[69]

Was allerdings für den „Normalbürger" gilt, muss für die Entscheidungsträger noch lange nicht gelten, auch wenn diese sofort massive Einschnitte für den Schutz des Klimas verlangen. Die ARD-Sendung Kontraste[70] berichtet über Fern-Flugreisen der deutschen Grünen-Politiker.

Diese warnen, wie erwähnt, besonders vor den Gefahren des Klimawandels und fordern dringend weitreichende Gegenmaßnahmen, weil die Welt sonst dem baldigen Untergang geweiht sei.

Für Robert Habeck (Indien), Anton Hofreiter (Grönland), Cem Özdemir (Südamerika), Dieter Janecek (China, Südafrika), Jamila Schäfer (Norwegen), Katharina Schulze (Kalifornien)[71] offensichtlich kein Hindernis, selbst ins Flugzeug zu steigen und auf Langstrecken einen massiven CO_2-Ausstoß zu fördern. So soll alleine eine Reise nach Buenos Aires und retour rund 9 Tonnen CO_2-Ausstoß verursachen – der durchschnittliche Gesamtverbrauch eines Deutschen in einem ganzen Jahr!

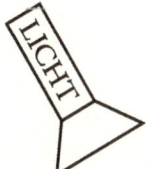  

Doch auch die besonders häufig als unnötig und unverhältnismäßig klimaschädigend dargestellten Inlandsflüge dürften bei Politikern weniger stark wiegen, so die Erfahrung eines Flugpassagiers auf einem Inlandsflug von Berlin nach München[72]: Er berichtet von seinem Erstaunen, als er im Flugzeug auf gleich 3 bekannte grüne Gesichter getroffen sein will – Claudia Roth, Robert Habeck (von ihm gibt es auch ein Foto dazu) und Anton Hofreiter. Claudia Roth berichtete demnach angeblich, dass sie am Weg zu ein paar Tagen Erholung im Allgäu war. Auf die Frage ihres Mitreisenden: „Aber haben Sie denn kein schlechtes Gewissen wegen CO_2? Sie müssten doch eigentlich mit dem Zug fahren. Das ist es doch, was Sie Ihren Wählern dauernd erzählen", erhielt er, seinem Bericht zufolge, keine klare Antwort mehr. Ob Roth das Business-Class-Ticket in die Erholungstage aus eigener Tasche gezahlt habe, habe er dann erst gar nicht mehr gefragt.

Unlängst kursierten Bilder derselben Politikerin im Internet, die sie in der Senators Lounge (das ist jene Lounge, zu der nur Vielflieger mit vielen Tausenden Flugkilometern Zugang erhalten!) am Flughafen vor einem

Inlandsflug gezeigt haben (sollen, sofern die Bilder echt waren).[72a]
Eine „herausragende" zweigeteilte Klima-Rolle unter Politikern dürfte
auch die 23-jährige Luisa Neubauer spielen. Sie gilt als rechte Hand von
Greta Thunberg in Deutschland, ist unter anderem Mit-Organisatorin
und deutsches Aushängeschild Nummer eins der „Fridays for Future"-
Demos, Vorzeige-Klima-Jugendliche und aktives Parteimitglied von
Bündnis 90/Die Grünen. Ihre Verknüpfung mit mächtigen Hintergrund-
organisationen erwähnen wir später noch.

„Wir sind noch nicht unbequem genug. Wenn es jetzt darum geht,
konkretere Forderungen aufzustellen, stehen wir praktisch auf der
Matte des Potsdam-Instituts und sagen: Ihr Lieben, wie sieht es aus?"[73]
Luisa Neubauer, Fridays for Future, Bündnis 90/Die Grünen, ONE

Während sie in der Öffentlichkeit keine Gelegenheit auslässt, um dringend Einschränkungen und Veränderungen im Lebensstil zugunsten des
Klimas zu fordern und das Klimapaket der Regierung ihr viel zu wenig
weit geht, dürfte sie sich selbst in den letzten Jahren trotz ihres jungen
Alters in der Wahl ihrer Reiseziele nicht beschränkt haben. So hatte sie
auf ihrem Instagram-Account eine Art von Reise-Tagebuch mit zahlreichen Fotos aus den verschiedensten Reise-Destinationen. Die Fotos sind
mittlerweile (wegen der mehr als ungünstigen Optik?) alle gelöscht –
doch das Internet vergisst auch bei politisch und gesellschaftlich aktiven
Menschen nichts: Ihre bildlichen Reisebelege sind nach wie vor über
mehrere Quellen und in verschiedenen Videos aufzufinden.

Demnach war sie mit Anfang zwanzig bereits an mehr Orten unseres Planeten, als der durchschnittliche Europäer vermutlich in doppel-
tem oder dreifachem Alter: Neubauer lächelt freundlich von Fotos aus
Kanada, Hong Kong, Polen, Schweden, England, Marokko, Österreich,
Italien, Belgien, China, Frankreich, Indonesien, Namibia, den Nieder-
landen, Schottland, der Schweiz und Tansania.

Ob nach Löschen der Fotos und mit zunehmender Sensibilisierung auf die
ungünstige Öffentlichkeitswirkung noch weitere Reiseziele ohne Fotobe-
weis dazugekommen sind, lässt sich von uns nicht beurteilen. In einem
Interview mit Barbara Unmüßig von der Grünen-nahen Heinrich-Böll-Stiftung, die Luisa Neubauer ein Stipendium bezahlt, sagte Luisa Neubauer
allerdings zur internationalen Aufbauarbeit von Fridays for Future: *„Mitt-*
lerweile ist es anders, weil wir uns tatsächlich besucht haben und weil
wir persönliche Kontakte geschlossen haben. Ich war mit Freunden zu-

sammen in Belgien, ich war in Paris. Leute von uns sind nach Amsterdam gefahren. Ich war dann in London, habe dort Menschen besucht ..."

(Àpropos Heinrich-Böll-Stiftung: Diese dürfte, wie die Bild-Zeitung unlängst berichtete, mit einer Partnerorganisation zusammenarbeiten, die enge Verbindungen zu Terrorgruppen pflegen soll. Die Stiftung hält nach einem Bericht der Bild-Zeitung jedoch weiterhin an der Kooperation fest).[73a]

Das heißt, Luisa Neubauer kommt also nach wie vor weit herum – was für das Volk gilt, müsse ja schließlich noch lange nicht für die Politiker gelten, oder? Es ist für sie sicher schön, wenn sie ohne schlechtes Gewissen und Schuldgefühle viele Orte der Welt gesehen und bereist hat. Wenn sie aber zeitgleich von allen anderen Jugendlichen und Erwachsenen, die meist noch viel weniger von der Welt gesehen haben als sie, grobe Einschränkungen zur Rettung des Klimas fordert, erhöht das nicht gerade ihre Glaubwürdigkeit.

Die erwähnten Politiker der Grünen liegen damit allerdings einer vom ARD veröffentlichten Umfrage zufolge in einer Linie mit ihren Anhängern: Auch sie identifizieren sich demnach am öftesten von allen Parteifans mit der Aussage „Ich fliege gerne" (gefolgt von SPD, AfD, CDU und Die Linken) – wenn auch zu 58 % mit „einem richtig schlechten Gewissen".[74]

Das jüngste Beispiel politischer Scheinheiligkeit, an dem man erkennen könnte, wie ernst die Politiker das meinen, was sie in der Öffentlichkeit von sich geben:
Zuerst verabschiedete die Große Koalition in Berlin ein Klimaprogramm, das große finanzielle Belastungen und Einschränkungen für die Bevölkerung beinhaltet. (Für die Grünen und „Fridays for Future"-Aktivisten wie Luisa Neubauer jedoch noch nicht – teuer? – genug).

Nur zwei Tage danach flogen die deutsche Bundeskanzlerin Angela Merkel (CDU) und ihre Parteivorsitzende Bundesverteidigungsministerin Annegret Kramp-Karrenbauer nahezu zeitgleich (Abflug: 15.30 Uhr und 16 Uhr) getrennt mit zwei verschiedenen Militär-Maschinen zur UN-Vollversammlung mit Klimagipfel nach New York, wie die „Bild am Sonntag" berichtete.[75] (Mit Merkel flog immerhin Entwicklungsminister Gerd Müller [CSU] zum UN-Klimagipfel mit, wie Medien berichteten.) Dabei hätte angeblich ursprünglich auch die Delegation von Kramp-Karrenbauer mit

Angela Merkel und deren rund 55-köpfigen Delegation in der Kanzler-maschine mitfliegen sollen. Zurück wäre sie dann früher per Linienflug geflogen – die Tickets (auf Kosten der Steuerzahler?) sollen bereits gebucht gewesen sein. Wie die Bild am Sonntag aus Regierungskreisen berichtete, habe das Kanzleramt jedoch wenige Tage davor signalisiert, dass ein Mitflug von Kramp-Karrenbauer und ihres 15-köpfigen Teams nicht erwünscht sei. Die Anreise solle doch eigenständig erfolgen.

Einfach mal so, weil die Regierungskollegin mit Team nicht im Flugzeug erwünscht sei, wird auf Kosten der Steuerzahler und der Natur (Flüge schädigen ja nach Ansicht der Politikerinnen das Klima!) ein zweites Flugzeug inkl. Personal und Spritkosten nach Amerika geschickt? Und das, obwohl im kleineren Regierungsflugzeug angeblich noch genügend Plätze frei gewesen wären?
Doch dem noch nicht genug: Am Dienstag wurde auch noch Außen-minister Heiko Maas (SPD) mit einer dritten Maschine nach New York gebracht. Und die Umweltministerin Svenja Schulze (SPD) flog (mit Delegation?) bereits früher mit einem Linienflugzeug nach New York.

Macht in Summe: 1 Reiseziel, der UN-Klima (schutz!)gipfel in New York, 5 Minister (mit Delegationen), 4 Flugzeuge (davon 3 extra auf den Weg geschickte!) und zahlreiche Menschen, die diese Flugzeuge und Flüge betreuten. Gibt es den menschenverursachten, CO_2-basierten Klimawandel? Warum schädigen die Politiker dann – wie es aussieht: unnötig – das Klima (und das Geld der deutschen Steuerzahler)? Oder gibt es einen CO_2-bedingten Klimawandel doch nicht? Warum erzählen sie es dann? Könnte es sein, dass sie so oder so skrupellos handeln?

Wenn in den vergangenen Monaten jemand auf den Widerspruch zwischen den Forderungen mancher Klimaaktivisten und Politiker und ihrem tatsächlichen Verhalten hinwies, folgte sofort ein Aufschrei: Diffamierung, Hassrede, Ablenkung oder eine Verschwörungstheorie stecke dahinter. Selbst das Wort „rechtsradikal" musste schon herhalten. Letzteres eignet sich scheinbar in jedem thematischen Zusammenhang als verbale „Niederschlagkeule". Wer radikale Forderungen mit möglicherweise sehr weit reichenden und begrenzenden Wirkungen vor allem für die Allgemeinheit aufstellt, sollte sich zum Schutz seiner eigenen Glaubwürdigkeit dennoch auch am eigenen Verhalten messen lassen. Alles andere wäre im besten Fall Scheinheiligkeit, im schlechtesten Fall Verlogenheit oder Skrupellosigkeit.

<u>Einschränkung der Mobilität / Bevölkerung ohne Auto</u>
Die Fahrt der Dorfjugend in die Disko der nächstgelegenen Stadt, der Facharztbesuch 90 Kilometer weiter, Omas Besuche bei uns? Mittlerweile unmöglich. Zuerst wurden noch Tempolimits von 130 Stundenkilometern auf den deutschen Autobahnen umgesetzt (gefordert 2019 vom Bündnis 90/Die Grünen).[76] Zusätzlich wurde der vor wenigen Jahren erst angeschaffte und damals als umweltfreundlich eingelobte Diesel-PKW mit partiellen Fahrverboten belegt (unter anderem in Berlin[77]). Dann wurde er letztendlich ganz verboten. Das verhinderte auch der Biodiesel nicht, der dem Treibstoff seit 2007 aus „Umweltschutzgründen" gesetzlich vorgeschrieben beigemengt werden musste. (Was grün klingt, muss es dennoch nicht sein: Der Gesetzgeber dürfte mit der Bio-Diesel-Vorschrift bewusst in Kauf genommen haben, dass damit indirekt die Rodung von Regenwäldern gefördert wird[78]).

Trotz Prämien für kleine E-Autos sind diese für viele nicht leistbar und in der Praxis aufgrund geringer Reichweiten unbrauchbar (mehr zum Thema E-Autos liest du im Abschnitt B). Wenn du eine längere Strecke mit dem E-Auto fahren willst, brauchst du viel Zeit, Organisation (wie viele Zwischenstopps brauchst du für eine Strecke, wo sind Ladestationen, wie lange dauert das Laden, sind Nächtigungen erforderlich, wie viel Zeit brauchst du bis ans Ziel?) und auch Geld (fürs Laden, Nächtigen etc.). Im Winter, wo der Akku noch schneller leer ist, sind E-Autos zudem noch ungünstiger (hier sei zusätzlich auf die Problematik von Staus hingewiesen wie jenem im Januar 2019 auf der A8, wo die Autobahn über viele Stunden bei Schneefall und tiefen Temperaturen komplett gesperrt war – wie lange hätte es gedauert, bis E-Autos weiterfahren und die Straße freimachen hätten können, wenn nach wenigen Stunden bereits der Akku leer wäre?).

Selbst die Fahrt mit öffentlichen Verkehrsmitteln ist aufwendig und strapaziös.
Seit der Einführung der CO_2-Steuer hat sich der Strompreis noch zusätzlich verteuert (obwohl die Autofahrer durch den Umstieg auf E-Autos davon abhängig sind).

Bereits vor der CO_2-Bepreisung lag der Strompreis in Deutschland (2017) 49 % über dem EU-Durchschnitt! Deutschland hatte damit nach Dänemark den zweitteuersten Strom. Mit Beginn 2019 wies es sogar EU-weit den höchsten Strompreis aus (im Vergleich bei einem Jahresverbrauch von 2.500 bis 5.000 kWh) und auch weltweit führte es demnach die Strompreise für Haushalte an.[79]

Die Beschaffung und der Vertrieb für Strom wurden um rund 20 % günstiger. Der Strompreis jedoch ist dennoch massiv teurer geworden – von rund 14 Cent im Jahr 2000 um mehr als das Doppelte auf rund 30 Cent pro Kilowattstunde in der ersten Jahreshälfte 2019.[80] Warum? Durch die Steuern, Abgaben und Umlagen, die der Staat vom Verbraucher einhebt (bereits vor der CO_2-Steuer!), vor allem auch durch gestiegene Kosten für CO_2-Zertifikate! (Wer durch den Handel verdient, erläutern wir später noch.) Im Strompreisranking der EU lag Österreich 2018 auf Platz 10 von 28 EU-Ländern.[81]

Wenn du tankst, beträgt der wahre Wert des Treibstoffs weniger als die Hälfte des Preises.[82] Schon bisher konnten sich vor allem in Deutschland immer mehr ältere und alleinverdienende Menschen Energie nicht mehr unbegrenzt leisten, Strom und Heizung wurden zunehmend zum Luxusgut und immer öfter einfach abgedreht. Es gibt jetzt noch mehr Kinder und Erwachsene, die im Winter zuhause frieren!

Bereits vor der Einführung der E-Autos wurde vor mangelnder Versorgungssicherheit für Strom und vor Blackouts gewarnt. Nach der Einstellung von Kohle- und Atomkraftwerken ist eine gesicherte Stromversorgung noch weniger gegeben.
Und dennoch sollen E-Autos das Maß der Zukunft für den Autoverkehr sein, wie unter anderem die Grünen fordern?[83]

Bitte betrachte die Forderung nach E-Autos statt Fahrzeugen mit Verbrennungsmotoren auch unter diesem Blickwinkel! Wie könnte die Mobilität nach einer Umstellung auf E-Autos aussehen (angesichts der Verfügbarkeit von Strom und seiner Preisentwicklung)? Selbst Politiker haben bereits vor großflächigen Blackouts gewarnt, noch bevor die meisten Kohlekraftwerke geschlossen und komplett auf Solar-,

Wasser- und Windenergie umgestellt wurde (die wiederum mit Speicherproblemen einhergehen). Eine durchgehende Energieversorgung der Transportmittel ist mit prognostizierten Stromausfällen daher nicht mehr garantiert. Haben E-Autos im Gegenzug sogar negative Auswirkungen auf die Stromversorgung? Womöglich „ver-Sorgen" sie unseren Stromkonsum, indem sie sogar selbst einen Blackout verursachen?[84]

Noch etwas deutet sehr stark darauf hin, dass wir Menschen mit den CO_2-Klimawarnungen und einem Umstieg auf E-Autos „möglicherweise" hinters Licht geführt werden sollen: Nach dem Verbot von „besonders stromfressenden Gerätschaften" bei Gefriertruhen, Kühlschränken, Waschmaschinen und Fernsehern folgte in den vergangenen Jahren auch noch der Staubsauger: Die EU hat in einem zweistufigen Verfahren alle Staubsauger verbannt, deren Leistung mehr als 900 Watt beträgt. Damit soll laut EU-Verordnung Nr. 666/2013 der Stromverbrauch von Staubsaugern erheblich reduziert werden (die symbolträchtige Nummer der Verordnung ergibt übrigens die gleiche Zahl, die sich ergibt, wenn man die Abkürzung für „Fridays for Future"/FFF in Ziffern umlegt ...). *„Mit dieser Verordnung bleibt sich die EU im Kampf gegen energiehungrige Haushalts- und Elektrogeräte treu und will Verbraucher dazu bringen, weniger Strom zu verbrauchen und somit die Umwelt zu schonen. 2009 erwischte es die Glühlampen, die stufenweise vom Markt genommen wurden."* [85a]

Die Haushaltsgeräte mit höherem Stromverbrauch innerhalb ihrer Kategorie wurden verboten, um ihn jetzt durch E-Autos mit einem Vielfachen dieses Stromverbrauchs wieder massiv in die Höhe zu treiben? Wofür war dann die Watt-Obergrenze für Staubsauger und andere Geräte? Wem blieb die EU damit treu?

> *„Billige Energie ist die Quelle eines Großteils*
> *unseres Lebensstils und Wohlstands.*
> *Wenn die Energiepreise steigen, steigen auch die Kosten nahezu*
> *aller anderen Güter und Dienstleistungen. Alle Pläne zur*
> *Kohlenstoffdioxid-Steuer, dem CO_2-Emissionshandel und die*
> *Solarstromsubventionen sind Schritte in die falsche Richtung*
> *und führen zu heftigem und langanhaltendem wirtschaftlichem*
> *Elend mit wenig oder gar keinen Vorteilen.*
> *Meine lebenslange Erfahrung lehrt mich, dass ich damit beginnen*
> *muss sehr laut zu protestieren, wenn mir jemand erklärt:*
> *,Vertraue nicht dem Markt, vertraue mir und uns.'*

*Das hatte ich 40 Jahre meines Lebens unter dem Kommunismus
gehört und ich bin nicht bereit, es jetzt zu akzeptieren.
Der Glaube an die Möglichkeit, das Weltklima durch die Reduktion von
anthropogenen Kohlenstoffdioxidemissionen kontrollieren zu können –
ich nenne es die Theorie der Klimakontrolle – ist genauso irrational,
arrogant und anmaßend, wie die jahrelangen kommunistischen
Planungen,dass Menschen wie ich Objekte seien."*

Václav Klaus, ua. ehem. tschechischer Staatspräsident,
Autor „Der blaue Planet in grünen Fesseln"[85b]

Die Elite hingegen lässt sich offensichtlich nicht daran hindern, ihren gewohnten Lebensstil fortzuführen oder sogar noch weiter auszubauen. Das Bewusstsein, dass sie selbst etwas anderes lebt, als sie vom Rest der Bevölkerung einfordert, dürfte nicht vorhanden sein. Oder sie wiegt sich in der falschen Sicherheit, dass ihr zweigleisiges Verhalten nie aufkommen würde.

Deutschlands Bundeskanzlerin warnte anlässlich des Tags der deutschen Einheit in Kiel davor, *„ähnlich wie zu DDR-Zeiten ‚die Ursache für Schwierigkeiten und Widrigkeiten vor allem und zuerst beim Staat und den sogenannten Eliten‘ zu suchen. Ein solches Denken sei in ganz Deutschland zu beobachten. ‚Setzte sich ein solches Denken durch, führte das ins Elend"*, berichtet Journalistenwatch.[86] Wessen Elend sie gemeint hat – das der Eliten, die hinterfragt werden oder das der Menschen – wurde nicht überliefert.[87]

Es möge sich jeder selbst fragen: Wenn Verbrennungsmotoren so schädlich für das Klima wären, wie behauptet wird – wie respektvoll und wertschätzend wird dann hier mit der Erde, mit dem „Wahlvolk" und vor allem auch mit jenen Kindern und Jugendlichen umgegangen, die sich aufrichtig für unseren Planeten engagieren wollen, die Zeit und Engagement investieren und dafür auch Einschränkungen auf sich nehmen würden (wenn auch wohl weit weniger, als gestützt durch ihre eigenen Proteste auf sie zukommen)?

Eine schiefe Optik ist unlängst auch bei einer Tagung des Berliner Senates in einem Bezirksrathaus entstanden. Zur Besprechung über das neue Fußgänger-Gesetz und den Klimaschutz fuhren die neun Senatoren, der regierende Bürgermeister (SPD) und die Fraktionschefs nach einem Bericht in der Bild-Zeitung mit Luxuslimousinen an, mindestens 16 „Nobelkarossen" (darunter auch E-Autos) parkten demnach vor dem

Bürgeramt Helle Mitte. Die Politiker sollen es für nötig erachtet haben, weil sie alle „mit schweren Akten" aus verschiedenen Richtungen anreisten.[88] (Wie sieht es aus, wenn die „normalen" Menschen aus der Bevölkerung aus verschiedenen Richtungen mit Gepäck irgendwohin müssen?)

Dass Schein und Sein bei Politikern und Prominenten öfters auseinanderklaffen, zeigt sich beim Thema Klimaschutz auch durch Kaliforniens Ex-Gouverneur Arnold Schwarzenegger. Im Mai 2019 ließ er sich medienwirksam mit Greta Thunberg, dem österreichischen Bundespräsidenten Alexander Van der Bellen und UNO-Generalsekretär Antonio Guterres bei einer Klimakonferenz in Wien ablichten. Schwarzenegger rief zu mehr „Action" auf und dazu, sich der grünen Bewegung anzuschließen. Veranstalter der Klimakonferenz in Wien war die von Schwarzenegger 2010 gegründete NGO R20 – Regions of Climate Action (zur Vernetzung von Akteuren und als Präsentationsplattform für vorbildliche regionale Beispiele im Klimaschutz).

Im selben Jahr 2010, in dem der damalige Gouverneur von Kalifornien diese Klimaschutz-NGO gründete, fragte ihn der Journalist Reinhold Schnupp („Welt Online") nach der Anzahl seiner Autos – solcher, die tatsächlich im Alltag genützt werden, nicht historischer zum Sammeln. Schwarzeneggers Antwort auf die Interviewfrage, wie viele Autos er besitzt:

> „Keine Ahnung, das kann ich so genau gar nicht sagen.
> Meine Familie und ich leben in Sacramento, aber wir haben noch
> mehrere andere Häuser, wo wir überall auch Fahrzeuge haben.
> Ich schätze mal, dass es so 15 bis 20 Autos insgesamt sind."

Arnold Schwarzenegger im Jahr 2010, also in einer Zeit, in der er sich als Gouverneur zumindest offiziell für den Klimaschutz eingesetzt hat.[89] Von mehreren Hummer-Geländewägen bis zum Porsche Carrera Turbo soll alles dabei gewesen sein. Und nur zu Fuß, mit dem Fahrrad oder Zug werden er und seine Lieben wohl nach wie vor nicht unterwegs sein.

„Wir wollen, dass die Menschen ihr Auto abschaffen."
Regine Günther (Bündnis 90/Die Grünen), Berliner Verkehrssenatorin[90]

Die von der grünen Lokal-Politikerin Susanne Murer ernsthaft empfohlene Variante der Esel-Taxis[91] (anstatt des eingestellten öffentlichen Busverkehrs in den Abendstunden im von ihr verwalteten Stadtteil von Zweibrücken) wird von vielen nur als realitätsferner und abgehobener Zynismus betrachtet. Es bleibt zu hoffen, dass zumindest wenigstens die Ankündigung gegenüber dem „Pfälzischen Merkur", dass statt der Esel künftig auch Kühe als Taxis eingesetzt werden könnten, bloß als Scherz oder Provokation gedacht war. (Falls sie nicht bewusst und vorsätzlich ihr Volk und die Tiere schädigen möchte, wovon wir mal wohlmeinend nicht ausgehen wollen, dürfte sie zumindest wenig Ahnung von den Charakteristika und dem Biorhythmus dieser Tiergattungen haben). Um Zweifel vorwegzunehmen: Veröffentlicht wurden ihre Forderungen nicht, wie man meinen könnte, am 1. April, sondern Ende Januar 2018.

„Wir müssen lernen, anders zu leben, radikal anders.
Und das heißt vor allem: ohne Auto."
Stern-Kolumnist Hans-Ulrich Jörges

Jörges setzt sich unter anderem für autofreie Stadtgebiete und mehr Lastenfahrräder ein. Eines seiner Argumente[92]: Junge Menschen würden sowieso schon von sich aus öfter aufs Auto verzichten. Er bringt vor, dass Anfang dieses Jahrzehnts noch 86 Prozent der 18- bis 24-Jährigen einen Führerschein besessen haben, jetzt wären dies nur mehr 79 %. Zudem führt er an, dass Autokäufer 1995 im Schnitt acht Jahre jünger waren als heute.

Doch sind das tatsächlich Zeichen für einen freiwilligen Verzicht auf das Auto? Oder könnte die Entwicklung daran liegen, dass viele Menschen seit der Euro-Einführung das Gefühl haben, immer weniger Geld in der Tasche zu haben, und daran, dass sich viele den Führerschein oder ein Auto schlichtweg nicht oder erst in höherem Lebensalter leisten können?

Jörges setzt sich so wie viele Verfechter einer menschenverursachten Erderwärmung dafür ein, dass die Menschen ihre Transporte im Stadtgebiet wieder mit Lastenfahrrädern machen.

Uns stellt sich die Frage: Warum soll im Herzen Europas der Weg zurück in die Vergangenheit gehen? Wenn jemand freiwillig und bewusst gerne mit dem Fahrrad fahren möchte, ist dies schön. Doch müssen deshalb alle auch fernab von Sport und Freizeit dazu gezwungen und manche Menschen damit aus der Gesellschaft gedrängt werden, die dies nicht mehr leisten können? Wenn es doch angeblich schon Erfindungen und Erfinder gäbe und gegeben hat, die Autos mit bis dato bestmöglicher Umweltverträglichkeit, niedrigen Kosten und im Gegensatz zu E-Autos alltagstauglicher Reichweite bereits erfunden und erprobt hatten? Wenn anderswo (zum Beispiel in den USA und Russland)[93] aufs Erforschen neuer, zukunftsweisender Technologien und freier Energie gesetzt wird, auf Innovation statt Einschränkung? Warum sollen brauchbare Erfindungen, die jenen von mit Benzin und Diesel betriebenen Fahrzeugen und vor allem auch von E-Autos möglicherweise um vieles voraus waren, abgekauft und in Schreibtischschubladen versenkt worden sein, warum deren Erfinder finanziell ausgehungert oder – wie es oft den Anschein hat – sogar zum Verschwinden gebracht worden sein?[94] Warum sollte die Bevölkerung einen Schritt in die Vergangenheit machen, sich eingrenzen und beschränken, nur weil ihre politischen Vertreter möglicherweise absichtlich oder fahrlässig nicht auf zukunftsträchtige Technologien setzen? Weil damit kein oder fast kein Geschäft zu machen ist für diejenigen, die zum Beispiel an E-Autos ein kräftiges finanzielles Scheibchen mitschneiden? Geht es hier tatsächlich um das Bestmögliche für den Planeten Erde und seine Bewohner, geht es wirklich um das Klima? Oder doch um das eigene Wohl der involvierten Entscheidungsträger? Eine Frage, die du dir immer wieder stellen kannst.

Umsiedlung der Bevölkerung in Ballungszentren

Ohne Auto ist es am Land schwieriger zu leben als in der Stadt. Schlechte Verbindungen mit öffentlichen Verkehrsmitteln, die Wege zur Arbeit, zum Einkaufen, zu öffentlichen Einrichtungen sind zu Fuß oft nicht möglich.
In der Stadt ist das soweit meist kein Problem. Das trifft sich gut, sahen doch die Pläne so manchen Entscheidungsträgers genau das vor: die Zentrierung des Volkes in den Ballungszentren.[95] Was nach Umsetzung der Pläne von den Städten aus – vor allem durch die eingeschränkte Mobilität – nur mehr sehr schwer bis gar nicht erreichbar ist: Plätze am Land zum Naturerleben, zum innerlich Ruhefinden und hören der eigenen inneren Stimme – dies dürfte von den Betreibern einer neuen gesellschaftlichen Ordnung, einer „Neuen Weltordnung" durchaus mit einkalkuliert sein. Schwache Menschen sind leichter führbar als starke, in sich ruhende.

Dazu passt der folgende Auszug aus einer Rede des ehemaligen US-Präsidenten John F. Kennedy 1961. Dass Kennedy einem dubiosen Mord zum Opfer gefallen ist, dürfte allgemein bekannt sein. Mittlerweile gibt es unter anderem ein Geständnis eines CIA-Mitarbeiters und damit Bestätigung für sämtliche Verschwörungstheorien: Dieser hat an seinem Totenbett ausgepackt, dass der Kennedy-Mord ein „Inside-Job" der CIA gewesen sei.[96] War der Grund dafür vielleicht, dass der beliebte US-Präsident J. F. Kennedy gewisse „Spiele" der Eliten nicht mehr mitspielen wollte und sein Volk unter anderem warnte:

„Denn wir stehen rund um die Welt einer monolithischen und ruchlosen Verschwörung gegenüber, die sich vor allem auf verdeckte Mittel stützt, um ihre Einflusssphäre auszudehnen – auf Infiltration anstatt Invasion; auf Unterwanderung anstatt Wahlen; auf Einschüchterung anstatt freier Wahl; auf nächtliche Guerillaangriffe anstatt auf Armeen bei Tag. Es ist ein System, das mit gewaltigen menschlichen und materiellen Ressourcen eine eng verbundene, komplexe und effiziente Maschinerie aufgebaut hat, die militärische, diplomatische, geheimdienstliche, wirtschaftliche, wissenschaftliche und politische Operationen kombiniert. Ihre Pläne werden nicht veröffentlicht, sondern verborgen, ihre Fehlschläge werden begraben, nicht publiziert, Andersdenkende werden nicht gelobt, sondern zum Schweigen gebracht, keine Ausgabe wird infrage gestellt, kein Gerücht wird gedruckt, kein Geheimnis wird enthüllt. Sie dirigiert den »Kalten Krieg« mit einer, kurz gesagt, Kriegsdisziplin, die keine Demokratie jemals aufzubringen erhoffen oder wünschen könnte ...".
Ehem. US-Präsident J. F. Kennedy

(Die deutsche Übersetzung der Rede findest du bei Oliver Janich,[97] das englische Original über die Seite der JFK-Bibliothek.[98])
Könnten diese Aussagen auch Bedeutung für die Klimawandel-Diskussion haben?

<u>Wahlrecht und Führerschein für über 60-Jährige gestrichen</u>
„Rentner, gebt das Wahlrecht ab! Und den Führerschein gleich mit. Denn für beides gilt: Die Alten gefährden die Jungen."
Geht es nach einer in der deutschen Tageszeitung „taz" veröffentlichten Kolumne, haben über 60-jährige Menschen kein Recht mehr zu wählen oder mit dem Auto zu fahren.[99]

Nur mal so zum Vergleich: Wenn man diese Ansicht teilen würde – wer regiert dann unsere Länder? Sowohl der derzeitige Schweizer Vorsitzende des Bundesrates (das „Zünglein an der Waage" bei Abstimmungs-Pattsituationen im Bundesrat) als auch jeweils in Deutschland und Österreich der Bundespräsident und die Bundeskanzlerin (in Österreich bei Redaktionsschluss die interimistische) haben die 60 schon um einige Jahre überschritten ...

Weil ältere Menschen „falsch", nämlich nicht die Grünen wählen, wurde ihnen das Wahlrecht entzogen (ebenso, wie bereits erwähnt, der Führerschein). Dass die Redakteurin der taz dabei allgemein ein etwas einseitiges Bild der älteren Generation haben dürfte, zeigt unter anderem auch folgendes Original-Zitat aus ihrer Kolumne: *„Liebe Mitwählende über 60, wir unter 30 hätten ja auch gerne was von diesem Wohlstand, nicht zuletzt weil wir schon jetzt ärmer sind, als unsere Elterngeneration es je war, uns von Befristung zu Befristung hangeln und eigentlich nie so richtig freihaben, weil wir unsere Wochenenden damit verbringen, die letzte noch bezahlbare Wohnung zu finden (eure Renten finanzieren wir natürlich trotzdem gerne)."*

Nicht erwähnt werden in der Kolumne kritische Stimmen, die gerade durch die links-grüne Politik eine Verschärfung dieser Probleme sehen.[100] Ebenso liest man nichts davon, dass gerade in Deutschland auch immer mehr ältere Menschen in die Armut abrutschen und sich oft auch noch im Rentenalter mit manchmal sogar mehreren kleinen Jobs, Flaschensammeln, Müll-Container nach Essbarem Durchstöbern (wie erwähnt, bedroht durch mögliche gerichtliche Verurteilungen) über Wasser halten müssen – oft nach einem Leben voller Entbehrungen und Dienste für die Gesellschaft. Wenn du wissen willst, was die Bundesregierung dazu sagt, empfehlen wir dir einen lesenswerten Artikel von Jouwatch[101] (https://www.journalistenwatch.com/2019/03/26/die-bundesregierung-flaschensammler/).

Schädigen die älteren Generationen tatsächlich skrupellos die Umwelt und ruinieren die Lebensmöglichkeiten der jungen Erdenbewohner, ihrer eigenen Kinder und Enkel? Wo nicht wenige (Ur-)Großeltern in ihrer Kindheit selbst oft kilometerlang zu Fuß zur Schule gegangen sind, nur wenige Kleidungsstücke besaßen und diese meist unter den Geschwistern weitergaben, wo es keine Plastikverpackungen gab und alles andere Verwertbare nicht weggeworfen, sondern wiederverwertet wurde (vom Geschenkpapier bis zu den Knöpfen ausgedienter Hemden), wo Socken und Strümpfe gestopft wurden, anstatt neue zu kaufen, wo einseitig bedrucktes Papier aufbewahrt und auch auf der Rückseite noch verwendet wurde, wo Kuverts mehrmals überklebt und versandfertig gemacht wurden, wo es noch keine Handys und ein Telefon, wenn überhaupt, dann meist nur in einem mit den Nachbarn geteilten Festanschluss für Notfälle gab? Wo selbst die Eltern mit viel weniger Konsumartikeln aufgewachsen sind wie die heutige Jugend? Diese Generationen haben die Länder nach dem Krieg wiederaufgebaut und in den letzten Jahrzehnten jenen Fortschritt und Wohlstand erwirtschaftet und auch technologisch ermöglicht, den auch die jungen Menschen heute nicht missen möchten. Viele dürften ihn jedoch womöglich für selbstverständlich erachten und nicht mehr in Dankbarkeit wahrnehmen.

Klar ist, dass ältere Menschen nur dann hinter dem Steuer sitzen sollen, wenn sie gesund und rundum reaktions- und handlungsfähig sind. Aber kann ein flächendeckend aufgezwungener Schritt zurück eine Lösung für ohnehin mehr als umstrittene Klimaeinflüsse sein? Ist es klug, (auch kleinste) Kinder und Jugendliche gegen die älteren Generationen aufzustacheln? Wo es vor allem für die gesunde Entwicklung von Kindern wichtig ist, dass sie ihrem Umfeld vertrauen können? Oder wird so bewusst jene Lücke zwischen Eltern und Kinder erzeugt, in die sich staatliche Institutionen setzen können, um die Kinder in die gewünschte Richtung zu dirigieren? Nichts anderes hat ein Mitglied der einflussreichen Rockefeller-Dynastie in einem privaten Gespräch unter Freunden verlautbart. Er brachte darin das Thema auf den Feminismus, und dass dieser nicht einfach zufällig aus dem Volk heraus entstanden sei.

Über den Sinn dieser offenbar bewusst von Mächten aus dem Hintergrund lancierten Berufstätigkeit von Müttern sagte Nick Rockefeller zu Aaron Russon (Filmproduzent):

„Nun bekommen wir schon früh Macht über die Kinder. Wir können den Kindern eintrichtern, wie sie zu denken haben, sodass sie nicht mehr unter dem Einfluss von intakten Familien stehen. Deine Kinder beginnen, den Staat, die Schule, die Beamten als Familie zu sehen, nicht als Lehrer, die sie unterrichten."
Nick Rockefeller zu Aaron Russo (u. a. Filmproduzent)

Kann es richtig sein, den älteren Generationen pauschal Vorwürfe zu machen – wenn viele Schäden auf der Erde, wie auch von Greta so festgestellt,[102] nur von einer absoluten Minderheit verursacht wurden (meist derer, die die Entscheidungshoheit innehatte, davon profitierte und die möglicherweise auch die derzeitigen klimapolitischen Vorgänge global steuert?)?

Oder wäre es klüger, eine Lösung über zukunftsträchtige Wege, eine ergebnisoffene Forschung und Innovationen sowie eine wahrhaftige und offene Analyse des tatsächlichen erd- und lebensschädigenden Verhaltens herbeizuführen? Es sollen bereits zahlreiche zukunftsträchtige Erfindungen und Erfinder im Bereich der [fast] freien oder sonst umweltneutralen Energien zum Verschwinden gebracht worden sein, unzählige Erfinder finanziell ausgehungert oder durch Verzögerungen der Patentvergabe behindert worden sein. Warum? Während wirklich schädigende Einflüsse mancherorts immer noch ungehindert am Wirken sind, obwohl die Erde (das Klima) ja den Entscheidungsträgern offiziell so wichtig sei, wie betont wird. Warum hat man den Eindruck, dass nur sehr wenig tatsächlich Wirkungsvolles getan wird, zum Beispiel im Bereich der Regenwaldabholzung (auch wegen der Vorschriften für Biodiesel), beim Glyphosat (warum wurde seine Zulassung durch die EU-Kommission bis 2022 verlängert,[103] obwohl bereits vor dem Zeitpunkt des Beschlusses schwerwiegende Bedenken dagegen vorlagen?[104]), bei massivem Ressourcen-Abbau, Geo-Engineering*, Haarp-Energien, Fluorisierung des Trink- und Mineralwassers, Impfungen mit möglicherweise schädigenden Zusätzen[105], Schädigungen durch die meist unerwähnten Schattenseiten von Wind- und Solarenergie, durch Zusatz von menschlichen/fötalen Zellen in Nahrungsmitteln etc.

*) Falls du bei Geo-Engineering/Chemtrails an das Niederschlags-Argument „Verschwörungstheorie" denken solltest: Es wurde bereits mehrfach von wissenschaftlicher und politischer Seite bestätigt – unter anderem von Dr. Angstrom H. Troubador, leitender Chemtrail-Ingenieur unter US-Präsident Barack Hussein Obama. Er bezeichnete Geo-Engineering als einzige Möglichkeit, um einen „katastrophalen Klimawandel" zu verhindern; wer den Himmel regelmäßig beobachtet hat, dem wird aufgefallen sein, dass die Eingriffe in den letzten Monaten offensichtlich wieder weniger wurden und es immer öfter auch wieder wolkenlosen Himmel und natürliche Wolkenformationen wie früher zu sehen gibt – in den USA wurden beispielsweise nach dem Präsidentenwechsel von Obama zu Trump die Zahlungen für Geo-Engineering zurückgefahren.[106,107,108]

Genauso wie nicht alle älteren Menschen Umweltsünder sind, sind auch nicht alle demonstrierenden Jugendlichen gewaltbereit und für das Chaos nach so mancher Klima-Demonstration verantwortlich: auf den Boden geworfene Plastikflaschen, Zettel, Aludosen und Restmüll bleiben oft zurück,[108a] wenn sich die Jugendlichen wieder auf den Heimweg machen. Selbst kilometerlange Plastikbänder wurden wenig umweltsensibel bereits benützt, um einzelne Plätze abzusperren (wie von der mit „Fridays for Future" verbundenen Schwesterbewegung „Extinction Rebellion" in Berlin zum Beispiel).[108b] Wenn dann teilnehmende „Fridays for Future"-Demonstranten noch mit dem SUV zur und von der Demo gefahren werden, könnte man den Eindruck erhalten, dass nicht jeder der Teilnehmer ein so positives Einvernehmen mit der schützenswerten Natur hat und für einige vielleicht doch der schulfreie Vormittag im Mittelpunkt stehen könnte. So wie am Beginn von Gretas öffentlicher Klima-Kampagne ein Foto von ihr in Umlauf kam, wo sie zwar umweltfreundlich und kameragerecht im Zug sitzt, sich jedoch für einen Imbiss erstaunliche Mengen an Plastikmüll vor ihr türmten.[109] Ein PR-Fauxpas, der nach Kritik und Häme im Internet später zumindest auf Fotos nicht mehr vorgekommen ist.

Pauschal-Verdächtigungen und -Verurteilungen der jungen oder der älteren Generationen bringen weder uns als Gesellschaft, noch die Lebensbedingungen auf unserem Planeten voran. Würde ein friedvolles und respektvolles Miteinander der Menschen und Generationen und ein voneinander Lernen im friedvollen, wertschätzenden Dialog vielleicht der bessere Weg sein?

<u>Wahlrecht für Babys und Kinder (sofern es noch welche gibt)</u>
Die älteren Menschen dürfen nicht mehr wählen, dafür Babys und Kleinkinder[110,111] – weil es ja offiziell um ihre Zukunft gehe? Auch die damals 15-jährige Greta beklagte sich 2018: *„Wir dürfen bei den Parlamentswahlen, die im Herbst anstehen, nicht mitwählen, obwohl die Fragen, die auf dem Spiel stehen, Auswirkungen auf unser gesamtes zukünftiges Leben haben werden."[112]*

Fridays for Future forderte zumindest die Absenkung des Wahlalters auf 16 Jahre und auch SPD und Grüne in Deutschland forderten, gestützt auf das Engagement der Jugendlichen, dass diese bereits ab 16 Jahren wählen dürfen. (Ob in weiterer Folge auch das Schutzalter für die Jugendlichen in verschiedenen anderen Bereichen noch weiter herabgesenkt werden soll, wird sich zeigen – so liegt etwa das Schutzalter im Vatikan, ab dem unter Umständen Erwachsene mit Kindern Sex haben dürfen, 2019 bei 12 Jahren, in Österreich und Deutschland [noch?] bei 14 Jahren, in der Schweiz bei 16 Jahren).[113]

Mit einem Wahlrecht für (Kleinst-)Kinder wäre der Manipulation Tür und Tor geöffnet. So könnten die Eltern nicht nur ihre eigene Stimme abgeben (sofern sie das möchten), sondern auch welche für ihre Babys und Kleinkinder. Kritiker bemängeln weiters, dass sich jüngere Menschen (z. B. 16-Jährige) zudem mangels Erfahrung viel leichter steuern und manipulieren lassen. Eine Situation, die sich durch weniger Bildung in einer neuerdings durch die Streiks praktisch nur 4-tägigen Schulwoche sowieso zunehmend schwierig gestaltet, zusätzlich zu Budgetmangel, höherem Anteil an fremdsprachigen Kindern, Kulturunterschieden, aggressiveren Umgangsformen bis hin zu (Cyber-)Mobbing, umstrittener Schwerpunktsetzung in den Lehrplänen und Unterrichtsinhalten etc.? Eine schwierige Schulsituation stellt selbst Greta Thunbergs Mutter Malena Ernman im Buch der Familie wiederholt fest.

Dass die Annahme stimmen dürfte, legen auch die Einschätzungen des angeblich „unabhängigen" Faktencheck-Büros „Correctiv" nahe (zu dem wir noch ausführlich kommen). Selbst dort lautet die Analyse, dass eine junge Zielgruppe *„leicht zu überzeugen"* sei: *„Junge Menschen sind auf YouTube. Und sie sind viel empfänglicher für falsche Informationen als Erwachsene. Denn Jugendliche haben noch kein fertiges Weltbild. Sie halten mehr Dinge für wahrscheinlich."*[114]

Damit dürfte sich diese Annahme, warum Fridays for Future, SPD und Grüne eine Herabsenkung des Wahlalters fordern, bestätigt haben, liegen doch vor allem bei den Grünen die höchsten Zustimmungswerte bei den jungen Menschen, während ältere zunehmend skeptisch sind. Ist das auch der Grund, warum sich die Klimamission jetzt nach Al Gore mit Greta Thunberg und Fridays for Future (inklusive ihrer jungen Begleiter) zielgerichtet auf die Jugend konzentriert – weil diese laut Correctiv *„empfänglicher für falsche Informationen"* sei und noch *„kein fertiges Weltbild"* hätte und *„mehr Dinge für wahrscheinlich"* halte?[114] (Was im Allgemeinen ja durchaus auch von Vorteil sein kann, wenn es darum geht, neue Sichtweisen in die Gesellschaft und möglicherweise verstaubte Traditionen zu bringen).

Welche Auswirkungen hat es noch, wenn Jugendliche ab 16 Jahren bereits wählen dürfen? Die Kinderanzahl der Europäer (die bereits über mehrere oder viele Generationen in Europa gelebt haben) sinkt. Zudem wird dazu aufgerufen, noch weniger Kindern das Leben zu schenken (siehe nächster Punkt). Wenn man sich umsieht, in welchen Familien auch jetzt noch viele Kinder gang und gäbe sind, sind es meist Familien mit Migrationshintergrund. Dies ist keine rechte Verschwörungstheorie, sondern durch Fakten belegt, zum Beispiel in einer Auswertung des Statistischen Bundesamtes der Bundesrepublik Deutschland für das Jahr 2018: Demnach gab es in deutschen Privathaushalten mit Migrationshintergrund knapp doppelt so viele bis mehr als 4-fach so viele Kinder unter 18 Jahren wie in Haushalten mit ausschließlich deutschstämmigen Familienmitgliedern ohne Migrationshintergrund![115] Zusätzlich kommen derzeit jeden Tag weitere Menschen mit Migrationshintergrund nach Europa und hier vor allem auch über die Grenze oder von oben per Flugzeug nach Deutschland, zumeist junge Männer, die in weiterer Folge auch ihre Familien nachholen. Damit stellt sich nach und nach eine Veränderung der europäischen und vor allem deutschen Gesellschaft ein (da Deutschland besonders offen um neue Migranten zu werben scheint).

„Auf der Suche nach einem neuen Feind, der uns vereint, kamen wir auf die Idee, dass Umweltverschmutzung, die Bedrohung durch die globale Erwärmung, Wasserknappheit, Hungersnot und dergleichen zu uns passen würden ... All diese Gefahren werden durch menschliche Eingriffe verursacht ... und damit ist die Menschheit selbst der „wahre Feind" ... glauben, dass die Menschheit eine gemeinsame Motivation braucht, nämlich einen gemeinsamen Gegner, um eine Weltregierung zu verwirklichen. Es spielt keine Rolle, ob dieser gemeinsame Feind ein echter oder ... ein für diesen Zweck erfundener Feind ist."
Zitat des Club of Rome[115a]

Wurde eine leichtere Lenkbarkeit junger Wähler und ein Wählen stellvertretend für die Kinder durch die Politiker ebenso bewusst einkalkuliert wie eine der Kinderanzahl entsprechend stärkere Wahlbeteiligung von Migranten? Wenn man weiß, dass auf höheren Ebenen für alle Menschen starke Veränderungen geplant sind, wird einiges leichter nachvollziehbar – auch warum sich verschiedene wichtige Themen wie Klimaschutz und Migration immer wieder kreuzen.

Und manche Kritiker gehen von einem Zusammenhang zwischen Einführung der CO_2-Steuer, den nach Europa strömenden Migrationswilligen und den damit verbundenen Kosten aus. So soll sich die Verschuldung im deutschen Budget deshalb vergrößert haben, weil für 2020 eine Rücklage wegen der Migration eingerichtet worden sein soll.

 Einen möglichen Zusammenhang zwischen Migration oder Flüchtlingskrise und Benzinsteuer hat Bundestagspräsident Wolfgang Schäuble (CDU) 2016 als damaliger Finanzminister offenbart: Er schlug 2016 ganz offiziell in einem Bericht auf „Zeit online" eine neue Benzinsteuer zum Decken eines Teils der Kosten für Migranten und damit verbundener Themen vor.[120] Der Titel des Berichts: *„Grenzsicherung: Schäuble erwägt Benzinsteuer zur Bewältigung der Flüchtlingskrise."*

Hätte das jemand anderer gesagt, wäre sicher sofort der Vorwurf der Rechtsradikalität gekommen.

Die Steuer ist jetzt, im Jahr 2019, von der Regierung in einem ersten Schritt bereits beschlossen, nur von der Migrationswelle als möglichem Auslöser traut sich von den die neue Steuer verantwortenden Politikern wohl niemand mehr öffentlich zu sprechen. Wenn man sich die Einwanderungssituation in ganz Deutschland ansieht, ist es logisch, dass irgendwoher zusätzliches Geld generiert werden muss: Immer mehr Menschen, die noch nie in das deutsche oder europäische Sozialsystem eingezahlt haben und es vielfach wohl auch noch länger nicht tun werden, werden vom Bund finanziert. Das Land Hessen etwa zahlt Berichten nach für jeden minderjährigen Flüchtling 8469 Euro monatlich, über das Jahr macht das insgesamt 138 Millionen Euro aus.[121] (Altersüberprüfungen durch die Rechtsmedizin Münster haben ergeben, dass 40 % der vermeintlich jugendlichen Einwanderungswilligen bei der Altersangabe gelogen und sich jünger gemacht haben. Ihre Vorteile dadurch: Sie genossen einen erhöhten Schutzstatus und wenn sie gegen Gesetze verstoßen haben, sorgt die Einstufung als Minderjähriger für eine mildere Beurteilung vor Gericht.)[121a]

Eine mögliche Verquickung von elitär angestrebter Supranationalität und Migration spricht unter anderem Alexander Gauland (AfD) bei einer Rede vorm Bundestag ganz offiziell an.[122]

„Die Neue Weltordnung wird geschaffen werden und letztendlich aller nationalen Souveränität ein Ende bereiten. Das Untergraben der nationalen Souveränität, Stück für Stück, wird erfolgreicher sein, als ein altmodischer Frontalangriff."
Richard N. Gardner, einer der größten Verfechter einer „Neuen Weltordnung"[122a]

Wir ersuchen dich an dieser Stelle wieder, einfach selbst zu recherchieren und dir – wenn du geneigt bist, es ins Reich der Erfindungen zu schieben – dabei auch die Warnungen bekannter Menschen zu Gemüte zu führen. Die Pläne wurden von den elitären Kreisen selbst (unter dem Motto „Wir haben es euch ja gesagt", um sich selbst keine Verantwortung aufzuladen?) über lange Zeit immer wieder offenbart, von anderer Stelle wurde gewarnt. Wir Menschen dürfen bloß hinsehen (und nicht erwarten, darüber viel in den staatlichen und gleichgeschalteten Medien zu erfahren oder von jenen, die sich an Bilderbergertreffen*⁾ und anderen Zusammenkünften beteiligen). Dass mit Ursula von der Leyen (EU-Kommissionspräsidentin) und Christine Lagarde (Präsidentin der Europäischen Zentralbank) in Europa vor kurzem zwei umstrittene Frauen an höchste Ämter gesetzt wurden, die nie vom Volk gewählt wurden, offenbart bereits einiges.

„Niemand weiß das, aber beim letzten Mal habe ich die Kandidaturen von sechs möglichen Kommissionsmitgliedern zurückgewiesen, die mir die nationalen Regierungen präsentiert hatten."
Jean-Claude Juncker, scheidender EU-Kommissionspräsident[123]

Ist es da Zufall, dass sich beide Damen sehr klar für eine CO_2-Steuer aussprechen? Verwundert es, wenn die neu ernannte, jedoch nicht vom Volk gewählte, mächtige EU-Kommissionspräsidentin mit ihren Schwerpunkten genau auf der elitären Linie der menschenverursachten, CO_2-induzierten Erderwärmung, der Globalisierung und des Zusammenwachsens der Völker und Staaten liegen dürfte? Von der Leyen nannte bei der Vorstellung ihrer Personalliste für die EU-Kommission Anfang September 2019 in Brüssel als eine ihrer Prioritäten die Klimapolitik. Sie will die bisherigen Klimaziele der EU nämlich (auf Kosten des Volkes?) noch unterschreiten und mehr Bereiche in den CO_2-Emissionshandel einbeziehen (über dessen Nutznießer, mögliche Wirkungen auf das Klima sowie die wissenschaftlichen Fakten zu den Klimaschwankungen später mehr).[124]

Von der Leyen weiters: *„Ich möchte eine Kommission, die mit Ent-schlossenheit geführt wird, die sich auf die akuten Probleme konzent-riert und Antworten liefert"*.

Sie wolle eine geopolitische Kommission, die sich *„für eine nachhaltige Politik einsetzt"*. Die EU müsse dabei auch *„Hüterin des Multilateralis-mus"* sein.

In der neu besetzten EU-Kommission soll es dann ab Anfang Novem-ber 2019 mit dem Niederländer Frans Timmermans einen geschäfts-führenden Vizepräsidenten für Klimapolitik geben, eine Vizepräsidentin für den „Schutz dessen, ‚was Europa ausmacht'" (Margaritis Schinas aus Griechenland), eine Vizepräsidentin für Demokratie und Demo-grafie (Dubravka Suica aus Kroatien), zusätzlich unter anderem einen Kommissar für Umwelt (Virginijus Sinkevicius aus Litauen), einen für Energie (Kadri Simson aus Estland), eine für Bürgerrechte und Gleich-stellung (Helena Dalli aus Malta), einen für Krisenmanagement (Janez Lenarcic aus Slowenien) und eine für internationale Partnerschaften (Jugga Urpilainen aus Finnland) geben.[125] Ist davon nur das Beste für die europäischen Völker zu erwarten?

> *„Und in der Globalisierung brauchen wir übrigens andere Formen von internationaler Governance als der Nationalstaat. Der ist vor 100 Jahren in seinem Regelungsmonopol an seine Grenzen gestoßen und heute schaffen wir was Neues, ziemlich mühsam, aber nicht so hoffnungslos. Lernen können wir nur aus unseren Fehlern und Irrtümern. Und deshalb, ich bin da bei aller krisenhafter Zuspitzung im Grunde entspannt, weil wenn die Krise größer wird, werden die Fähigkeiten, Veränderungen durchzusetzen größer!"*
> Wolfgang Schäuble, Präsident des Deutschen Bundestagstags,
> bei einer Podiumsdiskussion 2015[126]

Doch nicht nur in Deutschland dürfte eifrig am gesellschaftlichen Umbau gearbeitet werden. Österreichs Bundespräsident Alexander Van der Bel-len, die von ihm ernannte Übergangs-Bundeskanzlerin sowie zwei wei-tere Interimsminister vertraten Österreich gemeinsam mit einer „Fri-days for Future"-Vertreterin als Jugenddelegierter beim UN-Klimagipfel in New York. Gleich wie bei der deutschen Bundesregierung unter der Leitung der studierten Atomphysikerin und Bundeskanzlerin Angela Mer-kel (CDU) dürften die in den letzten Monaten immer lauter gewordenen Indizien für einen natürlichen und gegen einen menschengemachten, CO_2-bedingten Klimawandel auch bei den Vertretern Österreichs beim

UN-Gipfel noch nicht angekommen sein.[127] Das mag manchen nicht weiter verwundern, soll Alexander Van der Bellen gerüchteweise 2015 an einem Bilderbergertreffen teilgenommen haben (dieses Gerücht konnten wir allerdings nicht näher verifizieren)[127a], seine Bürochefin scheint allerdings auf jeden Fall offiziell auf der Teilnehmerliste des Treffens 2018 in Turin auf.[129] Zudem ist er in früheren Jahren selbst Mitglied einer Freimaurerloge gewesen.[130]

Ist es wahrscheinlich, dass sich Politiker an die Linie halten, die bei streng abgeschirmten elitären Treffen vereinbart wird (wie jener, dass der Klimawandel durch den von ihm ausgelösten CO_2-Ausstoß vom Menschen verursacht sei)? Neben Treffen mit jüdischen Vertretern, wo wieder einmal eine historische Verantwortung Österreichs zum Ausdruck gebracht worden sein soll, stach auch ein Termin des interimistischen Außenministers Schallenberg in New York hervor: So soll es ein Gründungstreffen der Allianz für den Multilateralismus gegeben haben. Österreichs Interims-Umweltministerin Patek kündigte ein Treffen mit ihrer chilenischen Amtskollegin an. Das Thema: die nächsten Schritte bei der Umsetzung des Pariser Abkommens. Darin ist auch der internationale Klimaschutzfonds (Green Climate Fund (GCF)) der Vereinten Nationen geregelt.
Und weil man allem Anschein nach eine angeblich drohende Klimakatastrophe unter anderem mit der Verschiebung von Milliardenbeträgen (100 Milliarden an ärmere Länder [oder indirekt an wen?]) stoppen will, hat auch Österreich unter der Übergangsregierung knapp vor der Nationalratswahl die vom Steuerzahler finanzierten Klimazahlungen an den GCF der Vereinten Nationen gleich noch um vier weitere Millionen auf insgesamt 30 Millionen aufgestockt. Und das, obwohl immer mehr Fakten auf den Tisch kommen, dass die menschenverursachte Erderwärmungs-Theorie so nicht stimmen könne (unter anderem von Professor Patrick Frank von der Universität Stanford und dem sogenannten „Hockeyschläger"-Gerichtsurteil)?[131,132]

Welche Interessen wurden und werden hier vertreten? Als Begründung für den Beschluss vor der Nationalratswahl, noch mehr österreichisches Steuergeld in den Fond einzuzahlen, nannte Österreichs Übergangs-Umweltministerin Maria Patek den Rückzug der USA aus dem Fund. (Wir werden weiter hinten noch lesen, warum die USA aus diesem Programm ausgestiegen sind.) Man müsse deshalb noch enger zusammenrücken. Wie Patek verlauten ließ, werde Österreich jährlich insgesamt rund 180 Millionen Euro für die internationale „Klimafinanzierung" beisteuern. Für den Bundespräsidenten Van der Bellen ist das noch nicht genug, er sieht darin *„einen ersten wichtigen Schritt, dem weitere folgen müssen".*[133]

Was sein Zusatz bedeutet, dass die Bewältigung der Klimakrise „eine Jahrhundertaufgabe" für die Menschen sei, bedeutet, darf sich jeder selber überlegen.

Insgesamt haben sich die „Industrieländer" das Ziel gesetzt, ab 2020 100 Milliarden (!) US-Dollar jährlich für Klimaschutz und Anpassung an eine „Erderhitzung" in den ärmeren Ländern zu mobilisieren![134] Jede Menge Geld also, das da von uns Steuerzahlern umgeschichtet werden soll und in Umlauf kommt. Wer will daran über welche Organisationen (z.B. Stiftungen, NGOs) und deren Projekte möglicherweise mitschneiden?

„Wir verteilen den Reichtum der Welt de facto durch die Klimapolitik neu …Grundsätzlich ist es ein großer Fehler, die Klimapolitik getrennt von den großen Themen der Globalisierung zu diskutieren …
Man muss sich von der Illusion befreien, dass internationale Klimapolitik Umweltpolitik ist. Das hat fast nichts mehr mit Umweltpolitik zu tun."
Zitat von Ottmar Edenhofer, Potsdam-Institut für Klimafolgenforschung, hochrangiger UN-IPCC-Beamter[115a]

*) Exkurs zu den „Bilderbergern":

Falls du noch nichts davon gehört hast: Die Bilderberger sind eine jener bis vor wenigen Jahren noch sehr geheimen, in Zeiten des Internet(-journalismus) nur mehr mäßig geheimen Gruppen, in denen sich die wirklich mächtigen Entscheidungsträger dieser Erde treffen und ihren Kurs für die wichtigsten Themen festlegen (Kenner von Geheimbünden gehen davon aus, dass es zwar eine der höchsten, aber immer noch nicht die oberste Schicht jener Mächtigen ist, die den Menschen in der Vergangenheit ihre Entscheidungen aufgedrückt haben sollen). Die Bilderberger-Konferenzen finden seit ihrer Entstehung wahrscheinlich Mitte der 50er-Jahre des 20. Jahrhunderts[134a] ein- bis zweimal jährlich statt, von der Bevölkerung streng abgeschottet – diese darf jedoch meist die hohen Polizeikosten dafür tragen. Wer mal die Anreise am Rande einer solchen Konferenz beobachtete, wird festgestellt haben, dass die Teilnehmer so gut wie allesamt (zumindest den Weg vom Flughafen zum Tagungsort) mit SUV und anderen Limousinen bestreiten. Sie unterliegen der Verschwiegenheitspflicht, unabhängige Medien werden nicht zugelassen, seit einigen Jahren werden aber zumindest im Vorhinein (lückenlose?) Teilnehmerlisten auf einer eigenen Internetseite veröffentlicht.[134b] Es soll auch eine eigene „Foundation Bilderberger Meetings" geben.[135]

Hier trifft sich also alles aus den USA und Europa, was Rang und Namen hat sowie Einfluss auf die wichtigsten gesellschaftlichen Bereiche nehmen kann – Vertreter aus den Bereichen der Politik und des Hochadels, Wirtschaft und Industrie, des Militärs, der Medien(konzerne), Universitäten/Hochschulen, Meinungsforschungsinstitute, Politanalyse, der Hochfinanz/Banken und Geheimdienste.[136]

Ein- oder oftmalige Teilnehmer waren etwa (nur auszugsweise) Henry Kissinger (geboren 1923 in Fürth als „Heinz Alfred Kissinger", sehr einflussreicher ehemaliger US-amerikanischer Politiker und Präsident der Beratungsfirma „Kissinger Associates"), die bisherige niederländische Königin Beatrix (ihr Vater war Gründungsmitglied) und nunmehr der amtierende König Willem-Alexander, David Rockefeller, Paul Wolfowitz (ehem. Präsident der Weltbank), Ursula von der Leyen (beim letzten Treffen noch Verteidigungsministerin in der Bundesrepublik Deutschland, nunmehr EU-Kommissionspräsidentin), Johan Rockström (Direktor des Potsdam Institut für Klimafolgenforschung!), Romano Prodi (ehem. italienischer Ministerpräsident, ehem. EU-Kommissionspräsident), Bill Gates (Gründer Microsoft, einer der reichsten Menschen der Welt, Bill & Melinda Gates Stiftung mit ua. großangelegten Impfprogrammen), Josef Ackermann (ehem. Vorstandsvorsitzender Deutsche Bank AG), Roland Koch (ua. ehem. Ministerpräsident von Hessen), Paul Achleitner (Aufsichtsratsvorsitzender Deutsche Bank AG), Ueli Maurer (Vorsitzender des Schweizer Bundesrats), José Manuel Durão Barroso (früherer EU-Kommissionspräsident, nun bei der mächtigen Großbank Goldman Sachs International), Jeremy Fleming (Direktor des Kommunikationszentrums der britischen Regierung), Edeltraud Hanappi-Egger (Rektorin der Wiener Wirtschaftsuniversität), Jolanta Pienkowska (Moderatorin/Journalistin Polen), Børge Brende (Präsident Weltwirtschaftsforum), Estlands Premierminister Jüri Ratas, Matteo Renzi (früherer Premierminister Italiens), Thomas Enders (Airbus SE), Renate Köcher (Meinungsforschungsinstitut Allensbach), Pamela Rendi-Wagner (SPÖ-Vorsitzende, ehem. österreichische Gesundheitsministerin), Rudolf Scholten (Bruno Kreisky Forum für internationalen Dialog/Österreich, ehem. Minister, Vorstand Österr. Kontrollbank AG), Andrea Ecker (Büroleiterin österr. Bundespräsident Alexander Van der Bellen), Linda Teuteberg (Generalsekräterin Freie demokratische Partei Deutschlands), Martina Hirayama (Staatssekretärin Bildung, Forschung und Innovation/Schweiz), Reid Hoffman (Mitbegründer LindedIn, Partner Greylock Partners), André Hoffmann (Vize-Vorsitzender Roche Holding Ltd.) etc.

Entscheidungen, die bei den Bilderbergertreffen gefällt werden, sollen schließlich ja auch tatkräftig umgesetzt werden. Dafür, dass das Volk mitzieht, sorgen dann schon die teilnehmenden Chefs einflussreicher Medienkonzerne (diese sind wohlgemerkt als Teilnehmer dabei, nicht um davon zu berichten!), so etwa Mathias Döpfner (CEO Axel Springer SE), Eric Schmidt (Alphabet Inc., ehemaliger CEO von Google), Pietro Supino (Vorsitzender Tamedia Group/Schweiz), Minton Beddoes (The Economist), Gerhard Zeiler (Turner International).

Die Treffen seien informell und privat, heißt es. Natürlich laufe alles nur zum Wohl der Bevölkerung ab, wird stets betont. Dennoch werden wichtige Fragen thematisiert und wohl auch Entscheidungen getroffen, die in weiterer Folge auch umgesetzt werden – über Weltwirtschaft und internationale Beziehungen, über Krieg und Frieden. Die Bevölkerung wird darin nicht eingebunden und auch nicht darüber informiert. Frag dich bitte auch hier selbst: Wofür die strenge Geheimhaltung, Abschottung und die fast angewiderten Reaktionen, wenn sich mutige freie Journalisten dann doch erdreisten, Teilnehmern am Rande der Konferenz Fragen zu stellen (und diese Videos dann auch über YouTube zu veröffentlichen versuchen, sofern sie nicht gelöscht werden)? Der freie amerikanische Journalist Tim Tucker hatte dank guter Informanten veröffentlicht, dass beim Treffen 2010 in Spanien bereits eine Art Klimasteuer („carbon tax") am Programm stand.

Ist das Ganze eine fiktive Verschwörungstheorie oder finden hier tatsächlich geheime Verschwörungen statt, über die nicht berichtet werden soll? Zudem interessant bei dem Ganzen: Man könnte den Eindruck erhalten, dass zur Konferenz geladene, externe (nicht regelmäßige) Teilnehmer in der Regel wenig später karrieremäßig gut voran kommen ... Ein Zufall?

„Allein das Wort Geheimhaltung ist in einer freien und offenen Gesellschaft unannehmbar; und als Volk sind wir von Natur aus und historisch Gegner von Geheimgesellschaften, geheimen Eiden und geheimen Beratungen."
Ehem. US-Präsident John F. Kennedy, 1961[137,138]

Verzicht auf Kinder als moralische Klimaschutz-Pflicht

Statt „Fridays for Future" jetzt „Fridays for no Future"? Der ganze Kampf gegen den Klimawandel müsse ausgetragen werden für die kommenden Generationen, wird immer wieder betont. Nicht nur von Fridays for Future, sondern auch von Politikern und anderen Prominenten. Wie logisch ist es dann, wenn etwas zum Schutz der kommenden Generationen gefordert wird, diese jedoch gleich gar nicht geboren werden sollten, weil sie selbst klimaschädlich seien?! Nicht nur die älteren Menschen sind in den Augen einiger Klimawandel-Aktivisten nämlich schuld an den Klima-Schwankungen, sondern vor allem auch die Kinder, alleine durch ihre Existenz! Damit wäre auch die Existenz der minderjährigen Greta, ihrer Schwester und des Großteils der „Fridays for Future"-Demonstranten nicht kompatibel mit der Klimabewegung?

> *„Kinderkriegen sollte ein strafbares Verbrechen gegen die Gesellschaft sein, es sei denn, die Eltern besitzen eine staatliche Lizenz. Alle potenziellen Eltern sollten verpflichtet werden, Verhütungsmittel zu verwenden, wobei die Regierung Gegenmittel an Bürger ausstellt, die für die Kinderbetreuung ausgewählt wurden."*
> David Brower, einem Gründer des Sierra Club
> (einer großen Naturschutzorganisation in den USA)[115a,146]

Der Verzicht auf Kinder zum Wohle des Klimas wurde unter anderem von Popstar Miley Cyrus[139] propagiert. Sie ist vor allem bei Jugendlichen beliebt und war vor einigen Jahren mit Patrick Schwarzenegger, dem Sohn von Arnold, liiert. Im deutschsprachigen Gebiet hat sich eine bayerische Lehrerin (!) und nunmehr Buchautorin als Erste öffentlich dazu geäußert.[140] Der Verzicht auf ein Kind sei nach Ansicht der Pädagogin der größtmögliche Klimabeitrag, den Menschen leisten könnten. Und im Sinne des Klimaschutzes werden schon mal Menschenleben gegen Autofahren und CO_2-Berechnungen aufgewogen: Demnach würden pro Kind 58,6 Tonnen CO_2-Emissionen pro Jahr eingespart – im Vergleich zu 2,4 Tonnen beim Verzicht auf das Autofahren. Die Lehrerin dürfte also Eltern im weiteren Schluss für unverantwortlich, umwelt- und klimafeindlich halten. Und eine 18-jährige Kanadierin macht Werbung für eine Internetseite, auf der sich bereits Kinder und Jugendliche dazu verpflichten sollen, keine Kinder auf die Welt zu bringen, solange der Klimawandel ein Thema sei![140a]

> *„Wenn ich wiedergeboren würde,*
> *würde ich gerne als Virusvernichter auf die Erde zurückkehren,*
> *um die Bevölkerungszahl zu senken."*
> Prinz Philip (Ehemann von Queen Elizabeth II.)[u.a. 419]

Bitte überlege dir: Die „Klimapolitiker" von Al Gore bis Robert Habeck setzen sich offiziell ja für die Zukunft der kommenden Generationen ein, weil die älteren Generationen ja diesen angeblich die Zukunft stehlen. Die Lösung für die zukünftigen Generationen wäre also, ihnen erst gar keine Zukunft zu geben (und damit das eigene Volk zum Aussterben zu bringen?)? Steckt hinter dem Aufruf zum Verzicht auf Babys die Forderung einiger elitärer Kreise nach der gewünschten Kontrolle und Bevölkerungsreduktion (Stichwort: NWO)?

Wo sind wir Menschen angekommen, wenn Kinder gegen ein angebliches „Treibhausgas" gegengerechnet werden und dabei sogar noch den Kürzeren ziehen? Wer die Entstehung eines Menschen einmal miterlebt hat, dem wird eine Aufrechnung Baby gegen CO_2 wohl zwangsläufig lebensfeindlich, unmenschlich und unverständlich erscheinen. Wer sich zudem die Funktion und Wichtigkeit von CO_2 auf unserem Planeten angeschaut hat, den kann so eine Forderung nur fassungslos machen ...

> *„Die Zugabe eines temporären Sterilisators zu Grundnahrungsmitteln*
> *oder zur Wasserversorgung. Mit begrenzter Verbreitung von*
> *Gegenmittelchemikalien, vielleicht durch Lotterie".*
> Zitat von Paul Ehrlich, Professor an der Stanford University[115a]

Großbritanniens Prinz Harry hielt beim Google-Summit auf Sizilien eine vielbeachtete Rede zum Klimawandel[141] (zu dem er – ohne Rücksicht auf das Klima? – per Privatjet und Helikopter[142] angereist sein soll). Danach ließ er zudem verlauten, dass er und seine Frau Meghan auf ein drittes Kind verzichten[143], aus Verantwortungsbewusstsein der Umwelt gegenüber. Nun wird er mit seiner Frau Meghan jedoch in seiner Heimat Großbritannien als „Klima-Heuchler" tituliert, da er angeblich innerhalb von nur elf Tagen für zwei Kurzurlaube viermal mit dem Privatjet innerhalb Europas unterwegs gewesen sein soll.[144,145]

Der demokratische US-Präsidentschaftskandidat Bernie Sanders hat in einer Veranstaltung von CNN Anfang September 2019 das bestätigt, was davor als übertriebene und verschwörungstheoretische Ängste (vor totalitären Konsequenzen und einer Rückkehr zur Eugenik) betitelt wurde: Er äußerte nämlich offen, dass er eine politisch forcierte Bevölkerungskontrolle als Teil seiner Agenda im Zeichen des Klimaschutzes sehe. Sanders erklärte weiters, den Gedanken, Steuermittel zu nutzen, um im Ausland Abtreibungen zu finanzieren, *„sehr, sehr stark"* zu unterstützen, *„insbesondere in armen Ländern rund um die Welt"*.

Im Gegensatz dazu hat die Regierung von Donald Trump bereits in der ersten Woche nach Amtsantritt die „Mexiko-City-Politik" von Ronald Reagan wieder eingeführt. Diese verbietet es, mit US-amerikanischen Steuergeldern Organisationen zu finanzieren, die im Ausland Abtreibungen durchführen.[147]

Mit der Forderung nach einer von außen angeregten (und irgendwann dann festgelegten?) Regulierung der Kinderanzahl fühlt man sich auch im Kern Europas an China erinnert. Damit wäre selbst einer der privatesten Bereiche, die Familiengründung und Kinderanzahl, nun nicht mehr eine private Angelegenheit der Eltern und Familien, sondern unterläge der Kontrolle und der Entscheidung der Behörden! (Die im Gegensatz dazu meist höhere Kinderanzahl von Migranten-Familien mit meist muslimischem Hintergrund und deren Auswirkungen auf die europäische Gesellschaft haben wir bereits vorne kurz erwähnt. Stichwörter wie der Kalergi-Plan, Paneuropa, der Jacques-Delors-Plan, die Neue Weltordnung NWO gehören dazu. Wenn du mehr wissen möchtest, findest du zum Beispiel hier in einem englischsprachigen Büchlein aus dem Jahr 1940 weitere Infos über die Pläne zur NWO: https://www.oliverjanich.de/wp-content/uploads/2016/01/Wells_New_World_Order.pdf).

> *„Die Regierung wird in Zukunft auf …*
> *einem höchsten Amt der Biosphäre beruhen …*
> *Das Büro wird aus speziell ausgebildeten Philosophen und Ökologen bestehen. Diese Wächter werden entweder selbst regieren oder eine autoritäre Regierung über eine Politik beraten, die auf ihrer ökologischen Ausbildung und ihren philosophischen Empfindlichkeiten basiert. Diese Wächter werden speziell für die Aufgabe ausgebildet."*
> David Shearman, einem IPCC-Assessor für den dritten und vierten Klimawandelbericht[115a]

Wenn man das Buch von Greta Thunbergs Familie liest, erhält man den Eindruck, die Forderung nach einem Verzicht auf Babys sei nicht in Gretas Interesse: So wird darin unter anderem die Meinung vertreten, je reicher ein Mensch sei, desto höher sei sein CO_2-Verbrauch, daher solle die Abschaffung der Milliardäre starten.[148]

„Nicht alle haben es uns eingebrockt, sondern nur ein paar wenige, und um den Planeten zu retten, müssen wir den Kampf gegen sie und ihre Firmen und ihr Geld aufnehmen und sie zur Verantwortung ziehen".[149]

Und auch Gretas Mutter Malena Ernman meint in diesem Buch: *„Denn die Verantwortung kann niemals auf uns Individuen abgewälzt werden."[150]* Merkwürdig, dass davon in den Plänen der Politiker nichts mehr übrig zu sein scheint, sondern im Gegenteil von einer flächendeckenden CO_2-Bepreisung die Rede ist ...

Hunde und Katzen sind verboten

Wie in einem Kommentar der Zeitung „Neues Deutschland" (bis 2007 im alleinigen Eigentum der Partei „Die Linken"[151]) unter dem Titel „Lasst uns die Köter abschaffen"[152] verlautet, atmen Hunde „unnützes CO_2 aus". Wer dem Klima etwas Gutes tun wolle, sollte sicher daher weder Hund noch Katze anschaffen, so die Meinung der Kolumnistin. Kindern sollte ihrer Meinung nach schon in jungen Jahren klargemacht werden, dass Katzen oder Hunde in der Stadt egoistisch wären: *„... die Toleranz für Katzen- und Hundebesitzer*innen ist viel zu groß."*

Auch Tiere sind in den Augen mancher „Klimawandel-Aktivisten" also prinzipiell Schädlinge auf einem Planeten, auf dem Tiere schon lange vor den Menschen gelebt haben. Selbst Greta Thunberg und ihre Familie besitzen nach eigenen Angaben zwei (klimaschädigende?) Hunde ... Der nachgewiesen positive Einfluss von Haustieren auf die Gesundheit, Psyche und Entwicklung des Menschen, auf das gesamte Wohlbefinden sowie gesellschaftliche Aufgaben der Tiere (vom Blinden- bis zum Spür- und Lawinenhund) werden außer Acht gelassen. Die erwähnte Kolumne dürfte viele Menschen hellhörig gemacht und ihnen die Augen geöffnet haben – anders ist es wohl nicht zu erklären, dass sich mit Correctiv und Mimikama gleich zwei angebliche „Faktenchecker" der Kolumne mit in unseren Augen – wie schätzt du es ein? – eher fadenscheinigen Argumenten und dennoch einer prinzipiellen Bestätigung der Echtheit angenommen haben.[153]

<u>Bücher auf Papier verboten – ein Zensurparadies für „Faktenchecker"</u>
Gedruckte Bücher wie das, das du gerade liest, werden nicht mehr herausgegeben – zur Schonung des Klimas. Damit gehen praktischerweise gleich noch bessere Zensur- und Überwachungs-Möglichkeiten in einer vermeintlichen Demokratie mit sogenannter Meinungsfreiheit einher. Einen Vorgeschmack darauf, was unsere Meinungsfreiheit noch mitmachen dürfte, boten Facebook und YouTube bereits 2019 mit der reihenweisen Überwachung und Löschung von Beiträgen und Sperrung von Konten. Von Meinungsfreiheit ist dabei nicht mehr viel zu spüren, wenn die geposteten Inhalte nicht den elitär vorgegebenen und massenmedial verbreiteten Linien entsprechen. Beliebte Begründungen für die Löschung und Sperrung – sofern überhaupt welche erfolgen – sind ein „Widerspruch gegen die Geschäftsbedingungen" der Konzerne durch unter anderem „Hassrede" und die Titulierung als „rechtsradikal". Auffallend dabei ist: die gelöschten Inhalte erwecken oft weder den Anschein von Radikalität noch von rechtem Gedankengut (in der Einschätzung nach Maßstäben, die bis vor wenigen Jahren allgemein üblich waren – mittlerweile dürfte alles als rechts gelten, was nicht links[extrem] ist). Jedoch dürften Offenbarungen der vor den Menschen geheim gehaltenen Wahrheit von den Konzernen nicht allzu gerne gesehen sein.

Ein Beispiel für unerwünschte Offenbarungen und deren Löschen geben wir dir anhand eines Videos, in dem über drei Menschen berichtet wurde, die in verschiedenen Bereichen ihre Wahrheit offenbart haben: Das Video „Diese Insider haben ausgepackt" über Aaron Russo, Michael Jackson und Ronald Bernard wurde auf YouTube kurz nachdem wir es zum ersten Mal geöffnet haben, gelöscht und ist auch mit Eingabe des Titels in die Suchleiste nicht mehr aufzufinden. Einer der drei, Aaron Russo, war ein bekannter Filmproduzent, Regisseur und ehemaliger Freund Nick Rockefellers. (Rockefellers Existenz wurde nach verschiedenen Offenbarungen in einigen Medien, z.B. in YouTube-Videos, sogar gänzlich bestritten[154], jedoch zu wenig gründlich: Sein Dasein wird selbst auf einem Portal wie psiram.de nicht in Zweifel gezogen, sondern dort wird nur dessen Verbindungen zur Familiendynastie Rockefeller verneint – was für sich stehen dürfte. Es gibt jedoch Fotos von Rockefeller und dem bereits verstorbenen Regisseur.[155]

In einem Interview vor seinem Tod zitierte Russo seinen ehemaligen Freund Rockefeller aus einem Gespräch unter anderem zum Thema Feminismus. Bis dahin sei der Regisseur selbst der Meinung gewesen, es gehe in der Frauenbewegung um eine Befreiung und Gleichstellung der Frauen. Rockefeller stellte hingegen demnach klar, dass diese bewusst initiiert worden sei – jedoch nicht zum Wohle der Frauen, Kinder und Männer, wie es scheint:

„Lass mich dir erzählen, was dahintersteckt: Wir, die Rockefellers, haben es finanziert. Wir haben die Frauenfreiheits-Bewegung finanziert. Und wir sind diejenigen, die es über die Zeitungen und Fernsehsender verbreitet haben – die Rockefeller Stiftung. Willst du wissen, warum? Wir konnten die Hälfte der Menschheit davor nicht besteuern. [Anm.: Weil Frauen bis dahin meist bei den Kindern zuhause waren und kein eigenes Einkommen bezogen.] *Und der zweite Grund war: Nun bekommen wir schon früh Macht über die Kinder. Wir können den Kindern eintrichtern, wie sie zu denken haben, sodass sie nicht mehr unter dem Einfluss von intakten Familien stehen. Deine Kinder beginnen, den Staat, die Schule, die Beamten als Familie zu sehen, nicht als Lehrer, die sie unterrichten."*[156]

Russo soll die Freundschaft nach weiteren *„grauenvollen Offenbarungen"* beendet haben.

Welchen Stellenwert Bücher immer noch haben, zeigt die Frankfurter Buchmesse. Auch 2019 schob der Veranstalter mehrere „unliebsame" (weil zu offen berichtende?) Verlage in eine Sackgasse ins letzte Eck der Messehalle ab, abseits der Besucherwege und im Gegensatz zu den anderen Verlagen ohne roten Teppich, dafür mit Polizeipräsenz vorm Gang zu den Verlagen.[156a] Liegt eine Gesetzeswidrigkeit durch die Verlage vor? Dann hätte man sie erst gar nicht als Kunden annehmen brauchen. Will man sie nicht dabeihaben? Warum begründet man das nicht offiziell mit Daten und Fakten – aus Angst vor negativen Reaktionen? Liegt kein Gesetzesverstoß der betroffenen Verlage vor? Warum kassiert man dann zwar deren Standgebühr, behandelt sie dann jedoch, wie es scheint, wie den letzten Abschaum? Für uns ist es auf jeden Fall ein Grund, uns die Publikationen der betroffenen Verlage Junge Freiheit, Manuscriptum und Verlag Antaois besonders genau anzusehen und jetzt erst recht das eine oder andere Werk zu lesen. Es scheint nämlich so zu sein, als wolle man mit dieser „Sonderbehandlung" möglicherweise Bücher und

Verlage vom Licht der Öffentlichkeit fernhalten – damit nicht offenbart wird, was nicht im Interesse der Eliten ist?

Gibt es keinen Buchdruck mehr, liegt alles in elektronischer Form auf. So ist leichter zu kontrollieren, was publiziert wird. Elektronisch ist schnell gelöscht und geblockt, was nicht erscheinen soll. (Und auch in Deutschland gab es schon bisher Verbotslisten mit Büchern – abseits jeglichen rechtsradikalen Inhaltes). Auch lässt sich mit rein elektronischen Büchern lückenlos nachverfolgen, wer welche Bücher liest und sich mit welchen Themen beschäftigt. In Zeiten, in denen auf EU-Ebene bereits konkret überlegt wird, auch alle Bus- und Zugreisenden namentlich zu erfassen, und wo das Bundeskriminalamt Berichten zufolge jetzt bereits Auswertungen erstellen könnte, wer in Zukunft (!) straffällig werden könnte, geben Anlass zur Vorsicht.

> *„Diktatoren und Staaten im Stil eines „Big Brother" werden alle Mittel an der Hand haben, die Aktivitäten jedes Bürgers elektronisch zu überwachen, und zwar weit effektiver als eine noch so aufgeblähte Geheimpolizei."*
> Club of Rome, The First Global Revolution[0c]

In unserer Zeit kann China als Beispiel gelten, wie es werden könnte, wenn gewisse Pläne umgesetzt würden:
Dort sollen ab 2020 jene rund 13 Millionen Chinesen wie Aussätzige leben müssen, die auf einer Liste als „unwerte Bürger" registriert wurden. Sie dürfen weder ein Flugzeug noch schnelle Bahnverbindungen nutzen. Sogar am Telefon soll ein „Warnton" vor Anrufen „unwerter" Bürger warnen, wie Stern berichtet. Der öffentliche Raum sei mit Kameras inklusive Gesichtserkennung überwacht, sodass jedes „Vergehen" sofort geahndet werden könne.[157]

Noch stutziger könnte man werden, wenn man bedenkt, wie der Kommunismus von genau jenen Kreisen in letzter Zeit hochgelobt wird, die sich für den vermeintlichen Klimaschutz vor die Kameras werfen. So sah Annalena Baerböck (Bündnis 90/Die Grünen) im ARD-Sommerinterview 2019 eine Technologie-Führerschaft Chinas. Und unlängst war die Zeitung „Das Parlament" vom Deutschen Bundestag in Kritik geraten. Darin wurde die kommunistische Volksrepublik China, die gemeinhin als Diktatur mit den weltweit meisten Todesurteilen und einer totalen Unterdrückung von Opposition und Minderheiten angesehen wird (schau dir die Entwicklungen in Hongkong an), mit folgenden Worten gelobt:

„Die Volksrepublik hat sich als erfolgreichster Einparteienstaat der Geschichte erwiesen.
Über das Geheimnis des ersten sozialistischen Systems, das funktioniert".[158]
„Das Parlament", Publikation des Deutschen Bundestags

„Die Antwort auf die globale Erwärmung liegt in der Abschaffung von Privateigentum und der Produktion für den menschlichen Bedarf. Eine sozialistische Welt würde den alternativen Energiequellen eine enorme Priorität einräumen. Das ist es, was ökologisch orientierte Sozialisten schon seit geraumer Zeit erforschen."
Louis Proyect, Columbia University[115a]

Das System des Kommunismus bzw. „Öko-Sozialismus", welches auch in den Augen vieler „Linker", die jetzt lautstark nach Klimamaßnahmen, einem zunehmenden Verschmelzen der Völker und gravierenden Änderungen der Gesellschaft bis zur Kulturrevolution fordern, solle also vorbildlich sein. Was viele nicht wissen: (Öko-)Sozialismus ist nicht automatisch sozial und Kommunismus bedeutet nicht, dass in den Augen der Herrschenden (auch die gibt es dort!) ALLE Menschen gleich viel wert wären. Kritiker charakterisieren es so: Es sind alle gleich arm, gleich unfrei, gleich gesteuert und kontrolliert. Dies gilt für die breite Masse. Die, die sich an das System/die Partei verkauft haben und zum Funktionieren beitragen, erhalten Privilegien. Genau dieses Muster ließe sich, wenn man genau hinschauen will, bereits jetzt als das angestrebte Ziel der Eliten erkennen, vor allem, wenn man die immer offeneren Aussagen ihrer Verteidiger und Mitläufer analysiert. Das wird ganz klar auch überall dort ersichtlich, wo man sich die Widersprüche aus Forderungen für die anderen und dem eigenen Verhalten (Privatjets, Luxusjachten, Fernflüge, Hubschrauberflüge, Luxus-Resorts, Nobelvillen, Riesenfuhrparks etc.) der „Elite" anschaut.

Bereits vor der Abschaffung von gedruckten Büchern scheinen Konzerne und Seiten wie Google, YouTube und Wikipedia ein immer kleineres Spektrum an Informationen angeboten und eine zunehmende Überwachung durchgeführt zu haben. Kritiker meinen, es werde in voller

Absicht zensuriert, bedroht und gelöscht, mit einer Mission dahinter, die sich möglicherweise nicht mit den Interessen der Völker deckt.

„Deutschland hat keinen Rechtsanspruch auf Demokratie und soziale Marktwirtschaft für alle Ewigkeit."
Angela Merkel anlässlich der Festveranstaltung „60 Jahre CDU"
am 16. Juni 2005 in Berlin[158a]

George Soros, „Faktencheck"-Büros, NewsGuard und BrandGuard

Was früher vor als unabhängig geltenden Gerichten entschieden wurde, wird jetzt oftmals durch umstrittene „gemeinnützige Recherchebüros" wie Correctiv im deutschsprachigen Raum und dem Poynter Institute für Journalismus in den USA „geregelt". Dahinter stecken mächtige private Sponsoren mit Eigeninteressen. Die angeblichen „Faktenchecker" kennzeichnen sogenannte „Falschnachrichten", kontrollieren Meinungen auf Facebook, verwarnen Teilnehmer und verstecken oder löschen Beiträge sowie Konten. Davon betroffen waren auch immer wieder Beiträge, die den menschenverursachten, CO_2-bedingten Klimawandel angezweifelt haben. Während vor Gericht beide Seiten Möglichkeit zur Rechtfertigung erhalten müssen, erreichen Betroffene in den Faktencheck-Büros teilweise nicht mal jemanden, der für sie zuständig wäre. Nach den großen Medien sollen so also wahrscheinlich auch das Internet und die „sozialen Netzwerke" unter Meinungs-Kontrolle gebracht werden.

Werden hier also tatsächlich Fakenews, also falsche Nachrichten überprüft und bekämpft, oder werden möglicherweise Nachrichten bekämpft, die möglicherweise wahr, aber nicht im Sinne des Finanzierenden, zu wenig links und deshalb vermeintlich „falsch" sind? Fakt ist: Die Einstufungen als Fake, „rechtsradikal" oder „rassistisch" obliegen in diesen Büros meist Nicht-Juristen. Ein Vorgehen dagegen gestaltet sich häufig mehr als schwierig. Eine Einschätzung von RT Deutsch aus 2017 nach einem verwehrten Interview mit dem Correctiv-Geschäftsführer zur Soros-Spende: *„Gegenüber RT Deutsch wollte sich Schraven nicht zu der Spende äußern. Ungeachtet des Hinweises seitens RT Deutsch, dass sich die Meldung bereits in deutschsprachigen Medien wie dem Standard oder dem Handelsblatt verbreitet, verneinte eine weitere Correctiv-Mitarbeiterin die Anfrage, ob denn ein anderer Vertreter der GmbH die Information bestätigen oder dementieren kann. Mögliche*

Fake News sollten schließlich direkt an der Quelle geprüft werden. Ein Standard, an den man sich bei Correctiv offenkundig über Auskunftsverweigerung selbst nicht halten will."[179]

Was kommt raus, wenn ein Faktencheckbüro wie Correctiv prüft? Wenn du achtsam bist, kannst du bei den meisten Themen bereits im Vorhinein das Ergebnis in etwa vorhersagen. So dürfte immer jenes Ergebnis herauskommen, das am ehesten einer „linken" Sichtweise entspricht (was möglicherweise an den Sponsoren liegt?). Wenn sich ein unliebsames Thema gar nicht in Abrede stellen lässt, dann dürfte mit Nebensächlichkeiten abgelenkt werden (was bewusste Leser jedoch nicht davon abhält, dahinter zu blicken) – etwa bei der Überprüfung eines als Grünen-Werbung getarnten „ironischen" Memes über Kinderarbeit beim Kobalt-Abbau für E-Akkus.[163,164] Dass für E-Autos überwiegend im Kongo abgebauter Kobalt eingesetzt wird und dieser meist durch Kinderarbeit unter ärgsten gesundheitlichen Risiken und menschlichen Missständen abgebaut wird, konnte nicht geleugnet werden. Deshalb hat man sich drauf konzentriert festzustellen, dass vom (als Symbolbild?) abgebildeten Jungen auf dem Meme weder Alter noch Name bekannt sei (und daher die Angaben auf dem Meme nicht wahr seien), fest stehe nur, dass es ein Foto aus 2011 mit einem kobaltwaschendenden Jungen sei. (Das Bild war an Bündnis 90/Die Grünen und die „Fridays for Future"-Demonstranten gerichtet, die einen schnellen Umstieg auf die umstrittenen E-Autos gefordert haben). Damit wurden zwar Name und Alter des Jungen als Fake abgetan, für wenig achtsame Leser vielleicht ein Grund, die ganze Spruchtafel als Fake einzuordnen (dabei konnte der wirkliche Inhalt des Memes [nämlich der Botschaft, dass E-Autos meist mit schwerster Kinderarbeit zusammenhängen] nicht als Fake abgetan werden).

Ganz lässt sich die Offenbarung verschiedener, bis dahin geheimer Agenden jedoch in Zeiten des Internets und von Messenger-Diensten nicht mal mehr von Faktencheck-Büros verhindern und es kommt dennoch immer mehr an die Oberfläche. Während nach unserer Einschätzung überwiegend Beiträge von freien Journalisten geprüft werden, kommen die „Hauptmedien" meist ungeprüft davon. Zudem gibt es Aussagen von Insidern (zum Beispiel Prof. Robert Epstein), dass Konzerne wie Facebook,[159] Google und YouTube möglicherweise auch gezielt Menschen und Wahlen[160] manipulieren. Worauf auch Aktivitäten der EU-Kommission hindeuten: Diese zog nach der EU-Wahl eine Bilanz *„zur Bekämpfung von Desinformation rund um die EU-Wahl"*. Ihr Ansatz: *„Böswillige Akteure ändern ständig ihre Strategien. Wir müssen* *stets versuchen, ihnen voraus zu sein. Die Bekämpfung von Desinformation ist eine gemeinsame, langfristige Herausforderung für die EU-Organe und die Mitgliedsstaaten."*[161]

In welch riesigem Ausmaß heutzutage solche Lösch- und Zensurmaßnahmen vorgenommen werden, offenbart der Film „The Cleaners" von Hans Block und Moritz Riesewieck. Sie enthüllen darin eine *„gigantische Schattenindustrie digitaler Zensur in Manila, dem weltweit größten Outsourcing-Standort für Content Moderation. Dort löschen zehntausende Menschen in Zehn-Stunden-Schichten im Auftrag der großen Silicon Valley-Konzerne belastende Fotos und Videos von Facebook, YouTube, Twitter & Co. Komplexe Entscheidungen über Zensur oder Sichtbarkeit von Inhalten werden so an die „Content Moderatoren" outgesourct. Die Kriterien und Vorgaben, nach denen sie agieren, sind eines der am besten geschützten Geheimnisse des Silicon Valleys. Die Grausamkeit und die kontinuierliche Belastung dieser traumatisierenden Arbeit verändern die Wahrnehmung und Persönlichkeit der Content Moderatoren. Doch damit nicht genug. Ihnen ist es verboten, über ihre Erfahrungen zu sprechen"*, so die Ankündigung zum Film. Den Trailer und ein Video anlässlich der Filmpremiere in Stuttgart findest du, sofern es nicht auch zensuriert wird, auf YouTube, z. B. unter https://youtu.be/1h7-JyQ-JR4).

Da ganz oft Seiten von „freien Journalisten" und freien Medien von Sperrungen betroffen sind, überlege dir bitte selbst, ob hier wirklich das Volk geschützt wird oder eher die Interessen der Eliten, die womöglich eine Meinungsvielfalt für hinderlich beim Umsetzen ihrer Pläne halten?

Fazit der „Fake-News-Bekämpfung" durch die EU: Die Maßnahmen hätten – gemeinsam mit zahlreichen Journalisten, Faktenprüfern, Plattformen, nationalen Behörden, Forschern und der Zivilgesellschaft – dazu beigetragen, Angriffe zu verhindern und Versuche der Einmischung in die demokratischen Prozesse aufzudecken. Das stärkere Bewusstsein in der Öffentlichkeit habe böswilligen Akteuren die Manipulation der öffentlichen Debatte erschwert, so die EU-Kommission.[162] Und dann wird auch direkt bestätigt, was viele freie Journalisten (die unter Eingehen eines großen persönlichen Risikos Dinge berichten, die weiterhin geheim bleiben sollen?!) ohnehin schon bestätigt haben: Soziale Medien wie Google, Facebook und Twitter haben der EU-Kommission demnach zugesagt, monatlich über die vor den Wahlen ergriffenen Maßnahmen zu berichten. Ziel war unter anderem sogar, die *„Kontrolle von Werbeplatzierungen zu verbessern, um böswillige Praktiken zur Erhöhung der Klickzahlen einzudämmen und die Werbeeinnahmen der Verbreiter von Desinformation zu verringern"*!

Das bestätigt, was freie Journalisten ohnehin schon berichtet haben: Dass rund um die Platzierung von Werbungen (die den Videoerstellern Geld bringen können) und bei den Klick-Zahlen manipuliert werde. Viele kritische YouTuber (die nicht von den Eliten finanziert werden und damit meist auf Werbung und Spendengelder angewiesen sind), haben über lange Zeit keine oder kaum Werbung vor ihre Videos platziert bekommen. Dafür wurden dann gezielt Werbungen – auch als mehrmalige störende Unterbrechung mitten in Videos! – gesetzt, wenn eine Veröffentlichung unerwünscht gewesen sein dürfte. So ist es etwa Heiko Schrank mit einer für einen fixen Zeitpunkt angesetzten Massenmeditationen mit vielen Tausenden Teilnehmern ergangen.

Für uns stellen sich hier die folgenden Fragen:
Was ist Wahrheit, was sind Fakenews? Welche Meinungen sind in Ländern mit vermeintlicher Meinungsfreiheit zulässig? Warum reichen nicht jene gesetzlichen Regelungen, die es ohnehin bereits vor den sogenannten „Faktencheckern" gegeben hat und die über den Rechtsweg beansprucht werden können (z. B. Strafvorschriften für Verleumdung, üble Nachrede, Volksverhetzung oder nationalsozialistische Wiederbetätigung)? Wenn etwas, das in diesen „sozialen Medien" und Netzwerken gepostet wird, den Gesetzen widerspricht, warum wird es dann nicht auch über den Rechtsweg und vor als unabhängig dargestellten Gerichten ausgetragen? Wenn etwas Publiziertes nicht den Gesetzen widerspricht, warum wird es dann – ohne gerichtlich festgestellten Gesetzesverstoß – gelöscht, bedroht, versteckt? Doch eine Regulierung „nur" durch Gesetze scheint einigen der bisherigen Mächte zu viel an Freiheit für das Volk zu bedeuten. Wer finanziert denn die ganze Überwachung und Zensur? Darf die Meinung doch nicht frei geäußert werden? Leben wir nur am Papier in Demokratien?

Wenn tatsächlich Gefahr durch Desinformation zum Beispiel rund um den Klimawandel bestünde, gäbe es doch die Möglichkeit, dieser mit seriöser wissenschaftlicher Aufklärungsarbeit (ohne Zensur, Verleumdung, Bedrohung von Karrieren und Fördermitteln etc.) zu begegnen. Mit eindeutigen wissenschaftlichen Fakten (aus seriösen Experimenten nach allgemeinen wissenschaftlichen Kriterien und der für alle Wissenschaftler

offenen Kontrollmöglichkeit im „Peer-review-Verfahren" zur Nachvollzieh-
barkeit) müsste es doch ein Leichtes sein, die Theorie vom natürlichen
Klimawandel als Fake zu enttarnen, wenn es ein Fake wäre – oder was
meinst du? Oder gibt es dieses Experiment, eine klare Faktenlage und
einen wissenschaftlichen Konsens etwa gar nicht? (Mehr dazu im Teil B
dieses Buches). Diskussionsverweigerung, Meinungsdiktat, Zensur und
Einschüchterung wirken hingegen wohl eher wenig überzeugend.

Wie arrogant ist es von politischen Institutionen und elitären Organisationen, wenn sie den Menschen, die sie vorgeben zu vertreten,
nicht zutrauen, sich eine eigene, FREIE Meinung zu bilden und diese zu
äußern? Es mag Menschen geben, die noch leicht beeinflussbar sind.
Doch die Bevölkerung pauschal davor „schützen" zu wollen, etwas vermeintlich „Falsches" zu sehen, zu lesen, zu hören, zu denken, zu reden,
zu spüren und vor allem wohl zu wählen und zu tun, klingt nach einem
Eingriff in die vermeintlichen Menschenrechte und nach einer Verletzung der Würde und des Respekts für die Menschen, jedenfalls nicht
nach Demokratie, wo man prinzipiell auch andere Meinungen anzuer-
kennen hat.

LICHT

Wie „unabhängig" sind die Faktencheck-Büros wirklich?
Die Arbeit von Correctiv wurde durch das deutsche NetzDG (Netzwerkdurchsetzungsgesetz) zu seiner „Kontroll- oder Zensurtätigkeit"
ermächtigt. Es ist laut Wikipedia ein journalistisches Portal und ein Verlag in der Rechtsform einer gemeinnützigen (!) GmbH.[169] Seine Mitarbeiter entscheiden per Knopfdruck über Sein oder Nichtsein in sozialen
Medien. Gefördert wird Correctiv als „Non-Profit-Organisation" durch
Mitgliedsbeiträge, private Spenden und Zuwendungen von Stiftungen,
wie der Open Society Foundation des US-Milliardärs George Soros. Diese Stiftung hat bereits am Beginn im Jahr 2017 mindestens 100.000
Euro für den Kampf gegen „Fake-News" gesponsert, bereits im Jahres-
bericht 2016 von Correctiv sollen Zuwendungen in Höhe von 26.884
Euro durch die Soros-Stiftung „Open Society Foundation" angeführt
werden.[170,171,172] Das Geld sei bereits vor dem Start gesichert gewesen,
berichtete unter anderem der Spiegel 2017. Von drei Mitarbeitern soll
demnach bereits im Jahr 2017 auf fünf aufgestockt worden sein, unter
anderem um Karolin Schwarz, Mitbegründerin von „Hoaxmap". Diese

Seite widmet sich Berichten von Straftaten durch Flüchtlinge, die dort auf ihre Richtigkeit gecheckt (und auch relativiert?) werden sollten. Welche Interesse und welches Recht dazu mag ein US-amerikanischer Investor haben, der sich mit hohen Geldbeträgen in die (soziale) Medienlandschaft im deutschsprachigen Raum einmischt?

Correctiv gibt selbst an, sich jedes Jahr beim „International Fact Checking Network/IFCN" bewerben zu müssen. Dieses soll „streng" auf unter anderem „Unabhängigkeit in der Recherche" kontrollieren und dann ein Zertifikat vergeben.[165] Klingt gut. Ist es das auch? Wer steckt denn hinter diesem International Fact Checking Network IFCN, mit dem unter anderem auch Google zusammenarbeitet? Wenig überraschend entdeckt man relativ schnell, dass auch dieses Netzwerk in Verbindung zu mächtigen Stiftungen und Entscheidungsträgern steht. Das vermeintlich unabhängige internationale Faktencheck-Netzwerk, das offiziell objektiv und unabhängig Nachrichten auf ihre Richtigkeit prüfen soll, gehört zum US-amerikanischen Poynter Institute. Der Direktor und das ganze Team des internationalen Faktenchecker-Netzwerks sind damit Angestellte dieses Instituts.

Und wer finanziert Poynter? Richtig: Unter anderem die Open Society Foundation (Stiftung für eine offene Gesellschaft) von George Soros und noch weitere prominente Spender: die Bill & Melinda Gates Stiftung, Google, die Blank Family Foundation, die Park Foundation sowie die Nationale Stiftung für Demokratie (National Endowment for Democracy).[166,167] Des Weiteren wird Poynter und damit das IFCN vom Omidyar Netzwerk gesponsert, einer vom eBay-Gründer Pierre Omidyar gegründeten Organisation. Dieses Netzwerk wiederum soll bei zahlreichen Projekten mit der Open Society Foundation zusammengearbeitet haben und hat Dritten sogar Zuschüsse gewährt, wenn diese mit der Tides Foundation, einer anderen durch Soros finanzierten Stiftung, zusammenarbeiteten. Die Tides Foundation gilt als einer der größten finanziellen Unterstützer bei linken Rechtsstreitigkeiten! Das Poynter Institute hingegen stand in der Vergangenheit immer wieder unter Kritik wegen umstrittener Journalisten-Kurse. So soll es in einem Kurs darum gegangen sein, wie man die Bedrohung durch globalen islamischen Terror relativieren und verschönern könne.[168] Fox News habe berichtet, dass die Reporter angehalten wurden, die Todesrate durch islamischen Terrorismus bewusst zu relativieren, indem sie diese in Kontext zur Malaria-, HIV/Aids- und anderen Todesraten gestellt haben. Was steckt dahinter, wenn nicht gezielte Manipulation (und Desinformation?)?

Also zusammengefasst: Das angeblich unabhängige deutschen Fakten-checker-Büro „Correctiv" lässt sich von einem internationalen Netzwerk überprüfen und als unabhängig einstufen, das letztendlich von den gleichen Kreisen gesponsert wird, wie das zu überprüfende Büro selbst. Ist die Unabhängigkeit der Faktenchecker für dich dann glaubwürdig?

Man sieht, wie sich rund um den US-Milliardär und Investor George Soros wieder zahlreiche wesentliche gesellschaftliche Bereiche vermischen und er – auch in Europa – Einfluss in Politik und Gesellschaft nimmt. Mit welchem Recht werden durch die Eliten geförderte journalistische Büros den Gerichten vorgezogen?
Will George Soros die Gesellschaft gar neu formen, als Teil einer globalen „(Klima-)Kulturrevolution" (ein Begriff, den auch Luisa Neubauer offen in die Kamera gesprochen hat[425]).

> *„Das Ziel, das von den Führern der UNCED klar zum Ausdruck gebracht wird, ist es, eine Veränderung des gegenwärtigen Systems unabhängiger Nationen herbeizuführen.*
> *Die Zukunft soll die Weltregierung mit zentraler Planung durch die Vereinten Nationen sein. Von der Angst vor Umweltkrisen – ob real oder nicht – wird erwartet, dass sie zu Compliance* [Anm.: Zustimmung, Befolgung] *führt."*
> Dixy Lee Ray, ehemaliger liberal-demokratischer Gouverneur des Staates Washington, USA[115a]

Sind die großen finanziellen Zuwendungen bereits Aktionismus und ein massiver Eingriff in die politische Landschaft, gezielte Beeinflussung der Menschen oder bloß „Journalismus"[173] (zum Beispiel, als vor Wahlen gezielt private Details aus dem Leben einer AfD-Politikerin in die Öffentlichkeit gebracht wurden)? Ist eine objektive Prüfung der Faktenlage beispielsweise bei Google und Facebook zu erwarten, wenn das Faktencheck-Büro sich zwar als völlig unabhängig in der Nachrichtenprüfung bezeichnet, jedoch von als links geltenden Stiftungen und Spendern (co-)finanziert wird und auch finanziell abhängig sein dürfte? (Noch dazu, wo auch Google und Facebook selbst schon vielfach mit Vorwürfen einer möglichen linksgerichteten Manipulation und Einflussnahme – zum Beispiel vor Wahlen – konfrontiert wurden[174])?

Auch das Thema Klimawandel dürfte eine Kernmission von George Soros und den indirekt von ihm unterstützten Organisationen sein. Wer sich näher mit dem Multimilliardär George Soros und seinen finanziellen Engagements über Stiftungen und NGOs auf der ganzen Welt beschäftigt, wird möglicherweise recht schnell den Eindruck erhalten, es stünde eine eindeutige politische Agenda dahinter und seine Finanzspritzen seien zumindest Teil einer politischen Meinungsbildung. So wird ihm der Ausspruch „Down with the D-Mark" aus dem Jahr 1993 zugeordnet, auch seine Rolle mit dem von ihm gegründeten „European Programme for Integration and Migration" ist mehr als umstritten, seine große Hoffnung auch in Deutschland seien die Grünen, ließ er einmal verlauten[175]).

Um den US-Präsidentschafts-Wahlkampf gegen den derzeitigen Präsidenten Donald Trump zu beeinflussen, habe er ein PAC (Political Action Committee) zur Geldakquirierung für politische Kandidaten gegründet. Die PAC Democracy, die die Demokraten unterstützt, soll Soros mit 5,1 Millionen US-Doller (dem bisher größten Wahlkampf-Zuschuss für den kommenden US-Präsidentschaftswahlkampf) gesponsert haben. Das soll aus den Unterlagen der Federal Election Commission hervorgehen, die Soros eingereicht habe, wie auf Politaia berichtet wird.[176] Das Sponsoring erfolgt über Unterstützung von Initiativen und politischen Aufgaben. Die PAC „Democracy Alliance" soll eine Gruppe „wohlhabender linker und linksgerichteter Spender mit Soros im Mittelpunkt" sein. Sie unterstützt eine breite Infrastruktur von Aktivisten mit Geldern, die die Identität der Spender verbirgt. Von den Empfängern der Spenden wurde verlangt, eine Geheimhaltungsvereinbarung zu unterzeichnen. Zusammen mit Soros sollen u. a. der Facebook-Gründer Mark Zuckerberg und der ehemalige New Yorker Bürgermeister Michael Bloomberg sowie weitere Milliardäre Millionen Dollar in Anti-Trump-Wahlkampagnen gesteckt haben. Vor der letzten Präsidentschaftswahl erhielten die Demokraten demnach von Soros-Quellen 20 Millionen US-Dollar. 2020 soll es gleich doppelt so viel sein, um auf jeden Preis den unliebsamen Präsidenten Donald Trump wieder loszuwerden, der gewisse Machenschaften der Eliten nicht unterstützt? (Und der auch mit den Steuergeldern seines Volkes eventuell achtsamer umgeht, als Milliardenbeträge seines Volkes in wissenschaftlich umstrittene Klimaschutzprojekte zu stecken? Einem Präsidenten, der sein komplettes Gehalt als Präsident bis auf einen symbolischen Dollar wieder dem Volk zurückgibt? Und sogar das ruft wieder die Kritik der Medien auf sich ...)[177]

Bitte hinterfrage selbst, warum sie so vehement gegen Donald Trump vorgehen. Wenn du zu keinem stimmigen Ergebnis kommst, könntest du dir – egal, was du von ihm halten magst – beispielsweise ein paar ungekürzte Reden von ihm anhören. Vielleicht kannst du die Situation dann besser einschätzen. Laut Berichten von Epoch Times soll Soros an Kampagnen zur Verwandlung der US-Bundesstaaten Georgia, Arizona und Florida in „demokratische Staaten" beteiligt gewesen sein. Diese Strategie soll in Soros' Dokumenten der Open Society Foundation zu finden sein. Laut einem Weißbuch mit dem Titel „Strategie für die US-Programme 2015–2018" finanzierte die Organisation Operationen von Aktivisten, die das Ergebnis der Präsidentschaftswahlen beeinflussen sollen.[178]

Es lohnt sich also, genauer hinzusehen, wenn einzelne Länder wie Russland oder sogar sein Geburtsland Ungarn George Soros mit seinen Stiftungen aus ihren Ländern verbannen – unter großem medialem Getöse und Protest sowie meist verbunden mit einem medialen Angriff auf die verantwortlichen Politiker. Handeln diese tatsächlich unmotiviert rassistisch und (rechts-)radikal oder schützen diese Politiker in Wahrheit ihr Volk, weil sie bereits (aus eigener Erfahrung?) mehr über diese Mächte und ihre Organisationen wissen, als die durchschnittliche Bevölkerung? Dass eine Verbannung geschehen könnte, damit dürften selbst die Betreiber der Stiftungen rechnen – nur so wäre es zu erklären, dass diese informierten Kreisen zufolge angeblich teils Jahre oder Jahrzehnte im Vorhinein Ausweichstandorte vertraglich sichern würden, auf die sie dann – unabhängig von den dort gerade Regierenden – nahtlos ausweichen könnten.

LICHT

Die Amadeu Antonio Stiftung

Die Einflussnahme in Politik und Gesellschaft verschiedenster Länder durch Multimilliardär George Soros über die von ihm finanzierten Stiftungen und NGOs zeigt sich auch über die Amadeu Antonio Stiftung in Deutschland sehr klar. Die Stiftung, die offiziell auch durch das Bundesministerium für Familie, Senioren, Frauen und Jugend finanziert wird, hat sich dem Kampf gegen Rassismus und für eine offene Gesellschaft verschrieben. Zur Erinnerung: Das ist auch jene Stiftung, die unter anderem in Broschüren für Kindergartenpädagogen (unter anderem in der Bild-Zeitung auch als „Schnüffel-Fibel für Kita-Erzieher" bezeichnet) dazu aufgefordert hat, rechtsradikale Eltern und Familien auszumachen und diese dann vorzuladen. Erkennungssymbole von rechtsradikalen Eltern demnach: unter anderem Kleider und Zöpfe vor allem bei blonden (!) Mädchen![180] (Eine Warnung, die Greta Thunbergs Familie nach den Kriterien der Frisur wohl ganz klar als rechtsradikal einstufen würde).

Ist das keine Form von Rassismus? Keine pauschale Vorverurteilung? Kein weiterer Keil, der durch geforderte Bespitzelung und mit fast immer wohl ungerechtfertigten Vorwürfen zwischen die Menschen getrieben wird?
Ist es glaubwürdig, wenn Toleranz und eine bunte Gesellschaft und Familienvielfalt gefordert werden, diese Toleranz und Vielfalt aber gerade selbst nicht angewendet wird? Im Gegenteil sogar indirekt dazu aufgefordert wird, diese zu brechen – unter einem Vorwand wie Kindeswohl oder Toleranz oder Menschlichkeit? (Wer kann schon gegen die Respektierung des Kindeswohls sein und wer will intolerant wirken oder gar unmenschlich?)

Reichen nicht auch hier bestehende Gesetze aus, um gesetzlich Verbotenes zu regulieren und darüber darf es auch eine Meinungs-Vielfalt und nicht nur eine sexuelle und Herkunftsvielfalt geben? Es wird von der Stiftung betont, dass es in ihren Ansätzen um das Kindeswohl (nach Auslegung von Kindeswohl im Sinne der Stiftung?) gehe.[181] Die Stiftung kooperiert auch mit „Ben & Jerry's", einer unter anderem durch prominente Produktplatzierungen in Serien und Filmen vor allem auch bei Jugendlichen beliebten Eis-Marke aus den USA, die in Europa wohl auch eine größere Mission hat, als kleine und große Schleckermäuler mit Süßem zu verzaubern. Dem Vernehmen nach soll die Stiftung und ihr Wirken mit jeder verkauften Packung des Eises gefördert werden. Dass es dabei sehr wohl darum gehen dürfte, die politische und gesellschaftliche Landschaft unter anderem in Deutschland als europäisches Zugpferd (dem dann auch kleine Länder wie die Schweiz und Österreich folgen sollen?) zu verändern, zeigt unter anderem diese Botschaft der Amadeu Antonio Stiftung von 2016: *„Mit tollen Aktionen, leckerem Eis und wichtigen Themen im Gepäck tourten Ben & Jerry´s und die Amadeu Antonio Stiftung diesen Sommer bundesweit durch elf Städte, um für eine offene und inklusive Gesellschaft zu werben. Denn nur gemeinsam wird´s zu ONE SWEET WORLD."*[182] Wer hinschauen will, findet auch hier einen sehr deutlichen Hinweis auf die von Teilen gewünschte Vereinheitlichung und Verschmelzung (sowie Unterdrückung?) der Völker unter einer globalen Weltherrschaft.

Viele Menschen durchblicken mittlerweile, was in so manchen Politikern, Parteien und Organisationen vor sich gehen dürfte. Das ist wohl wenig verwunderlich, wenn man allgemein immer öfter wahrnehmen kann, dass möglicherweise vieles in höchsten Kreisen nicht zum Wohl der Mehrheit der Menschen beschlossen und umgesetzt wird – als (nahezu beliebig erweiterbare) Beispiele: Wenn Kinder bereits in jüngstem Alter im Bereich der institutionellen „Erziehung" einer bewussten Frühsexualisierung (Aufklärung bis in kleinste sexuelle Details und über Masturbation bereits im Kindergarten z. B.) und Geschlechterverwirrung ausgesetzt werden (zum Teil durch Vereine von außerhalb).[183,184] Wenn sogar sichtbar akut erkrankte Kinder mit Magen-Darm-Grippe von Mitarbeitern des Ordnungsamtes zuhause abgeholt und zum Sexualunterricht in die Schule gezerrt werden und der Vater, der sein krankes Kind wieder nach Hause holen möchte, Hausverbot in der Schule erhält und das erkrankte Kind dort zurücklassen muss![185] Wenn sich Politiker bei öffentlichen Paraden mit vielen Kindern unter den Zuschauern im Lack- und Lederkostüm auf allen vieren an der Leine ziehen lassen,[186] während sich ein anderer Politiker derselben Partei, der im Vorstand dieser Parade sitzt, mit gleich mehrfachen Vorwürfen konfrontiert sieht, wiederholt die Situation von männlichen Migranten ausgenützt und sie zu sexuellen Handlungen gezwungen haben soll (was dieser bestreitet).[187] Wenn eine regionale Jugendsektion derselben Partei die Freigabe von Sex unter Geschwistern fordert (der Partei, von der es aus der frühen Zeit sogar Politikeraussagen vor laufender Kamera gibt, wo diese sich fasziniert zur Sexualität mit Kindern äußern und diese Politiker nach wie vor aktiv sind).[188] Liegt derlei „Freizügigkeit" tatsächlich im Wohl der Kinder? Oder wird dies eher mit dem Wohl und den versteckten, jedoch dennoch immer mehr sichtbaren und auch bereits kommunizierten globalen Vorhaben so mancher Entscheidungsträger verwechselt (Stichwort Jeffrey Epstein, nicht zu verwechseln mit dem ebenfalls bereits erwähnten Robert Epstein)?

Auffallend dabei: Egal um welches Thema es sich zu handeln scheint, tauchen früher oder später immer wieder die gleichen prominenten Namen und Gesichter in (zumindest freien) Medienberichten auf. Stecken Klimapolitiker, „Impfwohltäter", ehemalige US-Präsidenten und einzelne politisch aktive Familienmitglieder davon, Vertreter der Großbanken und Hedge Fonds, Abkömmlinge von Königshäusern, die höchsten Ebenen des Geldadels, Vertreter des Vatikans etc. möglicherweise alle unter einer Decke?

Wenn Eltern, Familien, kritische Menschen oder Politiker angesichts der allgemein in unserer Gesellschaft vor sich gehenden Entwicklungen dann in einem Fall wie der Broschüre der Stiftung das Kindeswohl als gefährdet sehen und die Ansätze kritisieren, scheint diese Kritik dort allerdings nicht zum Dialog oder Einlenken anzuregen. Im Gegenteil: Jegliche Kritik an den erwähnten Thesen wurde von der Stiftung unter Leitung einer Frau, der eine ehemalige Stasi-Karriere nachgesagt wird, umgehend abgetan, mit einem Gegenangriff quittiert und pauschal als „Empörung der Rechtsextremen und Rechtspopulist*innen" zurückgewiesen.[189] So wie Eltern, die Fluor in der Zahnpasta vermeiden und es als schädlich bezeichnen, in einer Broschüre einer anderen Einrichtung automatisch als „psychisch krank" tituliert werden![190,191] Die Gründerin der Initiative hat diese aufgrund eigener Erfahrungen in der Kindheit gegründet, gibt sie auf der Homepage an. So sehr Hilfe für viele Kinder wichtig ist: Könnte es sein, dass hier jemand möglicherweise selbst den Bogen zu weit spannt (aus einer Angst durch eigene Kindheitserfahrungen heraus?), wenn sie die meist sehr bewussten und eigenverantwortlichen Eltern, die nicht einfach das nächstbeste Mittel nehmen und sich näher mit gesunder Nahrung und Kosmetik befassen, von vornherein als psychisch krank tituliert? Könnten auch hier Finanzspritzen dahinterstehen, die an bestimmte Themen geknüpft sind?

In welcher Demokratie leben wir, wenn kein Diskurs mehr erlaubt wird? Wenn Eltern, die sich um das Wohl ihrer Kinder sorgen, keinen Einfluss mehr zugestanden bekommen, als psychisch krank tituliert werden, Hausverbot in der Schule erhalten oder vorgeladen und mit Strafen bedacht werden, wenn sie ihre Kinder von einer Frühsexualisierung jenseits ihrer Entwicklung fernhalten wollen? Wenn Menschen, die um das Wohl ihrer Kinder und der Gesellschaft besorgt sind, automatisch als rechtsextrem tituliert und damit zum Schweigen gebracht werden? Wenn sich Menschen – wie gerade auch beim Thema Klimawandel massiv spürbar – ihre Meinung nicht mehr zu sagen oder posten trauen, um nicht als rechts, rechtsradikal oder Verschwörungstheorie-Anhänger dargestellt und geächtet zu werden? Wenn Wissenschaftler, die sich nicht der vorgegebenen Meinung beugen wollen, sondern zu ihren wissenschaftlichen Ansprüchen stehen, nicht mehr publiziert, gekündigt und finanziell ausgehungert werden und um ihre gesamte Existenz bangen müssen?

Wo bleibt da die Toleranz? Wo bleibt da die Meinungsfreiheit? Und nochmal: alles was gegen Strafgesetze verstößt, ist dort eindeutig geregelt und konnte schon bisher, bevor aus Amerika und durch ein Ministerium finanzierte Fakten-Checker und Organisationen tätig wurden, rechtlich eingefordert und verfolgt werden. Warum beteiligt sich ein öffentliches Ministerium, das durch Steuergelder der Menschen finanziert wird, an solchen Stiftungen? Zum Wohl des deutschen Volkes, das es vertreten soll? (Sofern es denn ein Volk für diese Politiker geben sollte, was ja, wie wir weiter vorne gelesen haben, nicht für jeden Politiker so zu sein scheint ...).

Die Amadeu Antonio Stiftung hat unter anderem auch eine Broschüre gegen die – egal wie man zu ihr stehen mag – rechtmäßig vom Volk gewählte AfD herausgebracht[192] und auch das „Neue Rechte"-Wiki[193] eingeführt. Alle darin erwähnten Menschen sollten nach Einschätzung der Stiftung im Zusammenhang mit Rechtsradikalismus und vergangenen Gedanken- und Handlungsmustern stehen.[194] Damit werden Menschen denunziert und kriminalisiert. Offizielle Kriterien, die zum Eintrag in dieses „Wiki" führen, konnten zumindest wir nicht finden. Ebenso wurde zum Recherchezeitpunkt auf der Internetseite auch nicht angegeben, warum ein Mensch dort aufgelistet (an den virtuellen Pranger gestellt?) wurde?

Ist es Zufall, dass sich manche Kritiker an Stasi-Zeiten in Ostdeutschland erinnert fühlen? Wohl kaum: Die Amadeu Antonio Stiftung ist eine NGO (Nichtregierungsorganisation), die von Anetta Kahane geleitet wird. Ehemaligen DDR-Bürgern dürfte diese Dame ein Begriff sein, soll sie doch angeblich als ehemalige Stasi-Mitarbeiterin (IM Victoria) nicht wenige ihrer Bekannten, darunter viele Künstler, bei privaten Anlässen wie einer Hochzeit, einer Faschingsfeier, einem Konzert oder einem Stadtbummel ausgehorcht, gemeldet und hinter Gitter gebracht haben.[195] Das Bundesfamilienministerium hat für 2020 eine Kürzung der Gelder für das Programm „Demokratie lebt", mit dem Projekte mehrerer als links geltender Initiativen um 8 Millionen Euro auf „nur mehr" 107,5 (!) Millionen Euro angekündigt. Wenige Tage, nachdem die Amadeu Antonio Stiftung beklagte, dass sie mit Ablehnung zwei ihrer Projekte ein Büro in Hannover schließen müsse, war das Büro wohl wieder gerettet: Mit dem Anschlag von Halle zum höchsten jüdischen Feiertag sind die Pläne zur Einschränkung der Gelder wieder vom Tisch und die Familienministerin Franziska Giffey (SPD) freute sich gemeinsam mit dem Finanzminister Olaf Scholz (SPD), dass auch 2020 mehr als 115 Millionen Euro an Steuergeldern für den Kampf gegen Rechtsextremismus zur Verfügung stünden.[195a,195b]

Doch nicht nur einzelne soziale Netzwerke werden von einzelnen Faktencheckern überwacht, sondern das Ganze gibt es auch als neue App flächendeckend für alle Geräte. So kann gleich der gesamte Internetverkehr überwacht, kontrolliert und vorselektiert werden: In den USA wurde nämlich, im Schatten der breiten Öffentlichkeit und gestützt von wenigen mächtigen Herren, ein Programm namens „NewsGuard" entwickelt, das bereits vor einer flächendeckenden Einführung steht (die Ankündigung dafür wird auf deren Internetseite gemacht – nicht in der Möglichkeitsform, sondern als klare Feststellung). Das zugehörige Unternehmen gibt offiziell bekannt, dass „NewsGuard in weitere Länder expandieren" wird, „um weltweit Milliarden Menschen zu erreichen, die ihre Nachrichten online konsumieren."[196] Ein Unternehmen kontrolliert weltweit alle Medieninhalte? Dieses Programm checkt Internetseiten und stuft ihre Inhalte automatisch als wahr oder falsch ein.[197] Das Unternehmen organisiert den Faktencheck über ein sogenanntes „SWAT-Team" (was in diesem Fall nicht für „schlagen", sondern für „Special Weapons And Tactics" – Spezialwaffen und Taktiken – stehen soll, einer Namensgleichheit mit taktischen Spezialeinheiten der US-Polizei), ist NewsGuard damit eine Spezialeinheit in einem Informationskrieg?[198] Es soll auf *jedem* Microsoft- (die Firma hat die Ergänzung zu seinem „Microsoft AccountGuard" bereits offiziell bestätigt) und Applegerät in den USA (und in weiterer Folge weltweit) vorinstalliert werden und nicht löschbar sein. Beim Webbrowser Microsoft Edge soll das NewsGuard-Plug-in sogar bereits installiert sein!

Was derzeit noch als Empfehlung mit roter oder grüner Kennzeichnung läuft, könnte in einer nächsten Stufe soweit umgesetzt werden, dass man gewisse Seiten gar nicht mehr öffnen kann oder diese von vornherein nicht angezeigt werden. Diese App würde dann entscheiden, was du sehen darfst und was nicht, nur das als „wahr" Eingestufte würde dann angezeigt (davon wären alle Nutzer betroffen, auch Geräte in Bibliotheken, Universitäten, Schulen etc.).[199,200] Hawaii hat seine Bibliotheken bereits angewiesen, alle Internetbrowser per NewsGuard überwachen zu lassen.[201] Damit trifft dann eine Firma (und die dahinter stehenden Initiatoren) die Entscheidung über die Einschätzung der Nachrichten! Wer jetzt noch den linientreuen Hauptmedien ausweichen oder sie nach eigenem Gefühl ergänzen will, hätte dann keine Chance mehr, sich seine Nachrichtenquellen in eigenem Engagement zusammen zu stellen. Alternative Seiten, die etwaige geheime Verschwörungen elitärer Zirkel aufdecken, würden dabei von den „Journalisten" des NewsGuard ganz sicher nicht als unbedenklich eingestuft, obwohl auch in den alternativen Medien Journalisten (zum Teil mit einer langjährigen Karriere in „linientreuen Qualitätsmedien") zu Gange sind (wie Wikileaks, Sputnik, jouwatch, Oliver Janich, Jo Conrad/bewusst.tv, Legitim. ch, Gerhard Wisnewski, Heiko Schrang, Kopp etc.). Medien wie die New York Times, Washington Post und Buzzfeed[202] wären hingegen in diesem Programm von vornherein glaubwürdig, auch wenn dann tatsächlich etwas Falsches publiziert würde.

Ein weiterer Bereich des Unternehmens ist „BrandGuard", wonach potenzielle Werbekunden grünes (= Empfehlung) oder rotes (= Warnung) Licht für die Schaltung von Werbung auf verschiedenen Internetseiten bekommen. Damit würden Seiten, die als Fakenews eingestuft werden, kaum mehr Werbungen geschalten bekommen und in weiterer Folge finanziell ausgehungert. Mit der Publicis Group soll auch gleich schon der weltweit drittgrößte Werbedienstleister mit an Bord des Unternehmens sein.[203] Daran ist ersichtlich, wie mächtig dieses Unternehmen (und die Interessen dahinter) sind.

Wer steckt hinter dieser Entwicklung von NewsGuard?
Das Unternehmen führt auf seiner Internetseite[204] über seinen Beirat enge Verbindungen mit dem Sillicon Valley, in höchste Politikerkreise, zur NATO, in diverse Medien, Universitäten etc. an (unter anderem finden sich darin ehemalige enge Mitarbeiter der US-Ex-Präsidenten Bush, Clinton und Obama, Menschen mit Beziehungen zum Time Magazine, zur BBC, NBC, zur „Zeit" und Süddeutschen Zeitung, zur CIA, NSA, zur NATO, zum Britischen Parlament, mehrere Direktoren von Journalismus-Universitäten und diversen Informations-Beauftragten, Stiftung Allianz für Demokratie, diversen weiteren Fernseh-Unternehmen etc.).[205]
Einer davon, Richard Stengel (Ex-Redakteur beim Time Magazine und Staatssekretär für Öffentliche Diplomatie unter Barack Hussein Obama), soll bei einer Paneldiskussion des Council of Foreign Relations bestätigt haben, *„nicht gegen Propaganda"* zu sein und dass *„es jedes Land tut und gegen die eigene Bevölkerung tun muss"*, berichtet RT Deutsch. Stengel selbst ist ein Mitglied des Digital Forensic Research Lab des Atlantic Council[206], einer Denkfabrik, die die globalen Führungskräfte über die Herausforderungen informieren und wachrütteln will. Ihr Ziel demnach: die Welt sicherer und wohlhabender/florierender zu machen[207]. Wir fragen uns nur, für wen ...

„Er [Sven Liebich] alleine ist sicherlich nicht die Gefahr, sondern die Wirkung, die er erzielt mit seinen Auftritten und mit den Äußerungen. Die Gefahr ist eben, dass andere ihm in dieser Richtung folgen."[208]

Ein Mitglied des Verfassungsschutzes Sachsen-Anhalt
über den Grund für die Überwachung eines Freiheitsaktivisten

Ein Mensch vertritt eine Meinung und verkündet diese, handelt dementsprechend. Andere Menschen halten diese Ansicht für stimmig und folgen diesem Menschen (wie es ja auch die Anhänger von „Fridays for Future" machen) – was ist dann daran so verwerflich, dass es vom Verfassungsschutz gestoppt werden sollte? Wenn dabei Gesetzesverstöße begangen werden, greift ohnehin das Gesetz und der Rechtsweg, möchte man meinen.

Ein ehemaliger sozialistischer Geheimdienst-Funktionär packt aus

Von ungeahnter Aktualität erscheint ein Interview mit einem ehemaligen Funktionär des sowjetischen In- und Auslands-Geheimdienstes KGB, das Anfang der 1980er-Jahre gemacht wurde. Yuri Alexandrovich Bezmenov war für den kommunistischen Geheimdienst in den USA, bevor er dort unter Lebensgefahr die Seiten wechselte und aus dem KGB ausstieg. Er schilderte in dem Interview mit G. Edward Griffin (veröffentlicht im YouTube-Kanal von „Words of the Wise"),[209] dass nur 15 Prozent der Aufgaben des kommunistischen Geheimdienstes die klassischen Bespitzelungs- und Spionagetätigkeiten waren. Die restlichen 85 Prozent seien ein ideologischer Umsturz des feindlichen Landes (damals der USA) gewesen. Bitte lies die folgenden Passagen mit wachem Bewusstsein:

Ein ideologischer Umsturz sei ein „langsamer Prozess". „Das Hauptziel war die psychologische Veränderung der nationalen und individuellen Wahrnehmung der Realität in solchem Umfang, dass die Mehrheit einer Nation die vom Totalitarismus ausgehende Gefahr nicht mehr erkennt und das feindliche System letztlich als harmlos und in bestimmten Aspekten sogar als erstrebenswert akzeptiert, zumindest als geeignete Alternative zum gegenwärtigen System."

 Es sei ein großer Gehirnwaschvorgang, der sehr langsam vor sich gehe.

Man brauche nur die Augen und Ohren aufzumachen, um zu sehen, was im Laufen sei.

Für den Umsturz eines Volkes nützte der sozialistische Geheimdienst 4 Schritte:

1. Die Demoralisierung eines Volkes:

Diese dauert 15 bis 20 Jahre (solange, bis *eine Schülergeneration* ausgebildet wurde, die der gewünschten Ideologie ausgesetzt war). Er sprach damals von der kommunistischen Ideologie des KGB, die ins Bewusstsein der Schüler eingetrichtert wurde. Die Konfrontation mit wahrer Information sei dann nicht mehr relevant. *„Ein Mensch, der Demoralisierung unterzogen wurde, ist nicht mehr in der Lage, wahre Informationen einzuschätzen. Selbst wenn ich ihn mit Dokumenten, Beweisen, Bildern überschütten würde, sogar wenn ich ihn packen und in die Sowjetunion zerren würde, und ihm Konzentrationslager zeigen würde, würde er sich weigern, es zu glauben. Erst dann, wenn er einen Schlag erleiden würde, erst wenn ein militärischer Anschlag stattfindet, dann würde er es erst verstehen – nicht früher, und das ist das Tragische an der Situation der Demoralisation."*

2. Die Destabilisierung einer Nation:

Dazu seien 2 bis 5 Jahre notwendig. In dieser Phase seien persönliche Dinge – was du isst, deine Ideen etc. – nicht mehr wichtig. Es gehe jetzt um die Destabilisierung der Wirtschaft (um das Prinzip der freien Marktwirtschaft auszulöschen), auswärtige Angelegenheiten und Verteidigung.

3. Eine Krise:

Als nächsten Schritt stürzt man das Land in eine (Klima-?)Krise. Dazu brauche es nur rund 6 Wochen. Man verspricht den Menschen in dieser Phase das Paradies auf Erden und installiert eine „Big Brother"-Regierung (Überwachungs- und Kontroll-Regierung) – egal ob die Versprechen dann erfüllt werden oder nicht.

4. „Normalisierung":

Danach werde „Normalisierung" herbeigeführt, ein Begriff, den laut Bezmenov auch der Sozialismus (marxistisch-leninistisch) geprägt habe.

„Der Klimawandel wird als Allzweckwaffe aufgebaut, um sie gegen alles und jeden ins Feld führen zu können, der sich den Zielen der Einschränkung von Freiheitsrechten, der Ausweitung staatlicher Überwachung und Kontrolle, der Freiheitsberaubung widersetzt."
Auszug aus ScienceFiles.org, „Versteckte Agenda, was hinter dem Klimawandelhype steckt"[209a]

Was geschieht nach so einem Umwälzungsprozess (einer Kulturrevolution?)? Einige der daran Mitwirkenden würden glauben, mit dem neu eingeführten kommunistischen System dann selbst in die Kraft zu kommen, dies würde jedoch niemals geschehen, so der KGB-Experte.

„All diese Professoren und schönen Menschenrechtsaktivisten sind Instrumente im Prozess der Umwälzung, um eine Nation zu destabilisieren, umzuwälzen. Wenn sie ihren Job erfüllt haben, werden sie nicht mehr gebraucht, sie wissen zu viel."
Yuri Alexandrovich Bezmenov, ehem. KGB-Funktionär[209]

In weiterer Folge würden sie also seiner Einschätzung nach nicht mehr länger auf der Erde weilen. Als Beispiele für solche Umwälzungsvorgänge nannte er Anfang der 1980er-Jahre unter anderem Nicaragua, Afghanistan und Bangladesch.

Du möchtest einer immer stärkeren Kontrolle, Zensur und Bespitzelung im Internet zumindest etwas ausweichen? Es gibt bereits Alternativen. Mit etwas Achtsamkeit bei der Auswahl des Browsers umgehst du schon Manches (überleg dir zum Beispiel, ob deine Daten eher bei Google Chrome oder bei Firefox nachverfolgt werden). Welche Suchmaschine (zum Beispiel Google oder Yippy) eher speichert und auswertet sowie welche sozialen Medien eher „mitlesen" (zum Beispiel Whatsapp/Facebook oder Wire/demnächst Thinkspot). Wo werden mehr Daten gesammelt, gespeichert und per Algorithmen für die Zukunft ausgewertet? Es geht hier nicht darum, ob du etwas zu verbergen hast, sondern um sehr viel mehr! Deine Daten werden – wie an anderer Stelle berichtet – möglicherweise dazu verwendet, die Zukunft zu manipulieren, in Wahlen einzugreifen (!), dir nur mehr bestimmte Suchergebnisse anzuzeigen, um dich in eine gewünschte Richtung zu manipulieren. Auch hier liegt es an jedem Einzelnen, in die Eigenverantwortung zu gehen und dementsprechend zu handeln (sowie dadurch auch im Kleinen die Welt zu verändern). Doch blicken wir weiter in eine mögliche Zukunft:

<u>Menschen mussten ihre eigenen 4 Wände aufgeben</u>

Wer eine größere Wohnfläche nutzt, hat automatisch einen höheren Energie-Verbrauch. Es wurde bereits öffentlich diskutiert, ob Rentner zu viel Wohnraum nutzen. Wenn Eltern nach dem Auszug ihrer erwachsenen Kinder in ihrem Eigenheim bleiben, sind sie in den Augen einiger wenig respektvoll *„Flächenverbrauchsschweinchen"* (!!) Mit diesem Wort zitiert der Deutschlandfunk Nova die Geschäftsführerin des deutschen Instituts Wohnen und Umwelt![210] Der Druck auf Rentner dürfte offenbar steigen, den Wohnraum aus eigenen Stücken freizugeben. Miteinander wohnen statt alleine oder zu zweit, wäre der Vorschlag. Bedeutet das, dass ältere Menschen nicht mehr nur dann, wenn es die Situation erfordert, sondern generell von Staats wegen ins „Altenheim" abgeschoben werden sollen, um Wohnraum frei zu machen (für wen?)?

Was für den Straßenbau längst an der Tagesordnung steht, dürfte jetzt auch im Wohnbereich angekommen sein: eine zwangsweise Enteignung. Dass Menschen für ihre eigenen vier Wohlfühl-Wände oft ihr Leben lang gespart, große Entbehrungen auf sich genommen und Kredite zurückgezahlt haben, bleibt von Enteignungs-Befürwortern meist ebenso unberücksichtigt, wie eine große emotionale Bindung. Nicht zuletzt durch die Migration wird Wohnraum knapper, wie wir im Exkurs zu Chemnitz auf den letzten Seiten berichten. Die Mieten steigen vielerorts – auch durch Immobilieninvestments. Zudem gibt es Pläne, die Menschen verstärkt in Ballungsräumen zu konzentrieren. Die Zwangsenteignung von Immobiliengesellschaften zum Durchbrechen der steigenden Mietpreise wurde bereits öffentlich thematisiert. Auch immer mehr Pflichten für Immobilienbesitzer und Vermieter werden laut angedacht: Eine Pflicht zum Einbau von Liften, und neu: Vermieter sollen auch nachträglich noch E-Ladestationen für E-Autos einbauen müssen, jeder Mieter habe ein Recht darauf![211] Umgesetzt werden könnte das als „Maßnahme von übergeordnetem gesellschaftlichem Interesse". Und das bei einem eingezogenen Mietendeckel von 8 Euro, wie es in Berlin geplant wird.[212] Will man Eigentümer damit zwingen, ihr Eigentum aufzugeben? Weiters solle in Deutschland auch die Grundsteuer überarbeitet werden, es wird eine massive Steigerung befürchtet, Wohnen soll damit noch teurer werden[213] (und das bei den ohnehin schon fast höchsten Abgabensätzen und Strompreisen)!

Zum bisherigen Tabu Enteignung wurde auch bereits Zustimmung signalisiert:

Während die Grünen bislang die Enteignung von Grundstücken für Straßenprojekte kritisierten, machte Grünen-Chef Robert Habeck öffentlich deutlich, dass Enteignungen von brachliegenden Grundstücken für Kommunen *„ein letztes Mittel"* sein könnten, um die Lage auf dem Wohnungsmarkt zu entlasten. *„Die bisherigen politischen Mittel haben sich als unzureichend erwiesen"*, stellte er unter anderem in einem Thesenpapier zur Wohnungs- und Mietenpolitik fest. In einem Interview mit der Welt sagte er sogar: *„Wenn andere Maßnahmen keinen Erfolg zeigten, um für ausreichend günstigen Wohnraum zu sorgen, muss notfalls die Enteignung folgen"*. Grundstückseigentümer sollen von den Städten auch dazu gezwungen werden können, zu bauen, so Habeck. Wenn dieser nicht baue, bietet man einen Kauf an, als Letztes würde dann enteignet, berichtet der Focus.[214]

Stell dir vor, du kaufst also ein Grundstück oder erbst das von deinen Eltern ersparte Grundstück. Noch hast du allerdings das Geld nicht beisammen, um dir darauf eine Bleibe zu bauen. Nach den politischen Plänen kann es dann geschehen, dass dir in der Zwischenzeit, während du noch die finanzielle Fülle für das Bauprojekt aufbaust, das Grundstück abgenommen wird. In einem Parteitagsantrag des grünen Bundesvorstands fordert das Bündnis 90/Die Grünen zudem eine Anhebung der Grunderwerbssteuer und dass Mieter Wohnungen unterschiedlicher Größe miteinander tauschen könnten.[215] Steckt dahinter die Forderung, dass ältere Menschen ihren Wohnraum für Migranten und ihre nachgeholten Familien freigeben? (Dass ältere Bewohner die Möglichkeit haben sollen, mit jungen Familien zu tauschen, hat Habeck bereits für gut befunden).

In der Bevölkerung wurden Befürchtungen laut, dass es nicht nur bei Grundstücken bleiben würde, wenn das Tabu Eigentum einmal angefasst wurde. Die Wohnungsgröße und damit die Einordnung, ob Bewohner eine „zu große" oder „vertretbar" große Wohnung bewohnen, dürfte per Knopfdruck möglich sein. Die Daten über Bewohner und bewohnte Flächen dürften durch den Zensus 2011 amtlich vorliegen.[216] Und tatsächlich soll es dem Vernehmen nach auch bereits in mehreren Bundesländern Immobilien-Enteignungen gegeben haben. [217,218,219] Weil Wohnraum knapp war und Wohnungen leer standen, aber auch die Verdrängung von deutschen Mietern zugunsten von neu ankommenden Migranten soll vorgekommen sein.

Es scheint so gut wie keinen Bereich zu geben, in dem nicht diejenigen, die besonders laut nach schnellstmöglichen Änderungen im Verhalten der Gesamtbevölkerung schreien, sich selbst davon ausnehmen und sich Besseres gönnen. Der frühere amerikanische Vizepräsident und oberster „Klimaaktivist" Al Gore vertritt vehement die CO_2-Klimaschädigungs-Theorie, unter anderem in seinem 2006 erschienenen Kinofilm „Eine unbequeme Wahrheit". Dass dieser Film mit einem Oscar prämiert wurde, erscheint nicht weiter verwunderlich, wenn man sich die Verbindungen und finanziellen Verstrickungen Al Gores mit dem CO_2-Emissionshandel und die Hintergründe seiner CO_2-Mission genauer ansieht – Al Gore begleitet uns also thematisch auch auf den folgenden Seiten immer wieder).

Für Al Gore wurde dann allerdings die Wahrheit tatsächlich unbequem: Der offiziell als Klimaschutz-Verfechter auftretende Gore soll in Interviews immer wieder betont haben, selbst einen CO_2-neutralen Lebensstil zu führen! Für Flugreisen würde er einen Ausgleich bezahlen (für ihn bei seinen Einkünften – nicht zuletzt durch seine Klimakampagnen – sicher kein Problem). Doch dann wurden Details aus seinem „CO_2-neutralen" Leben bekannt, die nicht so gut ankamen:

Al Gore, der oberste Klimaaktivist und Warner, dass das CO_2 sofort eingeschränkt werden müsse, um eine Klimakatastrophe im letzten Moment zu verhindern, bewohnte nämlich selbst im Gegensatz dazu im Bundesstaat Tennessee eine Villa mit fast 1000 Quadratmetern Wohnfläche. Dies bedeutet gegenüber einem durchschnittlichen amerikanischen Einfamilienhaus einen 20-fachen Energieverbrauch, alleine die Pool-Heizung verbrauchte demnach so viel Strom wie sechs Durchschnittshaushalte.[222]

Der frühere Präsident Barack Hussein Obama soll hingegen mit seiner Frau ein Haus mit unter anderem 7 Schlafzimmern zu einem Preis von rund 14,85 Mio Dollar inklusive eines Pools, Jacuzzi und einer Feuerstelle auf der Nobel-Ferieninsel Martha's Vineyard gekauft haben.[223] Obama hat sich bereits zweifach mit Greta Thunberg professionell ablichten lassen.

Was glaubst du? Hält er den Klimawandel tatsächlich für so bedrohlich, wenn er jede Menge Geld für eine Luxus-Villa ausgibt, die den Warnungen der Elite zufolge schon bald unter Wasser stehen müsste, die viel mehr Energie verbraucht und damit das Klima schädigt, als nötig wäre, wenn man der menschengemachten CO_2-Erderwärmungstheorie Glauben schenken will? Und wo er viel mehr Platz pro Mensch beansprucht, als es dem „normalen Volk" zugesprochen wird?[224] Stehen Al Gore und Barack Obama damit an vorderster Front jener, die für die Mehrheit Wasser predigen und selbst aber weiterhin edelsten Wein trinken?

Nicht nur bei den Immobilien gibt es Forderungen nach Enteignung, sondern neuerdings auch für die deutsche Automobilindustrie, die durch die Forderung nach einem Dieselverbot und einer Forcierung von E-Autos durch Klimaaktivisten bereits massiv geschädigt wurde. Damit verbunden: der Verlust von sehr, sehr vielen Arbeitsplätzen für die Angestellten und den daraus entstehenden Folgen für deren Familien, die durch den Niedergang der deutschen Automobilfirmen, dem bisherigen wirtschaftlichen Aushängeschild Deutschlands, verursacht wurden. Kevin Kühnert (Juso-Chef) forderte in der „Zeit"[225] sogar eine „Kollektivierung" von Großunternehmen wie dem Automobilkonzern BMW, um den Kapitalismus zu überwinden. Ein privates Unternehmen würde damit deren Eigentümern und Gründerfamilien zwangsweise entzogen. Wo wäre die Grenze, wenn rechtmäßiges Eigentum scheinbar willkürlich nicht mehr als solches akzeptiert und geachtet wird?

Dass die Grenzen von Eigentum schon jetzt nicht mehr durchgehend respektiert und eingehalten werden, zeigten diesbezüglich wiederholte Angriffe auf Autos, so etwa die Demolierung von unter anderem mehr als 40 Autos bei einem Autohändler in Kronberg[226,227] von rund 210 geparkten Fahrzeugen in Hamburg[228] sowie eine Blockade von Greenpeace-Aktivisten am Autoterminal in Bremerhaven, die mit Krallen das Entladen eines Auto-Transportschiffes für mehrere Stunden verhindert haben.[229] Die Liste ließe sich fast beliebig erweitern, bis zum Aufruf der Bundeswehr, Dienst-SUVs an Demonstrationstagen zu tarnen und im Innenbereich zu verstecken.

Dass selbst die Freiheit der Menschen für die demonstrierenden Aktivisten nicht mehr viel bedeuten dürfte, zeigte sich auch rund um die Automobilmesse IAA. Dort behinderten Demonstranten auch körperlich die eintreffenden Mitarbeiter und Interessenten, zum Beispiel durch Festhalten an den Beinen. Auf Videoaufnahmen sind gefährliche Situationen zu sehen, wo Aktivisten sitzend die Eingänge blockierten. Zum Teil ältere Menschen wurden von ihnen an den Füßen umklammert und am Weitergehen bzw. durch die Blockade verursachten Drübersteigen gehindert. Letzteres wurde von der Polizei dann doch nicht goutiert, wie man einem Video entnehmen kann. Ein *„Spießrutenlauf"* und eine *„Beengung"* für die Mitarbeiter und Autofans war den Aussagen des Polizisten nach hingegen ok! Aggressiv gebrüllte Parolen unter anderem mit dem Inhalt, es gäbe kein Recht darauf, schöne Autos zu bestaunen, wurden laut gebrüllt, Kinder sollen dadurch verängstigt worden sein, wie im Video erzählt wird.[230]

Klimanotstand in vielen Kommunen und Zuzug von „Klimaflüchtlingen"
Fast alles ist möglich: Schwimmbäder bleiben geschlossen, die Zahl der Waschmaschinen-Wäschen wird mit einer Ladung pro Woche begrenzt, Feste und Feiern wurden abgesagt, der Zierrasen im Garten darf nicht mehr bewässert werden, öffentliche Feuerwerke werden gestrichen etc. Immer mehr Städte, Gemeinden und Regionen machen von der Möglichkeit Gebrauch, in dem von ihnen vertretenen Gebiet den „Klimanotstand" auszurufen – mit teilweise weitreichenden Folgen für die Bevölkerung. Der mutmaßliche Anreiz für die Oberhäupter: Die meist fast leeren Kassen der „öffentlichen Hand" können so möglicherweise teilweise mit Subventionen gefüllt werden und unliebsame Maßnahmen können so unter dem Deckmantel Klimaschutz leichter argumentiert und durchgesetzt werden.

> *„Wir müssen das Problem der globalen Erwärmung angehen.*
> *Auch wenn die Theorie der globalen Erwärmung falsch ist, werden wir*
> *in Bezug auf die Wirtschafts- und Umweltpolitik das Richtige tun."*
> Timoth Wirth, ehemaliger Senator der Demokraten[115a]

Den Anfang machte in Deutschland im Mai 2019 die deutsche Stadt Konstanz. Wie deren Oberbürgermeister Ulrich Burchardt (CDU) betont, waren nicht internationale Klimanotstands-Städte für den einstimmigen Beschluss des Gemeinderats verantwortlich, sondern die Konstanzer Ortsgruppe der Klimabewegung „Fridays for Future".[231] Drei Monate später galt Klimanotstand bereits in mehr als vierzig Orten (darunter

Köln, Heidelberg und Kiel), in Brandenburg gibt es Bestrebungen, für die ganze Region Klimanotstand auszurufen.[232] In den Klimanotstands-Regionen sollten sämtliche Beschlüsse zuerst auf Klimaschutz-Tauglichkeit überprüft werden. Höhere Parkgebühren in Innenstädten wurden der deutschen Presseagentur dpa nach bisher ebenso beschlossen wie ein Umbau von Autospuren zu Radwegen, mehr Solaranlagen sowie das Pflanzen zusätzlicher Bäume und der Austausch öffentlicher Fahrzeuge gegen E-Autos (deren mehr als umstrittene Rolle thematisieren wir im weiteren Verlauf des Buches noch). Wie die teilweise höheren Kosten finanziert werden sollen, dürfte dabei noch nicht überall feststehen, es werden mehr Gelder von den Ländern und dem Bund verlangt.[233]

Zusätzlich dürften in den Klimanotstands-Gemeinden und -Städten den Regulierungen und Kontrollen durch die öffentliche Hand Tür und Tor geöffnet sein: Es ist Sommer, Ferienzeit und Sonnenschein – das öffentliche Schwimmbad bleibt aus Klimaschutzgründen wegen des Klima-Notstands geschlossen, private Becken sind sowieso verboten. „Positiver Nebeneffekt": Die noch verbliebenen Kinder und Jugendlichen können so durch Handy und Fernseher noch besser gesteuert werden. (Über die hypnotischen Wirkungen dieser auch zu manipulativen Zwecken genutzten Geräte auf die Gehirnareale des Menschen und die Entwicklung von Kindern gibt es bereits viele Expertenaussagen und Studien, die jeder recherchieren kann).

Öffentliche Großveranstaltungen: Sommerfeste, öffentliches Grillen und andere Veranstaltungen, an denen die Menschen miteinander plaudern, feiern und glücklich sind: gestrichen (nicht nur wegen des massiven Zuzugs von Millionen „Klimaflüchtlingen" aus Afrika, deren Aufnahme zuletzt wegen des Klimawandels vehement gefordert wurde, sowie deren oftmals anderen Verständnisses von Frauenrechten und -würde?).

Ist es nicht ein Widerspruch, wenn manche Städte mit Klimanotstand immer noch „Klimaflüchtlinge" aus Afrika aufnehmen? Obwohl diese angeblich ihre Heimat wegen der Erderwärmung verlassen haben, wie uns weisgemacht werden soll? Und jetzt sollen sie wieder in Gebiete ziehen, die Klimanotstand ausrufen und wo das ganze Land dem drohenden CO_2-Kollaps zum Opfer fallen soll?

(Glaubst du wirklich, dass es daran liegt, dass den Afrikanern in ihrer Heimat „zu heiß" sei? Oder mag es eher an der meist durch die Politik verursachten extremen Armut, Hungersnot, Korruption und fehlenden Lebensperspektiven, verknüpft mit einer nahezu kostenlosen All-in-Versorgung mit hohem Lebensstandard in Europa, liegen?).

„Der Klimawandel ist eine Propaganda des IPCC,die darauf abzielt, eine von den Vereinten Nationen kontrollierte Weltregierung zu schaffen"[234]
Maurice Newman, ehem. Vorsitzender der Australian Broadcasting Corporation, Australian Stock Exchange, Kanzler der Macquarie University, Mitglied des Business Advisory Council des Premierministers 2013 – 2015 und Vorsitzender der Deutschen Bank in Australien

Wie der Weltklimarat IPCC Ende August (quer durch alle Hauptmedien mit den überwiegend wortidenten Überschriften und häufig auch noch übereinstimmenden Texten) vermeldete, rechnet er mit 280 Millionen Flüchtlingen aufgrund eines ansteigenden Meeresspiegels[235] (ob die Warnungen über einen steigenden Meeresspiegel immer stimmen, liest du weiter hinten noch). Diese wollen schließlich auch wo untergebracht werden. Ist es allerdings verantwortungsbewusst, wenn in deutschen Städten bereits Klimanotstand ausgerufen wird, genau dort noch mehr Menschen und noch dazu Klimaflüchtlinge, die ihre Heimat wegen eines Klimawandels verlassen haben, aufzunehmen? Noch dazu, wenn man bedenkt, dass ein großer Teil der Einwanderungswilligen zumindest in Deutschland nicht mehr den langen Weg übers Meer und durch das Land auf sich nehmen soll, sondern sich immer mehr per Flugzeug einfliegen lassen dürften (was unter anderem Flughafen-Anwohner in Köln bestätigen, die Ankunft soll meist in der Dunkelheit der Nacht stattfinden, davon gemachte Beweisfotos sollen im Internet beharrlich gelöscht werden).[236]

Bemerkenswert daran ist außerdem, dass die Zahl der Migranten, die *illegal* mit dem Flugzeug nach Deutschland einreisen, ansteigt, wie Ende September gemeldet wurde. Laut der Welt registrierte die deutsche Bundespolizei bis Ende Juli 2019 6.175 solcher Fälle. Das sei im Monatsdurchschnitt mehr als im Jahr davor, in dem die Zahl insgesamt 10.289 betrug. Der Großteil dieser Flüge komme dabei aus dem Schengen-Raum. Die Dunkelziffer der illegalen Einreise per Flugzeug soll jedoch laut Bericht höher sein. Befragungen durch das Bundesamt für Migration und Flüchtlinge haben ergeben, dass jeder dritte Asylbewerber angibt, mit dem Flugzeug eingereist zu sein. Wer das Ganze nicht glauben will oder kann: Die Bundesregierung hatte dies grundsätzlich bereits im März 2018 auf eine Anfrage des AfD-Abgeordneten Leif-Erik Holm bestätigt (nach einem Bericht der Jungen Freiheit[237]). Mittlerweile agiert diese jedoch anscheinend vor dem Volk lieber wieder im Geheimen: Die Zahlen wurden inzwischen von der Bundesregierung als Verschlusssache (VS) – „nur für den Dienstgebrauch" – eingestuft.[238] Die Angaben könnten „Einfluss auf die Sicherheit der Bundesrepublik Deutschland" haben und seien daher, im „Hinblick auf das Staatswohl", nicht für die Öffentlichkeit bestimmt. Für die AfD eindeutige Zeichen, dass die Antworten „so brisant, dass Herr Seehofer sie im Giftschrank wegsperren lassen muss, um die Bürger nicht zu verunsichern" seien (Leif-Erik Holm). Sowie weiters, dass Deutschland die illegale Einwanderung nach wie vor nicht im Griff habe (Alexander Gauland).[239]

Wo Reisen mit dem Flugzeug so eine große Gefahr für das Klima und unsere Zukunft sein soll, dürfen Einwanderungswillige und Prominente weiterhin ohne Schuldgefühle fliegen, nur die bereits länger hier wohnende und steuerzahlende Bevölkerung nicht? Oder ist alles nur ein Schauspiel und es stecken in Wahrheit ganz andere Absichten dahinter? Glauben die Politiker selbst nicht dran, dass die Erderwärmung so massiv und gefährdend endet sowie einschneidende Wetterphänomene in letzter Zeit immer mehr würden? (Es gibt Wissenschaftler und Statistiken, die das Gegenteil aussagen, nämlich dass wir, kollektiv betrachtet, in einer wettermäßig vergleichsweise glücklichen Zeit leben und auch die Temperaturen in den letzten Jahren eher stagnieren als steigen).[240] Wozu dann der Notstand? Wegen der Subventionen, Kontroll- und Eingriffsmöglichkeiten für die Kommunen?

Dass unter dem Deckmantel Klimaschutz möglicherweise das Gegenteil erreicht wird, zeigt ein Beispiel aus Hamburg: Hier wurden zum Entsetzen der Anwohner für den Ausbau von Radwegen mindestens 77 Bäume in zwei Straßen gefällt.[241] (Ähnliches hat der Vorsitzende der grünen Bundestagsfraktion Anton Hofreiter neuerdings auch in einer Talkshow geäußert: Er forderte vom Chef der Deutschen Bahn, dass diese entlang der Zugstrecken mehr Bäume fällen müsse[241a] [was sich wohlgemerkt negativ auf die CO_2-Bilanz auswirken würde]).

Hat das etwas mit Klimaschutz und Umweltfreundlichkeit zu tun?
Wie weit wir rund um die Klimadebatte schon gekommen sind, zeigt der nächste Punkt mit einem ernstgemeinten (!) Vorschlag eines (führenden?)

Wissenschaftlers aus Schweden. Scheinbar geht es immer noch ärger, menschenfeindlicher und absurder, als man ohnehin schon bereit ist, in Kauf zu nehmen. Bitte fühl dich rein, was in unserer Gesellschaft mit dieser (auch wissenschaftlich sehr umstrittenen!) Klimadebatte ausgelöst wird! Wollen wir Menschen das wirklich?

Das Essen von Menschen-Fleisch ...

Wenn wir schon nicht durch den drohenden CO_2- und menschenverursachten Klimawandel sterben, dann möglicherweise schon früher im ausgerufenen Kampf dagegen ... Der Ansatz von immer mehr Menschen, gar kein Fleisch mehr zu essen (ob für das Klima oder aus Liebe zu den meist nicht tiergerecht lebenden und dennoch intensiv fühlenden „Nutz"-Tiere oder für unsere eigene Gesundheit) reichte offensichtlich nicht mehr: In einem immerhin von keiner geringeren als der New York Post[242,243] veröffentlichten Forderung darf es jetzt der Umstieg auf Menschenfleisch sein!

Was bisher also nur höchst verschwörungstheoretisch über angebliche Opferungsrituale in elitären Zirkeln gemunkelt wurde und sich Gerüchten zufolge möglicherweise in Form fötaler Zellen in manchen Lebensmitteln großer Konzerne, auch in unter anderem braunen, kohlesäureartigen Getränken und Kosmetika befinden soll, soll jetzt also tatsächlich ganz offiziell in der Mitte der Gesellschaft ankommen: Man isst seinesgleichen – der Beginn des goldenen Zeitalters für Kannibalen?

Die Anregung äußerte der schwedische Wissenschaftler Prof. Magnus Söderlund bei eine Veranstaltung Anfang September 2019 als mögliche Lösung im ausgerufenen Rennen um unsere Klimarettung. „Beruhigender Weise" meint er demnach immerhin nur Fleisch von bereits toten Menschen (auf welchem Weg diese in seinen Vorstellungen hinübergegangen sein sollen – ob sie sowieso gestorben wären, bevor sie als Nahrung dienen sollen, oder bewusst dafür getötet würden – wurde nicht berichtet). Die Menschen müssten nur erst dafür begeistert werden und auch die Bedenken dagegen würden weniger, wenn man es erst einmal probiert habe. Stellt sich für uns die Frage, woher er das wissen will? Der Vorschlag mag jetzt als unrealistische Einzelmeinung eines Wissenschaftlers abgetan werden. Wenn man jedoch weiß, dass bisher Vorhaben des Öfteren zuerst langsam als Einzelmeinung in Umlauf gebracht wurden, um die Menschen langsam an eine Idee zu gewöhnen, und beachtet, dass die Idee zudem von einem bekannten Medium aufgenommen und publiziert wurde, fällt es vielleicht dem einen oder anderen schwer, hier bloß an eine irre Einzelmeinung zu glauben.

Jüngst wurde zudem ein Video in Umlauf gebracht, mit einer offensichtlich ernstgemeinten Forderung eines Mädchens bei einer größeren Veranstaltung, die aus Angst vor Überbevölkerung (ein Stichwort der elitären Sozialismus-Bewegung) sichtlich aufgebracht dazu auffordert, Babys zu essen (und damit nochmal einen Schritt weiter geht als der schwedische Wissenschaftler)!! Ist es Zufall, wenn auch in einer Sendung der amerikanischen Serie „The Simpsons", aus der sich schon öfter angekündigte Prophezeiungen für die Zukunft tatsächlich verwirklicht haben sollen, eine Kannibalismus-Szene gezeigt wird (wurden diese Szenen, die sich später verwirklicht haben sollen, über die Serie inspiriert?)? Bei den Simpsons beißt eine der Hauptfiguren in einen mit einem Baby gefüllten Burger hinein. Offenbart sich da möglicherweise etwas über eventuelle unmenschliche Verhaltensweisen gewisser Kreise, worüber es schon lange Gerüchte und Erzählungen geben soll?

> *„Die globale Erwärmung wird die meisten von uns töten und den Rest von uns in Kannibalen verwandeln."*
> Ted Turner, Milliardär, CNN-Gründer[0c]

Nicht erwähnt wird in dem Artikel über den Vorschlag des Wissenschaftlers die durch den Verzehr von Menschenfleisch ausgelöste Krankheit namens Kuru. Diese Krankheit und deren Symptome wurden erstmals bei Mitgliedern eines kannibalischen Stammes in Papua-Neuguinea entdeckt. Kuru bedeutet in der Sprache der dort einheimischen Bevölkerung laut Wikipedia „Muskelzittern". Symptome neben dem Zittern sind außerdem Bewegungsstörungen (Gang- und Standunsicherheit) und in weiterer Folge auch unnatürliches Lachen.[244]

In Zeiten, wo der Deutsche Bundestag ein zentrales Transplantationsregister beschlossen hat und Gesundheitsminister Jens Spahn jeden, der nicht rechtzeitig widersprochen hat, zum Organspender machen will und dafür schon in den Schulen Werbung machen will[245,246], wo Krankenhäuser mehr dafür bezahlt bekommen sollen, um die Zahl der Organspenden in die Höhe zu treiben, wo eine Stiftung (nämlich die

Deutsche Stiftung Organtransplantation) als Koordinationsstelle fungieren soll, verwundert nicht mehr viel. Stellen die Politiker und Ärzte ihre Organe selbst auch zur Verfügung? (Kostenlose Ausweise auch für einen Organspende-Widerspruch gibt es über das Internet zu bestellen). 2011 hatten Sachverständige im Gesundheitsausschuss des Bundestages bei einer Anhörung noch erklärt, eine Widerspruchslösung sei nicht mit dem Selbstbestimmungsrecht zu vereinbaren und daher verfassungswidrig.[247] Doch ein Widerspruch gegen geltende (Verfassungs-)Gesetze dürfte die Politiker nicht mehr davon abhalten (siehe CO_2-Steuer), etwas nicht zu beschließen.

Grünen-Chefin Annalena Baerbock will sogar noch weiter gehen und die Organspende-Entscheidung mit der Beantragung des Personalausweises verknüpfen. Bei der Abholung des Dokuments müsste dann eine Entscheidung getroffen werden, ob man seine Organe herschenkt oder nicht[249] (und mit ihnen dürften in weiterer Folge dann Geschäfte gemacht werden). Von Grünen und Linken kam Kritik am Gesundheitsminister, allerdings deshalb, weil er ihren Vorschlag übernommen und dann jedoch ohne sie im Alleingang präsentiert habe.[248]

Auch in Österreich gilt jeder als Organspender, der nicht zu Lebzeiten widersprochen hat (in einem Widerspruchsregister, wofür man auch online kostenlos einen Antrag stellen kann). Deutschland und Österreich sind Mitglieder bei einer weiteren Stiftung, nämlich der Stiftung Eurotransplant. Diese teilt Spenderorgane in acht europäischen Ländern als Mitglieder zu (Belgien, Deutschland, Kroatien, Luxemburg, Niederlande, Österreich, Ungarn und Slowenien).[250] In der Schweiz entscheiden die engen Angehörigen.

Es wurden allerdings auch früher schon Rufe nach finanziellen Anreizen für Organspender laut.[251] Zudem gibt es immer wieder auch Berichte, dass es nicht nur in China Organhandel gäbe.[252,253] Was für viele kranke Menschen ein Hoffnungsschimmer ist, an den sie und ihre Angehörigen sich klammern, wirft auch Schattenseiten auf.[254] So gibt es auch von Ärzten geäußert Bedenken, ob die Organspender – deren Körper ja noch leben müssen bei der Organentnahme, damit auch das Organ selbst noch lebendig ist – nicht doch Schmerzen empfinden und den Eingriff voll wahrnehmen. Zudem dokumentieren bereits vielfach Berichte, dass Organempfänger nach dem Empfang des Organs plötzlich typische Angewohnheiten und Verhaltensweisen des Organspenders übernommen und gezeigt hätten (ein Hinweis, dass in jeder einzelnen Körperzelle weit mehr steckt als nur „ein Teil vom Körper"?).[255]

<u>Und vieles mehr ...</u>

Die Liste möglicher Maßnahmen und Einschränkungen in der Zukunft mit der Begründung „Klima- und Umweltschutz" ließe sich nahezu beliebig verlängern. Man könnte den Eindruck bekommen, die nach außen besonders um das Klima bemühten politischen und gesellschaftlichen Gruppierungen suchen weniger nach innovativen Lösungen und neuen Möglichkeiten, als sie sich möglicherweise darauf konzentrieren, wie und wo man die breite Öffentlichkeit noch mehr kontrollieren, um Geld bitten und einschränken könnte.

(Wenn es nach den Grünen im deutschen Niedersachsen ginge, würden sogar bunte Luftballons am Himmel verboten – mit der Begründung zu viel Plastik und schlecht für die Natur. Eine diesbezügliche Forderung wurde von einem Sprecher des zuständigen SPD-Landesumweltministers gegenüber der Neuen Osnabrücker Zeitung jedoch abgelehnt: *„In den Himmel steigende Luftballons haben die Menschen schon immer mit Träumen und Hoffnungen verbunden. „Ein Ballonverbot rettet die Welt ganz bestimmt nicht.")*[256]

Unter dem Thema „Klimaschutz" lassen sich also unzählige Maßnahmen argumentieren und umsetzen. Verängstigt durch den kolportierten nahen (Um-)Weltuntergang und beladen mit Schuld akzeptiert und schluckt die Bevölkerung offensichtlich auch eine massive Einschränkung ihrer Freiheit durch Maßnahmen, deren Wirkungen zugunsten des Erdklimas mehr als umstritten sind. Während beispielsweise in Deutschland die Steuerquote der Ära Merkel ohnehin schon davor deutlich höher war als unter dem vorigen Kanzler Gerhard Schröder (SPD), Tendenz weiter steigend[257], während die Wirtschaft in eine massive Rezession rutschte und nicht nur eines ihrer Zugpferde, die Automobilindustrie, massiv geschwächt wurde, wurde noch über zusätzliche Steuern (CO_2, Fleisch, SUV-Steuern etc.) gesprochen, auch eine Neu-Verschuldung angedacht (Kritiker sehen darin hingegen eine Möglichkeit, den angedachten Bevölkerungsaustausch zu finanzieren). Bereits im Jahr 2018 lag Deutschland bei einem Abgabenvergleich inklusive Mehrwertsteuer von 35 OECD-Staaten (darunter viele Länder aus Europa, aber auch die USA, Neuseeland, Australien, die Türkei, Japan, Israel, Kanada, Mexiko, Chile und Korea) im absoluten negativen Spitzenfeld. Deutschland hatte nach einer Auswertung der OECD von allen OECD-Ländern die zweithöchste Abgabenlast (hinter Belgien), Österreich folgte gleich danach mit der dritthöchsten Belastung – beide Länder sind damit weit über dem durchschnittlichen OECD-Abgabensatz. Ganz anders sieht es im Nicht-EU-Mitglied Schweiz aus, dieses rangierte 2018 an drittbester

= am niedrigsten mit Abgaben belasteter Stelle aller OECD-Länder (nur noch die Menschen in Mexiko und Chile zahlten weniger).[258]

Wissen die Jugendlichen, wofür sie sich indirekt mit ihrer Teilnahme an den vermeintlich so positiven „Fridays for Future"-Klimademonstrationen einsetzen? Wofür ihre Proteste als Legitimation herangezogen werden sollen? Wofür ihre Forderung an die Politiker, „jetzt sofort endlich zu handeln", möglicherweise eingesetzt wird? Für welches Ausmaß an geplanten Veränderungen, Einschränkungen und auch finanziellen Belastungen für die Menschen in Europa (und damit auch für sie selbst und ihre Familien!) genau sie mit ihren Demonstrationen als Rechtfertigung dienen könnten? Dass es hier jenen Politikern, die sich freudig mit Greta ablichten lassen, großzügig als Unterstützer der Klimaschutz-Forderung auftreten und sogar eine Verletzung der Schulpflicht tolerieren, möglicherweise weniger um das Klima, CO_2 und die Zukunft der Kinder gehen könnte, sondern mehr um eine noch stärkere Umverteilung von riesigen Geldsummen in die Hände der ohnehin schon reichsten Schichten – zulasten der breiten Masse? Wissen sie, dass es zudem um eine noch stärkere Kontrolle und Einschränkung der Allgemeinheit der Bevölkerung gehen dürfte? Dass die Elite nur jene Stimmen des jungen Volkes hören dürfte, die brav in ihr Wunschbild passen und auch dabei nur so weit, wie es sich mit der politischen Mission deckt? Gerechtfertigt und argumentiert genau mit jenen Forderungen der jungen Generation, die ja ein sofortiges Handeln der Verantwortlichen fordert? Unter dem Druck, dass jetzt und sofort gehandelt werden und der CO_2-Ausstoß eingedämmt werden müsse, weil die Erde ja sonst binnen spätestens 10 Jahren dem Untergang geweiht sei?

„Ein globales Klimaabkommen muss umgesetzt werden, auch wenn es keine wissenschaftlichen Beweise für den Treibhauseffekt gibt."
Zitat von Richard Benedik, ehemaliger Bürokrat der USA/UNO[115a]

Resümee aus dem Blickwinkel einer möglichen Zukunft:

Es wurden also seit dem Beginn von Gretas Klimamission zahlreiche Maßnahmen umgesetzt, die Menschen zahlen viel mehr ihres ohnehin schon davor hoch besteuerten Geldes an den Staat, ihr bisher gewohntes alltägliches Leben war aufgrund der massiven Verteuerungen in allen Bereichen in der Form nicht mehr aufrecht zu erhalten, die Abhängigkeit der Mehrheit der Menschen stieg, damit wurde das Volk leichter kont-

rollier- und steuerbar, es wurden den Menschen zahlreiche Einschränkungen auferlegt – auch hier viel mehr, als womit sie gerechnet hätten.

Damit müsste ja jetzt, wenn man den Versprechungen der Politiker
Glauben schenkt, der Klimawandel gestoppt sein. Ist dem so? Kann
dem überhaupt jemals so sein? Ein paar Kapitel weiter beschäftigen wir
uns eingehend damit, doch zuerst einmal ...

3. Zurück ins Hier und Jetzt

Was manche als jahrtausendealte Aufgabe der Religionen sehen – den Menschen Schuld aufzuerlegen und sie damit klein und kontrollierbar zu halten –, könnte nun über die Mission zum Klimaschutz erfolgen, Kritiker sprechen von einer Art neuer „Klima-Religion". Die „religiöse Schuld" ist auch weiterhin da, nur versündigt man sich jetzt halt gegen Greta Thunberg, die kommenden Generationen oder die Erde.

Auch wenn man es nüchterner und unabhängig von Glaubenssystemen betrachtet, sind bei den täglichen Klimawarnungen so gut wie immer schlechtes Gewissen und Schuld mit dabei. Damit sollten die Menschen wohl dazu gebracht werden, zum offiziellen Wohle der Natur große Eingriffe und Veränderungen in ihrem Leben zu akzeptieren – als zwar unbeliebte, aber dennoch vermeintlich einzige Alternative zu einem ansonsten angeblich drohenden Klimakollaps: neue Steuern, ein Verbot von Dieselautos, eine wesentliche Einschränkung der Mobilität, eine Umsiedlung und Konzentrierung der großen Mehrheit der Menschen in Ballungszentren (dort lebt es sich leichter ohne Auto) inklusive besserer Kontrolle und Einschränkung (auch Ausflüge in die Natur wären dann individuell nicht mehr möglich), der Verzicht auf Kinder inklusive Sterilisation und Selbstverpflichtung der Jugendlichen, der Verzicht auf Haustiere, die Unterwerfung unter strengere Auflagen bei Klimanotstand und die Akzeptanz eines noch größeren Zuzugs von Migranten als sogenannte „Klimaflüchtlinge" (wie es in den letzten Monaten auch schon mehrmals gefordert wurde – so auch von der Kapitänin einer umstrittenen deutschen „Seenotrettungs"-, in den Augen anderer auch „Schlepper"-NGO, Carola Rackete[259]). Die Logik hinter einer massenweisen Aufnahme von Flüchtlingen mit anderem kulturellem Hintergrund in riesiger Anzahl aufgrund der Klimaproblematik soll auch anhand des angeblich doch so schädlichen CO_2-Ausstoßes hinterfragt werden. Alleine aufgrund des klima- und jahreszeitenbedingten stärkeren Energieverbrauchs und CO_2-Ausstoßes für die neu Zugezogenen in unseren zentraleuropäischen Breitengraden, würde bei ihrer Verlegung des Lebensmittelpunktes von Afrika nach Europa viel mehr CO_2 erfordern, wie wenn sie in ihrem Kulturkreis bleiben würden und dort im Miteinander beim Aufbau ihrer eigenen Völker unterstützt würden (ganz zu schweigen davon, dass Afrika viel mehr Einwohner hat als Europa und Europa nie alle aufnehmen könnte, ohne selbst die eigenen Kultur komplett aufzugeben – oder wäre genau das die Absicht der Eliten?).[260]

„Die größte Hoffnung für die Erde besteht darin,
Religionswissenschaftler und Wissenschaftler zu vereinen,
um die Welt in eine nahezu fatale Lage zu bringen und sie dann
aus dem verwirrenden Labyrinth internationaler Krisen in die
zukünftige Utopie humanistischer Hoffnung zu führen."
Club of Rome[115a]

Wenn vom Urlaub nur noch Erinnerungen und Schuldgefühle zurück-
bleiben ...
Gewisse Pläne lassen sich mit einer Mischung aus Angst, Schuldge-
fühlen und Emotionen leichter umsetzen. Viele beteiligen sich möglicherweise auch unbewusst an der Schuldspirale. Fast jede Form der
(noch?) normalen Mobilität sorgt für einen angeblich so schädlichen
CO_2-Ausstoß, das heißt, fast jeder hat einen Grund, sich schuldig zu
fühlen. So berichtet beispielsweise die Redakteurin einer großen österreichischen Tageszeitung[261] in der Klimakolumne auf der Titelseite prominent von ihrem schlechten Gewissen wegen einer Südafrika-Reise
mit dem Flugzeug. Um eine bessere CO_2-Bilanz zu erreichen, wird sie
die nächste Reise demnach mit dem Nachtzug über 20 Stunden pro
Strecke in eine osteuropäische Metropole führen. Der Zeitungsleser
darf mitten in der Haupturlaubsreise-Saison am schlechten Gewissen
teilhaben und möge sich davon wohl möglichst inspirieren lassen. Wer
dann noch fliegt, sollte offensichtlich zumindest ein schlechtes Gefühl
mit im Gepäck haben. In vielen Familien ist selbst ein gemeinsamer
Flug in den Sommerurlaub nicht mehr möglich, weil sich die Kinder weigern, mit dem Flugzeug zu fliegen – aus Angst, damit einen drohenden
Weltuntergang zu fördern.

Einschränkungen für das Volk und Party für die Promis?

Vorausgesetzt, der Mensch hat tatsächlich so großen Einfluss auf das
CO_2-Vorkommen in der Luft sowie auf das Klima, wie derzeit vielerorts
berichtet wird: Warum gilt das dann nicht für *jeden* Menschen und für
alle Flugzeuge? Vor allem nicht für jene, wo fast niemand drinsitzt –
nämlich für Privatjets? Und zufällig auch nicht für die Verhaltensweisen
derer, die vorgeben, sich besser mit dem Thema Klimawandel auszu-
kennen als der Rest der Bevölkerung und daher vehement, dringlich und
offiziell moralisch höchst anständig schnelle Eingriffe von CO_2-Steuer
bis zu Flugverteuerungen und ein Verbot von Dieselfahrzeugen und
Kohlekraftwerken fordern. Die Atomenergie (selbst neue AKW sollen

in Deutschland abgeschaltet werden, auch wenn man dann unter Umständen Atomstrom aus älteren, gefährlicheren Anlagen in den Nachbarländern dazukaufen muss) hat äußerst schwere Folgen (bei Havarien – jetzt noch sichtbar an den schlimmen Schicksalen der Kinder rund um Tschernobyl – ebenso wie wenn man sich die fast unkontrollierbare Situation in den „Atommüllendlagern" ansieht). Dagegen hört man jedoch fast nie etwas (sogar Schwedens Vorzeige-Klimademonstrantin Greta Thunberg hat sich kurz zu einer Pro-Atomkraft-Äußerung hinreißen lassen[262], was kurz darauf nach großer Verunsicherung unter ihren Fans wieder relativiert wurde).

Sie postete: *„Laut dem Uno-Weltklimarat (IPCC) könnte Atomenergie ein kleiner Teil einer sehr großen kohlenstofffreien Energielösung sein."*

Ihre Aussage wurde später nach großer Aufregung wieder abgeschwächt.[263] Müssten nicht gerade diese Prominenten mit bestem Beispiel vorausgehen? Dass die Worte und Forderungen in der Öffentlichkeit nicht immer mit dem tatsächlichen Verhalten jener Entscheidungsträger übereinstimmen, sahen wir unter anderem bereits am alltäglichen und vermeintlich unbeobachteten Verhalten so mancher Politiker und anderer Prominenter, die offiziell vor dem drohenden Weltuntergang wegen eines menschenverursachten Klimawandels warnen. Dass dies bei weitem keine Einzelfälle sind, sondern es nur Beispiele für verbreitete Widersprüche zwischen Worten und Taten zu sein scheinen, zeigte auch das Google Camp, zuletzt im August 2019, ganz deutlich:

Treffen der „globalen Elite" zwischen Schein und Sein

Es stimmt zumindest nachdenklich, wenn sich Mitglieder der sogenannten globalen Elite zum Google Camp an der Westküste Siziliens versammeln, um allen voran über das zumindest öffentlich in ihren Augen so dringliche Problem des Klimawandels und der Erderwärmung zu diskutieren, und dann selbst mit gezählten 114 Privat-Jets (!) per Sonderlandegenehmigung nur am Flughafen Palermo Falcone Borsellino und zudem noch mit Luxus-Jachten anreisen. (Es sollen angeblich noch weitere Privatjets am Flughafen Trapani dazu gekommen sein). Alleine die Privat-Jets sollen nach Berechnungen, die die „New York

Post" veröffentlicht hatte, rund 864 Tonnen CO_2-Ausstoß verursacht haben. Dazu kommen noch Hubschrauber für die Flughafentransfers, Busse und zahlreiche Luxusautos. Dabei ist nicht anzunehmen, dass diese Privatjets nur für diese eine Reise genützt wurden. Wohingegen die Normalbevölkerung offensichtlich bereits für *einen* Urlaubsflug in einem öffentlichen Flugzeug, das viele Menschen zeitgleich nützen, ein schlechtes Gewissen haben soll, ganz zu schweigen von jeder einzelnen Fahrt in einem Diesel-PKW.

Die Optik ist mehr als fatal und lässt auch hier wieder Raum zum Hinterfragen: Ist der Klimawandel doch kein dringliches Problem, wie der Allgemeinheit derzeit mit aller Vehemenz vermittelt wird? Glauben diese Entscheidungsträger selbst nicht daran, dass ihr Lebensstil inklusive Fliegen und Luxusjachten einen spürbaren Einfluss auf das Klima der Erde hat? Oder ist es ihnen schlichtweg egal, wenn sie das Klima schädigen? Erhoffen sie sich Verhaltensänderungen und Einschränkungen in der Mobilität nur vom Rest der Bevölkerung, über deren Köpfe sie offensichtlich bestimmen möchten? Nach dem Motto „Begrenzungen und noch weitere Abgaben für die Masse der Menschen", während diejenigen, die schon bisher bestimmt haben, weiterhin (auf Kosten der Mehrheit?) aus vollen Zügen leben? Agiert hier der (Geld-)Adel nach dem Motto Wasser predigen und Wein trinken?

Die Beratungen während dieser Versammlung der „Elite" fanden in einem Luxusresort[264] inklusive Golf- und Tennisplätzen, einzelnen Villen mit eigenen Pools, Helikopter-Landeplatz, einem der größten Spa-Bereiche Europas und circa 1,5 Kilometer langem Privatstrand mit weißem Sand statt – wie bei den Bilderberger-Treffen auch hier unter Ausschluss jener Öffentlichkeit, um deren Wohl es zumindest offiziell bei den Beratungen geht.[265] Vertreter des englischen Königshauses sollen Berichten zufolge ebenso daran teilgenommen haben wie (ungereiht) die künftige Chefin der Europäischen Zentralbank Christine Lagarde, Leonardo Di Caprio, Tom Cruise, Facebook-Chef Mark Zuckerberg, Ex-Fußballer Thierry Henry, Amazon-Chef Jeff Bezos, Katy Perry, Noel Gallagher, Naomi Campbell, Bono, Oprah Winfrey, Diane von Fürstenberg und noch viele mehr von Rang und Namen. Ex-US-Präsident Barack Hussein Obama habe seine Teilnahme – im für so manche Prominente doch unangenehm „heißen" (hier ist ausnahmsweise nicht das Klima gemeint) Sommer – dem Vernehmen nach kurzfristig abgesagt ...

Zur Unterhaltung der Politiker und Stars wurden Fotos und Berichten unter anderem auf Twitter und im Internet zufolge Chris Martin und Sting eingeflogen (damit ihnen „die größte Bedrohung für zukünftige Generationen" nicht allzu sehr die Tage verdirbt?). Während der Konzerte und eines beeindruckenden Dinners inmitten der Kulisse der archäologischen Tempelanlagen von Agrigent wurden „herkömmliche" Touristen aus Sicherheitsgründen von der Anlage ausgesperrt.[266,267] Schuldgefühle dürften beim (Finanz-)Adel nicht vorhanden sein. Gehen wir mal vom Besten aus und das Klima und Wohlergehen der Erde liegt ihnen tatsächlich so am Herzen, wie sie es der Öffentlichkeit gerne glauben machen: Wäre es dann nicht umweltfreundlicher gewesen, man hätte sich beispielsweise irgendwo in einer möglichst zentral gelegenen und öffentlich erreichbaren Metropole Nordamerikas oder Europas (je nach Herkunfts-Mehrheit der Teilnehmer) getroffen? Ohne weite Anreise, Hubschrauber, Jachten, Privatjets, Extra-Konzerte, riesige Spa-Anlagen, individuelle Transportwege, Dinner in abgesperrten Gebieten etc.?

„Die Zukunft aller kommenden Generationen ruht auf euren Schultern."
Greta Thunberg, schwedische Klima-Aktivistin, Gründerin „Fridays for Future",
an die älteren Generationen gerichtet

4. Beginn des aktuellen Klima-Hypes mit Greta Thunberg

Lasst uns von der (drohenden?) Zukunft nochmal zwei Schritte zurück gehen an den Beginn des *aktuellen* Klima-Hypes – zur bereits erwähnten Greta Tintin Eleonora Ernman Thunberg, geboren am 3. Januar 2003 – jenem schwedischen Mädchen, das zum Gesicht des jetzigen „Klima-Kampfes" wurde und in Europa so stark polarisiert, wie wohl kaum ein anderer Mensch. Sowohl Greta selbst als auch ihre Familie legen Wert darauf zu betonen, dass das Mädchen ihren Klimastreik vollkommen alleine geplant und gestartet habe. Wer sich Gretas Weg (und auch die Monate vor dem Beginn des Klimastreiks ansieht), könnte allerdings leichte Zweifel an dieser Feststellung bekommen. Doch beleuchten wir zuerst Gretas Herkunft und das, was über ihre Kindheit bekannt ist:

Greta Thunbergs Kindheit

Zufällig begann Gretas „Schulstreik für das Klima" und damit ihr kometenhaftes Erscheinen im Rampenlicht – genau passend in der Hitzewelle des Sommers 2018 – nur wenige Tage bevor in Schweden das Buch „Szenen aus dem Herzen" ihrer Mutter Malena Ernman und der Familie veröffentlicht wurde. Obwohl Greta bis dahin noch weitgehend unbeachtet von der breiten Öffentlichkeit leben konnte, wird ihr Name als erstes am Buch angeführt (als Autoren scheinen „Greta & Svante Thunberg, Beata & Malena Ernman" auf). Unterteilt wurde es nicht wie üblich in Kapitel, sondern in „Szenen". Zufall oder könnte es vom Leser auch als Teil eines Schauspiels aufgefasst werden?
Die Einnahmen aus dem Buchverkauf sollten nach Beschluss der Familie mehreren NGOs zu Gute kommen (womit noch nichts gesagt ist, wenn man weiß, welchen Aufgaben allgemein auf der Erde manche NGOs finanziell und ideologisch dienen). Gedanken um die finanzielle Situation der Familie selbst braucht sich so oder so wahrscheinlich niemand machen. Warum das Engagement von Greta und ihrer Familie im Zuge des Klima-Hypes auch ihnen selbst lebenslange finanzielle Unbeschwertheit garantieren dürfte, dazu kommen wir später noch.

Die Familie schildert in ihrem Buch die schwierige Situation der Familie. Mindestens die Hälfte des Buches dreht sich aber – noch bevor Greta international mit dem Thema bekannt wurde – um den Klimawandel und den von der Familie so geschilderten drohenden Weltuntergang.

Die persönlichen Erfahrungen und Erlebnisse der vier Menschen, die Diagnosen der Kinder und auch der Mutter, die Schwierigkeiten im Alltag scheinen als Verpackung für das Kernthema CO_2-basierter, menschenverursachter Klimawandel zu dienen. Man erhält den Eindruck, dass die Familie über Jahre in ständiger Angst lebt und das Thema Klima keinen Platz mehr für Leichtigkeit und den Blick auf alles Positive lässt. *„Denn die Krise ist längst da und äußert sich permanent, auf vielfältige Weise. Am Frühstückstisch, in Schulfluren, auf den Straßen. Im Garten vor eurem Fenster, im Wind, der euer Haar zerzaust."*

Ein Bild, das Greta auch bei ihren öffentlichen Auftritten vermittelt: unbeschwert lachen, wie es für die meisten Kinder und Jugendlichen in ihrem Alter zumindest hin und wieder noch möglich ist, hat sie wohl noch kaum jemand gesehen. Wenn man im Internet ihren Namen in Suchmaschinen eingibt, ist zumindest in unseren Ergebnissen kein einziges Bild dabei, auf dem sie glücklich wirkt. Und auch die Schilderungen der Menschen, die Greta live erlebt haben, decken sich damit. Das Thema dürfte das Mädchen tatsächlich in Angst und Panik versetzt haben.

Selbst beim Familienspaziergang mit den zwei Hunden stand für Mutter und Tochter im Sommer 2017 in Schweden die „Klimakatastrophe" im Mittelpunkt. Es war keine Auszeit zum Genießen der Natur, um den Hunden beim Schnuppern und Spielen zuzusehen, den Himmel zu beobachten und Blumen zu betrachten ... – also Tätigkeiten und ein Einlassen auf die Natur, welche der Seele guttun und eine engere Verbindung mit dem Planeten herstellen. Nein, sogar *„während die Hunde weiter herumschnüffeln und an der Leine zerren"*, sehen sie sich auf dem Handy ein Video über die Zustände in Sierra Leone an, wo ein Mann bei Erdrutschen sein Haus und seine Familie verloren hatte! Dass ein Mädchen mit den bereits erwähnten Krankheiten hier nicht mehr Lebensfreude, sondern immer mehr Angst und Panik erfährt, dürfte auf der Hand liegen. Ob ihre Mutter selbst in dieser Verzweiflung und Panik gefangen war und die Wetterphänomene als so lebensbedrohlich empfunden hat wie ihre Tochter oder ob sie diese eventuell bewusst mit einem größeren Plan im Hintergrund in ihrem bedrohlichen Szenario belassen hat?

Gretas Mutter, unter anderem ehemalige Opernsängerin (ihre letzte Vorstellung gab sie demnach vor dem schwedischen Königspaar im Publikum[320]) sowie 2009 Vertreterin Schwedens am European Song Contest, und Gretas Vater Svante Thunberg, Schauspieler, Manager, Unternehmer, sind beide so wie auch einige ihrer Vorfahren bekannte

und gut vernetzte Persönlichkeiten in Schweden. Sie haben demnach bereits davor im Kulturbereich ihr Bestes gegeben, *„um unsere Zukunft zu sichern und unser immerwährendes Ziel zu erreichen: ein neues, breites Publikum zu finden. Svante und ich kommen aus völlig verschiedenen Richtungen, aber wir hatten immer dasselbe Ziel, von Anfang an."*[321]
Sie nahmen alles selbst in die Hand, *„immer auf der Jagd nach dem neuen, breiten Publikum."*[322]

Ein Ziel, das die Familie spätestens durch Gretas Einsatz erreicht haben dürfte.
Malena Ernman schildert offen, dass die Familie in den Monaten und Jahren vor Gretas Klimamission immer wieder an den Rand ihrer Belastbarkeit und in wohl überdurchschnittlich große Ausnahmesituationen gekommen ist – nicht zuletzt durch Angstattacken, mehrmonatige Essverweigerung und das Fernbleiben Gretas von der Schule. Nach zahlreichen Telefonaten, Kontaktaufnahmen mit Psychologen und Ärzten, Terminen in Kliniken lautet die Diagnose für Greta schließlich „Asperger, hochfunktionaler Autismus und Zwangsstörungen (OCD)".[323,324]

Das Asperger-Syndrom, besondere Bedürfnisse und Zusammenbrüche

Das Asperger-Syndrom ist eine von vier Varianten des Autismus („eine Loslösung von der Wirklichkeit zusammen mit dem relativen oder absoluten Überwiegen des Innenlebens"), benannt nach einem Wiener Jugendpsychiater namens Hans Asperger, der es als erstes beschrieb.[324a] Das Asperger-Syndrom ist zum größten Teil eine „unsichtbare Behinderung" beziehungsweise Wesensveränderung, die sich in einem veränderten Sozialleben (soziale Kommunikation, Interaktion, Verständnis) ausdrückt. Im Gegensatz zum „klassischen" Autismus heben Menschen mit dem Asperger-Syndrom kaum sprachliche Schwierigkeiten, oft sogar hervorragende sprachliche Fähigkeiten, jedoch häufig Schwierigkeiten, Sprache einzuordnen und im sozialen Miteinander zu leben und richtig zu deuten. „Autismus-Kultur" nennt etwa als Beispiel: Jemand geht in die Bibliothek und liest ein Schild *„Bitte leise reden"*. Während für gesunde Menschen klar wäre, dass man hier möglichst gar nicht und wenn, dann nur leise reden sollte, gerät der Mensch mit Asperger-Syndrom schnell unter Druck, weil er das Schild wörtlich nimmt und glaubt, er müsse hier mit jemanden reden. Im Gegensatz zu klassischen Autisten bringen sich Asperger-beeinflusste Menschen oft gerne ins soziale Leben ein, wissen jedoch oft nicht wie.[324aa] Menschen mit Asperger-Diagnose haben eine andere Verarbeitung von Sinnesreizen, intensive (oft sehr spezielle) Interessen und ein Bedürfnis nach Beständigkeit[324b] (das Greta derzeit wohl nur kaum erfüllt bekommt, wenn sie in aller Welt unterwegs ist). Plötzliche Veränderungen können sie überfordern oder sehr nervös machen. Dies liegt daran, dass Veränderungen einen höheren Grad an Aufmerksamkeit erfordern, was bei der angenommenen Schwäche von Menschen mit Autismus-Spektrum-Störung, Informationen auszublenden, zu einer erhöhten Belastung führt.[324c] Veränderungen (ein Schulausflug, eine versperrte Gasse auf dem gewohnten Schulweg etc.) führen oft zu Stress. Betroffenen fällt es schwer, die Gedanken und Gefühle ihrer Mitmenschen nachzufühlen und sich auf Menschen und soziale Situationen einzustellen. Diese Menschen entwickeln oft ein intensives Interesse für ein bestimmtes Gebiet, können stundenlang darüber reden und merken dabei meist nicht, ob das Gegenüber auch noch interessiert ist. Wenn sie ihr Fachgebiet verlassen müssen, setzt sie das ebenso großem Stress aus, wie wenn ein Projekt von ihnen scheitert. [324d]

Hans Asperger bezeichnete die Emotionen seiner Probanden nicht als unterentwickelt, sondern eher als von andersartiger Qualität. *„Meine Emotionen sind einfacher als die der meisten anderen Menschen. Ich weiß nicht, was eine vielschichtige Emotion in einer zwischenmenschlichen Beziehung ist. Ich verstehe nur einfache Emotionen wie Wut, Furcht, Glück und Traurigkeit.“*[324c]
Sie zeigen oft Stärken in den verbalen Aufgabenteilen.

Greta empfindet eben diesen Klimawandel, der als selbstgemacht deklariert wird, als Katastrophe, da sie als Mensch mit Asperger-Syndrom eben nur einfache Gefühle zulässt. Das heißt, für sie gibt es nur hell und dunkel, gut oder böse, wie sie ja auch selbst sagt. (*„Ich habe das Asperger-Syndrom, und für mich ist fast alles schwarz oder weiß.“*)[324e]
In der Behandlung des Asperger-Syndroms werden Verhaltenstherapien, Psycho- und Logotherapien ebenso eingesetzt wie Medikamente. Letztere dienen dafür, sicherzustellen, dass das betroffene Kind seine „oftmals sehr schnell umschlagenden Launen besser beherrschen kann und auch Angststörungen und dergleichen mehr nicht in allzu großem Umfange auftreten“, berichtet die Seite krank.de.[324f]

Greta bekommt Medikamente (ihre Mutter erwähnt im Buch namentlich ein Antidepressivum, dessen „Dosierung nach und nach leicht erhöht wird"[325]). Bei auftretenden „Zusammenbrüchen" verlieren Betroffene kurzfristig die Kontrolle über ihre Emotionen durch Auslöser in der Umwelt. Aufgestaute Reize entladen sich dann. In der Folge sind ihnen solche Zusammenbrüche später angeblich oft peinlich.

Bei diesen Zeilen fühlen wir uns an Greta Thunbergs emotionale Rede beim UN-Klimagipfel im Herbst 2019 erinnert. Diese polarisierte auf jeden Fall.[346] Die Jugendliche beschimpfte die Erwachsenen darin sehr heftig, wie diese es wagen könnten, ihre Kindheit und ihre Träume zu zerstören, wo sie selbst doch eigentlich zurück in der Schule in Schweden sein sollte. Sie war außer sich vor Erschütterung, kämpfte mit den Tränen, begann fast zu schluchzen, ihre Verzweiflung und ihr Zorn wirkten authentisch. Es wurde wohl für jeden sichtbar: Greta Thunbergs Angst und Panik vor einem Erduntergang wegen des Klimawandels scheinen durchaus real zu sein. Für uns stellt sich die Frage, ob sie neben der für einen gesunden Erwachsenen schon unbeschreiblich herausfordernden Reise von Europa in die USA mit einer kleinen Rennjacht, die sie ihren eigenen Angaben nach hinter sich hatte (mehr auf den folgenden Seiten), und nach vielen Wochen des Reisens mit täglich wechselnden Menschen, Orten, Auftritten und Situationen und wenig Privatsphäre damit eine Form eines solchen „Zusammenbruchs" hatte.

Auffallend war außer der Rede zusätzlich, dass Greta Thunberg später in einer Pressekonferenz[346a] während des Gipfels erstaunlich verloren, müde und unkonzentriert wirkte. Sie konnte sich Fragen nicht merken, bat um Wiederholung der Fragen, blickte verloren ihre Podiumsnachbarin an. Selbst nach Wiederholung einer Frage hat sie nur gemeint, dass sie nicht für andere sprechen könne und dass jemand anderer die Fragen beantworten solle. Was war anders als sonst? Die Vermutungen im Internet reichten von „Müdigkeit" bis zum Fehlen eines ansonsten verfügbaren Skripts, an dem sie sich orientieren hätte können oder mangelnder Verbindung zu ihren Beratern. Oder lag es möglicherweise daran, dass sie in der Ausnahmesituation der Reise ein- oder mehrmals nicht die Möglichkeit hatte, ihre Medikamente einzunehmen, die genau solche Zusammenbrüche verhindern sollen?

Am wichtigsten in der Situation eines Ausbruchs soll es sein, den Betroffenen dabei aus der Situation zu bringen, ihn an einem Platz für sich zu lassen, wo er sich sicher fühlt, Musik hören, ein Bad nehmen oder schlafen kann.[324d] Hat Greta während ihrer mehrmonatigen, strapaziösen Reise mit ihrem Vater durchgehend diese Möglichkeiten? Ist eine solche Strapaz nicht eigentlich etwas, wovor sie geschützt werden sollte und statt ihr würde sinnvoller ein gesunder Mensch ihre Botschafter-Rolle übernehmen, wenn es gewisse Kreise offensichtlich wünschen, dass Angst und Panik verbreitet werden? Eine Jugendliche kam offensichtlich in eine Situation, in der sie ihr Innerstes zeigte – was prinzipiell ja positiv sein könnte, wenn es ein gesunder, volljähriger Mensch wäre, der sich der Konsequenzen seines Handelns voll bewusst ist und sich selbst schützen kann. Ist das bei Greta auch so? Hat sie auch jetzt noch Freude damit, dass sie vor versammeltem Weltpublikum Zorn, Verzweiflung und offensichtliche Verwirrung und Unkonzentriertheit bei der Pressekonferenz zeigte? Wer schützt diese Jugendliche, die offensichtlich und auch nach den Berichten der eigenen Mutter besondere Bedürfnisse hat? Was ist, wenn ihr diese Bilder und Situationen noch Jahre später nachhängen (und was ist, wenn die Mehrheit der Bevölkerung irgendwann draufkommen sollte, dass die ganze menschengemachte Klimawandeltheorie möglicherweise eine Form von Betrug war?)?

Frage dich bitte selbst: Zählt hier das Wohlergehen eines Menschen, eines Kindes überhaupt noch oder wird hier ein Mensch mit besonderen Bedürfnissen und dessen „Wohlergehen" für eine größere Mission im Sinne der Eliten in einen Aktionismus getrieben und damit er selbst und seine Kindheit „geopfert"? (wie sie selbst es ja empfinden dürfte, nur gibt sie den Politikern die Schuld, weil diese zu wenig gegen CO_2 unternehmen würden). Zudem werden ja auch noch die Kindheiten unzählig vieler Kinder auf der ganzen Erde durch diese Mission der Panik- und Angstübertragung, wie Greta es ausgesprochen hat, überschattet. Noch mehr Kinder mit Depressionen, Schlafstörungen und angstvollen ersten Lebensjahrzehnten? Könnte es sein, dass die Pharmaindustrie seit Auftauchen von Greta in der Öffentlichkeit einen erhöhten Umsatz mit Beruhigungs-Medikamenten und Antidepressiva macht, wie Gerüchte die Runde machen?

In Schweden haben besorgte Bürger bereits Meldung an das Sozialamt gemacht. Die Grundlage dafür: Ein schwedisches Gesetz sieht vor, dass jeder, der von einer Krankheit eines Kindes Kenntnis erlangt, diese dem Sozialamt melden soll.[343] Demnach sollen alle Formen von Miss-brauch, Vernachlässigung und Ausbeutung kundgetan werden, die zu einer tatsächlichen oder potenziellen Schädigung der Gesundheit oder Entwicklung des Kindes führen können, wie PI-NEWS berichten.[344] Die Bezirksverwaltung gab sich Medien gegenüber zugeknöpft. Sie ist allerdings verpflichtet, Meldungen binnen 24 Stunden nachzugehen – und solche Meldungen dürften gleich mehrfach eingegangen sein. So hat die alternative Nachrichtenseite „Samhällsnytt" zwei Berichte zitiert:[345]

Eine Eingabe ist mit Gretas schneller Medienberühmtheit, der Kritik in sozialen Medien und dem Druck auf die nicht gesunde Jugendliche begründet: *„... Mir ist aufgefallen, dass sie immer müder und erschöpfter aussieht. Ihre seltsamen Gesichtsausdrücke und Tics, die (meiner Meinung nach) immer häufiger auftreten, zeigen, dass sie kurz vor einem Nervenzusammenbruch steht ..."*
Eine andere Eingabe war unter anderem so begründet: *„...Ich bin ihr von Anfang an gefolgt, sodass ich genau weiß, wer hinter ihr steht und wie sie von den Globalisten für deren Zwecke ausgenutzt wird. Es war der Rome Club in Rio im Jahr 1992, der sich entschied, das Klima zu nutzen, um die Menschen zu ängstigen und damit die Einführung der neuen Weltordnung unter völliger Kontrolle des Menschen zu erleichtern. Das ist es, was gerade geschieht. Und hier sollte ein ADHS-Kind nicht benutzt werden, um dies zu erreichen. Es ist furchtbar zynisch, ihre Zukunft auf diese Weise zu ruinieren."*

Der russische Präsident Wladimir Putin schätzt diese Rede von Greta Thunberg so ein:[347] *„Ich teile nicht die allgemeine Begeisterung über die Rede von Greta Thunberg. Wissen Sie, dass junge Menschen, Teenager, auf akute Probleme von heute, darunter auf Probleme der Umwelt, aufmerksam werden, ist richtig und gut. Sie müssen zweifellos unterstützt werden. Wenn aber irgendjemand Kinder und Teenager für seine Interessen benutzt, gehört das nur verurteilt. Besonders schlimm ist es, wenn jemand versucht, daraus Kapital zu schlagen. Ich behaupte nicht, dass dies hier der Fall ist. Aber man sollte schon auf der Hut sein und das aufmerksam im Auge behalten. Niemand hat nämlich Greta erklärt, dass die moderne Welt komplex und vielfältig ist und sich schnell entwickelt. Dabei wollen Menschen in Afrika und in vielen asiatischen Ländern auf dem gleichen Wohlstandsniveau leben wie in Schweden. Wie lässt sich das machen? Soll man sie zwingen, Sonnenenergie zu nutzen, von der es in Afrika genug gibt? Hat ihr jemand erklärt, wie viel Geld das kostet. Alles muss übrigens äußerst, maximal professionell sein. Gewiss sind Emotionen unvermeidbar. Wenn wir aber dennoch effizient* sein wollen, müssen wir professionell sein. Ich bin mir sicher, dass Greta ein gutherziges und sehr aufrichtiges Mädchen ist, aber Erwachsene müssen alles Mögliche tun, um Kinder und Teenager nicht in extreme Situationen zu treiben. Wir müssen sie vor übermäßigen Emotionen schützen, die ihre Persönlichkeit zerstören können."

Wolfgang Meins, Professor für Psychiatrie, analysierte das Buch der Familie „Szenen aus dem Herzen" und das Befinden der Familie auf Votum24 folgendermaßen:

> *„Eigentlich ist der Begriff „klimahysterisch" für die Thunbergs, also Greta und ihre Eltern (...), nicht wirklich zutreffend, weil verniedlichend. Tatsächlich geht es hier um Klimafanatismus. Das Buch schildert recht anschaulich, wie aus einem psychisch schwerst gestörten Mädchen eine (Klima-) Fanatikerin wird, die dann ihre Eltern infiziert."*[348]
> Prof. Wolfgang Meins, Professor für Psychiatrie

Ist es also verantwortungsbewusst, sie von außen (von Eltern bis zu den Politikern und Klimaaktivsten) dabei zu unterstützen, ihre eigene krankheitsbedingte (?) Angst und Panik auf die Kinder und Jugendlichen dieser Welt zu übertragen? Ist es realistisch, dass sie dabei zufällig und aus dem vermeintlichen Nichts heraus binnen auffallend kurzer Zeit massiv von sogenannten Verantwortungsträgern mit Aufmerksamkeit, Publicity und medialen und gesellschaftlichen Plattformen unterstützt wurde – während andere engagierte und charismatische Jugendliche mit einem Programm, das sich nicht mit jenem der Politiker und Rädelsführer im Hintergrund deckt, nicht die geringste Chance auf diese Auftrittsmöglichkeiten und Unterstützung hatten?

War es bloß eine glückliche Fügung, dass die damals noch 15-jährige Schwedin massive Unterstützung in Politik und Prominenz erhielt und nicht beispielsweise die ein Jahr jüngere Schwedin Izabella Nilsson Jarvandi, die sich auch für Klima- und Umweltschutz einsetzt, allerdings zudem auch noch gegen die Globalisierung und (obwohl selbst Einwandererkind) gegen den Migrationspakt? [349,350] Oder nicht die damals 12-jährige Victoria Grant, die 2012 einen Vortrag über das kanadische Schuld-Geldsystem hielt und wie „Bankster" und der „Wettbewerb der Gauner" zusammenarbeiten würden, um die Bevölkerung auszurauben.[351] – Womit bereits naheliegen dürfte, warum diese im Gegensatz zu Greta Thunberg keine breite Unterstützung erhalten haben.

„Nichts in der Politik geschieht zufällig,
und wenn etwas geschieht, dann war es so geplant."
Ehemaliger US-Präsident Franklin D. Roosevelt[455]

„Ich möchte, dass ihr so eine Angst empfindet wie ich."
Greta Thunberg

Für die Mutter hängen Gretas Probleme und die Klimaschwankungen direkt zusammen. Das Mädchen gehört den Schilderungen im Buch nach zu den wenigen Menschen, die Kohlendioxide mit bloßem Auge erkennen können, wie sie aus den Schornsteinen und mit dem Wind in den Himmel strömen und dort *„die Atmosphäre in eine gigantische unsichtbare Müllhalde verwandeln"*.[326]
Ob sie die an sich unsichtbaren Kohlendioxide im natürlichen Kreislauf mit dem Atem auch aus den Menschen herausströmen und in einem wundervollen natürlichen Kreislauf in die Pflanzen hineinströmen sieht, die damit ihr Wachstum und Überleben sichern?

Während Gretas Mutter in anderen Teilen der Welt durch Klimaveränderungen Landstriche verdorren, Erdmassen einbrechen oder einen steigenden Meeresspiegel Inselstaaten gefährden sieht, äußere sich das in *„unserem Teil der Welt nicht zuletzt in Form von Stresserkrankungen, Segregation und immer länger werdenden Schlangen in der Kinder- und Jugendpsychiatrie."*[327]
Was sie hingegen nicht thematisiert: Dass der Gesundheitszustand der Menschheit und vor allem der Kinder und Jugendlichen sowie die Umwelt möglicherweise mehr durch Umweltgifte wie Glyphosat, Fluoride in Wasser und Kosmetikartikeln, fötale Zellen in Getränken und Lebensmitteln, Schadstoffe, die in Luft, Böden und Gewässern verbreitet werden, durch (Nano-)Plastikpartikel und verschiedene atomare und andere Strahlungen, durch die oftmals finanziell erzwungene (und bewusst von den Eliten herbeigeführte?) Berufstätigkeit beider Elternteile und immer weniger innerfamiliäre Zeit miteinander, durch mehr Handys und Elektrogeräte und weniger (Platz in der) Natur als durch CO_2 beeinträchtigt sein könnten.

Gerade Anfang September 2019 zeigten sich Hebammen in Köln darüber beunruhigt, weil ihnen (wie in Frankreich) eine unnatürliche Häufung von Neugeborenen ohne Hände aufgefallen war. Allen Babys soll gemeinsam sein, dass ihre Mütter in der Nähe von Getreide- und Sonnenblumen-Feldern leben.[328] Gibt es darüber einen großen Aufschrei?

In Frankreich versuchte der Bürgermeister einer betroffenen Gemeinde alles Mögliche, um der Ursache auf den Grund zu gehen. Auf seine Bitten um Stellungnahme erhielt er keine Antwort. Wie die Bild-Zeitung weiter berichtete, wollten die örtlichen landwirtschaftlichen Kooperativen eine Liste der verwendeten Substanzen nicht herausgeben. Journalisten haben aber herausgefunden, dass in der Zeit zwischen 2011 und 2015 in den Feldern um das Dorf mit Chemikalien für die Agrarwirtschaft experimentiert wurde. Tatsächlich bestätigte ein großer bekannter Pharmakonzern zwei Tests in einem Schreiben, berichtet die deutsche Zeitung Bild.[329]

Warum erhält der Bürgermeister keine Antworten? Warum ist der Fall nicht längst offiziell geklärt? Was wird verheimlicht und warum? Warum dürften sogar neue Dörfer (diesmal in Deutschland) davon betroffen sein? Warum darf mit Chemikalien einfach so in der Natur experimentiert werden? Längst, wenn den Menschen dadurch nichts passiert wäre, wie verändern sich die Pflanzen und Nahrungsmittel durch solche Chemikalien und welche Einflüsse haben diese dann wieder auf den menschlichen und tierischen Organismus?

In dieser für die Familie herausfordernden Zeit konzentriert sich laut den Schilderungen der Mutter die Aufmerksamkeit der Familie auf Greta. Ihre jüngere Schwester Beata verkrieche sich nach ihrem Schultag meist gleich in ihrem Zimmer und müsse beispielsweise lange Zeit alleine Abendessen.[330] Sie beklagte, dass sich die Eltern nur um Greta kümmern würden.[331] Das sollte sich ändern, als auch bei ihr auffällige Symptome auftreten und schließlich ADHS diagnostiziert wird, mit Zügen von Asperger, OCD und einer „Störung von oppositionellem Trotzverhalten" (nicht weiter verwunderlich, wenn sich alles um die ältere Schwester dreht und sie sogar das Abendessen lange alleine zu sich nehmen muss?)[332] – eine Diagnose, die durch das Buch der Familie sowie die Klima-Bekanntheit ihrer Schwester die ganze Welt erfuhr. (Wie es dem jüngeren Mädchen jetzt geht, wo durch Gretas Amerika-Reise mit dem Papa die Familie für zumindest mehrere Monate entzweit ist und sich wieder die allgemeine Aufmerksamkeit nur auf die ältere Schwester konzentriert, ist uns nicht bekannt).

Durch die Probleme der Kinder (unter anderem Schulverweigerung der Mädchen) leidet naturgemäß die ganze Familie: Zitate der Mutter über diese Zeit und warum sie das Buch nicht über ein anderes Thema als die Familie geschrieben hat: *„Denn es ging uns beschissen. Mir ging es beschissen. Svante ging es beschissen. Den Kindern ging es* beschissen. *Dem Planeten ging es beschissen. Sogar dem Hund ging es beschissen."[333]*

Es ist von Nachbarn, die sich beschweren, Löchern in den Wänden und enttäuschten Freunden ebenso die Rede wie von Antidepressiva und Beruhigungsmitteln. Die Mutter berichtet, wie ihr Tränen in die Augen schießen, wie eine *„Flut aus Trauer und Wut auf die ganze verdammte Scheiße dieser Welt"* hervorbricht. Sie hasste sich selbst und alle anderen, erzählt sie. Auch von „Ticks" der Mutter in ihrer eigenen Kindheit ist zu lesen, von zumindest einer panik-attacken-ähnlichen Situation als Erwachsene[334] und auch von Momenten, in denen die Beine von Gretas Vater „nachgegeben hatten", hervorgerufen durch die herausfordernde Familiensituation.

Die Mutter sieht sich dazu gezwungen, *„immer diejenige zu sein, die daran erinnert, dass das Beste für die Mehrheit das Schlimmste für den Einzelnen sein kann".*

Diesen Satz sollten wir im Hinblick auf die Klimawandel-Debatte und die geplanten Maßnahmen im Fokus behalten und nach dem Lesen der letzten Seiten in diesem Buch noch einmal anschauen, ob hier vielleicht der Spieß umgedreht wurde – dass für das Beste für Einzelne, das Schlimmste für die Mehrheit in Kauf genommen wird? Auch bei Gretas Mutter Malena Ernman werden schließlich bei einer psychologischen Untersuchung Zeichen von ADHS mit deutlichen Anzeichen einer Depression und eines Erschöpfungssyndroms für wahrscheinlich gehalten, wie sie in ihrem Buch „Szenen aus dem Herzen" selbst schildert.

Als mit Gretas Streikbeginn für viele Kinder, Jugendliche und auch manchen Erwachsenen eine Zeit voll Angst und Panik vor einem drohenden Erduntergang begann, dürfte sich für Greta und ihre Familie damit alles zum Besseren gewendet haben. So wird sie mit den Worten zum Asperger-Syndrom zitiert: *„Glaubt mir, meine Diagnose hat mich einmal eingeschränkt. Bevor ich mit den Schulstreiks angefangen habe, hatte ich keine Energie, keine Freunde und ich habe mit niemandem geredet."*

Die Zeiten der Depression und Essstörungen dürften jedoch seit Beginn ihrer öffentlichen Klimamission vorbei sein: *„All das ist weg, seit ich einen Sinn gefunden habe. In einer Welt, die manchmal so bedeutungslos für viele Menschen erscheint."[336, 337]*

Wir sprechen hier mit dem Klimawandel von einem globalen Thema – vom ersten Thema überhaupt, das alle Menschen rund um den Erdball gleich betrifft. Klima gibt es überall und sollte die Erdkugel wirklich knapp vorm Untergang stehen, dann beträfe das auch alle Lebewesen. Kritiker sehen darin genau jenes Thema, das gebraucht wird, um die Pläne zur Einführung einer „NWO, einer Neuen Weltordnung" global möglichst leicht und zügig umzusetzen. Oder anders ausgedrückt: So gelingt es leichter, einen weltweiten Öko-Kommunismus einzuführen. In sozialistischen Gesellschaftsformen werden nicht alle Menschen gleichbehandelt, wie manche meinen. Schau dir China oder die Situation damals in der DDR genau an, dann kannst du dir selbst ein Bild davon machen, ob und für wen diese Systeme erstrebenswert sind.

Kriterien von kommunistischen Diktaturen: Das Kollektiv steht unter starker Kontrolle und Einschränkung, das Volk wird bis in privateste Details gelenkt (ua. die Entscheidung darüber, ob und wie viele Kinder jemand bekommt), die Mehrheit besitzt wenig, nützt vieles gemeinsam, bekommt von den Herrschenden Rationen – zum Beispiel an CO_2? – zugeteilt. Die herrschende Minderheit hingegen gönnt sich durchaus ihre Freiheiten und ihren Luxus (erinnerst du dich an das Handeln jener Politiker, die eine Einschränkung der anderen Menschen wegen des Klimawandels fordern?). Für Wikipedia ist diese NWO Anfang September 2019 offiziell immer noch eine Verschwörungstheorie. Offensichtlich dürfte den dortigen Autoren entgangen sein, dass der Plan einer neuen Weltordnung bereits von mehreren Politikern offenbart und bestätigt wurde, auch mit dem Namen NWO/Neue Weltordnung. Und noch viel häufiger wurden die Ziele der NWO – Globalisierung, Zurückdrängen der Nationalstaaten und Verschmelzung der Völker beispielsweise – publiziert. So wie in jedem Verein ist also auch bei einem von einigen elitären Kreisen gewünschten Mischvolk wichtig, dass ein gemeinsamer Nenner vorhanden ist: mit der vermeintlichen Klimakrise wurde dieser gefunden. (Dass eine Vermischung der Völker propagiert wird, kannst du auch selbst in Filmen, Werbungen und in Suchmaschinen gut beobachten: gib zum Beispiel mal „Familie" in Google ein und schau, welche Bilder kommen, derzeit zeigt meist kein einziges davon ausschließlich weiße Familienmitglieder, was in der Schweiz, Deutschland und Österreich ja zumindest derzeit [noch?] keine realitätsnahe Abbildung der Gesellschaft, sondern eher einseitig ist).

Doch lasst uns zurück zu den Thunbergs kommen. Jeder Leser möge sich selbst die Frage stellen: Kann eine Familie, die durch verschiedene Umstände an den Rand der Belastbarkeit gelangt ist und teilweise unter Medikation steht, frei und ohne Angst- und Panikhormone weitreichende und komplexe Situationen ruhig und besonnen einschätzen und abwägen? Ist es vernünftig, dass Greta, die mit 8 Jahren zum ersten Mal etwas Beängstigendes über den Klimawandel gehört hatte und mit 11 Jahren bereits an Depressionen deswegen litt[342] und mit verschiedenen Krankheiten diagnostiziert wurde, zur weltweiten Leitfigur für möglicherweise überstürzte „Klimaschutz"-Aktionen wurde?

(Zu den möglichen Hintergründen und „Schirmherren" ihrer Klimamission kommen wir gleich noch).

Ist die jugendliche Greta Thunberg in der Lage, die Klima-Situation klar und neutral einzuschätzen, mit einer Krankheit, durch die für sie nach eigenen Aussagen „fast alles schwarz oder weiß" ist? Oder könnte es sein, dass hier ein Kind mit besonderen Bedürfnissen und wohl auch wie bei jedem Kind einzigartigen Fähigkeiten über Jahre mit seinen Ängsten, der Panik und der Überlebensangst, die sie selbst schildert, praktisch allein gelassen wurde? Wurde versucht, das Beste für die Menschheit und für dieses Mädchen zu tun – und ihr aus ihrer Angst zu helfen, die sie ab 8 und verstärkt ab 11 Jahren hatte? Wurde alles dafür getan, um ihre Kindheit für sie wieder bunter, kindgerechter und unbeschwerter zu gestalten? Oder wurde hier möglicherweise ein Kind von jungen Jahren an dazu missbraucht, um eine viel weitreichendere Agenda unter das Volk zu bringen, als man auf den ersten Blick vermuten möchte?

„Ganze Nationen könnten durch den Anstieg des Meeresspiegels vom Erdboden gewischt werden, wenn sich die globale Erwärmung nicht bis zum Jahr 2000 umkehren wird. Überschwemmungen an der Küste und Ernteausfälle würden zu einem Exodus von ‚Ökoflüchtlingen' führen, ein politisches Chaos droht."
Noel Brown, UN-Umweltbeauftragter, im Juni 1989[10b,10c]

5. Blitzkarriere und Umfeld von Greta Thunberg

Was alleine und unbekannt vorm schwedischen Reichstag begonnen haben soll, wurde binnen kürzester Zeit zu einem weltbekannten Anstoß für den ausgerufenen Klimakrieg: Gretas Einsatz für den Klimaschutz. Sogar der Chefredakteur vom Magazin Stern gibt an, dass es rund um das Klima-Aushängeschild Greta mittlerweile eine Vielzahl an Beratern gäbe und ein Interviewtermin mit ihr demnach wochenlange Vorbereitungen erfordere. Seiner Einschätzung nach dürfte ein Interview mit Popstars wie Beyoncé oder mit dem französischen Präsidenten Macron nicht schwieriger zu bekommen sein.[352]

Auszeichnungen und Nominierungen

Greta Thunberg war ein Jahr nach Beginn ihres Klimastreiks bereits mit zahlreichen Auszeichnungen, Nominierungen und Einladungen zu großen Events bedacht worden. Von Medien und sozialen Netzwerken, der Politik und gesellschaftlichen Prominenz wurde sie außergewöhnlich viel beachtet und hochgelobt.
Der ersten Auszeichnung beim Schreibwettbewerb des Svenska Dagbladet Anfang 2018 folgten zahlreiche weitere. So wurde sie vom amerikanischen Magazin Time in die Liste der 25 einflussreichsten Teenager des Jahres 2018 und unter die 100 einflussreichsten Persönlichkeiten des Jahres 2019 aufgenommen.[353] Eine Auszeichnung zur wichtigsten Frau des Jahres in Schweden war ebenso dabei wie die Verleihung der „Goldenen Kamera" in Berlin – mit einem Sonderpreis für ihr Lebenswerk.

Bitte beachte: Die an Greta verliehene „Goldene Kamera" gilt als eine der wichtigsten Auszeichnungen für Schauspieler!!
Apropos „Goldene Kamera": Die Vergabe des Ehrenpreises für Klimaschutz hinderte die Veranstalter der Goldenen Kamera nicht daran, die Gäste (so auch Greta) im SUV vom Hotel abzuholen und nach der Feier mit einem Spezialitätenbuffet aus der ganzen Welt dann wieder zum Hotel zurückzubringen, wie VW twitterte. – An sich ein üblicher

Vorgang bei Festen und Feiern der Stars, nur soll ja a) ohne möglichst sofortige Einschränkungen für Klimaschutz unser Leben in äußerster Gefahr sein, sowie b) Autos und da vor allem auch SUV angeblich so schädlich für den CO_2-Haushalt auf der Erde sein, warum man augenscheinlich auch den Niedergang der deutschen Autoindustrie in Kauf nimmt. Es könnte also leicht die Frage auftreten, was an dem Ganzen faul ist. Zusätzlich erhielt die Gewinnerin des Nachwuchspreises, Milena Tscharntke, einen neuen SUV als Preis.[354] Ein weiterer Sponsor der Goldenen Kamera war TUI Cruises. Kreuzfahrtschiffe stoßen naturgemäß noch viel mehr CO_2 und Feinstaub aus als Autos. So soll das Verhältnis sogar bis zu 1 zu 21,45 Millionen VW Passat sein![355] Ein Zeichen, wie ernst es den Organisatoren mit dem Schutz des Klimas vor dem angeblich so gefährlichen CO_2 ist?

Ist bei der Goldenen Kamera die angeblich schädigende Wirkung auf das Klima, die bei Autos und Flugzeugen so stark betont wird, kein Thema mehr? Zumindest die Optik ist ungünstig: Zum einen erhält eine 16-Jährige einen Preis für ihren Einsatz rund um das Thema Klimaschutz, zum anderen wird ein – in den Augen von Greta und ihren Fans – klimaschädigender Gewinn (Auto mit Verbrennungsmotor) vergeben und die Feier von einem Unternehmen gesponsert, das in deren Augen noch viel mehr das Klima schädigen soll.

Oder sehen es die Veranstalter so, wie einst im Jahr 2017 der grüne Fraktionssprecher im EU-Parlament, Sven Giegold, gegenüber der „Neuen Osnabrücker Zeitung". Er meinte über ein Fahrverbot für Kreuzfahrtschiffe – wie es sie für Autos ja teilweise schon gibt: Seine Partei wolle *„den Menschen nicht den Spaß verderben beim Kreuzfahren"*.

Das Zentrum der Debatte seien die Gesundheitsschäden durch den Diesel und die Konsequenzen für die Nachrüstung der Autos, erklärte der Grünen-Politiker. Was Kreuzfahrtschiffe betreffe, sei es im Interesse der Fahrgäste sowie der Hafenstädte gleichwohl wichtig, dass diese zunehmend über saubere Antriebe statt des bisher dominierenden Schweröls verfügen", so ein Zitat des Zeitungsinterviews in der Epoch Times.[356]

Ihren Preis widmete Greta den Aktivisten des Hambacher Forsts, mit denen sie sich Monate später auch – inklusive einer komplett vermummten Aktivistin – mediengerecht im Wald ablichten ließ. Dies führte zu einer breiten Diskussion einerseits zwischen dem baden-württembergischen Datenschutz-Beauftragten und den Grünen sowie andererseits den CDU-Innenministern von Nordrhein-Westfalen und

Baden-Württemberg, dem FDP-Vize Bundestagsvizepräsidenten sowie dem Landesvorsitzenden der Polizeigewerkschaft NRW, der die Aktionen im Forst nicht mit friedlichen Protesten der Bewegung „Fridays for Future" vergleichbar sieht.[357]

Doch damit noch nicht genug der Preise und Auszeichnungen für Greta: Sie erhielt weiters vom britischen GQ-Magazin ein Cover sowie den „Game Changer of the Year"-Preis, von der Region Normandie den Prix Liberté, sie wurde mit dem Rachel-Carson-Preis, dem Fritt Ords Pris und dem „About You Award" ausgezeichnet, auch die Geddes-Umweltmedaille der Royal Scottish Geographical Society sowie im September 2019 in Washington der Ambassador of Conscience Award für 2019 von Amnesty International (!) wurden ihr verliehen. (Tritt sie mit ihrem Kampf tatsächlich für die Freiheit der Menschen ein oder möglicherweise unbewusst für das genaue Gegenteil? Was oder wer könnte möglicherweise hinter Amnesty International stecken?). Die Universität Mons kündigte für Oktober die Verleihung der Ehrendoktorwürde an die 16-jährige Teilzeit-Schülerin an und sogar für den Friedensnobelpreis 2019 wurde Greta Thunberg nominiert, einen alternativen Nobelpreis hat sie erhalten.

Alleine die Überhäufung des Mädchens mit Auszeichnungen, einem Ehrendoktor-Titel noch vor dem Abitur, medialen Auftrittsmöglichkeiten und die Einladung zu den bekanntesten Veranstaltungen könnte einen stutzig machen – zudem die gleich doppelte Nobelpreis-Nominierung in der gleichen Familiendynastie (bereits einer ihrer Vorfahren hat den Nobelpreis erhalten und zudem soll es zumindest früher familiäre Verbindungen ins Nobelpreis-Komitee gegeben haben). Doch schauen wir uns einmal die Hintermänner und -frauen rund um Greta Thunberg genauer an.

Die Familie von Greta Thunberg ist, wie vorne bereits kurz erwähnt, in Schweden keine unbekannte, und das seit langer Zeit. So dürfte sie beispielsweise über Generationen beste Verbindungen unter anderem in die Königlich Schwedische Akademie der Wissenschaften gehabt haben (ein möglicher Vorfahre Greta Thunbergs dürfte bereits im 18. Jahrhundert auswärtiges Mitglied der Göttinger Akademie der Wissenschaften gewesen sein)[358]. Mutter Malena Ernman ist unter anderem als Opernsängerin, Vertreterin Schwedens beim Songcontest, zwischenzeitlich Zeitungskolumnistin (wo sie noch vor Gretas Erscheinen im Rampenlicht ebenso bereits über das Klima geschrieben hatte) sowie mittlerweile auch Buchautorin und Klimaaktivistin bekannt. Sie hat ihre letzte Vorstellung als Opernsängerin wie erwähnt vor dem schwedischen Königspaar gegeben – eine Ehre, die wohl nicht jedem Sänger und zufällig zuteilwird. Greta Thunbergs Vater, Svante Thunberg, ist in Schweden unter anderem als Schauspieler in TV-Serien, Drehbuchautor, Agent für seine Frau, Geschäftsführer zweier Aktiengesellschaften und mittlerweile Pressesprecher seiner Tochter Greta bekannt. Ebenso dürfte Gretas Großvater, Olof Thunberg, den meisten Schweden als Schauspieler und Synchronsprecher (z.B. als schwedische Stimme im „Jungle Book" von Disney) geläufig sein.

Auch das Thema Klimaschutz zieht sich beginnend mit Svante Arrhenius schon lange durch Gretas Familie. Mit ihm hat sich einer von Gretas väterlichen Vorfahren bereits intensiv mit dem Klimawandel auf dem Planeten Erde beschäftigt (die Angaben hinsichtlich seiner verwandtschaftlichen Beziehung zu Greta variieren von ihrem Urgroßvater bis zu einem Cousin einer Urururgroßmutter väterlicherseits).[359] Auffallend ist, auch Arrhenius war kein Unbekannter. Sein Weg als Wissenschaftler sowie seine Mitgliedschaft in zahlreichen elitären Organisationen, Akademien und wissenschaftlichen Gesellschaften in Schweden und darüber hinaus zeugen davon, dass er damals bereits in höchsten Kreisen verkehrte und einen gewissen Einfluss gehabt haben dürfte. Auch in einem Testament von Alfred Nobel soll er erwähnt worden sein (als einer der mit der Umsetzung Beauftragten). Arrhenius war Mitglied der Königlichen Gesellschaft der Wissenschaften in Uppsala (seit 1899), der Königlichen Physiographischen Gesellschaft in Lund (seit 1900), der Königlich Schwedischen Akademie der Wissenschaften (seit 1901), der Akademie der Wissenschaften zu Göttingen (seit 1901), der Norwegischen Akademie der Wissenschaften (seit 1902), der Königlich Dänischen Akademie der Wissenschaften und der Königlichen Wissenschafts- und Literaturgesellschaft in Göteborg (seit 1903), der Russischen Akademie der Wissenschaften (seit 1903), der National Academy of Sciences (1908), der American Philosophical Society (1911) sowie der American Academy of Arts and Sciences (1912). 1904 wurde Arrhenius Ehrenmitglied des Vereins Schwedischer Ärzte und 1920 der Königlich Schwedischen Akademie der Ingenieurwissenschaften. Im Jahr 1902 erhielt er die Davy-Medaille der Royal Society (ein weiteres Indiz für elitäre Verbindungen oder gar Herkunft?). Arrhenius forschte auch im Bereich der Atmosphäre und Meteorologie. Auffallend ist, dass er bereits 1895/96 eine Theorie zum Treibhausgas-Effekt vorstellte und den durch CO_2 bewirkten Treibhauseffekt berechnete. Er ging davon aus, dass eine Verdoppelung der Kohlenstoffdioxid-Konzentration in der Atmosphäre zu einer weltweiten Temperaturerhöhung von 5 °C führen würde.[360] Arrhenius gilt als damals insgesamt erst dritter Wissenschaftler, der sich mit dem „Treibhausgaseffekt" bzw. Klimawandel beschäftigt hat und soll das CO_2 unter anderem im Zusammenhang mit vulkanischer Aktivität erklärt haben (was dann nicht menschen-verursacht wäre).[361] Seine Berechnungen zum Klima wurden von anderen Wissenschaftlern später aufgrund Zweifeln an seiner Berechnungsgrundlage in Frage gestellt[362] (und erstmals durch Prof. Robert W. Woods Experiment zur Theorie des Treibhauses aus dem Jahr 1909 falsifiziert, das später erfolgreich wiederholt und bestätigt wurde).[363] Arrhenius dürfte selbst Mitbegründer des Nobel-Institutes sowie Mitglied zahlreicher weiterer Organisationen gewesen sein. 1903 erhielt er auf jeden Fall selbst den Nobelpreis für Chemie für die Theorie der elektrolytischen Dissoziation, im selben Jahr wurde ihm – wieder eine Parallele zu Greta – die Ehrendoktorwürde verliehen (von der Medizinischen Fakultät der Universität Heidelberg), ab 1905 war er Direktor der Nobelkommission für Physikalische Chemie. Ein Kollege charakterisierte Arrhenius damit, dass dieser seine Ideen mit einer „unbezwinglichen Stärke zum Siege führte"[364] – eine Eigenschaft, die auch für seine Nachkommen gelten dürfte. Svante Arrhenius' Enkelin Anna Horn ist Autorin, Politikerin (von 1988 bis 1991 für die Grünen im schwedischen Reichstag) und aktive Umweltaktivistin. Sie soll Gründerin mehrerer bis heute aktiver Stiftungen sein.

Was in der Ahnengeschichte von Greta Thunberg noch auffallend ist und auf eine einflussreiche Familiengeschichte hinweist: Der Vater von Svante Arrhenius dürfte eine Carolina Thunberg (Arrhenius' Mutter) geheiratet haben – was auf ein typisches Adelsmerkmal hindeutet: Dort sollte soweit möglich immer innerhalb der Familie geheiratet werden, um die Blutlinien „rein" zu halten. Durch den überwiegend gleichbleibenden „Gen-Pool" bei Heiraten innerhalb der gleichen Blutlinien gilt das Risiko für gewisse Krankheiten jedoch als erhöht, weil entsprechende Veranlagungen möglicherweise durch beide Elternteile an das Kind weitergegeben werden.[365]

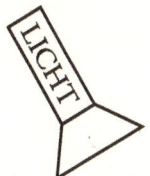  

(Es lohnt sich auch bei wenig Zeit, das gesamte Kapitel 5 jetzt gleich zu Ende zu lesen).

Daran zu glauben, dass Greta ihren Klimastreik am Beginn alleine und aus eigenem Antrieb gestartet habe, fällt schwer, wenn man sich ihr Umfeld, die Bedeutung des Klimawandels in ihrer Familie sowie den professionellen Aufbau der ganzen Kampagne ansieht. Auch Gretas Mutter soll sich bereits lange vor Gretas kometenhaftem Erscheinen im Rampenlicht mit Klimaschutz beschäftigt haben. Das Buch, das wenige Tage nach Gretas Streikbeginn erschien, ist keine reine Familiengeschichte, sondern widmet sich, wie erwähnt, ebenso in rund der Hälfte der Seiten bereits dem Thema Klimawandel. Die Einnahmen aus dem Buchverkauf sollten nach Beschluss der Familie mehreren NGOs zu Gute kommen (dass NGOs von manchen als geeignet dafür gesehen werden, um Gelder reinzuwaschen oder Gelder über Projekte schlussendlich wieder selbst einzukassieren, soll hier nicht näher thematisiert und auch nicht unterstellt, jedoch dennoch der Vollständigkeit halber erwähnt werden). Gedanken um die finanzielle Situation der Familie selbst braucht sich spätestens nach der Klimamission von Greta wahrscheinlich so oder so niemand machen.

Nachdem Greta Thunberg Anfang des Jahres 2018 bei einem Schreibwettbewerb der Zeitung „Svenska (daGbladet)" mit einem Artikel zum Klimawandel den zweiten Platz gewann, wurde sie – so die Familie – vom Umweltaktivisten Bo Thorén kontaktiert. Thorén gilt als Vorstand des Umweltverbands Fossilfritt Dalsland. Und er ist namhafter Repräsentant der internationalen Umweltbewegung Extinction Rebellion (XR), die erst rund zwei Monate nach Beginn von Gretas Klimastreik gegründet wurde. Diese gilt als eine Art jüngerer und radikalerer Schwesterorganisation von Fridays for Future in der neuen globalen Klimabewegung (war die Gründung der beiden Organisationen bereits vor Gretas Streikbeginn geplant?). Von Mitgliedern der „Extinction Rebellion" wird eine Verknüpfung auch offiziell betont: Demnach sieht sich Extinction Rebellion *„als Teil einer viel größeren Bewegung"*. Außerdem seien *„alle Bewegungen, auch Fridays-For-Future, sehr verknüpft"*, wird in einem Bericht auf Telepolis berichtet.[366] Eine weitere Offenbarung?

Bo Thorén soll nach Angaben der schwedischen Journalistin Rebecca Weidmo Uvell bereits im Februar 2018 (also einige Monate vor Gretas Streikbeginn) auf der Suche nach frischen grünen Gesichtern gewesen sein. Er habe in einer Rundmail und per Telefon verschiedene PR-Agenturen kontaktiert, um einen Plan zu entwickeln, *„wie wir junge Menschen einbeziehen und Hilfe von ihnen erhalten können, um den Übergang zu einer nachhaltigen Gesellschaft zu beschleunigen. Der Schwerpunkt wird auf der Klimaproblematik liegen, aber es können auch andere Aspekte einer nachhaltigen Gesellschaft angesprochen werden, beispielsweise wie wir in Zeiten erhöhter Migration aufgrund von verändertem Klima und reduzierter Beschäftigung aufgrund von Automatisierung eine stabile Demokratie und ein funktionierendes Wohlergehen gewährleisten können")!* [367, 368]

Bitte lies dir den Text nochmal aufmerksam durch. Zum einen kündigte er demnach ganz offen an, dass eine Veränderung der Gesellschaft das eigentliche Ziel der Kampagne sein soll. Es gehe gar nicht ausschließlich um das Klima! Damit wäre auch unser Eindruck bestätigt, dass keines der aktuellen globalen Themen für sich steht (und den dafür Werbenden auch im Privaten ein großes Herzensanliegen wäre, eher wohl ein finanzielles und Machtanliegen). In Wahrheit dürfte es um etwas viel Größeres gehen, um die Vernetzung dahinter und den Zweck, der damit verfolgt werden soll. Auch die Annahmen von Bo Thorén rund um Migration und Beschäftigung widersprechen den öffentlichen Aussagen der meisten Politiker und Organisationen in Deutschland, wo unter anderem die Bertelsmann Stiftung jährlich 260.000 Zuwanderer fordert, um alle Arbeitsplätze besetzen zu können – und das bei beginnender Rezession, Kurzarbeit und Stellenabbau. Dort wo vor 2015 Fachkräftemangel herrschte, dürfte er auch jetzt nach dem massenhaften Zuzug von jungen Männern im arbeitsfähigen Alter mit meist unzureichender Schulbildung wohl nach wie vor bestehen. In der Zwischenzeit dürften jedoch (vor allem) die deutschen Steuerzahler womöglich um vieles an Geld und Sicherheit gebracht worden sein. [369]

Wer letztendlich an der von Bo Thorén organisierten Besprechung tatsächlich teilgenommen hat, wurde nicht öffentlich kolportiert. Eines der konkreten Ergebnisse des Brainstormings dürfte der Vorschlag gewesen sein, Schüler in den Verkauf von Klimakompensationen einzubinden (mit dem Effekt, dass diese sich unter anderem Schulreisen finanzieren könnten)[370] – ein CO_2-Handel im Kleinen?

Der Klimastreik beginnt

Genau dieser Bo Thorén soll also Greta Thunberg mit der Idee zu Schulstreiks inspiriert haben (als Vorbild dafür sollen amerikanische Jugendliche nach einem Schulmassaker in Florida gedient haben). Die damals 15-jährige Schülerin Greta Thunberg setzte die Idee dann wenige Monate später auch wie erwähnt – zufällig perfekt getimt mitten im Hochsommer, wenige Tage vorm Erscheinen des Familiendrama-Klimawarnungs-Buches ihrer Mutter und knapp vor der schwedischen Reichstagswahl – um. Sie schwänzte an einem Vormittag im August 2018 die Schule und setzte sich mit einem Schild „Schulstreik für das Klima" alleine vor den Schwedischen Reichstag. Bis zur Wahl drei Wochen später streikte das Mädchen täglich, ab Mitte September 2018 jeden Freitag (um sich vom nachfolgenden Schuljahr schließlich ganz abzumelden).

Doch Greta, die die Klimademonstrationen offiziell alleine geplant und umgesetzt haben soll, wie von ihrer Familie betont wird, sitzt nicht lange alleine dort. Wie es der Zufall (?) will, kommt nämlich just am ersten Tag des Klimastreiks zufällig der PR-Profi und (davor bereits) Gründer von Start-up und Klimaplattform mit dem Namen „wedonthavetime. org" vorbei, nachdem er seinen 3-jährigen Sohn in den Kindergarten gebracht habe, heißt es. Und er konnte Greta nicht alleine sitzen lassen, sondern hat ein Foto und (ein erstaunlich professionelles) Video der am Boden sitzenden, Schule schwänzenden Greta Thunberg aufgenommen und noch am selben Tag gepostet, zufällig veröffentlichte ihre Mutter nur wenige Tage später das Buch „Szenen aus dem Herzen" in Schweden. Später kam jedoch heraus, dass es möglicherweise doch etwas mehr als ein Zufall war.

Während Greta auch später noch schreibt, dass sie mit ihm vorher noch nie zu tun gehabt habe, sollen sich Gretas Mutter und der PR-Profi Ingmar Renthzog zumindest seit einer Klimakonferenz ein paar Monate davor bereits gekannt haben.[371] Malena Ernman habe zudem bereits im April 2018 im Svenska Dagbladet ein Interview über Greta und ihre Klimaangst gegeben. Das britische Online-Magazin „Standpoint" veröffentlichte einen Artikel, in dem der Autor belegte, dass die Kontakte bereits länger bestanden haben dürften. Auch dass Renthzog von der erwähnten Rund-E-Mail von Bo Thorén an PR-Agenturen wusste, habe Renthzog mittlerweile zugegeben.[372]

Der erste Post von Ingmar Renthzog, seines Zeichens PR-Agent und Finanzspekulant, am ersten Tag von Gretas Streik war übrigens mit dem Hashtag „WeDontHaveTime" versehen. Wenige Stunden später veröffentlichte er bereits den für ein spontantes Miteinander ungewöhnlich professionell aufgemachten Videoclip mit Greta, am Beginn im Text wieder „WeDontHaveTime". Der Clip war Berichten nach bereits zu dem Zeitpunkt mit der Internetseite „www.wedonthavetime.org" verknüpft! Die Internetseite mit dem Namen „wedonthavetime" soll bereits im November 2016 angemeldet worden sein. Teil dieses Unternehmens ist zum einen die Stiftung WeDontHaveTime sowie zum anderen eine Aktiengesellschaft WeDontHaveTime AB, die 2017, also über ein Jahr vor Gretas Bekanntheit, von Ingmar Renthzog gegründet wurde.

Wie bei anderen Konstrukten mit elitären Kreisen im Hintergrund dient die Stiftung unter anderem der Bewusstseinsbildung, während die Firma dann für das finanzielle Einbringen von Gewinnen aus dem jeweiligen Bereich dienen dürfte. Der Zweck der Stiftung WeDontHaveTime: eine internationale Vernetzung, internationale Kampagnen zum Zwecke der „Lösung der Klimakrise", ein soziales Klimanetzwerk sozusagen. Das Ziel der zugehörigen Aktiengesellschaft: PR für die Pariser Klimaverträge sowie die CO_2-Bekämpfung für eine Klimarettung.[373] Das Unternehmen handelt selbst mit CO_2-Zertifikaten!

Das heißt, Ingmar Renthzog und mit ihm kooperierende Menschen (wie zumindest eine Zeit lang [immer noch?] der Vater von Greta Thunberg) dürften massiv davon profitieren, wofür sie mit ihrer Öffentlichkeitsarbeit selbst den Weg bereiten! Die Handschrift des PR-Profis zog sich allerdings auch noch weiter durch Gretas Auftritte: Bei der UN-Klimakonferenz in Kattowice hielt Greta wie erwähnt jene medial vielbeachtete Rede, die um die Welt ging. Doch was über die Kameras und Fernseh-Bildschirme in den meisten TV-Sendern wie ein Auftritt vor vollem Publikum aussah, entpuppte sich später im schwedischen Fernsehen als geschickte Kamerainszenierung einer Rede vor damals fast leeren Reihen.[374] Sollte diese Rede etwa gar nicht an die Entscheidungsträger dieser Welt gerichtet gewesen sein (oder warum hielt sie Greta Thunberg dennoch, obwohl ihr fast niemand zuhörte?)? Wollte sie ihre Wut nur offiziell gegen die politischen und finanziellen Eliten richten, in Wahrheit jedoch das Volk damit beeinflussen und wie angekündigt, Angst und Panik vor der Zukunft der Erde verbreiten und damit das Feld für mehr CO_2-Emissionshandel, neue CO_2-Steuern und andere Abgaben und Einschränkungen für die Bevölkerung ebnen (zum

Wohle der dahinter stehenden Eliten)? Ganz nahtlos funktioniert die PR-Strategie trotz Profis im Hintergrund dennoch nicht (wie wir auch anhand der Ungereimtheiten rund um Gretas Fahrt mit der Rennjacht zum UN-Klimagipfel in New York noch berichten).

Bitte überleg dir: Kann das tatsächlich alles ungeplant und zufällig geschehen sein, wie man uns weismachen wollte? Ohne längere Vorbereitung? Das fertige Buch bei Klimastreik-Beginn, das zufällige Vorbeikommen eines PR-Profis, der mit CO_2-Emissionshandel sein Geld verdient und Greta für seine PR nützt, die zu diesem Zeitpunkt schon lange bestehende Stiftung, Firma, Websites, Hashtags (die sich mit dem CO_2-Emissionshandel beschäftigen), die professionelle PR über soziale Medien bereits am ersten Tag, die Verknüpfungen von Fridays for Future mit „Plant for the Planet" (mit Verbindungen zum Club of Rome und Rockefeller, der wiederum mit den Rothschilds in enger Verbindung stehen soll), mit einem neuen deutschen Aushängeschild, das unter anderem von Soros finanziert werden dürfte, die Überschneidungen der Aktivisten von Plant for the Planet, Fridays for Future, Extinction Rebellion etc.
Alles nur Zufall, obwohl sich zumindest die Menschen rund um Greta Thunberg, wie sich später dann doch herausstellte, bereits gekannt haben dürften (Bo Thorén, Malena Ernman, Ingmar Renthzog)?

Doch damit noch nicht genug der Verknüpfung: Gretas Vater Svante Thunberg übernahm die Betreuung und Begleitung von Greta auf ihrer Klima-Mission und fungiert als ihr Pressesprecher. Er führt als Geschäftsführer die familieneigenen börsennotierten Firmen Northern Grace AB sowie Ernman Produktion AB. Der Sitz beider Unternehmen soll an einer noblen Stockholmer Adresse sein. Wenig überraschend seien die Aktien beider Firmen seit Gretas Engagement enorm in die Höhe gestiegen.[375] Svante Thunberg soll auch mit Renthzogs börsennotiertem Unternehmen We-DontHaveTime AB kooperieren, das seine Geschäfte mit dem Pariser Klimaabkommen, Klimainformationen und dem Handel von CO_2-Zertifikaten macht[376] (das heißt, die Familie hätte demnach auch auf diesem Weg große finanzielle Vorteile durch Gretas Klimamission). Hat Gretas Vater gar das Drehbuch für die Rolle Gretas im vermeintlichen Klimadrama geschrieben? (Während die Mama im Familienbuch von „Szenen" schreibt, den Szenen eines Theaterstücks?) Dass er Ahnung davon hat, wie man jemanden prominent vermarktet, hat er bereits bei der künstlerischen Vermarktung seiner Frau Malena Ernman gezeigt.
Und auch Greta übernahm nach einer zuerst beratenden Funktion für den Vorstand im November 2018 gleich selbst ein Amt in einer der

mit Renthzog verbundenen Einrichtungen: Sie wurde offiziell Leiterin der Jugendabteilung der Stiftung „WeDontHaveTime", wie im November 2018 im offiziellen Prospekt nachzulesen war. Zudem wird auch der Einfluss von Renthzogs Firma für Gretas Streiks hervorgehoben: *„Das Unternehmen trug zu einer erfolgreichen Kampagne zur Steigerung des Klimabewusstseins bei, indem es in seinen eigenen Social-Media-Kanälen den Schulstreik der Klimaaktivistin Greta Thunberg einem internationalen Publikum vorstellte."* [377]

Ein viel interessanterer Aspekt aber ist, dass in diesem Prospekt sehr ausführlich beschrieben wird, wie mit den Mitteln des Internets und sozialer Medien Menschen beeinflusst, motiviert, bewegt werden können und sollen. [377]

Im Dezember 2018 hatte Greta bei der UN-Klimakonferenz in Kattowice einen Medientermin mit zwei Funktionären von WeDontHaveTime. WeDontHaveTime wiederum hat gemeinsam mit anderen die Vorstellung des Klimakrisenplans des „Club of Rome" auf Facebook organisiert. Wer moderierte? Ingmar Renthzog.[378] Ingmar Renthzog dürfte mit Gretas Namen um Investoren für die gleichnamige Aktiengesellschaft geworben und eine zumindest zweistellige Millionensumme eingesammelt haben – während Gretas Familie beteuert, nichts davon gewusst zu haben.[379] Wie glaubwürdig das ist, wenn Gretas Vater bei ihren Auftritten so gut wie immer mit von der Partie war und die Fäden hinter den Auftritten seiner Tochter ziehen dürfte, bleibt jedem selber überlassen. Nach einer Aktienemission im Dezember, bei der rund 10 Millionen SEK erzielt worden sein sollen, zog sich Greta schließlich Anfang 2019 nach eigenen Angaben aus dem Stiftungsvorstand zurück.[380]

Selbst die Erfindung der Schulstreiks für das Klima, aus denen rasend schnell die globale Bewegung „Fridays for Future" hervorgegangen ist, kann nicht nur auf Gretas Schultern (inspiriert durch den Klimaaktivisten Bo Thorén) gewachsen sein – wenn man weiß, dass es die Erfindung bereits im Mai 2015, also mehr als 3 Jahre davor, gab: Damals fand ein internationales Jugendtreffen der „Plant for the Planet"-Stiftung statt und bereits dort soll die Idee für einen weltweiten Schulstreik für das Klima geboren worden sein. Auf der Internetseite „climastrike.net" war zu lesen: *„Auf dem Global Youth Summit im Mai 2015 haben wir uns die Idee eines globalen Schulstreikes für Klimaschutz ausgedacht."*[382,381]

Vielleicht hatten die Jugendlichen und Greta ja auch „zufällig" die gleiche Idee für das gleiche Thema geboren? Wäre möglich, ist aber unwahrscheinlich – wenn man bedenkt, dass Ingmar Renthzog (Gretas zufällig dazugekommener PR-Profi vom ersten Klimastreiktag) enge Kontakte zur Stiftung Plant for the Planet hat und auch die „Fridays for Future"-Bewegung (wie deren „Schwesterorganisation" Extinction Rebellion) in enger Verbindung zu Plant for the Planet steht, dass auch Bo Thorén Klimastreiks initiieren wollte und dafür schon Monate davor mit Wissen von Ingmar Renthzog über PR-Agenturen Kinder gesucht hatte.

Rentzhog gab als eines seiner Ziele die Einführung einer Plattform an, *„auf der sich Millionen von Mitgliedern zusammentun, um Druck auf Leader, Politiker und Unternehmen auszuüben, um für das Klima zu agieren".*[383]

War das (s)eine Vision für Fridays for Future, Extinction Rebellion und andere dieser Gruppierungen? Er soll zudem Mitglied im „Climate Reality"-Projekt des ehemaligen US-Vizepräsidenten Al Gore sein, wie Michael Krüger für das Europäische Institut für Klima & Energie berichtet. (An dieser Stelle kannst du dir gerne auch das Ergebnis der Faktenchecker von Correctiv durchlesen, um dir ein eigenes Bild zu machen: Correctiv hat in der Ende September 2019 abrufbaren Version – wie zu erwarten? – keine Belege für eine systematische PR-Kampagne der Eltern und von Ingmar Rentzhog gefunden. Der Link dazu: https://correctiv.org/faktencheck/gesellschaft/2019/06/13/greta-thunberg-keine-belege-fuer-systematische-pr-kampagne-der-eltern-und-eines-unternehmers).[384]

Schauen wir uns doch mal an, was es mit der Stiftung Plant for the Planet auf sich hat, die das Jugendtreffen 2015 organisierte und erstmals Schulstreiks fürs Klima vorschlug: Auch am Beginn von Plant for the Planet einige Jahre davor wurde wie bei Greta ein Kind vorne hingestellt: Damals war es der 10-jährige Felix Finkbeiner, der medienwirksam vor UN-Funktionären über Klima und Umwelt sprechen durfte, quasi als Manifestation für Greta ein paar Jahre später. Felix plauderte mit Politikern und Prominenten (von Hollywood-Star Harrison Ford bis zum monegassischen Fürsten Albert) sowie mit Thomas Gottschalk in dessen Talkshow. Was manche Zuseher etwas irritierte, war die Tatsache, dass abgesehen von seinem Aussehen nichts auf ein Kind hindeutete. Seine Aussagen waren wie von einem erwachsenen, geschulten PR-Profi ohne kindliche Regung.

2007 soll Felix Finkbeiner schließlich mit 10 Jahren die Stiftung „Plant for the Planet" gegründet haben, wobei ein Kind rein rechtlich keine Stiftung gründen kann. Hier dürfte sein Vater Frithjof Finkbeiner eingesprungen sein. Frithjof Finkbeiner ist Gründer der „Plant for the

Planet"-Stiftung und zufällig auch Mitbegründer des „German Marshall Plans" sowie Vize-Präsident des deutschen Club of Rome. Zudem ist Frithjof Finkbeiner Teil der Global Contract Foundation und im Vorstand der 2009 gegründeten Desertec Stiftung (mit dem Inhalt, Solarstrom in den Wüsten Afrikas zu gewinnen und in andere Regionen der Welt zu transportieren). Diese wurde von der Trans-Mediterranean Renewable Energy Cooperation (TREC) entwickelt, einem internationalen Netzwerk von Politikern, Wissenschaftlern und Ökonomen, das 2003 vom Club of Rome und dem Jordanischen Energieforschungszentrum gegründet wurde. Die Stiftung ging also aus diesem Netzwerk hervor.[385] Aus dieser gemeinnützigen Stiftung ging wiederum eine Industrie-Initiative, Dii, hervor, um das Desertec-Konzept gewinnbringend umzusetzen.[386] An dessen Gründung sollen sich mächtige Unternehmen wie E.ON, die Münchner Rückversicherungs-Gesellschaft Munich RE, Siemens, Deutsche Bank, UniCredit, Schott Solar, Enel Green Power und die HSH Nordbank beteiligt haben.[387] 2014 verlängerten die meisten Gesellschafter den Vertrag mit Dii nicht weiter (möglicherweise nach Einkassieren von Subventionen, wie mancherorts gemunkelt wird?).

Auch die Mutter des jungen Felix Finkbeiner und Ehefrau von Frithjof Finkbeiner dürfte nicht untätig sein. Die Diplom-Ingenieurin für Bekleidungstechnik (für diesen Bereich soll „zufällig" auch von der „Fridays for Future"-Bewegung ein Markenrecht angemeldet worden sein) soll Geschäftsführerin der (zusätzlich zur Stiftung und einem Verein namens Plant-for-the-Planet e.V. bestehenden) gewerblich tätigen Plant-for-the-Planet GmbH sein! Zudem dürften sie und andere Familienangehörige an zahlreichen Unternehmen als Gesellschafter beteiligt und im Management tätig sein[389], wie Ansgar Neuhof von Tichys Einblick berichtet. Überrascht es da noch, dass zu diesen Beteiligungen unter anderem Immobilienfirmen und Windkraftanlagenparks (!) gehören?

Hinter der „Plant for the Planet"-Stiftung mit dem ehemaligen Aushängeschild Felix Finkbeiner dürfte also wieder einmal nach übereinstimmender Angabe mehrerer Quellen der „Club of Rome"[390] und die „German Marshall Plan Foundation" stehen, worauf auch die Beziehungen des Vaters von Felix, Frithjof Finkbeiner, des offiziellen Stiftungs-Gründers, hinweisen: Die „Plant for the Planet"-Stiftung wird zufällig auch von „German Marshall Plan" und dem Club of Rome gesponsert und unterstützt, in denen Finkbeiner jeweils maßgeblich vertreten ist.[391] (Und ein Mitglied der „Plant for the Planet"-Stiftung hat die Markenrechte der Fridays for Future angemeldet und verwaltet deren Konto, wie du noch lesen wirst. Der German Marshall Plan und der Club of Rome (Deutschland) gelten als wichtige Think Tanks US-amerikanischer Machteliten. So war David Rockefeller, Mitglied einer der global einflussreichsten Dynastien, ein Vorsitzender des German Marshall Fund.[392]

Der Club of Rome wurde 1968 durch David Rockefeller gegründet und gilt als internationale Denkfabrik „zu den Zukunftsfragen der Menschheit".[392c] Zu seinen Mitgliedern gehören einige der weltweit einflussreichsten Entscheidungsträger (frühere Staatschefs, UN-Bürokraten, hochrangige Politiker und Regierungsbeamte, Diplomaten, Wissenschaftler, Ökonomen und Geschäftsführer).[392b] Auch Al Gore und Maurice Strong sollen beide zum Club of Rome gehören (beide dürften aufs engste mit in Privatbesitz befindlichen CO_2-Handelsgesellschaften stehen, deren Gewinne unmittelbar mit der Theorie des CO_2-basierten Klimawandels verbunden sind, wie wir später noch erläutern werden).[392a] Die Mitgliederzahl ist auf 100 beschränkt.[392c] Ziel des Clubs ist *„die gemeinsame Sorge und Verantwortung um bzw. für die Zukunft der Menschheit"*. Zudem ist ein Ziel *„der Aufbau einer globalen Gesellschaft im 21. Jahrhundert"* sowie eine Weltregierung (*„Global Governance"*). Erreicht werden soll das unter anderem mit weltweiten Bildungseinrichtungen für die junge Generation (um sie gleich in jungen Jahren in die gewünschte Richtung zu lenken?).

Der Club of Rome gilt als Mitinitiator der von Al Gore erdachten Initiative für einen „Global Marshall Plan" mit dem Fokus auf einer weltweiten *„ökosozialen Marktwirtschaft"*, wie Kent-Depesche berichtet. Eine seiner Missionen ist unter anderem die Verbreitung der grünen Ideologie, teils mit dringenden Warnungen verbunden.[393] Bekannt wurde der Club of Rome in den 70er-Jahren durch sein Buch „Grenzen des Wachstums", das weltweit dreißig-millionen-mal in 30 Sprachen weltweit verbreitet wurde, obwohl es schon bei Veröffentlichung wissenschaftlich stark umstritten war. Grundaussagen des Werks: Das sogenannte Waldsterben (es wurde damals gewarnt, dass es zur Jahrtausendwende 1999/2000 in Europa keinen Baum mehr geben würde) sowie die Erschöpfung der Erdölvorräte des Planeten Anfang der 80er-Jahre. Beide Prognosen traten nicht ein! Konsequenzen aus den Fehleinschätzungen für den Club of Rome gab es dennoch nicht. Er gilt vielmehr in diversen Kreisen weiterhin als globale und viel zitierte Anlaufstelle für Umweltschutz und war mit seinem Buch Urheber der modernen Umweltbewegung.

Der Club of Rome hat damit bereits vor Jahrzehnten auf Einschränkungen und Begrenzung gesetzt, statt auf Forschung und Innovation: Weniger sein (Bevölkerungsreduktion), weniger tun und weniger haben lautete sinngemäß sein Motto für eine „nachhaltige Zukunft".[392a] Selbst im Wording von Fridays for Future lässt sich die Handschrift des Werks aus den 70er-Jahren (das vor kurzem neu überarbeitet wurde) erkennen. 1990 wurde ein weiteres Buch mit dem Titel „Die erste globale Revolution" veröffentlicht.[393a]

Der ehemalige tschechische Staatspräsident, Vorsitzende des Abgeordnetenhauses und Ministerpräsident sowie Wirtschaftswissenschafter und Buchautor („Blauer Planet in grünen Fesseln") Václav Klaus, warnt geprägt durch seine eigenen Erfahrungen mit dem Kommunismus immer wieder eindringlich vor den Entwicklungen in unserer Politik und Gesellschaft. Er berichtete 2010 über den Club of Rome:[394]

„Zu Beginn der 70er-Jahre stieß ich auf die ersten Publikationen des berüchtigten Club of Rome, der versuchte, uns einen Schrecken einzujagen, indem er ein unmittelbar bevorstehendes Ende der natürlichen Ressourcen vorhersagte und eine radikale Veränderung unseres Verhaltens verlangte. Ihre Unterstützer hatten bereits damals sehr dramatisch dafür argumentiert, dass wir unseren Verbrauch fossiler Kraftstoffe reduzieren sollten, jedoch – und das sollten wir nicht vergessen – aus anderen, als den heutigen Gründen. Als Ökonom wusste ich, dass es sich dabei um eine falsche Argumentation handelte und die anschließenden vier Jahrzehnte bewiesen dies überzeugend. Heute verfügen wir über mehr nachgewiesene Vorkommen grundlegender Rohstoffe und Energiequellen als vor 40 Jahren. Ich hatte schon damals das Gefühl, dass es sich dabei um eine arrogante, elitäre und dirigistische Doktrin handelte, mit der man versuchte das Wirtschaftswachstum, die allgemeine soziale Entwicklung und den menschlichen Fortschritt aufzuhalten."

Geprägt war diese Phase für ihn selbst durch die Schrecken des Kommunismus, in dem er lebte: *„Zu dieser Zeit lebte ich unter einem sehr repressiven, zerstörerischen, völlig irrationalen und deshalb unproduktiven kommunistischen Regime und es war mir nicht möglich mich an der Auseinandersetzung über diese Ansichten zu beteiligen. Menschen wie mir war es nicht erlaubt in den Westen zu reisen, geschweige denn davon zu träumen die Möglichkeit zu haben*

im Ausland Artikel zu veröffentlichen oder Reden zu halten. Dennoch war ich sehr frustriert und konnte nicht verstehen, wie es möglich war, dass eine derartig irrationale Doktrin in der freien westlichen Welt nicht einfach überzeugend widerlegt und verworfen wurde."
Er sei nach dem Zusammenbruch des Kommunismus 1989 mehr als erstaunt gewesen, dass es die Umweltschutzdoktrin der 70er-Jahre nun in Form einer Erderwärmungsdoktrin immer noch gegeben habe:
„Das Leben unter dem Kommunismus machte uns extrem sensibel, wenn nicht überempfindlich gegenüber allen Anzeichen von Verletzungen und Zerstörung unserer Freiheit.
Das ist der Grund, warum ich mich jetzt bedroht fühle.
Der Untertitel meines vorgenannten Buches fragt: „Was ist bedroht: Klima oder Freiheit?" Meine Antwort ist eindeutig:
Das Klima ist in Ordnung, was bedroht wird, ist unsere Freiheit."
Václav Klaus, ehem. tschechischer Staatspräsident, Vorsitzender des Abgeordnetenhauses, Ministerpräsident, Wirtschaftswissenschafter und Buchautor

Als Grund dafür nennt Václav Klaus, *„dass der Umweltschutz und seine allerextremste Form, die Erderwärmungspanik, nach einer nahezu beispiellosen Ausdehnung staatlichen Eindringens und staatlicher Intervention in unsere Leben und die Regierungskontrolle über uns verlangen. Wir werden gezwungen Regeln zu akzeptieren, wie wir zu leben, was wir zu tun, wie wir uns zu verhalten, was zu konsumieren, was zu essen, wie wir zu reisen haben und viele andere Dinge. Einige von uns haben während der kommunistischen Ära ähnliche Beispiele derartiger Manipulation am eigenen Leibe erfahren und ich fühle mich verpflichtet alles zu tun um eine ähnliche Entwicklung in der Zukunft zu verhindern."*
Darüber hinaus sehe er auch die Wirtschaft gefährdet, da Freiheit und Wohlergehen für ihn nicht auseinanderdividiert werden können: *„... es ist offensichtlich, dass der Umweltschutz ... das wirtschaftliche Wohlergehen beschädigen und den menschlichen Fortschritt, besonders in den Entwicklungsländern, beenden will. Und das ist unakzeptabel."*

Könnte es sein, dass auch die jetzigen „Prognosen" von Greta Thunberg & Co. nie eintreffen? Wetter ist nicht gleich Klima, wie wir noch erklären werden. Dennoch wird bei drei aufeinanderfolgenden heißen Tagen im Sommer in den Medien meist schon ein Hinweis auf die Erderwärmung gemacht. Wenn man sich die Fotos vom Wintereinbruch noch vor dem kalendarischen Herbstbeginn in höheren Tälern von Anfang September

2019 ansieht (z.B. St. Moritz/CH, Livigno/Norditalien, Zugspitze/D und Ö) oder den Bericht liest, wo ein Schiff voll Klimaaktivisten am Weg in die Arktis zum Begutachten der Erderwärmungs-Auswirkungen eingefroren ist und diese aus dem Eis befreit werden mussten oder davon, dass das Eis in Grönland und der Antarktis sogar gewachsen sein soll und es wieder um ein Vielfaches mehr Polarbären gibt als früher und auch die auffälligen Wetterphänomene statistisch gesehen bei weitem weniger häufig seien als früher (trotz Eingriffen und Manipulationen des Wetters), könnte man fast davon ausgehen, wir Menschen seien mit der CO_2-induzierten Erderwärmung einem perfekt inszenierten, aber dennoch durchschaubaren (und auch von immer mehr Menschen durchschauten) Schwindel aufgesessen ...

Auf den Einwand, dass genau solche Verschiebungen Zeichen des Klimawandels seien, sei unter anderem auf ein Bild-Titelblatt vom 9. August 1975 hingewiesen: Dort lautete die Headline *„Wahnsinns-Fußball bei 46 Grad"*! Und am Tag zuvor nannte die Titelseite immerhin *„40 Grad Hitze. Jetzt wird das Wetter lebensgefährlich."* Auch die Ortschronik eines kleinen, ansonsten um diese Zeit tiefwinterlichen österreichischen Bergdorfes vom Dezember 1934 vermeldet: *„Im Oktober und November herrschte noch sehr schönes Herbstwetter. Im Dezember blühten an verschiedenen Stellen Obstbäume und auch Blumen."*[395]

Wie auch immer: Deutschland dürfte eine Schlüsselrolle beim vermeintlichen Kampf gegen einen klimabedingten Untergang der Erde spielen. Zum einen kommt die Familie Finkbeiner aus Deutschland, das Potsdam Institut für Klimafolgenforschung (welches auch Greta Thunberg wissenschaftlich beraten soll) hat seinen Sitz dort und selbst die Schwedin Greta Thunberg scheint in Deutschland, der Schweiz und Österreich viel bekannter zu sein als in ihrer eigenen Heimat: So schilderte etwa eine deutsche Schweden-Urlauberin in einem Mail an Heiko Schrang erstaunt[396], dass ihre jungen, social-media-affinen, schwedischen Freunde noch nie etwas von Greta Thunberg gehört hätten. Sie selbst habe erst nach circa drei Wochen in Gretas Geburtsland auf einem DIN-A4-Zettel in einem Einkaufszentrum erstmals einen kleinen Hinweis auf Greta Thunberg und Fridays for Future gelesen.

Club of Rome, Marshall Plan Foundation, Plant for the Planet, WeDontHaveTime

Im November 2018 stellte der Club of Rome per weltweiter Liveübertragung seinen Klimakrisenplan vor. Wer hat die Veranstaltung unter anderem moderiert? Ingmar Renthzog, der Gründer von „WeDontHaveTime" und Unterstützer von Greta Thunberg, der (vermeintlichen?) Initiatorin der „Fridays for Future"-Bewegung.[397] Die German Marshall Plan Foundation wiederum soll vom früheren deutschen Bundeskanzler Willy Brandt gegründet worden sein – Vorsitzender des Marshall Funds sei David Rockefeller gewesen, auch andere Namen aus der US-Hochfinanz fallen (Aspen-Institut, Carnegie-Stiftung).[398]

Als Präsident des Club of Rome Deutschland scheint der Klimaforscher Mojib Latif auf, der vehement die These vom menschenverursachten, CO_2-abhängigen Klimawandel propagiert (warum wohl?) und auch schon bei einer „Fridays for Future"-Demonstration aufgetreten ist. Mit Luisa Neubauer und Eckart von Hirschhausen unterstützt er die „Scientists for Future" und gehört zur Gruppe derer, die allesamt nicht mit Oliver Janich oder einem von mehreren Wissenschaftlern über den CO_2-basierten, menschenverursachten Klimawandel diskutieren wollten.

Der deutsche Alt-Bundespräsident Christian Wulff[399] weist sich als Mitglied der Deutschen Gesellschaft Club of Rome aus. Weiters führt der Club of Rome auf seiner Homepage unter anderem folgende Mitglieder an: Klimafolgenforscher Hans Joachim Schellnhuber (ehemaliger Direktor Potsdam-Institut für Klimafolgenforschung/PIK, ehem. Klimaberater der deutschen Kanzlerin Angela Merkel sowie Mitglied der Kohlekommission)[401,] Johan Rockström (Direktor des PIK und Autor für den Club of Rome, auch als Teilnehmer zumindest einer Bilderbergerkonferenz ausgewiesen), Maja Göpel[402] (Generalsekretärin des Wissenschaftlichen Beirats der Bundesregierung für „Globale Umweltveränderungen", sie stellte die „Scientists for Future" in einer offiziellen Bundespressekonferenz vor und war auf der „Fridays for Future"-Demo in Berlin anwesend, auf der auch Greta sprach), die Energieökonomin Claudia Kemfert (ebenfalls Unterstützerin von Fridays und Scientists for Future) und Ernst von Weizäcker[403] (ehem. Co-Präsident des Club of Rome).

Als Ehrenmitglied scheinen unter anderem auf: der spanische König Juan Carlos I. und seine Frau Dona Sophia, die Prinzessin und ehemalige Königin der Niederlande Beatrix, Klaus Töpfer (CDU, ehem. Exekutivdirektor des Umweltprogramms der Vereinten Nationen und ehem. Bundesminister für Umwelt, Naturschutz und Reaktorsicherheit[404]) sowie Felix Ungar (ein österreichischer Herzchirurg und Präsident der Europäischen Akademie der Wissenschaften und Künste).[405]

Damit dürfte selbst bei den gutgläubigsten Menschen ein inneres Alarmlämpchen aufleuchten. Könnte es also sein, dass Gretas Klimamission in Wahrheit eine perfekt durchdachte, professionell und längerfristig vorbereitete und Schritt für Schritt durchgeführte PR-Kampagne ist, die vom Club of Rome, der „Plant for the Planet"-Stiftung erschaffen und durch die von Rockefeller gegründete Stiftung finanziert worden ist? Wäre es möglich, dass die damals 15-jährige Schülerin, die davor (verschärft durch das für ihr Asperger-Syndrom typische Schwarz-Weiß-Sehen) seit Jahren Angst vor einer drohenden Klimakrise hatte, hier ebenso nur als Mittel zum Zweck benutzt wurde und wird?

Klimademonstrationen, Fridays for Future, Extinction Rebellion und mehr

In den Wochen und Monaten nach dem Beginn von Greta Thunbergs Klimastreik fanden sich zahlreiche Nachahmer in kolportiert mehr als 120 Ländern weltweit. Die Bewegung „Fridays for Future" formierte sich – offiziell als sogenannte „Graswurzelbewegung", also aus dem Volk, spontan, gleichberechtigt und ohne große Strukturen. Entstanden durch junge Menschen, die sich positiv für die Zukunft einsetzen wollen.

Der Großteil der Kinder und Jugendlichen, die die Bewegung unterstützen, dürfte freiwillig und gutgläubig dabei sein (wenn auch für den einen oder die andere die Verlockung eines schulfreien Vormittags möglicherweise ausschlaggebender ist als der Wunsch, Fridays for Future zu stärken). Ob auch die Teilnahme der 3- bis 6-Jährigen aus einer Dresdner Kita, die regelmäßig als Gruppe von ihren Erziehern zu „Fridays for Future"-Demos geführt werden, als freiwillig gelten kann, darf so oder so hinterfragt werden.[406] Vorbereitet wurden diese Kleinkinder auf die Demonstrationen unter anderem durch einen Trickfilm, durch den man sie über Klimawandel, seine Ursachen und mögliche Schutzmaßnahmen aufklärte. Entspringt es ihren eigenen Herzen und Köpfen, wenn sie lautstark rufen: *„Wir sind hier! Wir sind laut! Weil ihr uns die Zukunft klaut!"*?

Oder werden hier bereits die Kleinsten mit Angst und Panik beladen sowie gegen die älteren Generationen (ihre eigenen Eltern und Großeltern) aufgehetzt? Kann man bei dreijährigen Kindern tatsächlich von einer freiwilligen Teilnahme sprechen, wenn sie in der Gruppe teilnehmen (müssen?)? Wie sieht es aus mit dem Vertrauen, das sie in diesem Alter in ihr Umfeld haben sollten, wenn sie lernen, dass auch ihre Eltern und Großeltern ihnen die Zukunft stehlen würden, rücksichtslos wären etc. Vielleicht würden sie mehr davon haben, wenn ihre Betreuer mit ihnen in der Zeit in den Wald, auf Wiesen oder in einen Park gehen würden, wo sie Kontakt zu den Tieren und Pflanzen aufnehmen könnten oder einfach nur unbeschwert miteinander spielen und glücklich sein.

Einer der Kritikpunkte an den Demonstrationen ist, dass diese an einem Freitag-Vormittag stattfinden und die Schüler damit mit dem Gesetz in Konflikt kommen (und so teilweise jede Woche ein Fünftel der Unterrichtszeit verlieren). Dies wäre nicht passiert, wenn die Demos von vornherein in die Freizeit, zum Beispiel auf einen Samstag, gelegt worden wären. In Gretas Heimatland Schweden gilt ebenso Schulpflicht für Kinder wie in der Bundesrepublik Deutschland, der Schweiz, Österreich und vielen anderen Ländern auf der Erde. Man erhält den Eindruck, dass nie Konsequenzen für die Gesetzesverletzung erwartet wurden. Auch der Aufruf zur Teilnahme während der Schulzeit, also indirekt der Aufruf zum Gesetzesbruch, dürfte nie Bedenken über eine mögliche Bestrafung ausgelöst haben. Was bei vielen anderen Kindern in Europa nicht einfach toleriert wird, wurde von politischen und gesellschaftlichen Entscheidungsträgern bei Greta und allen anderen Klima-Demonstranten offensichtlich einfach hingenommen, teilweise sogar unterstützt (oder war es sogar von vornherein so vereinbart und geplant?). Warum? Dass diese Milde bei allen Jugendlichen und jedem Thema gelten würde, ist ein Trugschluss (man stelle sich beispielsweise eine Demonstration während der Schulzeit gegen unkontrollierte Migration und ihre weitreichenden Folgen vor).

Die auffällige Toleranz und sogar ausgesprochene Zustimmung vieler Schulleiter, Behörden und Politiker zu den Demonstrationen während der Schulzeit sollte stutzig machen (nur einzelne Bußgeldbescheide an Eltern für das unentschuldigte Fehlen ihrer Kinder wurden ausgestellt).[407] So äußerte sich die Kanzlerin der Bundesrepublik Deutschland, Angela Merkel/CDU, nach anfänglicher Skepsis letztendlich durchaus positiv und wohlwollend[408] *„Ich unterstütze sehr, dass Schülerinnen und Schüler für den Klimaschutz auf die Straße gehen und* *dafür kämpfen"*, so die deutsche Bundeskanzlerin in einem Videopodcast. *„Ich glaube, dass das eine sehr gute Initiative ist."*

Im Gegensatz zur allgemeinen Milde bei den Klimademos sah es vor Ferienbeginn jedoch plötzlich wieder ganz anders aus: Hier wurden auch im Juli 2019 wieder deutsche Familien am Flughafen von der Polizei abgepasst, weil sie ihre Kinder einmalig am letzten Schultag (wo meist nur mehr die Zeugnisse verteilt werden) aus der Schule genommen hatten, um vorzeitig den Sommerurlaub anzutreten. Können sie keine Entschuldigung der Schulleitung vorlegen, werden sie angezeigt und zahlen Bußgelder (in der Vergangenheit zwischen 200 und 1000 Euro). [409] Wie berichtet wurde, finden derlei Überprüfungen in der Urlaubszeit sogar „routinemäßig" statt.[410]

Das Verständnis für die Demonstrationen während der Schulzeit dürfte nicht von ungefähr kommen:

Der Spiegel berichtet davon, dass auch im Deutschen Bundestag am Freitag durchschnittlich am meisten Abgeordnete den Sitzungen fernbleiben – auf Kosten unserer Steuergelder.[411]

Die Plakataufschrift eines jungen Klimaschutz-Demonstranten *„Wäre heute Samstag, wäre ich nicht hier"* ging durch viele Medien. Während vielen Jugendlichen das Klima ein Anliegen ist, bleibt dennoch die Frage im Raum: Gäbe es bei regelmäßigen Demonstrationen am Nachmittag oder Wochenende ebenso viele Teilnehmer wie am Freitagvormittag?

Die eigentlich gesetzlich garantierte Meinungsfreiheit scheint hingegen beim CO_2-verursachten Klimawandel gleich mal ihre Grenzen zu finden. Einige der Demonstrationsteilnehmer wären lieber in der Schule, müssen jedoch zu den Demos. Es werde teilweise durch Lehrer und Schulen Druck auf Kinder (und sogar ihre Eltern) zur Teilnahme aufgebaut, berichten immer wieder Schüler und auch Eltern unter anderem in sozialen Medien.[412] Von freiwilliger Teilnahme an den Demonstrationen könne oft keine Rede sein. In einer uns bekannten Schule gab es für die Teilnahme an der weltweiten „Fridays for Future"-Demo Ende September (die ausnahmsweise nachmittags stattfand) ein Mitarbeits-Plus in einem Unterrichtsfach zu holen.

Die Berliner Zeitung berichtete über die Situation eines 11-jährigen Schülers, der lieber zum Klavierunterricht als zur Demo gegangen wäre. Die Antwort seiner Lehrerin vor versammelter Klasse: *„Wenn Dir Deine Zukunft egal ist, dann brauchst Du natürlich nicht hinzugehen".* Dann fügte sie hinzu: *„Mir ist meine Zukunft jedenfalls nicht egal."*[413]

Auch freie Publizisten veröffentlichen immer wieder Berichte, die sie von Schülern und Eltern erhalten. So berichtete etwa Heiko Schrang in seinem Telegram-Account: In einem Gymnasium in Brandenburg sollen Lehrer extra Exkursionen veranstaltet haben, um die Schüler de facto zur Teilnahme an den „Fridays for Future"-Demonstrationen zu nötigen.[414] Die „freiwilligen Unterschriften" würden durch Gruppenzwang herbeigeführt. Eine andere Schülerin (16) berichtet, dass sich ihre Klasse per Mehrheitsentscheid für die Demoteilnahme entschieden habe. Danach wurde die gesamte Klasse vom Unterricht freigestellt, obwohl eine Handvoll lieber lernen statt demonstrieren wollte. Diese seien einfach „mundtot" gemacht worden. Sie mussten zur „Fridays for Future"-Demo, obwohl sie nicht hinwollten. Ihre Lehrer seien angeblich in der Schule geblieben oder gar heimgegangen, berichtete sie in Epoch Times. Der Aufforderung bei der Demo, sich mittig auf der Straße zu positionieren, um besser gesehen zu werden, kamen die unwilligen Demonstranten dann jedoch nicht nach.[414a]

Andere Schulen (uns liegt etwa das Schreiben eines Gymnasiums in Neustadt an der Weinstraße vor) gestalten bereits fertige Entschuldigungsschreiben extra für die „Fridays for Future"-Demonstrationen, die die Eltern dann nur mehr entsprechend jede Woche ausfüllen und unterschreiben müssen. Wenn ein Kind da nicht mitmachen möchte, darf es schon außerordentlich mutig und selbstbewusst sein, um sich gegen den Druck mancher Lehrer und Mitschüler sowie gar ganzer Schulen zu stellen (und dann zusätzlich meist den Ersatz-Unterricht in einer anderen Klasse besuchen). Wenn es, um das zu vermeiden, dann doch an der Demo teilnimmt, zählt es auch zu jenen, die als Rechtfertigung für Eingriffe in die Gesellschaft verwendet werden, die die meisten auch freiwillig teilnehmenden Demonstranten wahrscheinlich gar nicht befürworten würden. Das Schild eines Demonstranten „START TAXING CO_2, STOP TAXING PEOPLE!!!" dürfte ausreichend Aussagekraft darüber besitzen, wie sehr oder wie wenig sich manche Demo-Teilnehmer dessen bewusst sind, was sie mit ihren Demonstrationen tatsächlich auslösen.[415]

Jugendliche, die die CO_2-Theorie am Klimawandel kritisch hinterfragen, sehen sich zunehmend in die Enge getrieben. Sie ecken automatisch an und werden so teilweise von vornherein dazu gedrängt, lieber zu schweigen und sich einer Teilnahme an den Demos zu fügen (schon überhaupt, wenn daran auch Lehrer teilnehmen, von denen sie letztendlich abhängig sind). Dass es sich um keine Einzelfälle handeln dürfte, legt eine Aussage des Präsidenten des Deutschen Lehrerverbands Heinz-Peter Meidinger nahe. Dieser hat in einem Gastbeitrag für das Nachrichtenmagazin Focus im Zusammenhang mit den Klimademonstrationen erklärt: *„Das Neutralitätsgebot an unseren Schulen hat einen hohen Wert für unseren Rechtsstaat und die Zukunft unserer Demokratie. Wir sollten es nicht dem Zeitgeist opfern."*[416]

Stattdessen müsse es geschützt werden, die Befreiung von Schülern für die „Fridays for Future"-Demos sieht er als nicht vereinbar: *„Es geht schlicht darum, dass weder Staat noch Schüler das Recht haben, bei Schulbefreiungen zwischen politisch ‚guten' und ‚schlechten' Beweggründen zu unterscheiden."*

Fridays for Future – Graswurzelbewegung oder Instrument der Eliten?

Unabhängig, spontan und aus dem Volk entstanden dürfte bei den Fridays for Future maximal die Teilnahme der meisten jungen Menschen sein, die dadurch die Bewegung und die Beweggründe dahinter unterstützen. Wenn man sich die Struktur und das Wording der Bewegung ansieht, dürften sie nicht ganz so unabhängig sein, wie offiziell verlautet. Das konntest du bereits vorne im Zusammenhang mit Extinction Rebellion und dem Club of Rome, Plant for the Planet und Ingmar Renthzog lesen.

Die Idee der Klimastreiks wurde bereits auf dem globalen Jugendgipfel 2015 auserkoren – organisiert von der Plant-for-the-Planet-Stiftung (mit dem von Rockefeller gegründeten Club of Rome und der „German Marshall Plan Foundation" im Hintergrund). Das heißt, über diese Organisationen unterstützt die Rockefeller-Dynastie indirekt auch die vermeintlich unabhängige „Fridays for Future"-Bewegung. Wenn es um die Fridays for Future und Greta Thunberg geht, fallen überhaupt mehrere mächtige Namen: Rockefeller und Soros, zumindest indirekt auch jener der Rothschild-Dynastie, von dieser soll die Luxus-Segeljacht ursprünglich stammen. Und auch sonst hat sie mit der Klimabewegung zu tun, wie unter anderem die Aktivitäten von David de Rothschild zeigen: *„Ich nutze die Faszination von Abenteuern und die Macht des Internets, um Schüler weltweit für die Probleme des Klimawandels zu sensibilisieren. Mein Ziel ist es, dass sie sich aktiv für eine bessere Welt engagieren, die verantwortungsbewusst mit ihren natürlichen Ressourcen umgeht"*, berichtet er auf Focus Online. Dazu gibt es auch eine Online-Plattform namens Adventureecology, über die sich tausende Kinder und Jugendliche zwischen neun und zwölf Jahren vernetzt haben sollen. *„Dort tauschen sie Informationen aus, verfolgen meine Expeditionen und lernen viel über die Umweltprobleme, die der Klimawandel mit sich bringt."*

Ist das eine gute, uneigennützige Tat oder der Versuch, Kinder für die eigenen Interessen zu instrumentalisieren? Auch die Absichten zur Bevölkerungsreduktion haben die Eliten längst offenbart. Mehr dazu kannst du dir beispielsweise bei Oliver Janichs[417] Video „Der Adel, die Rothschilds & das Klimamärchen: Programm zur Bevölkerungsreduktion" und weiteren Dokumentationen[418] ansehen. Das glaubst du nicht? Dann lies dir bitte mal die folgenden Zitate durch:

> *„... die ideale, nachhaltige Bevölkerung ist jetzt mehr als 500 Millionen Menschen, aber weniger als eine Milliarde."*
> Club of Rome[419]

> *„Ein Krebs ist eine unkontrollierte Vermehrung von Zellen; die Bevölkerungsexplosion ist eine unkontrollierte Vermehrung von Menschen. Wir müssen unsere Bemühungen von der Behandlung der Symptome auf die Beseitigung des Krebses verlagern. "*
> Paul Ehrlich, Professor an der Stanford University[420]

> *„Das Aussterben der menschlichen Spezies ist möglicherweise nicht nur unvermeidlich, sondern auch eine gute Sache."*
> Christopher Manes, Schriftsteller für Earth First! Journal[406]

> *„Eine Gesamtbevölkerung von 250-300 Millionen Menschen, ein Rückgang von 95 % gegenüber dem gegenwärtigen Niveau, wäre ideal."*
> Ted Turner, Milliardär, Gründer von CNN und bedeutender UN-Geber [406]

„Meine drei Hauptziele wären die Reduzierung der menschlichen Bevölkerung auf etwa 100 Millionen weltweit, die Zerstörung der industriellen Infrastruktur und die Beobachtung der wildlebenden Tiere mit ihrer Artenvielfalt, die in der ganzen Welt zurückkehren."
David Foreman, Mitbegründer von Earth First[406]

Im Impressum der Website von Fridays for Future soll zuerst eine „Johanna Bergmeier" unter einer realen Adresse als Verantwortliche angegeben worden sein, dann eine Ronja Thein unter einer neuen Adresse in Kiel, mittlerweile ist dort ein Lucas Pohl unter der gleichen Adresse zu finden. Da es Ronja Thein gar nicht gegeben haben dürfte [421], wird jetzt einer der Mitorganisatoren von Fridays for Future, Lucas Pohl, angeführt. Die Adresse – Lorentzendamm 6–8 in Kiel – hat sich freilich nicht verändert. Und dort scheint nicht nur die „Fridays for Future"-Bewegung ansässig zu sein, sondern noch ein paar Organisationen mehr: so gibt es dort auch ein linksalternatives „Kulturzentrum" namens „Alte Mu" (jedoch, soweit bekannt, keinen Wohnsitz für Menschen). Im Internet findet man etwa ein Event der „Turboklimakampfgruppe Kiel" dort, ein anderes zum „Dabke tanzen" (einem Tanz, der im Nahen Osten unter anderem am Ende des islamischen Fastenmonats Ramadan gerne getanzt wird).

Wer sind nun die herausragenden jungen Menschen, die in Deutschland (das laut Greta ja eine besonders wichtige Vorreiterrolle für den Klimaschutz innehaben soll) mit Greta Thunberg und den „Fridays for Future"-Demos in Erscheinung treten? Einer von ihnen ist der 18-jährige Jakob Blasel. Als wohl *das* Aushängeschild der deutschen „Fridays for Future"-Bewegung gilt die 23-jährige Studentin Luisa-Marie Neubauer und der dritte im Bunde ist Louis Motaal. Ist Greta in Deutschland (und teilweise auch in anderen Ländern), wird sie immer von diesen jungen Menschen begleitet. Doch sind sie tatsächlich einfache, gutmeinende Schüler und Studenten, die sich für die Umwelt einsetzen? Oder stehen auch hinter ihnen zum Teil mächtige Organisationen?

Alle drei sollen politische Aktivisten sein, bei den jungen Grünen und von Greenpeace sowie Plant for the Planet. Jakob Blasel ist Mitglied von Greenpeace, bei der Grünen Jugend und unter anderem auch an Medienprojekten mit ARD und ZDF beteiligt. Luisa Neubauer (im Internet als #LangstreckenLuisa tituliert) haben wir ja bereits vorne mit ihrer überdurchschnittlichen Flugreise-Lust erwähnt, welche sich mit der CO_2-Klimaschädigungstheorie, die sie selbst vertritt, wohl nur schwer verbinden lässt. Sie und Greta Thunberg sollen sich auf der UN-Klimakonferenz in Kattowice kennengelernt haben, wo auch Louis Kaspar Abdel Motaal für die Plant for the Planet Foundation (mit dem Club of Rome von Rockefeller im Hintergrund) anwesend war. Neubauer ist seitdem meist als Begleitung von Greta Thunberg mit dabei und ist wohl das prominenteste Gesicht von Fridays for Future in Deutschland. Nicht jedem in der Bewegung scheint das zu gefallen, wurde Neubauer schließlich nie gewählt.[421a] Neubauer entstammt einer bekannten und gut vernetzten Familiendynastie,[423] ihre Mutter soll eine geborene Reemtsma sein (und sich für die Wahl der Grünen Partei einsetzen). Und mit Carla Reemtsma dürfte auch noch ein weiteres Mitglied der Dynastie aktiv bei den Fridays for Future mitwirken und auch in der Presse dafür aufgetreten sein.[424]

„Keine Frage, was wir hier so zwischen den Zeilen,
am Essenstisch in den Büros erleben ist viel mehr als das.
Es ist vielleicht so etwas wie eine Klima-Kulturrevolution.
Leute fragen sich, wie wollen wir leben, was ist eine
ökologische Zukunft,was ist eigentlich Verzicht,
was sind die Errungenschaften der Postmoderne,
die on the ground eigentlich keine Errungenschaften sind?
Wie sieht denn so eine Null-Emissionen-Gesellschaft aus.
Diese ganzen spannenden Fragen tragen wir gerade mit rein
in die Gesellschaft und ich glaube, nur so können wir
tatsächlich nachhaltig Wandel gestalten."
Luisa Neubauer in einem ARD-Interview[425]

Luisa Neubauer gilt als Jugend-Botschafterin der Nichtregierungs-Organisation ONE, einer US-amerikanischen Lobbyorganisation, die politische Kampagnen durchführt. Mit einer Kampagne namens „Divest! Zieht euer Geld ab!" soll sie es mit anderen Studierenden erreicht haben, dass die Universität Göttingen künftig nicht mehr in Industrien investiert, die mit Kohle, Öl oder Gas Geld verdienen[426] (weil das jene Sektoren sind, von denen ihre Geldgeber sich nach jahrzehntelangem Profit in genau den Bereichen keine Gewinne mehr erwarten?).
Luisa Neubauer wirkt für die Stiftung „Rechte zukünftiger Generationen", die internationale Klimaschutz-Organisation „350.org", die Klimakampagne „Fossil Free" und die deutsche NGO „Das Hunger Projekt". Wie die NEOPresse berichtet, wurde 2016 ein Jugendbotschafter*innen Programm, dem auch Neubauer angehört, ausgeweitet. Mehr als 200 ehrenamtliche Aktivisten aus sieben europäischen Ländern seien hinzu-

gekommen. Damit sollen die Ziele des „Globalen Funds" höhergesteckt werden. Zur Sponsoren-Werbung gab es einen Empfang von ONE in Rom sowie ein Treffen mit Bill Gates.[427]

Als Financiers von ONE (und damit indirekt auch Luisa Neubauer) scheinen auf der Homepage von ONE unter anderem auf: die Bank of America, Coca-Cola, SAP, Google, Bono und George Soros mit seiner Open Society Foundation und einem Open Society Policy Center, das Omidyar Netzwerk und anonyme Spender.[428] Sie wirkt für Greenpeace, die jungen Grünen und die grünennahe Heinrich-Böll-Stiftung.[429] Nicht umsonst bekam sie von dieser Stiftung ein Stipendium für die Göttinger Uni.[430]

Was zuerst möglicherweise als gutgemeintes Engagement einer Schülerin gestartet haben könnte, mündete auf jeden Fall schnell in einer professionellen Karriere. So hat sie für Greenpeace geschrieben, sprach mit Politikern, war in der Kampagnenarbeit der Klimaschutzorganisation Fossil Free Deutschland tätig und engagierte sich für den Hambacher Wald (sie ließ sich auch mit Greta Thunberg dort neben einer vermummten Aktivistin ablichten). Ihre eigene Zeitungskolumne ließ auch nicht lange auf sich warten: Neubauer darf sich seit dem Sommer 2019 unter dem Titel „Auf dem Weg nach morgen" im Magazin Stern über das Klima auslassen.[431]

Historisch gesehen funktionieren demokratische Prozesse
am besten. Manchmal dauern sie aber zu lange,
wir müssen Demokratie neu denken."
Luisa Neubauer im BILD-Interview
mit Matthias Döpfner vom Axel Springer Verlag (04.07.2019)[432]

Im Dezember 2018 meldete Neubauer die erste „Fridays for Future"-Demo in Deutschland an – beraten und unterstützt angeblich von großen Umweltverbänden. Im Zuge dessen meldete sich Jakob Blasel bei ihr, fortan ebenso im Koordinationsteam der „Fridays for Future"-Bewegung in Deutschland. Unterstützt von der Plant for the Planet Foundation (die wiederum, wie erwähnt, den Club of Rome von Rockefeller hinter sich haben dürfte) um Frithjof und Felix Finkbeiner und andere Organisationen.[433] Der Einfluss des Club of Rome auf die „Fridays for Future"-Bewegung scheint sich auch in den Texten der Bewegung zu offenbaren, teilweise wird auch offen auf das Buch aus den 70er-Jahren verwiesen.

Auch Louis Motaal war bei der UN-Klimakonferenz in Kattowice dabei. Er soll bereits seit früher Kindheit im Bereich Klimaschutz und Umwelt aktiv gewesen und mit 11 Jahren Plant for the Planet beigetreten sein. Berichten bei science-skeptical.de nach soll er zudem seit mehreren Jahren bei der Plant for the Planet Foundation, als Referent beim Deutschen Handelskongress, beim Jahrestreffen der Deutschen Gesellschaft des Club of Rome und beim Deutschen CSR-Forum aktiv gewesen sein.[434] Er ist also im Umfeld von Frithjof Finkbeiner und der „Plant for the Planet"-Stiftung tätig, die zugleich auch die Finanzen für Fridays for Future verwaltet, wie von Tichys Einblick berichtet wird.[435] Zudem vertrat er Plant for the Planet nicht nur beim UN-Klimagipfel, sondern auch beim Global Landscape Forum. Gemeinsam mit Luisa Neubauer und Jakob Blasel ist er einer der Mitorganisatoren von Fridays for Future und häufig mit Greta Thunberg unterwegs. Anfang Februar 2019 hat er auf sich beim Deutschen Patent- und Markenamt die Wortmarke „Fridays for Future" zur Eintragung angemeldet, auch deren Konto bei Plant for the Planet dürfte er verwalten. Damit fungiert er wohl als eines der menschlichen Bindeglieder zwischen diesen Organisationen.

Fridays for Future tritt mittlerweile nicht mehr alleine auf – es wurden weitere Menschen aktiviert und man bekommt den Eindruck, es geht darum, die komplette Gesellschaft mit einzubeziehen: Parents for Future (Eltern), Grandparents for Future (Großeltern), Entrepreneurs for Future (Unternehmer), Health for Future (Ärzte), Scientists for Future (Wissenschaftler) und möglicherweise noch mehr. Die Wissenschaftler werden unter anderem von Mojib Latif, Hans Joachim Schellnhuber (ehemals Direktor am Potsdam Institut für Klimafolgenforschung), Maja Göpel, Claudia Kemfert, Ernst von Weizsäcker und Johan Rockström (Potsdam Institut für Klimafolgenforschung, mit dem Luisa Neubauer gerne zusammenarbeitet, wie sie öffentlich erwähnte) unterstützt – allesamt Unterstützer von Scientists for Future und des Club of Rome.[436] Wenn man dann noch berücksichtigt, dass der Druck auf und in Schulen zur Teilnahme an Klimaschutzaktionen steigt, dass Gewerkschaften und Unternehmer ihre Mitarbeiter zur Teilnahme aufrufen, dass sich selbst die Kirchen für Greta Thunbergs Mission aussprechen (nicht zuletzt durch den Papst), erhält man den Eindruck, die ganze Gesellschaft soll in Richtung CO2-induzierter Klimaschutzmission getrimmt werden. [437] Während des für 20. September 2019 ausgerufenen globalen Klima-Demonstrations-Tages haben beispielsweise in Berlin, im Schwalmtal, in Heidelberg etc. eigens die Kirchenglocken symbolträchtig um „5 vor 12" geläutet[438] (und an die „große Schuld der Menschen" erinnert?). Auch die Mitarbeiter des Medienunternehmens Axel Springer erhielten für die Teilnahme an einer globalen Klimademo am 20. September 2019 frei. Das großzügige Angebot dürfte nicht weiter verwundern, wenn man weiß, dass der Medienkonzern wie andere aus seiner Branche auch regelmäßig bei den unter Ausschluss der Öffentlichkeit stattfindenden Bilderbergerkonferenzen vertreten ist (weil die Medien wichtig sind, um die dortigen Beschlüsse den Menschen in einer breitflächigen Medienoffensive gleich richtig verpackt schmackhaft zu machen?).[439] Es scheint, dass die Aufrufe zur Demo vor keinem Bereich halt machen und es beinahe schon generalstabsmäßig quer durch alle Ebenen organisiert sei – von der Kirche über den Deutschen Kulturrat bis zu einem großen spirituellen Seminarveranstalter.

Sehen wir uns noch die „Schwesternbewegung" Extinction Rebellion (XR) an: Gegründet wurde Extinction Rebellion im Herbst 2018 in Großbritannien und kam mit der Blockade mehrerer Brücken in London in die Medien. Man wolle die breite Öffentlichkeit auf den laut IPCC (Zwischenstaatlicher Ausschuss für Klimaänderungen der UN oder „Weltklimarat") dringenden Handlungsbedarf bis 2030 aufmerksam machen, sofern man eine Klimakrise abwenden wolle. Damit stößt auch XR in das gleiche Horn wie Fridays for Future, nur viel radikaler und unter Inkaufnahme von Gesetzesbrüchen, mit Blockaden, versuchten Flughafenlahmlegungen durch Drohnen etc. Die Gruppe will mit Hilfe direkter Aktionen und von zivilem Ungehorsam (und damit auch Übergriffen zulasten vieler unbeteiligter Menschen?) eine klimafreundliche Politik erzwingen.[440] Zuletzt war die Organisation außerdem in den Schlagzeilen, weil sie Anfang September 2019 vier Kilogramm eines wasserlöslichen Natriumsalzes (Uranin) in die Schweizer Limmat gekippt und diese damit leuchtend grün gefärbt haben soll. Während die Organisation betonte, dass der Stoff toxikologisch unbedenklich sei, klärten Polizei und Gewässerschutz eine Unbedenklichkeit zu Redaktionsschluss dieses Buches noch ab.[441] In London endete eine Sprayaktion mit roter Flüssigkeit mit einem (wie es auf Videoaufnahmen aussieht) Feuerwehrauto gegen eine Gebäudefassade damit, dass der Schlauch losgelassen wurde und dieser die Flüssigkeit unkontrolliert wild auf der Straße verteilt hat.[442]

Für die Zeit ab 7. Oktober 2019 hatte Extinction Rebellion großflächige Verkehrsblockaden angekündigt. Die Generatoren eines Extinction Rebellion-Camps in Berlin sollen übrigens mit dem in ihren Augen äußerst klimaschädlichen Diesel(!) betrieben worden sein, wie Videoaufnahmen zeigen (Telegram-Kanal von @unzensiert).[443] Worum geht es hier wirklich?

Die Gruppe sieht sich auch als Sammelbewegung, die alle Menschen mit offenen Armen empfängt. Berichten nach haben sich bereits einige erlahmte Bewegungen wie Occupy angeschlossen. Der Mitbegründer von Extinction Rebellion, Roger Hallam, hält für den Klimaschutz das Brechen von Gesetzen für gerechtfertigt:

„Weil dieses Thema größer ist als die Demokratie, oder wie auch immer Sie das beschreiben wollen, was derzeit noch davon übrig ist. Wenn eine Gesellschaft so unmoralisch handelt, wird Demokratie irrelevant. Dann kann es nur noch direkte Aktionen geben, um das zu stoppen." [444]
Roger Hallam, Mitbegründer von Extinction Rebellion

Dass die Gruppe sich nicht daran stört, auch Tausende Menschen in ihrem Alltag mit Blockaden zu behindern, ist jedoch noch bei Weitem nicht alles: Die folgenden Aussage von Roger Hallam bei einer Rede vor Amnesty International zeigt, dass es der Gruppe wohl nicht nur um das Klima und das Beste für den Planeten und seine Bewohner gehen dürfte:

„Wir werden die Regierungen zum Handeln zwingen. Und wenn sie nicht handeln, dann werden wir sie stürzen und eine Demokratie erschaffen, die tauglicher für den Zweck ist. Und ja, manche könnten in diesem Prozess sterben."
Roger Hallam, Mitbegründer von Extinction Rebellion[445]

Selbst Tote nimmt er also in Kauf![445] Ist das nur positiver „Aktivismus" oder ist das bereits viel, viel mehr und dafür wenig positiv? Luisa Neubauer steht hinter den Methoden von Extinction Rebellion, dazu kommen wir später noch.

Und noch ein interessantes Detail haben die Extinction Rebellion in jüngster Zeit offenbart [446, 447]: Es gibt Extinction Rebellion Drummers und die verwenden laut einem Post der Extinction Rebellion London auf Twitter ein nahezu identisches Zeichen wie der mächtige Geheimbund der amerikanischen Eliteuni Yale namens „Skull & Bones": Bei den Extinction Rebellion Drummers ist es ebenso ein Totenkopf mit überkreuzten – statt Knochen – Trommelstöcken, ergänzt noch um das sanduhrähnliche X-Symbol der Extinction Rebellion als Augenklappe (mehr zu diesem Symbol findest du bei „Okkultismus und Satanismus" weiter hinten). Die Extinction Rebellion präsentierten bereits ein eigenes Handbuch (von Kritikern auch als Sektenbibel bezeichnet) und eigene Kleidung.

Extinction Rebellion hat übrigens Ende Juli 2019 bereits ein Video hochgeladen, in dem vor den Gefahren eines Brandes im Amazon gewarnt wurde – nur kurze Zeit bevor es im Amazonas tatsächlich gebrannt hat![448] Zufall? Dass die Meldungen, wonach der Amazonas die Lungen der Erde sein soll, so nicht stimmen dürften, haben übrigens auch einige[449] Mainstream-Medien angezweifelt (z. B. Forbes – „Why Everything They Say About the Amazon, Including That It's The ‚Lungs Of The World' Is Wrong vom 26.08.2019, CNN, New York Times – „Amazon Rainforest Fires: Here's What's Really Happening" zitiert von Oliver Janich).

Doch welche Leute sind es, die sich tage- und wochenweise Zeit nehmen können, um zu demonstrieren, Plätze zu sperren, Regentänze und andere eigenartig erscheinende Rituale in teils roten Roben aufzuführen und andere Aktionen durchzuführen? Mitmachen kann prinzipiell jeder, es gibt auch eigene Antragsformulare für finanzielle Unterstützung. Bis zu € 450,- pro Woche werden an Extinction Rebellion-Teilnehmer bezahlt. Damit sind es wohl oft jene, die weder zur Schule gehen, noch einer regelmäßigen Arbeit nachgehen.

Woher kommt das Geld für diejenigen jungen Menschen, die auch tagelange Proteste aufrechterhalten können, ohne zu arbeiten und Einkommen zu generieren? Wer zahlt das Geld für Spritzwägen (in London), für Flyer, für Kleidung, für Handbücher, für Tickets zu Demos, für Stromaggregate etc. Wer hat ein Interesse daran, dass nun radikalere und aggressive Kräfte das Feld übernehmen, das Fridays for Future bereitet hat? Für nicht wenige dieser „Aktivisten" mag es also eine angenehme Art sein, sein Geld zu verdienen. Dass es mehr um anderes als um die Natur gehen könnte, zeigen auch Fotos wie jenes, das vor einem Inlandsflug in Deutschland aufgenommen wurde. Der Koffer eines Flugpassagiers in der Warteschlange eines Inlandsfluges mit einem Extinction-Rebellion-Aufkleber (veröffentlicht von der Express Zeitung auf Telegram).

Mit dem Club of Rome und der mit ihm verbundenen „Plant for the Planet"-Stiftung stehen also mächtige und finanzstarke Organisationen und Individuen (wie es scheint von Rockefeller bis zu Soros) hinter den offiziell unabhängigen Fridays for Future und auch den Extinction Rebellion. Dass Fridays for Future und die danach gegründete radikalere Gruppe Extinction Rebellion eng verbunden sind, wurde bereits bestätigt. Beim UN-Klimatreffen in Kattowice gab es unter anderem eine Pressekonferenz, an der Greta Thunberg und Vertreter von Extinction

Rebellion teilgenommen haben (veranstaltet von der Abibimman Foundation). Ein Zusammenhang besteht unter anderen durch teilweise dieselben Mitglieder, gegenseitige Werbung und Unterstützung. Umweltaktivist Bo Thorén, der über Greta die Fridays for Future initiiert haben soll ist auch Initiator bei Extinction Rebellion. Ebenso Janine O' Keeffee, gebürtige Australierin, Mitglied der schwedischen Grünen, ist bei Extinction Rebellion aktiv und unterstütze gleichzeitig Greta Thunberg, wo sie nur könne. So berichtet der Deutschlandfunk von ihrem Engagement während einer Demo, in der sie ankommende Kindergartenkinder fotogerecht platzieren wollte. Sie versuche die weltweite Klimaschutzbewegung „Fridays for Future" im Blick zu behalten und zu vernetzen.[450] Sie plädiert im Frühling 2019 noch dafür, dass die Bewegung nicht zu groß werden dürfe, weil große Unterstützer immer mehr Kompromisse einfordern würden, die man eingehen müsse, damit man diese Unterstützer nicht verliere. Damit mag sie zwar möglicherweise durchaus Recht haben, die Entwicklungen der Umweltbewegungen sprechen aber eine andere Sprache. Extinction Rebellion, Fridays for Future und andere Umweltorganisationen dürften wohl zusätzlich zu ohnehin schon vorhandenen Verbindungen zu den mächtigsten Schirmherren noch weniger eigenermächtigt sein:

Seit dem Sommer 2019 gibt es nämlich noch einen wichtigen Player – neben den jungen Klimaorganisationen Fridays for Future und Extinction Rebellion, die friedlicher oder aggressiver aktiv die Bevölkerung wachrütteln und von ihrer CO_2-bedingten Erderwärmungstheorie überzeugen wollen. Das Geld dafür sollte spätestens jetzt kein Problem mehr sein:

Es wurde eine neue Finanzierungsplattform namens „Climate Emergency Fund" (Klima-Notstands-Fond) gegründet. Auch hinter diesem Fond dürften mächtige und bekannte Namen stehen, so werden Rory Kennedy (die Tochter von Robert Kennedy), Aileen Getty (Enkelin des Öl-Tycoons Joan Paul Getty) und Trevor Neilson (Mitbegründer und Leiter) angegeben. Er soll nach einem Bericht von Ansgar Neuhof auf Tichys Einblick[451] mit dem Enkel des Multi-Milliardärs Warren Buffet Geschäftsführer von i(x) investments, einer Investmentholding mit Schwerpunkt unter anderem auf erneuerbare Energien und carbon to value-Wirtschaft (= Wiederverwendung von Kohlenstoff in werthaltigen Produkten) sein. Neilson dürfte Direktor der Global Business Coalition gewesen sein, einer Vereinigung von über 200 multinationalen Unternehmen, die mit Geldern von Bill Gates, George Soros und Ted Turner gegründet worden ist. Zudem soll Neilson Mitglied des Gründungsteams und Direktor der umstrittenen Bill & Melinda Gates Foundation sowie für das Weiße Haus unter Bill Clinton und die Lobby- und Kampagnenorganisation ONE tätig gewesen sein (deren Jugendbotschafterin Luisa Neubauer ist)[452]. Das Ziel der neuen Finanzierungsallianz demnach: *„We believe that only a peaceful planet-wide mobilization on the scale of World War II will give us a chance to avoid the worst-case scenarios and restore a safe climate."* Die Öffentlichkeit sollte also demnach im Ausmaß des zweiten Weltkriegs (! – alleine die Wortwahl sollte zu denken geben!) mobilisiert werden.

Eine Wortwahl, die ähnlich auch in einem drei Jahre alten Strategiepapier für Klimaaktivisten namens *„Leading the Public into Emergency Mode, Introducing the Climate Emergency Movement"* vorkommt (frei übersetzt: *„Wie man die Bevölkerung in den Notfall-Modus versetzt, Vorstellung der Klima-Notfall-Bewegung")*. Das Papier wurde von Oliver Janich zutage gefördert und stammt von der Psychologin Margaret Klein Salamon, deren Organisation sich „The Climate Mobilization" nennt. Auch Salomon sieht die USA zur Zeit des Zweiten Weltkriegs als Idealmodell für eine Mobilmachung im Namen der Klimarettung ... Wenn man jetzt noch analysiert, wie Greta Thunberg und Co. inszeniert werden und sich inszenieren, sind verdächtige Parallelen zwischen dem bereits vorher existierenden Papier und der Ausführung durch Greta & Co. nicht von der Hand zu weisen.[453] Die Menschen sollten durch eine Lahmlegung des täglichen Lebens für den Klimaschutz sensibilisiert werden! Dafür sollte sehr viel Geld von den reichsten Eliten eingesammelt werden, um die Aktivisten und Organisationen dann dabei zu unterstützen.
Nutznießer der neuen Finanzierungsplattform dürften nach Berichten in mehreren großen internationalen Medien bereits Extinction Rebellion und Climate Mobilization gewesen sein. Geplant sei das Einsammeln von rund 60 Milliarden Dollar in den nächsten Wochen.[454]

Damit dürften wohl sämtliche Zweifel daran gerechtfertigt sein, ob die „Fridays for Future"-Bewegung und Gretas Mission wirklich aus reinem Herzen heraus von Kindern und Jugendlichen inspiriert, gegründet und finanziert wurde. Könnte es sein, dass hier die reichsten Schichten der Welt auf junge Menschen treffen, die sie aktiv gesucht haben und die dafür wichtig sind, um durch sie die Menschen zu mobilisieren, diese weiter finanziell auszunehmen, sie massiv einzuschränken und die Gesellschaft zu verändern? Kritiker, die sich näher damit beschäftigt haben, sehen dahinter sogar ein knallhartes Geschäftsmodell mit mächtigen Hintergruppen, für welches zigtausende wohlmeinende Schüler und Studierende zum Leidwesen der ganzen Bevölkerung missbraucht würden.[455,456]

Wie finanziert sich die Bewegung Fridays for Future bisher? Die organisatorischen Strukturen wurden bisher nicht klar offengelegt, es gäbe – da Graswurzelbewegung – keine offiziellen Organe (womit man es sich möglicherweise leicht macht und sich einfach aus der Verantwortung stiehlt, weil ja keiner eine offizielle Funktion innehat?). Dass dennoch jemand Entscheidungen treffen und auch gegenüber zum Beispiel der „Plant for the Planet"-Stiftung Vereinbarungen abschließen muss, dürfte auf der Hand liegen – es wird allerdings nicht offenbart, wer das aufgrund welcher Beschlüsse sei. Eine Wolke der Geheimhaltung dürfte damit auch über der Bewegung liegen.

Ebenso will man die Finanzen möglichst bedeckt halten. Auf der Homepage ist auch Mitte September 2019 noch angegeben, dass die befreundete Organisation Plant for the Planet das Konto betreut. Wie Tichys Einblick recherchiert hat, ist es jedoch nicht nur irgendein Konto für Fridays for Future, sondern sogar ein Unterkonto der Stiftung Plant for the Planet selbst! Was die „Plant for the Planet"-Stiftung gegenüber Tichys Einblick längst bestätigt haben soll, wurde von einem „Fridays for Future"-Aktivisten in der Tagesschau dann offenbar wieder oder noch bestritten, demnach greife Plant for the Planet auf das Geld auf diesem Konto nicht zu, versichert er. Versuchte Geheimhaltung also auch hier. Von Unabhängigkeit kann also alleine in diesem Zusammenhang keine Rede sein, die Stiftung hat einen Überblick über die Spendeneingänge und Zahlungen der Demo-Bewegung und wickelt diese auch ab).[457]

Während die „Plant for the Planet"-Stiftung (wie erwähnt vom Vizepräsidenten des Club of Rome Deutschland gegründet) das Konto für die Fridays for Future führt (und diese auch sonst unterstützt), soll es mittlerweile mehrere neu gegründete Vereine drumherum geben, die Spenden für die Bewegung sammeln (organize future! E.V. und Donate for future e.V. beispielsweise). Auch die GLS Bank sammelt unter dem Label „Companies for Future" Spenden für Fridays for Future. Während die Bewegung selbst nach außen nicht offenlegt, wer offiziell vertretungsbefugt und durch wen ermächtigt ist, legt die Bank offen: *„Über die Verwendung des Guthabens entscheiden drei Organisatoren von Fridays for Future gemeinsam."*

Wer das ist und ob man die „Organisatoren" kennt, ob es Jugendliche oder erwachsene Drahtzieher sind, die sich im Hintergrund bedeckt halten, offenbart selbst die Bank nicht".[458] Aber nicht nur mit Spenden, „Time oder Money"-Tickets und dem Verkauf von Armbändern sollen Gelder generiert werden. Die „Fridays for Future"-Bewegung dürfte auch für viele Unternehmen drumherum ein lukratives Geschäft geworden sein. Öko-Investments und Finanzanlagen „mit gutem Gewissen" stehen hoch im Kurs. Menschen sollen Investments in „ökologische Fonds" tätigen – was wirkt da besser, als mit bekannten Gesichtern aus der Ökobewegung Geld zu verdienen? Wie Tichys Einblick berichtet, mache der Finanzkonzern Ökoworld (bestehend aus einer Finanzanlagevermittlungs-Gesellschaft in Deutschland und einer Kapitalanlagegesellschaft in Luxemburg) Werbung für einen neuen Fonds, der sich an die Parents for Future und Grandparents for Future wendet. *„Es sei der erste Fonds, bei dem Erwachsene 50+ und Senioren 70+ mit gutem Gewissen und klimafreundlich Geld für Kinder und Enkelkinder anlegen können."* Die Firma, deren Chef an den Freitags-Demos teilnimmt und auch aktiv bei Parents for Future tätig sein soll, fiel bereits davor mit dem Angebot auf, etwaige Anwaltskosten für schwänzende Klimademonstranten zu übernehmen. Anfragen durch Tichys Einblick an Ökoworld, inwiefern die Firma mit Fridays for Future und dem Vizepräsidenten des Club of Rome Deutschland und seiner Plant for the Planet Foundation verbunden sei, seien nicht beantwortet worden. Louis Motaal ist als Redner für die Firma Ökofinanz aufgetreten.[459] „Plant for the Planet"-Gründer Fritjhof Finkbeiner soll bei einer Werbeveranstaltung der Kapitalanlagevermittlungs-Gesellschaft Seeliger & Co. GmbH aufgetreten sein, sein Sohn hat schon in jungen Jahren Werbung für die Kapitalanlagevermittlungs-Gesellschaft Grünes Geld GmbH gemacht, wie Tichys Einblick berichtet.[460,461] Neben der Finanzindustrie hat sich auch die Holz- und Pelletsindustrie der Ökoaktivisten bedient – Louis Motaal und Felix Finkbeiner waren für die Europäische Pelletsindustrie auf Werbetour (unter anderem auf einem Gletscher in der Schweiz). Wurden die Demos und Organisationen möglicherweise genau deshalb gegründet, um mit ihnen viel Geld zu verdienen? (Interessant hierzu sind auch die finanziellen Verstrickungen bei den CO_2-Emissionsgeschäften, von denen wir dir in Teil C berichten.) Unterstützten diese Menschen und Unternehmen die (lange und penibel vorbereiteten und massiv geförderten?) Fridays for Future, weil sie selbst davon finanziell profitieren? Ist die „Fridays for Future"-Bewegung unabhängig, spontan von engagierten Jugendlichen gegründet und frei? Oder ist sie eine vom Club of Rome beeinflusste, vielleicht gar konstruierte Bewegung?

Stecken also hinter den dringenden Weltuntergangsszenarien möglicherweise doch eher finanzielle Interessen der darin besonders involvierten Aktivisten, Unternehmer, Politiker ...?

„Das bedeutet natürlich, dass wir eine Menge Medienberichterstattung bekommen. Also müssen wir beängstigende Szenarien anbieten, vereinfachte, dramatische Aussagen machen und kaum Zweifel äußern, die wir haben könnten."
Stephen Schneider, Wissenschaftler/Umweltschützer Stanford Universität[0c]

Schüren die an vorderster Stelle stehenden „Aktivisten" möglicherweise deshalb Angst und Panik und warnen davor, dass die Zeit dränge, die Erde knapp vorm Untergang sei und sich jetzt *alles* verändern müsse, weil dadurch „nachhaltige" Finanzprodukte, umweltverträgliche Heizungen, E-Autos und sonstige offiziell CO_2-optimierte Produkte verkauft werden können – zum Wohl der beteiligten Firmen, Organisationen und Drahtzieher aus höchsten Ebenen, die wiederum den bekanntesten Aktivisten unter anderem eventuell Werbeeinnahmen und sonstige finanzielle Rückflüsse zugestehen?

Dienen die Milliardenzahlungen von Steuergeld für Klimaschutzmaßnahmen möglicherweise einer Umschichtung großer Finanzströme vom Volk in Projekte von Stiftungen und Firmen, von denen deren Gründer und Beteiligte wiederum profitieren, während für die breite Bevölkerung immer weniger Geld zur Verfügung steht? Man denke etwa an die immer mehr älteren Menschen, die ihr Essen menschenunwürdig wegen Armut aus öffentlichen Müllcontainern suchen müssen, nachdem sie ihr Leben lang gearbeitet und ins System einbezahlt haben? Während die deutsche Bundeskanzlerin feststellt, dass noch mehr Steuergeld für Klimaschutz ausgegeben werden müsse. Während zwar Deutschland den Grenzschutz in Saudi Arabien mit deutschen Soldaten unterstützt, jedoch die Grenzen im eigenen Land nicht so kontrolliert werden können, dass flächendeckend die Identität der Einreisenden bekannt ist? In einer Zeit, wo für minderjährige Migranten (von denen sich nach Überprüfung ein beträchtlicher Anteil als erwachsen entpuppt) sogar mehr als 8.000 Euro pro Monat (!) ausgegeben werden – ebenso auf Kosten der Steuerzahler. In einer Zeit, wo die Heimat dieser Einwanderungswilligen entvölkert und damit ihrer Zukunft beraubt wird und die Heimat anderer Menschen auf deren Kosten mit kulturfremden alleinstehenden Männern überflutet und die Gesellschaft nachhaltig verändert wird? In einer Zeit, wo eine Migrations-Industrie entstanden ist, in der „Flüchtlings-NGOs" – von kirchlichen

Vereinen bis zu „Seenotrettungs"-Organisationen – riesige Summen verdienen und somit Einwanderungswillige dazu ermuntert werden, sich in Lebensgefahr aufs offene Meer zu begeben, weil das ihr Ticket nach Europa ist? („Seenotretterin" Carola Rackete trat übrigens mittlerweile bei Medienterminen für die Gruppierung Extinction Rebellion auf, ein weiterer Kreis schließt sich – ein Hinweis darauf, dass alle gesellschaftlichen Bereiche auf verschiedenen Ebenen in die gewünschte Richtung – einen globalen Öko-Kommunismus? – getrieben werden sollen?).

Und nein, das ist weder rechts noch radikal, sondern einfach ein Hinsehen und Wahrnehmen, was abläuft. Ist es nicht bezeichnend, dass wir in einer Zeit leben, wo jeder Politiker, der noch nicht vergessen zu haben scheint, dass es seine bezahlte Aufgabe und sogar Pflicht ist, als erstes sein Volk zu „ver-treten" statt zu „treten", als rechtsradikal diffamiert wird (so beispielsweise Hans-Georg Maaßen von der CDU, Boris Palmer Bündnis 90/Die Grünen, Alice Weidel, Peter Böhringer oder Alexander Gauland von der AfD)? Eine Entwicklung übrigens, die auch international (von den USA über Russland, Ungarn, Österreich, Italien etc.) schon länger zu beobachten ist. Ist in unserer Zeit gar automatisch alles rechtsradikal, was nicht streng linksradikal ist?

Fest steht, dass die Bewegung Fridays for Future nicht als gemeinnützig gilt und daher auch keine Spendenbescheinigungen mehr ausstellen darf. Seine eigenen Erfahrungen mit Fridays for Future musste ein 24-jähriger Student machen, der sich gutgläubig für die Bewegung engagierte. Er war anlässlich einer großen „Fridays for Future"-Demo in Aachen im Juni 2019 für die Organisation der Anreise zuständig und hat nach Abstimmung mit den Ortsgruppen mehrere Züge gebucht. Gefahren ist schließlich nur einer. Da er „zur Not" mit unter anderem seinem Erbe vom Vater haften wollte, falls etwas schiefgegangen wäre, hat er mehr als 70.000 Euro vorgestreckt. Dies bestätigte auch eine ehrenamtliche Sprecherin der Bewegung.[462]

Schiefgegangen ist nichts, das Geld dürften die Fridays for Future durchaus eingenommen haben – nur rückerstatten wollten sie es ihm nicht.[463] Carla Reemtsma bestätigte als (selbsternannte [?] – offizielle Strukturen gibt es bei den Fridays for Future ja nicht, weil sie sich offiziell als Graswurzelbewegung ausgeben) Pressesprecherin der „Welt", es seien mit der Zugfahrt aus Freilassing mehr als 30.000 Euro eingenommen worden.

Zudem scheint es bei Fridays for Future eine Art von modernem Ablasshandel zu geben: Während der Demo in Aachen wurden über eine Art von modernem Ablasshandel „Keine Zeit, aber Geld"-Tickets im Wert von weiteren 30.000 Euro (!) verkauft! Der Aktivist selbst sprach in der Oberhessischen Presse davon, dass zusätzlich nochmal 10.000 Euro an Spenden direkt im Zug und aus einer Fundraising-Kampagne eingenommen worden wären (was Carla Reemtsma nicht bestätigt habe).

Damit müssten die Kosten für die Sonderzüge nahezu gedeckt gewesen sein. Dennoch hatte Fridays for Future dem jungen Mann auch Wochen nach der Demonstration noch keinen Cent zurückerstattet. Laut der Sprecherin musste man sich erst überlegen, ob er es retour erhalte oder nicht. Offensichtlich dürfte es für die in der Sache federführenden Aktivisten der „Fridays for Future"-Bewegung ganz normal gewesen sein, dass das großzügige Angebot des Studierenden, „zur Not aus dem Erbe seines Vaters zu haften", auch dann gelte, wenn bei Fridays for Future selbst genügend Geld dafür eingenommen worden sei. Dem Bericht in der „Welt" zufolge, ist – wie vermutet – Louis Motaal, der „Plant for the Planet"-Entsandte, dort auch wirklich für das Unterkonto von Fridays for Future zuständig – damit sollte bei gutem Willen also eine Zahlung eigentlich kein Problem gewesen sein.[464] Wenn man sich die Finanzkraft der Hintermänner von Plant for the Planet ansieht, dürfte es nicht mal dann ein Problem gewesen sein, das Geld aufzutreiben, wenn es rund um die Demo nicht eingenommen worden wäre. Wir haben eine Anfrage an den Studenten gestellt, ob er bis Frühherbst zumindest eine Zusage oder gar das ihm zustehende Geld selbst zurückerhalten hat oder sich für immer von dem Geld, dass sein Vater eigentlich ihm hinterlassen hat, verabschieden muss. Eine Antwort war zu Redaktionsschluss für dieses Buch noch ausständig.

Auffällig sind für uns dabei gleich mehrere Dinge:

1. Da sich die „Fridays for Future"-Bewegung als Graswurzelbewegung ohne gewählte Strukturen und als „basisdemokratisch" ausgibt, ist es schwierig, in einem Streitfall wie diesem seine Rechte durchzusetzen. Gegenüber wem soll das geschehen, wenn keiner offiziell Verantwortung zu übernehmen braucht? Die ganze Bewegung kann man nicht verklagen. Wurde von den „Köpfen dahinter" bewusst diese „Nicht-Form" angestrebt, obwohl die Bewegung eben gerade nicht spontan aus dem Volk heraus entstanden sein dürfte, um sich einer Verantwortung entziehen zu können? Wer trifft dann allerdings in diesem

Fall die Entscheidung, dass zumindest zuerst nicht ausbezahlt wurde? Liegen selbst diese Entscheidungen bei Plant for the Planet?

2. Die Teilnahme an den Demos dürfte generalstabsmäßig geplant sein, der Transport auch von weit her teilweise organisiert werden, um so viele Menschen wie möglich dabei haben zu können. Ein Zug ist aus Freilassing, an der österreichischen Grenze, nach Aachen gefahren (entspricht mit dem Auto rund 780 Kilometern Entfernung). Bei anderen Demonstrationen, die auf Linie der höchsten Entscheidungsträger liegen (z.B. „Unteilbar" in Dresden, wo auf Videoaufnahmen genauso wie auf einem Video der „Fridays for Future Vienna" beinahe schon bedrohlich wirkende, einstudierte Parolen von wie massenhypnotisch gleichgeschalteten Teilnehmern – zum Teil auf der Bühne – zu sehen sind oder der Demo „Wir sind mehr" gegen Rechts in Chemnitz), wurde bereits gemunkelt, dass Menschen per Zug und Bus organisiert „angekarrt" wurden. Viele davon sollen sogar von einer Demo zur nächsten gebracht und dafür auch noch finanziell entschädigt werden, sind manche Kritiker überzeugt.[465] (Was logisch erscheint, wenn man weiß, dass Extinction Rebellion ihren Demoteilnehmern bis zu 450 Euro die Woche zahlt!). Zumindest die Mobilisierung per möglichst geregelter Anreise und die generalstabsmäßig geplante Anreise dürften sich hiermit wohl wahrscheinlich bestätigt haben. Umso stärker dürfte es im Gegenzug dann zählen, wenn Teilnehmer an „unerwünschten" Demos wie der „Nein zur Zwangsimpfung"-Demo Anfang September 2019 in Berlin tatsächlich ohne Strukturen frei aus dem Volk heraus organisiert auf eigene Faust anreisen mussten und dennoch vielzählig vertreten waren – aus eigenem Engagement, auf eigene Kosten und aus dem Herz heraus, um für alle Menschen und vor allem auch die nächsten Generationen tatsächlich etwas Positives zu bewirken.

3. Die „Fridays for Future"-Bewegung dürfte durchaus kreativ dabei sein, Geld zu generieren (und hat im bekannt gewordenen Fall offensichtlich nicht einmal für die mit den Demos verbundenen Ausgaben des Studenten einstehen wollen, sondern noch erwartet, dass dieser sogar das Erbe des Vaters dafür einsetzen und die Demo-Einnahmen den Fridays for Future überlassen sollten – der Student habe ja schließlich seine Haftung für den Notfall zugesagt.) Ist es im üblichen Sprachgebrauch tatsächlich ein Fall für eine Haftung im Notfall, wenn den ausgegebenen Geldern Einnahmen in circa der gleichen Höhe gegenüberstehen?

Das erste „Fridays for Future"-Gipfeltreffen

Dass die Stimmung auch innerhalb der Bewegung nicht nur heiter sein dürfte, war auch bei ihrem ersten „Fridays for Future"-Gipfeltreffen im Schweizer Lausanne im Sommer 2019 ersichtlich. So titelte beispielsweise die Schweizer Zeitung Blick mit „Streit, Schweiz-Gemotze und Heulkrämpfe am Klimagipfel in Lausanne. Riesen-Zoff unter den Greta-Jüngern". [466] So wurden etwa die anwesenden Journalisten des Saales verwiesen, als die Nerven begannen, blank zu liegen. Knallende Türen, Tränen, nach und nach mehr Jugendliche, die lieber vor der Türe als im Tagungssaal waren.

Streitpunkte dürfte es mehrere gegeben haben: Die Jugendlichen der „Fridays for Future"-Bewegung waren sich nicht einig, wie radikal sie sein wollen, ob sie stärker provozieren, gar die Gesetze brechen müssten wie die Klimaschutz-Extremisten der jüngeren Schwesterorganisation „Extinction Rebellion". Die einen wollten den Kapitalismus abschaffen, was wiederum für die anderen gar nicht akzeptabel war (unter anderem für die Vertreter Polens, deren Land den Sozialismus in der Vergangenheit zur Genüge kennengelernt hatte). Auch die Erstellung eines Forderungskataloges erwies sich als sehr knifflig. Könnten die Reibepunkte möglicherweise auch dadurch entstanden sein, dass gewisse Aktivisten auf übergeordnete Vorgaben durch Financiers (Rockefeller, Soros und Co.) hinwirken müssen – wie etwa auf eine Abschaffung des Kapitalismus, Einschränkung der Völker, beginnend mit einer Lahmlegungen öffentlicher Bereiche etc.? Während wirklich unabhängige Aktivisten der Bewegung diese Radikalisierung und Einschränkung der Gesamtbevölkerung vielleicht nicht möchten? Schließlich diente gar der Veranstaltungsort Schweiz auch noch als Reibepunkt für die Klimaprotestanten: Diese sei zu teuer und zudem nicht in der EU, was wiederum zu Roaming-Gebühren führte, wenn die Jugendlichen mobiles Internet nutzen wollten.

Die Erlebnisse einer uns bekannten Teilnehmerin am letzten Tag der Konferenz geben vielleicht ein ganz gutes Bild der Situation innerhalb der Bewegung wieder: *„Es war eine unruhige Atmosphäre im und außerhalb des Tagungsraumes. Einige Menschen standen in Gruppen zusammen und diskutierten, ein paar saßen am Boden und machten einen enttäuschten und resignierten Eindruck, zwei Menschen weinten und wurden von Kollegen umarmt und getröstet, andere zeichneten an ihren Karton-Plakaten für die Kundgebung."*

Die geplante Überreichung eines kleinen Präsents an Greta Thunberg war gar nicht möglich: *„Ich fragte sie höflich, ob ich ihr ein kleines Geschenk von Freunden überreichen dürfte. Ihre Reaktion überraschte mich sehr. Sie blockte mich vollkommen ab, in dem sie ihre Hand hob, anwinkelte und mir ihre Handfläche zeigte. Sie ließ mich links stehen und wendete sich dem Plenum zu. Wie wild gestikulierte sie mit ihren Händen, um sich zu Wort zu melden. Sie meinte, dass die Presse den Raum verlassen soll. Die Mehrheit der Teilnehmer stimmten ihr zu. Nach wenigen Minuten durften die Medienleute wieder in den Saal."*

Die Übergabe des Geschenks funktionierte letztendlich doch noch, wenn auch etwas merkwürdig: *„Absolut emotionslos und ohne ein Dankeschön nahm sie das Geschenk entgegen und stellte es gleichgültig unter den Tisch. Sie schaute nicht mal nach, was für ein Geschenk es war. Was für eine seltsame Begegnung! Ohne Wärme in den Augen und ohne ein Lächeln im Gesicht."*

Die „Fridays for Future"-Teilnehmer ließen die Tagung Revue passieren, ab 10 Uhr hatten sie dann Zeit, um sich auf die anschließende Demo vorzubereiten, Plakate zu gestalten und Parolen zu üben. *„Mittlerweile bemerkte ich, dass mein Mitbringsel unter ihrem Tisch umgekippt war und achtlos auf dem Boden lag. Als es soweit war, den Saal zu verlassen, um sich draußen für den Protestmarsch fit zu machen, stand die Klima-Aktivistin einfach auf und verließ ihren Platz ohne das Präsent mitzunehmen. Ich dachte, das gibt es doch nicht und sprach sie freundlich an, sie soll doch bitte das Geschenk mitnehmen. Sie war sichtlich überrascht und verwirrt über meine Direktheit. Ich blickte in ihre dunklen Augen und verspürte keine emotionale Regung! Keine normale menschliche Reaktion, keine Entschuldigung, kein Danke für die Erinnerung, keine Freude ... Eine jugendliche Begleiterin hat dann für sie mit einem Lächeln das Geschenk in ihren Rucksack gepackt. Zum Abschluss dieses Klimagipfels fand am Nachmittag eine Demonstration in Lausanne statt, an der ich mit ein paar Freunden teilnahm. Dieser ereignisreiche Tag war eine ganz spezielle Erfahrung!"*

Wovon andere Jugendliche mit Engagement und Visionen nur träumen konnten, wurde Greta Thunberg ermöglicht: Bereits am ersten Tag berichtete nicht nur Ingmar Rentzhog über Greta, sondern Wikipedia zufolge auch schon mehrere Zeitungen (online?), am zweiten Tag schaffte sie es bereits zum ersten Mal auf ein Titelblatt. Binnen kürzester Zeit eroberte sie die Weltbühne der Politik und Prominenz. Kritiker sehen dahinter Anzeichen einer konzertierten, geplanten Organisation – denn über welchen Schulschwänzer werde sonst innerhalb von wenigen Stunden so groß und prominent berichtet? Auch die deutsche Bevölkerung musste nicht lange auf Berichte über Gretas Klimastreik verzichten: Nur eine Woche nach Beginn ihres Streiks wurde angeblich in der deutschen Zeitung taz erstmals darüber berichtet. Mittlerweile soll sogar ein Kinofilm über die jugendliche Klima-Ikone in Arbeit sein, worauf auch die Teilnahme eines Dokumentarfilmers bei Gretas Fahrt mit der Segeljacht hindeutet. (Wer bezahlt ihn?)

Binnen kürzester Zeit erhielt Greta Thunberg nicht nur vorne angeführte Preise, sondern auch viele Möglichkeiten für Auftritte und Reden, von denen andere engagierte Jugendliche nur träumen können. So sprach sie bereits Anfang September auf dem Klimamarsch in Stockholm, der zeitgleich in mehr als 90 Ländern veranstaltet wurde, ein Monat drauf bei Schulstreiks in Brüssel und dann in Helsinki und London. Im November trat Greta bei TEDxStockholm auf. Die TEDx-Talks sind eine Untergruppe der in den USA gegründeten Konferenzreihe TED (eine Abkürzung für Technology, Entertainment, Design), die jährlich auch 5-tägige TED-Konferenzen anbietet – wer daran teilnehmen will, muss sich bewerben. Bei Tagungsgebühren in der Höhe von rund 6000 US-Dollar dürfen die Veranstaltungen durchaus als elitär bezeichnet werden. Seit 2009 haben mehr als 10.000 TEDx-Events in mehr als 2500 Städten in 164 Ländern stattgefunden.[467] Es handelt sich also um eine durchaus globale Bühne. Den TED-Talks-Sprechern werden dabei jeweils 18 Minuten eingeräumt für *„Ideen, die es wert sind, verbreitet zu werden"*. Wer hier sprechen darf, wird keineswegs dem Zufall überlassen. Auch die Themenvielfalt bleibt nicht sich selbst oder einem zufälligen Mix überlassen: Sprechen darf, wer und wessen Thema für würdig empfunden wird. Die Videos der Auftritte sind danach meist über die Homepage aufzurufen. Die bisher mehr als 50.000 TEDx Talks haben übers Internet bereits 360 Millionen Aufrufe erhalten. Es wurde jedoch auch Kritik laut, dass nicht jeder Vortrag veröffentlicht wird. Wenn man sich die Plattform etwas genauer ansieht, wird man feststellen, dass sich Greta Thunberg hier in prominenter Gesellschaft befindet (so haben bei TED unter anderem auch Bill Clinton und Al Gore gesprochen). Das Thema Klimaschutz und Erderwärmung steht immer wieder mal im Fokus der Sprecher[468] bei den TED Talks, wie beispielsweise durch Al Gore. Er ist (neben der englischen Premierministerin Margarete Thatcher in den 80er-Jahren) vor Greta Thunberg der bekannteste Vertreter der Theorie einer menschenverursachten Erderwärmung und trat bei TED und TEDx gleich mehrmals auf. Der Nobelpreis wurde ihm gemeinsam mit dem selbst unter Wissenschaftlern nicht unumstrittenen „Weltklimarat" der UN, dem IPCC, verliehen.

„Wenn wir keine Desaster ankündigen, wird uns auch keiner zuhören."
Sir John Houghton, ehem. Vorsitzender der Wissenschaftsgruppe des IPCC[469]

Al Gore bewirbt auf seiner Homepage unter anderem das Deep Space Climate Observatory (DSCOVR):[470] Damit sollen erste Bilder vom All rund um die Uhr übertragen werden, worüber es jedem erlaubt sein soll, die Erde und die Veränderungen darauf in Echtzeit über das Internet zu verfolgen, was laut Al Gores Homepage seit Februar 2015 auch möglich sei. Könnten es geschönte oder in die erwünschte Richtung manipulierte Bilder sein, um den Klimawandel (der ohnehin von fast niemandem bestritten wird, nur eine Unnatürlichkeit dessen sowie die Ursachen sind umstritten) zu belegen? Die NASA hat mittlerweile bereits zugegeben, dass jedes (!) Bild der Erde aus dem Weltall bearbeitet und manipuliert wird[471], weil es sonst in dieser Form gar nicht geliefert werden könne. Wer weiß also, ob die Abbildung der Veränderungen auf der Erde nicht auch manipuliert werden würden?

„Ich glaube, es ist angebracht, eine Überrepräsentation von
sachlichen Darstellungen darüber zu haben, wie gefährlich sie ist,
als Prädikat für die Öffnung des Publikums, um zuzuhören,
was die Lösungen sind, und wie hoffnungsvoll es ist,
dass wir diese Krise lösen werden."
Al Gore, ehemaliger Vizepräsident der USA, CO_2-Klimawandel-Missionar[0c]

Al Gore gilt als einer der zwei Menschen, die den Klimawandel vor Greta gezielt an die Öffentlichkeit gebracht haben. Es stellt sich für uns zudem die Frage, warum er nicht schon viel früher gegensteuerte, wenn es tatsächlich so gefährlich wäre, wie er warnt. Gore war von 1977 bis 1985 für den Bundesstaat Tennessee als Abgeordneter im Repräsentantenhaus, anschließend im US-Senat.[472] Ab dem Jahr 1993 war er schließlich für acht Jahre Vizepräsident der USA. Al Gore ist Autor zahlreicher Publikationen zum Klima, brachte den mit einem Oscar gekrönten Kinofilm „Eine unbequeme Wahrheit" heraus, bekam für sein Engagement auch noch mit dem Internationalen Weltklimarat IPCC gemeinsam einen Nobelpreis[473] (womit er der erste Mensch ist, der zugleich einen Oscar und den Nobelpreis erhalten hat – woran man bereits die Wichtigkeit seiner Mission für bestimmte Kreise sehen kann). Dass wesentliche Prophezeiungen aus dem Film auch nach mehr als 10 Jahren nicht eingetroffen sind, scheint seiner Tätigkeit und seinem klimamissionarischen Einkommen keinen Abbruch zu tun – vom schneelosen Kilimanjaro über eine massive Erderwärmung bis zu mehr Stürmen und Wetterphänomenen, sogar die im Film dramatisch um ihr Leben schwimmenden Eisbären seien laut kanadischen Wissenschaftlern und der Lakehead Universität heute um ein Mehrfaches zahlreicher vertreten als noch vor 40 Jahren[474]. Als „wissenschaftlichen Unfug" bezeichnet auch der erfahrene Prof. Josef H. Reichholf ein klimabedingtes Aussterben der Eisbären in einem früheren ARD-Beitrag – diese hätten sogar die letzte Warmzeit ohne Schwierigkeiten überstanden, und da war es – entgegen Al Gores und Greta Thunbergs Warnungen – viel wärmer als jetzt! Der erfahrene und vielgefragte US-Klimawissenschaftler Prof. Frederic Singer erzählte von einem Treffen mit Al Gore, wo er bei einer Privatvorführung mit ihm sprach:

„Ich habe ihn komplimentiert an die technische Qualität des Films. Ich sagte, der Film ist sogar sehr überzeugend, sehr überzeugend, wenn man die Wissenschaft nicht weiß."
Prof. Fred Singer zu Al Gore über dessen oscarprämierten Kinofilm[475]

Al Gore ist weiters unter anderem Aufsichtsrat von Apple und hochrangiger Berater von Google sowie Gründer und Teilhaber zahlreicher Einrichtungen, die rund um die CO_2-Kampagne ihr Geld verdienen dürften. Auf mögliche finanzielle Anreize für Al Gores Klimaschutzmission und seine stetigen Warnungen vor einer menschenverschuldeten Erderwärmung gehen wir gegen Ende des Buches noch näher ein. Auf jeden Fall stellt sich für uns doch die Frage, ob er sich möglicherweise erst dann dem Thema Klimaschutz massiv öffentlich widmete, als er sich in der Privatwirtschaft dadurch persönlichen Profit versprochen hat? Von Al Gore liest du später noch mehr.

Doch zurück zur Auftrittsplattform TED(x): Neben Al Gore und Greta Thunberg erhalten auch Aktivisten pro Nuklearenergie, pro Umsiedlung der Menschen vom Land in Städte (mit einem Schönreden von Slums in armen Ländern) immer wieder mal die 18 Minuten Redezeit. Wer sich die Interviews des TED-Gründers, Chris Andersen, auf der Website ansieht, stößt unter anderem schnell auf ein Interview mit Stewart Brand[476], einem durchaus interessanten Mann, und dessen Auftritte: Er gilt unter anderem als Aktivist, Autor und Unternehmer, war ab 1968 Herausgeber des preisgekrönten „Whole Earth Catalog". Das war laut Wikipedia kein Verkaufskatalog, sondern eine Zusammenstellung systematisch bewerteter Produktempfehlungen und Informationen über die entsprechenden Händler. Vom ersten Synthesizer über Personal Computer bis hin zu Methoden zur alternativen Energiegewinnung aus Windkraft und Sonne (!) soll sich darin alles Mögliche wiedergefunden haben. Apple-Gründer

Steve Jobs soll den Katalog als Vorreiter von Internet-Suchmaschinen bezeichnet haben.[477] Seit Ende der 1990er-Jahre gilt Brand als Befürworter von Kernenergie und Gentechnik (auf TED wird Atomenergie im Zusammenhang mit Stewart Brand unter anderem mit *„Lokal, konzentriert, kontrolliert und du weißt, was sie macht"* beworben[478] – wer einmal in einem Kinderheim rund um das AKW Tschernobyl war oder an einer Führung in einem Atommüll-Endlager in Deutschland teilgenommen hat (was wir ohne wirksamen Schutz vor radioaktiver Strahlung nicht empfehlen würden), weiß, dass Atomenergie nie eine „gesunde Alternative" zu anderen Energieformen sein kann. Brand polarisiert ebenso mit seinen Positionen zu Bevölkerungswachstum und Urbanisierung. Er gründete mehrere Organisationen wie das „Global Business Network" und die „Long Now Foundation". Ein Blick auf die Homepage[479] dieser Stiftung zeigt seine Ausrichtung ganz klar: So wird dort das Buch „Whole Earth Discipline" beworben, der Untertitel: „Warum verdichtete Städte, nukleare Energie, transgenetische Saaten, rekultivierte Flächen und Geoengineering notwendig sind." Eine offizielle Kurzzusammenfassung: *„Städte sind grün* [Brand tritt dafür ein, dass möglichst viele Menschen vom Land umgesiedelt und in den Städten zentriert werden], *Nuklearenergie ist grün, genetische Eingriffe* (Genetic Engineering) *sind grün, Geoengineering* [die Anbringung von Substanzen in der Luft zur Wetter- und sonstigen Manipulation, Stichwort: Chemtrails] *ist wahrscheinlich notwendig."*

Ist es bloß Zufall, dass sich diese Thesen und Ansichten auch mit jenen der Globalisierungs-Mission zu decken scheinen? Und dass selbst Greta Thunberg sich dadurch kurz zu einer atomkraft-freundlichen Äußerung hat hinreißen lassen?[480] Auf jeden Fall dürften die TED-Betreiber diese Ideen ebenso für verbreitenswert erachten, sonst würden sie nicht wiederholt die Bühne dafür geben. Und noch etwas tritt bei einem Besuch auf Stewart Brands Stiftungs-Homepage[481] sofort hervor: Die offensichtlichen Verbindungen zu Warren Buffet, seines Zeichens US-amerikanischer Großinvestor, Unternehmer, Mäzen und offiziell drittreichster Mensch der Welt. Mit seiner Holdinggesellschaft Berkshire Hathaway, an der er Hauptaktionär ist, gehört ihm ein Konglomerat aus mehr als 80 Firmen aus einer Vielzahl an Geschäftsfeldern (alleine daraus könnte man das politische und gesellschaftliche Gewicht dieses Mannes ablesen)[482] – seine Geschäftsfelder (als Eigentümer oder durch Beteiligungen): Versicherungen, Schienengüterverkehr, Energieversorgung, Finanzdienstleistungen, Medien, produzierendes Gewerbe, Groß- und Einzelhandel.[483] Namen wie Coca Cola, Gillette, The Washington

Post, Business Wire, McLane, General Re, General Electric, BNSF Railway Corporation/ Burlington Northern Santa Fe, Bank of America, Swiss Re, H. J. Heinz Company, Precision Castparts Corp., Wal-Mart, Duracell, Procter & Gamble, Phillips 66, Moody's und viele andere mehr stehen oder standen in Verbindung zu Warren Buffett. Auch beim Thema Klimawandel, CO_2-Emissionen und den Geschäften damit, mischt Warren Buffet „zufällig" mit – dazu kommen wir später noch.

Eine stürmische Segelfahrt am Rande eines CO_2-PR-Debakels?

Für unsere zukünftigen Reisen sollen wir uns möglicherweise von Greta Thunbergs Segeltörn über den Atlantik inspirieren lassen – oder was war die Intention hinter der medienwirksamen Aktion? Da sie „emissionsfrei" zum UN-Klimagipfel in New York im September 2019 reisen wollte, hat sie die Variante per Hightech-Segel-Rennjacht gewählt. Doch hat sie mit ihrer Reise von 14. bis 28. August 2019 per Segeljacht der Umwelt wirklich etwas Gutes getan, wenn CO_2 in ihren Augen so lebensbedrohend ist? Ist es dabei tatsächlich darum gegangen, Emissionen einzusparen und Aufmerksamkeit auf den Klimawandel zu legen, wie verlautet wurde? Oder hatte hier möglicherweise im Hintergrund unter anderem der Geldadel seine Finger im Spiel und steckten mächtige andere Interessen hinter einem von PR-Profis mehr oder weniger perfekt aufbereiteten Segeltörn, wie manche meinen?[268,269] Ist es tatsächlich der feste Wille der 16-Jährigen oder wird hier auf Kosten eines kranken Mädchens[270] Profit geschlagen – bei einer Überfahrt über den Atlantik, die stürmisch, laut und mit zumindest 5 Menschen an Bord, ohne Dusche und ohne Klo alles andere als einfach sein konnte? Wie schaut die CO_2-Bilanz tatsächlich aus?

Offiziell mit an Bord der Jacht waren außer Greta Thunberg noch ihr Vater Svante Thunberg, der deutsche Skipper Boris Herrmann, sein Co-Skipper Pierre Casiraghi aus dem monegassischen Königshaus und ein Filmemacher. Die Sprecherin des Teams sprach bei der Pressekonferenz vor Antritt der Reise am Hafen von Plymouth davon, dass „wir" aus dem Hafen auslaufen. War sie auch dabei? Am gleichen Schiff wohl kaum – auf einem anderen? Offiziell war das Schiff allerdings alleine unterwegs. Wie auch immer, die Platzverhältnisse an Bord dürften, wenn alle durchgehend am Boot waren, mehr als beengt gewesen sein. An Bord der Jacht ist man so gut wie nie alleine. Zudem liegt ein Schiff dieser Größe, selbst wenn es sich um eine Luxus-Rennjacht handelt, viel unruhiger im Wasser als beispielsweise ein großes Kreuzfahrtschiff. Toilette und Küche sind nicht an Bord. Dennoch dürfte es das Mädchen zumindest im Vorhinein als eine Art Zufluchtsort gesehen haben: *„Ehrlich gesagt freue ich mich sehr darauf, endlich mal isoliert zu sein. Einfach nichts anderes zu tun zu haben. Keine Interviews. Keine Verpflichtungen. Und auch nicht so viel Internet und Handy."*

Skipper Boris Herrmann erklärt sein Mitwirken und das Angebot an Greta, sie zum Klimagipfel zu bringen, mit seiner Bewunderung für die schwedische Jugendliche und für ihre Einstellung, dass sich zum Schutz des Klimas alles ändern müsse: *„... deshalb versuchen wir Greta hier zu helfen, damit sie möglichst emissionsfrei nach New York kommt."*[271]

Das Ziel der Reise von Plymouth nach New York war also, mehrere tausend Kilometer binnen rund zwei Wochen emissionsfrei zurückzulegen. Doch war der Trip tatsächlich emissionsfrei wie zum Beispiel im Live-Einstieg von der Pressekonferenz vor dem Trip von der Reporterin auf ntv behauptet, und „ohne Spuren zu hinterlassen" (Boris Herrmann), oder hat die Aktion im Gegenteil neben großer PR auch einen beträchtlichen zusätzlichen CO_2-Ausstoß verursacht? Die im Hafen von Plymouth/Großbritannien anwesenden Journalisten und Unterstützer der Aktion haben durch ihre Reise dorthin bereits einen CO_2-Fußabdruck hinterlassen. Wie Greta und ihr Vater zurück nach Europa kommen, wusste zumindest die Öffentlichkeit zum Zeitpunkt des Redaktionsschlusses für dieses Buch noch nicht ... Und darüber, wie die Crew der „Malizia II" (mögliche Übersetzungen des Namens Malizia sind übrigens unter anderem Bosheit, Trick, Arglist, Finesse oder Gewitztheit[272] – bloß ein „Zufall"?) zurückkommt, gingen die Aussagen auseinander. Der Skipper Boris Herrmann erzählte in einem Interview mit der ARD am 14.8. noch davon, dass er statt mehrerer sonst geplanter Trainingsfahrten die 2 großen Reisen (Hin- und Rückfahrt – oder warum 2 Reisen?) über den Atlantik mache. Sein Sprecher Andreas Kling gab der deutschen taz[273] hingegen zur Information, dass „etwa fünf Mitarbeiter" die Jacht nach Europa zurückbrächten. Später wurde diese Zahl von einer Mitarbeiterin Herrmanns auf vier Menschen korrigiert, die das Boot zurückbrächten, von denen zwei bereits in Amerika gewesen seien[274] (ob sie möglicherweise etwas früher anreisten oder zwei von ihnen später wieder in die USA retour flogen, blieb dabei unerwähnt). *„Natürlich fliegen die da rüber, geht ja gar nicht anders"*, so Herrmanns Sprecher in der taz. Und Boris Herrmann sowie sein Co-Skipper Casiraghi nähmen für die Rückreise ebenfalls das Flugzeug, so Kling und betonte, dass das Team alle

CO_2-Spuren kompensiere (was allgemein üblicherweise in Form eines finanziellen Ausgleichs für Umweltprojekte geschieht, dabei wäre es sinnvoll, sich anzusehen, wer möglicherweise wiederum hinter diesen Projekten und den beteiligten Organisationen steht).

Das heißt, damit Greta öffentlichkeitswirksam und vermeintlich ohne den angeblich schlechten CO_2-Ausstoß und Flug rüberkam, fielen dadurch zumindest Flüge für vier, vielleicht sogar sieben andere Menschen an (der Rückflug der zweiköpfigen Crew Herrmann und Casiraghi, der Hinflug von mindestens zwei der vier- bis fünfköpfigen Crew, die das Schiff zurückbrachte). Zusätzlich müssen Greta Thunberg, ihr Vater und der offiziell mitreisende Dokumentarfilmer ja auch wieder irgendwann auf irgendeine Art und Weise zurückkommen. Greta Thunberg will davor allerdings im Dezember 2019 noch an der Klimakonferenz in Chile teilnehmen. Für die jährlich stattfindende Konferenz mit mehreren tausend Teilnehmern – inklusive der betreuenden Teams, Wissenschaftler, Journalisten – sollen es sogar bis zu 50.000 Menschen sein, die anreisen (überwiegend per Flugzeug?).

Man stelle sich an der Stelle auch den gesamten CO_2-Aufwand vor, den dieses Event (nur wenige Wochen nach dem großen UN-Klimagipfel in New York) auslöst – wo viele der Teilnehmer doch offiziell der ausgegebenen Linie des internationalen Weltklimarates folgen und von von einer CO_2-bedingten, menschenverursachten Erderwärmung ausgehen! Auch für die Berichterstattung über Greta Thunbergs Segeltörn reisten Journalisten zu den Presseterminen nach Plymouth, möglicherweise sind sogar einige von Europa in die USA geflogen. Zusätzlich mussten für den Segeltrip des Mädchens Material, Segelkleidung für die Besatzung und die drei Gäste der Jacht, Lebensmittel nach Plymouth in Großbritannien (und Teile davon auch in die USA?) befördert werden. Die Crew, freiwillige Helfer, Zuschauer und Unterstützer reisten ebenso nach Plymouth. In der Pressekonferenz vor dem Segeltörn erzählt die junge Schwedin, dass sie nicht viel Kleidung im Gepäck habe, da sie an Bord fast nur Segelkleidung trage. Was macht sie allerdings dann in den kommenden Wochen und möglicherweise Monaten in Amerika, wenn sie nicht viel ihrer Kleidung eingepackt hat? Neues Gewand kaufen oder wurde bereits welches von ihr vorausgeschickt? Beides wohl auch nicht ganz emissionsfrei.

Zusätzlich gilt das Transportmittel Rennjacht schon bei der Herstellung alles andere als emissionsfrei. Selbst wenn sie, wie angegeben, ausschließlich per Solarpaneelen und Hochseeturbinen betrieben wurde und nicht mit dem zusätzlich vorhandenen (Verbrennungs-)Motor, war die Entstehung der Jacht auch nach Aussagen des Skippers alles andere als CO_2-neutral. Segel-Erfahrene gehen davon aus, dass die Jacht nach ihrem Segeltörn über den Atlantik zudem repariert werden müsse. Auf den Einwand des ARD-Reporters der Tagesschau[275], dass die Luxus-Rennjacht, die Greta ausgewählt hat,[276] aus dem besonders energieintensiv hergestellten Erdölprodukt Carbon hergestellt wurde, antwortete Boris Herrmann: *„Die Materialien für dieses Boot sind Hochleistungswerkstoffe, die sind natürlich nicht klimaneutral. Aber wir haben dieses Boot gebraucht gekauft. Das ist der eine Punkt. Das heißt, sobald dieses Boot gebaut ist, verbraucht es nur noch die Windkraft, um vorwärts zu kommen. So ein Boot kann gut und gerne eine Lebensdauer von über 20 Jahren haben, gerade weil es so stabil ist"*, so seine Argumentation. *„Und natürlich sind wir nur die Spitze des Eisbergs des Jachtsports. Es sind die besten und teuersten Schiffe, die aus diesem Werkstoff gebaut werden. Normale Jachten, die aus diesem Stoff gefertigt werden, sind schon sehr bald komplett recycelbar."*

Wäre es alles in allem nicht um vieles umweltfreundlicher gewesen, wenn Greta Thunberg und ihr Vater sich in ein ohnehin fliegendes Linienflugzeug gesetzt hätten, das irgendwann bis September wahrscheinlich einmal zwei Plätze freigehabt hätte? Oder an Bord eines ebenso sowieso fahrenden Frachtschiffes?

Das „wir haben gekauft" dürfte Boris Herrmann im Interview nicht ganz exakt formuliert haben. So soll das Schiff nicht ihm, sondern einem Stuttgarter Immobilienmillionär, Gerhart Senft, gehören. Dieser habe es 2019 gekauft, wird berichtet.[276a] Von wem? Davor soll die nunmehr „gebrauchte" Luxusjacht Malizia II im Besitz der Familie Rothschild gewesen sein, wie auch der vorige Name der Jacht „Mono60 Edmond de Rothschild" bezeugt.[277] Dass die Dynastie der Rothschilds eine der weltweit einflussreichsten ist, dürfte hinlänglich bekannt sein. Wurde die Jacht 2019 etwa bewusst verkauft, damit der Name nicht offensichtlich mit dem öffentlichkeitswirksamen PR-Segelturn in Verbindung gebracht wird? Der jetzige Eigentümer der Jacht sieht im Transport von Greta über den Atlantik auch einen Beweis dafür, dass CO_2-freies Segeln rund um die Welt selbst für den Frachtverkehr möglich sei. Und Boris Herrmann meint bei der Pressekonferenz (die Rede hat er dem Anschein nach mehr von seinem Handy abgelesen – wurde sie ihm vorgegeben? –, als dass er sie frei aus seinem Inneren heraus gesprochen hätte): *„Wir sind uns dessen bewusst, dass nicht jeder auf einer High-tech-Segelyacht über den Atlantik segeln kann. Wir möchten aber jeden dazu motivieren, nach alternativen Verkehrsformen Ausschau zu halten. Denn das ist ein Rennen gegen die Zeit, das wir gewinnen müssen."*

Ist eine Segeljacht, auch wenn es sich um eine der besten und luxuriösesten handelt, tatsächlich eine brauchbare Alternative für den allgemeinen Personen- und Frachtverkehr? Oder würden wir damit gleich mehrere Riesenschritte zurück in die Vergangenheit, anstatt mit neuen Technologien in die Zukunft gehen? Soll sich ein Unternehmer aus Deutschland, Österreich oder der Schweiz, der geschäftliche Termine in den USA hat, tatsächlich allen Ernstes mindestens 4 Wochen Zeit (wenn er die CO_2-freundlichere Variante in der Herstellung und günstigere Variante wählt, noch länger) für ein, zwei Termine einplanen? Wäre das nicht das Ende jeder erfolgreichen unternehmerischen Tätigkeit? Oder ein Austauschstudent, der zu Weihnachten seine Familie besuchen möchte? Oder Warentransporte, die mehrere Wochen statt weniger Stunden oder Tage benötigen? Mit dem Argument der CO_2-Wirkung, die ohnehin mehr als umstritten ist? Gretas Fahrt mit der Luxusjacht wurde nach Angaben des Skippers Herrmann zu 90 % von Sponsoren aus Monaco bezahlt, vom Yachtclub, aber auch der Regierung sowie anderen Partnern und Sponsoren.

Die gute Außenwirkung von Greta Thunbergs Segeltörn beeinträchtigen auch die sonstigen Tätigkeiten des zweiten Skippers. Auch diese zeigen sehr deutlich, dass die bisher Mächtigen dieser Welt ohne Skrupel von der Bevölkerung Dinge einzufordern scheinen, zu deren Einhaltung sie selbst offenbar nicht bereit sein dürften: Der monegassische Adelige Pierre Casiraghi ist nicht nur Mitbegründer des Teams Malizia, das mediengerecht mit der Aufschrift „A race we must win" und „Global Climate Action" fährt (ein Rennen, das wir gewinnen müssen / Globale Klima-Aktion). Der jüngste Sohn von Prinzessin Caroline soll auch Mehrheitsaktionär der Firma „Monacair" im Steuerparadies des reichen Jetsets Monaco sein.[278] Wie der Name des Unternehmens bereits verrät, handelt es sich hierbei um eine Fluggesellschaft, die reichen Menschen Hubschrauberflüge anbietet – um einen Stau auf den Straßen zu umgehen, für Flughafentransfers etc.[279] Er verdient demnach also Geld aus einer Tätigkeit, die den kolportierten CO_2-Theorien nach extrem umweltschädlich wäre. Und wieder einmal scheint für die Reichen, Einflussreichen und Adeligen das nicht zu gelten, was sie von der übrigen Bevölkerung nicht nur erwarten, sondern sogar noch vehement einfordern.

Stellt sich auch hier die Frage, warum? Sind sie selbst in dem Wissen, dass CO_2 womöglich nicht klimaschädlich wirkt? Dass es immer schon Klimawandel gegeben hat und die wirklich wichtigen Ansatzpunkte zum Schutz der Umwelt möglicherweise ganz woanders liegen, diese Aspekte aber vielleicht aus Profitgier der großen Konzerne kaum angesehen werden? Oder schädigen sie trotz ihrer Überzeugung, dass der CO_2-Ausstoß klimaschädigend wirke, dennoch skrupellos den Planeten und sein Klima? Wir überlassen dir die Einschätzung (vielleicht findest du ja auch noch weitere Möglichkeiten der Interpretation).

Greta Thunberg dürfte sich recht gut in der Welt der Reichen und „Einfluss-Reichen" akklimatisiert haben (zudem wird auch ihrer Familie ein gewisser Einfluss nachgesagt): Auf die Frage, was sie Millionen anderen Jugendlichen in Europa rät, die auch davon träumen, in die USA zu reisen – ob diese es ihr nachtun sollen, sagte Greta Thunberg: *„Die Frage kann ich nicht beantworten. Jeder kann doch nach Amerika, wenn er möchte und wie er möchte. Das ist eine Frage, die sie jemand anders stellen müssen."*

Die wenigen Fotos und Kurzvideos, die während der Atlantik-Überquerung gepostet wurden, waren nicht eindeutig zuordenbar und nährten Spekulationen, dass Greta womöglich gar nicht durchgehend an Bord der Jacht gewesen sein könnte. Wurden die Aufnahmen bereits direkt nach dem Auslaufen aus dem Hafen oder erst nach mehreren Tagen Fahrt auf hoher See geknipst? Von Wind und Wetter war darauf wenig zu merken. Hochseesegler bezweifelten auch die Gymnastik-Einheiten, die Greta angeblich mitten am Meer auf der Jacht gemacht haben soll (gepostet wenige Tage nach Abfahrt von Skipper Herrmann) – dies sei mitten am Atlantik auf einem unruhigen Schiff wie einer Rennjacht wenig realistisch.

Am meisten wurde Gretas durchgehende Anwesenheit am Schiff allerdings deshalb angezweifelt, weil sie bei den Live-Schaltungen kein einziges Mal zu sehen war. Hier zeigte sich nur ihr Skipper – von Greta Thunberg und ihrem Vater schien jede Spur zu fehlen. Offiziell hieß es immer, sie schlafe. Eine Antwort, die sogar ihre Unterstützer insofern teilweise nicht goutieren wollten, da diese Schaltungen eine der wenigen Möglichkeiten für Abwechslung am Schiff gewesen wären und eine wichtige Gelegenheit, um vor Millionen von Zusehern in Deutschland aktiv für den Klimaschutz zu sprechen. Wie realistisch ist es, dass ein Mädchen, das die Fahrt (wie von Herrmanns Sprecher argumentiert) dafür macht, um das Thema Klimaschutz noch stärker in den Fokus der Öffentlichkeit zu rücken, das Tag und Nacht Zeit hat zu schlafen, dann nicht für die kurze Zeit einer Live-Schaltung mit Millionen-Publikum aufsteht?

Selbst wenn man davon ausgehen möchte, dass die Wahrheit gesprochen und Greta noch an Bord gewesen wäre, klingt die Variante des immer Schlafens wenig glaubwürdig. Da sie am Boot alle Zeit der Welt hatte, hätte sie vielleicht genauso gut auch später nachschlafen können, wenn sie schon so müde gewesen wäre.[280] Oder ihr Vater hätte sich stellvertretend für das Mädchen gezeigt. Auch wenn es ihr auf der Jacht verständlicherweise nicht gut gegangen wäre, wäre es ehrlicher gewesen, man hätte es offen thematisiert. Skipper Boris Herrmann meldete sich von Bord der Malizia auch für ein Hamburger Schulprojekt, das er mit seinem Segelpartner Casiraghi und seiner Freundin, einer Lehrerin, in ihrer Schule initiiert hat. Doch auch hier: Der Skipper meldete sich per Satellitentelefon bei den Kindern, doch von Greta und ihrem Vater war auch hier wieder nichts zu sehen. Sie sei müde und schlafe.[281] Ob dem tatsächlich so war oder ob Greta möglicherweise einen Teil der Strecke fernab der Luxus-Rennjacht auf schnellere und angenehmere Art zurückgelegt und das Publikum mit einer „Show" hinters Licht geführt hat, bleibt wohl vorläufig offen. Ob mit der plötzlichen medialen Zurückhaltung der Mission und Glaubwürdigkeit Gretas und ihres Umfelds ein Dienst getan wurde, darf jeder selbst hinterfragen.

Die eigenwillige Reiseroute des Bootes, ein allem Anschein nach ausgeschalteter GPS-Tracker der Malizia, Anzahl und Hintergrund der Fotoberichte von der Malizia während der Fahrt sowie die Live-Schaltungen ohne jegliche Spur von Greta auf dem Schiff ließen auch in sozialen Foren und bei freien Journalisten große Zweifel[282] daran aufkommen, dass die Jugendliche wirklich die ganze Zeit an Bord des Schiffs war. Wie der Profisegler Boris Herrmann selbst betonte, ist es am Schiff laut, feucht und zudem auch noch eng. Videoaufnahmen[283] der gleichen Jacht bei relativ ruhigem Wasser vermitteln ein Bild davon, dass die Fahrt auch bei perfekten Wetterbedingungen durchaus eine Herausforderung für segelunerprobte Passagiere sein dürfte. Auf einer Segeljacht bei teilweise stürmischerem Wetter über den Atlantik zu segeln, erfordert zudem auch einigermaßen gute Magennerven – liegt ein kleineres Schiff doch bedeutend weniger stabil im Wasser wie beispielsweise ein Kreuzfahrtschiff.

Wer dann noch berücksichtigt, dass Greta nach ihren eigenen Aussagen unter anderem an einer Form von Autismus leidet, könnte tatsächlich ins

Grübeln kommen. Die Route der Rennjacht mit (oder ohne?) Greta an Bord konnte im Internet per Liveticker verfolgt werden, jedoch nicht über den angeblich ausgeschalteten GPS-Tracker der Jacht. Es wurden Kritik und Skepsis laut, warum dafür nicht möglicherweise aussagekräftigere und üblichere Dienste als der tschechische Wetterdienst windy.com gewählt wurden und nicht etabliertere Dienste wie MarineTraffic, die mehr Transparenz bieten dürften.[284] Zudem wunderten sich nicht nur Segler über die Wahl des allgemein eher unüblichen Segelkurses, hat die Malizia doch die Azoren angesteuert – allerdings nicht etwa für eine Pause, die man dem Kind gönnen hätte wollen. Zumindest offiziell wurde keine Pause eingelegt. Die Jacht hat stattdessen wenige Kilometer von der Spitze der nördlichsten Azoreninsel entfernt eine radikale Kursänderung gewählt und wieder den normalen Segelkorridor Richtung New York weiter nördlich angesteuert. Was war der Grund für diesen Knick in der üblichen Reiseroute[285] wenn offiziell nicht mal eine Pause dort eingelegt wurde? Hat man Greta wenige Kilometer von den Azoren entfernt auf die Insel gebracht? Um sie knapp vor der Ankunft in New York wieder an Bord zu nehmen? (Wobei selbst die mehrtägige Segelfahrt bis zu den Azoren von manchen angezweifelt wird, sie halten es für wahrscheinlicher, dass Greta bereits kurz nach Abfahrt an anderer Stelle wieder von Bord geholt worden wäre). Einige Stunden vor der Ankunft der Segeljacht in Manhattan twitterte Greta zumindest: „Wir sind vor Coney Island vor Anker gegangen – Zollabfertigung und Einwanderung."[286] (Ist sie hier erst wieder zugestiegen?)

Was war der Grund für die verdächtig eigenwillige Route? Auch hier scheint zu gelten: Ehrlich währt am längsten. Es würde sich wohl niemand darüber beschweren, wenn einem Kind mit unter anderem Asperger-Syndrom auf den Azoren eine mehrtägige Pause von einer mehr als anstrengenden Fahrt auf einer Rennjacht gegönnt würde. Oder wenn sich nach einigen Tagen Fahrt herausgestellt hätte, dass der Plan doch zu ambitioniert gewesen wäre und nicht mit dem Wohl der Jugendlichen vereinbar sei – und die Fahrt deshalb unterbrochen und auf anderem Wege fortgesetzt worden wäre (anstatt eine Fahrt auf Kosten eines nicht gesunden Kindes um jeden Preis durchzuziehen, als nötiges Opfer, um dahinter stehende Interessen nicht zu gefährden?). Bei vielen Menschen ist durch offensichtlich mangelnde Transparenz und ungeschickte Vorgehensweisen von Gretas Team der Eindruck von Geheimniskrämerei entstanden sowie das Gefühl, für blöd verkauft zu werden. Hat Gretas Fahrt über den Atlantik möglicherweise selbst bei ihr wohlgesonnenen Menschen mehr zerstört als im Positiven erreicht?

Wie auch immer, Greta ist letztendlich in den USA angekommen. Sie und ihr Vater bleiben voraussichtlich bis zum Ende der Klimakonferenz in Chile im Dezember 2019 auf dem nord- und südamerikanischen Kontinent. Damit ist die Familie für gleich mehrere Monate voneinander getrennt. Alles in allem dürfte sich der Segeltörn und das ganze Drumherum als schwierige Gratwanderung aus einerseits nicht zuletzt aus finanziellen Aspekten wohl wichtiger Publicity für Greta und ihre vermeintliche CO_2-Klimaschutz-Mission sowie andererseits der Gunst der Bevölkerung entpuppt haben. Wer die Live-Übertragungen mit Greta vor der Abfahrt in Großbritannien und bei der Ankunft in New York auf den Internetkanälen verschiedenster Sender (von ntv bis zu RT Deutsch) verfolgt hat, hätte angesichts der Kommentare leicht den Eindruck erhalten können, dass möglicherweise sogar die Mehrheit der Zuseher die ganze Aktion mittlerweile mehr als kritisch hinterfragt.

Ungereimtheiten im Zusammenhang mit Greta Thunbergs Mobilität sind allerdings auch schon zuvor aufgetreten: Bei der UN-Klimakonferenz in Kattowice im Dezember 2018 hielt Greta Thunberg jene Rede, mit der sie so richtig bekannt wurde (wie später rauskam, entgegen der um die Erde geschickten Bilder, in einem fast leeren Raum). Auch die Anreise mit dem Elektroauto dürfte gut oder weniger gut inszeniert gewesen sein. Es gibt erhebliche und gut begründete Zweifel daran, dass sie und ihr Vater wirklich die ganze Strecke mit dem E-Auto gefahren sein können. Ein Auszug aus einem Bericht auf der Seite Invalidenturm: *„Entweder fuhr ein Begleitfahrzeug mit Notstromaggregat hinterher oder das E-Auto stand bis kurz vor Kattowice auf dem Tieflader."* Und nach Analyse der verschiedenen zur Auswahl stehenden Routen: *„Keine der Strecken ist im Dezember mit einem Elektroauto zu schaffen, die Reichweiten laut Herstellerangabe brechen im Winter deutlich ein, so dass vielleicht in der Realität 170 km zu schaffen sind."* Die letzte E-Tankstelle wäre laut dem Bericht aber in Cottbus (400 km vom Zielort entfernt) oder Warschau (350 km entfernt).[287]

6. Klimaschutz oder „Klima-Kultur-Revolution"?

„Schuldige" an den modernen Klima-Pranger

Eines ist in der aktuellen Klima- und CO_2-Debatte durchgängig präsent: Eine schwere Decke der Schuld mit „Schwer-Punkt" über den älteren Generationen, jedoch ausstrahlend auch auf die jungen Menschen.
Was durch Greta religionsähnlich über den Erdball verbreitet wurde und wird, muss nach Meinung eines ausgewiesenen Experten dann offensichtlich durch die Menschen untereinander noch gefestigt werden. Das Motto „Teile und herrsche" nach der Strategie der Spannung wird noch einen Schritt intensiviert.

Nicht nur Jung gegen Alt, auch „Klima-Hysteriker" gegen „Klima-Leugner" (Rechte gegen Linke, Arme gegen Reiche, Frauen gegen Männer, Grünen- gegen AfD-Anhänger, Inländer gegen Ausländer, Hetero- gegen Homo- und Transsexuelle ...) werden unter dem Deckmantel der Toleranz gegeneinander ausgespielt.
Universitäts-Professor Niko Paech von der Universität Siegen ruft gar dazu auf, dass jeder auch seine Nachbarn beobachten und bei vermeintlichem Fehlverhalten auch zur Rede stellen und gegebenenfalls einen Streit beginnen soll. Das Thema müsse in Familien, an Schulen und allen öffentlichen Institutionen, in allen Gesprächen und Wirtshäusern Thema sein, es *„müsse ein kultureller Wandel erfolgen"* (!) – jedoch nicht zu mehr Respekt, Miteinander, Wertschätzung für Menschen, Tiere, Planzen und den Planeten Erde fordert er es, sondern:

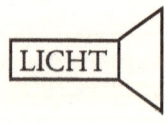

Die Menschen sollen in einem „wichtigen nächsten Schritt" ihre Nachbarn mit deren vermeintlichen Klimasünden konfrontieren und mit unter anderem seinen folgenden Frage-Beispielen zur Rede gestellt werden: Warum hast du eine Kreuzfahrt gebucht? Warum musst du eine Flugreise in den Skiurlaub auch noch tätigen? Wer gibt dir das Recht, einen SUV zu fahren?

Die Aussagen fielen in einem Interview mit dem Deutschlandfunk (SWR/ARD), das die Bild-Zeitung zitierte. Für Paech ist das keine Form des Bespitzelns und auch keine (Vorstufe einer) Denunziation, sondern eine

Form eines notwendigen Regulativs im zwischenmenschlichen Bereich. Andere fühlen sich dadurch hingegen an Stasi-Methoden erinnert – so auch DDR-Experte Hubertus Knabe, ehemaliger Direktor der Stasi-Gedenkstätte Berlin-Hohenschönhausen in der Bild-Zeitung: *„Der nächste Schritt ist, die Nachbarn öffentlich an den Pranger zu stellen oder bei der Öko-Polizei zu denunzieren, wenn sie nicht nach den eigenen Vorstellungen leben. Eine beunruhigende Vorstellung"* und es seien keine harmlosen „Tipps", sondern eine Indoktrination, so wird Knabe zitiert.

Einem fried- und liebevollen Miteinander in der Nachbarschaft, das nach dem Frieden mit sich selbst und mit der Familie die kleinste Einheit des Friedens als Baustein für den Frieden im Großen darstellt, dürften solche Vorgangsweisen wohl kaum dienlich sein. Wenn die Menschen untereinander entzweit werden, sind sie weniger stark und können von oben leichter kontrolliert und gesteuert werden, als wenn die Menschen zusammenhalten, füreinander da sind und sich gegenseitig stärken. Einzelne Fäden sind weniger stark als ein dickes Seil aus vielen Fäden. Wohlgemerkt: Für diese vorgeschlagene Überwachung, den geforderten Druck und Streit ist es nicht notwendig, gegen Gesetze zu verstoßen. Es reicht, nicht die Vorstellungen der Nachbarn, Arbeitskollegen oder Verwandten zu erfüllen!

Fest steht: Die ganze Klimadebatte – egal, ob die Erderwärmung natürlich oder durch den Menschen und seinen CO_2-Ausstoß verursacht ist – hat bereits Spuren in der Gesellschaft hinterlassen. Aus unserer Sicht nicht nur Positive.
Das „1984 Magazin" hat auf seiner Seite ein Video veröffentlicht,[288] das genau zeigt, wie weit manche in unserer Gesellschaft bereits getrieben wurden – wahrscheinlich ohne es selbst zu registrieren und in der Meinung, „besser" als andere zu sein:

Auf den Aufnahmen ist ein einzelner SUV zu sehen, dessen Fahrer wohl ungeplant in eine Demo- oder Anreise-Route der „Fridays for Future"-Demonstranten gekommen ist. Außen herum stehen dutzende vor allem erwachsene (!) Frauen und Männer sowie auch Kinder und Jugendliche, die den SUV-Fahrer laut auslachen, Fotos knipsen, sich mit Schildern vors Auto stellen („Ist SUV heilbar?"), lauthals „Es wird ja immer besser" rufen und in die Hände klatschen.

„Wer im Mittelalter eine Blasphemie, also ein Verbrechen gegen die Religion beging, landete auf dem Scheiterhaufen.
Heute versündigt man sich gegen das Klima. CO_2-Verbrechen sind eine Blasphemie, so wie zuvor Gotteslästerung eine Blasphemie war."
Volker Reinhardt (Prof. für Allgem. und Schweizer Geschichte der Neuzeit an der Uni Freiburg)[288a]

Egal was du von SUV hältst, bitte fühle in dich selbst rein:
Ist das wirklich die Gesellschaft, in der du leben möchtest? Wo die Mehrheit einen einzelnen an den Pranger stellt und mit Auslachen ächtet? Noch dazu in diesem Fall einen Menschen, der weder einen Menschen ermordet, eine Frau oder ein Kind vergewaltigt, fremdes Eigentum beschädigt, Polizisten verletzt, „Heil Hitler" gerufen, Geschäfte überfallen, randaliert noch sonst gegen das Gesetz verstoßen hat (und selbst dann läge es an den Gerichten, seine Verantwortung festzustellen und nicht an einem Mob aus der Gesellschaft, zur Selbstjustiz zu greifen). Sein einziges „Vergehen": Er hat und fährt einen SUV! Und wie wir annehmen, *seinen* und nicht einen gestohlenen SUV. Es ist (noch?) legal, sein Geld für einen SUV einzusetzen und diesen auch überall dort, wo Autos fahren dürfen, zu nutzen!

Bitte lasst uns aufwachen! Jetzt! Wir sind Menschen und leben mit anderen Menschen! Wenn schon wir Menschen untereinander blanken Hohn, Verachtung und Ausgrenzung miteinander leben (und das unseren Kindern noch als öffentlich vorgelebtes Beispiel mitgeben!), wie soll es da im Großen jemals friedlich sein auf unserem Planeten? Wie wollen wir so der Erde gegenüber achtsam und respektvoll sein, wenn wir uns unseren Mitmenschen gegenüber (egal ob wir einer Meinung sind mit ihnen oder nicht) so verhalten? Ist das nicht gelebte Intoleranz gerade von jenen von uns, die selbst besonders lautstark Toleranz fordern (wenn auch meist nur für bestimmte Menschen und Situationen) und vorgeben, mit gutem Beispiel voranzugehen? Sollte diese Toleranz nicht gleichberechtigt für alle Menschen und alle Bereiche gelten? Zumindest solange wir am Papier noch Meinungsfreiheit haben? Was bringen Forderungen an die Politiker, Kriege zu beenden oder erst gar nicht anzuzetteln, wenn wir den Krieg im Kleinen selbst leben – gegen uns selbst und unsere nächsten Mitmenschen! Es geht auch hier um Eigenverantwortung. Lassen wir uns nicht in Situationen treiben (und wir meinen hier nicht den SUV-Fahrer), in denen wir nicht mehr wir selbst sind, in denen wir uns so verhalten, wie wir es niemals gemacht hätten, wenn wir ruhig und besonnen aus unserer eigenen Mitte heraus, mit klarer Seelenverbindung, gehandelt hätten. Seien wir doch selbst erstmal die Veränderung, die wir im Großen sehen wollen. Wollen wir da wirklich immer noch und immer wieder (unterstützt oder gar getrieben von außen?) Krieg sehen und Krieg erfahren? Die Eliten würde es sicher freuen. Und sie freuen sich über jeden Tag, an dem das Volk, an dem WIR mehr gespalten sind und uns gegenseitig bekämpfen. Wenn wir untereinander auf uns losgehen, brauchen sie sich nicht mal mehr die Hände schmutzig machen. Oder entscheiden wir uns dafür, dass die menschliche Liebe wieder immer und überall mehr werden darf, wenn wir uns unserer wahren Natur erinnern und uns nicht durch Hetze, Populismus und Fehlinformationen leiten lassen?

George Orwell war ein bekannter englischer Schriftsteller, sein Werk „1984" über einen totalitären Staat erlangte weltweit breite Bekanntheit. „1984" wurde von Hollywood verfilmt und darin kommt – wie wir später noch lesen werden – bereits ein Sklavenzeichen vor, das auch jetzt in der heißen Phase der Klimaschutzmission zum Einsatz kommt, ganz offiziell und mit begeisterter Unterstützung vieler Menschen! Wo spielen wir Menschen oder viele von uns hier mit? Auch wenn du den Film „Die Welle" (im Original, nicht in der Netflix-Serie!) noch nicht gesehen hast, tust du sicher gut daran, ihn dir bewusst anzusehen (nicht nur Oliver Janich sieht bei den jetzigen gesellschaftlichen Vorgängen Parallelen dazu[289]). Es ist Zeit, aufzuwachen! Jeder einzelne Mensch, der sich seiner Liebe besinnt und klar Position bezieht und sich nicht mehr fremdsteuern lässt, setzt sich für die Zukunft und nicht mehr die Wiederholung der teilweise recht dunklen Vergangenheit ein.

Schenkt man den verschiedenen Kampagnen in den letzten Jahrzehnten Glauben, haben wir rückblickend nicht nur *eine* massive Lebensbedrohung, vorhergesagte Katastrophe und drohende Massen-Epidemie überlebt: Angefangen von der Warnung vor einer neuen Eiszeit in den 1970er-Jahren über das Waldsterben durch sauren Regen, das Ozonloch (samt FCKW-Hysterie), HIV, Rinderwahnsinn/ BSE, die Schweinegrippe, Vogelgrippe bis zum Feinstaub ... Wurden etwa die Warnungen vor verschiedenen von Tieren übertragbaren Krankheiten tatsächlich der Realität entsprechend in die Welt gesetzt – oder stand auch hier möglicherweise ein Geschäft dahinter, durch den großflächigen Ankauf von Impfstoffen (die in einigen Staaten in riesigen Mengen von Steuergeld angekauft und später nach Ablauf der Medikamente wegen Nichtgebrauchs im großen Stil vernichtet wurden), von Schutzmasken und Sonstigem sowie dem Streuen von Angst in der Bevölkerung?[290,291,292] Droht uns jetzt, nachdem wir unter anderem alle vorne beschriebenen Bedrohungen und vorgezeichneten Katastrophen-Szenarien überlebt haben, endgültig der Tod durch CO_2, Stickstoff, eine globale Erwärmung und den Klimawandel? Schließlich ist es, wenn man Greta Thunberg glauben will, *„nicht irgendein Notfall, sondern die größte Krise, die die Menschheit jemals gesehen hat"*.

Die Angst und Panik, die verbreitet werden, der zeitliche und emotionale Druck, tragen wohl kaum dazu bei, dass die Masse der Kinder, Jugendlichen und Erwachsenen ruhig in ihrer Mitte bleibt und sich aus dieser klaren und bewussten Position offen mit dem Thema beschäftigt. Genau das wäre aber wichtig, bevor diese Menschen Entscheidungen auf politischer Ebene heraufbeschwören und legitimieren, aus denen es für die darunter leidtragende Bevölkerung wohl nur schwer ein Zurück geben könnte. Angst erzeugt Adrenalin – und fördert damit Flucht oder Angriff. Wohl kaum eine Voraussetzung, um eine sachliche Information und Handlungsweise zu fördern. Wird der massive Druck bis hin zur Überlebensangst absichtlich aufgebaut, um die Menschen in eine Richtung zu drängen, die sie sonst niemals einschlagen würden? Um dann zu behaupten, die Menschen, vor allem die Kinder und Jugendlichen hätten ja selbst schnelle und massive Änderungen gefordert, die Entscheidungsträger förmlich dazu gedrängt (und mit Brücken-, Flughafen- und Straßensperren geradezu gezwungen)? Ist es ein Zufall, dass das Klima-Aushängeschild Greta Thunberg davon spricht, dass sich *„alle und alles ändern müsse"*? Und dass *„wir die Welt nicht retten können, indem wir uns an die Regeln halten. Denn die Regeln müssen verändert werden. Alles muss verändert werden"*.[293]

Dienen die Forderungen der Jugendlichen (die sie großteils selbst aus Angst und durch einseitige Berichterstattung in den Medien sowie teilweise auch in den Schulen [durch ebenso beeinflusste Lehrer?] übernommen haben?) den bisherigen Entscheidungsträgern womöglich als Tür- und Toröffner, um alles zu verändern und weitreichende Änderungen herbeizuführen? Können diese so Änderungen beschließen, die von den Menschen ohne den drohenden Erduntergang im Hinterkopf nie akzeptiert würden? Sind es wieder Änderungen zulasten des Volkes und zugunsten der Strippenzieher im Hintergrund? Änderungen sogar dann, wenn sie so nicht klar von den Gesetzen gedeckt sind (wie es eine CO_2-Steuer nicht sein soll, was für manche Politiker jedoch kein Hindernis darzustellen scheint, sie dennoch einzuführen)? Änderungen dort, wo es zwar Gesetze gibt, es jedoch dennoch privaten Firmen überlassen wird, über Recht oder Unrecht, Wahrheit oder Fälschung zu entscheiden (wie es die Faktenchecker tun)?

Ist „Links" das neue „Rechts"?

Das gesellschaftliche Klima hat sich seit Aufflammen der Klimadiskussion und der zugehörigen Demonstrationen verändert. Zumindest das Klima in den Herzen der Menschen hat sich nicht erwärmt. Es scheint sich vielmehr in direkter Korrelation (Ursache-Wirkungs-Verbindung) zur hitzigeren CO_2-Klimawandel-Debatte stärker in Richtung Eiszeit der Herzen abgekühlt zu haben. Einzelne Menschen werden an den Pranger gestellt für Dinge, die sie laut Gesetz frei tun könnten. Es wird Druck ausgeübt, eingeschränkt, es werden anderslautende Meinungen verschwiegen, gelöscht, bedroht, geächtet. Die vermeintliche und gesetzlich eigentlich garantierte Meinungsfreiheit wurde durch NGOs und private Journalisten-Büros immer mehr eingeschränkt. Es dürfte normal und akzeptiert worden sein, dass Klima-Aktivisten am helllichten Tag mitten in Berlin und inmitten von vielen Kindern das Erhängen von Menschen mit Galgen und Eisblöcken nachstellen[484], dass Blutimitate bei Demos über öffentliche Plätze gekippt werden.[484a,484b] Es dürfte normal geworden sein, dass fremdes Eigentum beschädigt und zerstört wird (z. B. private SUVs, Autos bei Autohändlern, ausgestellte Fahrzeuge auf der Internationalen Automesse), nur weil man der Meinung ist, diese seien schlecht fürs Klima. Es wird keine Diskussion zur Überwindung gesucht, hat man den Eindruck, sondern es wird vielmehr stattdessen die Diskussion verweigert.

Geht es tatsächlich um das Klima, um ein Klimawandel-Problem und darum, die bestmögliche Lösung zu finden? Oder geht es darum, dass die Gesellschaft mit dem Klima in eine bestimmte Richtung getrimmt werden soll – natürlich immer unter dem Deckmantel der „Gerechtigkeit". (Dass kommunistische Systeme alles andere als gleiche Rechte für jeden Menschen bedeuten, müsste mittlerweile jedem klar sein, es gibt genügend Beispiele in der Geschichte. Dennoch werden linksradikale Töne im Schatten des lautstark ausgerufenen Kampfes gegen Rechts scheinbar immer salonfähiger. Was ein Teil der Gesellschaft für richtig hält, soll auch von allen anderen so angenommen werden – eine Diskussion darüber, ob eventuell noch andere Lösungen in Frage kämen und ob die Grundlagen für die Meinungen wissenschaftlich zweifelsfrei belegbar sind, wird nicht geführt. So frägt das Magazin Focus beispielsweise nicht mehr, ob es einen menschenverursachten Klimawandel gibt, sondern nur mehr, ob dieser noch gelöst werden könne oder es bereits zu spät sei. Die Option, dass nicht wenige Wissenschaftler einen menschenverursachten Klimawandel ganz klar ausschließen, wird gleich gar nicht mehr erwähnt. Dabei begründen diese Wissenschaftler ihre Thesen nachvollziehbar, sind finanziell unabhängig, riskieren mit dem Stehen zu ihren Erkenntnissen die Schädigung ihres Rufes durch die Hauptmedien und wären auch meist jederzeit zu einer offenen Diskussion bereit, wenn man ihnen Gehör schenken würde.[485] Es gibt die andere Meinung einfach offiziell nicht. Was in den Augen der Eliten nicht sein darf, wird offensichtlich totgeschwiegen. Bei den Medienkonsumenten darf da schon ein beträchtliches Ausmaß an Präsenz und Bewusstsein vorhanden sein, um sich nicht automatisch von der einseitigen Berichterstattung manipulieren zu lassen.

Das Interessante: Wenn man über eines der mehreren derzeit medial prominent vertretenen Themen recherchiert, erhält man recht schnell den Eindruck, dass meist doch wieder alles in Verbindung zueinander steht und es immer wieder die gleichen Kreise und Handelnden sind, die im Hintergrund die (finanziellen) Fäden ziehen und ihre Pfründe sichern. Wurden manche „Problemfelder" möglicherweise sogar bewusst herbeigeführt und geöffnet, um die Menschheit dadurch in die gewünschte Richtung zu lenken? Dabei scheint es so zu sein, dass meist nicht das Wohl der Mehrheit im Mittelpunkt steht, sondern das Wohl der Minderheit, nämlich jener, die seit langer Zeit die Entscheidungen trifft. Was nicht weiter schwer sein dürfte, wenn mittels eines gigantischen Netzwerkes alle wichtigen Bereiche abgedeckt und gleichgeschaltet werden: von den Medien über soziale Netzwerke und Suchmaschinen bis zur Finanzierung von politischer Einflussnahme, der Richtung universitärer Ausbildung, „Förderung" von finanziell abhängigen Wissenschaftlern etc.

Für so manchen hat die Klimadebatte nichts mehr mit Freiheit, Respekt und Frieden zu tun. So sieht es auch Politologin Ulrike Ackermann im Focus: Die ganze Klimadebatte werde mittlerweile hysterisch, mit Alarmismus und bedrohlichen Zügen geführt:

> *„Klimarettung kommt mittlerweile wie eine neue Heilslehre daher, fast wie eine Religion. Es hat beängstigende Züge angenommen, wenn dauernd vom drohenden Weltuntergang die Rede ist. Das ist so nicht zielführend. Der Klimaschutz wird über alles gestellt. Der Kult um Greta Thunberg ist zu einer Art Heiligen-Verehrung geworden."* [486]
> Politologin Ulrike Ackermann

Übrigens gibt es im Internet Fotos von Greta Thunberg, ihrem Vater Svante Thunberg und ihrer Mutter Malena Ernman in schwarzen Antifa(scism)-T-Shirts.[487] Eines der deutschen Aushängeschilder der „Fridays for Future", die 18-jährige Clara Meyer, brüllt Berichten zufolge bei einer Demonstration direkt hinter der Antifa-Flagge Antifa-Sprechchöre.[488]

War alles eine geschickt eingefädelte und von langer Hand vorbereitete Aktion, bei der Greta nur vor den Klima-CO_2-Karren gespannt wurde? Wurde die Öffentlichkeit über die Entstehungsgeschichte von Gretas vermeintlichem Alleingang in Sachen Klimaschutz belogen und es steckt in Wahrheit eine mächtige Mission dahinter, bei der Greta nur das Aushängeschild zum Umwerben der Jugend ist? Weil durch sie als fast noch Kind (die auf jeden Fall auch noch jünger als 16 Jahre und wenig weiblich wirkt) wiederum mehr Druck auf die Erwachsenen und Politiker ausgeübt werden soll, als Legitimation für noch mehr Steuern, Abgaben, Preiserhöhungen und Einschränkungen, letztendlich für Eingriffe in fast alle Lebensbereiche und für alle Menschen? Wird auch hier – wie damals in China – zu Lasten des Volkes ein elitäres Ziel verfolgt, das die Menschen weiter ausnimmt, einschränkt, kontrolliert, ihre Arbeitsplätze vernichtet, die gesellschaftliche Stabilität zum Kippen bringt, die verschiedenen Kulturen angleicht etc.?

Allgemein haben immer mehr in der Gesellschaft, vor allem jene, die nicht mit dem vorgegebenen Meinungsstrom schwimmen, das Gefühl, dass das Klima immer radikaler wird. Meinungen, die nicht erwünscht sind (z. B. gegen Impfungen und deren möglicherweise dramatischen Wirkungen, für eine sachliche Auseinandersetzung und Diskussion über die Klimawandel-Hintergründe, eine unkontrollierte Massenmigration), werden nicht akzeptiert, sondern bedroht, zensiert, gelöscht, verwarnt etc. Egal wie friedlich und liebevoll deren Botschafter und Botschaften auch sind (sieh dir, wenn du magst, beispielsweise eine Sendung von Jo Conrad auf bewusst.tv oder ein Video von Heiko Schrang, Andreas Popp oder der ehemaligen ARD-[Tagesschau-] Moderatorin Eva Herman an und beurteile dann selbst, wo diese Menschen radikal und eine Gefahr für die anderen Menschen wären, aber auch Menschen aus jedem anderen Bereich der Gesellschaft sind immer wieder von Diffamierung deswegen betroffen: Xavier Naidoo, Andreas Gabalier, Rüdiger Dahlke etc.).

Wer anderer Meinung ist und diese Meinung auch noch äußern will, stößt wahrscheinlich recht bald an die Grenzen unserer Demokratie(n) und Meinungsfreiheit. Als Beispiel: Heiko Schrangs jüngste Erlebnisse Mitte

September. Er sei am Beginn seiner Karriere, so die Schilderung des bekannten freien Publizisten, zuerst ignoriert worden, dann öffentlich diffamiert. Als auch das nichts gebracht habe und er weiterhin seine Stimme erhoben hat, wurde offenbar die dritte Stufe einer Kampagne gegen ihn eingeläutet: Just knapp nach einem Auftritt als Redner bei der „Nein zum Impfzwang"-Demo in Berlin[489] ist er auch ins wirtschaftliche Visier geraten. Der Zahlungsdienstleister Paypal hat sein Konto als Unternehmer gesperrt wegen angeblich unrechtmäßiger Vorgänge, ohne genaue Begründung. Wie er von Informanten erfahren haben will, war es eine angeblich (vom Staat?) beauftragte Sperrung. Nicht weiter verwunderlich, wenn man seine Videos, Beiträge und Bücher kennt (zum Beispiel die Schilderung seiner Erlebnisse auf der Leipziger Buchmesse). Bereits vor der Sperre stattgefundene Zahlungseingänge (aus dem Verkauf seiner Bücher, Downloads etc. sowie durch Spenden) werden von Paypal 180 Tage (also ein halbes Jahr!) lang einbehalten! Er dürfte dem Vernehmen nach auch nicht der einzige Vorreiter der Wahrheits- und Freiheitsbewegung sein, dessen Unternehmen von einer Sperre durch Paypal betroffen ist. Zufall oder will man diese mutigen Menschen und deren Unternehmen (derzeit mit finanziellem Druck) zum Schweigen bringen? Für manche Fans von Heiko Schrang war es der Anlass, ihr Paypal-Konto zu schließen und in Zukunft von sich aus auf diesen Dienstleister zu verzichten.

Geht es in Wirklichkeit vielleicht immer nur um eine Gefahr für die bisherigen Machthaber und ein von ihnen über lange Zeit errichtetes System und das Wohl der Menschen wurde nur vorgeschoben?
Selbst wenn du es möglicherweise noch nicht bemerkt hast: Es werden in unserer Gesellschaft an sich freie Meinungen blockiert, Beiträge und Videos gelöscht, Menschen als geisteskrank, naiv, rechtsradikal oder sonst etwas dargestellt bis hin zu wirtschaftlichen Einschränkungen von besonders mutigen Zeitgenossen. Zuletzt wurde von einem Psychotherapeuten gar noch eine Zwangseinweisung und -therapierung von Menschen gefordert, die einen CO_2- und wesentlich vom Menschen verursachten Klimawandel für nicht gegeben sehen! Der Verfassungsschutz beobachtet (wie wir gelesen haben) teilweise nicht, weil die Beobachteten gefährlich wären, sondern weil sie mit ihrer Meinung möglicherweise auch viele andere inspirieren könnten (so die Aussage bezüglich Sven Liebich). Für die Entscheidungsträger im Hintergrund ist das sicher tatsächlich eine Gefahr: Was wäre, wenn plötzlich mehrere hunderttausend Menschen im Miteinander liebe- und friedvoll aufstehen würden? Dann könnten wohl weder Heer noch Polizei [bei denen

es genauso immer mehr Menschen gibt, die die Nase von den möglicherweise bisher stattfindenden Spielen gegen das Volk, und damit auch ihre Familien und Freunde, voll haben] noch Regierungen mehr etwas dagegen tun.

Insofern wäre es ganz verständlich, wenn (im Auftrag der bisherigen Machthaber?) durch verschiedenste Ebenen, Organisationen und Bewegungen beobachtet, gelöscht, nach unten manipuliert, zensiert, unterdrückt, diffamiert, ausgebeutet, bedroht, erpresst würde – glauben die Mitspieler der bisher Mächtigsten tatsächlich, dass sie später dann zur herrschenden Klasse gehören würden? Dass sie selbst, ihre Kinder, Eltern, Freunde nicht von Einschränkungen, Unterdrückung, Gleichmachung betroffen wären? (Die Antwort darauf finden sie möglicherweise im vorne zitierten Interview mit dem ehemaligen KGB-Funktionär). Eine riesengroße (nicht mehr ganz) geheime Verschwörung?

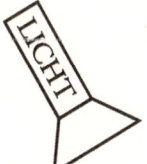  

Was bei Links offensichtlich nicht nur toleriert, sondern auch unterstützt werden dürfte, würde wahrscheinlich bei jeglicher Meinung ab der Mitte nicht ohne Aufschrei und der Forderung nach sofortigen Gegenmaßnahmen möglich sein. Rund um die Klimadebatte fällt auf, dass nicht nur die Meinungsfreiheit, sondern auch die Grenze von Eigentum immer weniger respektiert wird (siehe unsere Berichte vorne), weder bei Grundstücken, noch bei Immobilien und in letzter Zeit auch nicht mehr bei Autos. Wenn Aktivisten bei einer Automesse auf neuen Autos herumtrampeln und sie „besetzen" beispielsweise, sollte das als normal angesehen werden? Angezündete neue Fahrzeuge bei Autohändlern – was hat die Umwelt davon, außer dass durch die Nachproduktion noch mehr Ressourcen aufgewendet werden müssen und durch entstehende Schäden noch mehr Arbeitsplätze verloren gehen? Wer von den Aktivisten denkt an die Menschen, auch an die Familien und Kinder, die von einem Gehalt in der Autoindustrie leben? Und von den vielen Gehältern, die indirekt an die Autoindustrie gebunden sind? Es wäre völlig klar, dass gegen Autos vorgegangen werden müsse, wenn die wissenschaftliche Meinung, so wie massenmedial kolportiert, einhellig wäre – aber sie ist alles andere als das, wie man sich unter anderem über die Links zu Wissenschaftlern und ihren Studien auf der Fakten-seite von Oliver Janich überzeugen kann. Bitte mach dich auf solchen Seiten möglichst frei von Vorurteilen und beurteile immer, ob es sich für dich stimmig und nachvollziehbar anfühlt oder nicht, egal, was du davor geglaubt hast. Vielleicht ist für dich ja dennoch die CO_2-basierte Erderwärmungstheorie stimmiger, vielleicht aber auch nicht.[490]

Die Zerstörung von Privat-PKWs, im besten Fall „nur" das „Unter-Druck-Setzen" von SUV-Fahrern (etwa mit Aufklebern am Auto „Du stinkst!")[491] gehört schon zur Tagesordnung. Selbst die Bundeswehr gab, wie der Spiegel berichtete, bereits folgende Anordnung raus: Dienstliche SUV seien an diesen Tagen „sichtgeschützt innerhalb der Liegenschaft abzu-stellen". Für dennoch zwingend notwendige Fahrten sollen Ersatzfahr-zeuge eingesetzt und Innenstädte gemieden werden.[492] Willkommen im Deutschland 2019.

Immer radikaler und weniger friedvoll werden die Parolen bei Demos und auch Konzerten. So hatte jüngst Herbert Grönemeyer in einem unserem Empfinden nach nicht nur klaren, sondern auch alles andere als liebevollen, eher schon beängstigend fanatisch klingenden Ton in die Halle gebrüllt: *Da liegt es an uns zu diktieren, wie eine Gesellschaft auszusehen hat! Und wer versucht, so eine Situation der Unsicherheit zu nutzen für rechtes Geschwafel, für Ausgrenzung, für Rassismus und Hetze, der ist fehl am Platze. Diese Gesellschaft ist offen, humanis-tisch, wir geben den Menschen Schutz* [Anm.: Die Passage „wir geben den Menschen Schutz" war für uns durch das aggressive Brüllen kaum zu verstehen, daher keine Gewähr] *und wir müssen diesen Leuten so schnell wie möglich und ganz ruhig den Spaß daran austreiben: Kein Millimeter nach rechts."*[493]

Unserem Empfinden nach ist es eher befremdend, wenn eine Bot-schaft, die vorgibt, Toleranz und menschliches Miteinander und den Schutz aller Menschen einzufordern, derart radikal formuliert und prä-sentiert wird. Zudem fragen wir uns, wie er sich das „Austreiben des Spaßes" vorstellt?
So mancher Internet-User dürfte sich bei Herbert Grönemeyers Aus-bruch an Reden während der NS-Zeit erinnert haben, zumindest wurde der Konzertausschnitt in im Netz kursierenden Videomontagen optisch aus der Konzerthalle in die NS-Zeit versetzt.

Es scheint eine zunehmende Radikalisierung zu geben, vor der auch Verfassungsschützer bereits gewarnt haben, wie die Seite jungefreiheit.de berichtet. Die Bedenken des Verfassungsschutzes: Die linksextreme Szene könne die Klima-Streiks dazu missbrauchen, um ihre Inhalte unters Volk zu bringen. So haben beispielsweise jüngst radikale Anarchisten dazu aufgerufen, über die Fridays-for-Future-Proteste den Kapitalismus zu bekämpfen und die bestehenden Verhältnisse zu stürzen.[494] Von der „anarchokommunistischen" Gruppierung „Die Plattform" ist unter anderem am linken Szeneportal „Indymedia" zu lesen: *„Lasst uns anpacken. Lasst uns daran arbeiten, dass unsere Träume von einer klimagerechten, klassenlosen Gesellschaft Wirklichkeit werden! Der Kapitalismus wird verschwinden – so oder so."*

Eine Forderung, die ja wie erwähnt, durchaus in der Linie der „Eliten" liegen dürfte, wenn man sich deren Forderungen, Pläne und Verhaltensweise ansieht. Der Verfassungsschutz dürfte schon länger beobachten, dass Linksextremisten die „Klimaschutz"-Proteste für ihre Zwecke instrumentalisieren wollen.[495] *„Das Thema 'Klimaschutz' ist seit Ende 2014 aufgrund der politischen Diskussion über eine angestrebte Energiewende und die damit einhergehende geplante Stilllegung von Kohlekraftwerken zunehmend in das Blickfeld von Linksextremisten gerückt"*, heißt es in einer Analyse der Behörde.

Den Entscheidungsträgern im Hintergrund kommt es sicher gerade recht, wenn sie zigtausende wohlmeinende Kinder und Jugendliche für ihre Zwecke beeinflussen können. So auch die Analyse des Verfassungsschutzes:

„Insbesondere junge Menschen sollen über das populäre Thema 'Klimaschutz' sowie über die Protestaktionen gegen die 'Profitmaximierung der Großkonzerne' angesprochen, politisiert und langfristig an die linksextremistische Szene gebunden werden."[496] Damit würden sie extremistische und nicht extremistische Gruppierungen verbinden.

Bei einer gewalttätigen Demonstration gegen ein Kohlekraftwerk sei es zu *einem Durchbrechen von Polizeiketten, acht verletzten Polizisten durch gewalttätige Teilnehmer, blockierte Schienen zum Kraftwerk, dem Abfackeln eines Stromkastens für eine Pumpstation und Flurschäden auf den benachbarten Wiesen eines unbeteiligten Landwirts* gekommen. Federführend sei eine Gruppe namens „Ende Gelände" gewesen (es soll allerdings auch die „Fridays for Future"-Bewegung unter den Anwesenden vertreten gewesen sein).[497]

Bemerkenswert dabei: Für das Besetzen des Kohlekraftwerkes wurde im Vorhinein trainiert! Unter anderem das Durchbrechen von Polizeiketten, das sich ineinander Verhaken, damit sie nicht geteilt werden können etc.[498] Bis jetzt galt Widerstand gegen „die Staatsgewalt" als Gesetzesbruch und strafbar, diese Gruppe trainiert angeblich vorsätzlich das Brechen der Gesetze, an die sich der Rest der Bevölkerung halten muss?! Die Schädigung des Eigentums eines unbeteiligten Landwirtes wurde offensichtlich auch wie selbstverständlich in Kauf genommen, wie das Europäische Institut für Klima & Energie berichtet: *„Bauer Willi sieht fassungslos, wie »Klimaretter« durch Rommerskirchen in Richtung Neurath laufen, dabei jede Menge Müll hinterlassen und schließlich als Krönung mitten durch ein großes Möhrenfeld trampeln und die Pflanzen zerstören. Sie filmen sich noch stolz dabei. Bauer Willi: »Unfassbar!« Er ist entsetzt, dass diese Trupps Lebensmittel überhaupt nicht wertschätzen, sondern blindlings zerstören. Sie zertreten Nahrungsmittel, die mit viel Mühe und Arbeit über ein Jahr hinweg vorbereitet und angebaut wurden und fühlen sich als Weltretter. Grotesker und verlogener gehts kaum noch."*[499]

Wo sind die Grenzen für diese Proteste der „Klimaaktivisten"? Wenn selbst Gewalt gegen Menschen (verletzte Polizisten) und die Verletzung von privatem Eigentum anderer Menschen kein Hindernis mehr für gewisse Aktivisten ist. Geht es bei den Gewaltbereiten unter ihnen wirklich um den Schutz des Klimas und der Erde, indem man die Mitmenschen, ihre Freiheit und ihre Rechte bewusst verletzt und nicht für schützenswert erachtet?

Auch Luisa Neubauer ließ Mitte September 2019 in der Wochenzeitung „Die Zeit" mit der Aussage aufhorchen, dass es vertretbar sei, Brücken oder Flughäfen lahmzulegen, um den Forderungen von Klimaschützern Nachdruck zu verleihen. Demnach halte sie auch die Aktionen von Extinction Rebellion für legitim. *„Ja. Wir brauchen ein breites Spektrum an Aktionen, um den Druck auf die Politik zu erhöhen. Dazu gehören angemeldete Demonstrationen wie bei ‚Fridays for Future', aber auch Formen des zivilen Ungehorsams."*

Angesprochen auf die Kapitalismuskritik aus den Reihen von „Fridays for Future" stimmte Neubauer der These zu, dass das System gewinnbasierten Wirtschaftens infrage gestellt werden müsse, zitiert jouwatch.com das Interview mit Neubauer aus der „Zeit".[500] Und weiters: *„Durch die Art, wie wir wirtschaften, wird global gesehen die Hälfte der*

Menschheit ausgebeutet. Ich finde es alles andere als radikal, zu sagen, diese Art zu leben kann nicht Bestand haben."

Das deutsche Aushängeschild der „Fridays for Future"-Bewegung (mit mächtigen Kräften im Hintergrund) findet also aggressive Aktionen gerechtfertigt (wie du gelesen hast, nimmt ein Mitbegründer der Extinction Rebellion sogar Todesopfer in Kauf). Damit dürfte wohl klar sein, wohin der Weg der unter anderem von ihr vertretenen „Fridays for Future"-Bewegung führen dürfte. Auch hier wird also wieder klar, woher der Wind weht (von links) und wohin er führen soll (allem Anschein nach weg vom Kapitalismus hin zum Kommunismus? Die Millionen Todesopfer im Kommunismus, die Nachteile für die breite Masse der Menschen mit all den Einschränkungen, Unterdrückungen und Repressalien dürften zunehmend in Vergessenheit geraten sein, erhält man den Eindruck, jetzt wo Links und Linksextrem immer mehr Raum in der Öffentlichkeit und der öffentlichen Berichterstattung bekommt).

Der ehemalige tschechische Staatspräsident, Vorsitzender des Abgeordnetenhauses und Ministerpräsident sowie Wirtschaftswissenschafter und Buchautor („Blauer Planet in grünen Fesseln") Václav Klaus warnt, wie erwähnt, geprägt durch seine eigenen Erfahrungen mit dem Kommunismus immer wieder eindringlich vor den Entwicklungen in unserer Politik und Gesellschaft: Für ihn sei statt des Klimas viel mehr die Freiheit und der Wohlstand bedroht.

Angenommen, es ginge tatsächlich darum, die „ausgebeutete Hälfte der Menschheit" in die Freiheit zu bringen: Wären es dann in Wirklichkeit nicht mehr als 50 Prozent ausgebeutete Menschen (wenn man sich unter anderem die exorbitant hohen Abgabenleistungen, die teilweise in nicht klaren Kanälen versickern dürften, bei wenig Mitsprache ansieht)? So z. B. bei der unkontrollierten Migration mit bereits so vielen leidtragenden (meist) Frauen dadurch, deren Schicksale in den gleichgeschalteten Hauptmedien jedoch nicht oder nur in „Einzelfällen" thematisiert werden (und wenn, dann meist ohne Nennung der Herkunft der Täter), sowie den dadurch ausgelösten gesellschaftlichen Veränderungen dadurch – Stichwort: Schwimmbäder, Silvesterfeiern, Sicherheitsdienste, Taschenalarmsignale, Empfehlungen für Pfeffersprays, Sicherheitspoller, Angstgefühle in U-Bahnen und auf Bahnsteigen, Raschlägen zur „richtigen Kleiderwahl" und „richtigem Verhalten" für Frauen, um nicht zu „provozieren" etc.

Hat es etwas mit Freiheit zu tun, wenn es die linken und linksextremen „Aktivisten" ohne weiteres als ihr natürliches Recht sehen, ihre eigene Meinung auch mit der Einschränkung der Mehrheit (über Brücken-, Straßen-, Flughafensperren etwa) durchzusetzen, während es anderen Menschen nicht gestattet sein soll, auf einer Automesse zu arbeiten oder sich am Anblick von schönen Autos zu erfreuen?

Es dürfte eine zunehmende, schleichende Radikalisierung innerhalb unserer Gesellschaft geben – in einem Ausmaß, wie es etwa der Gruppierung „Interventionistische Linke (IL)" noch immer nicht weit genug gehe. Womit müssen wir also im Laufe der nächsten Wochen und Monate noch rechnen? Mit Toten wie bei der R.A.F., wenn dem möglicherweise böse anmutenden „Spiel" kein Riegel vorgeschoben wird? Eine Frage, die sich uns stellt: Wann hört man in den weit verbreiteten Medien so gut wie nichts über die Gefahr von Linksextremismus? War es nicht der Kampf gegen einen angeblich immer stärker werdenden Rechtsruck, der unmittelbar wichtig sei? Ist es vielleicht eine Verschwörungstheorie, dass so viele Menschen rechtsextrem wären?
Ist bewusstes Wahrnehmen, was vor sich geht, bereits extrem und rechts? Oder steckt hinter der Warnung und dem Aktionismus gegen Rechtsextremismus in Wahrheit Ablenkung vorm Linksextremismus und ein Versuch, die Menschen im Schweigen und Wegsehen zu halten, aus Angst, als rechtsextrem stigmatisiert zu werden?

Wie Journalist Gerhard Wisnewski mit der Express Zeitung[338] im Zusammenhang mit der Klima-CO_2-Weltuntergangshysterie herausgefunden haben will, besteht selbst beim Schule-Schwänzen eine Parallele zu Chinas Mao Tse-tung in den 60er-Jahren, wo dieser die Schulen geschlossen hat, um die Kinder auf die kulturtragenden Schichten zu hetzen und diese zu vertreiben. Dass diese Herleitung nicht so abwegig zu sein scheint, wie es auf das erste Lesen klingt, zeigt sich, wenn man Mao Tse-tungs Weg ansieht. So ist die amerikanische Elite-Uni Yale stolz darauf, ihn auf seinem Weg gefördert und beeinflusst zu haben. In einer Studentenzeitung viele Jahre später, von der Gerhard Wisnewski einen Auszug vorliegen hat, rühmt sie sich immer noch damit, dass Mao Tse-tung ohne sie vielleicht nie so groß geworden wäre.

Fragt sich bloß, warum sich die Universität rühmt, wenn man Mao Tse-tungs Weg und vor allem auch die dutzenden Millionen Todesopfer, katastrophale wirtschaftliche Schäden, riesige Verluste an kulturellem Erbe und einen dramatischen Umbruch der gesellschaftlichen Strukturen[339] ansieht. Worauf kann man stolz sein, wenn ein Volksvertreter seinem Volk vor allem Ungemach bereitet hat? Es sei denn, man wollte genau das … Könnte es sein, dass dieser Mao Tse-tung, der in Yale ausgebildet wurde, schon damals eine Waffe des sehr mächtigen US-amerikanischen Establishments war und deshalb auch Jahre später noch geschätzt wurde, weil er genau das machte, was von ihm erwartet wurde, auch auf Kosten seines Volkes – beeinflusst durch die Yale-Universität?

„Da liegt es an uns zu diktieren, wie eine Gesellschaft auszusehen hat!"
Herbert Grönemeyer bei einem Konzert im Spätsommer 2019

Diese Universität hatte Ableger in China – damals unter „Yale China", heute als „Yale-China Association". [340] Wer dürfte mit der Yale Universität eng verbunden sein? Ein mächtiger Geheimbund namens „Skull & Bones". Durch ihn soll nicht nur Mao Tse-tung gefördert worden sein, sogar Wikipedia berichtet, dass auch die ehemaligen US-Präsidenten George W. Bush und sein Vater George H.W. Bush Mitglieder waren (sind?). Zeichen des Clubs, wie der Name schon sagt, ein Totenkopf mit gekreuzten Knochen. (Dass auch zwischen den neuen „Öko-Bewegungen" und diesem Geheimbund ein Zusammenhang bestehen dürfte, zeigt die Verwendung dieses nur minimal abgewandelten Symbols durch die Extinction Rebellion, wie du lesen konntest). Der Bund fungiert natürlich im Geheimen. Anhand von Fotos, Zeugenberichten, Beobachtungen der geheimen Rituale bis hin zu Rechtsstreitigkeiten und der Recherche über den Einfluss dieser Gruppierung sind dennoch immer wieder Informationen nach außen gedrungen. Bis 1970 sollen die Mitgliederlisten sogar allgemein einsehbar gewesen sein, mit wenigen Ausnahmen wird die Verbindung jedoch seit Anfang der 1980er-Jahre in einen Mantel des Schweigens gehüllt. [341]

Der amerikanische Präsident John F. Kennedy hat, wie erwähnt, in den Tagen, Monaten und Jahren vor seiner Ermordung genau davor öffentlich gewarnt: Dass es finstere Pläne gäbe, die Menschheit zu versklaven und dass er diese während seiner Präsidentschaft ans Licht bringen werde. Ebenso fanden und finden sich immer wieder und gerade auch jetzt in dieser Zeit der immer größer werdenden Offenbarungen bekannte Menschen aus Politik und Gesellschaft, die die geheimen Machenschaften offenbaren. (Wahrheiten werden dabei erfahrungsgemäß gerne als „Verschwörungstheorien" abgestempelt, um die Menschen vom genauen Hinschauen abzuhalten). Michael Jackson war einer von ihnen, ein Grund, warum ihm sogar jetzt, lange nach seinem Tod, schlimme Dinge unterstellt werden, die in Wahrheit vielleicht ganz woanders abgelaufen sind und nach wie vor ablaufen? Im Gegensatz zu einem System à la Volksrepublik China würde jedes Volk stark für sich, in friedvollem und liebevollem Miteinander mit den anderen Völkern bedeuten, dass die Menschen zusammenstehen und füreinander da wären, stark wären und sich weniger zum Wohle Einzelner beeinflussen lassen würden, in Frieden und Freiheit. Daran dürften die bisherigen Machthaber offensichtlich wenig Interesse haben.

Okkultismus und Satanismus

Auch beim Thema Okkultismus und Satanismus dürfte versucht werden, Abnormales (und Unmenschliches?) schleichend normal erscheinen zu lassen und in der Gesellschaft zu etablieren. Es kommt immer mehr ans Licht,[501] sodass es nicht mehr als Verschwörungstheorie abgetan werden kann.[502] Schon in den letzten Jahren konnten mit etwas Eigenengagement in der Auswahl der Quellen bereits vereinzelt über freie Medien Berichte inklusive Fotos über skurrile Dinner, Rituale, Geheimtreffen, abartige Vorlieben mancher Adels-, Hochfinanz- , Hollywood-, Musik- und Politprominenz abgerufen werden. „Verschwörungstheorien" kommen immer weiter ans Licht, mutige Whistleblower packen aus.

Erstmals sehr prominent waren satanische Einflüsse bei der offiziellen Eröffnungsfeier des Gotthard-Tunnels unter Anwesenheit hochrangiger Politiker zu beobachten (u. a. im Beisein von Angela Merkel, Johann Schneider-Ammann, François Hollande, Matteo Renzi, Christian Kern).[503] Ebenso gab der European Song Contest 2019 Eingeweihten genügend Anlass zum Staunen, wie selbstverständlich gewisse Strömungen bereits zur Hauptabendzeit gezeigt werden, wo auch viele Kinder und Jugendliche zusehen. Und auch jetzt bei den Demonstrationen der Fridays for Future und von Extinction Rebellion tauchen immer mehr satanische Merkmale am helllichten Tag und mitten in der Öffentlichkeit zutage.

Wie unter anderem ein Video der Fridays for Future Vienna vom 6.9.2019 zeigt, gibt es bei den „Fridays for Future"-Demonstranten mittlerweile auch einen eigenen Gruß (vor der Brust überkreuzte Arme). Beim Ansehen des Videos könnte einem bereits das Gruseln kommen. Was jetzt von Links kommt, könnte manch älteren Beobachter angesichts der perfekt eintrainierten und vorgetragenen, fanatisch in großen Gruppen vor sich hin gebrüllten Chöre möglicherweise an unschöne Zeiten der Vergangenheit erinnern.[504] Monoton, gefühlslos, eintönig und fast militärisch exakt vor sich hin gebrüllt – mit überkreuzten Armen.

Journalistenwatch formuliert es so: *„Jede Ideologie benötigt eine Jugend, die ihr bedingungslos folgt und die ihre menschenfeindliche Botschaft in die Welt hinausposaunt. Das war bei der Hitlerjugend so, das war auch bei den jungen Pionieren so."*

Noch viel stärker könnte es einen jedoch gruseln, wenn man weiß, dass dieses Zeichen bereits mehrfach von Hollywood genutzt wurde, im Film „1984" sowie in der DVD „The Wall" von Pink Floyd, wie Oliver Janich aufdeckte.[505] Wofür stand dieses Zeichen in den dortigen Aufnahmen, in denen ebenso fast identisch wie bei den Fridays for Future große Menschengruppen fanatisch Einheitschöre vor sich hin brüllten? In beiden Produktionen sind es die Sklaven, die genau gleich die Arme vor sich in die Höhe strecken und überkreuzen. Zufall? Es heißt ja, dass Hollywood in seinen Science-Fiction-Filmen wahre Botschaften ans Volk versteckt, nach dem Motto: *„Wir haben es euch ja gesagt."* (Nur geglaubt haben es die wenigsten).

Es gibt jedoch auch ein Foto, auf dem die überkreuzten Arme bereits viel früher publiziert wurden: Auf Aufnahmen von Aleister Crowley aus dem Beginn des 20. Jahrhunderts sitzt er selbst mit überkreuzten Armen dort. Crowley gilt als einer der bekanntesten Schwarzmagier und Satanisten, dem selbst heute noch unter anderem bekannte Musikgruppen frönen. Selbst ein Tarot-Kartendeck zum esoterischen „Wahrsagen" ist nach ihm benannt. Wenn du dir die Bilder auf den Karten ansiehst, erhältst du wahrscheinlich bereits einen kleinen Eindruck seiner Geisteshaltung. Crowley soll, wie Heiko Schrang berichtete, in Italien des Landes verwiesen worden sein, nachdem aufkam, dass bei Ritualen unter anderem Katzen und sogar Kleinkinder geopfert wurden (Berichte von Zeugen und überlebenden Opfern finden sich auch heute).[506]

Das X der überkreuzten Arme findet sich auch im Symbol der Extinction Rebellion wieder. Das Symbol mit einem überkreuzten X (für die überkreuzten Arme) ergibt, wenn man die zwei Dreiecke leicht verschiebt, ein Hexagramm – jenes Symbol, das gerne in satanischen und okkulten Kreisen verwendet wird (wovon es ja gerade in höchsten Ebenen von Politik und Gesellschaft genügend geben soll, auch davon kommt immer mehr ans Licht). Des Weiteren auffallend: Die Flagge der Extinction Rebellion gleicht in den Farben jenen der Antifa (Antifaschistischen Aktion), auch die Gestaltung der Flagge ähnelt jener einer kommunistischen Diktatur, wie Oliver Janich anhand von Beispielen darlegt. Die Verwendung des Extinction Rebellion-Symbols in einem Totenkopf mit überkreuzten Trommelschlägern haben wir bereits erwähnt. Die Extinction Rebellion sind, wie Fotos beweisen, auch bereits mit Stierschädeln und Hörnern inklusive des Symbols aufgetreten. Die Hörner gelten als Satanszeichen (schau mal, ob du im Gotthard-Video Entsprechendes findest ...).[507]

Dass diese okkulten Zeichen möglicherweise nicht zufällig verwendet wurden, darauf deuten noch mehrere Hinweise hin. So kursiert ein skurriles, inszeniertes Video von Malena Ernman, Gretas Mutter, im Internet, wo sie in einer tristen, grauen, nebligen Winterlandschaft in ein Geschäft geht, um Pizza zu kaufen. Sie ist schwarz gekleidet, bewegt sich eigenartig und wird von 4 ebenfalls schwarz gekleideten „Einäugigen" (mit Masken) begleitet. Ernmans Stimme und Sprachmelodie klingt zombieartig und so wirken auf uns auch ihr Blick und Verhalten in dem Video.

Im September 2011 schmückte die bekannte Schwedin das Titelblatt des Magazins vi.[508] Die Headline dazu lautete: *„Opern-Rebellin Malena Ernman: ‚Alle verkaufen ihre Seelen irgendwann einmal an den Teufel."* *(„Opera-Rebellen Malena Ernman: „Alla säljer sin själ till djävulen någon gång")*

Zahlreiche Videos beweisen, dass satanische Rituale und okkulte Roben, Tierkopfmasken, rot gewandete Ritualteilnehmer, Satanssymbole, symbolisches Blutverschütten auf öffentlichen Plätzen untertags, Totenköpfe etc. durch Umweltaktivisten mittlerweile auch im öffentlichen Raum und unter Anwesenheit von demonstrierenden Kindern immer mehr an der Tagesordnung stehen.[509] Soll das, was früher von gewissen Kreisen überwiegend im Geheimen vollzogen worden sein soll, jetzt immer mehr auch in der Öffentlichkeit als normal dargestellt werden? Im Internet werden sogar bereits Tattoos gepostet, auf denen die Tätowiererin mit einem Lächeln ihr neuestes Werk zeigt: Auf einem Frauenbauch hat sie als permanentes Tattoo-Motiv die Ermordung eines im Bauch heranwachsenden Babys mit einem Messer dargestellt![510]

7. Diskussionsverweigerung von Wissenschaftlern, Aktivisten, Politikern

Warum verweigern so viele Politiker, Influencer und Wissenschaftler, die den Menschen und sein Verhalten als Hauptursache für die Erderwärmung sehen, jegliche wirklich kritische Diskussion mit Wissenschaftlern und Journalisten, die den CO_2- und menschenverursachten Klimawandel widerlegen und dies auch beweisen wollen? Es wird gar kein Diskurs darüber geführt, dass andere erfahrene Wissenschaftler ganz andere Erkenntnisse gewonnen haben.

Wenn die Faktenlage so eindeutig und unbestritten wäre, wie es immer kolportiert wird, warum stellen sich diese Meinungsbildner in einer Demokratie so selten einer Diskussion? Haben sie etwas zu verbergen? Glauben sie etwa selbst nicht daran? Warum wird nicht offen geredet und diskutiert, sondern gegenläufige Argumente, die von einer natürlichen Klimaveränderung ausgehen, sofort ins Reich der Verschwörungstheorie, der Rechtsradikalität, der Lächerlichkeit oder gar Geisteskrankheit gezogen? Warum sollten Kritiker zum Schweigen gebracht werden, noch bevor ein sachlicher Austausch der Meinungen und Fakten stattfinden kann? (Eine Verschwörung ist eine geheime Verbündung – bitte schau mal objektiv: wer ist hier für Geheimhaltung? Als Beispiel für eine [versucht, aber nicht gelungen geheim gehaltene] Verschwörung könnte auch ein irrtümlich aufgezeichnetes und an die Öffentlichkeit gedrungenes Gespräch zwischen Deutschlands Bundeskanzlerin Angela Merkel und ihrem italienischen Kollegen Giuseppe Conte am Rande des Weltwirtschaftsforums in Davos gelten, wo sich beide vermeintlich unbeobachtet über die Migration und Matteo Salvini austauschen.[294])

Warum sehen sich aktive Wissenschaftler, die zu ihrer Theorie einer vollkommen natürlichen Erderwärmung stehen und diese auch wissenschaftlich seriös begründen, einer Bedrohung ihres Arbeitsplatzes, ihrer Karriere, ihrer Forschungsgelder gegenüber (wenn nicht noch Schlimmerem)? Ist es nicht Aufgabe der Wissenschaft, sich offen in ein Forschungsprojekt hinein zu begeben und dann seine Erkenntnisse darzulegen und anderen Wissenschaftlern zur Überprüfung zu übergeben?

Zeigt sich in der Diskussionsverweigerung eine Form von Angst, dass man doch nicht recht haben könnte? Oder wissen sie möglicherweise sogar, dass sie eventuell nicht Recht haben und wollen dennoch um jeden Preis ein falsches Spiel weiterspielen (um Fördergelder zu kassieren?)?

Bemerkenswerte Erfahrungen mit der nicht vorhandenen Diskutierfreude so mancher in der Öffentlichkeit stehender Personen hat Oliver Janich gemacht. Der deutsche (ehemaliger Mainstream-)Journalist (unter anderem für Financial Times Deutschland, Euro am Sonntag, Süddeutsche Zeitung, Focus Money, Kopp Online, Compact),[295] Buchautor und Teil einer Bürgerbewegung, hat unter dem Motto „Wahrheit durch Debatte #Oliwillreden" mehr als 90 YouTuber, Aktivisten, Wissenschaftler und Journalisten angesprochen, die sich klima-alarmistisch äußerten, einen Klimaappell unterzeichneten und mehr als 100.000 Abonnenten aufweisen.[296]
Seine These: Es gibt keinen CO_2-induzierten, menschenverursachten Treibhauseffekt. Weil er sich dessen so sicher ist, fordert er die „Klimawandel-Alarmisten" zu einer Diskussion auf.

Die Einladung erfolgte zu einer Live-Diskussion mit Oliver Janich selbst oder – falls das Gegenüber Wert auf einen Wissenschaftler als Diskussionspartner legt – alternativ mit folgenden Wissenschaftlern: Atmosphärenphysiker und Prof. für Meteorologie Gerhard Kramm, Dipl.-Physiker Dr. Ralf D. Tscheuschner oder Klimageograph Prof. Dr. Werner Kirstein. Unter den Eingeladenen sind: Rezo, MrWissen2go, maiLab, LeFloid, Prof. Dr. Harald Lesch bzw. das „Terra X"-Team, Tilo Jung, Prof. Stefan Rahmstorf, Luisa Neubauer, das „Quarks"-Team, das „Galileo"-Team und die „Maischberger"-Redaktion.[297] Darüber hinaus bietet Janich sogar noch Geld von sich. Oiver Janich: *„Ich wette eintausend Euro, dass ich in einer Debatte alle Argumente der Klimaalarmisten, wie zum Beispiel Prof. Rahmstorf oder der Webseite Klimafakten.de, entkräften kann. Die Abstimmung darüber, wer die Debatte gewonnen hat, erfolgt auf dem Kanal des Debattengegners. Dieses Angebot gilt für alle YouTuber der Funke-Gruppe, Stroer-Gruppe oder anderer Mainstream-Kanäle mit mehr als einhunderttausend Abonnenten. Auf Anfrage können es auch weniger Abonnenten sein."[298]*
Unterstützt wurde die Einladung zur Klimadebatte von vielen Menschen, die die Angesprochenen auf YouTube, Twitter, Facebook etc. in Kommentaren zum Gespräch mit ihm ersuchten. Auf YouTube wurden dementsprechende Kommentare immer wieder gelöscht oder versteckt, die YouTube-Accounts mehrerer Unterstützer der Janich-Aktion, die nach einer Debatte gefragt haben sollen, dürften ohne Vorwarnung

und mit der Begründung eines Verstoßes gegen die Regeln, wonach Spam, Betrug und irreführende Werbung untersagt seien, gesperrt worden sein (unter welchen der genannten Gründe fällt ein Ersuchen um Diskussion?). Oliver Janich selbst hat sich jahrelang intensiv mit dem Klimawandel beschäftigt und darüber publiziert. Auch im Internet finden sich zahlreiche Videos von und mit ihm, wo es um das Thema geht. Kritiker werfen ihm unter anderem vor, ein Verschwörungstheoretiker zu sein (worauf seine Ansätze ja in einer Diskussion leicht zu widerlegen sein müssten). Vielleicht magst du dir selbst ein Bild über die Glaubwürdigkeit seiner Argumente machen, indem du dir eines seiner Videos ansiehst (zum Beispiel im Gespräch mit Robert Stein). Er selbst bezeichnet sich als sehr naturverbunden und aktiven Umweltschützer.

Das Ergebnis dieser Einladungen zum Live-Gespräch bis September: Es gab kein einziges Gespräch! Kein einziger der Influencer, YouTuber, Wissenschaftler, „Fridays for Future"-Vertreter, Journalisten und TV-Redaktionen war bereit für eine Diskussion.[299]

Sogar Politologin Ulrike Ackermann, die selbst von einem CO_2-verursachten Klimawandel ausgeht, sieht in der derzeitigen Klimarettungs-Bewegung beängstigende Züge, wie sie in einem Interview mit dem Focus äußert:[306]

„Wissenschaftler, die sich dieser aufgeheizten Stimmung
entgegenstellen, werden als sogenannte „Klimaleugner" und
„Klimaskeptiker" stigmatisiert. Das ist unredlich. Für den Klimawandel
wird vor allem der Kapitalismus und unsere westliche Lebensweise,
die Ausbeutung der Dritten Welt verantwortlich gemacht.
Aber unser Wirtschaftssystem hat den Lebensstandard weltweit
verbessert. Auch wenn der Umgang mit unserem Planeten teils
unverantwortlich gewesen ist."
Politologin Ulrike Ackermann

Es bleibt jedoch längst nicht mehr beim Stigmatisieren als Klimaleugner, wenn jemand nicht in den gewünschten Chor der menschenverursachten, CO_2-bedingten Klimaerwärmung miteinstimmt. Das zeigt ein für uns sehr befremdlicher Artikel im Psychotherapeutenjournal,[307] den die Seite „Achgut.com – Die Achse des Guten"[308] ans Licht der breiteren Öffentlichkeit gebracht hat: Nach Meinung des Autors, Psychotherapeut Fabian Chmielewski, sind all jene, die einen natürlichen Klimawandel sehen, psychisch krank und hätten somit Bedarf an einer Therapie. Er diagnostiziert darin allen Vertretern eines natürlichen Klimawandels das Tragen einer „existenziellen Neurose", sieht eine Verleugnung der Realität[309] sowie ein Verdrängen ihrer Todesängste (mit deren wissenschaftlichen Argumenten, die gegen einen CO_2-bedingten Klimawandel sprechen, dürfte er sich hingegen nicht auseinandergesetzt haben). Er sieht eine „*Welt der Erwachsenen, die sich nicht um das langfristige Überleben ihrer Nachkommen kümmert*"! Als Quelle für seine Klimaeinschätzung führt er im Literaturverzeichnis am Ende des Artikels ein Buch an, an dem Prof. Schellnhuber vom Potsdam Institut für Klimafolgenforschung (über dessen Verbindungen in höchste elitärere Kreise hast du bereits gelesen) mitgewirkt hat. Das war möglicherweise eine etwas einseitige Auswahl an Literatur und Recherchematerial zum Klimawandel.

Gruselig wird es jedoch, wenn man weiterliest. Der Psychotherapeut geht zwar davon aus, dass Therapeuten den Menschen keine Sichtweise aufdrängen sollen. Beim Klimawandel sieht er jedoch Anlass zum therapeutischen Eingreifen wegen einer Eigen- und Fremdgefährdung! (Als eine Art von Selbsterkenntnis führt er an: *„Ich sehe mich selbst als Teil des Problems, das ich verstehen und lösen helfen möchte"*, wie er auf Seite 255 des Journals bekanntgibt.) Weiters schreibt er von *„mit den apokalyptischen Vorstellungen des Klimawandels einhergehende Angst ‚erdulden', die Schrecklichkeit also in ihrer Gänze wahrnehmen, werden wir überschwemmt von Todesangst und Hilflosigkeit."*
(Wir fragen uns: Was geht in ihm selbst vor, wenn er scheinbar so wie Greta Thunberg, die möglicherweise durch ihre Krankheit in Angst und Panik verfallen ist, die Erde mit einer Schrecklichkeit, einer apokalyptischen Vorstellung, Ängsten bis zur Überschwemmung von Todesangst und Hilflosigkeit wahrzunehmen scheint, wie man aus seinen Zeilen schließen könnte?)

Jene Menschen im von ihm so empfundenen „Erduldungs-Modus" will er zwangstherapieren (!), unter anderem *„ein Schuldempfinden bei ihnen aufbauen"*, auch dafür, *„nichts über den Klimawandel und seine Verursachung zu wissen"*! Wer sich allerdings besonders eingehend und umfassend mit allen Theorien rund um die Erderwärmung und die jüngsten Entwicklungen rund um die Hockeyschlägerkurve und die

Studie von Prof. Frank befasst hat, könnte möglicherweise den Eindruck erhalten, der Autor im Fachmagazin selbst sei es, der sich möglicherweise nur einseitig informiert hat.
"Sind wir denn nicht verpflichtet, mit unserem psychologischen Rüstzeug im Kampf gegen dieses zu helfen?"

Wäre es nicht auch Aufgabe eines Psychotherapeuten, gut zuzuhören und sich umfassend zu informieren, bevor man die Meinung unbeteiligter Menschen als Potenzial für Therapien seiner Berufsgruppe einordnet? Zugunsten seiner (freiwilligen) „Patienten", aber auch in gesellschaftlichen Diskussionen, wenn er sich öffentlich dazu äußert?

Einige seiner Vorschläge am Ende des Artikels (die gesamten Vorschläge findest du im Artikel der Zeitschrift):[310]

- Die Bundespsychotherapeutenkammer sollte sich klar dem „wissenschaftlichen Konsens in Bezug auf den menschengemachten Klimawandel anschließen" und die Kampagne „Psychologists/Psychotherapists for Future" unterstützen.
- Eine Zusammenarbeit mit anderen Berufsgruppen wie den „Scientists for Future". *„Klimaforscher sind die inhaltlichen Experten bezüglich des Klimawandels. Ihnen fehlen aber häufig die Werkzeuge, um der Bevölkerung und Entscheidungsträgern ihre lebenswichtigen Erkenntnisse so zu vermitteln, dass diese sie angemessen aufnehmen".* Eine Offenbarung, dass die Menschen in die gesteuerte Richtung getrieben werden sollen, wenn sie schon von sich aus in seinen Augen zu wenig bereit dazu seien? Und wie war das mit der sinngemäßen Aussage, dass Psychotherapeuten keine eigene Meinung überstülpen sollten?
- Veröffentlichung von Broschüren, in denen die „bekannten psychologischen Verdrängungsmechanismen in Bezug auf den Klimawandel erklärt werden".

Die Bayerische Landeskammer der Psychologischen Psychotherapeuten gibt das Journal für Psychotherapie heraus, es wird von den Mitgliedsbeiträgen der sonstigen deutschen Landeskammern mitfinanziert und deutschlandweit versendet – es ist somit *das* Zentralorgan einer Körperschaft öffentlichen Rechts, die den Berufsstand der Psychotherapeuten vertritt. Fakt ist, der Artikel wurde geschrieben und fand seinen Weg mit Zustimmung von Entscheidungsträgern in dieses Fachjournal, wie Air Tuerkis auf achgut.com analysiert.

Besonders gravierend ist das Einstufen der Ansicht eines natürlichen Klimawandels als drohende „Fremd- und Eigengefährdung". Das ermögliche auch eine Zwangseinweisung ohne richterlichen Beschluss und eine Zwangsmedikation![311]

(Der Begriff betrifft normalerweise die Vorbeugung von Straftaten oder Suizid, nicht das Ausüben des gesetzlich festgelegten Rechts auf freie Meinungsäußerung!). Alle 31.000 unterzeichnenden Wissenschaftler der Oregon-Petition, alle 500 Wissenschaftler, die kürzlich einen offen Brief an UN-Generalsekretär Antonio Guterres gesandt und andere, die einen offenen Brief an die neue EU-Kommissionspräsidenten Ursula von der Leyen vorbereiten sowie zahlreiche mehr könnten einfach eingewiesen und ruhiggestellt werden. Darunter auch mehr als 70 Nobelpreisträger! Und das alles, nur weil sie einer umstrittenen, vorgegebenen Klimatheorie widersprechen.

Wir fühlen uns dabei unter anderem an die Vorgänge in der DDR erinnert, und an China unter Mao-tse-Tung, als im Zuge der „Kulturrevolution" mit Einführung des Kommunismus nicht nur die ganze bisherige Identität des Volkes zerstört wurde, sondern mit Millionen Todesopfern auch Jagd auf die Intellektuellen gemacht wurde. Ist es einer Demokratie würdig, wenn der politische (und nichts anderes dürfte es sein) Gegner für psychisch krank erklärt wird, um ihn dann zu therapieren? Ist das nicht Zeichen von purem Totalitarismus? Hat man keine wissenschaftlichen Argumente für eine menschenverursachte Erderwärmungstheorie, um die Thematik in einer sachlichen Diskussion zu ergründen? (Wie wir noch sehen werden, vermissen viele Wissenschaftler ein seriöses Experiment zur CO_2-basierten Erderwärmungstheorie, und Forschungen haben ergeben, dass das CO_2 der Temperaturkurve sogar um große Zeiträume hinten nachhinkt). Warum wird die Diskussion verweigert und gleichzeitig jegliche andere Meinung zum Ersticken gebracht? Tuerkis analysiert: *„Bevor sich unser Staat überhaupt anschicken kann, totalitär zu werden, haben fleißige Helferlein aus den Geistes- und Sozialwissenschaften schon mal den Weg bereitet. Das sind keine lustigen Gedankenexperimente, über die man mal diskutieren kann, das ist totalitäre Ideologie in Reinkultur. In der DDR wurden Andersdenkende mit Scheinbegründungen in die geschlossene Psychiatrie gebracht. Nun wird hier darüber nachgedacht, politisch Andersdenkende für psychisch krank zu erklären. Weil sie die falsche Meinung haben."*

Bitte frag du dich selbst mal: Warum sollen die Menschen mit anderer Meinung zum Schweigen (bis zum Einsatz von erzwungener Medikamenteneinnahme?) gebracht werden? Warum hat offensichtlich niemand den Mut, mit Oliver Janich zu diskutieren? Nicht mal dann, wenn die „Gegenseite" über den Gewinner der Diskussion abstimmen darf. Wenn die Fakten und Ansichten so eindeutig wären, dass CO_2 das Klima schädige, wie die potenziellen Gesprächspartner immer wieder in Blogs, Filmen, Reden etc. behaupten, warum nutzen sie dann nicht die Bühne, um den freien Journalisten Janich (dessen Glaubwürdigkeit und berufliche Existenz damit auf dem Spiel steht) möglicherweise eines Besseren zu belehren?

Mit rund 90.000 Abonnenten alleine auf YouTube und zahlreichen anderen in anderen sozialen Medien, mit millionenfachen Klicks seiner Videos – wäre es nicht angebracht, mit Oliver Janich zu diskutieren? Wenigstens einer von allen Kontaktierten? Da er auf seiner Internetseite sämtliche seiner Argumente mit Links zu seinen umfangreichen wissenschaftlichen Quellen und Recherchematerialien offenlegt (https://www.oliverjanich.de/klimabetrug-alle-wissenschaftlichen-quellen-auf-einen-blick), sollte selbst eine Vorbereitung eines solchen Gesprächs kein Problem für die zum Gespräch eingeladenen Gäste sein.

Woran liegt es dann, dass mit September 2019 auch nach mehreren Wochen noch kein einziger der Kontaktierten zugesagt und sich für ein Live-Gespräch mit Oliver Janich getroffen hat? Gibt es etwas zu verbergen? Sind sich die öffentlich (in harmlosen Interviews oder eigenproduzierten Videos) so überzeugt für die CO_2-bedingte Erderwärmung auftretenden Aktivisten und vor allem auch Wissenschaftler (!) doch nicht so sicher darüber? Was steckt dahinter? Was wird hier (in einer Verschwörung ...?) geheim gehalten?

Auch wenn öffentlich meist nur eine Meinung und kein Hinterfragen dieser akzeptiert wird, dürften allerdings dennoch immer mehr Menschen hinter die möglichen Manipulationen blicken. Das zeigen beispielsweise die Kommentare vieler Nutzer auf YouTube (unter anderem bei Live-Übertragungen mit Greta Thunberg) und Twitter[312]. Darauf reagiert auch Wikipedia, das von vielen Menschen nach wie vor als Hauptrecherchequelle zu verschiedensten Bereichen genutzt wird. Von unabhängiger und objektiver Information dürfte jedoch auch hier nicht zu sprechen sein. So gibt es jetzt eine eigene Wikipedia-Seite, die sich der „Leugnung der menschengemachten globalen Erwärmung" widmet, wie Heiko Schrang berichtete.[313] Menschen, die sich der vorgegebenen Linie des menschenverursachten Klimawandels entziehen, sind demnach „Pseudowissenschaftler". Dazu gehören mehr als 70 Nobelpreisträger ebenso wie zigtausende andere Naturwissenschaftler, auch solche, die sich sehr intensiv mit dem Klima beschäftigt haben, inklusive Eiskernbohrungen, Ballonmessungen, Forschungen direkt in der Arktis etc. Wikipedia: *„Bei der Leugnung des menschengemachten Klimawandels handelt es sich um eine Form von Pseudowissenschaft, die Ähnlichkeiten aufweist mit weiteren Formen der Wissenschaftsleugnung wie beispielsweise dem Bestreiten der Evolutionstheorie oder der gesundheitsschädlichen Auswirkungen des Rauchens bis hin zum Glauben an Verschwörungstheorien."*

Könnte es sein, dass die Vorwürfe und Verunglimpfungen genau auf jene zutreffen, die so etwas verbreiten? Warum diskutieren sie nicht sachlich, sondern wechseln auf eine diffamierende angriffige Ebene und es wird das Vorhandensein einer zweiten, empirisch belegten Meinung in der Wissenschaft nicht akzeptiert und versucht zu ergründen? Weil sie wissen, dass sie auf der Ebene wissenschaftlicher Fakten vielleicht keine Chance hätten? Bitte frage dich auch hier wieder selbst: Wer will nicht wahrhaben, wer leugnet, wer ist skeptisch? Wir berichten dir im Faktenteil genau, warum jene Wissenschaftler der Meinung sind, dass der Klimawandel kein Grund zur Besorgnis ist sowie welche gravierenden Ungereimtheiten es in der Theorie des menschenverursachten Klimawandels gibt.

Einige der unglaubwürdigen Vorgehensweisen jener, die Einschnitte zugunsten des Klimas fordern, selbst jedoch ganz anders leben, haben wir dir bereits offenbart. Weiter hinten liest du noch mehr davon, wer von einem ausgerufenen „menschenverursachten Klimawandel" auch finanziell profitieren könnte, wie der CO_2-Emissionshandel abläuft und wer sich darüber bereichert.

In Wikipedia soll es vor allem einen „Sichter" geben, der sich besonders intensiv um die Beiträge zum Thema Klimawandel kümmert. Sichter sind jene, die die Beiträge anderer Nutzer freischalten oder zensurieren können. Dieser Mann (der Name ist uns bekannt) soll in Wikipedia den Namen Andol benutzen und einen Großteil der betreffenden Beiträge geschrieben oder zumindest bearbeitet haben, wie RT Deutsch berichtet. Zufällig soll dieser auch Mitglied der Partei Bündnis 90/Die Grünen sein. Laut Markus Fiedler, Mitbegründer der Internetplattform „Geschichten aus Wikihausen" und Filmemacher von „Die dunkle Seite von Wikipedia", benützt Wikipedia eine hierarchische Struktur. Er bezeichnet „Andols" Stil im Umgang mit Autoren, die ebenfalls in Wikipedia etwas eintragen wollen, als „robust", er soll zu jenem „harten Kern" gehören, die am meisten in Wikipedia schreiben (und gehört damit zu rund 300 Menschen). Menschen, die etwas mit anderer Meinung als der dieser Sichter eintragen möchten, hätten nach Einschätzung von Fiedler keine Chance, egal wie gut begründet die neuen Einträge wären. Spielen die tatsächliche Sachlage und Kompetenz eine Rolle dafür, wer was in Wikipedia veröffentlicht? „Nein", lautet Fiedlers Analyse ganz klar.[314]

Ein offener Austausch von Argumenten scheint auch nicht Greta Thunbergs Stärke zu sein. Selbst inhaltliche Kritik an den von ihr vertretenen Theorien wird gerne gekontert, indem sie als ungerechtfertigte Kritik an ihr selbst, ihrer Krankheit oder ihrem Anderssein gedeutet und abgewiesen wird.[315] Während das Mädchen einerseits mittlerweile weltumspannend die Theorie des menschenverursachten, CO_2-bedingten Klimawandels bewirbt, tritt sie bei Pressegesprächen Journalisten gegenüber inhaltlich bedeutend zurückhaltender auf. Die Frage, ob sie nicht glaube, dass sie die Kraft dazu habe, US-Präsident Donald Trump zum Nachdenken über einen menschenverursachten Klimawandel bringen zu können, verneinte sie. Sie könne nicht jeden überzeugen und anstatt mit ihr und den streikenden Schülern zu sprechen, sollten sie [Anm.: mit „sie" sind demnach wahrscheinlich Skeptiker am menschenverursachten Klimawandel wie Donald Trump gemeint] mit Wissenschaftlern und Experten sprechen.[316,317]

Damit dürfte Greta Thunberg aber indirekt bestätigt haben, dass sie zwar unter großem medialen Interesse die umstrittene Theorie des menschenverursachten, CO_2-basierten Klimawandels vertritt, aber eigentlich dabei auch nur das wiedergeben kann, was sie von den sogenannten „führenden Wissenschaftlern" erzählt bekommt. Wenn du dich allerdings näher mit den Expertenmeinungen beschäftigst und selbst recherchierst, wirst du recht bald erfahren, dass die als so eindeutig und klar dargestellte einhellige Meinung der „führenden Wissenschaftler" und „Experten" oft alles andere als unumstritten ist (und möglicherweise oft mit finanziellen Argumenten verknüpft sein könnte), wie wir später noch mehrmals erläutern werden.

Wäre es nicht Greta Thunbergs Verantwortung, wenn sie schon weltweit Millionen Kinder und Jugendliche mit Angst infizieren will, sich umfassend zu informieren und auch die Argumente jener Experten und Entscheidungsträger anzuhören, die den Klimawandel nicht als gefährlich und im Zusammenhang mit dem CO_2-Ausstoß durch die Menschen sehen? Wenn sie sich ihrer Argumente und Überzeugung bereits vollkommen sicher ist, wäre es dann nicht ihre Aufgabe als derzeit prominentestes Gesicht der CO_2-Klimawandel-Theorie, mit anderen wichtigen Meinungsbildnern und einflussreichen Entscheidungsträgern das Gespräch zu suchen und wenigstens zu versuchen, sie von der eigenen Mission zu überzeugen? Gerade auch jene, die nicht einer Meinung sind mit ihr und dennoch sehr großen Einfluss in unserer Welt haben? Ist es nicht Arroganz, wenn sie – egal wie man zu ihm und seiner Politik stehen mag – ein Gespräch mit dem aktuellen und demokratisch gewählten US-Präsidenten (und damit Staatsoberhaupt, Regierungschef und Oberbefehlshaber der Streitkräfte der Vereinigten Staaten und oberster Politiker und Vertreter von rund 327 Millionen Menschen![318]), einem der einflussreichsten Politiker der Erde, als „Zeitverschwendung" tituliert und ablehnt?[319]

Wohingegen sie die Treffen mit anderen Funktionsträgern wie Papst Franziskus, sogar zweimal Ex-US-Präsident Barack Obama (einmal davon mit professionellen Studiofotos), Arnold Schwarzenegger, George Soros, der deutschen Bundeskanzlerin Angela Merkel, UN-Generalsekretär António Guterres, den Teilnehmern an der UN-Klimakonferenz in Katowice sowie dem Weltwirtschaftsforum in Davos, IWF-Chefin Christine Lagarde, dem Musiker Bono, Frankreichs Präsident Emanuel Macron, der Verhaltensforscherin Jane Goodall, den Mitgliedern des Europäischen Wirtschafts- und Sozialausschusses, dem ehemaligen EU-Kommissionspräsidenten Jean-Claude Juncker, Österreichs Bundespräsidenten Alexander Van der Bellen, verschiedenen englischen Parlamentsabgeordneten etc. offensichtlich nicht als Zeitverschwendung gesehen hat?

Es möge sich bitte auch hier jeder sein eigenes Bild davon machen, wer hier offen seine Argumente austauschen möchte und wer nicht, welche Seite sich möglicherweise geheimer Verschwörungen bedient und welche Seite für ihn selbst glaubwürdiger ist. Doch für ein wirklich umfassendes Bild rund um die derzeitige Klima-Debatte ist es wichtig, die Daten, Fakten und wissenschaftlichen Erkenntnisse darüber zu beleuchten.

B. Der Klimawandel aus Sicht der Wissenschaft

„Habe den Mut, dich deines eigenen Verstandes zu bedienen,
um dich aus deiner selbst verschuldeten Unmündigkeit zu befreien."
Immanuel Kant, zitiert von Meteorologe Wolfgang Thüne[511]

1. Grundlagen:

Was ist Klima, Wetter, Witterung?

Die Begriffe werden in der laufenden Klimadebatte gerne vermischt, schauen wir uns also zunächst einmal kurz und überblicksmäßig die Definition von Klima, Wetter und Witterung an:

○ Wetter = ist der physikalische Zustand der unteren Atmosphäre über einem bestimmten Ort zu einer bestimmten Zeit.[512,513] Der Ort ist häufig räumlich eng begrenzt, das Wetter kann überall anders sein. Als Zeit kommen kurze Intervalle – vom Augenblick über Minuten und Stunden bis zu wenigen Tagen – in Frage. Es ist ein kontinuierlicher, sich über Jahrmillionen verändernder Naturvorgang, der bereits seit Anbeginn der Erde stattfindet. Fassbar wurde das Wetter erst mit der Festlegung und Messung bestimmter Parameter und Erfindung von Messinstrumenten.[514] Der Zustand der Atmosphäre wird mittels einzelner Wetterelemente an meteorologischen Beobachtungsstationen gemessen und aufgezeichnet. Als Parameter dafür dienen einzelne Wetterelemente: die Lufttemperatur, der Luftdruck und die Luftfeuchtigkeit, die Windgeschwindigkeit und Windrichtung, die Bewölkung und der Niederschlag.[515,516] Das Kohlenstoffdioxid (CO_2) gilt nicht als solches Wetterelement.[517]

○ Witterung = der typische durchschnittliche Wetterablauf über einem Ort/Gebiet in einem abgrenzbaren Zeitraum von meist mehreren Tagen bis zu wenigen Wochen. Es ist damit die für eine jeweilige Jahreszeit im jeweiligen Gebiet typische Abfolge der atmosphärischen Zustände.[518,519] Dabei sind die Zeiträume wesentlich kürzer als für die Bestimmung des Klimas.

○ Klima = die für einen Ort oder ein größeres Gebiet durchschnittlichen Wetter- und Witterungsverhältnisse über einen längeren Zeitraum. Relevant sind die erdnahen und die Erdoberfläche beeinflussenden Zustände und Witterungsvorgänge.[520] Um ein relevantes Ergebnis der Beobachtungen zu erhalten, ist es sinnvoll, einen längeren Zeitraum mit einzubeziehen.[521] Der Zeitraum der Beobachtungen sollte also mindestens 30 Jahre betragen[522] und kann auch über Jahrtausende und noch längere Zeiträume erforscht werden. Das Klima wird durch statistische Eigenschaften der Atmosphäre ermittelt[523], es ist also eine statistische Größe, die nur vom Wetter abgeleitet wurde, aus den Werten und Beobachtungen des bereits vergangenen und erfassten Wetters. Dieses ist im nächsten Augenblick nach Erfassung der Daten möglicherweise schon wieder ganz anders. Dies bitten wir dich, immer im Hinterkopf zu haben, wenn es um die aktuelle Klimadiskussion geht. Klima kann daher auch nicht stabil gehalten werden, nicht für eine bestimmte Region und noch weniger für die ganze Erde. Klima ist nur regional definierbar und nicht „stabil" zu halten, da es auch dessen Grundlage, das Wetter, nicht ist. Es gibt also auch kein einheitliches „Weltklima" (weil es kein einheitliches Wetter gibt) und auch eine globale Temperatureingrenzung macht wenig Sinn.

Was zeigen uns diese drei Definitionen? Allen drei Bereichen liegen sehr unterschiedliche Zeiträume zugrunde. Das Klima (eine langjährige statistische Erfassung von aufgezeichneten Daten) könnte niemals das Wetter (einen aktuellen, zeitlich und räumlich begrenzten Zustand) beeinflussen. Auch zeigt das Wetter nicht gleich eine Klimaveränderung an, da Klima über sehr, sehr lange Zeiträume erfasst werden muss. Wenn die Medien also wegen fünf heißen Tagen oder eineinhalb Wochen Regen in Hysterie ausbrechen, ist das ungerechtfertigt und maßlos übertrieben. [524] (Wie wir vorne erwähnt haben, hat es auch vor Jahrzehnten schon Zeitungsschlagzeilen mit „Hitzerekorden" von 40 Grad und in den 1930er-Jahren im Hochgebirge mitten im sonst tiefsten Winter blühende Bäume gegeben, ganz zu schweigen von viel früheren „Hochs und Tiefs"). Nicht mal drei aufeinander folgende heiße Sommer bedeuten automatisch eine Klimaerwärmung.

Dass sich das Klima bereits immer verändert hat und auch weiter verändern wird, darüber sind sich fast alle einig. Nicht jedoch über die Ursachen des Klimawandels, seine Gefährlichkeit oder Harmlosigkeit und den Grund für eine Erderwärmung. Zudem würde derzeit die Erderwärmung durch das menschliche Zutun viel schneller vor sich gehen als früher, heißt es derzeit vielerorts. All das sehen wir uns an.

Es werden zwei große wissenschaftliche Theorien über die Entstehung des Klimawandels vertreten:

Der Klimawandel ist:
- ○ menschenverursacht und hauptsächlich CO_2-bedingt oder
- ○ natürlich und immer schon vorkommend ohne wesentlichen Einfluss des Menschen

Doch schauen wir uns zuerst noch ein paar damit in Verbindung stehende Grundbegriffe an:

Was ist CO_2?

Kohlendioxid (CO_2) ist ein natürlicher Bestandteil der Luft, die sich seit Anbeginn der Erde annähernd so zusammensetzt:

78 % (N_2) – Stickstoff
21 % (O_2) – Sauerstoff
1 % Edelgase – (Ar) Argon, (Kr) Krypton, (Xe) Xenon, (Ne) Neon
0,038 % (CO_2) – Kohlendioxid

Zwischen der Atmosphäre und den Ozeanen besteht ein Kohlenstoff-Kreislauf: Rund 97 % des CO_2 in der Luft entstammt natürlichen Quellen. Das CO_2 natürlichen Ursprungs kommt aus Ozeanen, Gesteinen (Calciumcarbonate und Kalkstein), Böden, Vulkanen und der Fauna. 1500 oberirdische und submarine aktive Vulkane stoßen mehr CO_2 aus als die Technik des Menschen![523c] Nur 3 %, also ein Gesamtanteil von 0,00123 % CO_2 in der Gesamtatmosphäre sind vom Menschen verursacht.[523c]

In Gasmolekülen ausgedrückt, heißt das: Nur 4000 von 10 Millionen Gasmolekülen in der Atmosphäre bestehen aus CO_2. Von diesen 4000 Molekülen sind wiederum nur 120 Moleküle menschengemacht und von diesen 120 Molekülen stammen wiederum nur 3 CO_2-Gasmoleküle aus Deutschland (und noch weit weniger aus der Schweiz und Österreich).

Als die Erde entstand, herrschte in der Erdatmosphäre nur Stickstoff (N_2), Wasserstoff und Kohlendioxid (CO_2) vor. Dies sind die ersten Gase auf der Erde, daraus entstand die Atmosphäre II. In dieser Atmosphäre entwickelten sich Einzeller, die sich von dem ultravioletten Licht der Sonne ernähren konnten.

Sie besaßen im Kern den Vorläufer von Chlorophyll, mit dem sie die ultraviolette Strahlung einfangen konnten. Durch die Aufnahme von CO_2 und ultraviolettem Licht ernährten sie sich.

Bei ihrer Ernährung spalteten sie jedoch das CO_2 auf, behielten das Kohlenstoffatom C für ihre DNS und schieden O_2 als Abfallprodukt aus. Dieses Abfallprodukt sammelte sich in der Atmosphäre der Erde und bildete im Laufe der Zeit eine Ozonschicht (O_3).
Die Atmosphäre III entstand durch N_2, CO_2 und H_2.
Dies hatte aber zur Folge, dass ultraviolette und andere Strahlen nicht mehr in so großen Mengen auf die Erde einstrahlen konnten.
Das führte dazu, dass die ersten Einzeller, die auf ultraviolettes Licht spezialisiert waren, verhungerten.
Aber mithilfe des nun vorherrschenden Sonnenlichtes, CO_2 und H_2O entwickelten sich einzellige Lebewesen, wie die Algen und Plankton, die mithilfe der Fotosynthese die Lichtstrahlen der Sonne einfangen konnten und daraus mithilfe von Kohlendioxid lange Zuckerketten herstellen konnten. Die Kohlenhydrate.
Das Leben nahm seinen Lauf ...

Die chemische Formel von Kohlendioxid ist CO_2, es besteht aus einem Atom C = Kohlenstoff und 2 Atomen Sauerstoff = O_2.
Es ist ein geruchloses, unsichtbares, ungiftiges, farbloses und natürlich vorkommendes Gas, welches auf unserem Planeten schon seit Jahrmillionen existiert.

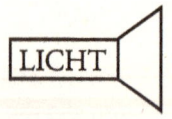

Schon seit Anbeginn und Entstehung unseres Planeten übernimmt es eine Schüsselrolle. CO_2 ist der Grundpfeiler jeglichen Lebens auf der Erde. Ohne CO_2 in ausreichender Konzentration in der Atmosphäre wäre die Erde ein toter Planet.

Kohlendioxid ist brennbar und prinzipiell schwerer als Luft (196 g/l zu 1,3 g Luft/l), d. h. es sinkt tendenziell eher zu Boden und kommt nur aufgrund seiner feinen Verteilung und der Luftzirkulation in der Atmosphäre vor. [531] Es steigt nicht als, je nachdem, weiße oder dunkle Wolke aus Schornsteinen, wie es uns die meisten Hauptmedien immer wieder zeigen. Kommt das vermeintliche CO_2 aus Kühltürmen, dann wird es als aufquellendes, weißes, giftiges Gas gezeigt – der auf den Medienbildern gezeigte „Rauch" ist dann eigentlich Wasserdampf statt CO_2. Sind diese Medien-Bilder möglicherweise bewusst Teil von Propaganda oder werden sie aufgrund mangelnder Recherche und der Herausforderung, Unsichtbares bebildern zu müssen, immer wieder verwendet?

Auf der Erde kommt CO_2 überall natürlich vor, etwa in Tieren, Menschen, Pflanzen, Erdöl, Holz, Kohle, Bakterien, Pilzen, selbst in Diamanten. Diese sind Kohlenstoffmoleküle in reinster Form, die vor Jahrmillionen unter sehr hohem Druck entstanden sind. Sie sind die härtesten und edelsten Steine auf dieser Welt.

Auch unser Planet produziert seit Millionen von Jahren selbst CO_2 durch Vulkanausbrüche: So zum Beispiel in Hawaii 2019 und Krakatau 2019; der Stromboli in Italien ist seit 2000 bis 3000 Jahren stetig aktiv. Auf der Erde sind also ständig in verschiedenen Gebieten aktive Vulkane ersichtlich. So kann man eine Vulkantätigkeit zum Beispiel auch an den Eifel-Seen in der Eifel ablesen, wo kontinuierlich sichtbare Blasen aufsteigen. Dort gibt es ständig vulkanische Aktivitäten (in den sogenannten Maaren, einem trichterförmigen Vulkantypus). Diese verursachen seit rund zehn Jahren einen ständigen Anstieg des CO_2-Ausstoßes.

Fazit: Es ist praktisch gar nicht möglich, das CO_2-Vorkommen auf der Erde vorherzuberechnen oder einzuschränken. Eingeschränkt werden kann nur der menschliche Anteil daran (der, wie wir gesehen haben, verschwindend gering ist). Ob eine Einschränkung von CO_2 insgesamt schlau wäre, kannst du am Ende dieses Abschnittes sicher selbst einschätzen.

Die Entwicklung des CO_2 auf der Erde

CO_2 ist der Grundpfeiler jeglichen Lebens auf der Erde. Ohne CO_2 in ausreichender Konzentration in der Atmosphäre wäre die Erde ein toter Planet.

Seit 1950 ist ein Anstieg des CO_2-Gehaltes in der Luft auf aktuell 420 ppm (parts per million) zu verzeichnen, dieser dürfte von einem erdgeschichtlich einmalig niedrigen Niveau von vor ca. 20.000 Jahren stammen, welches damals mit 180 ppm nur knapp über dem für Grünpflanzen lebenswichtigen Minimum von 150 ppm gelegen hat. Dagegen betrug der CO_2-Gehalt in der längsten Zeit der Erdgeschichte lange bis zu 10-fach mehr als heute. Das für Pflanzenwachstum wissenschaftlich erwiesene Optimum liegt beim 5-Fachen des heutigen Wertes, nämlich bei 2.000 ppm. Seit der Mensch insbesondere seit den 1950er-Jahren dazu beiträgt, den CO_2-Gehalt der Atmosphäre leicht zu erhöhen, hat sich das Grünpflanzenwachstum weltweit deutlich verstärkt – in einigen Regionen, wie z.B. der Sahel-Zone, um mehr als 30 Prozent. Mehr CO_2 lässt die Erde ergrünen.

Die heute übliche Verunglimpfung von Kohlendioxyd als Gift und die damit einhergehende Verbreitung von Furcht scheint damit also unverantwortlich zu sein. Doch gehen wir noch eine Stufe zurück an den Beginn allen Lebens auf der Erde:

Die Entstehung der Erde und die Bausteine des Lebens

Das Leben besteht aus den vier Grundelementen (siehe Isaac Asimov in „Die exakten Geheimnisse der Welt" von 1988):

N = Stickstoff, H = Wasserstoff, O = Sauerstoff, C = Kohlenstoff

In den 1950er- und 1960er-Jahren haben Phillip Abelson, Wilhelm Groth und H. von Weyssenhoff Versuche gemacht, um herauszufinden, wie das Leben auf unserem Planeten entstanden sein könnte. Sie experimentierten mit mehreren verschiedenen Gasen in unterschiedlichen Konzentrationen, um die Entstehung des Lebens auf der Erde zu simulieren. Dabei stießen sie immer wieder auf das gleiche Ergebnis: Immer, wenn sie verschiedene Gase in einem geschlossenen System zusammen brachten, in denen Kohlenstoff, Stickstoff, Wasserstoff und Sauerstoff enthalten waren, entstanden unter Anlegen von elektrischen Ladungen (Gewittersimulation) und Bestrahlung mit ultraviolettem Licht (Sonnensimulation) wieder Aminosäuren.

Die Aminosäuren sind die Bausteine des Lebens, aus denen die DNA zusammengesetzt ist. Auf der DNA sind unsere gesamten Erbinformationen gespeichert. Das heißt, überall wo Leben existiert, sind diese 4 Elemente (C,H,O,N) immer wieder nachzuweisen: Der Mensch und alle anderen Lebewesen bestehen aus diesen Kohlenstoff-Ketten, die überall in Form unseres Erbgutes in der DNA, in unserem Körper, in jeder Zelle vorkommen. Auf der Erde gibt es also kein Leben ohne Kohlenstoff, Stickstoff, Wasserstoff und Sauerstoff.

Wie ist unsere DNA aufgebaut?

Sie besteht aus diesen Aminosäureketten, aus denen die Proteine (Eiweiß) aufgebaut sind. Auf nur 4 verschiedene Aminosäuren, in denen Kohlenstoff eins der wichtigsten Elemente ist, die immer wieder in einer anderen Konstellation zusammengesetzt werden, wird unser gesamtes Erbgut gespeichert.

Diese Aminosäuren sind:

G=Guanin $C_5H_5N_5O$
C=Cytosin $C_4H_5N_3O$
A=Adenin $C_5H_5N_5$
T=Thymin $C_5H_6N_2O_2$

Die Kohlenstoff-Atome verbinden diese 4 Aminosäuren, aus denen die DNA-Stränge bestehen, zu Ketten. Dadurch kann der DNA-Strang, unser Erbgutspeicher (Helix), erst entstehen.

Die Pflanzen und fotosynthesefähige Bakterien nehmen Kohlenstoffdioxid aus der Atmosphäre auf und wandeln es durch Fotosynthese unter Einwirkung von Licht und Aufnahme von Wasser in Kohlenhydrate wie Glucose um.
Dieser Prozess setzt gleichzeitig Sauerstoff aus dem Auflösen von Wasser frei.

Die entstehenden Kohlenhydrate dienen als Energieträger und Baustoff für alle anderen biochemischen Substanzen wie Polysaccharide (Mehrfachzucker), Nukleinsäuren und Proteine. Kohlenstoffdioxid stellt damit den Rohstoff für die Bildung aller Biomasse in der Primärproduktion der Ökosysteme.

Der Abbau von Biomasse durch aerobe (sauerstoffabhängige) Atmung ist, in Umkehrung zum Prozess der Fotosynthese, wieder mit der Bildung von Kohlenstoffdioxid und dem Verbrauch von Sauerstoff verbunden.

Alle Organismen eines Ökosystems atmen fortwährend, während die Fotosynthese an die Verfügbarkeit von Licht gebunden ist. Dies führt zur zyklischen Zu- und Abnahme von Kohlenstoffdioxid im täglichen und jahreszeitlichen Rhythmus, abhängig von den unterschiedlichen Lichtintensitäten.

In Gewässern schwankt die Kohlenstoffdioxid-Konzentration ebenfalls entsprechend den genannten Tages- und Jahreszeit-Rhythmen. Kohlenstoffdioxid steht mit den anderen gelösten Kohlensäurespezies in einem chemischen Gleichgewicht, welches den im Wasser herrschenden pH-Wert wesentlich bestimmt. Ist in einem Gewässer der Vorrat an Kohlenstoffdioxid durch die Fotosynthese der Pflanzen und Algen erschöpft, was sich durch einen pH-Wert nahe 8,3 bemerkbar macht, sind manche Arten von Algen und Wasserpflanzen fähig, aus dem gelösten Hydrogencarbonat (H_3NO_4) das benötigte Kohlenstoffdioxid zu gewinnen.

Wissenschaftler des Biodiversität- und Klima-Forschungszentrums haben 2012 erstmals in einer gemeinsamen Studie mit anderen Institutionen berechnet, dass kryptogame (blütenlose) Schichten aus Flechten, Algen und Moosen neben Stickstoff jährlich rund 14 Milliarden Tonnen Kohlenstoffdioxid binden. Sie binden so viel Kohlenstoffdioxid, wie pro Jahr durch Waldbrände und die Verbrennung von Biomasse weltweit freigesetzt wird. [527]

Auch in ganz tiefen Ozeanschichten wird das Luft-CO_2 mithilfe vom Meeresdruck als festes, geeistes Methanhydrat eingelagert. Einige Firmen haben schon versucht, Methan ähnlich wie Erdgas als Energiequelle abzubauen.

Die Rolle des CO_2 in verschiedenen Bereichen

Das CO_2 ist also ein wichtiger Bestandteil in der Entstehung allen Lebens. Schauen wir uns noch an, wo CO_2 (sonst noch) überall eine Rolle spielt:

a) Die Pflanzen wandeln CO_2 in O_2 um:

Es würde auf dieser Erde ohne CO_2 keine Pflanzen und kein Leben geben. Die Pflanzen wandeln am Tag den Luft-Kohlendioxid-Gehalt durch Fotosynthese in Zucker, sprich Energie, um. Das nennt sich Assimilation. Die Pflanzen splitten CO_2 in C-Atome auf und stellen mithilfe von Wasserstoff-Atomen und Sauerstoffatomen ein Molekül namens Zucker (Glucose – Monosaccharid) her.

Ein Abfallprodukt von der Fotosynthese ist Sauerstoff O_2.
Die chemische Formel für Einfachzucker, die die Pflanze herstellt, ist:
C_6-H_{12}-O_6 = Glucose (Einfachzucker–Monosaccharid) alle Kohlenhydrate In der Glucose stecken also 6 Atome Kohlenstoff, 12 Atome Wasserstoff und 6 Atome Sauerstoff. Also wieder das CO_2, welches die Pflanze zur Herstellung von Glucose benötigt. Das Abfallprodukt dieser Herstellung von Zucker bei der Pflanze nennt sich O_2 = Sauerstoff.

Die Pflanzen produzieren mithilfe vom CO_2 Energie in Form von natürlichem Zucker und viel Sauerstoff (O_2) als Abfallprodukt.
Es wäre kein Sauerstoff auf dieser Welt vorhanden, wenn die Pflanzen das CO_2 nicht aufspalten würden in Kohlenstoff (C) und Sauerstoff (O_2). Das heißt auch, dass die Pflanzen den Luftkohlendioxid-Gehalt zurück in den Natur-Kreislauf integrieren. Luft-CO_2 wird somit durch die Pflanzenwelt in Cellulose = Kohlenhydrate gebunden.

Glucose ist der Baustein der Cellulose, dem Hauptbestandteil pflanzlicher Zellwände, und ist damit das häufigste Kohlenhydrat.
Wir Menschen essen diese Kohlenhydrate wie Kartoffeln, Reis, Mais, Mohrrüben, alle Arten von Gemüse etc. Überall sind Kohlenstoffverbindungen enthalten.
Deswegen wird das Luft-Kohlendioxid sofort wieder in den Kreislauf des Lebens eingebunden und der aktuelle Stand auf dieser Erde in der Luft bleibt bei 0,0038 % CO_2.

Viele Gärtnereien setzen Kohlenstoffdioxid als Dünger in Gewächshäusern ein. Grund ist der durch den fotosynthetischen Verbrauch entstehende Kohlenstoffdioxid-Mangel, bei ungenügendem Nachschub an Frischluft, besonders im Winter bei geschlossener Lüftung. Den Pflanzen wird das Kohlenstoffdioxid entweder direkt als reines Gas oder als Verbrennungsprodukt aus Propan oder Erdgas eingebracht. Dadurch wird eine Kopplung von Düngung und Heizung erreicht. Die mögliche Ertragssteigerung ist abhängig davon, wie stark der Mangel an Kohlenstoffdioxid und wie stark das Lichtangebot für die Pflanzen ist.

Auch hier sieht man, dass vorhandenes Luftkohlendioxid sofort von den Pflanzen aufgenommen und in die Pflanzen eingelagert wird und sie wachsen dadurch schneller, ohne dass sie „genmanipuliert" sind.
Es kann also gar nicht zu viel CO_2 in der Atmosphäre geben.
In der Aquaristik wird Kohlenstoffdioxid als Dünger für Wasserpflanzen eingesetzt (CO_2-Diffusor).

Durch Zufuhr von organischer Substanz kann der Kohlenstoffdioxid-Gehalt im Wasser durch Veratmung auf Kosten des Sauerstoff-Gehalts erhöht werden. Dies wird manchmal für Fische ein Problem: Wenn es lange warm ist und sich in seichten Gewässern die Pflanzen und Algen durch Wärme und Energiezufuhr sprunghaft vermehren, dann sinkt der O_2-Gehalt stark ab.

b) Der Mensch atmet O_2 ein und CO_2 aus

Wir Menschen atmen jährlich circa 2,5 Milliarden Tonnen CO_2 aus (die Autos dieser Welt produzieren nur rund 1,5 Milliarden Tonnen pro Jahr).[523c] Es würde auf der Erde keine Menschen geben ohne die Pflanzen und CO_2. Der Mensch kann ohne Glucose, das ist reine Energie, seine wichtigsten Lebenserhaltungsmaßnahmen nicht aufrechterhalten. (In lebenden Organismen ist die von den Pflanzen hergestellte Glucose eine Hauptenergiequelle für alle Lebewesen.

Der Mensch deckt mit Glucose, welches als ATP vom Körper gespeichert werden kann, alle Vorgänge seines Existierens, z.B. Denken, Bewegen, Arbeiten, Wärmespeichern, da der Körper mithilfe von Glucose Wärme erzeugen kann. Alle inneren Organe verbrauchen bei der Arbeit Energie, also muss dem Körper Energie in Form von Nahrung zugeführt werden. Glucose wird überwiegend als polymeres Glucan gespeichert, in Tieren als Glycogen und in Pflanzen als Stärke.

Bei der Atmung des Menschen werden von den 21 % O_2 aus der Luft 4 % von den O_2-Atomen aufgenommen. Diese werden mithilfe von Ei-

sen (da Sauerstoff mit Eisen oxidiert) über die roten Blutkörperchen in den Alveolen (Lungenbläschen) der Lunge aufgenommen und zu den jeweiligen Zellen im Körper transportiert. Umgekehrt werden die überschüssigen C-Atome wiederum von den roten Blutkörperchen zur Lunge transportiert und dort ausgeatmet.
4 % CO_2 werden ausgeatmet und 17 % O_2 bleiben übrig.

Deswegen ist eine lebensrettende Mund-zu-Mund-Beatmung möglich, da in der Ausatemluft noch die 17 % O_2 vorherrschen, dabei stören die 4 % CO_2 nicht und der Mensch kann auch mit einem relativ hohen CO_2-Gehalt vor dem Ersticken gerettet werden. Im Gegenteil, Asthmatiker sollen sogar ihre eigene Ausatemluft wieder einatmen, da bei einem akuten Anfall durch Hyperventilieren (durch zu schnelles Ein- und Ausatmen) dem Asthmatiker in diesem Moment im Körper das wichtige CO_2 fehlt. Da CO_2 nicht giftig ist, sondern lebensnotwendig (siehe auch unser Buchtitel)!

In den 50er-Jahren hat Prof. Dr. Konstantin Buteyko an Sterbenden eine intensivere Atmung festgestellt und daraufhin eine Methode entwickelt, die bei verschiedenen gesundheitlichen Themen Abhilfe schaffen kann.[528] Asthmatiker können durch weniger atmen – weniger Sauerstoff ein und weniger CO_2 aus – Anfällen vorbeugen. Kohlendioxid (CO_2) gilt zwar als Abfallprodukt der Atmung, dennoch ist es, wie wir gelesen haben, für biosynthetische und regulative Vorgänge im Körper lebensnotwendig. Kommt es zu einem CO_2-Mangel, können sich glatte Muskeln, Bronchien und Blutgefäße verkrampfen.[529]

c) CO_2 in der Medizin

In der Medizin wird CO_2 in vielen verschiedenen Bereichen eingesetzt. Als Glucose-Lösung ($C_6H_{12}O_6$), die intravenös verabreicht wird, für die schnelle Regeneration bei Menschen, die durch Krankheit zu viel Energie verloren haben.
Bei Operationen, wie laparaskopischen Operationen (LSK's), wird der Bauchraum des Patienten mit CO_2 aufgepumpt, dadurch kann man die Organe besser darstellen und sie werden bei der Operation nicht verletzt.
CO_2 würde in der Medizin nicht verwenden werden, wenn es giftig wäre. In der Labormedizin werden Kulturschränke, Brutschränke eingesetzt, um Zellen zu kultivieren und zu züchten, z.B. Krebszellen, Bakterien, Pilze, Eizellen, Embryonen usw.

Embryonen wachsen nur unter für sie günstigsten Bedingungen, wenn in den Inkubatoren eine Atmosphäre geschaffen wird, die mit maximaler Luftfeuchtigkeit (98 %), 5 % Sauerstoff (O_2) und 6 % Kohlendioxid (CO_2) angereichert werden, der Rest ist Stickstoff (N_2) 89 %.
Dazu wird CO_2 in Flaschen verwendet, das die natürlichen Anteile von 21 % O_2 in der Luft im Brutschrank aber auf 5 % O_2 reduziert und gleichzeitig den CO_2-Gehalt auf 6 % steigert. Der Rest der Luft besteht dann wieder aus 89 % N_2. In dieser Atmosphäre wachsen und gedeihen die Eizellen und Embryonen am besten, da in der Gebärmutter (Uterus) bei Tieren und Menschen ein Gesamtgehalt von 5 % CO_2 vorherrscht.

d) CO_2 in der Lebensmittelindustrie

Kohlensäure (H_2CO_3): ist eine anorganische Säure und das Reaktionsprodukt ihres Säureanhydrids Kohlendioxid (CO_2) mit Wasser. Die Salze der zweiprotonigen Säure sind die Carbonate und Hydrogencarbonate. Ihre Ester werden ebenfalls Carbonate oder Kohlensäureester genannt. Technische Bedeutung haben die Polyester, die als Polycarbonate bezeichnet werden.
Das Gas CO_2 ist im Vergleich zu O_2 und N_2 relativ gut in Wasser löslich und reagiert zu einem geringen Anteil (etwa 0,2 %, je nach Temperatur) zu Kohlensäure:

$CO_2 + H_2O \rightleftharpoons H_2CO_3$ = Kohlensäure
Das Gas CO_2 wird umgangssprachlich oft ungenau als Kohlensäure bezeichnet. Tatsächlich wird in der Wasserchemie gelöstes CO_2 mit der eigentlichen Säure H_2CO_3 üblicherweise als freie Kohlensäure zusammengefasst.
Sie steht der Summe von Carbonat und Hydrogencarbonat als der gebundenen Kohlensäure gegenüber.

Kohlensäure spielt eine wichtige Rolle im Säure-Basen-Haushalt sowohl des Wassers als auch des Blutes und der Körperflüssigkeiten.
Die Natur der Kohlensäure als gelöstes Kohlendioxid erkannte 1741 William Brownrigg.

Kohlensäure wird für unzählige Produktionsprozesse weltweit eingesetzt, wobei sie dem Endverbraucher wohl am ehesten aus Erfrischungsgetränken bekannt sein dürfte. Jacob Schweppe entwickelte im späten 18. Jahrhundert ein Verfahren, mittels dessen sich Wasser mit Kohlenstoffdioxid (CO_2) versetzen lässt. Im 19. Jahrhundert begann man, Mineralwasser Kohlenstoffdioxid beizumischen, um dieses haltbar zu machen. Siehe dazu Verwendung von Kohlenstoffdioxid in der Lebensmitteltechnologie.

 Die amerikanische Firma Coca-Cola, die auch den Weihnachtsmann erfand, sowie Fanta, Sprite, alle Sorten an Bier und alle anderen sprudelnden Getränke aus der Getränkemassenindustrie arbeiten mit Kohlensäure. Coca-Cola stellt seit 1907 Cola mit CO_2 her.

Bei der Abfüllung von Cola und allen anderen Süßgetränken erfolgt eine Vorfüllung nur mit reinem H_2CO_3 (Kohlensäure) = in Wasser gelöstes CO_2, danach wird es mit dem Sirup-Getränk gefüllt – damit es frisch wirkt und wir es gern trinken.

Man denke nur an unsere zu Hause gebrauchten Wasserspender, bei denen wir regelmäßig in den Supermarkt rennen und CO_2-Flaschen kaufen, um selbst zu Hause unser eigenes Sprudel-Wasser herzustellen.
Es scheint, wir sollen rund um diesen plötzlich CO_2-bedingten Klimawandel von der Politiker-Lobby verunsichert und immer wieder in die „Wir sind schuld"-Falle getrieben werden. Wir sind an nichts schuld und schon gar nicht am Klimawandel. Das ist der natürliche Prozess im Zusammenspiel mit Sonne und Erde, seit Jahrmillionen, wie wir dir noch genauer erläutern.

e) Das Kühlmittel CO_2 in der Auto-, Lebensmittel- und Schwerindustrie

Als Kältemittel kommt Kohlenstoffdioxid laut Wikipedia unter der Bezeichnung R134a in Fahrzeug- und stationären Klimaanlagen, bei industrieller Kältetechnik, Supermarkt- und Transportkühlung sowie in Getränkeautomaten zum Einsatz. Es hat eine große volumetrische Kälteleistung und damit eine höhere Effizienz bei gegebenem Volumen. Kohlenstoffdioxid (CO_2) weist eine hohe Umweltverträglichkeit auf, da das Treibhauspotential nur einen Bruchteil der heute verwendeten Kältemittel beträgt. Es besitzt kein Ozonabbau-Potenzial. Kohlenstoffdioxid wird sowohl in Wärmekreisläufen als auch in Warmwasserpumpen genutzt. In gasgekühlten Kernreaktoren des Typs AGR wird Kohlenstoffdioxid als Kühlmittel eingesetzt.

Sogar auf der Internetseite der Deutschen Umwelthilfe e.V. wird Folgendes erklärt (Zitat): „*Natürliche Kältemittel / Nicht-halogenierte Kältemittel:*

Natürliche Kältemittel haben ein sehr geringes Treibhausgaspotential und stellen somit im Falle eines Entweichens keine Gefahr für das Klima dar. Zu ihnen zählen z.B. Kohlenwasserstoffe (HC), Kohlendioxid (CO_2) oder Ammoniak (NH_3)."[530]

2. Der menschenverursachte, CO_2-bedingte Klimawandel

In den meisten Medien und politischen Debatten heißt es, es gäbe eine wissenschaftliche Einigkeit (Konsens) darüber, dass der Mensch schuld an einer raschen Erderwärmung und am Klimawandel sei. Grund dafür: Der von ihm verursachte CO_2-Ausstoß durch Autos, Flugzeuge und Industrieanlagen. Die Erderwärmung müsse dringend mit 1,5 bis maximal 2 Grad Temperatur begrenzt werden, weil uns ansonsten katastrophale Folgen drohen würden. Und dieser dramatische Einschnitt steht uns in ihren Augen unmittelbar bevor, falls es nicht möglichst rasch zu drastischen Eingriffen kommt. (Eine Verteuerung des CO_2-Ausstoßes über den börsennotierten CO_2-Emissionshandel sowie breitflächige Reglementierungen, Einschränkungen und Verbote für die Bevölkerung sollen Abhilfe schaffen).

Was sind Treibhausgase?

Als „Treibhausgase" gelten all die atmosphärischen Gase wie Wasserdampf und Kohlendioxid (CO_2), von denen gesagt wird, dass sie zu einem Treibhauseffekt beitragen würden.[392c] Dazu gehören neben dem oft erwähnten CO_2 auch Methan, Distickstoffmonoxid (Lachgas), Fluorkohlenwasserstoffe, Schwefelhexafluorid (SF_6) und Stickstofftrifluorid (NF_3).[530a] Welchen Anteil hat nun das CO_2 an den „Treibhausgasen"?

CO$_2$ macht nur 3,6 Prozent dieser Treibhausgase aus. Und von diesen 3,6 Prozent CO_2-Anteil an den Treibhausgasen erzeugt wiederum der Mensch nur 3 Prozent! Somit sind also insgesamt nur 0,1 Prozent (ein Tausendstel) der Treibhausgase weltweit vom Menschen produziertes CO_2.

Das am stärksten vorkommende „Treibhausgas" ist hingegen der Wasserdampf – mit 95 Prozent aller „Treibhausgase". 99,99 Prozent davon sind natürlichen Ursprungs, nur für 0,01 Prozent Wasserdampf ist der Mensch verantwortlich.[523a]

Was ist der Treibhauseffekt?

Die Grundlage für die Annahme eines Klimawandels, an dem der Mensch mit seinen Treibhausgasemissionen (und hier vor allem dem CO_2) schuld sein soll: Die Erde erwärme sich umso stärker und schneller, je mehr Treibhausgase (vor allem Kohlendioxid/CO_2) ausgestoßen werden.

Als Treibhauseffekt sind mehrere Phänomene zu sehen:

Ein physikalischer Treibhauseffekt:
Ein Auto, das sich durch Sonnenstrahlung erwärmt und bei dem bei geschlossenen Fenstern der Innenraum erhitzt wird, ein Gewächshaus mit geschlossenen Fenstern, [532]die Alu-Folie über der Bratkartoffel.[533] Der Innenraum erwärmt sich bei Bestrahlung. Wird ein Fenster geöffnet, die Folie gelüftet, beginnt Abkühlung. Dieser physikalische Treibhauseffekt dürfte in der Wissenschaft unumstritten sein. Eine Blockierung des konvektiven Wärmetransfers (die geschlossene Folie, das geschlossene Fenster) wie hier steht allerdings nicht in einem Zusammenhang mit einer blockierten Strahlung. Das CO_2 ist daran nicht beteiligt.

Ein CO_2-bedingter, temperaturwirksamer Treibhauseffekt:
Dieser Treibhauseffekt soll zu einer Überhitzung führen. Kurzwellige Sonnenenergie strahlt auf die Erdoberfläche, die Erdoberfläche reflektiert die Sonnenenergie langwellig und erwärmt (im Regelfall) über Kontakt die Atmosphäre (per Wärmeleitung, Konvektion und zum Teil Strahlung[535]). Nach Theorie des Treibhauseffekts würden sie die sogenannten Treibhausgase (und hier vor allem das CO_2) die langwellige Wärmeenergie in einigen Kilometern Höhe wie ein Spiegel am Entweichen hindern[534] – und schon wäre ein Treibhauseffekt gebastelt.

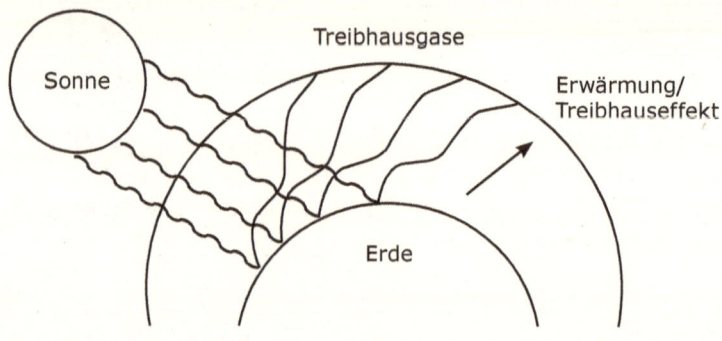

Nach dieser Theorie wäre CO_2 kein lebensnotwendiges und lebensför-
derndes Spurengas, sondern das stärkste und schädlichste aller Treibhausgase. Überleg dir bitte selbst unter anderem: Ist es wahrscheinlich, dass ein transparenter, gasförmiger, strömungsfähiger Isolator
Wärme, die nicht per Strahlung übertragen wird, staut?

Kritiker dieser Treibhaus-Annahme bemängeln nämlich genau das,
dass (Spuren)Gase wie das CO_2 keinen festen Schirm bilden und diese
nur selektiv Strahlung reflektieren könnten. Dementsprechendes haben Experimente des Frauenhofer Instituts im Jahr 1815 ergeben. Es
gäbe also rund um die Gasmoleküle noch genügend Bereiche, wo die
Wärme entweichen könnte.[536]
Ein weiterer Kritikpunkt: Wenn da wirklich ein Spiegel wäre, könnte er
nur das an Energie zurückgeben, was er vorher an Wärme empfangen
hat.[537] Demnach würde allerdings die erwärmte, allerdings insgesamt
noch immer kühlere Atmosphäre die Erde erwärmen. Da Wärme immer
von Warm nach Kalt fließt, erscheint das wenig wahrscheinlich.[538]

Der Treibhauseffekt solle zudem im Widerspruch mit der Thermo-
dynamik stehen, betonen Klimaforscher.[539] Außerdem würde das
CO_2 von den Ozeanen (den größten CO_2-Speichern überhaupt)
sowie von Bäumen, Pflanzen und Bodenorganismen aufgenommen.
In den großen Kalksteingebirgen und Korallenriffen der Meere liegt
das CO_2 gebunden vor, da der Gehalt vor Millionen von Jahren
noch bei 7000 ppm lag und jetzt nur noch 400 ppm aufweist. Die
Muscheln haben das Kohlendioxid in Form von $CaCO_3$ (Kalziumcar-
bonat), Sauerstoff, Kohlenstoff und Calcium gebunden. Das Kohlendioxid ist in ihren Schalen ein-
gelagert.

ca. 90 km Höhe	Mesosphäre
ca. 50 km Höhe	Stratosphäre
	Ozonschicht
	Stratosphäre
ca. 11 km Höhe	Tropohaus
	Troposphäre
	Erdboden

Quelle: Kent

Dementsprechende Untersuchungen hat der renommierte und ausgezeichnete (NASA-Medaille für seine Forschung) Meteorologe und ehemalige Autor für den Klimarat IPCC, Prof. John Christy, mit seinem Team vorgenommen. Das berichtete n-tv – entgegen der heutigen Berichterstattungslinie über den Klimawandel? – am 25.10.2007 noch ganz offen in der sehenswerten Reportage „Klimawandel – Alles Schwindel" (sie ist im Archiv nicht mehr auffindbar, wird allerdings noch über soziale Medien verbreitet).[541]

Doch wie messen Wissenschaftler die Temperatur in der Erdatmosphäre? Dazu gibt es zwei Methoden:

- mit Satelliten
- mit Wetterballons

Das Ergebnis von Prof. Christys Forschungen:
„Unsere Erkenntnis ist, der größte Teil der Erdatmosphäre erwärmt sich nicht im gleichen Maße wie die Erdoberfläche darunter.
Die gängigen Klimamodelle besagen etwas anderes. Wenn sich die Erdoberfläche erwärmt, erwärmt sich auch die Erdatmosphäre darüber. Da ist aber eben kein nennenswerter Temperaturanstieg zu verzeichnen. Irgendwas stimmt also an den Klimamodellen nicht."

Eine Ansicht, der viele andere Wissenschaftler beipflichten, wie wir später noch berichten.

Gibt es einen seriösen wissenschaftlichen Nachweis für einen menschengemachten, CO_2-bedingten Klimawandel?

Auch wenn der Treibhauseffekt von jenen, die eine nahende Klimakatastrophe verkünden, immer wieder als mahnendes Argument vorgebracht wird, dürfte bis jetzt ein ordentliches, wissenschaftlichen Kriterien entsprechendes Experiment dazu fehlen:

Nach seriösen wissenschaftlichen Anforderungen geht ein Wissenschaftler ohne Schlussfolgerung, also „ergebnisoffen", in eine Forschung. Er sucht also die Wahrheit, ohne davor fix zu behaupten, er kenne die Wahrheit bereits.

Eine seriöse wissenschaftliche Hypothese wird erstmal aufgestellt. Danach werden Vorhersagen dafür getroffen. Diese Vorhersagen werden im Versuch geprüft. Danach werden sie, je nach Ergebnis, verworfen, bestätigt oder revidiert.[541a]

Damit eine solche Hypothese als wissenschaftlich bewiesen gilt, muss sie auch von anderen Wissenschaftlern im Versuch reproduzierbar sein (oder unter ganz bestimmten Voraussetzungen als mathematische Rechnung beweisbar sein, so beispielsweise Prof. Tscheuschner).[542] Ein solches Experiment, das den Treibhauseffekt beweisen würde, gäbe es jedoch bis heute nicht, bemängeln Kritiker.[543] Eine Zusammenstellung von relevanten Beiträgen und Studien zu diesem fehlenden Experiment findest du in Oliver Janichs Sammlung wissenschaftlicher Quellen (https://www.oliverjanich.de/klimabetrug-alle-wissenschaftlichen-quellen-auf-einen-blick).

Ein Experiment zum behaupteten Treibhauseffekt hat Prof. Robert W. Woods schon 1909 gemacht und dadurch Svante Arrhenius' Annahmen eines CO_2-bedingten Treibhauseffekts bereits widerlegt. Greta Thunbergs Vorfahre gilt (nach dem französischen Physiker Jean-Baptiste Fourier und dem irischen Physiker John Tyndall) als einer der ersten Wissenschaftler, die sich mit dem Treibhauseffekt befasst haben. Arrhenius spekuliert darüber, ob die mittlere

Erdtemperatur, die er auf + 15° C schätzt, von wärmeabsorbierenden Gasen wie CO_2 abhängig sein könnte. Er ist der erste Wissenschaftler, der sich mit der Frage beschäftigt, wie eine Verdopplung des CO_2-Gehaltes durch Verbrennung von „fossilen Energiequellen" das Klima beeinflussen könnte. Dabei macht er viele Annahmen und Abschätzungen und er dürfte sich verrechnet haben, da er falsche Daten verwendet habe. Der Chemiker verließ sich dabei wiederum

auf die Arbeiten von Fourier und Tyndall. Arrhenius dürfte mit einer falschen Grundannahme sowie einer möglicherweise ungeeigneten Methode (einer falschen Anwendung des Stefan-Boltzmann-Gesetzes)[545] gearbeitet habe. Seine Berechnungen, die er also nachweislich auf Grundlagen falscher Daten durchgeführt hat, werden heute noch zitiert. Die Falsifizierung von Arrhenius' Experiment durch Woods wurde später mit dem gleichen Ergebnis und gut dokumentiert wiederholt. [546]

Die Professoren Prof. Ralf Tscheuschner und Prof. Gerhard Gerlich stellten in einer Studie (2007/2009) fest: *„(a) dass die Erwärmung eines Glashauses und die fiktiven atmosphärischen Treibhauseffekte sich in keinerlei Hinsicht durch gemeinsame physikalische Gesetze auszeichnen, (b) dass es keine Berechnung gibt, welche die durchschnittliche Oberflächentemperatur eines Planeten bestimmen, (c) dass die häufig erwähnte Differenz von 33 Grad Celsius eine bedeutungslose und falsch berechnete Zahl ist, (d) dass die Formeln der Hohlraumstrahlung falsch angewendet werden, (e) dass die Annahme der Strahlungsbilanz unphysikalisch ist, (f) dass Wärmeleitfähigkeit und Reibung nicht gleich Null gesetzt werden dürfen."*[546a] Damit haben unter anderem sie den atmosphärischen Treibhauseffekt falsifiziert.

Auch der eine und die andere YouTuberin haben sich an Experimente rund um den Treibhauseffekt gewagt und Videos online gestellt. Wie auf dem Kanal „Norman.Investigativ" gezeigt wird,[567] jedoch häufig (immer?) mit offensichtlich unwissenschaftlichen Methoden, die mehr nach Absicht als Zufall oder Schlampigkeit aussehen. Die Flaschen mit CO_2 und ohne CO_2 werden etwa unauffällig, jedoch bei genauer Beobachtung klar erkennbar, mehrfach nicht gleich stark bestrahlt. In den CO_2-Flaschen ist teilweise ein Vielfaches des CO_2-Vorkommens der natürlichen Atmosphäre und das Experiment alleine deshalb nicht aussagekräftig, weil es eben nicht auf die Erdatmosphäre umlegbar ist. Auch bei einem Experiment, das gründlicher durchgeführt wurde, hat ein kurzer, wahrscheinlich unüberlegter Schwenk des Kameramannes auf den Computer ergeben, dass mehr als 7,43 Prozent CO_2 in der einen Kammer war (gegenüber 0,038 Prozent in unserer Erdatmosphäre).

Temperatur und CO_2 – gibt es eine Ursache-Wirkungs-Beziehung?

Doch sehen wir uns ungeachtet dessen einmal an, ob die Temperaturentwicklung mit der CO_2-Entwicklung in einer Wechselbeziehung aus Ursache und Wirkung steht („korreliert"). Wie hat sich die Temperatur entwickelt, wie das CO_2-Vorkommen?

Das Klima auf der Erde ändert sich ständig, so soll es bereits viel wärmere und auch kühlere Phasen gegeben haben, noch lange vor der Industrialisierung durch den Menschen. Auch das Vorkommen des natürlichen Spurengases CO_2 soll bereits lange vor der Industrialisierung weit höher gewesen sein, als es jetzt ist.[546b] Der ständige natürliche Klimawechsel ist der normale Zustand auf der Erde. Die letzte große Eiszeit auf der Erde soll ca. 10.000–15.000 Jahre zurückliegen. Zwischen großen Eis- und Warmzeiten liegen kleinere. Die letzte kleinere Eiszeit war rund um 1700, seitdem erwärmt sich die Erde wieder kontinuierlich – wobei die Temperatur in den letzten Jahren sogar stagnieren soll. (In den 1970er-Jahren wurde sogar eine drohende Eiszeit befürchtet, ob die Gefahr real oder Teil einer bewussten politischen Mission war?)[547] Vor der kleinen Eiszeit lag übrigens eine Periode, die um ein halbes bis ein Grad wärmer war, als es jetzt auf der Erde ist, sie wird die „mittelalterliche Warmzeit" genannt.

Rund alle 200.000 Jahre soll sogar eine totale Erdumpolung stattfinden.

> *„Während wir heute immer gleich Klimakatastrophe schreien,*
> *hatten die Menschen damals überhaupt kein Problem damit.*
> *Sie änderten einfach ihren Lebensstil."*
> Prof. Philip Stott/Universität London[548]

KLIMAKURVE DER LETZTEN 750 000 JAHRE
[Sauerstoff-Isotopen-Methode] $^{18}O/^{16}O$

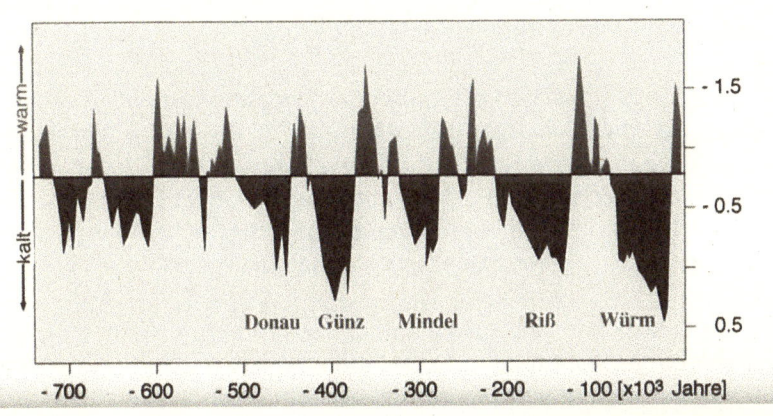

Quelle Grafik: EIKE/Prof. Horst Malberg

Was passiert, wenn die Temperatur um einen Grad ansteigt? Dann verschiebt sich die Schneefallgrenze um 150 m nach oben. Ein Alpengletscher würde sich damit von der Zunge um 150 m zurückziehen. Was wäre die Folge? Es würden im Eis eingeschlossene Dinge hervorkommen: Baumstämme, alte Werkzeuge, Gletschermumien wie Ötzi.

Wenn der Berg von oben schmilzt, dann „schwitzt" der Berg von der Sonne durch die Absorption von Sonnenlicht bei einer Staubschicht auf dem Berg. Was zeigt uns das? Dass die Alpengletscher sich schon oft zurückgezogen und dann auch wieder gebildet haben.[549] Es dürfte sich also auch hier um völlig natürliche Schwankungen handeln.

„Das Kohlendioxid begann ab der Zeit von 1940 stark zu steigen, während die Temperaturen bis ca. 1975 zurückgingen. Absolut gegenläufig also. Wenn das CO_2 ansteigt und die Temperatur sinkt, kann mal wohl kaum von einer Parallel-Entwicklung sprechen."
Prof. Syun-Ichi Akasofu / Leiter Arktisches Forschungszentrum[550]

Vor rund 10.000 Jahren soll es also die letzte große Eiszeit gegeben haben (die „Weichsel-/Würm-Eiszeit"). Seit damals stiegen die Temperaturen wieder langsam an, mit Ausnahme einer kleinen Eiszeit im 17. Jahrhundert und weiterer kleiner natürlicher Schwankungen, offiziell stieg sie in den letzten 150 Jahren um rund ein halbes Grad (wir verweisen hierbei auf die Problematik der Messungen, Aufzeichnungen und stellen überhaupt die Sinnfrage nach Erstellung einer einzigen „mittleren" Erdtemperatur, wo schon das Wetter fast nirgends gleich ist).

Stieg ebenso wie die Temperatur nach der letzten kleinen Eiszeit auch die CO_2-Kurve in direkter Beziehung dazu?

„Bis 1940 stiegen die Temperaturen massiv, zu einer Zeit, als es wenig CO_2-Ausstoß gab. Aber dann in der Nachkriegszeit nahm die Industrie Fahrt auf und mit ihnen der CO_2-Ausstoß, doch es wurde nicht wärmer, sondern kälter. Weltweit. Die Theorie haut also nicht hin."
Prof. Tim Ball, Universität Winnipeg[551]

Es ergibt sich also seit Aufzeichnung der Temperatur (ohne Manipulation an den Verläufen) keine Korrelation zwischen dem CO_2-Vorkommen und dem Verlauf der Temperatur.

Forschung mit Eiskernbohrungen

Um die Entwicklung über lange Zeit zurückverfolgen zu können, bedient man sich der Methode von Eisbohrkern-Proben. Aus darin eingeschlossenen CO_2-Mengen soll man die Zusammensetzung der Atmosphäre erkennen können. (Wenn man in Kauf nimmt, dass das CO_2 im Eis nicht zwingend gebunden bleibt, sondern auch nach außen diffundieren kann – in dem Fall wäre der jeweilige CO_2-Wert nämlich früher noch höher gewesen, als es jetzt über das Eis feststellbar ist[552]).

 Bei der Analyse der Eisproben kam zutage, dass sowohl die Temperatur als auch das CO_2 ähnlich anstiegen oder fielen, berichtete Prof. Jan Clarke von der Universität Ottawa,[553] ein auf die Erdtemperatur der letzten 100.000 Jahre spezialisierter Wissenschaftler. Die Kurven verliefen in Wirklichkeit nämlich nicht gleichzeitig, sondern die Temperatur bewegte sich immer um ca. 800 Jahre vor dem CO_2.

Wenn große Zeiträume berücksichtigt werden und viele Daten auf kleinstem Raum dargestellt werden, könnte man vielleicht den Eindruck erhalten, die Kurven lägen gleich. So dürfte es Al Gore ergangen sein, denn er zeigt in seinem Film zwar dementsprechende Kurven, jedoch ohne Hinweis auf den zeitlichen Abstand. So entsteht leicht der Eindruck, die Kurven steigen oder sinken gleichzeitig und CO_2 sowie Temperatur verlaufen zur gleichen Zeit parallel.

„Es heißt immer und überall, dass CO_2 sei das Treibhausgas zum Temperaturanstieg. Aber die Eisproben belegen das Gegenteil. Die Grundannahme der Theorie des menschengemachten Klimawandels ist also erwiesenermaßen falsch."
Prof. Tim Ball, Universität Winnipeg[554]

Was bedeutet das? Das CO_2 kann nicht Ursache für einen Temperaturanstieg sein, sondern das CO_2 folgt in einem riesigen zeitlichen Abstand der Temperaturänderung nach. Im Gegenteil, CO_2 soll die Erdoberfläche sogar kühlen (und das natürliche Spurengas wird auch im Alltag als Kühlmittel eingesetzt!).[555]

Wie erklären sich Wissenschaftler den großen Zeitunterschied von mehreren hundert Jahren zwischen den beiden Kurven? Rund 78 % der Weltoberfläche sind mit Meeren bedeckt, das bedeutet riesige Mengen an Wasser.[556] Das Wasser und die Atmosphäre interagieren allerdings miteinander. Das Resultat daraus ist, dass die Meere durch den Temperaturanstieg das in ihnen gebundene CO_2 an die Luft abgeben. Der CO_2-Gehalt steigt in der Luft. Wenn es dann wieder abkühlt auf der Erde, nehmen die Ozeane das gelöste CO_2 wieder auf und binden es im Wasser oder in großen Tiefen als gefrorenes Methan. Dann sinkt der CO_2-Gehalt in der Atmosphäre wieder. [556a] Meerwasser enthält 50-fach höhere CO_2-Werte als Luft, diese CO_2-Vorkommen sind vor allem für Korallenriffe, Muscheln und Schnecken von Bedeutung[523c] (und nicht, wie kolportiert wird, eine Gefahr für ua. Korallenriffe und verschiedene Tier- und Pflanzenarten!). Weil die Ozeane bekanntlich sehr viel der Erdoberfläche ausmachen und sehr weitflächig und tief sind, dauert dieser Prozess und findet immer mit einer Verzögerung von rund 800 Jahren als Reaktion auf den Temperaturverlauf statt.[556a]

Fazit:

Zuerst erfolgt ein Temperaturanstieg,
danach erst der CO_2-Anstieg.

„Wir schrieben routinemäßig Schreckensgeschichten... Unsere Presseberichte waren mehr oder weniger wahr... Wir waren darauf aus, die Öffentlichkeit in einen Rausch über die Umwelt zu stürzen."[0c]
Jim Sibbison, Umweltjournalist, ehemaliger PR-Agent
der Environmental Protection Agency

Was sind Prognosen, Prophezeiungen und Szenarien?

Die Zukunftsszenarien über Klimakatastrophen basieren meist auf verschiedenen computergestützten Klimamodellen. Wie du gelesen hast, hat das CO_2 keinen Einfluss auf das Wetter, das Wetter wiederum ist allerdings die Grundlage für das Klima – damit würde das eine nichts mit dem anderen zu tun haben.
Sehen wir uns an, mit welchen Herausforderungen die Klimawissenschaftler zu kämpfen haben.

„Es ist kein Geheimnis, dass viele Klimaforschungen
der Meinung sind, dass Klimamodelle auch über die Anzeichen
zukünftiger Veränderungen (z. B. trockeneres versus feuchteres
Zukunftsklima) manchmal nicht übereinstimmen. Das Problem ist,
dass nur sensationelle Übertreibungen die Art von Geschichte
hervorbringen, die die Aufmerksamkeit der Politiker –
und der Leser – auf sich ziehen wird. Also, ja, Klimawissenschaftler
mögen übertreiben, aber in der heutigen Welt ist dies der einzige
Weg, um politisches Handeln und damit mehr staatliche Finanzierung
zu gewährleisten, um die wissenschaftliche Unsicherheit zu verringern."
Monika Kopacz, Atmosphärenforscherin[115a]

Klima-Prognose: Das Klima-System ist ein nicht-lineares, chaotisches System = man kann nicht einfach die Daten der Vergangenheit linear in die Zukunft fortschreiben, sondern es sind verschiedene Einflüsse (z. B. Vulkanausbrüche) nicht vorhersagbar. Deshalb ist eine langfristige Vorhersage von zukünftigen Klimazuständen (= eine Aufzeichnung und Auswertung des sich ständig verändernden Wetters) nicht möglich. Klimawissenschaftler können sich aber nur auf die langfristigen Wetterdaten der Vergangenheit stützen und diese linear fortschreiben. Das ergibt jedoch keine Prognose, sondern reine Projektion (Annahme).[558]

„... es ist auch niemand, kein ernstzunehmender Klimawissenschaftler
in der Position zu sagen, ich prognostiziere irgendetwas.
Da prognostiziert niemand was, es wird nichts vorhergesagt,
sondern es werden Szenarien gerechnet. Und das ist eine ganz
wichtige Sache, die hier betont werden sollte ..."
Prof. Andreas Bott, Universität Bonn[559]

Klima-Projektion: Auf diese stützen sich Klimawissenschaftler und auch Klimaaktivisten. Die Projektion ist eine bedingte Wenn-Dann-Aussage in Form von relativ langzeitlichen Statistiken, sie ist auf Szenarien gestützt und bedingt (das heißt sie berücksichtigt nicht alle Prozesse). Sie ist Ergebnis der Anwendung eines Klimamodells, das auf bestimmten Emissions- oder Konzentrationsszenarien basiert.[560] Die dabei eingesetzten, verschiedenen Szenarien beruhen auf einer Reihe von Annahmen über die weitere wirtschaftliche, politische, demografische, soziale und technologische Entwicklung.[561] Daher die strikte Verwendung des Wortes „Projektion" statt „Prognose" (Vorhersage)."

Szenarien: Auf Annahmen basierende, alternative Gedankenspiele, die mithilfe von Computermodellen simuliert werden. Diese sind als nicht wissenschaftlich einzustufen.

„Diese Modelle arbeiten mit hypothetischen Zahlen, weil man sie nicht anders hat. Und da kann man nur sagen, ein schlechtes Modell ist besser als gar kein Modell. Und ich sage das Gegenteil: Ein schlechtes Modell ist schlimmer als gar kein Modell."
Prof. Gerhard Gerlich: Techn. Uni Braunschweig

Nochmal zusammengefasst: Klimawissenschaft (und damit die „Beratung", auf die sich Al Gore und Greta Thunberg sowie die Politiker, die CO_2-Steuern einführen wollen, stützen) kann keine Prognosen machen, sondern stützt ihre Warnungen alleine auf Klimamodelle, die aufgrund von Annahmen und Wenn-Dann-Prozessen entstanden sind (denn etwas anderes kann wissenschaftlich seriös nicht geliefert werden).

„Die Daten spielen keine Rolle.
Wir stützen unsere Empfehlungen [zur Reduzierung der Kohlendioxide-missionen] nicht auf die Daten. Wir stützen sie auf die Klimamodelle."
Chris Folland vom UK Meteorological Office[0c]

Wie vertrauenswürdig sind dann die Warnungen Greta Thunbergs und all der anderen Prominenten, die selbst vielleicht nach wie vor mit dem Privatjet unterwegs sind? Wie verantwortungsbewusst ist es, seit mehr als zehn Jahren Kinder und Jugendliche auf der ganzen Welt zum Teil schwer zu verängstigen mit scheinbaren Prognosen, die es so nicht geben kann? Wie aufrichtig ist es, wenn es jede Menge erfahrener Wissenschaftler gibt, die absolut keine Grundlage für ein solches Katastrophenszenario sehen, in den Medien zwar 2007 noch, aber mittlerweile kein Gehör mehr finden? Da sich die Berichterstattung teilweise ins Gegenteil verkehrte – wann wurde die Unwahrheit berichtet, z. B. bei ARD, n-tv, Spiegel, wo wir ältere und neuere Publikationen vorliegen haben? Waren jene, wie es den Anschein macht, sehr gründlich recherchierten und aufwendig produzierten Dokumentationen aus dem Jahr 2007, wo der menschengemachte, CO_2-bedingte Klimawandel noch als bewusst propagierte Unwahrheit präsentiert wurde, falsch? Oder entspricht die heutige Berichterstattung nicht mehr der Wahrheit, die zu gänzlich anderen Ergebnissen zu kommen scheint und wo das Vorliegen eines menschenverursachten Klimawandels meist gar nicht mehr diskutiert, sondern als Fakt hingenommen wird?

Welche massiven Auswirkungen diese Panikmache hat, konnte man nicht zuletzt an Greta Thunbergs emotionaler Rede beim UN-Klimagipfel in New York sehen. Wie vertrauenswürdig sind dann die Bilder in Al Gores Film, dessen Vorhersagen bisher überwiegend (gänzlich?) nicht eingetreten sind?

„Anstatt Modelle als Beschreibung der wörtlichen Wahrheit zu sehen,
sollten wir sie als praktische Fiktionen betrachten,
die versuchen, etwas Nützliches zu bieten."
David Frame, Klimamodellierer, Oxford University[0c]

Auffallend ist, dass die Diskussionsfreude bei den Verfechtern des menschenverursachten Klimawandels unter Verwendung von Klimamodellen (am Computer aufgrund bestimmter Annahmen erstellter Modelle, meist mit der Grundannahme, dass der Mensch den Klimawandel verursacht) nicht ausgeprägt sein dürfte. So hat – wie erwähnt – bisher noch niemand Oliver Janichs Einladung zur Live-Diskussion angenommen. Warum wagen sich jene Wissenschaftler nicht in eine Live-Diskussion (noch dazu, wo sie die Argumente des Diskussionspartners schon vorher kennen!), wenn sie sich so wie Prof. Harald Lesch[562] oder die Mitglieder des Potsdam Institut für Klimafolgenforschung immer wieder öffentlich klar für den Menschen und das von ihm ausgestoßene CO_2 als Klimawandelursache aussprechen? Sehr merkwürdig auch deshalb, weil dessen Wissenschaftler sehr genau wissen, dass *„diese Klimamodelle nicht in der Lage sind, auf 10 oder 15 oder 20 Jahre Prognosen über den Klimaverlauf zu machen"*, wie Prof. Stefan Rahmstorf in einem ZDF heute-Interview am 25.09.2013 selbst vor der Kamera aussagte. Warum argumentieren sie dann, wie es scheint, auf Basis genau solcher Daten? Wenn es darum geht, sich mit anderen Ansichten zu beschäftigen, wird plötzlich mediale Zurückhaltung geübt? Ist man sich seiner Argumente und der Theorie doch nicht so sicher? Es scheint so, als wären von Prof. Lesch und anderen möglicherweise Daten verfälscht worden, um die gewünschten Aussagen treffen zu können, auch wenn die tatsächlichen Daten etwas anderes zeigen.[563]

„Klimamodelle sind ja nicht mal in der Lage, die Wolkenbildung zu
simulieren. Und jeder weiß, wenn eine Wolke vor die Sonne tritt,
wenn man im Freibad ist, da wird es sofort kühler.
Das heißt, sowas kann nicht simuliert werden, daran sieht man, wie
stark vereinfacht diese Klimamodelle letztendlich sind.

223

Klima ist ein wahnsinnig komplexes Thema. Sie vermögen sich das wie Poolbillard vorzustellen. Wenn man den ersten Stoß verändert, kommt ein komplett anderes Ergebnis raus. Und wir wissen beim Klima noch nicht, wieviele Kugeln im Spiel sind."

Dirk Maxeiner, Wissenschaftsautor[565]

„Klimamodelle sind nur so gut wie ihre Grundannahmen. Wenn nur eine Annahme falsch ist, und es sind hunderte, die da einfließen, kann die Vorhersage völlig daneben gehen."

Dr. Roy Spencer, NASA-Klimaforscher[566]

3. Temperaturmessung, Temperaturaufzeichnung und Ungereimtheiten

Eine Aufzeichnung der Klimadaten gibt es seit etwa 300 Jahren.[557] Mit dem Thema sind allerdings zahlreiche Herausforderungen (und Manipulationen?) verbunden. Das Klima (= Auswertung statistischer Wetterdaten über lange Zeiträume) kann nur so gut sein, wie die ihr zugrundeliegenden Daten. Und genau da scheint es allerdings (betrügerisch bewusst herbeigeführte?) Probleme zu geben.

Als Mindestzeit für die Klimaerfassung wird ein Zeitraum von 30 Jahren angegeben, beschlossen wurde dies erstmals für den Zeitraum von 1901 bis 1930. Der Mittelwert wäre dann gleitend mit 1915 anzusetzen gewesen, dies wird jedoch beim Klima nicht gemacht. Zudem ist das Wetter immer bereits vorbei, bis es für die Klimabeobachtung erfasst wird. Klima ist im Prinzip ja, wie du lesen konntest, ein rein statistischer Wert, der sich auf das vergangene Wetter über mehrere Jahre und Jahrzehnte oder mehr bezieht. Wetter ist allerdings nicht genau vorherzusagen, es kann sich jederzeit verändern und ist nicht linear verlässlich. Alleine daraus lässt sich schon erkennen, dass keine seriösen Klimaprognosen erstellt werden können. Zudem erscheint es nicht seriös zu sein, eine globale Durchschnittstemperatur oder ein globales Weltklima zu ermitteln. Wetter (und darauf fußt im Endeffekt ja das Klima) ist stetig veränderlich und an fast keinem Ort gleich, wie auch ein Blick auf die Pole noch zeigen wird. Wie viel Sinn macht es da, einen Mittelwert in Temperatur oder Klima zu „ermitteln".

Veränderung der Messstationen und Datenaufzeichnung

Um das Klima bestimmen zu können, ist man auf genaue Daten aus der Wetteraufzeichnung angewiesen. Doch wie vertrauenswürdig sind diese Daten, die aufgezeichnet werden (also die Grundlagen zur Klimabestimmung) überhaupt? Und wie werden sie dann für das „Weltklima" (dessen Begriff und Inhalt, wie erwähnt, nicht sinnvoll erscheint) bereitgestellt. Klimadaten werden aus in Wetterbeobachtungsstationen gesammelten Werten ermittelt, damit müssten objektive Daten und Fakten vorliegen, an deren Deutung es keinen Zweifel geben könne – oder? Wie seriös geht die Temperaturmessung vonstatten? Wie glaubwürdig sind die Beurteilungen von Temperaturänderungen und Klimawarnungen auf Basis der ermittelten Daten?

Der Investigativ-Journalist Norman Klein hat auf seinem YouTube-Kanal[567] seine in unseren Augen sehr, sehr informativen Recherchen über die Aufzeichnung der Wetterdaten in Deutschland veröffentlicht. Demnach dürfte bereits bei der Messung der Daten alleine in Deutschland so manche Ungereimtheit verborgen sein. Das sind wohlgemerkt jene Daten, die in die globale Klimaermittlung einfließen und wonach sich ein vermeintlicher Anstieg der Erdtemperatur ergeben soll.

Er bekam für seine Recherchen offiziell Zugang zur Datenbank des Deutschen Wetterdienstes DWD. Was er dort dann entdeckte, lässt möglicherweise auch den letzten Zweifler an einer mächtigen Mission hinter der Warnung vor einem menschenverursachten Klimawandel aufhorchen. Zuerst sah er sich die Wetteraufzeichnung für Norddeutschland an. Jede Messstation ist als Punkt abgebildet, je nach gemessener Temperatur in unterschiedlichen Farben.

Das Ergebnis für Norddeutschland:
2018: viele gelbe Punkte, wenig grüne
    (es ist demnach wärmer geworden), Jahresmittel D 8,9 Grad
2009: mehr grüne Punkte, damals war es kühler
1989: viel weniger Punkte/Messstationen, grün dominiert
Das Resümee, das sich daraus (fälschlich?) ergibt: Es sei in den letzten dreißig Jahren wärmer geworden.

Danach hat er sich den Bereich Baden-Württemberg angesehen: hier wurden 1989 mehr Temperaturdaten erfasst als 2018. 1989 sind viele Klimadaten aus dem (kühleren) Schwarzwald eingeflossen, die 2018 nicht mehr berücksichtigt wurden. Waldumgebung ist immer kühler als Siedlungsgebiete. Dadurch erschien Baden-Württemberg 2018 wärmer als 1989, ohne dass ein tatsächlicher Temperaturanstieg gegeben sein musste.
Der nächste Schritt von Norman.Investigativ (dokumentiert im Video „Tricksen Täuschen Fabulieren – Der Klimaschwindel"): Er verglich die Daten deutschlandweit.

 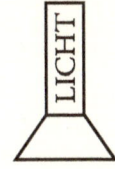 

Innerhalb von 30 Jahren sind jede Menge Messstationen aus den kühleren Standorten gänzlich verschwunden oder sind in wärmere Zonen verlegt worden. Siedlungen und Städte weisen immer ein (im Schnitt um 2,4 Grad) wärmeres Klima aus, die Gebäude speichern Wärme und geben diese auch in der Nacht noch ab, wodurch es in besiedelten Gebieten nicht so kühl ist, wie in unbewohnten Gebieten.

Wenn Messsensoren davor in unberührter Natur standen und dann in Siedlungsnähe oder Städten aufgebaut wurden – wie wird sich die gemessene (nicht die tatsächliche!) Temperatur dann ändern? Das heißt, es ist alleine durch diese Manipulation am Papier wärmer geworden, obwohl sich die Temperaturen bei einer weiterhin ausgewogenen, unveränderten Messung wahrscheinlich gar nicht auffallend verändert hätten.

Die Erkenntnis des Journalisten: Zwischen 1989 und 2018 seien über 80 Prozent der Sensoren abgeschaltet oder umpositioniert worden!
Mit der Annahme, dass das Erdklima, wie propagiert, seit 1885 angestiegen sein soll, hat Norman Klein dann noch den Zeitraum ab 1885 angesehen und mit Erstaunen festgestellt, dass es damals genau 17 Messstationen gab. Auf die damals noch vorzeitliche Technik eines Thermometers im Vergleich zu jetzigen Messinstrumentarien braucht dann wohl gar nicht mehr hingewiesen werden.
Wie sollen Werte wissenschaftlich seriös verglichen werden? Wie seriös ist die Klimaermittlung in Deutschland und in weiterer Folge (wie messen die anderen Länder?) das globale Klima? Wenn sich die ganze Wissenschaft einige wäre, wie derzeit dargestellt wird, würden diese Vorgänge immer noch schwer wiegen. Wie können sich Wissenschaftler jedoch ernsthaft auf solche Daten berufen, wenn viele erfahrene Wissenschaftler und Studien den Annahmen des CO_2-basierten Klimawandels massiv widersprechen?

Datenermittlung und Manipulation der Temperaturkurven

Das heißt, die ermittelten Daten, die in die Klimaermittlung einfließen, dürften bereits äußerst fragwürdig sein. Wie schaut es allerdings dann mit der Aufzeichnung auf globaler Ebene aus?

Im Jahr 2012 hat Prof. Dr. Friedrich-Karl Ewert entdeckt, dass die NASA die Daten für das 20. Jahrhundert zwischen 2010 und 2012 verändert hat. Es waren plötzlich nicht mehr die gleichen Daten und Kurven, die von der NASA bis 2010 herausgegeben worden sind.[568] Sehr auffällig sind die veränderten Kurven an Beispielen aus Grönland, einige Änderungen sind offensichtlich, für andere musste Prof. Ewert genauer analysieren. (Die Grafiken dazu kannst du dir im YouTube-Video mit Prof. Friedrich-Karl Ewerts Vortrag auf dem Kanal des EIKE – Europäischen Instituts für Klima und Energie ansehen). Die NASA hat also rückwirkend Daten verändert. Am Beispiel Reykjavik wurden etwa Klimadaten zwischen 1900 und 1920 und rund um das Jahr 1940 verändert, was in der Auswertung 2012 dann einen Temperaturanstieg von 0,0043 °C/a statt eines Anstiegs 2010 um 0,0001 °C/a ergeben hat! Prof. Ewert hat die neu eingestellten Daten mit seinen Messdaten von 120 verschiedenen Stationen verglichen und herausgefunden, dass durch die neu von der NASA herausgegebenen Messwerte ein Temperaturanstieg im Mittelwert von 0,0051 °C/a auf 0,0093 °C/a ersichtlich war. Unserer Einschätzung nach kann das wohl kaum Zufall oder Schlamperei gewesen sein, dass hier einzelne Verläufe innerhalb verwendeter Kurven plötzlich (angepasst an eine elitär vorgegebene Linie eines menschenverursachten Klimawandels?) manipuliert wurden. Wie siehst du es? Hat die NASA hier möglicherweise absichtlich Daten gefälscht? (Dass jedes Foto, dass du über die Erde aus dem Weltall aufgenommen siehst, von der NASA bearbeitet wurde, haben wir bereits an anderer Stelle erwähnt).

„Wir Geologen haben zu dieser Geschichte mit dem Klimawandel eine etwas andere Einstellung, weil wir wissen, dass es das immer gegeben hat, dass es sehr viel stärker war und dass die Klimawandel ein sehr wichtiger Faktor der biologischen Evolution sind und dass wir hier alle nicht säßen, wenn es keinen Klimawandel gäbe, denn dann hätten sich die Menschen nicht entwickelt."
Prof. Friedrich-Karl Ewert[569]

Auch „Norman.Investigativ"[570] hat Unstimmigkeiten in den Kurven der NASA entdeckt und sich angesehen, wer die Temperaturaufzeichnungen bei der NASA betreute. Bis 2010 war dafür James Hansen zuständig, 2019 wurden die Temperaturkurven nach Angaben auf der NASA-Homepage[571] nochmal verändert, bearbeitet und ergänzt. Jetzt zeichnet ein „Nathan Lenssen" dafür verantwortlich, über den jedoch keine Infos im Internet verfügbar sein dürften.

Wer ist also jener Mensch, der bis 2010 die Kurve betreut hat, die so viel über eine mögliche Erderwärmung aussagen soll und die als Grundlage der meisten Klimamodelle gilt?

James Hansen trat bereits Anfang der 70er-Jahre in Erscheinung, einer Zeit, als auch der Club of Rome begann, Klimawarnungen zu publizieren. Damals warnte er allerdings 1971 in einem Artikel der Washington Post noch vor einer drohenden Eiszeit. (Den Artikel siehst du im Video von Norman.Investigativ). Seine Warnung damals: In den nächsten 50 Jahren könnte der Feinstaub, den die Menschen durch Verbrennung fossiler Brennstoffe in die Atmosphäre leiten, das Sonnenlicht soweit abschwächen, dass die Durchschnittstemperaturen um bis zu 6 Grad fallen könnten! Die 50 Jahre sind fast um, von einer Eiszeit und sechs Grad weniger ist noch wenig zu sehen – doch stopp, jetzt ist es ja die Erderwärmung, die uns unmittelbar bedrohen soll (auch wenn die Umweltprognosen des Club of Rome aus den 70er-Jahren und die wesentlichen Warnungen aus Al Gores Film 2006 ebenfalls nicht eingetroffen sind). Den CO_2-Ausstoß sah Hansen damals laut Washington Post noch nicht als gefährlich an, vielmehr waren damals Sulfate, Nitrate und Kohlenwasserstoffe Grund seiner Sorgen. Zehn Jahre später, Hansen war demnach mittlerweile Direktor des NASA Goddard Instituts, dürfte ihn eine drohende Eiszeit nicht mehr irritiert haben. Vielmehr wurde aus leicht rückgängigen Temperaturen seit den 40er-Jahren (bei gegengleich steigendem CO_2-Gehalt und einem Wirtschaftsboom in der Nachkriegszeit) eine leicht steigende Kurve ab den 1970er-Jahren. Ab sofort schien also eine Erderwärmung zu drohen, mit dem Abschmelzen der Polkappen. (Dass diese sich immer wieder verändern und an den Küsten Grönlands in früheren Warmperioden Ackerbau möglich war, haben wir bereits erläutert).

Errechnet will es Hansen mit einem Computerprogramm haben, dessen Funktion er lange geheim gehalten haben soll (Kritiker rätselten, wie er ohne Chaostheorie und dreidimensionale Atmosphärendynamik eine Erderwärmung eruiert haben will), später durften andere Wissenschaftler den Computer inspizieren, stießen jedoch angeblich auf Ungereimtheiten. Sogar dem Klimawarner Al Gore, der nicht immer den Anschein macht, nur auf die besten Daten und stimmigsten Warnungen zurückzugreifen, wenn man sich das Nicht-Eintreffen etlicher seiner Warnungen ansieht, sollen Manipulationen aufgefallen sein. Hansen beteuerte, dass jemand nachträglich seine Daten verfälscht haben müsse. 2013 trennten sich seine Wege von der NASA, seither tritt er als Umweltschützer und Öko-Aktivist auf. Auffallend: Im Jahr 2013, als er sich von der NASA trennte, soll er den „Riedenhour Preis" für große Aufklärungsarbeit und Courage verliehen bekommen haben. Das ist derselbe Preis, den auch George Soros 2019[572] verliehen bekam ... Auch Hansen umgibt sich in seinem Öko-Aktivismus mit jungen *Mädchen, seine Enkelin war schon 2015 Mitglied der Climate Kids USA, die die US-Regierung verklagten (ein markantes Symbol ihrer Demos war damals jene blau-grüne Erdkugel, die auch heute wieder bei den* „Fridays for Future"-Demos auftaucht). Noch eine Parallele: Auch Sophie Kivlehan, Hansens Enkelin, durfte an seiner Seite 2017 bei der UNO-Klimakonferenz in Bonn auftreten. Wäre Hansen ein „normaler", rein privater Öko-Aktivist, der nicht Unterstützung aus dem Hintergrund hätte, würde er solche Privilegien wohl kaum erhalten.

Die Entlarvung der Hockeyschläger-Kurve von Prof. Michael Mann

Was hat ein Hockeyschläger mit dem Klima zu tun?

2001 hat Prof. Michael Mann eine Temperatur-Kurve erstellt, die sogenannte „Hockeyschläger-Kurve". Der „Weltklimarat" IPCC beruft sich auf diese Arbeit von Prof. Mann, bei der erst am Schluss der Erdtemperaturkurve die Werte nach oben steigen.

2019 hat Prof. Michael Mann, der Erfinder der umstrittenen Hockeyschlägerkurve von 2001, vor einem kanadischen Gericht endgültig die Herausgabe der ihr zugrunde liegenden Rohdaten verweigert und damit freiwillig Millionen an Dollar Gerichtskosten und Entschädigungskosten für ein langjähriges und noch dazu von ihm selbst angestrebtes Gerichtsverfahren in Kauf genommen.
Prof. Michael Mann klagte selbst gegen die Aussage eines Geografen, Dr. Timothy Ball. Dieser hatte seine Meinung geäußert, dass Michael

Mann ins Gefängnis gehöre, weil dessen Rohdaten für die Temperatur-anstiegskurve manipuliert und gefälscht seien. Im Gegensatz zu anderen Temperaturaufzeichnungen weist die Hockeyschläger-Kurve nur wenige natürliche Temperaturschwankungen auf und sieht einen Anstieg der Erderwärmung erst – optisch einem Hockeyschläger ähnelnd – menschenverursacht mit dem Einsetzen der Industrialisierung.

Das Gericht hatte im Zuge des Verfahrens diese Rohdaten angefordert, um beurteilen zu können, ob der Vorwurf der Manipulation und Fälschung wahr oder falsch sei.

Die Geheimhaltung um jeden Preis lässt – gerichtlich bestätigt – nur einen Schluss nahe: Prof. Michael Mann habe eine kriminelle Handlung begangen, da er lieber die von ihm selbst eingereichte Zivilklage verlor, als die Rohdaten seiner Arbeit zur Verfügung zu stellen. Damit verweigert er nicht nur den wissenschaftlich üblichen breiten Peer-Review, sondern entzieht damit auch der Theorie des menschenverursachten, CO_2-bedingten Klimawandels des internationalen Weltklimarats IPCC die Glaubwürdigkeit.

Trotz dieses Urteils halten unsere Politiker an der geplanten Einführung einer CO_2-Steuer für jeden deutschen Steuerzahler fest. Wie sich herausstellt, basiert die ganze These des „menschengemachten Klimawandels durch CO_2" im Wesentlichen auf einer einzigen, auch noch absichtlich kriminell manipulierten Arbeit von Prof. Michael Mann. Diese wird vom IPCC als wissenschaftlicher Beweis rumgereicht und als Zünglein an der „Wahrheits-Waage" angesehen.

Es konnte auch noch ein umfangreicher E-Mail-Verkehr als Beweis dafür dienen, wie man versuchte, die Rohdaten absichtlich zu fälschen und „anzupassen", sodass sie politisch in die IPCC-Ideologie des menschengemachten, CO_2-bedingten Klimawandels passten.

> *„Wie wir alle wissen, geht es hier überhaupt nicht*
> *um die Wahrheit, sondern um Anschuldigungen,*
> *die plausibel geleugnet werden können."*
> Prof. Michael Mann in einem der zahlreichen E-Mails an Kollegen
> (die eigentlich wieder gelöscht werden hätten sollen)

US-Präsident Donald Trump hat bereits eine strafrechtliche Anklage wegen Betruges gegen Prof. Michael Mann angekündigt.

Studie von Prof. Patrick Frank

Und auch eine aktuelle Studie entzieht der ohnehin schon davor wissenschaftlich sehr wackeligen Theorie, dass der Mensch das Klima mit seinem Ausstoß des lebenswichtigen Spurengases CO_2 schädige, nochmals (den letzten Rest?) an Glaubwürdigkeit.

Die Ergebnisse dieser Studie von Prof. Patrick Frank zu den Klimavorhersagen (Titel: „Propagation of Error and Reliability of Global Air Temperature Projection"):[572a]

- Klimawandel-Modelle sind nicht in der Lage, die Erdtemperatur vorherzusagen, weder für 1 Jahr noch für 100 Jahre.
- Sämtliche Berechnungen der Erdtemperatur sind falsch.
- Die Aussagen über die klimaschädigenden Wirkungen von CO_2 entbehren jeglicher Grundlage.
- Nicht mal, wenn CO_2 einen Effekt auf das Klima hätte, könnte er nachgewiesen werden.
- Die Fehler in den Klimamodellen bei der Darstellung der langwelligen Strahlung, die auf der Erdoberfläche auftrifft und von dieser reflektiert wird, wiegt bereits um das 114-fache stärker, als das CO_2 Einfluss auf das Klima haben solle.

Patrick Frank (Live Science Research Professor am SLAC National Accelerator Laboratory der Universität von Stanfort) hat über sechs Jahre vergeblich versucht, seinen wissenschaftlichen Artikel zu veröffentlichen. 13 wissenschaftliche Magazine hatten (wegen eines mutmaßlich vorgegebenen Meinungskartells) eine Veröffentlichung abgelehnt, ehe die Studie am 6. September 2019 in der „Frontiers in Earth Science" schließlich doch veröffentlicht wurde. [572b] Im Gegensatz dazu ergab ein Versuch des Philosophen Peter Boghossian und des Mathematikers James Lindsay, dass eine völlig irrationale Scherzstudie mit frei erfundenen, stupiden Ergebnissen in einem Fachmagazin (nach angeblicher Überprüfung durch zwei Wissenschaftler) ohne Problem veröffentlicht wurde! Die beiden wollten damit zeigen, wie leicht man in einem geisteswissenschaftlichen Fachmagazin kompletten Unsinn veröffentlichen kann, solange dieser Unsinn wie eine linke Denkweise klingt und der vorgegebenen Linie des menschengemachten Klimawandels entspricht.[572c]

Frank entlarvt hiermit den „UN-Klimarat" IPCC und den „menschengemachten Klimawandel" demnach als Lüge, als Betrug, als Hoax. Die Wissenschaftler, die diesem Hoax widersprochen und ihre eigenen Erfahrungen eines natürlichen Klimawandels kundgetan haben, wurden ausgegrenzt, verleumdet, ihre Karriere und berufliche Reputation wurde massiv geschädigt oder gänzlich zerstört. Frank sieht beim Thema Klimawandel und der gesteuerten Mission dahinter einen schlimmen institutionellen Verrat an der Wissenschaft von jenen, die für sich behaupten, Wissenschaftler zu sein. Seine Forderung: Ein sofortiger Stopp der Finanzierung des IPCC sowie eine Auflösung dieses UN-Weltklimarates. Doch wer oder was ist dieser UN-Weltklimarat IPCC überhaupt?

UN-Weltklimarat IPCC

Worauf stützen sich die Modelle für einen menschenverursachten, CO_2-bedingten Klimawandel? So gut wie immer stecken Berichte und Vorgaben des „UN-Weltklimarates" IPCC dahinter, die auch für viele Regierungen als Maßstab in der Klimapolitik gelten. Der IPCC nennt sich selber „zwischenstaatlicher Ausschuss für Klimaänderungen" *(Intergovernmental Panel on Climate Change)* und ist eine rein politische Organisation, keine wissenschaftliche. Der IPCC wurde 1988 vom Umweltprogramm der Vereinten Nationen (UNEP) gegründet, um für politische Entscheidungsträger den Stand der wissenschaftlichen Forschung über Klimawandel zusammenzufassen.
Die Arbeiten des IPCC wurden und werden als wegweisend angenommen und als unumstößlich hingenommen.

Was die meisten nicht wissen: Der IPCC war nach 2001 auch gar nicht mehr an wissenschaftlichen Arbeiten bezüglich Klimawandel interessiert und besteht fast ausschließlich nur aus Ökonomen, die dort tätig sind!

Es gab bisher keine Studienrichtung „Klimawissenschaft", daher kamen Klimawissenschaftler aus allen möglichen wissenschaftlichen Bereichen. Das IPCC gilt als rein politisch ausgerichtet. Es wird nicht selbst geforscht, sondern wissenschaftliche Arbeiten selektiert und für ihre Berichte herangezogen. Der IPCC ist ein regierungsübergreifender Arbeitskreis mit Bürokraten, manche davon Wissenschaftler. Sie forschen im Regelfall nicht selbst, sondern greifen auf allgemeine Forschungserkenntnisse zurück, indem sie wissenschaftliche Arbeiten selektieren und einen Teil davon für ihre Berichte heranziehen. [577]

Ein Resümee des renommierten Ozeanografen Nils-Axel Mörner über den Weltklimarat IPCC:

„Der Weltklimarat wurde ja mit dem Zweck gegründet,
den menschengemachten Klimawandel darzustellen und vor ihm zu
warnen. Sein Ziel stand also von Anfang an fest. Und er hält daran
fest wie an einem Dogma – egal, wie die Fakten sind. Als Spezialist
für Entwicklungen des Meeresspiegels stellte ich in den letzten Jahren
immer wieder fest, dass das Team des IPCC zu diesem Aspekt keinen
einzigen Experten auf diesem Gebiet umfasst."
Ozeanografen Nils-Axel Mörner[578]

Der IPCC gilt unter Kritikern als politische und weniger als wissenschaftliche Einrichtung, dessen Berichte vor Veröffentlichung mutmaßlich noch von vielen Entscheidungsträgern überprüft werden sollen. Wissenschaftliche Arbeiten, die zu anderen Ergebnissen kommen, würden vom „Weltklimarat" erst gar nicht zugelassen! Und auch eine Mehrheit der Medien spielt dieses dunkle Klimaspiel wohl mit. Während man mittlerweile in großen deutschen Sendern (in der Schweiz und Österreich dürfte sich ein ähnliches Bild ergeben) keinen Zweifel mehr an einer anthropogenen Erderwärmung hört, wurde 2007 beispielsweise in der ARD, auf n-tv und bei Spiegel noch erstaunlich offen über die Klimaschwankungen berichtet. (2007 hat n-tv etwa eine sehr gründliche und aufwendig produzierte Reportage mit dem Titel „Der Klimawandel – Alles Schwindel" vom 25.10.2007 veröffentlicht. Sie kursiert zwar noch im Internet, dürfte jedoch immer wieder gelöscht werden. Falls du dennoch die Möglichkeit hast, sie anzusehen, können wir sie dir wie die ARD report München-Beiträge aus dem Jahr 2007 nur wärmstens empfehlen.[525]).

*„Um breite Unterstützung zu gewinnen, um die Phantasie der
Öffentlichkeit einzufangen, um massenmediale Erwähnung zu finden,
müssen wir mit erschreckenden Szenarien aufwarten, vereinfachte,
dramatische Aussagen machen und Zweifel unerwähnt lassen, die wir
vielleicht hegen mögen. Jeder von uns hat sich zu entscheiden,
was die richtige Balance zwischen Effektivität und Ehrlichkeit ist".*
Prof. Stephen Schneider, Mitglied und Autor IPCC[579a]

Selbst Klimapolitiker Al Gore gibt zu, dass der IPCC-Klimareport
(Grundlage seines oscargekrönten Dokumentarfilms „Eine unbequeme
Wahrheit") „aufgemotzt" war, um Aufmerksamkeit zu erregen:
*„Die vom IPCC gebrauchte Sprache bei der Präsentation des
Klimaberichtes war ein wenig aufgemotzt. Das war angemessen – wie
sonst sollte man die Aufmerksamkeit der Politiker der Welt erregen?"*
Al Gore[579b]

Für viele Wissenschaftler und Institute geht es ums finanzielle Überleben. Als Kritiker der IPCC-Linie vom anthropogenen (menschenverursachten) Klimawandel treten offen meist nur jene auf, die bereits im
Ruhestand und damit unabhängig sind.

*„Aber junge Kollegen, die kritisch denken, haben angesichts
der Manipulationen keine Chance. Grundsätzlich ist es so, dass die
meisten Herausgeber von Wissenschafts-Magazinen keine Arbeiten
mehr akzeptieren, die den Behauptungen des Weltklimarats
entgegenstehen – unabhängig von der Qualität dieser Arbeiten."*
Ozeanografen Nils-Axel Mörner[579]

Seit 25 Jahren wehren sich viele renommierte Wissenschaftler auf verschiedenen Ebenen gegen die Behauptungen, dass der Klimawandel
menschengemacht sei, doch die Politik und Medien beachten diese Experten kaum bis gar nicht.
Es wurde vielen Wissenschaftlern schwer gemacht, objektiv zu bleiben,
denn wenn sie der Meinung des IPCC nicht entsprachen, verloren sie
an ihren Lehrstühlen in den Universitäten die Drittmittel. Ohne Gelder

können die Wissenschaftler nicht arbeiten oder sie verloren sogar gleich ihre Arbeit (und sämtliche karrieremäßige Zukunftsperspektiven) auch noch. Wenn man das weiß, wird einem bewusst, warum sich jetzt überwiegend jene Wissenschaftler kritisch zu Wort melden, die bereits in Rente sind und beruflich sowie finanziell nichts mehr zu verlieren haben.

IPCC und „Klimagate" – Manipulation und Vertuschung

Hacker brachten 2009 kurz vor dem Kopenhagener Klimagipfel Tausende E-Mails des UN-Weltklimarates IPCC ans Licht. Darin wurden Tricks zur Verfälschung der Wetterstatistiken miteinander ausgetauscht, um eine globale Erderwärmung vorzutäuschen, wo es keine gab. In Anlehnung an die berüchtigte Watergate-Affäre (1972) wurde der Skandal „Klimagate" getauft. Aus den gehackten Mails wurde ersichtlich, dass IPCC-Forscher die Klimadaten jahrzehntelang mit billigen Tricks frisiert hatten, um den Anschein einer unnatürlichen Klimaerwärmung zu vorzuspiegeln. Sogar die „mittelalterliche Warmzeit" (ca. 1000 bis 1400 nach Chr.) wurde wegretuschiert, indem man die historische Temperaturkurve einfach darum bereinigte. In dieser Warmzeit damals war es nämlich viel wärmer als heute. Die Landwirtschaft florierte, die Wikinger besiedelten (da die Gewässer eisfrei waren, was nicht weiter außergewöhnlich sei) die Küsten Grönlands. Die Eisschicht rund um Grönland war weggeschmolzen. Das – wie gesagt – lange vor der Zeit der Industrialisierung und einem CO_2-Ausstoß durch die Lebensweise der Menschen. Bis heute soll es außerdem keinen Nachweis geben, dass damals der Meeresspiegel gestiegen sei.[579c] Dieses Wissen und das Aufscheinen dieser mittelalterlichen Warmzeit wäre natürlich kontraproduktiv, wenn man den Menschen einreden möchte, dass sie selbst einen Weltuntergang verschulden, sofern sie nicht bald CO_2-Steuer zahlen, sich strenger Kontrolle unterwerfen und ihre Mobilität und noch vieles mehr bis zur Geburt von Kindern einschränken. Deshalb hat man die letzte Warmzeit gleich ganz aus den Berichten gelöscht?

Weitere Elemente der Theorien eines CO_2-bedingten Klimawandels

• Der Mythos schmelzender Polkappen:

Nicht erwähnt wird meist auch, dass die Gletscher seit 2015 sogar wieder wachsen oder dass die Eismassen der Antarktis stark zunehmen, was sogar ein NASA-Projekt (Oceans Melting Greenland, Grönland-Eisschmelze) bestätigt. Der Negativtrend der dortigen Gletscherschmelze habe sich umgekehrt, berichtet Kent-Depesche. Die Polkappen der Antarktis sollen sich sogar um 135 Milliarden Tonnen pro Jahr erhöhen! *Die Atolle in der Südsee und die Korallenriffe nehmen zu, nicht ab. Schwere Stürme auf der Nord- und Südhalbkugel, Taifune und Hurrikane, nehmen nicht zu, sondern ab*", stellt Prof. Klaus D. Döhler in einem Interview mit Eifelon fest.[573] Als Angela Merkel (CDU) 2007 medienwirksam in Grönland war[574], war es ein (!) Jahr, wo das Eis außergewöhnlich geschmolzen sei. Wie wir gehört haben, liefert ein Jahr allein keine Grundlage für einen Klimawandel. Wenige Monate später nahm die Eisdicke sogar außerordentlich zu[575] (was in den Medien dann nicht mehr so stark promotet wurde). Eine Forschungsexpedition wurde im Juli 2019 zur Umkehr gezwungen, als sie unerwartet auf wesentlich dickeres Eis gestoßen war als angenommen, und aus dem Eis befreit werden mussten.[576] Wobei sogar Wikipedia darauf hinweist, dass vereiste Polkappen die Ausnahme und nicht die Regel sein sollen. Was uns „normal" erscheint, dürften in Wahrheit Relikte der letzten Eiszeit sein. Dieses ist eine „Ausnahmesituation", da eisfreie Pole – auch „akryogenes (nicht eisbildendes) Warmklima" genannt – der eigentliche „Normalzustand" der Erde sind. Während des größten Teils der Klimageschichte war die Erde, ausgenommen von manchen Hochgebirgen, nahezu eisfrei. Diese wärmeren Zeiträume machen etwa 80 bis 90 Prozent der Erdgeschichte aus.
Zum Verschwinden will man offensichtlich jedoch nicht nur Warmzeiten und wachsende Eisdecken bringen, auch kritische Beiträge und Studien verschwinden immer wieder aus den Weiten des Internets. So soll es 450 unabhängige Studien geben, die die Theorie des menschenverursachten Klimawandels durch CO_2 widerlegen. Die Seite „klimaskeptiker. info" hat sie angeführt, ein Teil davon soll allerdings über die Links nicht

mehr aufzufinden sein wie die mittelalterliche Warmzeit in so mancher Temperaturkurve.

- Der Mythos vom einsamen Eisbären:

Wer kennt ihn nicht? Den einsamen Eisbären auf der Eisscholle, die alleine vor sich hintreibt, sowie den (unter anderem in Al Gores Kinofilm) wegen der Eisschmelze um sein Leben schwimmenden Eisbären? Tatsächlich gibt es heute ein Vielfaches der Eisbären-Population von 1950 (ihre Zahl stieg von rund 5.000 auf heute 25.000 bis 30.000), wie selbst das Wall Street Journal und Einwohner der arktischen Regionen bestätigen. [392c]

- Der Mythos, CO_2 vernichtet die Korallenriffe und löst Artensterben aus

Sehen wir uns die Warnungen bezüglich Artensterben anhand der Korallenriffe an: Sie gelten als „tropische Regenwälder der Meere", die massenweise absterben oder zumindest ihre Farben verlieren. Bis 2050 könnten sogar 95 Prozent aller Riffe abgestorben sein. Doch ist es tatsächlich der Klimawandel und eine steigende Wassertemperatur, wie Klimaaktivisten warnen?
Was sie nämlich meist nicht erwähnen: Für den Erhalt der Korallenriffe sind die Haie unerlässlich. Diese fressen jene Fische, die in der Nahrungskette wiederum kleinere algenfressende und korallenpflegende Fische fressen. Wenn die Haie deren Feinde nicht dezimieren, stirbt das ökologische Gleichgewicht in den Riffen – einzelne Arten vermehren sich zu stark, die Korallen verlieren ihre Symbionten, jene Einzeller, die sie bunt machen. Die für die Korallenriffe also unerlässlichen Haie werden allerdings weltweit abgeschlachtet und ausgerottet. So sollen nur mehr 10 Prozent ihres Bestandes übrig sein. (Wer kümmert sich um sie, statt den Fokus medienwirksam auf die Polarbären zu legen, die sich steigender Gesellschaft ihresgleichen erfreuen?).
Ein weiterer Schädigungsfaktor für die Korallen: der chemische UV-Filter Oxybenzon in den meisten Sonnencremes. Dieser ist hochgiftig für Korallen. Jährlich sollen 14.000 Tonnen Sonnencreme in die Weltmeere gelangen, vor allem in den Küstenregionen (auch Kreuzfahrtschiffe lassen sonnencremehaltiges Wasser in großen Mengen ab). Hawaii ist aus diesem Grund dabei, den Gebrauch dieser Sonnencremes sogar gesetzlich zu verbieten. (Wir stellen uns zudem die Frage: Wenn diese Sonnencremes für die Korallenriffe so giftig sind, wie gesund sind sie

dann für uns Menschen? Es gibt auch hier bereits Alternativen des Sonnenschutzes von innen und auch außen.)

Fast immer unerwähnt bleiben zudem die Dynamit-Fischerei mit dem Nervengift Cyanid sowie schädigender Tauchtourismus.

Die Erde ist dennoch stärker und regelt es immer wieder genial, sich selbst zu regenerieren, wenn man ihr nur die Ruhe und die Möglichkeit dafür gibt: Im ägyptischen Teil des roten Meeres sollen sich so nach zwei Jahrzehnten Schonzeit (ohne eine Absenkung der Wassertemperatur!) die Korallen wieder wundervoll regeneriert haben und lebendig und bunt sein.[392d]

Das Potsdam Institut für Klimafolgenforschung (PIK)

Das PIK tritt immer dann lautstark auf, wenn es um die Themen Klimapolitik und Klimawandel geht. Inhaltlich liegt man auf der Linie des UN-Weltklimarates IPCC sowie der offiziell propagierten allgemeinen politischen und medialen Linie – pro Energiegewinnung aus Wind und Sonne, ohne weitere fossile Brennstoffe. Es gehört zu jenen Einrichtungen, von denen sich die junge Klimakämpferin Greta Thunberg immer wieder wissenschaftlich beraten lässt.

Das Potsdam Institut für Klimafolgenforschung, dessen ehemaliger Direktor Prof. Hans-Joachim Schellnhuber (seit 1992 Beirat im Wissenschaftlichen Beirat der Bundesregierung „Globale Umweltveränderungen" [WBGU], wie berichtet, Mitglied im Club of Rome sowie nebenbei noch ehemaliger Berater der deutschen Kanzlerin und Mitglied der Kohlekommission) hat sich vor Jahren schon die „Dekarbonisierung" unserer Gesellschaft auf die Fahne geschrieben (Carbon = Kohlenstoff). Sein Kollege Prof. Stefan Rahmstorf hat, wie erwähnt, selbst zugegeben, dass seriös keine Klimaprognosen erstellt werden können, dennoch dürfte man sich darauf ebenso stützen wie auf umstrittene Klimamodelle. Das Institut berichtet nämlich auf seiner eigenen Website:

„Millionen von Menschen auf der ganzen Welt waren am vergangenen Freitag auf den Straßen unterwegs um von der Politik schnelles Handeln zur Begrenzung von Klimarisiken einzufordern. Die Fridays for Future Bewegung ruft dabei die Menschen auf, sich „hinter der Wissenschaft zu vereinen". Am selben Tag verabschiedete die Bundesregierung ein klimapolitisches Paket, das sich auch auf Expertise von PIK-Direktor Ottmar Edenhofer und Kollegen zur CO_2-Preisgestaltung stützt. Allerdings

ist das Politikpaket zu schwach, um die Klimaziele zu erreichen, so der Experte. Derzeit treffen sich die Staatschefs auf dem UN-Klimagipfel in New York, darunter auch Bundeskanzlerin Angela Merkel. Auch hier liefert die Wissenschaft die Fakten, die für fundierte Entscheidungen notwendig sind. PIK-Direktor Johan Rockström stellt in New York unter anderem die „Exponential Roadmap" zur Nachhaltigkeit vor. Klimastabilisierung ist notwendig und möglich, wie die Wissenschaft zeigt."[580]

Für Prof. Schellnhuber und seine Kollegen vom PIK dürfte es keinen Grund mehr für Diskussionen geben – frag dich bitte selber, warum das so sein könnte.[581]

Prof. Werner Kirstein in SteinZeit.tv auf Schellnhubers Aussage, dass die wissenschaftliche Debatte beendet sei und jeder, der es noch nicht wahrhaben wolle, sich mitschuldig an der „Katastrophe" mache:

> *„Er muss das ja sagen, er wird ja dafür bezahlt. Das Potsdam Institut*
> *für Klimafolgenforschung ist ja eingesetzt worden von unserer*
> *Regierung und Schellnhuber war oder ist es noch, ich weiß es nicht,*
> *der Klimaberater der Kanzlerin. Der kann natürlich nichts anderes*
> *sagen, das ist natürlich sein Job. Er versucht, diese Informationen*
> *„Ganz schlimm die Klimakatastrophe, CO_2 ist also ein giftiges Gas"*
> *auszuarbeiten. Das was sie wollen, bringt er ihnen ... und die*
> *Finanzierung". Schließlich sei es das Institut für „Klimafolgenforschung".*
> Prof. Werner Kirstein, Klimatologe[581]

Insofern würden Prof. Schellnhuber und seine Kollegen vom PIK an dem Ast sägen, auf dem sie sitzen. Auch andere Kritiker des Potsdam Instituts sehen es insofern als nachvollziehbar an, dass dieses die Theorie der CO_2-basierten und menschenverursachten Erderwärmung vertritt, als das PIK staatlich finanziert sei und deshalb in seinem eigenen Interesse auf ein Fortlaufen der Finanzierung die offiziell „richtige" = öffentlich finanzierte = CO_2-basierte Erderwärmungsthese vertreten dürfte.[304] Man untersucht also wahrscheinlich im PIK nicht das Klima und dessen Wandel. Als Ursache dafür sehen sie ja offensichtlich bereits den Menschen und das von ihm verursachte CO_2 an. Sondern sie fokussieren sich demnach wohl vermutlich nur auf die Folgen des von

ihnen angenommenen menschenverursachten Klimawandels, was erläutern würde, warum sie oft zu ganz anderen Annahmen kommen, als
andere Wissenschaftler.

„Wenn jemand sagt, „Die Debatte ist beendet",
erinnert mich das immer ein bisschen an früher,
an meinen Vater,wenn er keine Argumente hatte.
Dann hat er auch immer gesagt: ‚Schluss, die Debatte ist beendet.'
Die Debatte war natürlich nicht beendet."
Dirk Maxeiner, Wissenschaftsautor[582]

Im Zusammenhang mit Prof. Rahmstorf sieht Oliver Janich übrigens
ein sogenanntes „Zitate-Kartell" vorliegen, wo Prof. Lesch für Terra
X Prof. Rahmstorf interviewe, der wiederum „Klimafakten" zitiere, in
dem Rahmstorf selbst eine Funktion innehat. Während Harald Lesch
Interviewtermine mit Rahmstorf erhalte, sei es für kritische Journalisten unmöglich, ein Gespräch mit ihm zu bekommen, schildert Janich
seine eigenen Erfahrungen (nachdem er sich eigenen Angaben nach
angeblich seit Jahren um ein Gespräch mit Rahmstorf bemüht). Zudem sieht nicht nur Janich hinter den vorgetragenen Fakten über einen menschenverursachten Klimawandel meist eine Ablenkung durch
irrelevante „Strohmann-Argumente": Es werde z. B. bei klimafakten.
de oder durch Harald Lesch bewiesen, dass die Erde sich erwärme –
was ohnehin niemand bestreitet, nur ein signifikanter Einfluss des
Menschen [außerhalb von Geoengineering] darauf sei umstritten. Auch
die Bezeichnung „Klimaleugner" und „Klimaskeptiker" dürfte in diese
Kategorie fallen: Wer leugnet das Klima? Alleine das Wort „leugnen"
impliziert unbewusst bereits ein Gefühl des Schuldigseins. Wenn man
weiß, dass verschiedene massiv benutzte Worte sehr bewusst so eingesetzt werden, wohl kein Zufall. Selbst eine leichte Erderwärmung
seit der letzten Eiszeit dürfte weitgehend unbestritten sein, wenn auch
die Temperaturkurve in den letzten Jahren leicht stagniert haben soll.

„Wir brauchen vor allen Dingen – das mag vielen nicht gefallen –
eine tatsächliche Umverteilung von Vermögen."
Prof. Harald Lesch (offenbart sozialistische Motive für die umstrittene
menschenverursachte Klima-Mission?)[305]

Viele Wissenschaftler vermissen ein seriöses wissenschaftliches Experiment, das einen menschenverursachten, CO_2-bedingten Klimawandel belegen würde[583] und verneinen eine Ursache-Wirkungs-Beziehung

(Korrelation) zwischen Temperatur und CO_2. Darüber hinaus könnten keine Klimaprognosen erstellt werden und Computermodelle seien prinzipiell zu wenig aussagekräftig. Im PIK, das Kritikern gerne wissenschaftliche Seriosität der Einwände abzusprechen scheint, dürfte man das jedoch anders sehen – oder doch nicht? Kritiker Prof. Werner Kirstein glaubt jedenfalls von Insidern anderes gehört zu haben:

„Ich habe Info, dass man beim PIK sehr genau weiß, was da läuft,
aber dass man eben die Politik im Rücken hat.
Die schiebt mit vielen Scheinen.
Es wird im Außen immer noch so getan, als wäre das ein Problem."[584]
Prof. Werner Kirstein

Die Wissenschaftler des Potsdam Instituts sind übrigens auch Teil jener, die sich standhaft geweigert haben, mit Oliver Janich oder anderen Wissenschaftlern (mit der Überzeugung einer vollkommen natürlichen Klimaentwicklung auf der Erde) live zu diskutieren. Wovor haben sie Angst? Sie sind Vertreter eines in Klimafragen vielzitierten und gewichtigen Institutes, von dem sich sogar Greta Thunberg immer wieder beraten lässt und mit deren Vertretern sie sich bereits ablichten lassen hat. Wäre es nicht geradezu ihre Pflicht, öffentlich und live zu diskutieren? Nicht nur mit handverlesenen Gesprächspartnern, sondern mit ebenbürtigen Wissenschaftlern und wirklich kritischen Journalisten? Müssten sie Janich nicht schier von der Richtigkeit ihrer Thesen überzeugen wollen? Oder sind sie selbst nicht davon überzeugt, wie man den Eindruck bekommen könnte?

„Ich bin weder der erste noch der letzte,
dem der ganze Klimahokuspokus inzwischen wie eine Religion vor-
kommt. Abweichler werden einfach als Ketzer beleidigt."
Nigel Calder (ehem. Wissenschaftsjournalist, u. a. BBC,
Herausgeber „New Scientist")[585]

Auf einer Linie mit den Klimawarnungen ist auch der bereits erwähnte deutsche Professor Harald Lesch, der sich auch auf YouTube mit besonders intensiver Präsenz für einen menschenverursachten, CO_2-bedingten Klimawandel ausspricht. Dabei könnte unter Umständen der Eindruck entstehen, dass die Verfechter einer CO_2-bedingten Erderwärmung möglicherweise nicht immer mit wissenschaftlich seriösen Methoden arbeiten (ob bewusst oder unbewusst, sei dahingestellt), wie etwa das Video „Harald Lesch verwendet gefälschte Grafik in seinen

Vorträgen ... und weitere Peinlichkeiten" des YouTube-Kanals „Klima Manifest Heiligenroth" vermittelt (https://youtu.be/MyPzHeBUu6Y).[561a] Auf Anfrage räumte eine Mitarbeiterin des ZDF zumindest ein, dass eine falsche Grafik verwendet wurde.[561b]

Deutsche Umwelthilfe e.V., FCKW und Ozonschicht

Jürgen Resch (seit 1988 Bundesgeschäftsführer der DUH) und Sascha Müller-Kraenner leiten seit 1. Januar 2015 gemeinsam die Geschäfte der Deutschen Umwelthilfe e.V., die 1975 gegründet wurde. Zusammen tragen sie die rechtliche, organisatorische und finanzielle Verantwortung für die Deutsche Umwelthilfe e.V. Die Mitglieder-Anzahl des Vereins beträgt laut deren Homepage: 421 (Seitenabruf: Mitte September 2019).

Wikipedia berichtet über die Deutsche Umwelthilfe e. V.: Es ist eine nichtstaatliche Umwelt- und Verbraucherschutzorganisation in Deutschland. Sie ist ein klageberechtigter Verbraucherschutzverband nach dem Unterlassungsklagegesetz. Sie ist zudem eines der deutschen Mitglieder des Europäischen Umweltbüros in Brüssel. Außerdem hat sie aus dem Umwelt-Rechtsbehelfsgesetz das Recht zur Verbandsklage und ist als gemeinnützig anerkannt.

Die DUH sieht es als ihre Aufgabe, die Interessen der deutschen Bevölkerung zu vertreten (beachte allerdings dabei, dass der Verein rund 420 Mitglieder hat, im Vergleich: der Naturschutzbund Deutschland [NABU] vertritt 541.000 Mitglieder).

Man könnte sich folgende Fragen stellen: Woher wissen sie, was 82 Mio. Menschen wünschen? Wie finanzieren sie sich, wenn sie auch noch 100 Mitarbeiter beschäftigen (bei 421 Mitgliedern)?

Die DUH ist von der Körperschafts- und Gewerbesteuer befreit worden, da in ihrer Satzung unter anderem Folgendes steht:
„Förderung internationaler Gesinnung, der Toleranz auf Völkerverständigungsgedanken"
„Förderung der Volks- und Berufsbildung einschließlich Studentenhilfe"
„Förderung der Erziehung"
Steckt auch hier mehr dahinter als nur Umweltschutz?

Der Verein brachte den Dieselskandal mit angeblich zu hohen NO_2-Werten ins Rollen, Ergebnis waren Dieselfahrverbote in einigen deutschen Städten sowie die Inhaftierung von Mitarbeitern von BMW, Porsche und VW.

Könnte es sein, dass dieser Angriff auf das deutsche Aushängeschild der Wirtschaft, die Autoindustrie, ein Versuch war, die deutsche Wirtschaft zu zerstören?

Jürgen Resch hat (aus welchem Antrieb?) mithilfe der Grünen und Linken in Deutschland Dieselfahrverbote in Hamburg und Stuttgart schon umgesetzt. Nun sollen alle SUVs verboten werden.

Laut der deutschen Umwelthilfe sind die SUVs mit 2 t zu schwer und verbrauchen deswegen zu viel.

Nur leider haben sie übersehen, dass ein Tesla 2,2 t auf die Waage bringt. Politiker, die keine Fahrverbote umsetzen, werden mit dem Gefängnis bedroht.[581a,581b] Daraus wird ersichtlich, welch große Macht dieser Verein zu besitzen scheint.

Für DUH-Geschäftsführer Jürgen Resch geht es um mehr als nur die Frage, ob es zu Diesel-Fahrverboten in München kommt: „Diese Entscheidung ist für den Fortbestand des Rechtsstaats von elementarer Bedeutung", sagte Resch der Nachrichtenagentur AFP.[592]

Ein Beispiel für widersprüchliches Verhalten bietet die eigene Homepage der Deutschen Umwelthilfe. Unter dem Thema FCKW-klimaschädliche Kältemittel wird CO_2 wie folgt beschrieben (den Ausschnitt hatten wir weiter vorne bereits kurz):[593]

„Natürliche Kältemittel / Nicht-halogenierte Kältemittel
Natürliche Kältemittel haben ein sehr geringes Treibhausgaspotential und stellen somit im Falle eines Entweichens keine Gefahr für das Klima dar. Zu ihnen zählen z.B. Kohlenwasserstoffe (HC), Kohlendioxid (CO_2) oder Ammoniak (NH_3). Sie bringen einen weiteren Vorteil mit sich, da die entsprechenden Anlagen meist effizienter als solche mit F-Gasen arbeiten. Dieses führt zu geringerem Stromverbrauch und somit zu geringeren Emissionen im Zusammenhang mit der Herstellung der benötigten Energie." Da diese CO_2-freundlichen Seiten zumindest Anfang September 2019 noch in ihrer Website zu finden waren, dürfte hier wohl übersehen worden sein, den Stand der Texte auf die jetzige Linie (CO_2 sei gefährlich und klimaschädlich) zu ändern.

Wie? Hier auf diesen Seiten ist CO_2 unschädlich für die Umwelt? Wie das? Warum wurde dann das CO_2 seit 2014 ein „böser Klimakiller"? Liegt es am Ausstieg der Rockefellers aus der Ölindustrie? Warum sind sie ausgestiegen? Weil Russland entdeckte, dass Erdöl abiotisch sei, aus großen Tiefen der Erde stamme und durch eine biochemische Reaktion erzeugt wurde (und immer wieder nachproduziert wird)? Russland bohrte bis rund 12.000 Meter in die Tiefe (wo keine organischen Substanzen mehr zu finden sind) und fand Öl. Fazit: Öl ist erneuerbar! Greenpeace soll unter anderem von Rockefeller bezahlt werden, und die deutsche Umwelthilfe e.V. von Greenpeace (also damit indirekt auch von Rockefeller, würde es da verwundern, wenn diese Organisationen sich nur offiziell um das Beste für die Natur und die Menschen kümmern, tatsächlich jedoch einfach die Linie ihres/ihrer Finanziers voran treiben?[392c] Da diese CO_2-freundlichen Seiten zumindest Anfang September 2019 noch in ihrer Website zu finden sind, haben sie es wohl schlichtweg vergessen, sie zu löschen oder umzuschreiben.

Könnte es sein, dass die deutsche Umwelthilfe e.V. in den 80er-Jahren den Auftrag hatte, für den Chemiemulti DuPont die FCKW-Gase schlecht zu machen, da deren Patente ausliefen und sie nun ihre neuen Produkte mit CO_2 verkaufen wollten? Auch die FCKWs, die ja in den 80er-Jahren angeblich das Ozonloch verursacht haben, waren nicht schädlicher als heute CO_2, nur sie mussten negativ gebrandmarkt werden.
Dazu schreibt Michael Kent von Depesche:
„Eine zeitweise schwindende Ozonschicht gibt es also tatsächlich, aber warum mussten die FCKWs als Schuldige herhalten? Manche Wissenschaftler bezeichnen FCKWs sogar als unbedenkliche Stoffe, denn sie seien sehr reaktionsträge und würden im Erdboden relativ schnell von Bakterien abgebaut. Wie dem auch sei: Ende der achtziger Jahre wurden die FCKW's besonders vom US-Chemie-Multi DuPont Coporation als Ozonkiller angeschwärzt. Dabei war DuPont selbst einer der weltgrößten FCKW-Hersteller. Nun verhielt es sich so, dass die Patente für die unterschiedlichen FCKW-Typen in den 70er- und 80er-Jahren abliefen. Ärmere Länder wären jetzt selbst in der Lage gewesen, im großen Stil Kühlanlagen zu bauen, weil sie ihr eigenes FCKW hätten produzieren können."

Klimafreundliche Ersatzstoffe seien um das 30-Fache teurer und zudem sehr empfindlich in der Produktion (Sauberkeit und Trockenheit sind ein Muss dabei – Faktoren, die in armen, tropischen Ländern kaum gegeben sind). Und so konnten sich viele arme Länder auch weiterhin keine Kühlgeräte produzieren und leisten, die Millionen Menschen vor Hunger und Lebensmittelvergiftungen verschonen hätten können, berichtet Michael Kent. Lasst uns im Zusammenhang mit FCKW auch kurz schildern, was Ozon und die Ozonschicht ist:

Was ist Ozon?

Ozon ist eine chemische Verbindung aus drei Sauerstoffatomen (O_3). Unser Sauerstoff, den wir zum Atmen brauchen, besteht im Vergleich dazu aus zwei Sauerstoffatomen (O_2). Trotz seiner Ähnlichkeit mit unserem Atemsauerstoff besitzt Ozon ganz andere Eigenschaften: Ozon ist in geringster Konzentration riechbar (ab 20 Mikrogramm pro Kubikmeter Luft). In größeren Mengen (ab ca. 200 Mikrogramm pro Kubikmeter) ist es ein Reizgas und erzeugt Atembeschwerden, Nasenbluten und Kopfschmerzen.

Ozon kann künstlich hergestellt werden und dient dann zur Desinfektion von z. B. Schlachthäusern, Trinkwasser oder Schwimmbädern (du kennst den Geruch ganz bestimmt). Es tötet fast alle Bakterien ab. Ozon entsteht natürlicherweise durch ultraviolette Strahlung (bei Sonnenlicht) und Entladungen (Blitzen), aber auch an elektrostatischen Ladungsträgern (z. B. bei Kopierern, Laserdruckern etc.). Das in Bodennähe besonders im Sommer auftretende Ozon hat mit dem in der Stratosphäre nichts zu tun und entsteht durch Verbrennungsprozesse. In unserer Atmosphäre befinden sich in einer Höhe von ca. 20 bis 30 Kilometern besonders viele Ozonmoleküle. Deswegen nennt man diesen Bereich „Ozonschicht". Ozon filtert denjenigen Teil der Sonnenstrahlung aus, der für Mensch, Pflanze und Tier schädlich ist und wandelt ihn in Wärme um.

Bis in die 1980er-Jahre spielte Ozon in der öffentlichen Diskussion keine Rolle. 1985 veröffentlichten Forscher der britischen Antarktisstation Halley ihre große „Entdeckung": Das Ozonloch über der Antarktis. Es wurde damals als eine wissenschaftliche Sensation dargestellt. Eigentlich ist es kein Loch, sondern vielmehr eine Ausdünnung der Ozonmenge. Über dem Südpol gab es immer schon starke natürliche Schwan-

kungen. Was vorher noch „südliche Anomalie" genannt wurde, wurde dann plötzlich in ein bedrohliches „Ozonloch" umbenannt.
Wenn die natürlichen Ozonschwankungen über der Antarktis bis zu 200 Prozent betragen können, warum sollte dann die Mitte der 80er-Jahre vom OTP gemessene Ozonverminderung von zwei bis drei Prozent irgendjemanden besorgt stimmen? Mehr dazu kannst du in „besser leben 01/2008" von Kent-Depesche nachlesen.

Doch zurück zur DUH: Man könnte den Eindruck erhalten, es werden Vereine gegründet, die dann im Namen des „Umweltschutzes" den Menschen schlechtes Gewissen einreden und so die Politiker schneller neue Verbote und neue Gesetze mit mehr finanziellen Aufwand erlassen können.

Auf der Website der DUH steht unter „Abgase und Co." Folgendes (um in Deutschland endlich ein Tempolimit von 120 km/h auf Autobahnen und in Städten jetzt schon auf 30 km/h Tempolimit einzuführen?): Für Klimaschutz und Sicherheit – *„Die DUH setzt sich mit einem breiten Bündnis für ein generelles Tempolimit auf Autobahnen und 80 km/h auf Landstraßen ein. Denn: Ein Tempolimit schützt nicht nur Leben, sondern maßgeblich auch das Klima. Als einziger Staat in Europa kann in Deutschland auf 80 Prozent der Autobahnen ohne jede Tempobeschränkung gerast werden. Hätten wir ein Tempolimit von 80 km/h außerorts und 120 km/h auf Autobahnen wie beispielsweise die Schweiz, könnten sofort bis zu fünf Millionen Tonnen des Klimagases CO_2 vermieden werden. Innerstädtisch würde zudem eine Regelgeschwindigkeit von 30 km/h mehr Sicherheit und weniger Verkehrslärm bedeuten."*

Und dann weiter, ist CO_2 plötzlich wieder der „größte Klimatreiber":

„CO_2 ist der größte Klimatreiber unserer Zeit und trägt wesentlich zur globalen Erderwärmung bei. Knapp ein Fünftel der CO_2-Emissionen in Deutschland stammen aus dem Verkehr – der einzige Bereich, in dem der Ausstoß von Klimagasen im Vergleich zu 1990 faktisch nicht gesunken ist. Ohne eine drastische Absenkung der CO_2-Emissionen im Verkehrssektor wird weder die Einhaltung der Klimaschutzziele für 2020 noch die für 2030 gelingen."

Woher kommen diese Fakten? Aus wissenschaftlichen Quellen inklusive Experimente mit seriösem Peer-review-Verfahren? Dann dürften diese Quellen wohl nur der DUH vorliegen. Könnten es möglicherweise lose

Behauptungen sein ohne wissenschaftlich bestätigten Hintergrund? Man sieht an diesem Beispiel, dass man allem Anschein nach willkürlich etwas einsetzt, um eine bestimmte Sache durchzudrücken und die Massen zu überzeugen – ist der einzige Grund dafür, dass wenige wieder viele Millionen am Normalbürger verdienen wollen?

Welche Interessen wahrt denn die deutsche Umwelthilfe e.V. seit den 1970er-Jahren bei lediglich 420 Mitgliedern? Greenpeace ist z.B. einer der Förderer der deutschen Umwelthilfe e.V. Das würde auch erklären, wie ein Verein mit 421 Mitgliedern, bei denen jeder im Jahr 100 Euro Beitrag zahlt, 100 Angestellte damit finanziert. Greenpeace, wohlgemerkt „unser Greenpeace", der größte Umweltaktivist der letzten 30 Jahre, der mit halsbrecherischen Aktionen jedes Tier versucht hat zu retten, dürfte gerade dabei sein, RWE und EON als größte Energielieferanten (Kohle) in Deutschland aus dem Rennen zu drängen – um dann selbst den Bürgern das Geld mit teurem Ökostrom aus der Tasche zu ziehen? Dabei dürfte es jetzt Greenpeace plötzlich auch egal sein, wenn tausende von Vögeln in den Windrädern geschreddert werden.[594] Man hat festgestellt, dass einige Arten wie z. B. der Rotmilan, Mäusebussard oder die Fledermaus besonders verwundbar sind, so sterben etwa 8500 Mäusebussarde jedes Jahr durch Windkraftanlagen, das sind fast acht Prozent der gesamten Population, und sogar rund 250.000 Fledermäuse, wie Johanna Romberg im Magazin Geo berichtet. Der Kommentar der Organisation dazu: „Man solle doch nicht auf eine Vogelart schauen ...“

Mit einer Investition von 140 Millionen Euro für Off-shore-Windparks besitzt Greenpeace mittlerweile 40 % der Parks in Deutschland. Greenpeace hat für diesen Zweck eine Stiftung mit dem Namen „Green Energy" gegründet, sonst könnten sie ihre Millionen aus den Gewinnen nicht herausnehmen. Zeitgleich wird über Greta Thunberg weiterhin Stimmung gegen das böse CO_2 gemacht und gleichzeitig sollen noch alle Kohlekraftwerke abgeschaltet werden. Dann hätte man EON und RWE gleich beseitigt.

Wir fragen uns, worum geht es hier eigentlich? Geht es Greenpeace, der deutschen Umwelthilfe e.V. und unseren Politikern, die, wie es den Anschein hat, willfährige Ausführende sind, wirklich um die Umwelt? Oder doch nur wieder um die Interessen (von Geld und Macht) Einzelner hinter den Kulissen?

Unsere Politiker sind zurzeit ganz schnell bei der Sache mit Gesetzen, die allem Anschein nach im Hau-Ruck-Verfahren durchgesetzt werden sollen, wie die CO_2-Steuer (Beschluss der Regierung am 20. September 2019) oder das angekündigte Abschalten der Kohlekraftwerke durch den deutschen Minister Olaf Scholz (SPD).

Waldsterben und CO_2

Dieses angeblich so schädliche „Treibhausgas" Kohlendioxid (CO_2) atmen wir und die Tiere aus, solange wir leben. Und die Pflanzen nehmen es auf. Je mehr sie erhalten, desto besser ihr Wachstum. Je mehr CO_2, desto weniger Wasser benötigen sie auch, damit sind sie selbst in trockeneren Gebieten oder Zeiten robuster.

Verursachen wir Menschen und das durch unseren Lebenswandel ausgestoßene CO_2 also ein Baumsterben? Nein, beweist eine neue Studie mit dem Titel „Increased atmospheric vapor pressure deficit reduces global vegetation growth", die am 14. August 2019 in Heft 8 der Zeitschrift Science Advances erschienen ist (wie sciencefiles.org berichtet). [W16] Diese Studie kommt sogar zu dem Schluss: Gäbe es eine globale Erwärmung, dann gäbe es kein Waldsterben.
Eine Pflanze müsse viel Wasser einsetzen, um CO_2 einfangen zu können. Je mehr Wasser sie zur Verfügung hat und je mehr (!) CO_2 in der Luft ist, desto besser gedeiht sie. Vielleicht warst du selbst bereits einmal in einem Gewächshaus? Dort ist es meist feucht und sehr warm, zusätzlich wird der CO_2-Spiegel künstlich erhöht bei rund 600 ppm gehalten, damit die Pflanzen optimal gedeihen.

Die Erkenntnis der Wissenschaftler stark verkürzt (länger kannst du es auf der Website und in der Studie selbst nachlesen): Sinkt die Luftfeuchtigkeit, schließen die Pflanzen die Stomata, über die sie CO_2 aufnehmen, und sie sterben an einem CO_2-Mangel. Doch ist der Mensch mit einem von ihm verursachten Klimawandel verantwortlich für die sinkende Luftfeuchtigkeit? Nein, sagen die Wissenschaftler.

Die Luftfeuchtigkeit wird im Wesentlichen von der Verdunstung über den Ozeanen bestimmt (rund 85 Prozent des Wasserdampfes entsteht über den Ozeanen), berichtet Sciencefiles.org. Das heißt, verantwortlich für die sinkende Luftfeuchtigkeit sind die Ozeane. Die Forscher konnten anhand von Daten aus 60 Jahren zeigen, dass seit 1998 weniger Wasserdampf über den Ozeanen gebildet wird. Die Böden werden trockener und geben weniger Feuchtigkeit an die Luft ab. Die Pflanzen haben damit die Wahl: Entweder sie setzen Wasser ein, um CO_2 zu fangen (und der CO_2-Gehalt ist mit 400 ppm derzeit sehr gering) oder sie leben von der gespeicherten Feuchtigkeit, verschließen die Stoma und riskieren ein Sterben aufgrund CO_2-Mangels. Doch müssten die Temperaturen nicht steigen, der Wasserdampf immer mehr werden, die Luftfeuchtigkeit steigen, wenn wir den Erderwärmungstheorien und diesbezüglichen Klimamodellen glauben würden? Ja. Die Ergebnisse so mancher Forscher ergeben jedoch ein anderes Bild – die Temperaturen an der Oberflächen der Weltmeere sollen seit 30 Jahren stagnieren (was die zurückgehende Luftfeuchtigkeit erklärt). [W16]

Wettermanipulationen?

Wer über lange Zeit immer wieder mal den Himmel beobachtet hat, dem sind die Veränderungen an den Wolken und generell am Wetter sicher aufgefallen. Was vor 20, 30 Jahren noch selbstverständlich schien – weiße Wattebausch-Wolken am blauen Himmel – ist in den letzten Jahren absolute Seltenheit geworden. Wenn blauer Himmel ist (in letzter Zeit wieder öfter) fliegen Flugzeuge drüber und hinterlassen „Kondensstreifen", nur dass diese langandauernden Muster teilweise wie im Schachbrettmuster am Himmel angeordnet sind, lange am Himmel bleiben und man dann beobachten kann, wie sie sich zu einer durchgängigen Wolkendecke verbinden. Mittlerweile wurden selbst offizielle Dokumente schon offenbart, die Chemtrails bestätigen. Dabei sollen verschiedene chemische Substanzen in der Luft verstreut werden, die eigentlich dort nichts zu suchen haben.
Eine Form der Wettermanipulation ist auch das Anbringen von unter anderem Silberjodid durch ein Flugzeug direkt in die Wolken, die danach zum Abregnen gebracht werden. Auf diese Art und Weise soll 1952 sogar eine Flutwelle vom Menschen erzeugt worden sein. Auch im Vietnamkrieg dürfte Wetter manipuliert worden sein (die Amerikaner haben so die Regenzeit verlängert und eine Versorgungsbrücke für den Gegner behindert).[484a] Im österreichischen Bundesland Oberösterreich

sind sogenannte Hagelflugzeuge bekannt, die vor einem drohenden Gewitter die Wolken zum Abregnen bringen. Von einer Regenflut bis zur Dürreperiode inklusive punktgenauer Feuerflächen mit unbeschädigten Flächen dazwischen scheint alles auch von Menschenhand manipulierbar zu sein. Da zeigt sich die Frage, wie viele von den Wetterphänomenen sind wirklich natürlich, wie viele beeinflusst?

Wer profitiert von der menschengemachten Klimawandel-Mission?

Es stellt sich immer wieder die Frage, warum die Politiker, Vereine, Stiftungen und der Propaganda-Hype um Greta, der langsam in hitlerjugendähnliche Zustände überzugehen scheint, hartnäckig an ihrer Weltuntergangstheorie festhalten, obwohl doch schon überall die Wahrheit ans Licht kommt, wenn sogar schon Temperaturdaten-Fälschungen der NASA bekannt werden? Selbst Klimaaktivist (und -profiteur?) Al Gore hat bereits zugegeben, dass bestimmte Zahlen und Berichte „aufgemotzt" wurden. Warum aber behaupten Wissenschaftler, die es doch eigentlich besser wissen müssten, entgegen aller Offenbarungen selbst in den letzten Monaten noch, dass der Mensch den Klimawandel verursache? Welches (schwerwiegende) „Spiel" wird hier gespielt?

Warum werden wir, so wie es aussieht, belogen, wenn doch kein „menschengemachter Klimawandel" stattfinden dürfte?
Wird hier nur Propaganda betrieben und wenn ja, warum? Auf höchster Ebene haben wir es bereits teilweise beleuchtet (die Pläne, einen weltweiten Sozialismus einzuführen, mehr Geld, Macht und Kontrolle durch die Eliten, mehr dazu liest du noch in Teil C). Doch warum spielen große Teile der Medien und Wissenschaft mit?
Die Profiteure von der Klimahysterie sind u.a. die selbsternannten „Klimawissenschaftler". Sogar der Weltklimarat IPCC schrieb 2001 selbst, dass eine langfristige Voraussage des Systems Klima nicht möglich sei. Auf globaler Ebene haben wir es schon ein wenig thematisiert, die massiven finanziellen Interessen rund um den CO_2-Emissionshandel erläutern wir noch. Auf deutscher Ebene sah Prof. Gerhard Gerlich von der Techn. Uni Braunschweig unter anderem als Grund für die Klimwandel-Diskussion:

„So war die Treibhausdiskussion entstanden: Das hatte Helmut Schmidt als Argument für die Kernkraftwerke gesagt, er will nicht, dass die Enkel ersticken. Und dann hat man festgestellt, dass man CO_2 verzehnfachen kann und dann erstickt man trotzdem noch nicht. Daher musste man sich ausdenken, dass das mit der Temperatur schlecht sei. Dann musste plötzlich ein gutes Klima zum schlechten umgewandelt werden, denn das Klima im Mittelalter heißt Klimaoptimum, da war es wärmer als es jetzt ist."[585]

Wer von der Klimadiskussion politisch in Deutschland (und auch den Nachbarländern) derzeit am meisten davon profitieren dürfte, kannst du dir wahrscheinlich selbst vorstellen. (Ob diese Politiker und Parteien allerdings auch dann noch etwas zu sagen hätten, wenn die erwünschte „Kultur-Revolution" vollzogen wäre, bleibt für uns fraglich). Bei den vielen Wissenschaftlern und Influencern, die mitspielen, dürften wohl finanzielle Interessen dahinterstehen.

So soll aus der ganzen Klimaaktion mittlerweile ein riesiger Industriezweig geworden sein, von dem viele profitieren (von Teilbereichen der Wirtschaft angefangen, wenn neue Heizungen, Wärmedämmungen etc. gekauft werden müssen bis hin zu Förderprojekten für wissenschaftliche Studien). In Zeiten, in denen Universitäten und ihre Institute meist massiv unterfinanziert scheinen, sind sie auf die Zuteilung und Förderung von Studienprojekten angewiesen. Dies erscheint derzeit nicht unabhängig und frei in Erwartung des besten Ergebnisses zu erfolgen, sondern geknüpft an die Erwartung, dass die These unterstützt würde: Der Mensch sei verantwortlich für den Klimawandel und müsse mehr zahlen und sich noch strenger kontrollieren und einschränken lassen.

„Wenn ich Forschung betreiben wollte über das südenglische Eichhörnchen, müsste mein Förderantrag, um das Geld zu bekommen, lauten: ‚Erforschung des Nuss-Sammelverhaltens des Eichhörnchens in Bezug auf die Erderwärmung.' Sollte ich diesen Bezug vergessen, dann ‚Ade Fördergelder'".
Nigel Calder (ehem. Wissenschaftsjournalist, Herausgeber)[585]

„Man muss eine gewisse Panik schüren, dann fließt das Geld."
Professor John Christy/Weltklimarat IPCC[585]

„Es wird heute ja auch manchmal gesagt, die Klimaforscher übertreiben
ein bisschen, um ihre Forschungsgelder sicherzustellen, das ist teilweise
wohl sicherlich richtig. Wenn ich von heute auf morgen sage,
der Klimawandel kommt nicht, dann werden die Regierungen sagen:
Ja, wieso, dann brauchst du ja auch nicht mehr forschen.
‚Kannste‘ aufhören damit.
Dann brauchen wir dich nicht mehr."
Dr. Gerd-Rainer Weber, Meteorologe[585]

Finanziell zählen, wie erwähnt, auch bestimmte Öko-Bewegungen und Einrichtungen wie unter anderem Greenpeace dazu. Ihnen sollen auch Offshore Parks (Windenergie) in ganz Europa im Wert von 140 Millionen Euro gehören, die in eine Stiftung eingelagert worden sein sollen. Diese nennt sich „Green Energy". Dadurch ist Greenpeace zum nächsten Multikonzern herangewachsen und verkauft uns nun den Strom (künftig ausschließlich, ohne beispielsweise EON und RWE?). Die Geldmaschinerie läuft an. Ein ehemaliger Mitbegründer von Greenpeace, Patrick Moore, äußerte sich in der US-TV-Show „Fox & Friends" (und in einem von ihm verfassten Buch) mehr als kritisch zu der „Umweltorganisation". Die Klimakrise sei nicht nur Fakenews, sondern auch Fake-Wissenschaft. Die Organisation habe am Anfang viel Gutes bewirkt.
Schließlich sei sie jedoch von der extremen Linken infiltriert worden und aus einer auf Wissenschaft gegründeten Organisation sei eine auf Sensationalismus, Desinformation und Angst beruhende geworden, berichtet die Epoch Times aus dem Interview mit dem Greenpeace-Mitbegründer Patrick Moore.[586]

4. Klimadebatte und wissenschaftlicher Konsens

Gibt es ihn oder gibt es ihn nicht, jenen wissenschaftlichen Konsens über den menschenverursachten, CO_2-bedingten Klimawandel, der so oft von den Hauptmedien und Klimaaktivsten erwähnt wird? Obwohl Wissenschaftler, die von einem natürlichen Klimawandel ausgehen, kaum Gehör finden und mit finanziellen und karrieremäßigen Repressalien und Verunglimpfung rechnen müssen, schaffen es dennoch immer wieder einige von ihnen, sich Gehör zu verschaffen. Hier eine Übersicht über die wichtigsten Widersprüche von Wissenschaftlern gegen die Theorie des menschengemachten, CO_2-verursachten Klimawandels:

Das wohl bekannteste NEIN von Wissenschaftlern gegen den ausgerufenen „Konsens" eines menschenverursachten, CO_2-verursachten Klimawandels ist die Oregon-Petition.[590] Sie wurde Ende der 1990er-Jahre von der Wissenschaftlichen Universität Oregon herausgegeben und von mehr als 31.000 Naturwissenschaftlern unterzeichnet. Darunter waren unter anderem mehr als 3.600 Atmosphären-, Umwelt- und Erdwissenschaftler, knappe 4800 Chemiker, rund 2900 Biologen und Agrarwissenschaftler, 903 Mathematiker und Computerwissenschaftler sowie 9992 Fachleute aus Technik und sonstiger Naturwissenschaft.[392c]

Die Petition hält fest, dass es keine überzeugenden wissenschaftlichen Beweise dafür gäbe, dass der Mensch mit seiner Freisetzung von CO_2 oder anderen Treibhausgasen verantwortlich sei für die globale Erderwärmung. Zudem lägen solide wissenschaftliche Nachweise vor, dass atmosphärisches Kohlendioxid zahllose segensreiche Auswirkungen auf Flora und Fauna habe.

Eine Begrenzung der Treibhausgasemissionen würde der Umwelt schaden, den Fortschritt der Wissenschaft und Technologie hemmen und Gesundheit und Wohlergehen der Menschheit schädigen. Es gäbe keinen überzeugenden wissenschaftlichen Nachweis, dass vom Menschen verursachtes CO_2, Methan oder andere Treibhausgase heute oder in absehbarer Zukunft eine katastrophale Erwärmung der Erdatmosphäre und eine Umwälzung des Erdklimas bewirken. Ihre Forderung: Die US-Regierung solle die Kyoto-Vereinbarung von 1997 und jedwede ähnliche Erklärung nicht unterzeichnen (bei US-Präsident Donald Trump dürften sie jetzt, 20 Jahre später, Gehör finden). Besonders schwerwiegend dabei: Im Gegensatz zu den „Scientists for Future" war es diesen Naturwissenschaftlern noch nicht möglich, bequem per Mausklick vom Büro aus zu unterschreiben. Sie mussten noch händisch auf Papier unterzeichnen und sich mit vollem Namen vor der US-Regierung deklarieren, was Einschnitte in ihrer Karriere mit sich bringen konnte.[591] Während bei jenen Wissenschaftlern, die zum Ergebnis menschenverursachter Klimawandel kommen, immer wieder gemunkelt wird, es würden Gelder von Soros, Rockefeller etc. fließen. Die mehr als 31.000 Zeichnenden dürften dafür kein Geld erhalten haben.

Bei der Oregon-Petition ist es allerdings nicht geblieben, es folgten weitere Petitionen, in denen Wissenschaftler dem Konsens über einen menschenverursachten Klimawandel widersprechen. Gerade in letzter Zeit geben viele Wissenschaftler trotz all der möglichen Repressalien, die sie dadurch mittlerweile in Kauf nehmen müssen, ein klares Zeichen gegen das Meinungsdiktat und die einseitige Behandlung des Themas (sowie damit verbundene gesellschaftliche Fehlentwicklungen – noch mehr Steuern für den Staat, mehr Kontrolle und weitgehende Einschränkungen für die Menschen).

Gewichtige Petitionen und offene Briefe von Wissenschaftlern (abgesehen von der Oregon-Petition mit mehr als 31.000 Unterzeichnenden Naturwissenschaftlern):

○ 2019 unterzeichneten 90 italienische Wissenschaftler eine Petition, in der sie die „CO_2-Auswirkungen auf das Klima" als „ungerechtfertigt, übertrieben" und die Katastrophenvorhersagen als nicht realistisch bezeichneten.
○ Ebenfalls 2019 schickten 500 Wissenschaftler einen offenen Brief an UN-Generalsekretär Antonio Guterres, der Titel „Es gibt keinen Klimanotstand".[587]
○ 500 europäische Wissenschaftler bereiten einen offenen Brief an EU-Kommissionspräsidentin Von der Leyen vor, in dem sie betonen, dass CO_2 kein Klimakiller sei.[588]
○ Im Heidelberger Appell 2009 zeigten sich mehr als siebzig Nobelpreisträger skeptisch gegenüber einer anthropogenen (menschenverursachten) Klimaerwärmung.[589]

- 2009: Bericht von mehr als 700 Wissenschaftlern (darunter einige IPCC-Autoren) weltweit, welche die menschenverursachte Erderwärmungs-Theorie ablehnten (veröffentlicht vom Senatsausschuss für Umweltfragen)
- Statement by Atmospheric Scientists on Greenhouse Warming
- Leipziger Erklärung zum globalen Klimawandel

Der renommierte US-Professor Harold Lewis ist vor einigen Jahren aus der American Physical Society ausgetreten. Seine Begründung dafür: die menschengemachte Erderwärmung sei „pseudowissenschaftlicher Betrug". Kent-Depesche berichtet dazu: *„In seinem Rücktrittsschreiben gewährt er Einblicke in die Machenschaften einer korrumpierten Bande pseudowissenschaftlicher Berufsverbrecher, deren einziges Interesse die Jagd nach Forschungsgeldern und Karrieremöglichkeiten ist. Lewis wörtlich: ‚Der Erderwärmungsbetrug wird durch Billionen Dollar angetrieben […] Es ist der größte und erfolgreichste pseudowissenschaftliche Betrug, den ich in meinem langen Leben als Physiker gesehen habe. Jeder, der auch nur den geringsten Zweifel daran hat, müsste sich selbst dazu zwingen, sich die Klimagate-Dokumente durchzulesen, welche dies bloßstellen."*[589a]

Über die „Klimagate"-Dokumente haben wir bereits berichtet. Sehen wir uns noch die Ergebnisse einer Umfrage unter Naturwissenschaftlern in Deutschland an: Kommunikationsforscher Prof. Hans-Mathias Kepplinger von der Uni Mainz hat dabei 2007 untersucht, wie die deutschen Klimaforscher zum Klimawandel stehen. In 3sat[589b] berichtete er: *„Die Gruppen sind etwa gleich groß – es gibt die Warner, es gibt die Skeptiker und es gibt eine Mittelgruppe und alle drei Gruppen sind in der deutschen Klimaforschung in etwa mit der gleichen Stärke vertreten. Allerdings ist es so, dass die Warner wesentlich aktiver sind und dass sie sich in der Öffentlichkeit wesentlich offensiver in Szene setzen. Und das hat dazu geführt, dass der irrtümliche Eindruck entsteht, dass neben den Warnern allenfalls nur eine kleine versprengte Minderheit von Unverbesserlichen existiert. Doch dieser Eindruck ist definitiv falsch."*

Von einem einhelligen wissenschaftlichen Konsens war also auch in Deutschland nichts zu sehen, auch wenn Professor Frederic Singer die Situation für Deutschland 2007 anders einschätzte als anderswo in der Welt:

„Ich glaube, Deutschland hat ein großes Problem.
Da sind sehr wenige Akademiker in Deutschland, die sich gegen
diese Sache aussprechen. Es ist ganz anders in Holland, ganz anders
in Kanada, ganz anders in Neuseeland. Dort sprechen Akademiker,
das heißt, Leute, die berühmte Professoren sind, die sprechen sich
gegen diese Hysterie aus.
In Deutschland nicht. Ich weiß nicht, warum."[589c]

Professor Frederic Singer, US-Klimawissenschaftler

5. Natürlicher Klimawandel

Es wäre nach den Erkenntnissen vieler Wissenschaftler verwegen und wohl größenwahnsinnig zu glauben, dass der Mensch überwiegenden Einfluss auf den Verlauf des Klimas hätte. So beträgt, wie du bereits lesen konntest, der Anteil des vom Menschen verursachten (natürlichen, ungefährlichen und sogar lebenswichtigen!) Spurengases CO_2 nur 0,00123 % an der Gesamtatmosphäre. Diesem Kohlendioxid (egal, ob von der Natur freigesetzt oder durch menschliches Verhalten ausgestoßen) konnte bis jetzt kein direkter Ursache-Wirkungs-Zusammenhang in einem seriösen wissenschaftlichen Experiment mit „Peer review" nachgewiesen werden. Doch wenn der Mensch mit seinem CO_2-Ausstoß keinen gravierenden Einfluss hat auf das Klima hat, woran liegt es dann, wie, wann und wie stark sich das Klima auf der Erde ändert?

Im Gegensatz zu Temperatur und CO_2, die keine unmittelbare Korrelation (wechselseitige Ursache-Wirkungs-Verbindung) aufweisen, haben Forscher einen Zusammenhang zwischen Sonnenaktivität und Temperatur gefunden. Die Sonne als Energielieferant der Erde dürfte also auch darüber bestimmen, wie der langfristige Klimaverlauf auf unserem Planeten aussieht (zur Erinnerung: Das Klima ergibt sich aus einer Auswertung der Wetterdaten-Aufzeichnungen über einen langen Zeitraum).

1820 war das Ende einer „kleinen Eiszeit", seitdem steigen die Sonnenaktivität sowie die Erdtemperatur leicht an (mit einem erhöhten Anstieg der Temperatur ab 1989 und einer Stagnation der Temperaturen seit 2002).[589d] Man hat damals in der Meteorologie den Fehler gemacht und ist von einer Solarkonstante ausgegangen, d.h. dass die Sonne immer gleich aktiv sein und gleich strahlen würde. Damit schied die Sonne als Ursache für Klimaänderungen damals vermeintlich aus. Man hat nach einer anderen Ursache für den Temperaturanstieg gesucht und geschaut: Was hat sich seit 1850 geändert? Das waren die Industrialisierung und der damit verbundene CO_2-Ausstoß. Der CO_2-Ausstoß hat sich seit 1850 von 280 ppm bis jetzt auf 380 ppm erhöht. Aber man sieht, er hat sich gleichmäßig erhöht (und ausgehend von einem Tiefstand). Der CO_2-Gehalt der Luft nimmt also gleichmäßig zu.

Was man uns aber erzählt ist, dass die Gletscher schmelzen würden und ein Treibhauseffekt stattfinden würde – und das auf Basis irgendwelcher Annahmen. Klima ist jedoch sehr komplex und für ein einziges Klimamodell sind sehr viele Annahmen (!) nötig, stimmt ein Wert nicht, ist das ganze Klimamodell wenig aussagekräftig. Wie selbst Prof. Rahmstorf vom PIK vor der Kamera aussagte: Es können in der Klimaforschung keine glaubwürdigen Prognosen erstellt werden.

Mittlerweile gibt es viele Studien, die die Ursachen für den Klimawandel in natürlichen Einflüssen und Entwicklungen sehen (die Behauptung, dass CO_2 darauf Einfluss habe, haben wir bereits auf den vorigen Seiten ausführlich beleuchtet).[589e] Wie du unter anderem bei EIKE nachlesen kannst, sind für den Wandel des Erdklimas verschiedene Faktoren wirksam:

- Die Position unseres Sonnensystems in der Galaxie
- Der Neigungswinkel der Erdachse
- Die kosmische Strahlung
- Verschiedene solare Zyklen von rund 1003, 463 und 188 Jahren
- Die Aktivität der Sonne und dementsprechende Sonnenflecken (Zyklus 11 Jahre)
- Die Oszillation (Hebung und Senkung) der Ozeane, 70 % der Erdoberfläche sind mit Wasser bedeckt
- Wolkenbildung, Wasserdampf in der Atmosphäre[589f]

Es gab Beobachtungen, dass die Sonne während der letzten Eiszeit kaum Sonnenflecken aufwies, also sehr inaktiv war. Solche Sonnenflecken wurden seit dem Jahr 1600 dokumentiert, deshalb konnten seit damals viele Auswertungen davon angefertigt werden. Die Sonnenflecken können sehr groß sein (so groß wie Deutschland bis zur Größe von ganz Europa) und sie sind in ihrem Kerngebiet ungefähr 1000 °C kälter als ihre Umgebung auf der Sonne.

Wie entstehen diese Sonnenflecken?

Im Inneren weist die Sonne etwa 15 Mio. °C Temperatur auf. Diese innere Masse transportiert sie nach oben. Die Forschungen ergaben, dass Magnetfelder auf der Sonne diese Masse an bestimmten Stellen daran hindern, nach oben zu steigen. So entstehen diese Sonnenflecken. Die Flecken sind also ein Maß für die Energieproduktion der Sonne. Die Sonne hat mal mehr und mal weniger Sonnenflecken, diese durchlaufen einen kleinen Zyklus von rund 11 Jahren. Außerdem wurden Zusammenhänge zwischen Drehimpulsänderungen der Sonne und dadurch hervorgerufene Verlagerungen der Sonnenflecken auf der Sonne[589d] sowie der Neigungswinkel der Erdachse ebenfalls als Einflussfaktoren auf das Erdklima festgestellt. Die Sonne rotiert dynamisch und nichtlinear. In der Sonne wirken zudem verschiedene Kräfte zusammen (nukleare, elektrische, magnetische, thermische). Langfristig konnte eine rund 200-jährige Klimaschwankung, ausgelöst durch die rund 200-jährige Schwingung der Sonnenaktivität, festgestellt werden (der sogenannte „De-Vries-Zyklus"). [589g]

Mehr dazu findest du beispielsweise unter Zitierung zahlreicher wissenschaftlicher Studien auf der Internetseite des Europäischen Instituts für Klima und Energie (EIKE).

Es besteht eindeutig ein Ursache-Wirkungs-Zusammenhang zwischen globaler Erwärmung und der Sonnenaktivität. Unsere globale Erwärmung ist immer gekoppelt gewesen mit der Aktivität der Sonne. Immer wenn die Sonne unterdurchschnittlich aktiv war, hatten wir es mit einer Kaltzeit zu tun.

Immer wenn die Sonne überdurchschnittlich aktiv war, hatten wir es mit einer Warmzeit zu tun.

Die Schlussfolgerung daraus ist:

Die Änderungen der Sonnenaktivität machen rund 70–80 % des Klimaverhaltens aus. In den letzten Jahren bis Jahrzehnten (es war bereits in den 70er-Jahren von einer drohenden Eiszeit die Rede, wie wir gehört haben) stehen wir eher vor einer Abkühlung bis etwa 2050, dann könnte es wieder wärmer werden.

Dies bestätigen Institute wie Sankt Petersburg und auch US-amerikanische Institute. (Was den Weltklimarat IPCC, Greta Thunberg und Al Gore jedoch nicht davon abhält, weiterhin vor einem drohenden Klimakollaps durch Erderwärmung zu warnen). Dazu kommen noch eine Reihe weiterer lang- und kurzperiodischer Antriebe für die Klimaentwicklung (eine Veränderung der Meeresoberflächentemperatur, Vulkanausbrüche, Wolkenbedeckung etc.).

Auf dem G7-Gipfel 2019 wurde beschlossen, dass wir das Temperatur-Ziel von 2,0 °C erreichen müssen. Aber in den letzten 9000 Jahren gab es schon viel höhere und niedrigere Temperaturschwankungen, lange bevor es industrielles CO_2 gab. Wie seriös ist die Forderung dann?

Ein stabiles Klima hat es nie gegeben, wird es nie geben und eine Stabilisierung auf 2 °C dürfte jeglicher wissenschaftlicher Logik entbehren. Prof. Dr. em. Friedrich-Karl Ewert (Klimatologe) erzählt in einem Vortrag über globale Temperaturmessungen bei EIKE, dass man CO_2 das erste Mal 1810 analytisch nachweisen und chemisch bearbeiten konnte.

Und der Duden von 1954 berichtet, dass das Kohlendioxid Folgendes ist: unsichtbar, farblos, geruchlos, ungiftig, brennbar, schwerer als Luft (196 g/l zu 1,3 g Luft/l).

Kohlendioxid sinkt auf den Boden und kann, physikalisch gesehen, nicht nach oben steigen (außer in feiner Verteilung durch die Luftzirkulation). 1810–1950 hat man so viel über CO_2 nachgedacht und geforscht, dass man zu dem Schluss gekommen ist (nachzulesen in beinahe jedem Lexikon):

„CO_2 ist als Klimagas völlig bedeutungslos".

Man hat festgestellt, dass die Warm- und Kaltzeiten bei uns auf der Erde seit 9000 Jahren mit der Sonne, sprich mit den Solarzyklen, korrelieren, d.h. abhängig von der Sonnenaktivität sind. Es verhält sich im Endeffekt so: Wenn die Sonne mehr Aktivität zeigt, alle 11 Jahre, steigt dadurch bei uns auf der Erde die Temperatur an, darüber hinaus wirken noch andere Zyklen.

Droht möglicherweise statt einer Warmzeit gar eine Eiszeit?

Klima ist – wie erklärt – nicht prognostizierbar. In den 70er-Jahren wurde noch von Wissenschaftlern in den Medien erwähnt, dass eine Eiszeit drohen könnte. (Auch der langjährige „Betreuer" der NASA-Temperaturkurve, James Hansen, gehört zu jenen, die damals aktiv vor einer drohenden Eiszeit gewarnt haben. Ungefähr parallel mit Erscheinen des Buchs des Club of Rome mit Klima-Katastrophenszenarien (die nicht eingetroffen sind) wurde dann eine drohende Erderwärmung ausgerufen.

Der Mythos, dass ein menschengemachter Klimawandel angeblich zu einer lebensbedrohlichen Erwärmung der Erde führt, wird immer löchriger. Vor einiger Zeit hat man auf die Arbeit von Jyrki Kauppinen und Pekka Malmi hingewiesen. Diese habe gezeigt, dass die Berechnungen des menschlichen Einflusses auf das Klima, die das IPCC veröffentlicht, maßlos übertrieben seien, dass sich der menschliche Einfluss auf das Klima letztlich und maximal auf 0,01 Grad Celsius über die letzten

50 Jahre beläuft. Was hältst du von globalen Temperaturen, die um durchschnittlich 1,5 bis 2 Grad Celsius tiefer liegen, von verkürzten Wachstumsperioden und einem längeren Winter, von wachsenden Gletschern, mehr Schnee und Missernten, von zugefrorenen Grachten in Amsterdam und einer überfrorenen Themse in London? Die Zustände im Maunder Minimum, das von 1645 bis 1715 gewährt hat, sind damit gut beschrieben. Die Zustände, die die nächste kleine Eiszeit möglicherweise noch in der ersten Hälfte des Jahrhunderts bringen könnte, werden nicht viel davon abweichen.

Eine Prognose, wie sich das Klima entwickeln werde, ist jedoch auch für die Hypothese eines natürlichen Klimawandels nicht möglich. Es finden sich auch für beide Richtungen (eine Tendenz zur weiteren Erwärmung bleibe noch bestehen bis zum Bevorstehen einer Kaltzeit) Einschätzungen von Wissenschaftlern. Die Natur handelt zwar für sich nach einem der Situation perfekt angemessenen System, für den Menschen und die Wissenschaftler jedoch dennoch oft chaotisch. Die globale Erwärmung könnte jedenfalls erst einmal ausfallen, die Temperaturen (sofern zuverlässige Daten darüber überhaupt vorliegen) sollen in den letzten Jahren seit 2002 leicht zurückgegangen sein. Manche Wissenschaftler erwarten eine Warmzeit erst für die Zeit von 2415 bis 2600. Grund sind verschiedene Zyklen, die auf das Klima der Erde wirken. Die Einflüsse auf das Klima und damit dessen Entwicklung sind komplex – und um vieles anspruchsvoller als die Annahme, das Klima werde von genau einer Variablen, nämlich CO_2, und deshalb vom Menschen beeinflusst.

Vier Wissenschaftler (V.V. Zharkova, S. J. Shepherd, S. I. Zharkov und E. Popova von den Universitäten Northumbria, Bradford, Hull und Moskau) haben in einem kürzlich veröffentlichten bemerkenswerten Artikel, die klimatischen Zusammenhänge zurecht gerückt und den Mythos eines menschengemachten Klimawandels einmal mehr aus der Welt geschafft (sie gehen davon aus, dass bis 2600 ein großer Sonnenzyklus mit rund 2,5 Grad Erderwärmung abgeschlossen sei). Im Gegensatz zu vielen anderen Studien und Hypothesen, die einen menschenverursachten Klimawandel nachweisen wollen (diesen Eindruck könnte man etwa auf der Seite der Klima-Faktenchecker „Climate Feedback" erhalten), wurde diese Arbeit „peer reviewed" (durch unabhängige Wissenschaftler aus dem Fachgebiet überprüft und bestätigt) und sogar im Magazin „Nature" veröffentlicht (obwohl kritische Studien von vielen Fachmedien üblicherweise abgelehnt werden).

Die zugrunde liegende Annahme: Es beginnt alles damit, dass die Sonne sich in einem sogenannten solaren Minimum befindet. Diese solaren Minima kehren zyklisch wieder. Sie werden durch eine geringe Menge sogenannter Sonnenflecken angezeigt – von diesen Stellen kommt eine verringerte Sonneneinstrahlung auf die Erde und deshalb gehen diese mit geringer werdenden Temperaturen einher. Als Resultat ergeben sich kleine Eiszeiten: das Maunder Minimum (1645-1715), das Wolf Minimum (1280 -1350), das Oort Minimum (1010-1050), das Homer Minimum (800-900 vor Chr.).

Im Gegensatz dazu führt eine hohe Sonnenaktivität zu Warmzeiten, wie sie z.B. in der Warmzeit des Mittelalters (900–1200 n. Chr.) und der römischen Warmzeit (400–10 vor Chr.) dokumentiert sind. Vor dem Hintergrund dieser bekannten Ereignisse haben die vier Forscher ein Modell unter Berücksichtigung er zyklischen Bewegungen entwickelt. Sie nennen es das Solar Inertial Motion Model (SIM). Die Sonne ist demnach nicht am Firmament fixiert, sondern bewegt sich auf einer Bahn (unter Einwirkung von großen Planeten und deren Gravitationskraft auf die Sonne). Die Sonne bewegt sich um ihr Baryzentrum, den Punkt, der das Zentrum der Masse von zwei oder mehreren Himmelskörpern beschreibt. Und sie bewegt sich auf einer exzentrischen Bahn, dadurch sind die Entfernungen der Erde zur Sonne nicht immer gleich. Wären Sie gleich, dann wäre die Erde zur Sommersonnenwende in der nördlichen Hemisphäre immer 1.52^{10} km von der Erde entfernt und zur Wintersonnenwende in der nördlichen Hemisphäre immer $1,47^{10}$ km.

Aber die Sonne hat eine zyklische Bahn, dabei kommt sie der Erde bis auf $1,44^{10}$ km zur Sommersonnenwende in der nördlichen Hemisphäre näher, bzw. sie entfernt sich von der Erde auf bis zu $1,52^{10}$ km zur Wintersonnenwende in der nördlichen Hemisphäre. Als Konsequenz einer näheren Sonne steigen die Temperaturen auf der Erde, als Konsequenz einer entfernteren Sonne sinken die Temperaturen.

Es gibt verschiedene langfristige Sonnenzyklen mit größeren Wirkungen auf das Erdklima. Die Ausprägung von solaren Maxima und Minima hängen von den vorne erwähnten Einflussfaktoren ab. Der nächste große Sonnenzyklus könnte nach Meinung dieser Forscher bis 2600 abgeschlossen sein. Bis dahin könnte nach ihren Berechnungen die Temperatur auf der Erde um rund 2,5 Grad durch verstärkte Sonneneinstrahlung, die aus der relativen Position von Sonne und Erde resultiert, steigen. Dazwischen gäbe es jedoch von 2020 bis 2055 und von 2370 bis 2416 solare Minima, welche sich durch sinkende Temperaturen auszeichnen.[624]

Eine von bisherigen Klimamodellen aufgrund eines CO_2-Effekts für dieses Jahrhundert vorhergesagte fortschreitende Erwärmung ist aufgrund der klimadiagnostischen Ergebnisse für viele Wissenschaftler jedoch unwahrscheinlich.[589e]

Nochmal die Erkenntnisse der Wissenschaft dazu: CO_2 ist der definitive Lebensspender. Wenn ein Minimum an 150 ppm (d.h. 0,0015 % CO_2 in der Luft) erreicht ist, wird der Planet das Wachstum der Biosphäre ändern. Das ist bisher schon oft passiert, wir werden es aber nicht erleben.

Genauso verhält es sich mit dem Meeresspiegel-Anstieg. Auch dieser findet nicht in der Radikalität statt wie berichtet. Der Anstieg und Abfall unterliegt einem regelmäßigen, sanften Zyklus von Hunderten von Jahren, im Zusammenhang mit dem 11-jährigen Sonnenzyklus. Doch was ist dann mit den Warnungen vor untergehenden Inseln? Gehen beispielsweise die Fidschi-Inseln wegen eines Ansteigens des Meeresspiegels unter?

Hier darfst du immer genau hinsehen: Oft ist es nämlich gar nicht der Meeresspiegel, der sich verändert, sondern eine Verschiebung der tektonischen Erdplatten. Diese wandern nicht nur seitlich, sondern können sich auch nach oben oder unten verschieben. Damit hat dann weder das CO_2 noch der Klimawandel etwas zu tun, sondern viel eher Vulkanaktivität. Dies ist ein Jahrmillionen alter und normaler Prozess auf dieser Erde.

Die NASA, sonst bei jenen Stimmen, die vor dem drohenden Klimakatastrophen warnen, entlarvte sich mit einem Diagramm „Fort Denison Mean Sea Levels" von Thomas Joannes auf ihrer Homepage selbst: Demnach war der Meeresspiegel 1914 auf 1,11 Meter, 2019 auf 1,05 Meter, er ist also gesunken statt gestiegen.

6. Weitere Aspekte der Energie- und Klimapolitik

Der Amazonas – Biodiesel und seine Schattenseiten

Die Regenwälder sind die effektivsten Kohlenstoffspeicher der Erde (und die Ozeane die größten).[523b] Um Biodiesel produzieren zu können, geben manche Staaten finanzielle Anreize, die die Bauern dann dazu animieren, den Regenwald oder andere nicht genutzte Flächen anzuzünden und fruchtbaren Boden zu erhalten. Monokulturen entstehen, bei denen der wertvolle Nährboden verloren geht.

In Brasilien soll der Amazonas-Regenwald bewusst angezündet werden (Brandrodung), um neue Anbauflächen für Monsanto und andere europäische Großinvestoren bereitstellen zu können. Immer mehr Nahrungsmittel kommen deshalb aus Anbaugebieten, die durch Brandrodung gewonnen wurden.
Auf dem G7-Gipfel ging es, in Abwesenheit von Brasiliens Staatschef Jair Bolsonaro, um das Brennen des Regenwaldes. Frankreichs Präsident Emmanuel Macron wollte beim G7-Gipfel in seinem Land den Regenwald im Amazonasgebiet zum Top-Thema machen (dass er dabei ein altes Foto als aktuelles ausgegeben hat, spricht für sich). Bolsonaro warf ihm daraufhin „kolonialistische Mentalität" vor.

Merkwürdig war, das die „Extinction Rebellion"-Bewegung schon ein Video über den brennenden Amazonas hochgeladen hatten, da brannte noch gar kein Regenwald. Teilweise sind in den Medien wieder Videos und Fotos älteren Datums aufgetaucht. Waren möglicherweise auch die Brände so wie in den letzten Jahren und eine Auffälligkeit nur Teil einer Propaganda?

 Apropos Regenwald: Rate mal, wieviel du an „Regenwald" konsumierst, wenn du dir im Fastfood-Lokal um die Ecke einen Burger kaufst.

Antwort: Einer Berechnung zufolge genau 1 m²! [A1]

Elektroautos – umweltfreundliche Einschränkung?

Im Zuge der aktuellen Klimadiskussion ist wieder einmal zunehmend oder vornehmlich der durch den Straßenverkehr verursachte CO_2-Ausstoß in das Fadenkreuz der Klimaaktivisten geraten. Vor allem die Autos mit Verbrennungsmotoren sollten nach Ansicht der CO_2-basierten Klimawandel-Verfechter so schnell wie möglich zurückgedrängt, mit Fahrverboten belegt sowie durch vermeintlich umweltfreundliche und CO_2-neutrale Elektroautos ersetzt werden.

Um das Jahr 1900 waren Autos mit elektrischem Antrieb häufiger auf den Straßen anzutreffen als Fahrzeuge mit Verbrennungsmotoren. Die Reichweite lag damals bei rund 100 km. Durch die zunehmend mit Benzin und Diesel betriebenen Fahrzeuge sank der Anteil der Elektroautos in den folgenden Jahrzehnten bis zur Bedeutungslosigkeit ab.[595] (Mag einer der Gründe dafür die Involvierung der Rockefeller- [und Rothschild-] Dynastie in das Ölgeschäft gewesen sein, die vieles von ihrem Reichtum genau jenem Zweig verdanken soll?
Jener Dynastie, die 2014 bekannt gegeben hat, sich aus dem Ölgeschäft zurückzuziehen und nur mehr in erneuerbare Energien zu investieren?). Seit den letzten Jahren steigt der Anteil der elektrisch betriebenen Autos wieder an, da der Elektroantrieb als umweltfreundlich und oftmals „klimaneutral" dargestellt und von der Politik entsprechend gefördert wird.

Isoliert betrachtet stößt ein Elektro-Auto beim Fahren mangels Verbrennungsprozesses kein Kohlendioxid aus (jedoch bei der Herstellung). Entscheidend für seine „CO_2-Bilanz" (wenn diese klimarelevant wäre) ist jedoch, woher der Strom für das Laden des Akkus kommt. Je höher der Anteil an erneuerbaren Energien ist, desto niedriger der tatsächlich verursachte Ausstoß an CO_2 und anderer Abgase. Dies ist von Land zu Land unterschiedlich, je nachdem wie der dort verfügbare Strom hergestellt wird. So liegt der beizumessende CO_2-Anteil im Strom beispielsweise in Österreich durch den hohen Anteil an Wasserkraft deutlich niedriger als etwa in Polen mit vielen Kohlekraftwerken oder auch im EU-Durchschnitt.[596]

Insgesamt ist zu erwähnen, dass der Anteil von „grünem" (erneuerbaren) Strom am Gesamtstromangebot begrenzt ist, es gibt weniger „Öko-Strom" als insgesamt Strom verbraucht wird. Wenn nun ein E-Auto-Fahrer sein Auto nur mit grünem Strom laden möchte, dafür exklusiv Ökostrom bezieht und damit auch mehr für den Strom zahlt (dies ist auch eine Bedingung für öffentliche Förderungen), so fehlt dieser Anteil woanders. Oder anders ausgedrückt, das Auto wird zwar vermeintlich „grün" aufgeladen, die Nachbarin kocht dafür das Mittagessen mit entsprechend mehr Atom- oder Kohlestrom. Wobei hier zu sagen ist, dass Atomstrom auch weitgehend CO_2-frei ist – ob wir Menschen diese Energieform in Zukunft jedoch haben wollen, sei dahingestellt. (Wer Atomenergie für positiv hält, möge sich mal – entsprechend geschützt – zum Beispiel im Atommüll-Endlager Asse in Remlingen (D) näher informieren oder eines der Kinderheime in der Nähe des Kernreaktors Tschernobyl besuchen, dann ändert er höchstwahrscheinlich seine Ansicht). Allerdings kann nicht von einer „grünen Stromversorgung" die Rede sein, wenn sie in Verbindung mit batterie-elektrischem Energiespeicher erfolgt. Für eine umwelt- und klimaschonende Energieversorgung müssten andere Speicherverfahren Anwendung finden.[596a]

Solche Speicher müssten so groß wie nötig und so klein wie möglich sein, berichtet unter anderem Epoch Times. In einem Ausmaß von Nichtversorgung mit Strom, das die Bevölkerung gerade noch akzeptiere. Um die größten Engpässe der erneuerbaren Energien zu überbrücken, wäre demnach ein Speicher der Größenordnung von 15 Terrawattstunden (15.000.000.000 kWh) nötig. Bei 200 Euro/kWh würden sich die Kosten eines entsprechenden (aufgrund der CO_2-Bilanz jedoch ungeeigneten) Speichers auf 3 Billionen Euro belaufen.

Woher der Strom an dunklen Wintertagen bei Flaute kommen soll, um die dann hauptsächlich elektrisch betriebenen Autos aufzuladen, wenn überdies viel Strom für Beleuchtung und Heizungen benötigt wird, scheint fraglich. Die Politik hat zudem auch angekündigt, aus Kohle- und Atomstrom aussteigen zu wollen. Der Anteil der noch einigermaßen stabil verfügbaren Wasserkraft liegt in Deutschland bei weniger als 5 %.[597] Ob die Pumpspeicherkraftwerke in den Bergen diesen zyklischen Bedarf abdecken könnten, scheint fraglich. Vielleicht erklärt man uns ja in einigen Jahren, man könne die Atomkraftwerke nun doch nicht abschalten, weil man sie für den (Spitzen-)Strom weiterhin dringend braucht? (Atomenergiefreundliche Aussagen von Prominenten und Politikern finden sich in großer Anzahl ...).

Dass es äußerst relevant ist, woher der Strom kommt, zeigt folgender Vergleich:[598]

Ein großer Tesla Model X hat auf seine Gesamtlebensdauer inklusive Herstellung (gerechnet auf 15 Jahre mit jeweils 13.000 km Fahrleistung, das sind insgesamt 195.000 km) einen CO_2-Ausstoß von 27,4 Tonnen (CO_2-Äquivalent) beim österreichischen Strommix (hoher Wasserkraftanteil), beim polnischen Strommix liegt dieser jedoch bei 52,1 Tonnen (beide Werte bereits reduziert unter der Annahme, dass der Akku etwa in einer Berghütte als Stromspeicher weiterverwendet werden kann). Im Vergleich dazu liegt ein BMW X7 mit Dieselantrieb bei 60,3 Tonnen, ein Mittelklassewagen (Opel Astra Sports Tourer Diesel) bei 36,8 Tonnen. Von diesen Angaben entfallen beim Tesla 19,7 Tonnen auf die Herstellung (beim BMW X7 Diesel sind es 9,6 Tonnen, beim Opel Astra D 5,6 Tonnen).

Interessant scheint der Vergleich zu einem Auto mit Wasserstoffantrieb, das auch einen Elektromotor besitzt, bei dem der Strom jedoch während der Fahrt in einer Brennstoffzelle aus dem getankten Wasserstoff erzeugt wird. Der Hyundai Nexo verursacht nur 10,9 Tonnen CO_2-Äquivalent auf die Gesamtlebensdauer.[599]

Der Wasserstoff hätte überdies den Vorteil, dass er dann erzeugt werden kann, wenn „überschüssiger" Strom zur Verfügung steht (etwa bei viel Wind und Sonne im Sommer) und nach Verflüssigung (Komprimierung) relativ einfach gespeichert werden kann. Der Wasserstofftank im Auto lässt sich ähnlich wie bei Benzin oder Diesel an einer Tankstelle wieder füllen, sodass die Reichweite und das Wiederaufladen kein Thema sind. Die Politik scheint diese Antriebsform jedoch weitgehend zu ignorieren.

Bei der Herstellung verursacht ein Elektroauto mit Batterie also einen wesentlich höheren (!) CO_2-Ausstoß als ein „normales" Auto mit Verbrennungsmotor. Doch dies betrifft das CO_2, das in der aktuellen Klimadebatte als so klimaschädlich dargestellt wird, dessen Auswirkung auf das Klima allerdings tatsächlich wie beschrieben ja mehr als fragwürdig sein dürfte.

LICHT

Anders sieht es mit den Bestandteilen der Akkumulatoren aus, mit denen die derzeit so forcierten Elektroautos ausgestattet werden. Diese bestehen hauptsächlich aus „seltenen Erden", insbesondere Kobalt und Lithium, und wiegen bei großen Elektroautos rund 700 Kilogramm.

Rund zwei Drittel des weltweit geförderten Kobalt-Erzes stammen aus der Demokratischen Republik Kongo und werden dort unter meist katastrophalen Bedingungen abgebaut. Allein in der Provinz Katanga arbeiten mindestens 20.000 Kinder ab 7 Jahren in der Kobaltproduktion, oftmals in illegalen und ungesicherten Minen. Dass Kinder bei Unfällen sterben ist an der Tagesordnung.[600] Hinzu kommen Vergiftungen und schwere Gesundheitsschäden durch Kobaltstaub und für die Kobalt-Gewinnung eingesetzte Chemikalien wie Schwefelsäure, die über das ebenfalls in großen Mengen benötigte Wasser auch in die Umwelt gelangen.[601]

Ähnliches gilt für Lithium, von dem rund 15 Kilogramm pro Auto benötigt werden. Das größte Abbaugebiet dafür liegt im sogenannten „Lithium-Dreieck" in Südamerika (Bolivien, Argentinien, Chile). Für den Abbau werden große Flächen Erde umgegraben und riesige Mengen Grundwasser benötigt, der Wasserspiegel sinkt und das Süßwasser vermischt sich oft mit in diesem Gebiet auch vorkommendem Salzwasser, wodurch den indigenen Einwohnern dieser Region zunehmend ihr Trinkwasser und damit ihre Lebensgrundlage genommen wird.

Dazu kommt giftiger Staub (vermutlich Natriumhydroxid), durch den etwa ihre Lamas missgebildet zur Welt kommen und sterben.[602]
Die deutsche Regierung kann nicht ausschließen, dass auch in Elektroautos aus deutscher Produktion Rohstoffe stecken, bei deren Abbau Kinder oder Zwangsarbeiter eingesetzt wurden. Der Großteil des in Afrika abgebauten Kobalts gelangt nach China und wird von dort wiederum in kobalthaltigen Produkten (Akkus) exportiert. Der verkehrspolitische Sprecher der FDP, Oliver Luksic, kritisiert daher auch die Regierung: *„Die planwirtschaftliche Festlegung auf batteriebetriebene Autos riskiert nicht nur eine deutsche Schlüsselindustrie, sie geht auch einher mit problematischen Arbeitsbedingungen und Umweltzerstörung."*[603]

Ein Bild davon, wie sehr sich besonders klima-engagierte Politiker in dem Thema E-Mobilität, das sie so vehement forcieren wollen, auskennen, vermittelt das ARD-Sommerinterview 2019 mit der Bundestagsabgeordneten und Grünen Bundesparteivorsitzenden Annalena Baerbock: Der 14-jährige Koljar stellte ihr die Frage, warum die grüne Verkehrspolitik so auf Elektromobilität fokussiert sei, die nach derzeitigem Stand weder ökologisch noch langstreckentauglich sei. Er wollte wissen, ob man nicht in der Verkehrs- und Energiepolitik mehr Technologie-Offenheit und Erfindergeist bräuchte.

Die Antwort der Politikerin: Ja, es brauche Technologieoffenheit, es habe sich in der Automobilindustrie aber gezeigt, dass die E-Mobilität die Form sei, die am meisten CO_2 einspare und zugleich am wirtschaftlichsten sei. ... Und weiter: *„... und man muss natürlich auf so Fragen wie Rohstoffe, Kobold [!] – ‚Wo kommt das eigentlich her? Wie kann das eigentlich recycelt werden?' – müssen wir natürlich Antworten geben und da gibt es jetzt die ersten Batterien, die auf Kobold [!] verzichten können, auch wieder in China, auch da wieder sieht man Technologie-Führerschaft ..."*[604]

Da sie durchgängig die Bezeichnung für kleine Wichtelwesen und nicht für das Metall Kobalt verwendete, kann man hier wohl höchstwahrscheinlich von Unwissenheit statt eines einfachen Versprechers ausgehen.

Ein nicht zu unterschätzender und immer offensichtlicherer Aspekt der Elektromobilität scheint auch das Thema Sicherheit zu sein. Im Herbst 2019 geriet beispielsweise ein Tesla in Tirol (Österreich) nach einem Unfall in Brand. Die bis zu 700 Kilogramm schweren Batterien eines Elektroautos (man denke an die Wirkung von kleinen explodierenden Handy-Akkus) sind kaum zu löschen, die Feuerwehr konnte das Feuer vor Ort nur mit schwerem Atemschutz und Schaum abdämpfen, um eine Bergung des Fahrzeuges zu ermöglichen. Da der Akku tagelang immer wieder Feuer fangen kann, muss das Fahrzeug in spezielle Container oder Boxen verladen werden, die mit Wasser geflutet und an einem sicheren Ort mindestens einige Tage bis zu einigen Wochen abgestellt und bewacht werden.[605] Überleg dir bitte, wie viele Autos mal einen gröberen Schaden davon tragen und wie viele solcher Container dann nach gefährlicher Bergung irgendwo gelagert werden müssten! Die Gefahr eines Stromschlages ist aufgrund eingebauter Schutzschalter eher gering, doch durch die mitunter unvermittelt und explosionsartig zu brennen beginnenden Akkus kann eine Annäherung der Retter an ein verunfalltes Elektroauto lebensgefährlich sein. Bilder und Videos dazu gibt es auf YouTube und in den sozialen Medien.[606,607]
Wäre da nicht eine Nützung der bisherigen Autos bis zur Umsetzung zukunfträchtiger Alternativen, die bereits in den Startlöchern scharren würden, sinnvoller? Woran liegt es dann, dass scheinbar um jeden Preis E-Autos „durchgedrückt" werden sollen?

Warum in der aktuellen Klimadiskussion nur der Straßen- und da wiederum vornehmlich der PKW-Verkehr im Fokus zu stehen scheint, entzieht sich unserer Kenntnis. Große Containerschiffe, Tanker, Frachter und Kreuzfahrtschiffe fahren etwa mit billigstem Schweröl, dem giftigsten Treibstoff, den es überhaupt gibt. Allein die 15 größten Schiffe der Welt sollen nach einer – umstrittenen – Berechnung des Naturschutzbund Deutschland so viele Schadstoffe (nicht nur CO_2) ausstoßen wie 750 Millionen Autos.[608] Und nun soll das (Elektro-)Auto die Welt retten?

Fazit, wenn man schon davon ausgehen möchte, dass CO_2 schlecht für das Klima sei: E-Autos bieten gegenüber herkömmlichen PKW deutlich geringere Reichweiten. Eine Verbesserung durch größere Batterien würde den CO_2-Ausstoß weiter ankurbeln. Die Herstellerangaben sollen dabei über den tatsächlichen Leistungen liegen, wie Epoch Times unter Verweis auf eine Studie von Sigrid Petersen und Gerd Stettin berichten. Die CO_2-Bilanz würde bei gegenwärtigem Energiemix verschlechtert. Die Kosten dafür würden ohne Subventionen demnach um rund 40 Prozent über jenen für Autos mit Verbrennungsmotor liegen. Die Versorgung der Autos mit Strom bringe keinerlei CO_2-Einsparungen bei massiven Mehrkosten. Mehrkosten für die vollständige Energieversorgung würden in der Höhe eines deutschen Bundeshaushalts liegen (Investitionen von rund 350 Milliarden Euro pro Jahr). Eine geeignetere Lösung könnte den Studienautoren nach sein, dass Verbrennungsmotoren-Autos mit höherer CO_2-Bilanz teurer würden und Autofahrer auf die weniger schweren und CO_2-günstigeren Modelle umsteigen. Für Sigrid Petersen und Gerd Stettin sind E-Autos also nach dem Stand der Technik eine Sackgasse – zu teuer in Anschaffung und Betrieb, zu zweifelhaft in der Umweltbilanz. Der aktuelle Stand der Forschung könne (Power-to-Liquid-Technologie) das Preis- und Reichweitenproblem fast CO_2-neutral mit Verbrennungsmotoren lösen, dies werde jedoch in der laufenden Diskussion kaum thematisiert. „Ob mangelndes technisch-physikalisches bzw. ökonomisches Verständnis oder andere Interessen den Hype um die E-Mobilität begründen, bleibt hier offen", schließen die Studienautoren. (Die genauen Aufstellungen und Daten kannst du hier nachlesen: https://www.epochtimes.de/wirtschaft/verbraucher/e-autos-vs-verbrenner-analyse-kosten-konsequenzen-kfz-halter-gesellschaft-a3027477.html).

Die Schattenseiten von Wind- und Solarkraftenergie

Was Politiker und Umweltaktivisten gerne als geeignete Alternative zu Kohlekraft- und Atomkraftenergie darstellen und gut subventionieren, dürfte in Wahrheit alles andere als so umweltfreundlich und naturverträglich sein. Zuletzt kamen immer mehr Schattenseiten der Windenergie ans Licht.

So wird etwa manchem Kenner des Naturjuwels „Reinhardswald" in Hessen schwer ums Herz, wenn sie an den Bau der geplanten Windkraftanlage denken.

Eine weitgehend unberührte Naturlandschaft, bekannt aus Grimms Märchen, mit über 200 km² Fläche und nur dünn besiedelt das größte in sich geschlossene Waldgebiet in Hessen mit vor allem Eichen und Buchen, dürfte damit in der Form wohl zerstört werden.[609,610] Schon der Aufbau der Windkrafträder entpuppt sich bei genauem Hinsehen als wenig schonend für die Natur: Er erfordert eine immense Abholzung der heimischen Wälder, da Zufahrten für schweres Gerät wie Kräne zum Aufbau der Windkrafträder geschaffen werden müssen. Damit die Kolosse stabil stehen, müssen mitten in der Natur Tonnen von Beton verbaut werden.[611]

Sind die Ungetüme erstmal erbaut, empfinden sie manche als optisch unschön. Das ist jedoch wahrscheinlich für viele störend, aber dennoch ein kleines Problem im Vergleich dazu, was der TÜV bemängelt: Wenn die Windkrafträder in die Jahre gekommen sind (wie jetzt bereits einige mit 20, 25 Jahren), werden sie nämlich zu einem großen Sicherheitsrisiko. Beispiele davon berichtete beispielsweise die „Welt":[612] So fiel Anfang 2018 im Landkreis Schaumburg bei einer Windkraftanlage die Elektronik aus, zuerst zerbrachen Teile eines Rotorblattes, dann knickte der ganze Turm des ca. 70 Meter hohen Windrades ein – die gesamte Anlage stürzte zu Boden. Zwei Wochen später, ein anderer Windpark: An einem Windrad brechen zwei Rotorblätter ab, eines wird hundert Meter entfernt im Wald wiedergefunden. Die „Neue Westfälische" spricht von Bildern wie an einem Kriegsschauplatz. Acht Wochen danach in einem weiteren Windpark: Mangels Bremstechnik dreht sich ein Rotor immer schneller, bis zwei der 56 Meter langen Flügel zerfetzt werden. Messerscharfe Glasfasersplitter sollen 800 Meter weit geflogen sein, zitiert die Welt das „Westfalen-Blatt". Verletzte Tiere durch verschluckte Splitter waren die Folge, 60 Landwirte konnten ihre Äcker und Weiden vorerst nicht mehr bewirtschaften! Während der Bundesverband Windenergie von Einzelfällen sprach, fordern Prüforganisationen, dass Windräder als das eingestuft werden, was sie seien: Nämlich Industrieanlagen. Und dafür müsse es strenge Kontrollen geben.[613]

Tierfreunde können mit Windkrafträdern (an deren Geschäft sich jedoch Greenpeace ohne Rücksicht darauf beteiligen dürfte) sowieso kaum Freude haben, mehren sich doch die Berichte, dass das Ausmaß der Verletzungen von Vögeln durch die Rotoren viel schlimmer und ausgeprägter sei, als angenommen: Die heimische Vogelwelt, wie der Rotmilan, die Fledermaus und der Mäusebussard, sterben zu unzähligen in den für die Vögel nicht kalkulierbaren Drehbewegungen der Flügel – also in weit höherem Ausmaß als ursprünglich kommuniziert. Betroffen sollen vor allem auch Greifvögel sein, weil diese bei der Futtersuche Ausschau nach Beutetieren am Boden halten und daher die Gefahr in der Luft nicht rechtzeitig erkennen. Massive Verletzungen und viele tote Vögel durch die Rotorblätter der Windkrafträder, dürften die „grünen Naturschützer" scheinbar nicht stören oder es wird der Deckmantel des Schweigens darübergelegt.[614,615] Dass möglicherweise andere (wirtschaftliche?) Interessen als die Natur inklusive ihrer Bewohner im Vordergrund der Förderung von Windenergie stehen dürften, zeigt auch die Forderung der Windkraftlobby, den Artenschutz für Tiere zu schwächen.[616] Sie sehen im Schutz der Tiere ein Hindernis, um noch mehr Windparks bauen zu können.

Menschen, die in der Umgebung von Windkraftparks wohnen, berichten von Schlafstörungen, Unruhezuständen und Unwohlsein, demnach sollen die ausgesandten Infraschallwellen und auch die Lärmbelästigung negative Wirkungen für Körper und Psyche der Anwohner verursachen.[617] Was den wenigsten bekannt sein dürfte: Der wirtschaftliche Ertrag von Windparks dürfte aus hunderten Millionen Subventionen durch Steuergelder für zum Teil nie produzierten Strom kommen, weniger jedoch aus einer tatsächlichen Stromproduktion durch die Windkrafträder.[618]
Zu denken geben sollte auch der Umstand, dass häufig gerade jene, die sich laut für Windenergie aussprechen, diese meist nicht in ihrem eigenen Umfeld haben möchten.[619]

Selbst ausgerufene „Feiertage" der Fans von erneuerbarer Energie, an denen der Großteil des Stroms durch Solar- und Windenergie geliefert wurden wie am 22. April 2019 in Deutschland, entpuppen sich als Bumerang. Dadurch, dass aus Gründen der Physik nicht mehr Strom eingespeist werden darf, als herausgenommen wird, sinkt der Preis. Stromproduzenten zahlen sogar noch dafür, dass ihnen wer den Strom abnimmt, damit erweist sich der massiv aus Steuergeldern subventionierte Strom aus Solar- und Windkraft nicht nur als Zerstörer der

Marktpreise, sondern macht sich damit noch selber unrentabel, wie das Europäische Institut für Klima und Energie (EIKE) anhand eines Berichtes der WELTWOCHE Zürich analysiert.[620]

Bei der Solarenergie gelten zudem unter anderem die Herstellung und Entsorgung der Solarzellen als Problembereich. Bei der Produktion kommt sehr viel Chemie zum Einsatz, was sich wiederum auch bei der Entsorgung am Ende ihrer Lebensdauer als Herausforderung erweist.[621]

Geht es bei den erneuerbaren Energien tatsächlich um die umweltverträglichste und innovativste Form, Strom zu produzieren? Oder geht es auch hier stattdessen um den größtmöglichen Profit all jener, die darin investieren und ein finanzielles Scheibchen davon abschneiden wollen? (Ein nicht unbeträchtlicher Teil der Nutznießer sollen auch hier NGOs sein, auch Greenpeace dürfte mit seiner Produktion von „grünem Strom" finanziell dick im Energiegeschäft drinstecken).

Warum wird hier von Seiten der Politik und von den führenden Köpfen von Ökobewegungen immer noch auf Energien gesetzt, die sich nicht als die zukunftsträchtigste Form erweisen dürften? Warum werden hunderte Millionen an Subventionen in die Förderung der jetzt bestehenden „erneuerbaren Energien" gesteckt, statt sie in eine Ausreifung oder auch nur mehr Umsetzung bereits ausgereifter Energieformen zu investieren? (In Russland und den USA scheint dies doch möglich zu sein, wie wir später noch über sogenannte „freie Energien" berichten). Warum wird auf Einschränkung und Abkassieren gesetzt, anstatt auf Innovation und Erfindungen der Zukunft (wie sie beispielsweise Jo Conrad in seinem Sender bewusst.tv in Form einer speziell nanobeschichteten Folie der Neutrino-Energy Group vor kurzem vorgestellt hat[622])? Warum wird immer noch so vieles (man könnte den Eindruck bekommen, sogar immer mehr) in Plastik verpackt (von Obst und Gemüse bis zu Getränken, Milchprodukten und Öl), während Hanf möglicherweise eine umweltfreundlichere Alternative zu breitflächigem Einsatz von Plastik wäre?

Der wahre Grund hinter der Ideologie des menschengemachten Klimas

Fazit: Eine Gesamtbetrachtung aller Studien und Daten, Fakten und Erfahrungen ergibt aus unserer Sicht, dass der Erde gar nichts Besseres passieren kann, als ein Anstieg der CO_2-Konzentration (die in der Vergangenheit bereits um ein Vielfaches höher war und sich jetzt eher am unteren Limit bewegen dürfte). Wenn wir versuchen die CO_2-Zufuhr zu drosseln, was Greta Thunberg und die ihr folgenden Aktivisten sich ja wünschen, würden die Ozeane mehr CO_2 freisetzen, um das Gleichgewicht auf der Erde wiederherzustellen, weil wir sonst sterben müssten.

> *„Wir wollen das Klima retten, schützen,*
> *den Klimawandel stoppen mit einer Maßnahme,*
> *die letztendlich das Leben kostet."*
> Prof. Wolfgang Thüne[623]

Wie du lesen konntest, entspricht vieles von dem, was derzeit so massiv propagiert wird, definitiv nicht der Wahrheit. Warum wird dann aber das Märchen von einem wesentlich menschenverursachten Klimawandel so massiv beworben?

Warum werden keine Kosten und Mühen gescheut, um diese falsche Idee bestmöglich und schnellstmöglich unters Volk zu bringen, indem man Wissenschaftler und „Influencer" in sozialen Medien „versorgt", indem man die großen, überwiegend gleichgeschalteten Medien mit nur mehr einseitigen Infos bespielt, indem man Menschen und hier vor allem die leichter begeisterungsfähigen jungen Menschen dazu bringt, schleichend eine immer radikalere, aggressivere Gesellschaft einzuführen, wo die Rechte des Einzelnen nicht mehr viel gelten (Autos werden angezündet, Menschen gejagt oder zurückgehalten, und unter Druck gesetzt, ausgelacht, Nachbarn ausspioniert und zur Denunziation aufgerufen etc.). Warum wird es in Kauf genommen oder gar angestrebt, dass nicht nur ein Kind (die krankheitsbedingt schwarz- oder weißsehende und damit offensichtlich besonders leicht in eine konstante Angst manipulierbare Greta Thunberg) in Angst und Panik versetzt wird, sondern Millionen Kinder und Jugendliche (sowie der eine oder andere Erwachsene) noch mit dazu? Wie wir vorne bereits erwähnt haben, gibt es geheime Pläne, die allerdings offensichtlich in den letzten Jahren von den „Eliten" immer weniger geheim zu halten waren (oder haben sie auch bewusst das eine oder andere Quäntchen Wahrheit in Hollywoodfilme verpackt, in der einen oder anderen Politikeraussage oder Medienspekulation verlauten lassen, um später sagen zu können „Wir haben es euch ja gesagt"?). Wenn man diese Pläne dann als Wissenschaft durch „führende Experten", „leitende Wissenschaftler", „anerkannte Koryphäen" verkauft – wer soll dann noch daran zweifeln? Gewürzt mit ein bisschen Angst, sind die Menschen dann auch auf die

Straße zu treiben, um sogar für die Einschränkung ihrer eigenen Rechte und finanziellen Möglichkeiten zu kämpfen und eine „Klima-Kulturrevolution" hervorzurufen.

Für immer mehr Menschen ist das klar, was auch der mit dem Kommunismus erfahrene ehemalige tschechische Staatspräsident Václav Klaus für sich als Wahrheit erkannt hat: *„Nicht das Klima ist in Gefahr, sondern unsere Freiheit."*[od]
Es geht hier nicht um das Klima und um echte wissenschaftliche Daten und Fakten. Wenn diese interessieren würden, dann wäre erst gar nie ein Al Gore oder eine Greta Thunberg so massiv ins Klimageschäft gekommen. Wenn man sich die echte, unmanipulierte und nicht mit Geld gelenkte Wissenschaft ansieht – besteht absolut kein Grund zur Panik und zu überstürzten Maßnahmen auf Kosten der Allgemeinheit. Vielmehr scheint es jetzt sehr aktuell und schnell um die fortschreitende Umgestaltung Europas in eine (Öko-)Diktatur nach dem Vorbild Chinas zu gehen.

Uns fällt dazu das „Hegel'sche Prinzip" ein, welches im Moment wieder angewendet wird. Dieses Spiel ist so alt, wie die Politik selber. Um in der Welt einen Umsturz zu erzeugen oder radikal eine Neuerung zu erschaffen, die nur den Wenigen nützt, die es anwenden.

Es ist der dreiteilige Prozess von These, Antithese und Synthese:
Schaffe ein Problem (die These). Erschaffe eine Opposition zu dem Problem, welches Angst, Panik, Hysterie schürt (Antithese). Dann wird die Lösung zu diesem Problem offeriert, welches man zuvor erzeugt hat (Synthese).

„Der ganze Sinn dieser Ideologie besteht darin, die normale politische demokratische Debatte zu beenden. Die Träger dieser Ideologie wollen ein moralisches Pendant zum Krieg schaffen, um Richtlinien und Beschränkungen durchzusetzen, die den Grundfreiheiten zuwiderlaufen."
Ernesto Araújo, Außenminister von Brasilien[625]

Im Folgenden ein Auszug aus einer Rede bei einer Kundgebung der „Fridays for Future"-Bewegung in Schwabing-Freising, der uns die Augen öffnen soll:

„Sozialismus ist der Entschluss, einen neuen Menschen zu erzeugen.
Es wird kein individueller, willkürlicher Wille mehr existieren,
der unserem Planeten schadet, genauso wenig, wie das Individuum
sich selber gehört.
Die Zeit, in der Klimabewusstsein private Sache war, ist vorbei."

Spätestens nach dieser Rede sollte der letzte Mensch erwacht sein und sich fragen:

- Was hat plötzlich der Sozialismus bei „Fridays for Future" zu suchen?
- Was will man hier den Menschen mitteilen?
- Geht es überhaupt um Umweltschutz?
- Geht es um die Umstrukturierung einer freien Gesellschaft in eine sozialistische, faschistische Diktatur?
- Wem gehöre ich denn? Mir alleine?
- Wer will mir erzählen, was für mich und meine Familie richtig ist?
- Wer will meinen individuellen Willen abschaffen?
- Wer will die Erde und ihre natürlichen Prozesse dafür verantwortlich machen, dass ich nicht mehr frei und individuell leben darf?
- Wer sind die, die sich anmaßen, für mich zu entscheiden und zu beschließen?
- Welcher Nutzen steckt für die dahinter, die sich als Meinungsbildner aufspielen?

Der Planet Erde ist denen, die uns das erzählen und die so viele Kinder und Jugendliche in ein dunkles Spiel mitreißen, jedenfalls völlig egal, sind wir überzeugt. Spätestens jetzt sollte sich jeder entscheiden und anfangen, Eigenverantwortung für sich zu übernehmen, wie er in Zukunft leben will:

- fremdbestimmt
- unter einer Diktatur
- keine Meinungsfreiheit mehr
- in Armut, wir werden nur noch so viel verdienen, dass es gerade noch für die Miete langt
- ohne Eigentum, Privateigentum wird es nicht mehr geben
- gläsern, überwacht vom Staat bzgl. Finanzen, Gesundheit, Kaufverhalten etc.
- uns wird vorgeschrieben werden, wo wir leben dürfen
- wieviel m^2 jeder bewohnen darf und wo

- keiner wird sich mehr ein Haus leisten können, da die Selbständigkeit wieder abgeschafft werden wird
- keine eigene Berufswahl mehr
- wir werden nicht mehr reisen dürfen, da das Fliegen und Fahren für Privatpersonen abgeschafft wird (die Privatjets für die Elite wird es weiterhin geben, wie sie uns ja schon bestens bewiesen haben)
- Leben wie damals in der DDR und auch jetzt im „Technologieführer" und von manchen wieder so hochgelobten China, dessen Volk die auch bei uns offiziell angestrebte und eingeforderte „Kulturrevolution" bereits miterleben musste

Wenn dieses Ziel der NWO erreicht ist, dann wird es auch keinen „Umweltschutz" mehr geben. Lasst uns doch die Bereiche, die der Natur und den Erdbewohnern tatsächlich schaden und nicht nützen, verändern, wie Chemtrails, noch mehr Kinderarbeit im Kongo, Plastik in den Weltmeeren, das Abgraben riesiger Wassermengen aus Profitgier (zum Beispiel in Äthiopien), um es in anderen Teilen der Welt in Plastikflaschen zu verkaufen, Impfungen mit Giftstoffen (Aluminium, Quecksilber, Formaldehyd etc.). Aber nicht ein immens überlebenswichtiges, natürliches Gas, für die Erde und für uns, noch mehr reduzieren. Lasst uns achtsam mit uns, unseren Mitlebewesen und dem Planeten und seinen Ressourcen umgehen. Dann ist auch unser Planet in kompletter Fülle. Denn wir sind davon überzeugt:

Unsere Erde ist gesund und sie wird es auch bleiben.

C. Der Klimawandel als riesiges finanzielles Geschäft?

1. Eine erste Einordnung

Wie wir bereits aufgezeigt haben, gibt es auf unserem wundervollen Planeten Erde und im gesamten Universum keinen Grund zur Panik um unser Klima und schon gar nicht vor „von Menschen verursachtem Klimawandel". Sollte ein Grund für Angst und Panik rund um die Natur bestehen, dann wohl eher vor der von Unternehmen, Lobbyisten und Politikern aus Profitgier verursachten Umweltverschmutzung und einem Raubbau am Planeten (zum Beispiel durch Rodung von Regenwäldern, Verschmutzung von Gewässern, Abbau von Bodenschätzen unter anderem für Handys und Elektro-Autos etc.).

Es ist gut zu wissen, wie all die Interessen, Abhängigkeiten und Verstrickungen von Banken, Politik, Unternehmen, Wissenschaftlern, Lobbyisten, Stiftungen, NGOs und ihren mächtigen Geldgebern im Hintergrund zusammenwirken. So kommt man sehr schnell darauf, dass es hier in erster Linie zum einen um die Einführung neuer Milliardenmärkte, wie dem Handel mit CO_2-Emissionszertifikaten, und zum anderen um die Einführung eines Ablasshandels über die CO_2-Steuer geht (die ja neuerdings CO_2-Bepreisung heißt).

Die Banken, Hedgefonds und teilweise auch Großkonzerne profitieren vom Handel mit den CO_2-Emissionszertifikaten, die Regierungen wollen so die (in Deutschland hat sich die große Koalition bereits am 20.09.2019 auf ein Klimapaket geeinigt) Einführung der CO_2-Steuer vorantreiben, nachdem die Einführung der Pkw-Maut in Deutschland ja kläglich gescheitert ist und die Ökosteuer seit Anbeginn in die Rentenkassen fließt. (Hier sei auch nochmal der Vorschlag des damaligen Finanzministers Wolfgang Schäuble (CDU) nach einer Benzinsteuer zur Bewältigung der „Flüchtlingskrise" erwähnt).

Die Stiftungen und NGOs bekommen von diesen Unternehmen und ihren „idealistischen" Inhabern meist ein Vielfaches an Spendengeldern dafür in ihre Kassen zurück gespült, was sie zuvor so „großzügig" und „uneigennützig" eingesetzt haben bzw. was die Drahtzieher zur Finanzierung bereits vollkommen „freiwillig" und „uneigennützig" im Vorfeld der Kampagnen gespendet haben, um alles in die von ihnen gewünschte Richtung zu lenken. Denn so haben die Unternehmen die Möglichkeit, ihre Gewinne größtenteils von der Steuerschuld zu befreien und die Menschen bezahlen wieder einmal die ganze Zeche dafür. Ganz zu schweigen davon, dass diejenigen, die von dem Handel mit dem Klimawandel profitieren, ja sehr oft die gleichen sind, die die Stiftungen gegründet haben oder in den Vorständen dieser Institutionen vertreten sind und damit ja schon längst auch den Stiftungszweck zu ihren Gunsten festgelegt haben (dazu später noch mehr). Kein Wunder also, dass sie so großes Interesse daran haben, die CO_2-Begrenzung einzuführen und dass diese ach so unabhängigen Stiftungen und NGOs genau deshalb so viel Druck auf die Politiker ausüben, die an der Börse gehandelten CO_2-Emissionsberechtigungen schnellstmöglich zu reduzieren. Denn dadurch kommt es zu schnelleren Kursanstiegen von CO_2-Verschmutzungsrechten und somit zu schnellen Gewinnen für die Banken, Hedgefonds und Unternehmen, die damit Handel in Milliardenhöhe betreiben.

Und all das wie selbstverständlich mit der besten Unterstützung durch die Mainstream–Medien, die wieder mal ihre ganze Macht einsetzen und wie so oft eine sehr einseitige Information über das Geschehen abliefern und das Thema in die von Politik und Lobbyisten vorgegebene Richtung lenken. Die Menschen, die den von Menschen verursachten (anthropogenen) Klimawandel kritisch hinterfragen, werden sofort als Klimaleugner oder gar Verschwörungstheoretiker abgestempelt. Greta Thunberg hingegen, mit all ihren Behauptungen und hollywoodreifen Inszenierungen, wird uns mit aller Macht als die alleinige Wahrheitsbringerin vermittelt.

Bestehende Tatsachen werden bewusst verdreht und es findet überhaupt keine kritische Berichterstattung mehr zum Thema Klimawandel statt, obwohl es so viele Beweise – ja zumindest fundierte Berichte – gibt, die man nicht widerlegen kann. Und wenn dann mutmaßlich gefälschte und manipulierte Daten wie z.B. beim „Hockeyschlägerdiagramm" von Michael Mann sogar gerichtlich festgestellt werden, dann verschweigen uns die Medien das überwiegend und berichten einfach nicht davon.

Bemerkenswert ist etwa der Umschwung in der Berichterstattung, beispielsweise bei der ARD: 2007 wurde in einem report München-Beitrag noch wirklich kritischer Journalismus ohne Maulkorb betrieben.[626] So wurde Al Gores Kinofilm als teilweise pure Propaganda bezeichnet und

Sigmar Gabriels Ankauf von 6000 DVDs genau dieses Films zur Verwendung in Schulen kritisiert, ebenso kamen Vorträge einer grünennahen Stiftung schlecht weg.

Ein ARD-Beitrag, wie er zwölf Jahre später, im Jahr 2019, wohl nicht mehr vorkommen wird. Wenn man jetzt in der Mediathek der ARD das Stichwort „Klima" eingibt, findet man viel von Fridays for Future und Greta Thunberg, jedoch bei unserem Test zumindest in den ersten 42 Suchergebnissen keinen einzigen Beitrag, in dem wie damals eine menschenverursachte Klimaerwärmung hinterfragt würde. Die Ankündigung der Moderatorin 2007 – *„Und auch wenn es nicht zum öffentlichen Klima passt, werden wir bei report München weiter unbequeme Fragen stellen"* – dürfte seitdem der strikten Berichterstattungs-Vorgabe eines menschenverursachten Klimawandels zum Opfer gefallen sein und sich in das Gegenteil verkehrt haben.

Dies sieht wohl auch der ehemalige Verfassungsschutzpräsident Hans-Georg Maaßen so. Auch Maaßen hat wie Donald Trump das (unzensurierte, da direkt an die Empfänger gerichtete) Twittern entdeckt und forderte dort die Abschaffung der öffentlich-rechtlichen Sender: *„Wir sollten über eine Reform oder eine Abschaffung des öffentlich-rechtlichen Rundfunks nachdenken. Wir haben zu viele, sie sind zu teuer, zu fett, zu borniert und zu parteiisch. Sie sind überflüssig. Vor allem: 1 € im Monat pro Haushalt reicht für den ÖRR aus."*[627]

Dass Absicht hinter einer einseitigen Medienberichterstattung stehen dürfte, zeigen Aussagen des Intendanten des Deutschlandfunks, Stefan Raue. Er berichtet in sciencefiles.org ganz offen, dass er es nicht als Gebot des öffentlich finanzierten Senders sehe, auch Minderheitenpositionen zu berichten. Der natürliche Klimawandel ist für ihn so eine Minderheitenposition, *„es gäbe kaum noch Wissenschaftler, die diese Haltung verträten"*. Warum das so zu sein scheint (de facto aber ganz anders ist), haben wir bereits dargelegt.[628]

Wer daran zweifelt, dass die Hauptmedien manipulieren könnten, kann sich zum Beispiel ein Video mit den Erlebnissen des ehemaligen FAZ-Journalisten Udo Ulfkotte ansehen. Er berichtete darin von seinen ersten Erlebnissen in der Kriegsberichterstattung, als für die Kameras wie selbstverständlich Krieg vorgetäuscht wurde![629] Ulfkotte widmete auch sein Buch „Gekaufte Journalisten" dem Thema der manipulierten Berichterstattung.

Wie frei oder auch unfrei Menschen sind, die aufgrund ihres Amtes oder Berufsstands ihre eigene Meinung in Deutschland noch äußern können (oder dürfen), zeigt vor allem das bereits erwähnte Beispiel Maaßens, als dieser die Merkel-Regierung öffentlich der Lüge hinsichtlich der angeblich stattgefundenen „Hetzjagden" in Chemnitz gegen Flüchtlinge bezichtigte. Er wurde aus seinem Amt als Verfassungsschutzpräsident entlassen, obwohl mutmaßlich keine eindeutigen Beweise für das Gegenteil vorgelegt werden konnten. Doch damit nicht genug, die CDU-Vorsitzende Annegret Kramp-Karrenbauer forderte sogar vehement den Ausschluss ihres Parteikollegen Maaßen aus der CDU.[629a] Vielerorts wurde der Vorschlag, die Rundfunkgebühren zu reduzieren, goutiert und gelikt, doch waren auch anderslautende Stimmen zu hören. Ein Kritiker des Maaßen-Tweets sieht den öffentlich-rechtlichen Rundfunk als einen starken Pfeiler der „vierten Gewalt in diesem Land" und beschuldigte Maaßen sogar, ein Verfassungsgegner zu sein.

Bitte stelle dir selbst die Frage: Werden solche Kommentare möglicherweise von Menschen eingebracht, die vielleicht tatsächlich von Stiftungen wie der Open Society Foundation dafür bezahlt werden, solche Meinungen gezielt im Netz zu streuen? Für uns ist es äußerst bedenklich, wenn die Medien tatsächlich die Macht darüber bekommen sollten (oder längst schon haben?), die „vierte Gewalt" in diesem Lande zu sein und mit ihrem (von wem auch immer vorgegebenen) „Programm" Wegweiser für die Politik der Zukunft sein sollen (oder längst schon sind).

Dennoch kommen täglich neue Berichte ans Tageslicht, die die angeblich so unumstößlichen Theorien der Wissenschaftler eindeutig widerlegen, doch die Politiker scheinen diese zu ignorieren und bestrebt zu sein, noch schnell neue Steuern einzuführen bzw. bestehende Steuern zu erhöhen, bevor die Wahrheit endgültig ans Tageslicht kommt. Wir fragen uns: Wissen sie es nicht besser, oder sind sie so arrogant, all die Thesen zu ignorieren, in der Hoffnung, die Menschheit bemerke all das nicht?

LICHT

Es scheint jedoch noch nicht alle Hoffnung verloren zu sein, wenn man sich beispielsweise die mutige Rede von Dr. Alice Weidel von der AfD im September 2019 vor dem Bundestag anhört. Die Politikerin fordert darin dazu auf, die Demontage der Autoindustrie nicht mehr dem „Klima-schutzwahn" unterzuordnen. Sie sagt klar, dass Deutschland vor einer Rezession steht und äußert ihre Befürchtung, dass energieintensive In-dustriebetriebe ins Ausland vertrieben würden. Weidel verurteilt die Ent-scheidung, in Deutschland um jeden Preis den Atom- und Kohleausstieg voranzutreiben sowie ein monströses Deindustrialisierungs-Programm, verbunden mit veritabler Arbeitsplatzvernichtung. Die AfD-Politikerin Ali-ce Weidel kritisiert die Verschwendung von Abermilliarden Euros, um Weltuntergänge in ferner Zukunft abzuwenden, weil sich die Parteien von „fragwürdigen Lobbyisten wie der Deutschen Umwelthilfe (DUH) gängeln" ließen (über diese Vereinigung hast du bereits weiter vorne gelesen und wir berichten später noch mehr darüber). Aus der Sicht von Frau Dr. Weidel gehöre eine Lobbyorganisation wie die DUH verboten.

Außerdem warnt die Politikerin vor der Verarmung des deutschen Vol-kes und erklärt, dass die deutschen Sparer in Europa beim Vermögen mittlerweile den letzten Platz einnehmen. Zudem sieht sie einen dro-henden Bankencrash, verbunden mit einer Währungsreform (!) – der wohl unmittelbar bevorstehen dürfte und wo die Menschen alles verlie-ren würden, sie – die Regierungsbeauftragten – würden es ihnen aber nicht sagen. Sie weist deutlich auf ein Zitat von IWF-Chefin Christine Lagarde hin, wonach diese gesagt haben soll: *„Wir müssen die EU-Verträge brechen, um den Euro zu retten"*.
Weidel stellt die klare Forderung an die Regierung auf, Schluss zu ma-chen – mit der CO_2-Steuer (wenige Tage später wurde diese jedoch von der Großen Koalition vorgestellt und in einem ersten Schritt beschlos-sen), Schluss mit einer Vermögenssteuer, Schluss mit Sondersteuern auf alles Mögliche, Schluss mit kopfloser Energiewende; sie fordert Umwelt- und Ressourcenschonung statt Klimaschutz.

Damit bringt sie nach unserer Meinung das Thema sehr genau auf den Punkt. Diese Rede gibt Anlass zur Hoffnung, denn ansonsten findet man selten Politiker, die sich für das *Volk* einsetzen, die Manipulation über Umweltorganisationen sowie die Politik aus Brüssel so offen an-klagen und für die Wahrheit und das Wohl der Menschen eintreten.[630]

Einer der wenigen Politiker, der unter ständigen Angriffen der Haupt-medien sein Volk vertritt, ist auch hier wieder einmal US-Präsident Donald Trump. Er hat aufgrund des Hockeyschläger-Urteils bereits eine strafrechtliche Anklage wegen Betruges gegen Prof. Michael Mann an-gekündigt. Wir haben die deutsche Bundesregierung hierzu persönlich angeschrieben und warten noch auf eine Antwort. Im hinteren Teil dieses Buches gehen wir nochmals näher drauf ein.

Aber sind wir Menschen wirklich die Opfer dieser Kampagne? Können wir wirklich nichts dagegen unternehmen? Wir sind der Meinung: NEIN. Wir sind bereits sehr viel mehr Menschen, die dieses System durchschaut haben, als wir glauben und wir alle sind in der Gemeinschaft viel mächtiger, als diese kleine Elitegruppe. Wenn wir es schaffen, in Achtsamkeit und mit Liebe die Wahrheit über die „Klimalüge" glaubwürdig zu vermitteln, dann werden bald sehr viel mehr Menschen bereit sein, mit uns den Weg in die Freiheit zu gehen. Sie werden bereit sein, sich ihre eigene Meinung zu diesem Thema und in der Zukunft auch zu vielen anderen Themen zu bilden, wo alles sehr ähnlich aufgebaut ist. Denn hast du diese Vorgehensweise einmal durchschaut, so kannst du es auf viele andere Themen ebenfalls übertragen.

Es geht uns aber nicht darum, gegen die Elitegruppen zu kämpfen. NEIN, wir wollen dir eine Sicht auf die Dinge aufzeigen, damit du selbst entscheiden kannst, welchen Weg du künftig gehen willst.
Lassen wir uns nicht immer und immer wieder von den Medien beeinflussen. Lasst uns nicht alles ungeprüft als Wahrheit ansehen, was uns so „mundgerecht" in den Medien präsentiert wird, dass wir diese vorgefertigte Meinung, ohne nachdenken zu müssen, weitertragen können. (Siehe „vierte Gewalt" – diese Aussage trifft das derzeitige Geschehen wohl sehr genau). Lasst uns nicht mehr wohlmeinend für die Einführung einer CO_2-Steuer auf die Straße gehen, um gegen etwas zu demonstrieren, das wir unbedingt zum Leben brauchen, nämlich CO_2.

Wenn wir hingegen jetzt alle in die Selbstermächtigung gehen und den Entscheidungsträgern zeigen, dass die Zeit der Steuerung durch Manipulation über Medien endgültig vorbei ist, dann haben wir es für immer geschafft. Dann kann die neue Erde entstehen, und ein neues Bewusstsein in der Menschheit – und das nicht nur bei diesem Thema.

Wir sind Greta Thunberg und ihren mächtigen Geldgebern im Hintergrund an dieser Stelle sehr dankbar, dass sie bereits so viele Menschen erreicht haben und deren Interesse geweckt ist. Nutzen wir diese Möglichkeit, all den interessierten Menschen und vor allem auch den Jugendlichen in unserem Lande andere Wege aufzuzeigen. Denn die Jugend ist unsere Zukunft und Wissen ist Macht!
Zeigen wir jetzt unseren Volksvertretern, dass wir uns durch freie Me-

dien, freie Internetkanäle und wertvolle Bücher unsere eigene Meinung bilden – sofern die Beiträge beispielsweise auf YouTube aufgrund des Netzwerk DG nicht gleich wieder gelöscht werden. Zeigen wir ihnen, dass wir uns nicht mehr von den Herren Soros, Rockefeller, Rothschild, Al Gore und Co. samt ihrer vielen Stiftungen und NGOs beeinflussen und steuern lassen. Denn nicht umsonst hat George Soros kurz vor der Europawahl die Information über die Medien gestreut, dass die einzige Chance, aus dieser Situation raus zu kommen, für uns alle wäre, dass wir die Partei „Die Grünen" wählen.[631]

Diese tritt bekanntlich besonders laut für einen sofortigen Kampf gegen den Klimawandel auf (während sie sich selbst offensichtlich nicht davon einschränken lassen will, Beispiele dafür konntest du ja vorne immer wieder lesen).
Und fast zeitgleich mit der Ankündigung von George Soros tauchte im Internet ein Video von „Rezo" auf, der nochmal mächtig den Wahlkampf für die Grünen und Linken beeinflussen wollte. Dieses Video, welch Wunder, wird nicht wie so viele andere auf YouTube gelöscht. Das ist Wahlkampfhilfe vom Allerfeinsten. Wie sich heraus stellte, wurde das Video mit Hilfe zahlreicher professioneller Agenturen erstellt, die die Inhalte für ihn zusammengestellt hatten.

Für uns ist der Plan, der hinter dieser Kampagne steckt, klar: Es ist doch viel einfacher, wenn die Menschen eine Partei wählen, die sich dafür einsetzt, das Klima zu retten – und hinterher wird uns erklärt, dass ja die Wählerstimme entschieden hat, dass die CO_2-Steuer eingeführt werden „muss". Und in vier Jahren, welch Wunder, sind „Die Grünen" dann möglicherweise auch wieder von der Bildfläche verschwunden, wenn sie ihren Auftrag erfüllt haben. Das wäre ja jetzt auch nicht besonders neu und ganz umsonst müssen all die Beteiligten das ja wahrscheinlich auch nicht machen, da vergisst man schon mal für kurze Zeit, dass die Pflanzen CO_2 zum Leben brauchen.

Damit dieser Plan auch funktioniert, fordern „Die Grünen" (wie berichtet) eine Senkung des Wahlalters auf 16 Jahre (weil am öftesten die Jugend die Grünen wählt?) sowie einen Entzug des Wahlrechts für über 60-Jährige (weil die am wenigsten oft die Grünen wählen?). Welche Meinung die 64-jährige Bundeskanzlerin Angela Merkel zu dieser Forderung hat, würde uns an dieser Stelle auch mal interessieren. Hier werden in einer gezielten Kampagne die Jugendlichen gegen ihre Eltern und Großeltern aufgehetzt, die angeblich so rücksichtslos die Zukunft der nächsten Generation zerstören würden. Lasst uns doch bitte unseren Vorfahren danke sagen, dass sie nach dem Krieg unser zerstörtes Land in harter Arbeit so wundervoll wiederaufgebaut haben. Das sollte niemand hier in diesem Land vergessen, anstatt wie immer laut und ohne nachzudenken die vorgefertigten Texte von Greta Thunberg und ihren Beratern auswendig zu lernen, nachzubrüllen, dazu zu hüpfen und wie für viele selbstverständlich dann den ganzen Plastikmüll an den Veranstaltungsorten zurückzulassen.

Auch auf das Paradoxon rund um die gesetzlich vorgeschriebene Schulpflicht vor allem in Deutschland sei hier nochmal hingewiesen: Auf der einen Seite schwänzen Woche für Woche zigtausende Schüler meist ohne Kontrollen und Strafe regelmäßig die Schule, um an den „Fridays for Future"-Demonstrationen teilzunehmen. Auf der anderen Seite wurden auch 2019 wieder Eltern mit ihren Kindern am Flughafen von der Polizei abgepasst, weil sie die ein, zwei Stunden des letzten Schultages, an dem meist sowieso nur mehr die Zeugnisse verteilt werden, nicht mehr in der Schule waren, sondern etwas früher in den Urlaub fliegen wollten.[632] Hier wäre interessant, ob für die schulschwänzenden Greta-Anhänger Sonderregelungen vereinbart wurden bzw. welche Vorgehensweise für die Schulleiter für diese Fälle angewiesen wurde. Ebenfalls interessant wäre zu wissen, was denn künftig mit schulpflichtigen Kindern passiert, wenn diese am Freitag während der Schulzeit ebenfalls zu Massenschulstreiks aufrufen würden, um gegen die geplante Zwangsimpfung zu streiken, was wohl in den Augen vieler Mediziner und kritischer Laien nachweislich die Gesundheit der Menschen sehr viel mehr gefährden könnte, als das angebliche Klimaproblem. Was würde passieren, wenn die Schüler am Freitag zu Schulstreiks aufrufen würden, die eben nicht der vorgegebenen Einheitsmeinung der Politiker (mit wenigen Ausnahmen) entsprechen?

Und zu guter Letzt kommt jetzt auch noch der Vorsitzende der Gewerkschaft Ver.di, Frank Bsirske, um die Ecke und ruft die Menschen auf, wenn möglich Urlaub zu nehmen oder „auszustempeln", um sich an einem bundesweiten Aktionstag zum Klimawandel zu beteiligen. Auch der Vorsitzende der IG Metall, Jörg Hofmann, spricht sich eindeutig positiv für die Teilnahme der Beschäftigten an dieser Aktion aus – wohl wissend, dass die Menschen in Deutschland damit für die Einführung einer „CO_2-Bepreisung" auf die Straße gehen, die ihnen allen in Zukunft sehr, sehr viel Geld und vor allem in der Autoindustrie in Deutschland vollkommen unnötig sehr viele Arbeitsplätze kosten wird. Eine verdrehte Welt![633]

Laut einem Artikel in FOCUS Online sind in der Autoindustrie und bei den Zulieferern bereits jetzt erste Massenentlassungen angekündigt bzw. schon mitten in deren Umsetzung.[634]

Bestimmt sind die Klimaaktivisten und Demonstranten in Deutschland nicht ganz schuldlos an diesen – zumindest für uns - erschreckenden Zahlen. Laut FOCUS Online habe die mögliche Abkehr von Verbrennungsmotoren die Autobauer und ihre Zulieferer in eine „Strukturkrise" gebracht – dies dürfte Jörg Hofmann wohl auch nicht ganz unbekannt sein.

Hier ein kleiner Auszug der erschreckenden Bilanz für den Stellenabbau in der Autoindustrie alleine in Deutschland, der wohl größtenteils auf die „Klimahysterie" und ihre Folgen zurück zu führen ist:

Continental - 7000 Stellen bis 2029
Schaeffler - 700 Arbeitsplätze
Mahle   - 380 Arbeitsplätze
Bosch   - 15000 Arbeitsplätze hängen von Dieselmotoren ab
Volkswagen - 7000 Arbeitsplätze
Audi   - 10 000 Stellen bis zum Jahr 2023
BMW   - 6000 Arbeitsplätze
Daimler   - 10 000 Arbeitsplätze
Opel   - 5000 Arbeitsplätze

Das sind schon mal rund 61 000 Arbeitsplätze nur in Deutschland – dabei handelt es sich aber nur um einen kleinen Auszug aller betroffenen Firmen. Schauen wir über die Grenzen von Deutschland hinaus, so spricht Ford von einem Stellenabbau in Europa von 12 000 Arbeitsplätzen bis zum Jahr 2020 und Experten gehen davon aus, dass sich Ford wohl ganz aus dem Standort Europa zurückziehen wird (!). Vielleicht wandern diese Arbeitsplätze ja nach Amerika ab. Doch Donald Trump dafür verantwortlich zu machen, wäre wohl die falsche Schlussfolgerung – dieses Problem wird wohl (wissentlich?) mit freundlicher Unterstützung der Gewerkschaften mit genau solchen Aktionen vorangetrieben.

Für uns stellt sich spätestens bei dieser Aktion wieder einmal die Frage, ob auch die Gewerkschaften bewusst oder unbewusst nicht mehr die Interessen der Arbeitnehmer vertreten, sondern einen sehr wichtigen Baustein in dem Spiel der Elitegruppe darstellen und ob auch diese Institutionen möglicherweise ebenfalls wie viele andere Bereiche „unterwandert" sein könnten. Nur mal eben angenommen und laut darüber nachgedacht: Ist es vielleicht möglich, dass die Elite auch hier beide Seiten des Geschäftes beherrscht, sowohl die Arbeitnehmer- als auch die Arbeitgeberverbände – und das von der Menschheit völlig unbemerkt? Das ergäbe ungeahnte Möglichkeiten. Ist das vielleicht der Grund, warum Frank Bsirske im Jahr 2017 auch schon mal zum Bilderbergertreffen eingeladen und dort auch persönlich anwesend war?[635]

Wir werden jetzt auf den Handel mit dem Klimawandel eingehen, denn dies ist wohl der eigentliche Grund für die langfristig angelegte Kampagne mit Greta Thunberg und die kompromisslose Umsetzung des Ablaufplanes. Wir beleuchten, warum für uns das Instrument des CO_2-Emissionshandels als Maßnahme zum Klimaschutz keinesfalls geeignet ist. Denn es wird dir sehr schnell klar werden, warum Greta Thunberg so promotet wird und ihr bereits wenige Monate nach ihrem ersten öffentlichen „Schulstreik" alle Türen in fast alle Regierungen und sogar bis zum Vatikan offenstehen, warum sie sich mit dem Multimilliardär George Soros trifft und ein Treffen mit Donald Trump strikt ablehnt und warum uns das Instrument des CO_2-Handels als perfekte Lösung angepriesen wird. Wir bitten dich aber, dass du dir dein eigenes Bild zu all unseren Erkenntnissen machst, wie du die Regelungen siehst und wie sinnvoll es dir erscheint, den Schutz der Umwelt mit dem Handel von CO_2-Zertifikaten zu verbinden, denn wir erheben auch hier (bei aller Gründlichkeit unserer Recherchen) keinerlei Anspruch auf Richtigkeit aller Angaben und unserer persönlichen Schlussfolgerungen.

Michael Kent von Depesche berichtet beispielsweise sinngemäß, dass nicht CO_2 das Problem (falsches Zielobjekt) sei, sondern die Profitsucht auf Kosten der Umwelt. Nicht CO_2 verdient unsere Aufmerksamkeit, sondern die aktive Schädigung unseres Planeten durch Gier – repräsentiert durch Globalisten und milliardenschwere Großinvestoren – und die dadurch hervorgerufenen Schäden auf der Erde (von Entwaldung bis zur radioaktiven Strahlung).

Ein wesentlicher Schritt zur Lösung des vermeintlichen CO_2-„Problems" wäre es, einfach Bäume zu pflanzen bzw. dafür zu sorgen, dass die Wälder nicht abgeholzt werden. Wenn die Großkonzerne durch Gesetze stärker eingeengt und dazu gezwungen würden, dass sie nachhaltig, fair und umweltfreundlich produzieren, dann wären die tatsächlichen Umweltprobleme der Erde damit wahrscheinlich bereits gelöst. Darüber hinaus haben wir nämlich auf der Welt vermutlich wie beschrieben auch keine „Klimaprobleme".

Bei der Recherche über Klimawandel und die Herkunft eines möglichen Klimaschwindels kommt man bekanntlich um den Namen „David Rockefeller" nicht umhin, daher auch hier nochmal kurz ein Hintergrundbericht zu der ehemaligen „Erdöl-Dynastie" Rockefeller. David Rockefeller soll das (nie bewiesene?) Gerücht gestreut haben, dass Erdöl fossilen Ursprungs sei und sich erschöpfen würde. Durch die Annahme in den 1970er-Jahren, dass Öl innerhalb von 10 bis 15 Jahren ausgehen würde, konnte Rockefeller sein Öl teuer verkaufen. Ein Marketing-Trick? Die Russen jedoch entdeckten, dass Erdöl an den Grenzstellen der tektonischen Platten durch Druck, Hitze und Gase im Erdinneren, laufend neu entstehe, dass sich viele unterirdische bzw. unterseeische „Ölblasen" nie erschöpfen, sondern fortlaufend erneuern würden. Sie betrieben und perfektionierten daraufhin die Tiefseeförderung und machten damit Rockefellers Erdölmonopol strittig.

Wenige Jahrzehnte später, im September 2014, verkündete der Enkel von Rockefeller, David Rockefeller (jr.), dass seine Familie aus dem Erdölsektor aussteige und künftig nur noch in erneuerbare Energien investiere. Die Webseite Energyload berichtete laut Kent/Depesche[636] (in der Zwischenzeit wurde die Quelle wahrscheinlich gelöscht, für uns war sie nicht mehr auffindbar): *„Viele Generationen der Rockefellers haben ihren Reichtum dem Öl-Geschäft verdankt. Zukünftig möchte die Familie jedoch verstärkt in erneuerbare Energien investieren. Dies wurde auf dem Weltklimagipfel in New York bekannt. Es sollen keine fossilen Energien mehr unterstützt werden, stattdessen wird der Schwerpunkt auf erneuerbare Energien gelegt."*

Die Rockefeller-Erben machten deutlich, dass sie ihre Investitionen in fossile Brennstoffe zurückfahren wollen. So kündigte die Dynastie auf dem UN-Klimagipfel an, sich mit ihrer Stiftung bis Ende des Jahres (2014) komplett aus dem Kohlegeschäft und der Öl-Gewinnung zurückzuziehen. Ebenso sollen auch die Kapitalanlagen in die übrigen fossilen Energieträger reduziert werden. Die Information erfolgte zufällig (?) knapp vor dem UN-Klimagipfel. Auch die mehr als umstrittenen E-Autos fahren mit wiederaufladbaren Akkumulatoren und gelten damit als mit sogenannter erneuerbarer Energie betrieben!

Wer genau hinsieht, erkennt die Tragweite dieser Vorgänge – den Medien war diese Meldung damals aber, wenn überhaupt, nur eine Randnotiz wert (unter anderem im Spiegel nachzulesen). Die Familiendynastie hat über lange Zeit genau mit den fossilen Brennstoffen viel Geld verdient, die jetzt massiv kritisiert und als gefährlicher Auslöser für Klimaschwankungen dargestellt werden. Mit den promoteten Energiealternativen gegen diesen Klimawandel und die Erderwärmung dürften die Rockefellers wiederum viel Geld verdienen.

Es macht den Anschein, dass die gut vernetzten und einflussreichen Rockefellers – nachdem sie nicht mehr so viel Geschäft mit dem Öl machten – seine Verbrennung und das damit verbundene CO_2 als Verursacher der angeblich so gefährlichen Erderwärmung und des Klimawandels dargestellt haben. Vorher wurde Geschäft mit dem Öl gemacht, danach mit dem, was das Öl „zugunsten der Umwelt" ersetzen sollte. Zusätzlich dürfte mit einer Milliardenpropaganda dafür gesorgt worden sein und immer noch werden, dass mit einer massiven Kampagne gegen das CO_2 als Hauptfeind unseres Planeten der ehemaligen Konkurrenz das Geschäft mit fossilen Brennstoffen vereitelt wurde und wird.[637]

Bevor wir zum bisher einflussreichsten Vorkämpfer der Klimabewegung kommen, sei hier nochmal kurz die Rolle des deutschen Vereins DUH/Deutsche Umwelthilfe erwähnt: Dieser soll allem Anschein nach in Deutschland helfen, gegen die nunmehr unerwünschten Formen wie Dieselautos jene (nun für Rockefeller & Co. lukrativeren?) Alternativen wie z. B. Elektroautos zu etablieren.
Damit zu Al Gore, Gründer und Vorsitzender der Alliance for Climate Protection (jetzt The Climate Reality Project), einer Interessengemeinschaft, die – nun siehe da – zum Programm der Rockefeller Philanthropy Advisors gehört, mit dem Ziel, „die globale Erwärmung und den Übergang zu einer nachhaltigen und sicheren Energiewirtschaft zu einer dringenden nationalen Priorität zu machen".

Zeitgleich war Al Gore auch Gründer und Vorsitzender einer Kapitalbeteiligungsgesellschaft namens GIM, die Anteile an den Klimabörsen der Welt hielt bzw. eventuell noch immer hält, und Anteilseigner von Kleiner Perkins Caufield & Byers (KPCB). Partner bei GIM sind Banker von Goldman-Sachs, einer der größten Investment-Banken der Welt, die ebenfalls ein maßgeblicher Drahtzieher hinter dem weltweiten Klimaschutz-Programm ist. Weitere Hauptakteure, die in CO_2-freundliche Unternehmen investieren, sind neben Goldman-Sachs auch J.P. Morgan, die Citigroup (Rockefeller), BlackRock und viele andere mehr.

Goldman-Sachs ist eine der mächtigsten Investmentbanken der Welt und kein unbeschriebenes Blatt, wenn es darum geht, neue Märkte schon sehr früh zu erkennen und davon zu profitieren. Sie profitieren lt. einem Artikel aus Matt Taibbis Blog (nachzulesen in der Übersetzung von Finanzreporter.blogspot)[638] wohl von nahezu allen bisherigen „Finanzblasen" – wie von der großen Depression, Technologiewerten („Neue Markt Blase"), Immobilienblase, der „$4 pro Gallone"- Benzin, von der Manipulation des Rettungspaketes und jetzt wohl auch noch von der Erderwärmung/dem Klimawandel. Daran, dass diese Finanzblasen erst entstehen konnten, dürften sie allem Anschein nach auch nicht immer ganz unbeteiligt gewesen sein und sich damit wohl regelmäßig Milliardenbeträge in ihre Taschen gestopft haben.

Lasst uns an dieser Stelle noch kurz den Vermögensverwalter Black-Rock „streifen" – dieser Finanzmarktriese, der über Anlagegelder von 6 Billionen Euro verfügt, hat als Großaktionär Einfluss auf über 17000 Unternehmen weltweit, ist Großaktionär der 30 wichtigsten Unternehmen in Deutschland und laut einem Filmbeitrag von Arte besitzen Finanzinvestoren wie Vanguard und BlackRock selbst bei Unternehmen wie Microsoft, Apple und Facebook mehr Aktienanteile als ihre Gründer. Auch in Amerika sind die 3 größten Fondsgesellschaften in 90 % der Fälle auch die größten Anteilseigner der 500 größten US-Konzerne. Wer so viel Geld bewegt wie BlackRock, hat Einfluss auf Unternehmen, Politiker und ganze Länder und es sind sowohl Kleinanleger als auch Großinvestoren – wie z.B. Staatsfonds und Pensionskassen – die diesem Unternehmen so viel Macht einräumen, weil sie ihnen ihr Geld anvertrauen.

Im Jahre 1988 gründete Laurence D. „Larry" Fink mit der Investmentgesellschaft Blackstone das Unternehmen Blackstone Financial Management, das Fink kurze Zeit später in BlackRock umbenannte. Auch die Rockefeller Capital Management LP besitzt (zufälligerweise?) Anteile an BlackRock und hat diese im 2. Quartal 2019 um 86,5% auf 14 736 000 USD aufgestockt. (Möglicherweise lassen sich daraus irgendwelche Rückschlüsse ziehen, wer alles mit BlackRock in Verbindung steht?).[640]

Der gesamte Filmbeitrag ist äußerst interessant und zeigt noch sehr viel mehr, als wir hier anführen können, über das Unternehmen und die Risiken, die durch seine Finanzmacht ausgehen könnten.[641, 642] (Der Link dazu unter anderem: https://connectiv.events/blackrock-die-unheimliche-macht-eines-finanzkonzerns/).

Der Vorsitzende von BlackRock, Larry Fink, berät Notenbanken, Finanzminister und hat Zugang zu vielen Staatschefs – er saß schon mehrfach beim Weltwirtschaftsforum in Davos mit allen hochrangigen Politikern, Vorstandsvorsitzenden und Regierungsvertretern am Tisch, ihm
werden Gelder von Pensionskassen und Staatsfonds anvertraut und er
besitzt dadurch einen einmaligen Überblick über den Zustand in der
globalen Finanzwelt.

BlackRock besitzt das Finanzanalyse-Programm Aladdin, eine künstli-
che Intelligenz, die sämtliche Finanzdaten selbständig auswertet und
viele wichtige Entscheidungen von ganz alleine trifft. Allein über dieses
Programm wird täglich ein Finanzvolumen von 18 Billionen USD abgewickelt. Längst nutzen auch andere Investoren dieses System und Experten befürchten, dass durch die gleichgeschalteten Anlagestrategien
aller Großinvestoren in Krisenzeiten ein „Run of the Exit" stattfinden
könnte – dass alle Handelspartner nur noch verkaufen wollen und keiner mehr einkauft, was einen vollkommenen Crash bedeuten würde.
Stell dir mal bitte sowohl das Risiko als auch die Macht vor, die sich hinter diesem System verbirgt, wenn es fehlerhaft arbeitet, von „Hackern"
angegriffen wird oder wenn tatsächlich dieser „Ausverkauf" stattfinden
würde. Wer von einer solchen Krise erneut als Gewinner hervorgehen
dürfte, weil er solche Informationen eventuell früher erfährt und somit vor allen anderen die richtigen Entscheidungen treffen kann, das
überlassen wir deiner eigenen Phantasie. Larry Fink gilt übrigens auch
als Erfinder jener Hypothekenpapiere, die die Finanzmarktkrise 2007
auslösten und von der der Vermögensverwalter im Weiteren auch außerordentlich profitiert haben dürfte.

Die US-Regierung hat mit BlackRock nach der Finanzmarktkrise im Jahr
2008 einen Vertrag geschlossen und diese beauftragt, Stresstests bei
den US-Banken durchzuführen. BlackRock bekam im Rahmen der Finanzkrise Zugang zum Weißen Haus, zu den Zentralbanken dieser Welt
und ist in den 10 Jahren nach dem Crash im Jahre 2019 mittlerweile
zum weltweit führenden Vermögensverwalter aufgestiegen.[643]

Auch in Europa wurde BlackRock von der EZB zur Bewältigung der Finanzkrise als Beraterteam hinzugezogen und hat somit auch hier Zugang zu wichtigen Daten erhalten. Dies wirft sofort die Frage auf, ob Larry Fink und seine Manager dieses Wissen nutzten, um mit Insiderwissen Gewinne für ihr Unternehmen zu generieren, oder ob ihr Interesse tatsächlich darin lag, mit ihrem Wissen die Krise so gut wie möglich von der Menschheit abzuwenden. Ein Beispiel von Juli 2015 bietet zumindest Grund für weitere Nachforschungen, so kaufte BlackRock während der Eurokrise im großen Stil griechische Staatsanleihen, in einer Zeit, als die ganze Welt darauf spekulierte, dass diese Papiere bald vollkommen wertlos wären. Ist dies vielleicht deshalb geschehen, weil hier bewusst Insider-Wissen für sich genutzt wurde, weil BlackRock zuvor auf Wunsch der EZB die Bücher der griechischen Banken geprüft hatte? Kurze Zeit später wurde die Pleite Griechenlands abgewendet und der Kauf dieser Papiere war für BlackRock sehr lukrativ. Auf Rückfrage bei BlackRock wurde darauf hingewiesen, dass der Beratungs- und Investmentbereich getrennt arbeiten. Wir wollen es ihnen natürlich sehr gerne glauben. Auch als Griechenland aufgrund der Krise staatliche Gebäude privatisieren muss, war BlackRock vor allen anderen darin investiert.

Der Einfluss von Larry Fink auf die Politiker ist unbestritten, so hat er sich im Jahre 2017 mit Emmanuel Macron getroffen und ihn darum gebeten, ihm neue Geschäfte in Entwicklungsländern für grüne Energieprojekte zu ermöglichen. Offizieller Hintergrund dieser Aktion ist die Rettung des Klimas in diesen Ländern, doch wird vermutet, dass es vielmehr um die Erschließung neuer Märkte in diesen Ländern ging, um den Anlegern von BlackRock gerecht zu werden, die solche Investitionsmöglichkeiten für sich gesucht haben. Deshalb ist es auch nicht verwunderlich, dass diese Fonds nicht in ärmeren Ländern, sondern in aufstrebenden Märkten investieren sollen. Ob ihm seine guten Beziehungen zu Regierungsvertretern auf der ganzen Welt dabei geholfen haben, mögen wir hierbei nicht beurteilen, BlackRock jedenfalls hat im Dezember 2017 mit Hilfe von staatlicher Unterstützung von Deutschland und Frankreich den Auftrag erhalten, einen Fonds zu entwickeln, der in nachhaltige Industrien in Afrika investieren soll.

Larry Fink und BlackRock wird vorgeworfen, den Umweltschutz oftmals als Vorwand zu nutzen um damit viel Geld zu verdienen und in erster Linie seine eigenen Interessen und die seiner Anleger zu bedienen. Deshalb erhält er immer wieder negative Auszeichnungen wie z.B. von dem Umweltaktivisten Lukas Koss von „Friends of the Earth", der ihm die Auszeichnung „Klimabetrüger" verliehen hat, weil er auch in Unternehmen investiert, die ihr Geld mit der Zerstörung der Natur verdienen.

Dass für BlackRock kein Geschäft zu schmutzig sein dürfte, zeigt sich ebenfalls daran, dass sie in Unternehmen wie Rheinmetall investiert sind, welches Kriegswaffen herstellt und diese über Tochterfirmen trotz Exportverbots nach Saudi Arabien liefert. Auch hierfür wurde er mit dem „Black Planet Award" beglückt.

Seit dem Jahr 2011 war der Name BlackRock in Mexiko immer wieder im Zusammenhang mit wechselseitigen Beziehungen zwischen wirtschaftlicher und politischer Führungselite zu finden. So heuerte BlackRock auch bei dem Sohn des Unternehmers Carlos Slim an, der als damals reichster Mann der Welt allerbeste Kontakte hatte. Kurz darauf verpflichtete BlackRock den damaligen Finanzstaatssekretär Le Gordos, der sich zuvor für den Einstieg von privaten Investoren in Staatsunternehmen eingesetzt hatte, also ganz im Sinne seines künftigen Arbeitgebers BlackRock. Im Jahre 2015 traf sich dann Larry Fink mit dem damaligen Präsidenten Peña Nieto (der sein Land später in desaströsem Zustand hinterließ[!]). Niemand weiß genau, worum es in diesen Gesprächen ging, doch anschließend wurde der staatliche Energiekonzern PEMEX von einem staatlichen zu einem halbstaatlichen Unternehmen geformt und es gab wohl bereits einen Vorvertrag um eine Beteiligung zwischen BlackRock und PEMEX. In einem (an sich geheimen) Memorandum wurde die Einrichtung eines gemeinsamen Projektbüros zwischen BlackRock und PEMEX vereinbart, das die Zusammenarbeit in künftigen Energieprojekten in Mexiko fördern soll. Der eigentliche Vertrag zwischen BlackRock und PEMEX ist bis heute geheim – als offizieller Grund wird angegeben, dass es sich um Geschäftsgeheimnisse handle.

Ebenfalls ist bis heute nicht bekannt, wie hoch die Anteile von Black-Rock an PEMEX sind und wieviel Anteile sie überhaupt halten dürften. BlackRock investierte mit einem weiteren Partner gemeinsam 900 Mio. USD in die Entwicklung der Erdöl- und Gaspipeline Los Ramones. Das ist nur der Anfang einer gigantischen Summe, die BlackRock in den mexikanischen Energiesektor gesteckt habe und BlackRock baut seinen Einfluss in Mexiko immer weiter aus. So hat sich Fink im Mai 2018 mit dem neu gewählten Präsidenten Obrador und weiteren Finanzmanagern in einem Luxushotel getroffen, wo es sich ebenfalls um Investitionen im Energiesektor gedreht haben dürfte. So wurden alleine im Jahr 2018 angeblich 85 Mrd. USD (zufälligerweise?) in nachhaltige Energiefonds (!) in Mexiko investiert.

Auch der Einstieg von BlackRock in die Rentensicherung in Mexiko und wie dieser eingefädelt wurde, scheint zumindest auf den ersten Blick ominös. Doch dies soll hier nicht weiter Thema sein, jedoch erkennen wir immer wieder denselben Plan:
Von staatlichen Institutionen oder politischen Ämtern wechseln einflussreiche Personen zu BlackRock oder umgekehrt, je nach Bedarf – und diese sollen sich zumindest nicht negativ auf BlackRock und seine Macht auswirken. Ein Beispiel dafür in Deutschland könnte Friedrich Merz (CDU) sein, der immer wieder als Nachfolger für die deutsche Bundeskanzlerin Angela Merkel gehandelt wird. Merz ist Rechtsanwalt, Lobbyist und Politiker, war Mitglied des Europäischen Parlaments und des Deutschen Bundestags. Derzeit ist Merz Vizepräsident des Wirtschaftsrates der CDU – und Aufsichtsratsvorsitzender und Lobbyist für den deutschen Ableger des weltweit größten Vermögensverwalters BlackRock! (Was im Zusammenhang mit seiner erfolglosen Kandidatur um den CDU-Parteivorsitz 2018 im Mittelpunkt von Kritik wegen Unvereinbarkeit stand).
Darüber hinaus weist sein Lebenslauf zahlreiche Aufsichtsrats-Tätigkeiten in vielen großen Organisationen auf (ua. Deutsche Börse AG, HSBC Holdings plc / Hongkong and Shanghai Banking Corporation, WestLB, AXA Konzern AG, DBV-Winterthur Holding AG, IVG Immobilien, Commerzbank AG etc.). [643a]

Der Vermögensverwalter BlackRock gilt als Schattenbank und kann sich somit den staatlichen Regulierungen – gerade nach der Finanzmarktkrise – weitestgehend entziehen. Dem Konzern ist es sehr wichtig, dass er nicht als „systemrelevant" eingestuft wird, denn dies hätte strengere Auflagen und Prüfungen zur Folge und er müsste mehr Eigenkapital nachweisen. Da BlackRock nur sehr ungern seine Geschäfte offenbart, kommt der Konzern auch immer wieder ins Visier der BaFin. Diese hat kürzlich eine Strafe in Höhe von 3,25 Mio Euro gegen den Konzern ausgesprochen, welche von BlackRock so auch akzeptiert wurde. Dies ist die höchste Strafe, die die BaFin je ausgesprochen hatte. Fink hat nach eigener Aussage im Stern vom 01.11.2018 sogar Verständnis für die Strenge der Aufsichtsbehörde und erklärt: *„Wenn ich auf der Seite der Aufsichtsbehörde säße, würden mich viele in der Branche nicht mögen. Denn ich würde sogar weitaus aggressiver vorgehen, als viele denken, um zu verhindern, dass einzelne Fonds zu einer Gefahr für das*

Finanzsystem werden". Dies lässt vermuten, wie mächtig BlackRock und Larry Fink möglicherweise in Wirklichkeit sind.

Kurzum: Wo wir auch hinsehen, erspähen wir beim „Klimaproblem" Namen wie Rockefeller, Soros, Al Gore (er wird mancherorts als „erster CO_2-Milliardär der Welt" gehandelt), Goldman-Sachs und BlackRock, also Namen, die mit Geld zu tun haben. Das bringt uns nahtlos zum nächsten Punkt:

2. Der Klima-„Handel" – Cap and Trade (Begrenzen und Handeln)

Intentionen und Umfeld

Unbestritten, es gibt Klimaschwankungen. Klima betrifft alle, den ganzen Planeten, alle Menschen und Völker. Eignet sich dieses Thema nicht hervorragend für die bisherigen Machthaber und Lenker der meisten politischen Entscheidungen, um den Klimawandel als Problem zu etablieren und dann – mit dem Kampf gegen dieses angebliche Problem – viel Geld zu verdienen und zusätzlich die Menschen damit noch weiter einzuschränken und zu kontrollieren (während sich die „Eliten" – wie wir vorne gesehen haben – in ihrem täglichen Verhalten nicht darum zu kümmern scheinen und das nicht einzuhalten scheinen, was sie von der „normalen" Bevölkerung durchaus erwarten)? Wurde all das bewusst inszeniert, um damit einen neuen Milliardenmarkt für sich selbst an der Börse zu erschaffen, um mit diesem „schmutzigen Geschäft" sehr viel Geld zu verdienen?

Die Recherchen zum Emissionsrechtehandel sind für nicht darin involvierte Menschen nicht einfach gestaltet, da die Gesetze sehr verschachtelt, zeitlich versetzt, mit Nebenabreden, Sonderregelungen und nachträglichen Erläuterungen sehr schwer zu durchschauen sind. Für uns ist es sehr fraglich, ob all das zufällig so kompliziert aufgebaut wurde. Ganz leicht zu durchschauen ist es jedoch, wieviel Macht mit den Begrenzungen der CO_2-Emissionen an sich gerissen werden kann, wieviel Macht und Kontrolle über unseren Planeten, unsere Volkswirtschaft, über Unternehmen und auch einzelne Familien und Menschen mit der Einführung von CO_2-Grenzen ausgeübt werden kann. Damit ist im Prinzip unserer Einschätzung nach der gesamte Energiesektor kontrollier- und steuerbar – vielleicht der Grund dafür, warum die Eliten bisher kein Interesse an Forschungen über freie Energie zu haben scheinen? Warum Erfinder und Forscher, die Techniken mit möglichst freier Energie, die im Weiteren keine finanziellen Einnahmen mehr bringen würden, finanziell ausgehungert oder überhaupt zum Verschwinden gebracht wurden?

„Das Gefahrenpotenzial der Umweltkrise wird als inneres Katastrophenmotiv das Tor zur Neuen Weltordnung (NWO) eröffnen"
Michail Gorbatschow

Der ehemalige Staatspräsident der UdSSR dürfte mit seiner Aussage im Namen des Club of Rome genau diese Art NWO (Neuer Weltordnung, wir haben sie vorne bereits kurz erwähnt) gemeint haben – sie manifestiert sich unter anderem über die Einführung des Handels mit CO_2-Zertifikaten. Kontrolle, Einschränkung und Ausbeutung der Menschen? Je mehr man sich mit der Thematik CO_2, Klimawandel und CO_2-Emissionszertifikate-Handel beschäftigt, desto mehr erhält man den Eindruck, die angeblich von Menschen verschuldete globale Erwärmung sei nichts anderes als eine riesige Werbe-, Marketing- und Medienkampagne für eine neue Weltregierung.

Je mehr Menschen dieses Spiel jetzt durchblicken, desto eher kann diese Mission zulasten der Menschheit verhindert werden. Die bisherigen Machthaber kontrollierten bisher fast alle großen Medienanstalten. Die freien Medien, die unabhängig davon sind und sich über das Internet besser verbreiten als der Elite lieb ist, stehen jetzt in Konkurrenz zur augenscheinlich vorgegebenen Einheitslinie, die überwiegend verbreitet wird. Immer mehr Menschen informieren sich breitflächiger, recherchieren selbst und vertrauen immer mehr darauf, was sich für sie stimmig anfühlt. Das ist eine große Chance für die Menschheit – und eine große Bedrohung für die sogenannte Elite. Wir leben in einer Zeit, in der es darum geht, die Menschen weiterhin (und wieder stärker) in tatsächlicher und nicht bloß vermeintlicher Meinungsfreiheit, Entscheidungsfreiheit, Selbstbestimmung und Verantwortung leben zu lassen – abgestimmt auf das Wohl aller Mitmenschen, Pflanzen, Tiere und der Erde. Immer mehr Menschen spüren, dass es so, wie es gelaufen ist und noch läuft, nicht mehr weitergehen kann, soll und wird.

Wir stehen am Beginn eines weltweiten Umbruchs. Alles, was wir brauchen, ist die eine richtig große Krise und die Nationen werden die Neue Weltordnung akzeptieren." [644]
David Rockefeller über die NWO

David Rockefeller verkündete mit dieser erstaunlich offenen Aussage mehr von den Plänen der bisherigen Machthaber. Es lohnt sich auf jeden Fall, die Aussagen dieses mächtigen Mannes einmal genau anzuhören, hier ein Link dazu: https://youtu.be/HhdeAQXsL6U (YouTube-Kanal von GabbaGote). (Und das Video am besten gleich sichern, bevor es gelöscht wird).

Weiter sagte David Rockefeller:

„Manche glauben sogar, wir seien Teil einer geheimen Verbindung,
welche gegen die besten Interessen der Vereinigten Staaten arbeitet;
sie charakterisieren meine Familie und mich als Internationalisten
und behaupten, dass wir uns weltweit mit anderen zur Errichtung
einer globalen integrierten, politisch-wirtschaftlichen Struktur
verschworen haben, [...]. Wenn das die Anklage ist, bekenne ich
mich schuldig, und ich bin stolz darauf."
David Rockefeller über die NWO

Vielleicht ist das ja der Hauptgrund, warum US-Präsident Donald Trump in sämtlichen großen und bisher weitverbreiteten Medien ständig kritisiert und diffamiert wird und sich unaufhörlich gegen jegliche Anfeindungen rechtfertigen muss. Er kämpft genau gegen diese Gruppe elitärer Machthaber, die schon seit vielen, vielen Jahren im Hintergrund alle Fäden ziehen und denen jedes Mittel recht ist, um ihre Macht ständig weiter auszubauen. Dass er dabei – wie ein Segelschiff einen strategischen Zick-Zack-Kurs mit dem Wind fahren muss, um ans Ziel zu kommen, dürfte im Kampf mit alteingesessenen, mächtigen Strukturen allen klar sein. Donald Trump hat dies in seiner Antrittsrede zum Präsidenten der Vereinigten Staaten von Amerika seinem Volk vor laufender Kamera öffentlich mitgeteilt.[645] Das ist eine der wohl wichtigsten und mutigsten Reden, die ein Politiker je gehalten hat, denn er scheint um all die Dinge zu wissen, die im Geheimen gegen das Volk (nicht nur in den USA) ablaufen sollen und will dabei nicht mehr mitspielen. Ist es diese Rede, die uns leichter verstehen lässt, was er wirklich meint, wenn er sagt: „Amerika first"?! (Link mit Übersetzung: https://www.youtube.com/watch?v=3Sd6-rWmF-c&app=desktop)[646]

Damit hat er sich klar dazu bekannt, sich gegen die bisherige Elite zu stellen und neue Wege für sein Volk zu gehen. Wir raten jedem, der Donald Trump gegenüber durch die einseitige Medienberichterstattung negativ eingestellt ist, sich seine Originalrede auf YouTube anzuschauen bzw. -hören. Ist es Zufall, dass man dann sehr schnell ein anderes Bild erhält, als sich einem zeigt, wenn man nur die Berichte über seine Aussagen und Handlungen über die (oft gleichgeschalteten?) Hauptmedien verfolgt? Egal, was du von ihm halten magst: Hör dir mal seine Reden an und versuche wahrzunehmen, ob seine Aussagen naiv, rechtsradikal, abgehoben, hart oder berechnend klingen – oder offen, engagiert, friedvoll, menschlich und vertrauenswürdig. Beobachtet ihn, wie ist seine Mimik und Gestik – radikal, naiv, extrem oder menschlich, offen, vertrauenswürdig und friedvoll? Schlägt sein Herz für die bisherigen Machtspiele der Elite und seine eigene Geldtasche, oder schlägt es für sein Volk und nimmt er für seinen Einsatz dafür auch sehr vieles auf sich?

Wenn du dir dann im Gegensatz dazu beispielsweise die Regierungserklärung von Angela Merkel im Bundestag[647] nach ihrer Wahl zur Bundeskanzlerin anschaust, höre auch ihr aufmerksam zu, beobachte wiederum ihre Gesten und Mimik. Klingt sie vertrauenswürdig, liebevoll und ehrlich und sind ihre Aussagen klar und deutlich, oder ist es erforderlich, zwischen den Zeilen zu lesen, um zu verstehen, welche Ziele sie tatsächlich verfolgt? Schlägt bei Angela Merkel das Herz für ihr Volk und verfolgt sie das Ziel, Deutschland stark zu machen? Oder bekommt man sehr schnell einen anderen Eindruck, wenn man dieser Rede mal etwas mehr Aufmerksamkeit schenkt.
Bitte nimm dir unbedingt mal die Zeit und bilde dir deine eigene Meinung – es lohnt sich.

Die von der Presse oft breitgetretenen Rechtschreibfehler und vermeintlich schlechte Rechtschreibung von Donald Trump erweisen sich bei genauerer Recherche als höchst intelligente und ausgeklügelte Art, damit versteckte Botschaften zu übermitteln. Aus Groß- und Kleinschreibung, vermeintlichen Fehlern im Vergleich zur richtigen Schreibweise ergeben sich Botschaften, die weit mehr vermitteln, als eine seiner Twitter-Meldungen auf das erste Lesen zu vermitteln scheint. Viele Journalisten dürften diese Botschaften jedoch nicht durchschauen (oder wollen sie stattdessen immer weiter über seine vermeintliche Dummheit berichten?). Auch was sich auf den ersten Blick als negativ, rücksichtslos, dumm oder gefährlich ausweist, stellt sich im Nachhinein oft als positiver Schachzug für das Volk heraus. Er dürfte zudem der erste amerikanische Präsident sein, der, wie erwähnt, sein gesamtes Einkommen als Präsident wieder dem Land und seinem Volk zurückgibt bzw. spendet.[648] Dass er dabei unberechenbar bleiben muss, um seine Mission umzusetzen, dürfte klar sein. Auch John F. Kennedy wollte die Machtstrukturen damals verändern und hat sich erstaunlich offen zu den dunklen Vorgängen auf der Erde geäußert. Er wurde daran gehindert, sein Werk damals zu vollenden – und kurze Zeit nach seiner Rede ermordet.[649]

Auch Donald Trump setzt sich für sein Volk und die Menschen ein, die in seinem Land leben und arbeiten. Das negative Medienecho (bitte recherchiere selbst, wer diese oft finanziert und steuert, welche Medienagenturen überwiegend verwendet werden, wer dort wieder dahinter steht ...) ist wohl der Preis, den Donald Trump (und seine Familie) dafür persönlich in Kauf nehmen, um die Welt in eine bessere Zukunft zu bringen.

Die Einführung von CO_2-Emissionszertifikaten und Derivaten

Doch schauen wir uns nun den CO_2-Emissionsrechtehandel einmal etwas genauer an. Für die Banken, Fonds und Großinvestoren ist der Handel mit CO_2-Emissionsberechtigungen die perfekte Lösung, ein neues Milliardengeschäft zu erschaffen. Je mehr wir geforscht haben, umso mehr ist uns klar geworden, dass mit aller Macht ein Handelssystem eingeführt und am Leben erhalten wird, das einer kleinen Zahl von Menschen eine Plattform bietet, wo sich diese unendlich bedienen können. Hier können sie relativ ungestört und völlig unbemerkt im Hintergrund ihren Handel mit CO_2-Emissionszertifikaten betreiben, um dadurch die Macht über die Schlüsselindustrien zu erhalten und eine Neue Weltordnung (NWO) über den Klimawandel einzuführen.

Die Menschheit und finanzschwache Unternehmen vor allem in den ärmeren Ländern, bezahlen wieder einmal die Zeche dafür. Die Umwelt wird durch dieses System unserer Meinung nach keinesfalls geschützt, aber Millionen von Arbeitsplätzen und die gesamte Wirtschaft stürzt dadurch in den Abgrund, wenn wir nicht jetzt aufstehen und diesen Wahnsinn mit all unserer Macht beenden. Es werden grundlos Gesetze von den Regierungen verabschiedet, um die Erzeugung von CO_2 zu besteuern, obwohl wir es doch alle zum Leben brauchen, denn hätten wir kein CO_2 in der Luft, dann wäre absolut kein Wachstum mehr in der Natur möglich.

Damit das Geschäft stimmt, wurde nicht nur der Kampf gegen das CO_2 eröffnet, sondern es wurden Emissionszertifikate und Derivate eingeführt. Mit diesen Finanzinstrumenten können Großbanken und Fonds (z.B. Goldman Sachs und damit verbundene und befreundete Unternehmen) sich nahezu grenzenlos daran bedienen.

Nicht nur „Klimawandel-Insider" haben vom Kyoto-Protokoll gehört. Jenes internationale Abkommen wurde 1997 in Kyoto unterzeichnet und soll eine Begrenzung der Emission von sogenannten „Treibhausgasen" erzielen. Darin und später in dem „freiwilligen Rahmenübereinkommen" von Paris wurden Obergrenzen für den Ausstoß von Treibhausgasen „verabredet", die ein Staat emittieren darf. In Europa bekommt jeder teilnehmende Staat von der Europäischen Kommission darin eine Obergrenze, eine Quote, für den CO_2-Ausstoß zugewiesen und muss dann dafür sorgen, auch den Emittenten seines Landes Obergrenzen zuzuteilen. Pro Jahr werden den Unternehmen nach den Regelungen der Europäischen Kommission die Zertifikate teilweise noch kostenlos zugeteilt. Was ist, wenn ein Unternehmen, das keine oder nur noch teilweise kostenlos CO_2-Zertifikate zugeteilt bekommen hat, mehr braucht? Dann kann es die restlichen Zertifikate per Auktion an einer Handelsbörse ersteigern (in Deutschland z.B. an der EEX Börse in Leipzig) oder von anderen Unternehmen im Handel erwerben, sofern diese überzählige Zertifikate verkaufen. Ein Unternehmen darf somit mehr CO_2 ausstoßen, als ihm zugewiesen wurde.

Die Staaten haben sich im Kyoto-Protokoll und im Rahmenübereinkommen von Paris dazu verpflichtet, diese Höchstquoten jedes Jahr weiter zu senken. Die logische Folge der sinkenden CO_2-Obergrenzen? Wert und Preis der CO_2-Zertifikate steigen automatisch. Damit ist nach dem Gesetz von Angebot und Nachfrage bei den Kohlendioxid-Zertifikaten ein hoher Preisanstieg vorprogrammiert. Derzeit haben die Zertifikate einen Preis von 27 Euro. Die Berenberg Bank prognostiziert für das Jahr 2020 einen Zertifikate-Preis zwischen 65 und 107 Euro für das Recht, eine Tonne CO_2 in die Umwelt auszustoßen. Im Jahr 2018 hat die Bundesrepublik Deutschland lt. Aktien-kaufen.de durch den Emissionshandel fast 2,6 Milliarden Euro im Rahmen der Auktionen eingenommen.

Wurde mit dem Handel (Trading) von Verschmutzungsrechten, der Festlegung von Obergrenzen (Cap) und dem Kauf und Verkauf der Zertifikate ein Instrument geschaffen, mit dem ein angeblich katastrophales – *wenn auch nicht existentes* – Umweltproblem angegangen wird? Oder wurde ein Instrument eingeführt, das durch eine perfekt und global organisierte, jahrelang vorbereitete Werbe- und Marketingkampagne eine massive finanzielle Umverteilung der Einnahmen für eine kleine Schicht zu Lasten der Allgemeinheit ermöglicht?

Die Europäische Union hat sich im Kyoto-Protokoll auf eine gemeinsame Reduzierung der CO_2-Emissionen aller Mitgliedsstaaten verständigt. Die gesetzlichen Vorgaben der Europäischen Union werden in den jeweiligen nationalen Gesetzen und Verordnungen der EU-Mitgliedsstaaten umgesetzt. Als Grundlage für den Emissionshandel haben das Europäische Parlament und der Rat der EU 2005 hierfür das Europäische Emissionshandelssystem (EU-ETS) eingeführt. Mit diesem System sollen in Europa die Treibhausgas-Emissionen von Energie- und Industrieanlagen sowie des innereuropäischen Luftverkehrs mit möglichst geringen Kosten reduziert werden. Im EU-ETS sind rund 11.000 Anlagen in 31 europäischen Ländern erfasst (die 28 EU-Staaten mit Liechtenstein, Island und Norwegen).[650]

CO_2-Emissionszertifikate-Handel
(an der EEX Handelsbörse Leipzig)

Bevor wir uns dem Handel an den Börsen widmen, sei eines nochmal betont: Es gibt derzeit wissenschaftlich keinen tragfähigen Beweis dafür, dass es eine wesentlich vom Menschen verursachte, CO_2-bedingte Erderwärmung gibt (zumindest wurde bis jetzt keiner unter Berücksichtigung wissenschaftlicher Mindeststandards veröffentlicht). Und es gibt keinen Hinweis, dass mehr CO_2 höhere Erdtemperaturen bedeuten würde, eher umgekehrt. Wie du lesen konntest, ist CO_2 sogar natürlich und lebenswichtig. Damit fehlt dem CO_2-Emissionszertifikate-Handel an sich bereits eine seriöse Basis. Doch wir wollen dieses Fakt einmal hintenanstellen und dennoch so tun, als hätten die CO_2-Emissionen tatsächlich eine erderwärmende Wirkung, obwohl es teilweise als Kühlmittel verwendet wird und prinzipiell schwerer als die Luft ist, das heißt auch nicht als Treibhausgas in Frage kommt.

Wer kann denn nun an der EEX Handelsbörse in Leipzig handeln? Der Handel mit CO_2-Emissionszertifikaten ist Banken, Fonds, Stiftungen und Unternehmen vorbehalten. Diese müssen die in der EU-Auktionsrichtlinie festgelegten Zulassungsvoraussetzungen und das Regelwerk der European Energy Exchange (EEX) erfüllen. Für Privatpersonen besteht keine Möglichkeit, direkt an der EEX Handelsbörse in Leipzig zu handeln. Kleinen und finanzschwachen Unternehmen wird der Handel an der EEX sehr erschwert, da beim Primärmarkt (Erstauktion) eine

Mindestorder von 1000 Stück CO_2-Emissionszertifikaten und beim Sekundärmarkt (kontinuierlicher Handel zwischen Unternehmen) eine Mindestorder von 500 Stück CO_2-Emissionszertifikaten nicht unterschritten werden darf. Des Weiteren ist ein haftendes Eigenkapital des Unternehmens in Höhe von mindestens 50.000 € nachzuweisen.

Im ersten Jahr der Mitgliedschaft bei der EEX sind die Konten für den technischen Zugang zum European Commodity Clearing (ECC), einer Clearingbank, die die Besicherung und den Zahlungsverkehr der Trades übernimmt, und der EEX, die die Trades abwickelt, gebührenfrei. Ab dem zweiten Jahr betragen die jährlichen Gebühren für die Mitgliedschaft bei der EEX mindestens 2.500 Euro zzgl. der Entgelte für den An- und Verkauf der gehandelten Produkte und für den technischen Zugang zur ECC 1800 Euro pro zugelassenen Händler eines Unternehmens. Diese Kosten sind für viele kleinere Unternehmen ein Punkt, der den Handel erheblich erschwert bzw. teilweise unmöglich macht. Somit bleiben beim Handel an der EEX Börse in Leipzig die Banken, Fonds und großen Unternehmen größtenteils unter sich!

Außer dem Handel mit CO_2-Emissionszertifikaten wird an der EEX noch der Handel mit EUA-Futures (unbedingte Derivate) und EUA-Optionen (bedingte Derivate) angeboten. Diese Warenderivat-Kontrakte sind von der EEX Börsenaufsicht in den Hochrisikobereich mit Risikoklasse 7 in einer Skala von 1–7 eingestuft worden. Diese hochriskanten Wetten erlauben es den Handelspartnern, mit sehr geringem Kapitaleinsatz sehr hohe Gewinne zu generieren, es sind jedoch auch sehr hohe Verluste möglich. Es kann sein, dass hier die Unternehmen nicht nur ihren Einsatz verlieren, sondern weitere Zahlungen leisten müssen, weil sie bei diesen hochspekulativen Geschäften erheblich mehr Geld verlieren (aber auch gewinnen) können, als sie ursprünglich investiert haben. Diese EUA-Futures und EUA-Optionen können derzeit für Termine von bis zu 8 Jahren in die Zukunft abgeschlossen werden.

Der Handel von Derivaten ermöglicht es den Handelspartnern, innerhalb der abgeschlossenen Frist diese Papiere zu kaufen bzw. zu verkaufen, ohne dass tatsächlich CO_2-Emissionszertifikate den Besitzer wechseln. Es sind nicht die Emissionszertifikate selbst Gegenstand des Handels, sondern nur deren Kurs – mit diesen Kursschwankungen wird zusätzlich Geld generiert. Die Zertifikate werden, wenn überhaupt, dann erst am Ende der Gesamtlaufzeit an den Inhaber der Option bzw. des Futures ausgeliefert.

Ein „Future" ist ein unbedingtes Derivat, das heißt, dass an einem bestimmten, zuvor festgelegten Tag (Ende der Laufzeit des Futures) ein CO_2-Zertifikat zum festgelegten Preis geliefert und gekauft werden muss.

Eine „Option" ist ein bedingtes Derivat, das bedeutet, du hast mit einer Option das Recht, nicht aber die Pflicht, ein CO_2-Zertifikat zum zuvor festgelegten Preis zu kaufen bzw. zu verkaufen. Eine Option ist somit ein reines Spekulationsgeschäft, das es Hedgefonds ermöglicht, auf fallende bzw. steigende Kurse zu setzen, ohne dass ein physischer Handel mit Emissionszertifikaten notwendig ist.

Mögliche Auswirkungen des Emissionshandels

Dieser Handel ist fernab jeglichen Umweltschutzgedankens und es wird spätestens an diesem Punkt sehr deutlich, dass hier sehr bewusst und vollkommen grundlos ein neuer Zockermarkt für eine kleine elitäre Gruppe einflussreicher Menschen erschaffen wurde. Hier wundert es wohl auch kaum jemand, dass der Name George Soros auftaucht, der diesen Markt (zufälligerweise?) als Spekulationsgeschäft für sich entdeckt hat. Er bezeichnet dieses Geschäft lt. Handelsblatt als „wenig transparent und anfällig für Manipulationen, deshalb ist er so beliebt bei Finanztypen wie mir".[651]

George Soros besitzt sehr viele Stiftungen und NGOs und hat sehr viel Einfluss auf Politik und Wirtschaft (wir haben bereits teilweise davon berichtet). Er ist unter anderem auch Gründer und Besitzer des Hedgefonds Fund Management LLC und des Quantum Fonds. Der Hedgefonds Fund Management LLC war im Jahr 2010 eines der profitabelsten Unternehmen in der Hedge-Fonds-Branche. Dieser Fonds hat, welch Wunder, u.a. große Summen in den Bereichen Verkehr, Energie und in die Rohstoffmärkte investiert.[652]

Mit dem Quantum Fonds machte Soros bereits im Jahre 1992 auf sich aufmerksam, als er auf die Abwertung des britischen Pfunds wettete. Er tätigte mit seinem Quantum Fonds Leerverkäufe in Höhe von 10 Milliarden britischer Pfund. Er verkaufte sozusagen britische Pfund, die er gar nicht in seinem Besitz hatte (!). Am 16.09.1992, am sogenannten schwarzen Mittwoch, sah sich die Bank of England gezwungen, die Abwertung des britischen Pfund zu vermelden und Soros konnte sich wieder billig mit britischem Pfund eindecken! Dieses Geschäft brachte ihm einen Gewinn in Höhe von 1 Milliarde Dollar ein.[653]

LICHT

Es scheint so, dass die ursprüngliche Idee des Derivatehandels, die Preise für eine Ware bzw. ein Zertifikat für die Zukunft abzusichern, bei Menschen wie Al Gore, George Soros sowie den beteiligten Banken und Hedgefonds schon längst zur Nebensache geworden sei. Denn derzeit werden am Derivatemarkt weltweit in allen Bereichen 600 Billionen USD gehandelt. Das entspricht etwa dem 10-fachen des Bruttosozial-produktes der gesamten Welt (!) und bedeutet, dass tatsächlich we-sentlich mehr Wetten am Markt als tatsächliche Geschäfte geschlossen werden. Durch die vielen Spekulanten und Händler am Markt können sehr schnell unkontrollierbare Blasen für Rohstoffpreise bzw. Emis-sionszertifikate entstehen. Dies hatte in der Vergangenheit z.B. zur Folge, dass die „Dritte-Welt-Länder" die Preise für Reis nicht mehr be-zahlen konnten. Dadurch ist eine große Hungersnot in diesen Ländern ausgebrochen und viele Menschen mussten und müssen deshalb im-mer noch sterben.[654]

Wir befürchten sehr stark, dass Gleiches beim Handel mit CO_2-Emissions-zertifikaten wieder vorangetrieben wird, um dem Ziel der NWO dadurch einen weiteren Schritt näher zu kommen. Denn können Unternehmen in finanzschwachen Ländern die Zertifikate in der Zukunft nicht bezahlen, dann werden sie relativ einfach und zu Dumpingpreisen von eben diesen Hedgefonds, Banken oder von den Großkonzernen aufgekauft.

Hedgefonds standen bereits im Jahre 2009 unter dem Verdacht, die Preise für die CO_2-Zertifikate in eine von ihnen gewünschte Richtung zu treiben. Deshalb forderte Maria Cantwell, damalige demokratische Senatorin im Bundesstaat Washington, die den Unterausschuss Ener-gie im US-Senat leitete, dass nur noch „CO_2-Sünder" zum Handel mit Verschmutzungsrechten zugelassen werden und die Finanzinvestoren und Hedgefonds von diesem Handel ausgeschlossen werden.[655]

Sie warnte bereits im Jahre 2010 davor, dass ähnliche Gefahren drohen, wie bei der katastrophalen Finanzkrise 2007. Warum trotz eindringli-cher Warnungen von unter anderem Cantwell diese Forderung bis jetzt noch immer nicht erfüllt wurde, dürfte sehr schnell beantwortet sein, denn die schnellen Gewinne für die Elitegruppen stehen wohl wieder einmal im Vordergrund aller Entscheidungen. Hier wird das Risiko einer erneuten Finanzkrise oder der Ursprungsgedanke, warum der Emissionshandel offiziell denn eigentlich eingeführt wurde, nämlich der Umweltgedanke, erneut wie selbstverständlich hintangestellt.

Doch wie wird uns trotz aller Warnungen und Gefahren die Einführung des CO_2-Emissionszertifikate-Handels begründet? Der Gesamtausstoß des Kohlendioxids, also die Gesamtsumme des Ausstoßes aller Unternehmen, sollte begrenzt werden. Aber nicht jedes Unternehmen hat den gleichen finanziellen Aufwand, um eine gewisse Menge an CO_2 einzusparen. Durch den Handel mit CO_2-Emissionszertifikaten können nun jene Betriebe mit den geringsten Reduktionskosten die Emissionsreduktion für die Betriebe übernehmen, für die die Emissionsreduktion sehr kostenintensiv wäre. Dafür erhalten sie einen finanziellen Ausgleich, indem sie ihre nicht verbrauchten Emissionszertifikate an der Börse verkaufen. Unternehmen, die Anlagen betreiben, deren Modernisierung einen hohen finanziellen Aufwand bedeuten würde, um CO_2 einzusparen, kaufen dafür Verschmutzungsrechte an der Börse und können somit ihrerseits die Veränderungen an ihren Anlagen umgehen.

Einen Vorteil für die Lösung eines angeblich unlösbaren Umweltproblems können wir hier beim besten Willen nicht einmal ansatzweise erkennen. Denn was hilft es der Umwelt, wenn ein Unternehmen doch tatsächlich durch den Kauf von CO_2-Verschmutzungsrechten eine „notwendige" Modernisierung seiner Anlage umgehen oder zumindest in die Zukunft verschieben kann. Denn würde tatsächlich ein so dringendes, unaufschiebbares Klimaproblem bestehen, wie Greta Thunberg und Al Gore es uns in unsere DNA brennen wollen, dann wäre es unumgänglich, dass sofort alle Unternehmen in die Modernisierung ihrer Anlagen investieren und dass dies ggf. durch gezielte Subventionen oder zinslose Darlehen finanziert würde, wenn dies finanzschwächere Staaten bzw. Unternehmen nicht leisten können. (Dann wäre es allerdings auch wichtig, dass sich diese Damen und Herren als erstes selbst an die Einschränkungen zur vermeintlich nötigen Rettung unseres Planeten halten würden).

Al Gore, David Rockefeller, George Soros und alle ach so ehrwürdigen Kämpfer mitsamt ihren gemeinnützigen Stiftungen und NGOs, die den „Klimakollaps" verhindern wollen, würden sich viel glaubwürdiger machen, wenn sie all ihre Gewinne, die sie durch den Handel mit CO_2-Zertifikaten bereits erzielt haben, und all die Gelder, die sie in ihre Werbekampagnen gesteckt haben, in genau die Modernisierung solcher Anlagen investieren würden. Das wäre doch die allerbeste Lösung für alle Beteiligten und es würde wohl keine Gegenstimmen dazu geben. Das nötige Geld dafür hätten sie und unseren aufrichtigen Dank und unsere besondere Anerkennung würden sie dafür ebenfalls bekommen.

Ausstieg aus Klimavereinbarungen – diese Länder sagen NEIN

Länder, die bereits aus diesen „sinnlosen" und vollkommen ungerechten Vereinbarungen ausgestiegen sind, sind unter anderem die USA, Kanada, Japan und Russland. Die USA haben den Vertrag zwar unterschrieben, aber nie rechtskräftig durchgesetzt. Kanada ist im Jahr 2011 ebenfalls ausgestiegen, um den Strafzahlungen in Milliardenhöhe zu entgehen, weil sie ihre Einsparziele verfehlt haben.[656] Kanadas Umweltminister Peter Kent begründete den Ausstieg damit, das Kyoto-Protokoll sei „nicht der Weg hin zu einer weltweiten Lösung gegen den Klimawandel", denn der Vertrag nimmt die größten Emittenten gar nicht in die Pflicht, womit er wohl vollkommen recht hat.

China und Indien sperren sich gegen die Selbstverpflichtung beim CO_2-Ausstoß, weil ihr Wirtschaftswachstum darunter leiden könnte. Sie sind bis zum Jahr 2030 von verbindlichen Reduktionen ausgenommen, weil sie Schwellenländer sind.[657] In Wahrheit ist uns China wirtschaftlich betrachtet bereits um Längen voraus, doch die Politik in Deutschland kann oder will das nicht wahrnehmen. Man erhält nicht den Eindruck, dass die Regierung in Deutschland diesbezüglich etwas für die Stärkung des eigenen Landes unternehmen würde. Warum das so ist und welche Gründe dahinterstehen, würde Stoff für ein weiteres Buch bieten ...

Hier stellt sich uns erneut die Frage: Ist es tatsächlich sinnvoll und die perfekte Lösung, ein angeblich unlösbares Klimaproblem in den Griff zu bekommen, wenn die vier Länder (USA, China, Indien und Russland), die für 85 % des CO_2-Ausstoßes weltweit verantwortlich sind, erst gar nicht an der Vereinbarung teilnehmen bzw. sich nicht verpflichtet fühlen, die getroffenen Vereinbarungen einzuhalten. Deutschland hat unter Bundeskanzler Helmut Kohl und der damaligen Umweltministerin Angela Merkel im Berliner Mandat 1995 freiwillig die höchste Einsparquote für Deutschland im weltweiten Vergleich festgelegt, um die anderen Länder, die den Regelungen ablehnend gegenüber standen, doch noch ins Boot zu holen – um den Vertrag zum Kyoto-Protokoll überhaupt erst möglich zu machen.[658]

Wieder einmal wird hier unserer Meinung nach die Wirtschaft Deutschlands freiwillig und vollkommen unnötig „geopfert", um eine, unserer Einschätzung nach, sinnlose Vereinbarung zu schließen. Es werden vermutlich Millionen von Arbeitsplätzen, zuerst vor allem in der Autoindustrie und bei den Zulieferfirmen, dadurch verloren gehen (erste Betriebe mussten bereits aufgeben!). Anscheinend war hier bereits der Slogan „Wir schaffen das" in den Köpfen von Merkel und Co präsent und dies dürfte uns hier jetzt ebenso einholen, wie das Migrationsproblem.

> *„Das ist jetzt wohl die neue Parole:*
> *Nicht mehr ‚Wir schaffen das', sondern ‚Wir können das'.*
> *Warum ist Napoleon nach Moskau marschiert? Weil er es konnte.*
> *Warum hat Walter Ulbricht die Mauer erbaut? Weil er es konnte.*
> *Wir verstehen, lieber Herr Schulz."*
> Alexander Gauland (AfD), Haushaltsdebatte für 2020 im Deutschen Bundestag, an den deutschen Finanzminister Olaf Scholz (SPD)[658a]

Erneut kommen wir zur Erkenntnis, dass die Entscheidungsträger nicht das Umweltproblem lösen wollen (nachdem derzeit gerade mal 15 % der CO_2-Emissionen über die Vereinbarung abgedeckt werden, wenn diese tatsächlich ein Problem für das Klima wären), sondern dass kompromisslos die Neue Weltordnung über die Klimalüge festzementiert wird. Und unsere Bundeskanzlerin Angela Merkel wirkt wieder einmal großzügig in ihren Versprechungen und dürfte überhaupt nicht daran denken, auch nur irgendetwas daran zu verändern. Es muss zumindest an dieser Stelle einmal die Frage erlaubt sein, ob Angela Merkel auch hier wieder einmal bereit ist, das Land, den Frieden und den Wohlstand der Bürger in Deutschland dafür zu opfern, um die Ziele und Machenschaften der Elite zu fördern und eine neue Weltordnung voranzutreiben, ohne dass man gleich wieder als Verschwörungstheoretiker abgestempelt wird.

Donald Trump und Wladimir Putin hingegen sind aus diesen Vereinbarungen ausgetreten, weil sie genau wissen, dass der Klimawandel nicht von Menschen verursacht ist und somit eine Vereinbarung keinen

Gewinn für Menschen, Tiere, Pflanzen und den Planeten bringen würde, sondern dass dies nur unnötig viele Arbeitsplätze vernichtet (und einigen wenigen Unsummen an Geldern der Allgemeinheit und mehr Macht zukommen lässt?). Diese beiden werden jetzt als „Verräter" und „Schuldige" abgestempelt, obwohl sie die Wahrheit sagen und diese auch vor ihrem Volk, das sie gewählt hat, vertreten. Sie lehnen sich keinesfalls zurück, sondern lösen das Problem durch Fortschritt in der Technik und forschen wohl als einzige Staaten im Bereich der „Freien Energie". Nur so kann ein angebliches Umweltproblem gelöst und eine bessere Welt erschaffen werden.

Spätestens nach dem Hockeyschläger-Urteil sollten auch alle anderen Staaten und deren Politiker alle Unterlagen der führenden Wissenschaftler, hochrangigen Politiker, einflussreichen Stiftungen und aller „bekannten Schauspieler" nochmals genau prüfen und dann die hoffentlich richtige Entscheidung für die Menschheit treffen. Gleichfalls macht es keinen Sinn, wenn die Staaten um jeden Preis das Klima retten wollen und ihre Wirtschaft dafür opfern, die gemeinsam nur insgesamt 15 % des Emissionsausstoßes verursachen, weil dieses Vorhaben vollkommen unmöglich ist. Wenn dann die Politiker doch tatsächlich immer noch der Meinung sind, dass so die Welt vor einem Untergang gerettet werden kann, dann haben sie wohl ihren Beruf verfehlt.

Die Folgen des Begrenzens und Handelns in der Praxis

Was bewirkt dieses System des Begrenzens und Handelns (Cap and Trade) in der Praxis? Unternehmen werden in ihrer Produktivität eingeschränkt, was wiederum die Arbeitslosigkeit erhöht. Biokraftstoff wird weiter forciert (da er als CO_2-neutral gilt) – dieser hat allerdings negative Auswirkungen auf das Ökosystem der Erde (Rodungen etc. – jeder Baum ist wichtig für den CO_2-Haushalt und das Klima) und bringt auch das Gleichgewicht rund um unsere Atemluft außer Takt.
Es fördert ein neues, weltweites Schneeball-System, bei dem die internationalen Banken und Hedgefonds durch den Handel noch zusätzlich große Reichtümer auf Kosten anderer generieren können.

Über das Emissionshandels-System werden alle Unternehmen kontrolliert, in dem für jedes eine CO_2-Emissionsgrenze eingeführt wird, und die Schöpfer und Betreiber des Systems haben die Möglichkeit, mit den so erlangten Informationen unvorstellbar reich zu werden.

Will man tatsächlich ein Klimaproblem lösen, so müsste es doch das Ziel sein, die Industrieanlagen umweltfreundlicher zu machen, indem man Grenzwerte für die Industrieanlagen festlegt und nicht aufstrebenden Unternehmen eine Begrenzung des CO_2-Ausstoßes auferlegt, was absolut nichts mit der Sauberkeit seiner Industrieanlage zu tun hat. Denn wenn ein Unternehmen gut läuft und der Unternehmer aufgrund seiner Auftragslage seine Produktion ausweitet, dann muss er nach dem „Cap and Trade"-System allen Ernstes CO_2-Zertifikate zukaufen, das ist an Absurdität absolut nicht mehr zu überbieten. Und die Firmen von George Soros, Al Gore, David Rockefeller und Co. dürften sich freuen, weil sie wohl jetzt schon Millionen dieser Zertifikate vorrätig haben dürften und diese dann möglicherweise gewinnbringend und völlig überteuert weiterverkaufen werden. Geniale Strategie!

In der Praxis werden aufstrebende Unternehmen dadurch in ihrer Produktivität eingeschränkt bzw. wird die Produktion ihrer Waren vollkommen unnötig verteuert. Denn selbst wenn ein Unternehmen die modernste Industrieanlage installiert hat, muss es dafür trotzdem teure Emissionszertifikate zukaufen, weil sie zwangsläufig durch die neuen Aufträge die vorgegebene Emissionsmenge an Kohlendioxid überschreitet. Nun hat es zwei Möglichkeiten: Es nimmt die neuen Aufträge nicht an und bleibt unter der vorgeschriebenen Grenze, oder es kauft Kohlendioxid-Zertifikate von den Unternehmen zu, die ihr Kontingent nicht aufbrauchen, oder es muss doch tatsächlich – zumindest teilweise – Verschmutzungsrechte an der Börse kaufen. Es geht also hier schon längst nicht mehr darum, wie umweltbelastend eine Anlage ist, sondern es geht tatsächlich darum, die absolute Kontrolle darüber zu behalten, wieviel CO_2-Ausstoß ein Unternehmen hat und dieses künstlich erschaffene Produkt gewinnbringend zu „besteuern".

Mit einem Bevölkerungs- und Wirtschaftswachstum wächst auch das Geschäft bestehender Unternehmen und neue Firmen entstehen. Höhere Produktion bedeutet höheren Energieaufwand und damit steigen automatisch auch der Verbrauch an Brennstoffen und Emissionen. Zugleich werden aber nicht die Emissionsgrenzen auch erhöht, sondern scheinbar beliebig festgelegt und dann noch jährlich gesenkt. Je mehr Nachfrage, desto teurer die Zertifikate – die Preise werden automatisch immer noch höher, enorme Profite für die beteiligten Kreise sind damit vorprogrammiert. Es sei denn, die Regierungen steigen aus den Klimaverträgen aus und schreiben keine Grenzwerte mehr fest (die, wie wir vorne erfahren haben, ohnehin keinen Einfluss auf den Klimawandel haben).

Eine noch größere Ungerechtigkeit wird unserer Meinung nach durch den Abbau der modernen Atom- und Kohlekraftwerke in Deutschland erzeugt. Durch die Abschaltung der moderneren und damit auch sichereren Anlagen fallen nicht nur Arbeitsplätze, sondern fällt auch der von ihnen produzierte Strom weg. Dieser muss von außen zugekauft werden – von wesentlich älteren und schädlicheren Atom- und Kohlekraftwerken aus Nachbarländern. Dazu kommt, dass diese Länder dann auch noch die überzähligen Zertifikate an uns verkaufen können, weil ja die Erzeugung von Atomstrom CO_2-neutral ist. Welche gesundheitlichen Folgen die Herstellung von Atomstrom und die Lagerung der ausgedienten Brennstäbe auf die Menschheit und ihre DNA hat, ist für die Zukunft wohl noch gar nicht absehbar. Und zu guter Letzt wird durch den Handel mit CO_2-Verschmutzungsrechten noch Etikettenschwindel gefördert, denn das Problem ist: An der Strombörse gehandelter Strom durch Zertifikate-Handel ist weder grün noch braun, er ist undefinierbar grau – niemand weiß, ob er aus einem schmutzigen Braunkohlemeiler oder einem Wasserkraftwerk stammt.[659]

Sowohl die hohe Preisschwankung der CO_2-Emissionszertifikate als auch der Handel der Banken und Unternehmen mit Derivaten erschweren die Regulierung der Umweltziele erheblich, da weder die betroffenen Unternehmen noch der Staat planen können, wie hoch denn die tatsächliche Emissionseinsparung belohnt bzw. zu hohe CO_2-Emissionen bestraft werden, weil der Wert dieser Berechtigungen durch das Zocken der Banken, Hedgefonds und Unternehmen am Markt unberechenbar wird.

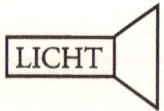

Ein überzogener Derivatehandel soll übrigens ein wesentlicher Verursacher der Bankenkrise 2008/2009 gewesen sein. Die damaligen Verursacher wirken schon wieder wie selbstverständlich im Verborgenen mit und haben sich bereits in Position gebracht.[660]

Beim Handel mit CO_2-Zertifikaten können sich Banken, Investmentfonds und andere Einrichtungen CO_2-Zertifikate in großen Mengen sichern und bevorraten und diese später zu einem weit höheren Kurs verkaufen. Davon profitieren erneut die besonders finanzstarken Bank- und Investmenthäuser wie Goldman Sachs, JP Morgen, GIM, KPCB, Citygroup, BlackRock und ihre mächtigen Besitzer und Anteilseigner wie Soros, Al Gore und Rockefeller.

Oder sie spekulieren wie damals George Soros mit seinem Quantum Fonds auf fallende Kurse und machen damit kurzfristig hohe Gewinne, weil sie möglicherweise als erster Informationen erhalten würden, wenn neue Gesetze oder Bestimmungen erlassen werden, die womöglich negative Auswirkungen auf die Kursentwicklung der Zertifikate haben.

„Vorausschauend" haben zudem viele Großbanken und Investmentfonds bereits in „CO_2-freundliche Unternehmen" investiert und halten bzw. hielten teilweise auch noch Anteile an den CO_2-Börsen dieser Welt. Ist es Zufall, dass sich die Besitzer dieser Unternehmen gerade deshalb so sehr für die „Cap and Trade"-Gesetzgebung einsetzen?

Den ganzen Kohlendioxidmarkt gäbe es nicht, wenn nicht internationale, dazu „befugte" Gremien und Regierungen Emissionsgrenzen festgelegt hätten, durch die viele Unternehmen Zertifikate kaufen müssen. Laut Michael Kent wurden beim Klimagipfel in Kopenhagen keine verbindlichen Emissionsgrenzen für die großen Industrienationen festgelegt. Dadurch brachen die CO_2-Märkte in Europa ein.[661] Hier sehen wir, wie das Spiel aufgebaut ist und warum die Lobbyisten so viel Geld in die Werbe- und Marketing- Kampagnen von Greta Thunberg und in die weit verflochtenen Stiftungen und NGOs investieren, um Einfluss bei den Entscheidungsträgern nehmen zu können, damit schnellstmöglich und weltweit die Emissionszertifikate reduziert werden.

Lass uns noch etwas tiefer in die Thematik rund um die Klimawarnungen und den damit verbundenen Emissionshandel (bei zeitgleichem Begrenzen der Zertifikate) eintauchen: Wer glaubst du, gilt als der wahrscheinlichste Anwärter dafür, der erste CO_2-Milliardär der Welt zu werden bzw. schon längst zu sein? Könnte es der Hauptakteur der jahrelang vorbereiteten Klima-Kampagne, Albert Arnold „Al" Gore sein? Warnt er deshalb ebenso eindringlich und angstverbreitend vor einem Untergang der Erde durch die steigenden CO_2-Emissionen wie Greta Thunberg?

„Wenn wir nicht mutig und schnell handeln, um die Grundursachen der globalen Erwärmung zu beheben, wird unsere Welt eine Reihe schrecklicher Katastrophen erleiden, darunter auch vermehrte und heftigere Stürme wie etwa der Hurrikan Katrina ..."
Al Gore[662]

Zuerst wurde (mehr als umstritten und alles andere als so klar wissenschaftlich belegt, wie die Verfechter der CO_2-Theorie weismachen wollen) die Erde zum Katastrophenschauplatz erklärt. Wir seien demnach in der „schlimmsten potenziellen Katastrophe in der Geschichte der menschlichen Zivilisation".

Die Reaktion auf diese angeblich so schlimme und dringliche Bedrohung lautet Begrenzung der CO_2-Emissionen und ein Handel mit den zugehörigen Verschmutzungsrechten sowie mit dem lukrativen Derivatehandel. Ein Preisanstieg der gehandelten Zertifikate gilt durch die jährliche Senkung der Emissionsquote und zugleich den Mehrbedarf durch ein Bevölkerungs- und Produktionswachstum als fix. Das Volumen dieses neuen Marktes wird auf mehr als eine Billion Dollar pro Jahr geschätzt.

Ist das nicht ein perfekter Plan für dessen Erfinder, Wegbereiter und Nutznießer? Zumindest solange die Menschheit nicht dahinter blickt und dieses Spiel mitspielt. Derzeit werden Politiker, die nicht mehr mitspielen und ihre Völker da raushalten wollen, in der öffentlichen Berichterstattung und sogenannten sozialen Medien auch noch massiv angegriffen.

3. Der erste globale Klima-Katastrophen-Guru „Al Gore"

Schauen wir uns den vorne erwähnten Al Gore noch einmal genauer an. Er drängt die Regierungen mithilfe seiner Stiftungen und NGOs weltweit dazu, die Emissionswerte zu begrenzen. Die Unternehmen müssen dadurch dann als Ausgleich für das Überschreiten dieser Werte CO_2-Zertifikate kaufen. Genau dieser Al Gore scheint allerdings als Chairman und Gründer einer Kapitalbeteiligungsgesellschaft namens Generation Investment Management (GIM) sowie Teilhaber an der Investmentfirma Kleiner Perkins Caufield & Byers (KPCB)[663] schon längst in eben genau diesen Zertifikaten investiert zu sein – um diese dann später gewinnbringend zu veräußern. Sollte das nicht Grund genug sein, stutzig zu werden?

Gehen wir noch ein wenig näher auf einige seiner Unternehmen und Stiftungen ein, die unmittelbar mit seiner Kapitalbeteiligungsgesellschaft GIM verknüpft sind. Damit wollen wir dir zeigen, wie diese Kampagnen vorbereitet, gesteuert, finanziert und umgesetzt worden sein dürften. Es bleibt sehr stark zu bezweifeln bzw. ist nahezu ausgeschlossen, dass diese die einzigen von ihm gegründeten Stiftungen, NGOs und Unternehmen wären, in die er Gelder fließen lässt und über die er oder seine Geschäftspartner Einfluss auf Politik, Wissenschaft, Wirtschaft und Medien nehmen.

Albert Arnold „Al" Gore war von 1993 bis 2001 unter Präsident Bill Clinton Vizepräsident der Vereinigten Staaten von Amerika. Im Jahre 2007 bekam er zu gleichen Teilen mit Rajendra Kumar Pachauri, dem damaligen Vorsitzenden des Weltklimarates IPCC (einer politischen und nicht, wie viele denken, einer wissenschaftlichen Organisation) den Friedensnobelpreis für sein Wirken um eine Bewusstmachung der Klimakrise und ihrer globalen Auswirkungen übertragen! Sowohl Al Gore[664] als auch Pachauri[665] plädieren immer wieder für eine Weltregierung und die Aushebelung der bestehenden Staaten, weil sie der Meinung sind, sie können damit die Menschheit retten – wir würden es eher „die Menschheit steuern und beherrschen" nennen. Sie begründen die Notwendigkeit damit, dass die nationale Souveränität vieler Länder die Umsetzung des CO_2-Ablasshandels nicht ohne weiteres zulässt. Was diese Aussage für eine Auswirkung auf die Freiheit der Menschheit in der Zukunft bedeuten würde, das sollte jeder für sich nochmals in Ruhe überdenken. Und ist die Weltregierung dann mal eingeführt, so gilt sie natürlich übergreifend auf alle Bereiche unseres Lebens. Al Gore veröffentlichte mehrere Bücher und Texte zum Thema Umweltschutz. Besonders bekannt wurde „Earth In The Balance" (1992), in dem er auch politische und wirtschaftliche Lösungsstrategien zur Umweltproblematik entwarf und seine Träume von einer nachhaltigen Welt niederschrieb.

Doch wie so oft stellt sich auch hier heraus, dass auch Al Gore es mit der Umwelt nicht ganz so genau nimmt, wenn es um seine eigenen Interessen und finanziellen Vorteile geht. Seine doppelte Moral wird ihm immer wieder zum Verhängnis, wie auch am Beispiel seines Zink-Bergwerks, Carthage, Tennessee. Dieses Bergwerk brachte der Familie Gore einen Gewinn in Höhe von 500.000 US-Dollar. EIKE verweist auf seiner Homepage darauf wie folgt: *„Dass es dort nicht mit sauberen Dingen zuging, beweist der Tennesse Water Quality Control Act von 1977, wo eindeutig nachgewiesen wurde, dass das Wasser, hervorgerufen durch Abwasser des Bergwerks, unerlaubt hohe toxische Konzentrationen an Kupfer und Zink enthielt. Weiterhin wurden Schwermetalle im Boden nachgewiesen, wo Abraum einfach weggeworfen war".* In seinem Buch erwähnt er mit keiner Zeile seine damalige Verwicklung in den Zink-Abbau.[666] Im Jahre 1994 initiierte er das „Globe-Programm". Damit soll die umweltpolitische Bildung und Forschung in Wissenschaft und Gesellschaft gefördert werden (in welche Richtung?!). Al Gore hält nach wie vor weltweit (gutbezahlte?) Vorträge zur globalen Erderwärmung und der angeblichen Klimakrise. Bereitet er damit das Feld, um selbst massiv davon zu profitieren und den Eliten zugleich die Umsetzung einer „neuen Weltordnung" zu ermöglichen? Er ließ einen Kino-Dokumentationsfilm mit dem Titel „Eine unbequeme Wahrheit" produzieren und erhielt dafür einen Oscar. Könnte es sein, dass hier wieder mehrere Institutionen an einem Strang ziehen?

„Eine unbequeme Wahrheit" – nichts als falsche Propaganda?

Hierbei ist wohl auch nicht verwunderlich, dass Al Gore den Oscar für seinen Dokumentationsfilm „Eine unbequeme Wahrheit" erhalten hat, obwohl dessen wesentliche Horrorszenarien bisher allesamt noch gar nicht eingetroffen sind:[667]

Kent-Depesche schreibt in seinem CO_2-Sonderheft „*Das Eis in der Antarktis ist nicht weg, sondern hat sich sogar vermehrt. Die Polkappen bestehen immer noch. Und die Eisbären sind nicht vom Aussterben bedroht, weil sie ertrinken – sondern wenn dann deshalb, weil die Menschen sie abschießen. Die durchschnittliche Zahl der weltweiten Wirbelstürme hat sich nicht erhöht, sondern sinkt seit Jahrzehnten ununterbrochen. Die Küstenmetropolen – London, New York, Amsterdam usw. – stehen keinesfalls unter Wasser. Und auf dem Kilimanjaro (Afrika) liegt auch heute noch Schnee (wenngleich sein Bestand dort, seit Beginn der Messungen 1912, konstant abnimmt und nicht erst seit dem „Klimawandel"). Der absolute Hitzepunkt, an dem keine Umkehr mehr möglich ist, den Gore für 2016 voraussagte, wurde nicht erreicht.*"

Für manch Wissenschaftler, wie wir von Prof. Frederic Singer erfahren haben, keine Überraschung (*„Der Film ist sehr überzeugend, sehr überzeugend, wenn man die Wissenschaft nicht weiß"*, so Singers Aussage zu Al Gore).

Wenn die Schüler schon die Schule schwänzen, um zu demonstrieren, dann können wir ihnen nicht einmal einen Vorwurf machen, denn sie werden ja geradezu dahingehend ausgebildet, all die Lügen der Klimamafia zu glauben. Sigmar Gabriel (damals Bundesumweltminister) hat doch tatsächlich 6000 Filme von Al Gores Dokumentationsfilm „Eine unbequeme Wahrheit" – vermutlich mit Steuergeldern finanziert – gekauft, damit diese im Unterricht an deutschen Schulen benutzt werden können. Ein wohl einmaliger Vorgang.[668]

Hier dürfte den Schülern wissentlich nicht eine unbequeme, sondern eine vollkommen falsche Wahrheit vermittelt werden, könnte man den Eindruck erhalten. Ein Interview mit der ARD hierzu lehnte Sigmar Gabriel damals ab – schade, wie der Reporter fand – denn vieles was der Film zeige, sei absolute Propaganda.[668] So ist z.B. ein Eisbär zu sehen, der verhungert, weil ihm zu warm wird und weiter wird erklärt, dass Eisbären ertrinken würden, weil sie weite Strecken schwimmen müssen, da kommt man ja fast zu dem Eindruck, dass sich Eisbären von Eis ernähren, um zu überleben. Der weit über Deutschland hinaus geachtete Wissenschaftler Zoologe Prof. Josef H. Reichholf, der an beiden Münchner Universitäten lehrte, betrachtete das ganze Katastrophenszenario, das die Erderwärmung verursachen könnte, als wissenschaftlichen Unfug (die Eisbären haben demnach sogar die letzte Warmzeit ohne Schwierigkeiten überstanden, und in der war es – entgegen Al Gores und Greta Thunbergs Klimahysterie – wesentlich wärmer als heute, wie Prof. Josef H. Reichholf im Beitrag feststellen durfte). Wenn Eisbären tatsächlich gefährdet seien, dann nur deshalb, weil die Menschen die Eisbären selbst oder die Robben, ihre Nahrung, abschießen.

Aber nicht nur Al Gores Katastrophenfilm wurde an deutschen Schulen kritiklos verbreitet, sondern die den „Grünen" nahestehende Organisation „German Watch" legte gleich noch eins nach und schwörte die Jugendlichen in den Schulen mit dem gleichen Katastrophenszenario ein. Und das hörte sich dann so an: „Wenn der Meeresspiegel bis zum Jahre 2100 – wer weiß – um 1,40 Meter steigen würde, dann würde doch tatsächlich 80–90 Prozent von Bremen unter Wasser stehen". Ja, wenn ... Bremen unter Wasser – eine maßlose Übertreibung, dennoch kommt die Angst und Panik bei den Kindern und Jugendlichen an und überschattet teilweise ihre Leben. Diese Aktionen werden auch noch von der Münchner-Rück-Stiftung und aus unseren EU-Geldern gesponsert. Der Geschäftsführer der Stiftung meinte damals zu den unrealistischen Szenarien, die in Schulen verbreitet wurden: *„Ich finde das in Ordnung, dass man sich das nicht Mögliche auch mal vorstellt, denn man muss, wie man am „World Trade Center"-Anschlag gesehen hat, auch mal das Undenkbare denken, wenn man die Erde verstehen will".*

Überleg dir bitte selbst: Braucht man mehr Bestätigung dafür, dass da anscheinend bewusst gelogen oder nennen wir es manipuliert wird? Auf Kosten der Kinder und Jugendlichen, die dadurch in Angst und Panik getrieben werden sollen?

Um Al Gores Mission noch schneller zu verbreiten, wurde „The Climate Reality Project"[669] gegründet. Seine Aufgabe: Es werden darüber weltweit mehrmals pro Jahr Menschen ausgebildet, die als „Climate Leader" Gores Kampagne aus dem Film weiter in die Welt tragen.[670] (Wohlgemerkt, die Kampagne, die sich in wesentlichen Prophezeiungen nicht erfüllt hat!)

Al Gore und weitere Nutznießer des CO_2-Emissionshandels

Für seine umstrittene Klima-Mission und seinen Einsatz für den „Umweltschutz" (oder war es doch eher persönlicher Profit?) erhielt Al Gore immer wieder Preise. Die Begründung: *„Weil er bei Regierungsvertretern und in Gesellschaften in aller Welt ein Bewusstsein erschaffen habe, sich für diese ehrenwerte Sache einzusetzen".* Hat er ein Bewusstsein erschaffen, weil er dadurch riesige finanzielle Einnahmen generieren konnte? Die Einordnung, ob es tatsächlich ehrenwert ist oder eher das Gegenteil, bleibt dir selbst überlassen.

Gore gilt, wie erwähnt, als Gründer, Förderer und Funktionär vieler Stiftungen, NGOs und Unternehmen, über die er seine Klimawandel-Mission verfolgt. So gilt er unter anderem als Gründer und Vorstand der Alliance for Climate Protection, von Generation Investment Management (GIM) und Current TV, er ist Mitglied im Aufsichtsrat von Apple und hochrangiger Berater von Google sowie Teilhaber an den Investmentfirmen Kleiner Perkins Caufield & Byers (KPCB) sowie höchstwahrscheinlich bei noch vielen anderen Unternehmen mehr, bei denen wir durch eine begrenzte Recherchezeit seine Verflechtungen jedoch nicht verifizieren konnten und es auch den Umfang dieses Buches absolut gesprengt hätte.

Al Gore fordert auch immer wieder (übereinstimmend mit Rockefellers geänderten Energie-Investitionen?), dass der Energie-/Elektrizitätsbedarf aus regenerativen Energiequellen gewonnen werden soll. (Von der Förderung sogenannter freier Energien hört man nur im Zusammenhang mit US-Präsident Donald Trump und dem russischen Präsidenten Wladimir Putin, nicht hingegen von Al Gore – weil damit in weiterer Folge kein Geld mehr verdient werden würde und die Menschen unbegrenzt Energie zu Verfügung hätten, ohne dass bestimmte Kreise einen riesigen finanziellen Zugewinn davon hätten?).

Seit 2004 ist Al Gore Vorsitzender der vorne angeführten Investmentfirma Generation Investment Management (GIM), diese hat sich auf den Kauf von Firmenanteilen im Nachhaltigkeitssektor spezialisiert und er ist Investor des Investmentfonds Kleiner Perkins Caufield & Byers (KPCB), wo er die Klimawandelabteilung leitet.[671] Dies erklärt wohl sein großes persönliches Interesse am Handel mit den CO_2-Zertifikaten – obwohl dieser den Klimaschutz eher behindert denn fördert. Und es erklärt wohl auch seinen großen persönlichen Einsatz dafür, die Anzahl der CO_2-Zertifikate an den Börsen zu verringern, um steigende Preise am Markt zu generieren.

Al Gore spielte auch beim Klimagipfel in Paris eine schillernde Rolle. So soll er dort selbst laut Wikipedia als Vermittler aufgetreten sein und Gespräche mit „wichtigen Persönlichkeiten" geführt haben.

Al Gores Wege scheinen sich auch immer wieder mit jenen von Rockefeller zu kreuzen. So ist er Vorsitzender der Alliance for Climate Protection – eine Interessengemeinschaft, welche zum Programm der Rockefeller Philanthropy Advisors gehört.

Die Rockefeller Philanthropy Advisors (RPA) wird seit dem Jahr 1891 von den „Rockefellers" geleitet, als wären die Stiftungen ihr eigenes Business. Die „Rockefeller Berater der Menschenliebe" (Philanthropie) verwalten heute 3 Milliarden US-Dollar und geben jährlich 200 Millionen Dollar für „menschenfreundliche Zwecke" aus – was wir natürlich alle gerne glauben wollen ... Auf den ersten Blick scheint es eine geniale, am Gemeinwohl der Menschheit interessierte Einrichtung zu sein, die es Menschen, aufstrebenden Philanthropen, Stiftungen und Unternehmen ermöglicht, ihre Visionen, Ideen, Erfindungen usw. in die Verwirklichung zu bringen. Die Rockefeller Philanthropy Advisors bietet hierbei maßgeschneiderte Dienstleistungen, ein riesiges Netzwerk und dauerhafte Beziehungen an. Meist fehlt diesen innovativen Menschen, die ihre Erfindung in die Welt bringen wollen, das nötige Geld, um ihre Ideen auch umzusetzen. Und genau hier dürfte auch der Grundstein für eine dauerhafte Zusammenarbeit gelegt werden. Aus der Not des Erfinders kommt er sehr schnell in eine Abhängigkeit, die er wohl erstmal noch nicht erkennen kann – und wo er möglicherweise auch keine Alternative dazu hat. Die Fachleute der RPA übernehmen die Beantragung der Fördergelder, entwickeln die Finanzierungsmodelle und unterstützen beim Aufbau des Projektes durch großzügiges Sponsoring. Laut eigener Aussage ist die RPA an einer dauerhaften Beziehung interessiert, die für *beide* Seiten von Vorteil ist, indem sie neue Beziehungen schafft und Menschen und Organisationen mit gemeinsamen Visionen zusammenbringt. Sollte man sich der RPA anschließen, so ist man dauerhafter Bestandteil einer engagierten Spendergemeinschaft. Hier stellt sich uns die Frage, was denn passiert, wenn man sich nicht weiter der RPA anschließt und ob die großzügigen Spendengelder auch dann fließen, wenn man die Entscheidungsfreiheit über die Umsetzung seiner eigenen Vision behalten möchte.

Auf der Homepage bietet die RPA auch steuerliches Sponsoring an: *„Für Spender, deren Finanzierungsziele eine neutrale, aber professionell verwaltete steuerliche Heimat erfordern, bietet Rockefeller Philanthrophy*

Advisors umfassende steuerliche Sponsoring-Services, mit denen sie schnell und effizient eine Wirkung erzielen können". Was dieses Angebot tatsächlich beinhaltet und was die wirklichen Beweggründe der Rockefellers sind, ein Netzwerk dieser Größenordnung zu erschaffen, zu koordinieren und zu unterstützen, das können wir nur vermuten, wir überlassen es dir aber selbst, wie deine Meinung dazu ist.

Hier muss man zwangsläufig auch wieder den Namen George Soros und seine Stiftungen erwähnen, die ebenfalls wie ein Spinnennetz verflochten sein dürften. Es wird dir vermutlich erneut sehr klar werden, wie hier versucht werden dürfte, über unzählige Stiftungen Gelder zu „verschieben und dies zu verschleiern", um über sämtliche Kanäle Einfluss in Politik, Wirtschaft, Wissenschaft usw. zu nehmen und das, wenn möglich, von der Menschheit unbemerkt.[672]

Kopf all seiner unzähligen Stiftungen dürfte dabei die Open Society Foundation (OSI) sein (die wohl zweitgrößte Privatstiftung weltweit hinter der Bill & Melinda Gates Foundation), eine nichtkommerzielle Stiftung, die jedes Jahr viele Millionen Dollar vergeben dürfte aus zumeist den Linken zugeordneten Gründen. Von hier soll er auch der Umweltgruppe „Alliance for Clima Protection" (ACP) des ehrwürdigen Al Gore viele Millionen Dollar überwiesen haben.[673]
Die ACP organisiert und führt Bildungsprogramme durch, um der Politik genügend Spielraum zur Durchführung von aggressiven US-Maßnahmen (vor Trump) bzgl. der globalen Erderwärmung zu geben. Dies sollte in Übereinstimmung mit den (finanzierten?) Wissenschaftlern auf den Weg gebracht werden. Die ACP wurde im Jahr 2006 von Al Gore ins Leben gerufen und wurde im Jahre 2008 zum Climate Reality Project, um eine 300-Millionen-Dollar-Kampagne zum Thema Klimawandel durchzuführen. Laut einem Bericht von EIKE[673a] hat George Soros über seinen gemeinnützigen Verein OSI in den letzten drei Jahrzehnten über 13 Milliarden Dollar ausgegeben. Eine Untersuchung vom Environment and Public Works (EPW) hat Ende Juli 2014 das denkwürdige Ergebnis gebracht: *„Angeblich unabhängige Umweltorganisationen entpuppten sich als von Milliardären gesteuerte Marionetten. Enorme staatliche Zuwendungen flossen in Aktivistengruppierungen. Ähnlich wie in Deutschland sei das US-amerikanische Bundesumweltamt in erschreckender Weise eng mit der linksextremen Umweltbewegung verbandelt."*
Die zentralen Punkte bitte ich dich, über obigen Link selbst nochmals nachzulesen, hier nur das Wichtigste in einer Kurzzusammenfassung bzw. kurzen Interpretation dieses Textes:

Der Milliardärsclub und Links-außen-Klimabewegungen

Laut dem Bericht ziehe ein „Milliardärs-Club" die Fäden der Linksau-ßen-Umweltbewegung.[674] Über Stiftungen versuchen diese Milliardä-re, ihre persönliche politische Agenda durchzusetzen. Deren Haupt-inhalt: Die Beschränkung der Verwendung fossiler Brennstoffe in den USA. Öffentliche Wohlfahrtsverbände versuchen, ihren Spendern größtmögliche monetäre Förderung zu sichern, Aktivisten-Gruppie-rungen dieser Verbände stellen sich fälschlich als unabhängig und als uneigennützig vom Bürger finanziert dar – merkst du etwas? In Wirk-lichkeit aber arbeiten sie mit wohlhabenden Spendern eng zusammen, sprechen sich ab hinsichtlich „ihrer kombinierten Ressourcen zur Ein-flussnahme auf Wahlen und politische Entscheidungen". Welche Um-weltbewegungen Geld erhalten, koordinieren die Spender über die „Environmental Grantmakers Association" (EGA). Dabei wird dazu ani-miert, die staatlich vorgesehenen Fördergelder (also Steuergeld der Bevölkerung) auszuschöpfen.

Unter der Administration von Barack Obama soll die EGA nochmal grö-ßeren Einfluss (und vermutlich auch noch besseren Zugang zum allge-meinen Steuertopf) bekommen haben. In seiner Periode wurden mehr als 27 Millionen Dollar aus Steuergeldern über diese Schiene vergeben. Es wurden auch Gruppen gefördert, obwohl staatliche Kontrolleure den Gebrauch derartiger Zuwendungen bereits in Frage gestellt hat-ten. „Der Milliardärs-Club arbeitet wissentlich mit fragwürdigen Finan-ziers der Offshore-Aktivitäten zusammen, um die Unterstützung für die Linksaußen-Umweltbewegung zu maximieren."
Für „links-außen" halten Kritiker übrigens auch die ganze Klimaschut-zagenda rund um Al Gore, Greta Thunberg, Fridays for Future, Extinc-tion Rebellion und so weiter.

Was es für die USA gibt, soll es genauso für Europa geben: hier wird die links-extreme Klimabewegung durch eine Stiftung namens European Climate Foundation (ECF) gesteuert. Im Jahr 2013 beispielsweise hatte diese 23,2 Millionen Euro zur Verfügung, die sie teilweise an Aktivisten und Projekte verteilte.

Obwohl es eine europäische Stiftung ist, sind bei der ECF gleich meh-rere US-Stiftungen als Hauptsponsoren aktiv. Auf der Homepage wird unter anderem der Rockefeller Brothers Fund angegeben.[675] Will man ausgehend von den USA die Klimapolitik beeinflussen? Ja, will man, denn ganz unten auf der Homepage findet man den Hinweis, dass das Klima-netzwerk Hand in Hand mit einem weltweiten Netz zusammenarbei-tet, inklusive der ClimateWorks Foundation in San Franciso, welche die klima-bezogenen Agenden weltweit stimulieren will. Die ECF ist eine „Durchreich-Stiftung", das heißt, sie erhält Geld von privaten Stiftungen, das Geld wird dann an bekannte Wohlfahrtsverbände weitergegeben. *„Von Milliardären kontrollierte kleinere Stiftungen pumpen Geld in die Foundation, von wo die Mittel dann an die Aktivistenprojekte verteilt werden."*

Interessant wird es auch, wenn man sich die Partner der Foundation auf deren Homepage ansieht: Von den drei Partnern der Stiftung war einer Mitglied im UN-Weltklimarat IPCC (Bert Metz). Der zweite, John E. Mor-ton, war unter der Regierung von Barack Obama tätig (unter anderem in der Funktion eines Senior Director for Energy and Climate Change – hier war er für die Koordination der internationalen Strategien der in-ternationalen Energie- und Klimawandelthemen zuständig). Davor war er während der Obama-Administration CEO einer privaten Investment Gesellschaft (Overseas Private Investment Corporation OPIC) mit 250 Mitarbeitern und einem 20-Milliarden-Investitionsportfolio in mehr als 100 Ländern. Wieder davor war er für John Kerrys Präsidentschafts-wahlkampf, für den „Global Environment Fund" sowie in Verbindung mit Mercer und für die Weltbank tätig. Er lebt mit Familie in Leipzig. Und der dritte Partner des Europäischen Klimafonds, Julian Popov, hat in acht neuen EU-Mitgliedsstaaten ein Netzwerk für Klimakampagnen aufgebaut und unter anderem ein Projekt geleitet, in dem Redakteure von „leitenden Medien" über das Thema Klimawandel „geschult" wur-den. Noch Fragen? Unter den geförderten Gruppierungen ist auch der WWF, der das IPCC maßgeblich unterwandert haben soll.[676]

Die kanadische Journalistin Donna Lafromboise beschrieb das ganze Ausmaß der IPCC-Unterwanderung durch Umweltaktivisten in einem Beitrag im September 2013 im Wall Street Journal: *„Das Problem ist, dass viele IPCC-Mitarbeiter Verbindungen zu Umweltgruppen haben, von denen viele durch den vermeintlichen Hype um die Gefahr der Klimaänderung Geld einsammeln. Diese Beziehungen werfen die le-gitime Frage nach ihrer Objektivität auf. Die Beispiele sind eine Legi-on. Donald Wuebbles, einer der beiden Leitautoren des einführenden ersten Kapitels der Arbeitsgruppe 1, hatte ein Jahrzehnt lang Alarm-stimmung erzeugende Berichte zur Klimaänderung für die aktivistische Union of Concerned Scientists geschrieben. Ein weiteres Kapitel des*

Gesamt-IPCC-Berichtes über „offene Ozeane" wird geleitet durch den australischen Meeresbiologen Ove Hoegh-Guldberg, der eine Reihe von Berichten geschrieben hat mit Überschriften wie „Pazifik in Gefahr" für Greenpeace und den World Wildlife Fund WWF. Der Astrophysiker Michael Oppenheimer, verantwortlich für ein anderes Kapitel im IPCC-Bericht über „steigende Risiken und Schlüssel-Verwundbarkeiten", berät den Environmental Defense Fund (nachdem er über zwei Jahrzehnte lang auf dessen Gehaltsliste stand). Der Wissenschaftler Richard Moss von der University of Maryland ist ein ehemaliger Vollzeit-Vizepräsident des WWF, während Jennifer Morgan die leitende WWF-Sprecherin bzgl. Klimawandel ist. Beide sind gegenwärtig IPCC-Herausgeber von Begutachtungen – eine Position, die eigentlich sicherstellen soll, dass Feedbacks von externen Begutachtern angemessen berücksichtigt werden. Meine eigene Untersuchung des IPCC-Berichtes 2007 ergab, dass unter den Autoren von zwei Dritteln der 44 Kapitel darin zumindest ein Autor mit Verbindungen zum WWF war. Einige waren ehemalige Mitarbeiter oder sind es noch, andere waren Mitglied des Beratungsgremiums beim WWF, dessen Ziel es war, den Sinn für Dringlichkeit in der Öffentlichkeit um die Klimaänderung zu erhöhen."

Damit macht sich auch das ECF der Finanzierung dubioser Aktivitäten verantwortlich, obwohl der Weltklimarat neutral zu sein hätte, mit dem Ziel, eine neutrale wissenschaftliche Darstellung und Abwägung zu liefern, unabhängig von der politischen Sichtweise. Es dürfte wohl kaum verwundern, dass auch Projekte beim Potsdamer PIK-Institut durch die ECF gefördert wurden.[677]

Somit dürfte die European Climate Foundation (Stiftung) wohl ähnlich aufgebaut sein wie die Philanthrophy Advisors von Rockefeller. Es steht, dass bei Förderungen Interesse an einer längerfristigen Zusammenarbeit bestehe. So lange die Stiftungen mitspielen, erhalten sie längerfristig großzügige Spendengelder. Ob sie diese auch noch erhalten, wenn Stiftungen bzw. deren Gründer ihre eigenen Visionen umsetzen möchten, darf bezweifelt werden. Es ist damit eine Abhängigkeit aller Stiftungen, die durch sie gefördert werden, gegeben. Wenn man sich die vielen Stiftungen ansieht, könnte man leicht den Durchblick verlieren – alleine alle aufzuzählen, grenzt für Außenstehende an ein Ding der Unmöglichkeit. Wenn du mehr wissen und ausführlichere Erklärungen über den „Millionärsclub", die vielen Stiftungen und ihren Einfluss in den USA und Europa lesen willst, dann lies dir bitte gerne den kompletten und ausführlichen Bericht unter kaltesonne.de von EIKE durch.[677a]

Die weltweit größte Privatstiftung ist, wie erwähnt, die Bill & Melinda Gates Foundation. [678] Bill Gates' Vater William H. Gates gründete im Jahre 1994 die Stiftung mit dem Namen „William H. Gates Foundation". Diese wurde dann im Jahr 1999 von Bill Gates auf den heutigen Namen Bill & Melinda Gates Foundation umbenannt. Im Vorsitz dieser Stiftung ist unter anderem der Milliardär Warren Buffet vertreten. (Man sieht, die mächtigsten und einflussreichsten Individuen sind vielschichtig miteinander vernetzt).

Mitte 2006 gab Warren Buffet dem US-Business-Magazin Fortune bekannt, dass er 85 Prozent seiner Aktien an der von ihm aufgebauten Investmentfirma Berkshire Hathaway an diverse Stiftungen verschenken werde. Buffet galt damals als der offiziell drittreichste und zeitweise reichste Mann der Welt.[679] Diese Zustiftungen erfolgten in Form von „Berkshire Hathaway B"-Aktien, im Juni 2006 rund 32,5 Milliarden US-Dollar wert. Größter Nutznießer dürfte die Bill & Melinda Gates Foundation gewesen sein – sie sollte insgesamt über mehrere Jahre 5/6 davon überschrieben bekommen. Buffet soll damals im Besitz von Gesamtvermögen im Wert von rund 45 Milliarden US-Dollar gewesen sein (laut Forbes The World's Richest People 2006"). Mit der Ankündigung im Juni 2006 erfolgte die erste Zahlung im Wert von 1,6 Mrd. US-Dollar, die zweite soll laut Wikipeda im Juli 2007 im Wert von 1,76 Mrd. US-Dollar abgewickelt worden sein, die dritte folgte im Wert von 1,8 Mrd. US-Dollar im Juli 2008, die vierte mit einem Wert von 1,25 Mrd. US-Dollar im Juli 2009 und eine weitere im Wert von 2,86 Mrd. US-Dollar im Juli 2016.

Von den geförderten Projekten war jenes der Alliance for a Green Revolution in Afrika das mit Abstand größte (es wurde im Jahr 2006 zusammen mit Geldern der Rockefeller-Stiftung ins Leben gerufen).[680]

Ziel der Organisation ist es, die Ernährungssicherheit in den 20 Ländern in Afrika zu erhöhen, in denen sie tätig ist, und gleichzeitig die Einkommen von 20 Millionen Kleinbauern zu verdoppeln und die Anpassung an den Klimawandel zu erleichtern. Auch das hört sich gut an, doch wenn man genauer forscht, dann gehört zum Maßnahmenpaket unter anderem genverändertes Saatgut, was bekanntermaßen nicht der Gesundheit dienlich ist. Weiter stellt die Bill und Melinda Gates Stiftung große Geldbeträge für Impfprogramme zur Verfügung, wo Bill Gates mit seinen Firmen bei der Herstellung der Impfstoffe ebenfalls sehr stark davon profitieren dürfte. Dass diese Impfkampagnen nicht so ehrenwert und großzügig zu sein scheinen, wie viele möglicherweise noch meinen, zeigen die in letzter Zeit immer vehementer auftauchenden Vorwürfe rund um die Impfkampagnen „zum Wohl der Menschen".[681,682,683,684] So berichtet SOTT.net in einem Artikel, dass Bill Gates von indischen Ärzten wegen illegaler Impfexperimente an unschuldigen Kindern in der ärmsten Regionen Indiens verklagt wurde.[685] Laut dem Bericht seien die Impfungen teilweise ohne Zustimmung und Information der Eltern und Erziehungsberechtigten durchgeführt worden oder es war den Eltern nicht bewusst, was sie da unterschrieben hätten. Den Prozess hat die indische Regierung angestrengt, um Gates daran zu hindern, noch weitere Kinder zu töten. Nach Angaben des Nachrichtenportals healthimpactnews.com konzentriert sich die Anklage vor allem auf unerlaubte Versuche an Menschen, die mit den beiden verfügbaren Impfstoffen gegen Humane Papillomviren (HPV) – Cervarix von GlaxoSmithKline und Gardasil von Merck & Co. – unternommen wurden.

Im August dieses Jahres war einem Artikel der *Economic Times of India zu entnehmen,* dass viele der behandelten Kinder kurz nach Verabreichung des Impfstoffes schwer erkrankt seien. Mindestens fünf der Kinder starben laut dem Bericht.

In einer weiteren Versuchsreihe mit Cervarix – dem Bericht nach ebenfalls finanziert von der Gates-Stiftung – sollen schätzungsweise 14.000 Kinder indigener Völker aus entlegenen Regionen in Vadodara im indischen Bundesstaat Gujarat gegen HPV geimpft worden sein. In Folge dieser Tests starben angeblich zwei weitere Kinder und möglicherweise Hunderte unschuldige Kinder erlitten dadurch schwere Schädigungen. In beiden Fällen wurden wohl zahlreiche Einverständniserklärungen offensichtlich gefälscht, und viele der oft analphabetischen Eltern dürften zur Unterzeichnung der Einverständniserklärung mit ihren Daumenabdrücken gedrängt worden sein, ohne sich darüber im Klaren zu sein, was sie hier zugestimmt haben.

„Die Welt hat heute 6,8 Milliarden Menschen…, was einem Anstieg auf etwa 9 Milliarden entspricht. Wenn wir wirklich gute Arbeit bei Impfstoffen, Gesundheitsversorgung und reproduktiven Gesundheitsdiensten leisten, könnten wir das um vielleicht 10 bis 15 Prozent senken. "
Bill Gates, Microsoft-Milliardär, Gründer Bill & Melinda Gates Stiftung,
die weltweit umstrittene Impfprogramme durchführt. [115a]

Bei allem, was wir bisher recherchiert haben, dürfte es uns auch hier nicht allzu sehr verwundern, dass neben der Bill & Melinda Gates Stiftung auch die Weltgesundheitsorganisation (WHO) und das Program for Appropriate Technology in Health (PATH) die Versuchsreihen unterstützt haben und dass die Mainstreammedien nicht über diese Ereignisse berichtet haben. Weitere Fälle kannst du auf oben angegebenen Link gerne selbst nachlesen. Vielleicht magst du dir auch selbst mal einen Impf-Beipackzettel durchlesen und dir selbst ein Bild davon machen, ob es gesund sein kann, was hier in die Körper von Babys und Kindern gespritzt wird.

Man erkennt auch hier sehr schnell die Verknüpfungen der Interessen der Stiftungen und der handelnden Personen. So hat wohl auch Bill Gates wahrscheinlich alleine schon aufgrund der Aktienanteile von Berkshire Hathaway, die er von Warren Buffett großzügig geschenkt bekommen hat, großes Interesse daran, den Klimawandel als wichtiges Thema voranzutreiben, um von dem „Hype" auf erneuerbare Energien profitieren zu können (Berkshire Hathaway ist ja, wie wir gleich sehen werden, sehr gut in erneuerbarer Energie investiert). Somit engagiert sich logischerweise auch Microsoft-Gründer Bill Gates sehr stark für den Klimaschutz und begründet seine Beteiligung damit, dass die globale Erwärmung die arme Weltbevölkerung bedrohe (oder könnte es sein, dass vielmehr seine umstrittenen Impfkampagnen die arme Weltbevölkerung bedrohen?).

Gates zeigt sich bestrebt, neue Energiequellen zu finden, die keinen CO_2-Ausstoß verursachen, und er ist dabei, eine neue Atomkraftlösung zu entwickeln. Seine Erfindung heißt Terrapower – ein neuer Kernreaktortyp, der angeblich weniger umweltschädlich sein soll als herkömmliche Kernreaktoren. Er weist gleichzeitig darauf hin, dass dieser Reaktortyp sich erst noch in der sehr teuren Entwicklungsphase befinde und fordert deshalb gleichzeitig ein, dass eine Steuer auf CO_2-Emissionen festgelegt wird. Erhofft er sich dadurch steuerliche Fördergelder für seine eigenen Vorhaben? Hilft ihm das vielleicht, um seine Investition in erneuerbare Energien schneller in die Gewinnzone zu bringen, oder ist auch er in CO_2-Emissionszertifikaten investiert? Wir wissen es nicht, auffällig ist jedoch, dass er sich mit seiner Stiftung ebenfalls für den Handel mit CO_2-Zertifikaten einsetzt.[686]

Bill Gates ist also des Weiteren auch selbst in erneuerbaren Energien investiert. Zusammen mit Jeff Bezos (Amazon), Mark Zuckerberg

(Facebook) und einigen anderen wohlhabenden Zeitgenossen investieren sie mit einem eine Milliarde Dollar großen Fonds namens Breakthrough Energy Ventures (BRV) in Energie-Startups, die eines der größten Probleme erneuerbarer Energien lösen wollen.

Das könnte der E-Autoindustrie zu Gute kommen und soll die Zukunft der E-Autos verbessern. Der Fonds wurde 2016 gegründet und wird auch von LinkedIn-Gründer Reid Hoffman unterstützt. Auch Alibaba-Geschäftsführer Jack Ma, der ehemalige New Yorker Bürgermeister Michael Bloomberg und der Vorsitzende der Carlyle Group David Rubenstein sollen mit dabei sein.[751] Gegenstand des Fonds ist es, Unternehmen zu fördern, die den größten Einfluss auf eine Beschleunigung der Energiewende haben könnten! Überleg dir bitte auch hier: Warum und wer profitiert davon?

Um eine Finanzierung des Fonds zu erhalten, müssen *„die jährlichen Treibhausgasemissionen von etwa 40 Milliarden Tonnen um 500 Millionen Tonnen reduziert werden. Gleichzeitig sollen die ausgewählten Unternehmen in jenen Bereichen aktiv sein, die bislang von externer Finanzierung eher vernachlässigt wurden"*, so das Handelsblatt[751] (Anmerkung: Warum? Weil so eine größere finanzielle Abhängigkeit vorliegt und leichter gesteuert werden kann?). Für die Prüfung einer wissenschaftlichen Machbarkeit stehen „CEO Rodi Guidero von BEV *„eine Vielzahl von Forschern und Forscherinnen sowie akademischen Institutionen und Unternehmen zur Seite, die die benötigte Expertise besitzen"*. (Wissenschaftler und Institutionen, die finanziell abhängig sind?)

Zu guter Letzt macht sich Bill Gates noch Gedanken darüber, wie Energie schnell in arme Länder wie Afrika transportiert werden könnte – oder vielleicht auch nur darum, wie er davon bestmöglich profitieren könnte. Ihm ist bestimmt das Desertec-Projekt auch nicht unbekannt, welches ja genau das Gegenteil umsetzen möchte.

Sein Kollege Warren Buffett ist, wie berichtet, als Anteilseigner des Fonds Berkshire Hathaway Energy sehr stark in erneuerbaren Energien investiert. Dieser ist unter anderem mit 10 % an BYD beteiligt – dem weltweit größten Hersteller von Elektrobussen und dem größten Hersteller von Elektroautos in China. Mit Unterstützung von Warren Buffett belegt BYD den ersten Platz am wohl größten Elektroautomarkt der Welt. Des Weiteren ist er im Lithiummarkt präsent vertreten. Damit deckt er fast das gesamte Portfolio der E-Auto-Industrie ab. Weht daher der so heiße Ruf nach E-Autos, obwohl sie im Vergleich mit Autos mit Verbrennungsmotoren alles andere als umweltfreundlicher sein sollen?

Rund um das Thema Stiftungen und die Verflechtungen dahinter gäbe es noch einiges zu berichten, das wäre jedoch hier zu viel für ein Buch über den Klimawandel. Wir wollten dir hier ganz einfach einen ersten Eindruck vermitteln, wie das Stiftungssystem aufgebaut und miteinander verwoben ist und wie viel Macht, Meinungsbildung und Einflussnahme über Stiftungen ausgeübt werden kann. Du wirst in der Folge leichter verstehen, wer welche Stiftungen gegründet hat, welche Stiftungsziele ihre Gründer ausgerufen haben und warum immer wieder die gleichen Namen in den Firmen, Stiftungen, NGOs zu finden sind (erinnere dich bitte an die Berichte vorne rund um Fridays for Future, Plant for the Planet, Club of Rome, Open Society Foundation etc.). Oder ist es Zufall, dass die reichsten, mächtigsten und bedeutendsten Männer der Welt alle von langer Hand geplant, zufälligerweise auch noch alle im Grundsatz die gleichen bzw. ähnliche Anlageentscheidungen getroffen haben, somit die gleichen Interessen verfolgen, dementsprechend die gleichen Warnungen über den Klimawandel ausrufen und versuchen, von der Menschheit unbemerkt im Verborgenen die Gewinne in ihre Taschen zu stopfen?

Weitreichende Einflussnahme in alle Bereiche der Gesellschaft

Die von Al Gore gegründete Alliance for Climate Protection setzt sich offiziell für die nachhaltige und sichere Energiewirtschaft ein. Auch die Ausbildung der angehenden Entscheidungsträger und Meinungsmacher bleibt nicht von seinem Einfluss verschont. Al Gore besitzt großen Einfluss auf Universitäten und Fernsehsender, wo er auch immer wieder medienwirksame Auftritte vor großem Publikum erhält. Der Einfluss Al Gores in den Medien zeigt sich auch darin, wie sehr sein Widersacher US-Präsident Donald Trump immer wieder ins Visier einseitiger Medienkritik kommt – Trump geht davon aus, dass es keinen menschenverursachten Klimawandel gibt, er ist auch aus dem für die Völker kostspieligen Pariser Abkommen ausgestiegen (in dessen Umfeld ja auch die Unternehmen rund um Greta Thunberg, wie etwa WeDontHaveTime, ihre Geschäfte betreiben und Gewinne generieren). Der US-Präsident nützt nach seinen eigenen Aussagen deshalb Twitter, weil er dort seine Botschaften ungefiltert ans Volk bringen kann. So kann er die Menschen erreichen, ohne dass Medien seine Inhalte filtern, verändern, falsch bewerten, nicht veröffentlichen, falsch gewichten etc.

Wer weiß, wie sehr Wissenschaftler heutzutage darauf angewiesen sind, Forschungsgelder zu erhalten, um ihre Arbeit ausüben zu können, der weiß auch, wie leicht es Al Gore fällt, Wissenschaftler an seine Seite zu bekommen, die seine Aussagen bekräftigen und Dokumente veröffentlichen, die seinen Interessen dienen. Unter dem Blickwinkel mag es dann auch weniger verwunderlich erscheinen, warum sogenannte „führende Wissenschaftler" Thesen vertreten, bei denen man nach etwas Einarbeitung in die Thematik den Eindruck bekommt, diese seien durch die Praxis nicht zu halten und zu verifizieren, noch dazu veröffentlicht und aufgestellt von Wissenschaftlern, die oft noch gar nicht lange in dem Bereich tätig waren oder aus anderen wissenschaftlichen Bereichen kommen. Während Wissenschaftler, die schon lange als zum Teil weltweit bekannte Koryphäen in ihrem Bereich gelten (wie zum Beispiel der Ozeanograph Nils-Axel Mörner, der sein ganzes Leben lang über den Meeresspiegel geforscht hat, oder der ebenso international sehr geschätzte Atmosphären-Physiker Professor Frederic Singer) die aufgestellten Thesen nicht nur nicht nachvollziehen können, sondern ihnen sogar massiv widersprechen. Spätestens nach dem Hockeyschläger-Urteil sollte diese Problematik nochmals vollkommen neu aufgearbeitet und hinterfragt werden.

Durch die guten Medienkontakte Al Gores und seine Auszeichnungen bis zum Nobelpreis (für den jetzt[689] auch Greta Thunberg vorgeschlagen war) sowie dem Oscar, trägt er den Anschein der Seriosität und Glaubwürdigkeit. Menschen, die noch nicht selbst recherchieren und die Quellen ihrer Informationen erweitern, gehen damit verständlicherweise davon aus, dass man ihm, seinen massiven Klimawarnungen und den präsentierten Lösungen Glauben schenken muss. Dass in Wirklichkeit ganz andere Probleme verschwiegen werden, möglicherweise um die Geschäfte der Elite nicht zu gefährden (Glyphosat, Rodungen für Biodiesel, extremer Ressourcenabbau der Erde, oft unter Kinderarbeit [besonders auch bei der Herstellung von E-Autos], Geo-Engineering, Pharmatests etc.), darf in diesem Zusammenhang nochmal betont werden. Ist Al Gore also ein rechtschaffener, ehrwürdiger Mann, der nur Gutes für die Erde und seine Bewohner tun will? Der die Menschheit und unseren Planeten vor dem Untergang bewahrt? Oder tut er damit vielmehr sich selbst und seinen Verbündeten Gutes auf Kosten der Menschen und auch der Erde? Hat er sich im Hintergrund genau jener

Firmen und Stiftungen bedient, um eine langfristig geplante, breitflächig vorbereitete und perfekt inszenierte Strategie umzusetzen – um damit ein Vielfaches jener Gelder von der Bevölkerung abzuschöpfen, die er und seine Komplizen ursprünglich einmal investiert hatten?

Al Gore scheint nicht zufällig und wegen einer wichtigen globalen Mission im Rampenlicht zu stehen, sondern weil er – perfekt vorbereitet – als richtiger Mann am richtigen Ort einen Plan umzusetzen scheint, der weitreichendere Folgen haben könnte, als der Mehrheit der Menschen bewusst ist. Ein „genialer" Masterplan ... Denn wer sich wie Al Gore mit der Dynastie der Rockefellers verbündet, wer sich hochrangige Goldman Sachs-Koryphäen ins Boot holt, wer Hand in Hand mit den Politikern einhergeht und sie berät, wer als Vermittler zum Klimagipfel in Paris geladen wird, wer den Großteil der Medien auf seiner Seite hat, wer über viele strategisch gegründete oder finanzierte Stiftungen starken Einfluss auf Universitäten und Wissenschaft hat, wer über Denkfabriken Einfluss auf ihm dienliche Umweltthemen ausübt bzw. ausüben lässt, wer darüber gezielte Meinungsbildung betreibt, um seine Kampagnen nahezu unbemerkt in die Welt zu bringen, wer mit Google und Apple im Hintergrund sehr großen Einfluss auf das Internet und die soziale Netzwerke zu haben scheint, wer gemeinsam mit dem Weltklimarat IPCC einen Friedensnobelpreis überreicht bekommt (wie Gretas Verwandter Arrhenius und beinahe auch Greta selbst ...)[690], wer erfolgreicher Buchautor ist, wer unzählige Stiftungen und NGOs im Rücken hat, weil er sie selbst gegründet oder dort viel Geld eingebracht hat, wer diese womöglich für sich nutzt, um Informationen zu streuen, die unabhängig, wissenschaftlich und glaubwürdig wirken, wer möglicherweise dadurch Dinge in eine bestimmte Richtung zu lenken versucht, wer Lobbyisten über eigens von ihm finanzierte Stiftungen ausbildet[691], wer in Stiftungen sitzt, wo gezielte Kampagnen aufgesetzt, gestartet, finanziert und durchgeführt werden und vor allem, wer viel Eigenkapital hat und zudem Gründer bzw. Anteilseigner in Investmentfirmen wie z.B. der GIM oder KPCB ist, und wer aufgrund seines großen Einflusses in all diesen Feldern genau weiß, was die Zukunft bringen wird, weil er sie ja selbst womöglich mit gestaltet und geplant hat, ja, der hat wirklich die Macht etwas Großes zu bewegen! Stellt sich eben nur die Frage, für wen er etwas Großes bewegen möchte?

Nutzt ein machtvoller Mensch wie Al Gore das dann für sich selbst, um noch reicher und mächtiger zu werden, nutzt er es, um die „neue Weltordnung" voran zu bringen oder setzt er sich mit all seiner Kraft und Liebe für die Menschheit und die Zukunft unseres wundervollen Planeten Erde ein? Bitte finde hierzu deine eigene Meinung, recherchiere gegebenenfalls selbst nochmals genauer und mach dir dein eigenes Bild, was für dich stimmig ist.

Schauen wir uns einmal an, wo Al Gore unter anderem selbst, oder über seine strategischen Partner noch Einfluss übt, als Gründer, Teilhaber, Funktionär, Sponsor oder sonst in Erscheinung tritt:
Beginnen wir mit der Kapitalbeteiligungsgesellschaft „Generation Investment Management", kurz GIM – wohl mit KPCB einem der Dreh- und Angelpunkte für Al Gores Engagements rund um das Thema Klima. Gründer und Vorsitzender von GIM ist wie erwähnt Al Gore. Mitbegründer und Seniorpartner ist David Blood – dieser war zuvor 18 Jahre Mitarbeiter von Goldman Sachs Asset Management und dort von 1999 bis 2003 Co-CEO und CEO. Er ist u. a. im Vorstand der Stiftung World Resources Institute (WRI).

Die GIM fördert und finanziert wiederum die „Generation Foundation"-Stiftung. Ihr Ziel: Eine Stärkung der Argumente für einen „nachhaltigen Kapitalismus", indem wichtige Teilnehmer der globalen Wirtschaft für einen nachhaltigen Kapitalismus mobilisiert werden.[692] Wird auch hier ganz gezielt für den CO_2-Zertifikate-Handel geworben, indem uns vermittelt wird, dass der Klimawandel am besten durch Steuerung des Wirtschaftsgeschehens über den Preis am freien Markt zu verhindern ist? Soll uns über diese Stiftung vermittelt werden, dass es über die Wertentwicklung der Zertifikate über Angebot und Nachfrage an der Börse die beste Möglichkeit wäre, die Unternehmen zu „klimaschonendem" Verhalten zu zwingen? Ist dies tatsächlich ein Mittel zum Zweck, um den CO_2-Ausstoß zu verringern oder wären hier besser feste Abgaswerte vorzugeben und diese dann zu überprüfen? Ist diese Stiftung der Motor dafür, die Politiker, Unternehmer und auch die Menschen davon zu überzeugen, dass Nachhaltigkeit über den Marktpreis am effizientesten erreicht werden kann, um den Zertifikate-Handel glaubwürdig begründen zu können? Die Stiftung zielt darauf ab, Entscheidungen in politischen, wirtschaftlichen und sozialen Systemen und Institutionen zu beeinflussen.

Wobei wir „zufälligerweise" auch an dieser Stelle wieder an einen anderen, soeben im Zusammenhang mit Stiftungen erwähnten, sehr einflussreichen Mann, erinnert werden: den Milliardär George Soros.[693] Auch George Soros werden bekanntlich immer wieder große Einflussnahme in vielen Bereichen von Politik, Wirtschaft und damit vor allem auch in der Gesellschaft vorgeworfen.[694] Er sei ein einflussreicher Spekulant, der über seine unzähligen NGOs Regierungen destabilisiere, der Regierungen absetzen könne, Wahlkämpfe beeinflusse, Staaten ins Chaos stürze, nationale Identitäten zerstöre, der in Europa die Flüchtlingspolitik diktiere – das sind nur einige Anschuldigungen, mit denen sich der US-Milliardär George Soros auseinander zu setzen hat. Es scheint, als ob diese Vorwürfe nicht grundlos im Raum stehen. Sein Vermögen wird auf 23 Milliarden US Dollar geschätzt. Er spendete 18 Milliarden US Dollar an die oben ausführlich erwähnte Stiftung OSI, die er selbst gegründet hat. Soros' Stiftung ist wohl die zweitgrößte Stiftung weltweit hinter der Bill & Melinda Gates Stiftung, so die Informationen der New York Times. Dies lässt erkennen, wie viel Einfluss dieser Mensch hat. Wir stellen uns hier ebenfalls die Frage, die wir uns bei Al Gore bereits gestellt haben: Nutzt George Soros diesen Einfluss, um Gutes für die Menschen und den Planeten Erde zu bewirken oder möchte dieser mächtige Mann seinen Besitz, Einfluss und seine Macht über das „von ihm vorangetriebene Problem des angeblichen Klimawandels" noch mehr vergrößern um vielleicht doch die eine Neue Weltordnung umzusetzen? Bitte lies hierzu den oben zitierten Artikel,[695] denn dieser formuliert für einen öffentlich-rechtlichen Sender ungewöhnlich viele mögliche Manipulationsvorwürfe gegen Soros, doch wir bitten dich auch hier, dass du dir deine eigene Meinung dazu bildest.

Er ließ, wie bereits thematisiert, verlautbaren, dass er die Meinungsfreiheit im Internet einschränken wolle und finanziert sogenannte „gemeinnützige" Faktencheck-Büros, in perfekter Zusammenarbeit unter anderem mit Facebook (dessen Gründer Mark Zuckerberg auch überall dort dabei zu sein scheint, wo es nicht unbedingt dem Wohl der Menschen entsprechen dürfte). Wer sich näher damit beschäftigt, wie viel und was derzeit auf Facebook und YouTube gelöscht und zensuriert, mit Warnungen versehen und dem Löschen der Accounts bedroht wird, erhält leicht den Eindruck, dass es in Wahrheit keine Meinungsfreiheit mehr gäbe. Im Gegensatz dürfte derzeit alles, was der Mission der Elite entgegensteht, zensuriert werden. So wurde erst kürzlich der Youtube-Kanal von „Neverforgetniki" gelöscht, weil er nicht die Meinung der Klima-Mafia vertreten und in seinem Video die Wahrheit über Greta

Thunberg offenbart hat. Ob der öffentliche Druck oder die konsequente Verbreitung dieser Nachrichten von mehreren Kollegen unter seinen YouTube-Bloggern dafür gesorgt hat, dass dieser Kanal kürzlich wieder freigegeben wurde, können wir nicht sagen. Es zeigt sich aber auch hier, dass, wenn viele Menschen aufwachen und sich für eine gute Sache einsetzen, auch vieles erreicht werden kann. Schaut euch hierzu z.B. dieses YouTube-Video von „Norman" an, dann wird euch vieles bewusst werden: https://youtu.be/Zf0JOL-HTYQ.[695a]

Wie berichtet hat auch ein ehemaliger Google-Programmierer bereits Beweise für eine bewusste und großflächige Manipulation in der „Suchmaschine" oder „politischen Maschine", wie er sie nennt, ans Licht gebracht.[696] So deckte der ehemalige Google Software-Ingenieur Zach Vorhies ein weiteres Beispiel auf, wie Google angeblich Meinungsbildung betreibt. Vorhies nannte Google laut Epoch Times „eine „politische Maschine", die darauf abziele, die Wiederwahl von Personen wie Präsident Donald Trump zu verhindern. Belegt soll er dies mit der Veröffentlichung von fast 1000 internen Dokumenten haben. Wie bereits erwähnt, ist Al Gore Berater von Google. (Google äußerte sich nicht dazu, wieviel Geld Al Gore für seine Beratertätigkeiten erhält.)[697]

Immer mehr Menschen, die die Macht und Manipulationsmöglichkeiten der Medien und Internetdienste wie Google erkannt haben oder wie in diesem Fall sogar in dem Unternehmen gearbeitet haben, können diese Methoden nicht mehr mit ihrem Gewissen vereinbaren. Der erwähnte Mitarbeiter sagte, dass es andere Google-Mitarbeiter gäbe, die *sehen, was los ist und sie haben wirklich Angst"*.

Die veröffentlichten Dokumente zeigen, dass Google das größte Augenmerk auf die Unterdrückung dessen legt, was es als „Fake News" betrachtet. Dadurch wurden die Inhalte von Nachrichten mit vielen manuellen und automatisierten Mitteln überprüft, um den vordefinierten „Wahrheitsgehalt" zu eruieren und die Ergebnisse dementsprechend nach wahr oder falsch zu sortieren. In Kombination mit Informationen aus anderen Dokumenten scheint das „Randbereich-Ranking" zu bedeuten, dass Google dem Benutzer alles, was es offiziell als gefälschte Nachrichten, Hassreden, Verschwörungstheorien oder Verleugnung von aus verschiedenen Bereichen (Wissenschaft, Medizin, Geschichte) einstuft, vorenthält (und dass Nachrichten, die nicht ans Licht der Öffentlichkeit kommen sollen, als solche Fake-News eingestuft werden?). Während der Konzern wiederholt politische Vorurteile in seinen

Produkten geleugnet hatte, vermutet Vorhies dennoch, dass Google versuche, sich als neutrale Plattform zur Wahrung des Rechtsschutzes nach § 230 Vermittlerhaftungsgesetz zu präsentieren, weil dieser die Internetdienste vor der Haftung für nutzergenerierte Inhalte schützt.

Sein Resümee: Google spiele auf beiden Seiten des Spiels. Auf der einen Seite würde betont, sie seien eine Plattform und damit immun gegen Klagen wegen der Inhalte, die sie auf ihrer Website hosten. Auf der anderen Seite agieren sie jedoch wie ein Verleger, indem sie die redaktionelle Agenda dieser bestimmten Unternehmen bestimmen – und diese wenden diese [daraufhin] an. Wenn ein Bericht nicht mit der redaktionellen Google-Linie übereinstimmt, wird er nicht nach oben gereiht, sondern in der Reihung der Suchergebnisse noch benachteiligt. *„Wenn die Leute mit Googles redaktioneller Agenda übereinstimmen, werden sie angehoben und an die Spitze gebracht"*, wird der Google-Programmierer auf Epoch Times zitiert.

Robert Epstein, ein Psychologe (hat nichts mit dem verurteilten und in höchsten Kreisen bestens vernetzten Pädophilen Jeffrey Epstein zu tun) und Clinton-Wähler (wie er damals angab), hat jahrelang den Einfluss von Google auf seine Nutzer untersucht. Seine Ergebnisse zeigen, dass das Unternehmen allein durch die Entscheidung über die Reihenfolge der besten Suchergebnisse unentschlossene Wähler beeinflussen kann. Dies habe zu einer Verschiebung von 2,6 Millionen Stimmen bei den Präsidentschaftswahlen 2016 geführt – hin zu Trumps Gegnerin, der ehemaligen Außenministerin Hillary Clinton! Weiters berichtete er in seinem Twitter-Account (@DrREpstein)[698]:

> *„Google hat gerade bekanntgegeben, dass im Quartal 2/2019*
> *500 Millionen Kommentare gelöscht wurden, mehr als 100.000 Videos*
> *und mehr als 17.000 Kanäle von YouTube wurden wegen „Hassrede"*
> *gelöscht. Aber wer gibt diesen privaten Konzernen das Recht*
> *zu definieren, was „Hassrede" ist und zu entscheiden,*
> *was die Welt sehen DARF und NICHT sehen DARF?"*
> Dr. Robert Epstein

Seine eindringliche Warnung: Unternehmen wie Google und Facebook könnten im Jahr 2020, wenn sie alle den gleichen Kandidaten unterstützen, 15 Millionen Stimmen verschieben – und damit „weit über die Stimmenmehrheiten hinaus, die die meisten Präsidenten jemals gewonnen haben".

Nach hinten gereihte Informationen würden herabgestuft und dann effektiv vor Benutzern verborgen bleiben (es sei denn, sie würden speziell danach suchen). Dies nennt sich „Shadow Banning" (sinngemäß „in den Schatten verbannen" oder „im Schatten verstecken").

Mit Wörtern wie Verschwörungstheorie, rechtsradikal, Reichsbürger etc. werden Menschen davon abgehalten, verschiedene Themen genauer zu betrachten oder ihre Meinung tatsächlich frei zu äußern (wie es in einer Demokratie eigentlich selbstverständlich sein sollte). Und diese lassen sich dadurch beeinflussen, denn wer wird schon gerne als rechtsradikal, lächerlich oder naiv hingestellt? Stiftungen und NGOs dürften also Einfluss darin nehmen, die Meinungsfreiheit der Menschen weiter einzuschränken, die Menschheit zu beeinflussen und die dementsprechende Meinungsbildung über Stiftungen und ihre Hintermänner in der gewünschten Richtung voranzutreiben.

Es ist uns an dieser Stelle sehr wichtig, darauf hinzuweisen, dass nicht alle Stiftungen so arbeiten und handeln, es gibt zweifellos auch sehr viele Stiftungen, die das Allgemeinwohl der Menschheit in den Vordergrund stellen und die etwas Gutes in der Welt voranbringen wollen, doch sollte man sehr genau hinschauen, wer hinter den Stiftungen steht und welche Absicht diese tatsächlich verfolgen.

Ein anderer (wenn auch stiller) Teilhaber Al Gores bei GIM war der mittlerweile verstorbene Maurice Strong[699], ein Mann, den manche als „Paten der Umweltbewegung" ansahen. Strong war Vorstandsmitglied der Chicagoer Klimabörse (woran die GIM zu 10 % beteiligt war) und dürfte extreme umweltpolitische Ansichten vertreten haben. Seinen großen Einfluss kann man unter anderem daran erkennen, dass er einmal einem Reporter seine Ideen zu einem Roman mit besonderem Inhalt erzählte. Darin weigern sich die reichen Länder der Welt, einen Vertrag zu unterzeichnen, der ihre schädlichen Auswirkungen auf die Umwelt reduzieren würde. Um die Erde dennoch zu retten, entscheidet daraufhin eine kleine Gruppe globaler Entscheidungsträger, dass die einzige Hoffnung für die Menschheit der Zusammenbruch der Industrienationen sei.

Was denkst du? Ist es Zufall, dass sich dieser Roman gerade zu verwirklichen scheint?

Als weiterer wichtiger Mitstreiter Al Gores tritt Michael Oppenheimer vom Environmental Defense Fund (Umweltverteidigungsfonds) und langjähriger Teilnehmer des IPCC auf. Er war Hauptautor des vierten Bewertungsberichts und koordinierender Hauptautor des fünften Bewertungsberichts des IPCC *(Intergovernmental Panel on Climate Change,* das ist der „Zwischenstaatliche Ausschuss für Klimaänderungen", eine rein politische Organisation, keine wissenschaftliche), im Deutschen oft als „Weltklimarat" bezeichnet. Oppenheimer organisierte mit weiteren Wissenschaftlern die Vorbereitungen zu den Verhandlungen zum Kyoto-Protokoll.[700] Er betrieb Forschungs- und Lobbyarbeit über sauren Regen – diese trug zur Verabschiedung der Änderungen des Luftreinhaltegesetzes von 1990 bei. Er sagte:

> *„Die einzige Hoffnung für die Welt ist, sicherzustellen, dass es*
> *keine zweiten USA geben wird. Wir können nicht zulassen, dass*
> *andere Länder ebenso viele Autos und ein ebenso hohes Maß an*
> *Industrialisierung haben wie wir in den USA. Wir müssen*
> *diese Länder der Dritten Welt genau da stoppen, wo sie sind."*[701]
> Michael Oppenheimer

Von folgenden weiteren Stiftungen ist bekannt, dass sie mit der GIM und Al Gore in Zusammenhang stehen und von ihnen unterstützt werden:

The Alliance for Climate Protection
Diese wurde 2006 von Al Gore ins Leben gerufen. Das Bündnis für den Klimaschutz hat zur Aufgabe, die amerikanische Bevölkerung von der Bedeutung und Dringlichkeit wirksamer Lösungen für die Klimakrise zu überzeugen. Die Allianz versucht sehr intensiv, die Masse aufgrund (echter oder durch Bezahlung entstandener und gelenkter?) wissenschaftlicher Fakten zu überreden. Dafür werden nach eigenen Angaben sowohl überparteiliche Allianzen als auch neue Kommunikationstechniken genutzt, um der Öffentlichkeit die vermeintlichen Fakten zu präsentieren und ihre Lösungen zum Klimawandel auf präzise und überzeugende Weise zu präsentieren.[702] Man sieht, es bleibt nichts dem Zufall überlassen.

World Resources Institute (WRI)

Diese „Umwelt-Denkfabrik" mit Sitz in Washington DC wurde im Jahre 1982 vom jetzigen Co-Vorsitzenden und Aufsichtsrat James Gustave Speth, ehem. leitender Berater unter Bill Clinton für natürliche Ressourcen, Energie und Umwelt, gegründet. Das WRI tritt als „unabhängige" Organisation mit einem Stab von mehr als 100 „führenden Wissenschaftlern", „hochkarätigen Politikern", Wirtschaftsanalysten, Ökonomen und Politikexperten auf. Bereits die Wortwahl zeigt, dass hier nichts dem Zufall überlassen bleibt und die Bevölkerung in eine mögliche Denkrichtung gebracht werden soll (Framing?). Die Arbeit dieser ausgewählten Personen dient dem offiziellen Zweck, die Umwelt zu schützen, nachhaltige Entwicklung zu forcieren und allgemein die Lebensverhältnisse der Menschen zu verbessern. (Ob dem tatsächlich so ist oder damit nur die Lebensverhältnisse bestimmter Menschen verbessert werden, darf wieder jeder selbst hinterfragen). Das WRI nennt als Kernthemen die globale Erwärmung, verschiedene Ökosysteme, Governance-Strukturen (damit soll Loyalität bei den Menschen erreicht werden), erneuerbare Energie und besonders der Gebrauch von Ressourcen. Das WRI sieht seine Rolle darin, Unternehmen, politischen Entscheidungsträgern und der Zivilgesellschaft auf lokaler, nationaler und internationaler Ebene dabei zu „helfen" (Anm.: zu beeinflussen?), die tiefgreifenden strukturellen Veränderungen voranzutreiben, die zur Bewältigung des Klimawandels erforderlich seien. (Kann Klimawandel „bewältigt" werden? Muss er das überhaupt?) Weiters gibt das Institut an, sich darauf zu konzentrieren, „kurzfristige Entscheidungen im Einklang mit unseren langfristigen Temperaturzielen zu treffen, damit alle Menschen von einer sichereren Welt und einer florierenden Wirtschaft profitieren können."[703]

Natural Resources Defense Council (NRDC)

Gründer sind John H. Adams, John Bryson und siehe da, James Gustave Speth. Das NRDC gibt an, die von ihm so diagnostizierte Klimakrise an ihrer Quelle zu bekämpfen – der Verschmutzung durch fossile Brennstoffe. Demnach arbeite es daran, die Abhängigkeit von „diesen schmutzigen Quellen zu verringern, indem wir saubere Energie in Städten, Bundesstaaten und Nationen verbreiten." Weiters gibt das Council ganz offen zu, dass es über Gerichtsverfahren Veränderungen in die gewünschte Richtung vorantreibt: „Wir gewinnen Gerichtsverfahren, die es der Bundesregierung ermöglichen, die Kohlenstoffbelastung durch Autos und Kraftwerke zu begrenzen." [Anm.: Ob es auch in ihrem Interesse liegt, dass die Regierung unter Donald Trump die Forschung für die unbegrenzt verfügbare, freie Energie vorantreiben lässt?] „Wir helfen bei der Implementierung praktischer Lösungen für saubere Energien. Und wir bekämpfen Öl- und Gasprojekte, die noch mehr Umweltverschmutzung verursachen würden."[704] Und weiter ist in Wikizero zu entnehmen, dass die NRDC mit Hilfe von Lobbyisten ihren Einfluss im US-Kongress und auch bei hohen Beamten geltend macht.[705]

Ist es denn tatsächlich Zufall, dass die Deutsche Umwelthilfe (Bundesvorsitzender ist „rein zufällig" Jürgen Resch – wir haben in diesem Buch bereits über ihn berichtet) derzeit ein Gerichtsverfahren gegen die Bayerische Staatsregierung führt, mit dem Ziel, eine Beugehaft für/gegen Markus Söder durchzusetzen, weil dieser das Dieselfahrverbot für München (wie übrigens sein Vorgänger Horst Seehofer auch) nicht umsetzt, oder verfolgt die Deutsche Umwelthilfe genau die gleichen Ziele wie die NRDC?[706] Ebenso hatte sie ja bereits eine Zwangshaft von bis zu 6 Monaten für Mitglieder der baden-württembergischen Landesregierung beantragt (darunter Ministerpräsident Winfried Kretschmann vom Bündnis 90/Die Grünen!), weil diese in Stuttgart die Einführung von Fahrverboten gegen Euro-5-Diesel nicht entsprechend umgesetzt hätte! (Bitte lies vorne nochmal nach, was wir zur DUH geschrieben haben ...)[707]

Interessant ist ebenfalls, dass sowohl die Deutsche Umwelthilfe wie auch der NRDC finanziell von der European Science Foundation unterstützt werden – sicher ist auch dies reiner Zufall – und zudem ist interessant, welche weiteren „gemeinnützigen Organisationen" noch von der European Science Foundation unterstützt werden. Bitte nimm dir die Zeit, diese Artikel einmal in aller Ruhe anzuschauen, dann wird dir ein weiteres Mal sehr klar werden, wie all die Stiftungen zusammen spielen und welche Ziele die Gründer bzw. Förderer dieser Stiftungen verfolgen.[708] Könnte es vielleicht sein, dass unabhängige Blogger und freie Publizisten wie Oliver Janich, „NeverforgetNiki" oder unabhängige Medien oder Organisationen wie Eike oder Kent-Depesche, die wesentlich weniger Geld zur Verfügung haben, viel mehr Wahrheiten in ihren Berichten ans Licht bringen, als große, von den Eliten unterstützte, finanzierte Stiftungen, die sämtliche finanziellen und zeitlichen Möglichkeiten besitzen und auch problemlos mehr Zugang in Firmen und Behörden bekommen? Oder ist gerade das der Grund, warum hier immer wieder die gleichen einheitlichen Meinungen vertreten und „wissenschaftlich nachgewiesen" werden. Kann es sein, dass diese Stiftungen das von der Elite gewünschte Ergebnis auf dem Tisch haben und dann einen Weg finden müssen, wie dieses Ergebnis der Menschheit präsentiert wird und mit welchen Argumenten diese Thesen aufgearbeitet werden? Forschen vielleicht private Publizisten, die mit sehr viel weniger finanziellen Mitteln ausgestattet sind, nicht deshalb freier nach den wahren Ursachen und Begebenheiten, weil sie in ihrem Ergebnis offen und frei sind, weil sie eben nicht von ihren Auftraggebern abhängig sind – oder liegen wir hier falsch?

The Climate Reality Project
Als Gründer scheint wieder mal Al Gore auf, im Aufsichtsrat sitzt wiederum der ebenso bereits mehrmals an anderen Stellen erwähnte James Gustave Speth. Gore gründete diese Stiftung nach Erscheinen des Films „An Inconvenient Truth" über den Klimawandel. Damit sollte das Thema Klimawandel und Erderwärmung noch weiter unter die Menschheit gebracht werden. Es wurden demnach mehr als 6000 Menschen in 100 Ländern ausgebildet, um Gruppen (Politiker, andere Führungskräfte, Schüler, Studenten, Glaubensgemeinschaften) über SEINE Wahrheit des Klimawandels zu informieren, sie von der angeblichen Dringlichkeit zu handeln zu überzeugen und sie zum Handeln (in die gewünschte Richtung) zu bewegen. So lautet die Auskunft der Organisation wörtlich:

„The Climate Reality Projekt ist eine Gruppe von Aktivisten, Kulturschaffenden, Organisatoren, Wissenschaftlern und Geschichtenerzählern, die sich gemeinsam für eine nachhaltige Zukunft einsetzen. Ihre Mission ist es, über die Medien und sozialen Netzwerke eine globale Lösung für die Klimakrise zu katalysieren, die gesellschaftliche Notwendigkeit in jede Gesellschaftsebene zu bringen und Klimaskeptikern mit wissenschaftlichen Argumenten entgegenzutreten. Auch die Forderung einer Steuer auf CO_2-Emissionen und einen wirkungsvollen Emissionsrechtehandel ist wesentliches Ziel." [...] „Unsere Mission ist, eine globale Lösung für die Klimakrise zu katalysieren, indem dringendes Handeln über jede Gesellschaftsebene gesellschaftlich Notwendigkeit wird." [!][709]

Ein Teil mag durchblicken, welches dunkle Spiel hier dahinter zu stehen scheint, viele werden es – so wie viele vor allem auch junge Menschen, die sich derzeit aufgrund der bewusst ausgelösten Angst wohlmeinend für den Klimaschutz einsetzen – nicht durchschauen, was sie hier tatsächlich unterstützen. Dass Al Gore 2006 den Nobelpreis erhielt und sein Film mit dem Oscar versehen wurde, mag dabei vielen als Glaubwürdigkeitsmerkmal und Zeichen der Seriosität erscheinen. Oder sind es vielmehr bewusst und gesteuert verliehene Prädikate, um die gewünschte Klimaschutz-Mission zu pushen? Was haben „Geschichtenerzähler" hier verloren? Ist es bereits eine Offenbarung, dass den Menschen Geschichten erzählt werden? Erfundene? Wenn tatsächlich der Klimaschutz ihr Anliegen wäre, wäre es nicht sinnvoller, Milliardenbeträge zum Pflanzen von Bäumen zu investieren, die den Klimawandel-Warnern nicht die finanziellen Profite bringen würden?

Al Gore dürfte damit indirekt genau aus den von ihm so dringlich eingemahnten und angestoßenen Begrenzungen massiven Profit herausholen. War es eine aufrichtige Sorge um den Zustand unseres Planeten und um das Wohl seiner Bewohner, die ihn so massiv für den angeblich menschenverursachten Klimawandel eintreten ließ? Oder waren enorme Profite der Grund, warum seine PR-Aufwendungen für den Klimawandel allein für das Jahr 2009 auf 300 Millionen Dollar geschätzt wurden? Dabei dürfte er nichts dem Zufall überlassen haben. So sollen hochrangige Banker, die sich schon lange für den „Cap and Trade"-Handel eingesetzt haben, mit an Bord der von Al Gore gegründeten Investmentfirma GIM sein, um von diesem Markt größtmöglich zu profitieren. Ist sein Mitgründer des Unternehmens, David Blood, zufällig ein früherer CEO von Goldman Sachs Asset Management? Weitere frühere ehemalige Goldman-Größen, die mit dabei sein sollen, sind Mark Ferguson und Peter Harris.[710]

Wer soll sonst noch an der Entstehung von Al Gore's Investmentfirma beteiligt gewesen sein? Hank Paulson, ein früherer Finanzminister der USA, der eine schillernde Rolle rund um die globale Finanzkrise 2008 (Bank-Bailouts) gespielt haben soll. Er pflegt seit seiner Zeit bei Goldman Sachs sehr gute Beziehungen zur chinesischen Elite und ist Vorsitzender des Paulson Institute. Dieses dient laut Wikipedia dazu, die *globale Ordnung der Welt aufrechtzuerhalten, die Beziehungen zwischen USA und China zu fördern und arbeitet an der Schnittstelle von Wirtschaft, Finanzmärkten, Umweltschutz und politischem Engagement und setzt zudem Standards für umweltfreundliche Kredite um*". Des Weiteren bringt Hank Paulson in seinem „Think and Do-Tank" (Denkfabrik) einflussreiche Menschen und „Vordenker" zusammen, um ein neues Denken (!) zu generieren und einen neuen Rahmen für die US-China-Politik zu erschaffen.[711]

Doch zurück zu seinem Partner Al Gore. Seine stetigen Warnungen vor einer großen, nein, der „größten Katastrophe der Menschheitsgeschichte", falls der Kongress keine gesetzlich verankerten CO_2-Begrenzungen einführt, lassen ihn immer betont idealistisch aussehen. In Wirklichkeit offenbart sich aber ein großer ethischer Widerspruch: Denn Al Gore verdiente immer mehrfach, einerseits mit seinen Investmentfirmen über den Handel mit Emissionszertifikaten sowie über seine Beteiligungen an erneuerbaren Energiefirmen, und anderseits besaß er zumindest in der Vergangenheit über seinen Investmentfonds GIM ehemals 10 % der Anteile an der damaligen Chicago Climate Exchange (CCX), der ehemaligen amerikanischen Terminbörse für den Emissionsrechtehandel (gehört mittlerweile zur Intercontinental Exchange – ICE) und diese wiederum war zur Hälfte an der European Climate Exchange (ECX) in London beteiligt (gehört jetzt ebenfalls zur ICE).

Wichtig festzustellen: Die Exchanges verdienen immer am Handel mit Emissionszertifikaten, egal ob die Zertifikate steigen oder fallen – denn sie verdienen an jedem Trade an den Transaktionsgebühren. Anteilseigner von ICE sind lt. Handelsblatt unter anderem die uns bereits bekannten Namen wie Morgan Stanley, Goldman Sachs(!), T. Rowe Price, BlackRock und State Street. Ob Al Gore immer noch selbst, oder über Firmenbeteiligungen Anteile an irgendwelchen Handelsbörsen der Welt hat, oder ob er sich davon zurückgezogen hat, war für uns nicht recherchierbar. Fest steht, dass Al Gore mit einigen seiner Firmen größtenteils in CO_2-Zertifikate investiert und andererseits der größte Aktionär der damals einzigen CO_2-Börse in den USA war. Hier braucht man kein Experte zu sein, um das ganze Spiel zu durchblicken. Oder wie ist deine Meinung dazu?

Eine angstverbreitende Klimamission für die eigene Geldtasche?

Rein finanziell dürfte Al Gore seine Wahlniederlage im Jahr 2000 gegen George W. Bush nicht geschadet haben. Denn hätte er die Wahl gewonnen, so wäre ihm ein jährliches Einkommen in Höhe von 400 000 US-Dollar zugestanden. Zählte er damals mit einem geschätzten Vermögen von 1,7 Millionen Dollar schon nicht zu den Armen in der Welt, so soll sich sein Einkommen jetzt nochmals gigantisch vermehren. Bis zum Jahr 2013 sollte sein Vermögen laut einem Bericht im Focus auf geschätzte 200 Millionen angewachsen sein.[712]

Es wird berichtet, dass er zur richtigen Zeit am richtigen Ort lukrative Geschäfte gemacht habe und dafür einen besonderen Riecher bewiesen haben soll. Kritiker werfen Al Gore jedoch vor, dass er in der Vergangenheit durch Insider-Wissen mit seinen Aktien maximale Profite erzielen konnte. Seine Sprecherin Kalee Kreider und seine Frau Tipper waren nicht bereit, die Hedge-Fond-Geschäfte zu kommentieren. Im Jahre 2003 hat Gore in seiner Funktion als Aufsichtsrat von Apple die Option erhalten, 101.358 Aktien zu kaufen. Dies stellte sich als geniales Geschäft heraus, denn die Apple-Aktie stieg in dieser Zeit von sieben Euro bis zum Jahr 2013 auf 351 Euro und bedeutete so eine Steigerung von 5900 Prozent. In Zahlen hat ihm dieses Geschäft einen Wert von umgerechnet 45,6 Millionen Dollar eingebracht.

Doch das sind nicht seine einzigen Einnahmequellen. Der einst wohl bekannteste Kämpfer gegen den Klimawandel (vielleicht wurde er soeben von der ebenso von der Politik und Elite massiv gepushten Greta Thunberg übertroffen) ließ sich seine Auftritte vor Unternehmenskongressen, Universitäten und Industrieverbänden mit bis zu 175 000 Dollar pro Auftritt königlich entlohnen.[713]
Allerdings fließen diese Einnahmen in die eigene Umweltschutz-Organisation „Climate Reality Project" – womit möglicherweise weitere Kampagnen finanziert werden dürften, das mögliche Zusammenspiel von Geben und Nehmen haben wir ja bereits versucht zu durchleuchten.

Weitere Einnahmen in Höhe von 70 Millionen US-Dollar erzielte Mitbegründer Al Gore mit dem Verkauf seines Fernsehsenders Current Network TV. Sein Investmentfonds „Generation Investment Management" dürften ihm in den vergangenen Jahren ebenfalls Gewinne im dreistelligen Millionen-Dollar-Bereich eingebracht haben. Des Weiteren ist er mit 25 Millionen $ in dem Hedgefonds Capricorn Investment Group LLC investiert, welcher – oh Wunder – in Geschäftsmodelle für umweltgerecht produzierte Güter investiert. Es wird vermutet, dass Al Gore über seinen Hedgefonds GIM bereits im Jahr 2010 mit 20 % seines Einsatzes in CO_2-Zertifikaten investiert war. Weiter ist bekannt, dass die Firma Kleiner Perkins Caufieled & Byers (KPCB) eine historische Allianz mit Generation Investment Management (GIM) einging, welche massiv in grüne Technologien für eine „grüne Zukunft" investiert.

Viel mehr über seine Vermögensverhältnisse gibt der Friedensnobelpreisträger jedoch nicht preis. Diese Interessenkonflikte waren auch bei einer Anhörung im US-Kongress im April 2009 im Zusammenhang mit seinem Engagement bei Kleiner Perkins Caufield & Byers (KPCB) ein Thema. Dort wurde er dazu interviewt, ob ihm eine verschärfte „Klimagesetzgebung" über seine Beteiligungen einen persönlichen Vorteil brächte. Der Vorwurf fand allerdings kaum öffentliche Beachtung, bis wenige Monate später bekannt wurde, dass KPCB, in der Al Gore Teilhaber ist, indirekt einen Staatsauftrag von 560 Millionen Dollar erhalten hatte.[714]

Sind das die Gründe, warum er mancherorts als erster Kohlenstoff-Milliardär tituliert wird, der mit der von ihm dramatisch eingeforderten Begrenzung und jährlichen Reduktion der CO_2-Emissionen unter anderem von den gesetzlichen Regelungen, Risikokapitalinvestitionen und Staatsaufträgen erheblich profitiert habe?[715]

Während man also bei diesen Stiftungen, NGOs und ihren Gründern oft den Eindruck bekommen könnte, sie seien weniger am Schutz der Natur und des Planeten, sondern mehr an den Interessen ihrer Gründer, Stifter und Vorstände interessiert, denken zum Glück die meisten Umweltschützer aus der Bevölkerung nicht so. Diese sind überwiegend ernstlich besorgt, weil sie sehen, dass unsere Gewässer mit chemischen Giftstoffen verseucht, unsere Regenwälder vernichtet und Tausende von Arten ausgerottet werden. Viele Menschen wollen sich engagieren und gegen diese Situation etwas unternehmen.

Doch stattdessen hält die Politik in Europa und vor allem hier in Deutschland beim Thema Klimawandel und dem Schutz der Umwelt weiterhin unabdingbar am Handel mit CO_2-Emissionszertifikaten fest. Bei genauerer Betrachtung wird sehr schnell klar, dass mit dem Handel von CO_2-Zertifikaten Regularien geschaffen wurden, die eine Lösung eines (nach unserer und vieler Wissenschaftler Ansicht sowieso nicht bestehenden und damit auch nicht zu lösenden) Klimaproblems in Wahrheit stark behindern dürften, wenn nicht gar unmöglich machen.

Der Handel schafft Möglichkeiten, wie Unternehmen, die ihren CO_2-Ausstoß nicht reduzieren können bzw. wollen, mit Geld Verschmutzungsrechte zukaufen können. Damit können notwendige Modernisierungsmaßnahmen an ihren nicht mehr dem Standard entsprechenden Anlagen umgangen oder zumindest in die Zukunft verlagert werden. Somit verhindern zum einen die „ach so ehrenwerten" Bekämpfer der angeblich drohenden größten Umweltkatastrophe aller Zeiten selbst dessen schnelle Lösung – weil ihnen die eigenen Profite aufgrund des Handels mit den CO_2-Zertifikaten wichtiger sind als der Schutz der Umwelt – zum anderen wird dadurch ein klarer Vorteil für Großkonzerne, Banken und Investoren geschaffen, um ihre Machtposition gegenüber den kleineren, finanzschwachen Unternehmen weiter auszubauen und weiter Kurs in Richtung „neue Weltordnung" aufzunehmen (und die tatsächlichen Umweltprobleme gehen im Schatten des „Klimakampfes" unter ...). Der Handel mit Zertifikaten an der Börse verursacht viele Probleme, die sonst gar nicht erst auftreten würden. Der Zertifikate-Überschuss am Markt und die unvorhersehbare Preisbildung der Zertifikate aufgrund des hochspekulativen Handels der Banken und Investoren lässt klare Regelungen für die notwendige Schadstoffreduktion nicht zu.

Resümee aus dem CO_2-Emissionszertifikate-Handel

Es ist unserer Meinung nach der völlig falsche Ansatz, ein angebliches Klimaproblem über den Handel mit Verschmutzungsrechten zu lösen, zumal dann, wenn sich nicht alle Länder an die „freiwillige" Vereinbarung zum Klimaschutz verpflichten. Denn hier wird ein Wettbewerbsvorteil für die Firmen erzeugt, die in Ländern produzieren, welche nicht an der freiwilligen Vereinbarung zum Klimaschutz teilnehmen. Diese Ungerechtigkeit wiederum versucht man doch tatsächlich im Rahmen des Carbon-Leakage-Beschlusses mit der Zuteilung von Gratiszertifikaten nach dem Gießkannenprinzip für gewisse Sektoren (wie z.B. in der Zementindustrie) auszugleichen, wo zu befürchten wäre, dass Unternehmen aufgrund des Wettbewerbsnachteils ihre Produktion ins Ausland verlagern würden. Die Entscheidung hierüber trifft die Europäische Kommission. Laut Auskunft der Deutschen Emissionshandelsstelle (DEHSt) müssen hierfür noch viel zu viele kostenlose Zertifikate ausgegeben werden, die eine schnelle und effiziente Umsetzung der Umweltziele verhindern würden. Es ist zu befürchten, dass durch diese Regelung (die gleich umstritten ist wie der Emissionszertifikate-Handel an sich und die Schädlichkeit des CO_2) keine absolute Gerechtigkeit hergestellt werden könnte und das Risiko besteht, dass politisch einflussreiche Interessengruppen bei der Verteilung der Emissionsberechtigungen außerordentlich begünstigt werden.

In dem Zusammenhang ist zu erwähnen, dass allein die Zementindustrie durch den Carbon-Leakage-Beschluss kostenlose CO_2-Zertifikate in Höhe von über 5 Milliarden Euro über das Europäische Emissionshandelssystem EU-EHS zugeteilt bekommen hat.[716] Der WWF belegte in einer 2014 veröffentlichten Studie am Beispiel ausgewählter Unternehmen, dass energieintensive Unternehmen in der Vergangenheit so viele kostenlose Emissionsberechtigungen erhielten, dass sie durch deren Verkauf erhebliche Zusatzgewinne erzielten. Bis zum Jahre 2012 besaßen diese Unternehmen ungenutzte Zertifikate im Wert von über 1 Milliarde EUR – mit denen sie frei handeln konnten.[717]

Hier stellen sich uns die Fragen, welche Firmen davon profitiert haben und warum die Gelder nicht zurückgefordert wurden, warum trotz all dieser negativen Beispiele und Erfahrungen der Handel mit Emissionszertifikaten weiter als einzige Lösung für den Klimawandel ausgerufen wird, wo doch immer und immer wieder durch genau dieses Instrument unzählige und unlösbare Probleme auftreten. Hier wird dann versucht, Ungerechtigkeiten mit Ungerechtigkeiten auszugleichen, was dann zu immer noch mehr Problemen und Ungerechtigkeiten führt und das selbst ausgerufene Ziel, die Rettung der Menschheit vor dem ohnehin stark in Frage zu stellenden menschenverursachten Klimawandel, unmöglich macht.

Die gleiche Ungerechtigkeit besteht übrigens auch bei der Aufteilung der Quoten für kostenlose CO_2-Zertifikate auf die unterschiedlichen Industriezweige. Auch hier ist absolute Gerechtigkeit nicht möglich und auch hier ist die Problematik nur aufgrund der Einführung des Zertifikate-Handels an der Börse entstanden. In beiden Fällen besteht die große Gefahr, dass Industriezweige, Interessengemeinschaften oder einflussreiche Unternehmen bevorzugt werden, wenn sie genügend Lobbyarbeit betreiben. Man könnte das Gefühl bekommen, das ist von den Entscheidungsträgern im Hintergrund ganz bewusst so entschieden worden, um genügend Einfluss zu haben und Entscheidungen in die von ihnen gewünschte Richtung lenken zu können!

Laut Focus Online vom 27.03.2019 geben die 5 größten Ölfirmen in den USA alljährlich rund 200 Millionen USD für Lobbyarbeit aus.[718] Vielleicht ist das ja ein Grund dafür und vielleicht ist dies auch die Ursache, warum es noch keine Wasserstoffautos oder mit freier Energie betriebene Autos in Deutschland gibt und warum auf keiner Veranstaltung von Al Gore und auch nicht von Greta Thunberg Forschungen in diese Richtung eingefordert werden dürften, obwohl es bereits Erfindungen in dieser Richtung gegeben hat und gibt.
Weitere Schwachpunkte des ohnehin umstrittenen Emissionshandels in der Vergangenheit waren der für lange Zeit zu geringe Zertifikate-

Preis, die hohen Preisschwankungen und das Überangebot an CO_2-Zertifikaten am Markt. Diese haben die Unternehmen lange Zeit davon abgehalten, die geforderten CO_2-Einsparungen zu erbringen. Sie haben es vorgezogen, günstige Zertifikate am Markt zu kaufen oder ihre kostenlos zugeteilten Zertifikate als Ausgleich dafür einzubringen, anstatt Modernisierungen an ihren Anlagen vorzunehmen.

Was wurde nicht alles versucht, um diese Probleme abzustellen. So wurden im Rahmen des „Backloading" zwischen 2014 und 2016 insgesamt 900 Mio. Emissionsberechtigungen von den Versteigerungen zurückgehalten und in die sogenannte Marktstabilitätsreserve (MSR) überführt. Ziel war es, die Preise stabil zu halten, und um gegebenenfalls auf zu einem späteren Zeitpunkt auftretende Nachfragespitzen reagieren zu können bzw. bei zu vielen Zertifikaten am Markt diese wieder vom Markt zu nehmen. Derzeit werden jährlich 24 % der überschüssigen Zertifikate in diesen MSR-Fonds gegeben. Diese sollen erst dann wieder dem System zugeführt werden, wenn der Preis über den politischen Zielvorgaben liegt, oder wenn zu wenig Berechtigungen am Markt vorhanden sind. Experten rechnen damit, dass es wegen der MSR zu einem großen Versorgungsengpass und somit stark ansteigenden Preisen kommen wird.[719]

Das ist ebenfalls nur notwendig, weil keine festen Zielvorgaben für den Emissionsausstoß für (Industrie-)Anlagen festgelegt werden. Am Beispiel der MSR wird sehr deutlich, dass ein Markt für Banken und Unternehmen eingeführt wurde, der es ihnen ermöglicht, sich jetzt noch mit billigen Zertifikaten einzudecken und diese dann später zu Billionen Euro wieder zu verkaufen. Und noch mehr, sie können durch den hochspekulativen Handel mit Derivaten und ihren Einfluss darüber, die Märkte und somit auch die Preisbildung der CO_2-Zertifikate aufgrund von Angebot und Nachfrage sehr stark beeinflussen.

Denn Banken und große, finanzstarke Unternehmen können mit ihrem Kapital viele Emissionszertifikate und Derivate billig im Handel erwerben, damit während der Handelsperioden millionenschweren Handel betreiben, sehr stark die Preise mitbestimmen, indem sie große Mengen an Zertifikaten, Optionen und Futures in den Markt geben oder zurückkaufen, während die Unternehmen in finanzschwachen Ländern aufgrund ihrer beschränkten finanziellen Mittel kaum eine Chance haben, ihrerseits CO_2-Emissionszertifikate für die Zukunft zu ersteigern. Es werden unserer Meinung nach in der Zukunft kleinere und finanzschwache Unternehmen vor allem in den ärmeren Ländern ganz klar benachteiligt.

Und dieser Handel hat noch viel mehr zu bieten für die „Global Player" dieser Welt. Da der Zertifikate-Handel, Optionen- und Futurehandel derzeit bereits für die nächsten 8 Jahre in die Zukunft möglich ist, befürchten wir, dass durch diesen CO_2-Zertifikate-Handel und den Handel mit Optionen und Futures die Banken und Großinvestoren sich bereits jetzt Zertifikate sichern, um sie dann später vollkommen überteuert wieder an Unternehmen zu verkaufen, die dringend Zertifikate brauchen. Letztere können es sich derzeit nicht leisten, Zertifikate für die Zukunft zu sichern und müssen sie später zwangsweise von den „institutionellen Anlegern" wie Banken oder Hedgefonds (mit welchen Nutznießern im Hintergrund?) zukaufen, wenn sie einen viel höheren Preis haben und gefährden somit ihre Liquidität oder müssen gar Konkurs anmelden.

Diese Unternehmen werden dann wiederum billig von den Banken aufgekauft, oder es übernehmen Großkonzerne zu Dumpingpreisen ihre Konkurrenz im Ausland. Eine Alternative für kleine Unternehmen wäre, sich ebenfalls Zertifikate im Voraus über Kredite zu finanzieren oder ebenfalls über den Derivatehandel zu zocken, doch dadurch ist das Risiko eines bevorstehenden Crashs noch viel höher.

Durch den hochspekulativen Handel mit Optionen und Futures ist zu befürchten, dass die nächste Blase an der Börse entsteht, die uns in eine sehr große Wirtschaftskrise stoßen könnte. Überzogener Derivatehandel war übrigens auch die Ursache der Banken-Krise im Jahre 2008 und dieselben Leute sind jetzt schon wieder daran beteiligt. Auch dieses ist den Entscheidungsträgern sehr wohl bewusst und es bleibt für uns rätselhaft, warum diese Gefahr nicht schon jetzt ausgeschlossen wird.

Die Folge wird also sein, dass Hedgefonds und Investmentbanken CO_2-Zertifikate besitzen und viele Firmen, die sie brauchen werden, die Kosten dafür nicht mehr bezahlen können. Die üblichen Beteiligten wie Goldman Sachs, BlackRock, GIM oder KPCB werden dann diese Unternehmen billig aufkaufen und somit haben die Herren Al Gore, Rockefeller, Soros und wie sie alle heißen, ihr Ziel, eine neue Weltordnung zu erschaffen, gnadenlos einen großen Schritt vorangetrieben.

Unternehmen in Entwicklungsländern haben kaum eine Chance, in der Zukunft an diesem Markt zu bestehen und werden ebenso von den Großinvestoren, Investmentbanken und finanzstarken Unternehmen aufgekauft werden. Somit bauen diese weiterhin ihre Machtmonopole auf Kosten der finanzschwachen Unternehmen aus und die Länder der „Dritten Welt" werden noch mehr denn je von den Konzernen der Industriestaaten ausgebeutet und als Sklaven gehalten. Ist das alles tatsächlich so gewollt und wird tatsächlich die „Neue Weltordnung" über den Klimahandel eingeführt und von der zur Ikone ernannten Greta Thunberg, den Gewerkschaften und all ihren „demonstrierenden" Mitgliedern sogar noch indirekt eingefordert? Und spielen „die Grünen" vielleicht auch noch schön mit und geben sich dafür her, um auch noch ein kleines Stück vom Kuchen abzubekommen?

Wir fragen uns: Wenn der CO_2-Ausstoß tatsächlich einen so großen Einfluss auf die Klimaschwankungen weltweit hätte, wie behauptet wird – warum werden dann zum Schutz der Umwelt nicht eindeutige und für alle verbindliche Höchstwerte für den Schadstoffausstoß auf die jeweiligen Anlagen in allen Staaten einheitlich festgesetzt? Warum setzen sich dann nicht alle Regierungsvertreter an einen Tisch und verhandeln weltweit Klimaziele, die für alle Beteiligten gelten und nicht nur wie derzeit, dass gerade mal 15 % des weltweiten CO_2-Emissionsausstoßes durch Vereinbarungen abgedeckt werden? Über die jetzigen Vereinbarungen ist die Lösung des Klimaproblems niemals zu erreichen – wie gut, dass dieses Klimaproblem gar nicht besteht, denn unsere Regierungen zeigen gerade, wie kläglich sie daran scheitern würden. Und bei den jetzigen Regelungen werden auch noch die Unternehmen und Menschen der Staaten bestraft, die diese nutzlosen Vereinbarungen gezeichnet haben und die Wirtschaft dieser Länder wird dadurch sehr stark und vollkommen unnötig geschwächt.

Wenn denn tatsächlich ein Umweltproblem bestehen würde, dann wäre doch die einzig gerechte Lösung, die Abgaswerte der Anlagen weltweit nach der derzeit besten verfügbaren Technologie vorzuschreiben und entsprechend Grenzwerte innerhalb eines festgelegten Korridors für die Anlagen einzuführen und dann Strafzahlungen für die Überschreitung gewisser vorgegebener Grenzwerte und Bonuszahlungen für die Unterschreitung dieser Werte zu vereinbaren.

Die Sachlage wäre doch für alle so klar und auch so einfach:

Wer aufgrund von veralteten Anlagen einen zu hohen Emissionsausstoß in die Umwelt hat, der muss eine angemessene, zuvor festgelegte Strafzahlung dafür an die Regierung entrichten und die Unternehmen werden dadurch gezwungen, neuere bessere Filteranlagen einzubauen, ihre Anlagen zu erneuern bzw. ihren Schadstoffausstoß zu verringern, wenn ihre Anlagen gewisse CO_2-Emissionsgrenzwerte überschreiten. Das wäre ein gerechter nachvollziehbarer Weg, die Ziele des Klimaschutzes zu erreichen und es wäre sowohl für die Regierungen als auch für die Unternehmer langfristig planbar. Es wäre auch problemlos möglich, dass trotzdem der finanzielle Ausgleich an die Unternehmen fließt, die aufgrund von technischem Fortschritt oder der Erneuerung ihrer Anlagen mehr CO_2-Emissionen eingespart haben, als dies von ihnen gefordert wurde, und dass das von den Strafzahlungen der Unternehmen kommt, die zu viel CO_2 ausgestoßen haben. Auch hier leisten somit die Unternehmen die Einsparung, die die geringsten Reduktionskosten am Markt haben. Dazu braucht es keinen Handel an der Börse, keinen „Carbon Leakage"-Beschluss, keine Marktstabilitätsreserve und auch nicht all die Sonderregelungen und freiwilligen Absprachen, die alles nur noch undurchsichtiger und unverständlicher machen, das kann über die Regulierung und eine festgelegte Ausgleichszahlung viel gerechter aufgeteilt und schneller umgesetzt werden. Die Überwachung und Steuerung könnte leicht über die DEHSt erfolgen, denn dadurch würden dort sehr viele unnötige Arbeiten wegfallen.

Hierzu braucht es auf keinen Fall Emissionsberechtigungen und schon gar nicht hochspekulative Derivate, die an irgendwelchen Börsen gehandelt werden, um mit diesem schmutzigen Geschäft irgendwelche Menschen noch reicher zu machen, als sie sowieso schon sind.

Und wenn die Grenzwerte über einen längeren Zeitraum nicht eingehalten würden, dann müssten die Anlagen entweder nachgerüstet oder abgeschaltet werden. So einfach wäre das und nur diese Vorgehensweise würde definitiv zu einer schnellen und gerechten CO_2-Emissionsreduzierung führen. Das wäre auch der einzige Weg, den tatsächlichen CO_2-Ausstoß für beide Seiten planbar zu gestalten und einzuhalten. Nur so könnten Höchstwerte weltweit für alle Länder berechnet, festgelegt und auch mit geringem Aufwand überprüft werden und es wäre die perfekte Planungssicherheit für die Unternehmen, Staaten und den Weltklimarat gegeben (sofern man den dann noch haben möchte). Auch all die oben bereits erwähnten Ungerechtigkeiten wären somit aufgehoben.

Und für die finanzschwachen Länder könnten gemeinsam Möglichkeiten wie Subventionen, zinslose Darlehen oder eine Förderung für das Pflanzen von Bäumen gefunden werden. Dies wäre unserer Meinung nach allemal sinnvoller, als z.B. China – das den meisten Schadstoffausstoß weltweit verursacht sowie die meisten Atom- und Kohlekraftwerke weltweit betreibt – noch bis zum Jahre 2030 von all diesen „klimarettenden" Vereinbarungen zu befreien und die Staaten, die gemeinsam gerade mal 15 % des CO_2-Ausstoßes verursachen sollen, zu zwingen, „die Welt zu retten" und dadurch ihre Wirtschaft zu ruinieren. „Herzlichen Glückwunsch" an alle Entscheidungsträger!

Wie angemerkt: Dies nur für den Fall, dass CO_2 tatsächlich wesentlichen Einfluss auf den Klimawandel hätte (darüber kann sich jeder nochmal auf den vorigen Seiten ein Bild machen). Wir sind der Meinung NEIN und wir haben diese Argumente nur niedergeschrieben, um aufzuzeigen, wie das Problem gelöst werden könnte, sollte es tatsächlich ein solches Problem geben und wir wollten dadurch auch ganz klar vermitteln, dass der Handel mit den Zertifikaten hierfür keinesfalls die Lösung wäre, sondern nur der Elite dient!!!

Das einzige Argument für den Handel dürfte dabei immer wieder sein, dass die Herren Al Gore, Soros, Rockefeller sowie die Banken und Investmentfonds ihre Gewinne einfahren können, die sie schon lange eingeplant haben. Ein anderes Argument ist uns bei den ganzen Recherchen zu diesem Buch nicht begegnet. Wir befürchten, es wird von der Politik und den handelnden Personen vorsätzlich, ohne jeglichen Grund der Notfall eines Klimakollapses der Erde beschwört, um damit ein Milliardengeschäft für Hedgefonds, Investmentbanken, Großkonzerne und Lobbyisten zu erschaffen. Und das mit dem Druck, wenn nicht sofort gehandelt würde, bedeute das den Weltuntergang für die Menschheit.

Aktien-Kaufen.de berichtete am 13.12.2018, dass Deutschland bis 2020 etwa 93 Mio. Tonnen CO_2 zu viel ausstoßen würde (angeblich wegen anhaltend hoher Autoemissionen und veralteter Heizanlagen) und dass Deutschland dafür eine Strafe in Höhe von bis zu 2 Mrd. Euro bezahlen müsse.[720]
Dieses zusätzliche CO_2-Budget muss Deutschland von anderen Staaten zukaufen. Das wirft bei uns mehrere Fragen auf:
Warum verpflichtet sich Angela Merkel freiwillig und ohne ersichtlichen Grund, die CO_2-Treibhausgas-Emissionen für die Bundesrepublik Deutschland stärker zu reduzieren, als die Europäische Union dies für

die Gemeinschaft aller Staaten der EU festgelegt hat? Deutschland hat sich freiwillig auf 40 % CO_2-Einsparung (für die 2. Verpflichtungsperiode vom Jahr 2012 bis zum Jahr 2020) gegenüber dem Jahr 1990 verpflichtet. Und das wohl in dem Wissen, dass diese Werte nur sehr schwer bzw. gar nicht eingehalten werden können?

Zum Vergleich, die Gemeinschaft aller Staaten der Europäischen Union (EU) hat sich in derselben Zeit dazu verpflichtet, die EU-weiten Treibhausgas-Emissionen um gerade mal 20 % unter das Niveau von 1990 zu senken.

Warum legt Deutschland trotzdem eine so hohe Einsparquote vertraglich fest, obwohl der „Deutsche Bürger" beim Pro-Kopf-Ausstoß von CO_2 weltweit lediglich an 36. Stelle liegt und wenn gleichzeitig die 4 Länder China (9839 Millionen Tonnen CO2), die USA (5270 Millionen Tonnen CO2), Indien (2467 Millionen Tonnen CO2) und Russland (1693 Millionen Tonnen CO2) gegenüber Deutschland mit 799 Millionen Tonnen CO2 wesentlich mehr ausstoßen und allesamt gar nicht am Zertifikate-Handel teilnehmen ...

Zudem haben China und Indien seit 1970 ihren CO_2-Ausstoß sogar ungestraft verzehnfacht, weil sie als sogenannte Schwellenländer gelten – Deutschland hat seinen Anteil in dieser Zeit hingegen um fast 30 % reduziert?

Ist diese Strafzahlung womöglich die Folge einer Entscheidung, die vollkommen freiwillig und ohne Not schon vor langer Zeit getroffen wurde – und vor allem warum trifft Angela Merkel ungestraft und fernab jeglicher Logik solche Vereinbarungen, bei denen man den Eindruck erhalten könnte, damit werde dem eigenen Volk nicht gedient, sondern (bewusst?) geschadet? Deutschland muss nun die CO_2-Emissionen stark reduzieren und macht dies z.B. auf Kosten der Automobilindustrie durch Fahrverbote (dieser deutsche Kernbereich der Wirtschaft leidet bereits an einer Rezession und es gehen bereits jetzt viele Arbeitsplätze in diesem Bereich verloren).

Und das in dem Wissen, dass der Anteil des vom Menschen „produzierten" Kohlendioxids in Deutschland gemessen am weltweiten Anteil an Kohlendioxid in der Luft insgesamt nur 0,0004712 % ausmachen würde. Laut Konrad Adenauer, dem Enkel des ehemaligen Kanzlers, hat der vom Menschen verursachte CO_2-Ausstoß überhaupt keine Auswirkungen auf unser Klima und dies würde auch dann gelten, wenn wir weltweit überhaupt kein Kohlendioxid mehr ausstoßen würden.[721]

Konrad Adenauer ist wie sehr viele unabhängige Wissenschaftler (und auch wir) ebenfalls der Meinung, dass die Vermeidung von CO_2 nicht zu Klimaschutz führen würde. In einem Antwortschreiben auf seine Kritik am „Klimawahn" stellte er im Kölner Express nochmals klar seine Meinung dar, die zu 100 % unsere Recherchen und unsere Meinung widerspiegelt.

Konrad Adenauer im Kölner Express: „Vermeidung von CO_2 führt nicht zu Klimaschutz"
„Ich danke allen, die sich geäußert haben, auch negativ. Ich möchte zur weiteren Aufklärung folgendes klarstellen: Ich bin absolut für Ressourcenschonung, Vermeidung von Müll, Mülltrennung, Recycling, Zurückdrängung vermeidbarer Plastikabfälle, gerade im Hinblick auf die Weltmeere, gegen die weitere Versiegelung der Erdoberfläche, so auch gegen Kunstrasen, und bin für eine umfangreiche Aufforstung und Anlegung von Wiesen und Weiden und mehr Stadt- und Gebäudebegrünung. Nur bin ich absolut gegen die von wem auch immer erfundene, angeblich wissenschaftlich begründete Meinung, man könne durch CO_2-Vermeidung irgendetwas am Weltklima ändern. Das werden wir auch bei der größten deutschen oder sogar europäischen Anstrengung nicht erleben. Selbst wenn die USA, Russland und China mitmachen würden, würde das das Klima nicht beeinflussen. Unser Klima wird nicht vom Menschen, sondern vom Kosmos gestaltet. Geldausgaben für CO_2-Reduzierung und Sondersteuern sind rein für die Katz und schaden unserer wirtschaftlichen Entwicklung erheblich." [722]

Dem ist absolut nichts hinzu zu fügen. Und trotzdem wird in Deutschland die Autoindustrie und werden somit in der Folge Arbeitsplätze von direkt 820 000 Menschen und indirekt von über 1,8 Millionen Menschen gefährdet? Noch dazu wird dieser Beitrag von den Politikern in Deutschland auch noch freiwillig geleistet und täglich eingefordert!?! Die Bundesrepublik Deutschland will die Welt retten, indem sie alles abschaltet, verbietet, besteuert und Deutschlands Schlüsselindustrien demontiert, warum das? Warum wird dadurch der Untergang der deutschen Wirtschaft billigend in Kauf genommen oder sogar vorsätzlich vorangetrieben? Sind dafür Politiker verantwortlich, die tatsächlich das Beste für ihr Volk leisten? Steckt hier vielmehr noch ein ganz anderer Plan dahinter?

Die Autoindustrie ist die wichtigste Industrie, die Deutschland *noch* hat. Davon sind Steuereinnahmen, Arbeitsplätze, Rentenzahlungen, Schulen und Hartz-4-Zahlungen (vor allem auch für die ca. 1,6 Mio. Nicht-EU-Bürger, Tendenz stark steigend) abhängig. Dadurch wird die Wirtschaft in Deutschland extrem geschwächt und die Menschen in die Verarmung getrieben. Auch das muss den handelnden Politikern und den Entscheidungsträgern sehr wohl bewusst sein. Fragt sich nur noch, wie dieses Problem gelöst werden soll und vor allem, wer sich dieses Problems seriös annimmt, wenn es diejenigen, die dafür verantwortlich sind, nicht tun?

Wer bezahlt diese 2 Milliarden (!) Euro Strafe bzw. gibt es vielleicht hierzu schon Pläne und für das Volk vertretbare Regelungen? Bezahlen das wieder einmal die Menschen in Deutschland? Unserer Meinung nach waren diese Strafzahlungen ja vorhersehbar und politisch verursacht, weil hier freiwillig und ohne ersichtlichen Grund europaweit mit die höchste Einsparung von CO_2 für Deutschland vereinbart wurde – in dem Wissen, dass diese Werte wohl kaum eingehalten werden können. Der Grund hierfür war wohl, eine Vorreiterrolle einzunehmen, sodass die Verträge zum Kyoto Protokoll überhaupt erst eingeführt werden konnten.[723]

Dies wird Deutschland viele Millionen Arbeitsplätze kosten und wirft die Frage auf: Warum kündigt die Bundesregierung nicht ebenfalls die Pariser Verträge, so wie Donald Trump für die USA. Eine Kündigung der Pariser Verträge wäre auch für die EU mit Jahresfrist möglich. Trump gab lt. Wikipedia am 01.06.2017 bekannt, dass die USA aus dem Abkommen von Paris zurücktreten. „Er sei gewählt worden, Pittsburgh zu vertreten, nicht Paris" und er teilte bei diesem Treffen ebenfalls mit, die USA würden *„ab dem heutigen Tag die Umsetzung aller beim Treffen in Paris gemachten Zusagen einstellen, darunter auch Zahlungen an den Green Climate Fund".*[724] Und Kanada hat bereits im Jahr 2011 die Verträge zum Kyoto-Protokoll gekündigt und entging somit den drohenden Strafzahlungen in Höhe von 14 Mrd. US-Dollar.[725]

An diesem Beispiel wird uns nochmals ganz klar vor Augen geführt, dass die Elite schon mitten drin ist, die „Neue Weltordnung" einzuführen. Wie unabhängig und frei sind Staaten wie die USA und Kanada in ihren Entscheidungen, freiwillige Vereinbarungen zu treffen und diese wieder selbst aufzukündigen und wie abhängig und unfrei sind Deutschland und alle Mitgliedsstaaten der Europäischen Union? Denn innerhalb der Europäischen Union werden diese ratifizierten Abkommen u.a. in Richtlinien, wie die Emissionshandelsrichtlinie (Richtlinie 2003/87/EG) in Deutschland, umgesetzt. Die Regierung der Bundesrepublik Deutschland hat hier keine Möglichkeit als Einzelstaat aus diesen (wie spätestens jetzt nach dem Hockeyschläger-Urteil bekannt sein dürfte) unsinnigen Klimaverträgen auszusteigen und muss somit wohl die noch viel unsinnigeren Strafzahlungen für ein nicht vorhandenes Problem entrichten und wird dies wohl wie selbstverständlich aus den Steuergeldern begleichen.

Kannst du dich noch an die Forderung von Al Gore als auch Rajendra Kumar Pachauri (den ehemaligen Vorsitzenden des IPCC[726] – dieser legte sein Amt im Jahre 2015 nieder, als er sich Anschuldigungen wegen sexueller Belästigung stellen musste) ein paar Seiten zuvor erinnern? Diese plädierten immer wieder für eine Weltregierung und die Aushebelung der bestehenden Staaten, weil sie der Meinung sind, sie können damit die Menschheit retten – wir würden es eher „die Menschheit steuern und beherrschen" nennen. Sie begründen die Notwendigkeit damit, dass die nationale Souveränität vieler Länder die Umsetzung des CO_2-Ablasshandels nicht ohne weiteres zulässt. Hier kannst du eindeutig die Absicht dieser Forderung und die Folgen für die Zukunft auch auf für beliebig viele andere politische und wirtschaftliche Entscheidungen erkennen (warum sie ausgesprochen werden). Dies zeigt uns ganz deutlich, warum sie bei solchen Offenbarungen der Wahrheit sofort von „Verschwörungstheoretikern" oder „Reichsbürgern" sprechen, denn sie planen und setzen ihre Vorhaben lieber im Geheimen um.

Die AfD hat den Ausstieg aus allen Klimaabkommen übrigens bereits im September 2017 öffentlich eingefordert.[727] AfD-Spitzenkandidat Alexander Gauland forderte: „Schluss mit dem, was wir als Klimaschutz kennen", und fuhr fort: „Dazu gehören alle diesbezüglichen internationalen und nationalen Verträge." Gauland verwies weiters darauf, dass die festgelegten Grenzwerte für gesundheitsschädliche Stickoxid-Emissionen von Dieselmotoren willkürlich auf 40 Mikrogramm pro Kubikmeter Luft festgelegt wurden. Er fordert „vernünftige Grenzwerte" ein, die auf wissenschaftlicher Basis festgelegt werden. In den USA liegt z.B. der Grenzwert bei 103 Mikrogramm! Ist es Zufall, dass auch Herr Gauland und die Partei der AfD von den öffentlichen Medien immer wieder diffamiert werden, ähnlich wie es mit Donald Trump und Wladimir Putin gemacht wird?

Lasst uns doch die Forderung von Herrn Gauland mal etwas näher betrachten: Was würde denn passieren, wenn wir per sofort – also wirklich sofort – aus allen Klimaverträgen aussteigen würden und vor allem den Handel mit den CO_2-Zertifikaten verbieten würden?
Wir denken das wäre eine geniale Sache für die ganze Menschheit. Es würde gar nichts passieren – zumindest nichts Negatives für die Umwelt und auch nicht für die Menschheit. Es würde lediglich etwas mehr Gerechtigkeit eintreten und die Menschen, die sich bisher damit zu Unrecht bereichert haben und zudem noch massenweise Zertifikate für die Zukunft zurechtgelegt haben, dieses Geld wieder teilweise verlieren. Dieses schmutzige Geschäft würde sich sozusagen in Luft auflösen, die „ehrwürdigen Kämpfer" für den Klimawandel würden Teile ihres Gewinnes, der wie es scheint auf Lügen, Manipulation, Macht und Gier aufgebaut sein dürfte, einfach wieder verlieren, weil ihre Zertifikate per sofort wertlos wären.

Somit hätten sich „schmutzige" CO_2-Zertifikate wieder zurück in „saubere" Luft verwandelt, wie passend und genial, ohne damit die Natur, das Klima, die Eisbären oder sonst irgendjemanden zu gefährden. Es würden nur eben durch Gerechtigkeit den Zockern ihre Gelder wieder abgenommen, die sie der Menschheit entzogen haben. Und vor allem würde die unsinnige Zerstörung der Wirtschaft unseres Landes und damit verbunden der Verlust vieler Arbeitsplätze wieder rückgängig gemacht. Greta und alle streikenden Schüler könnten endlich am Freitag wieder zur Schule gehen, sich im Biologieunterricht nochmals die Fotosynthese erklären lassen und wenn sie es verstanden hat, dann, aber erst dann kann sie nach Brasilien segeln und dort Bäume anpflanzen. Die Menschheit würde vom Sklaventum der Elite befreit und die Politiker könnten sich Gedanken darüber machen, wie die neue Weltordnung stattdessen tatsächlich ausschauen könnte.

Denn nicht nur wir fragen uns schon lange, warum in der BRD die Forschung und Entwicklung im Bereich der „freien Energie" nicht einen größeren Stellenwert bekommt und man so gut wie garnichts darüber hört, wohingegen Donald Trump und Wladimir Putin dies bereits längst priorisieren und dementsprechend Fördergelder in die Richtung lenken? (Wladimir Putin hat seine Absicht dazu bereits auf der UNO-Vollversammlung im Jahre 2015 erklärt.)

Und der Homepage von freigeist-forum-tuebingen ist zu entnehmen: „In Russland bestehen bereits Freie-Energie-Anlagen der verschiedensten Bauweisen, von Marx-Generatoren bis zu Magnetmotoren, für die entlegenen sibirischen Haushalte". Doch unsere Medien berichten nicht davon?[728]

Auch Donald Trump ist nicht untätig in seinen Bestrebungen, die freie Energie für alle Menschen zugänglich zu machen.[729] Auch wenn er von Medien und der „Klimamafia" für seinen Ausstieg aus dem Pariser Klimaabkommen stark kritisiert wurde, so setzt er sich viel mehr für die Menschen und eine gesunde Erde ein, als viele ihm zutrauen würden. Donald Trump geht nicht den Weg des Rückschritts, der Verbote, der Arbeitsplatzvernichtung unter dem Vorwand des bevorstehenden Untergangs der Erde, sondern er forscht nach „Freier Energie", um diese der Menschheit zur Verfügung zu stellen – entgegen den Vorhaben der Elite und der Umsetzung ihrer „Neuen Weltordnung" – und er setzt damit sein Versprechen ans amerikanische Volk um, das er ihnen bei seiner Antrittsrede gegeben hat.

Seine Worte in seiner Antrittsrede: *„Wir feiern die Geburtsstunde eines neuen Millenniums, bereit die Mysterien des Universums freizugeben, die Welt vom Elend der Krankheiten zu befreien und die Energien, Industrien und Technologien von morgen nutzbar zu machen ..."*

Wir persönlich sehen also auf der einen Seite einen Volksvertreter, der seine Versprechen an sein Volk einzuhalten scheint, diese Punkt für Punkt abarbeitet und umsetzt und sich für die Menschen einsetzt, die ihn gewählt haben – und wir sehen auf der anderen Seite in Deutschland Regierungsvertreter, die möglicherweise die Vorgaben der Elite umzusetzen versuchen und die Zukunft des Planeten mit Verboten, technischem Rückschritt, in unseren Augen sinnloser Besteuerung und vollkommener Steuerung und Überwachung erhalten wollen, obwohl unser Planet gar nicht gefährdet ist.

Haben wir solche Worte schon mal aus dem Munde von deutschen Politikern gehört, gar von Angela Merkel oder Svenja Schulze? NEIN! Und wir glauben auch nicht daran, dass wir dies in nächster Zeit erleben werden, wenn wir nicht jetzt ebenfalls all unsere Kraft und unseren Mut zusammennehmen, friedlich auf die Straße gehen und genau diese Forderungen klar und deutlich formulieren. Auf die freundliche Unterstützung der Gewerkschaften und all der gemeinnützigen Stiftungen und deren Gründer sowie der Greta-Lobbyisten können wir uns hierbei sicherlich verlassen. George Soros, Al Gore, David Rockefeller und all die üblichen Schauspieler hätten ihr Ziel, das Klima zu retten, erreicht und dann wäre sicherlich auch die Rücknahme all der sinnlosen Gesetze und Verbote überhaupt kein Problem für sie. Frau Annegret Kramp-Karrenbauer könnte dann analog zu ihrer Rede vom 20.09.2019 wieder sagen: „Es gibt keinen besseren Tag als heute um die Fehlentscheidungen vom 20.09.2019 wieder zurück zu nehmen."

Donald Trump hat bereits 2017 eine Exekutivmaßnahme verhängt/eingeleitet, die die Freigabe von über 5000 geheimen Technologien erzwingen soll. Hierbei sollen auch die Erfindungen von Nikola Tesla wieder herausgegeben werden, die nach seinem Tod vom militärisch-industriellen Komplex beschlagnahmt und der Öffentlichkeit bis heute vorenthalten wurden. Manche mögen sich noch daran erinnern, dass wir ihm den Wechselstrom zu verdanken haben.

Doch dank Donald Trump werden diese genialen Erfindungen der Menschheit jetzt wieder zugänglich gemacht, wer die Interstate 35 auf dem Weg nach Dallas hinunterfährt, kann seine Erfindungen wiederentdecken. Was wie ein seltsam aussehender Turm ausschaut, sieht sich vielleicht an Teslas Wardenclyffe Tower erinnert. Hier stehen Türme, die das Tech-Unternehmen Viziv Technologies errichtet hat und diese berichten stolz:

"Über ein Jahrhundert haben Forscher und Unternehmer nach Lösungen gesucht, um Energie sicher und drahtlos über lange Strecken zu transportieren. Die Suche ist beendet."

Viziv Technologies verspricht weiter:

"Unsere Technologie wird einen echten globalen Zugang zu Elektrizität ermöglichen, insbesondere für die 1,7 Milliarden Menschen, die noch keinen Strom haben. Abhilfe schaffen saubere, sichere, zuverlässige und erschwingliche drahtlose Stromversorgungssysteme, die wichtige Notwendigkeiten wie warme Mahlzeiten, fortschrittliche medizinische Behandlung und reines Trinkwasser für Menschen in Entwicklungsländern ermöglichen. Elektrizität ist die Grundlage für die Verwirklichung von Wohlstand in den Entwicklungsländern."

Wie funktioniert das System? Über einen Sender, der nahe einer Stromerzeugungsanlage positioniert ist, wird das Trägersignal verbreitet – die Empfängerantennen werden auf der ganzen Welt errichtet. Erforscht hat diese Technologie in Ansätzen bereits Jonathan Zenneck (1871–1959). Von ihm weiß man es als erstem Wissenschaftler, dass er die Ausbreitung elektromagnetischer Wellen auf der Erdoberfläche untersuchte. Während die 5G-Technologie im schädlichen Mikrowellenbereich operiert, setzt Viziv auf niederfrequente Oberflächenwellen – so werden Daten und Energie transportiert. Eine Neuheit, die neben einem wirtschaftlichen Fortschritt auch eine große gesundheitliche Perspektive eröffnet. Läutet diese neue Infrastruktur gar eine echte Energiewende ein?

In Deutschland werden wir wohl weiterhin wenig bis gar nichts über freie Energie auf sämtlichen Mainstreamkanälen erfahren, denn diese wird immer noch flächendeckend verleugnet, doch es ist gerade beim Thema Klimawandel erkennbar, dass immer mehr Menschen diese Lügen nicht mehr hinnehmen wollen, den Jahrhundertbetrug der Energiekonzerne jetzt durchschauen und aufdecken wollen.

Fazit von legitim.ch: *„Dass diese genialen Technologien so lange auf Eis lagen, ist mehr als bedauerlich. Aus der Sicht der Raubtierkapitalisten ist es jedoch sehr verständlich, denn die Energiekonzerne bilden eine wesentliche Einkommensquelle. Zudem lässt es sich besser teilen und herrschen, wenn der Allgemeinheit Knappheit vorgegaukelt wird. Doch das Wissen taut und das Machtgefälle verschiebt sich allmählich."*[730]

An einem weiteren Beispiel erkennen wir, dass die Forschung und Entwicklung nach „freier Energie" von den Entscheidungsträgern dieser Welt wohl nicht gewünscht ist. So entwickelte bereits im Jahre 1954 Friedrich Lüling den Dauermagnetmotor, der seiner Meinung nach bereits so weit entwickelt gewesen sei, dass er einen PKW antreiben könne. Der Einsatzmöglichkeit dieses Dauermagnetmotors wäre laut Lüling auch in anderen Bereichen möglich und dieser Motor kann mit einem Satz Magneten eine ununterbrochene Laufleistung von bis zu 10 oder 20 Jahren aufweisen. Er bezifferte den Wert seiner Erfindung damit, dass es Leute gibt, die bestrebt waren, die Sache einfrieren zu lassen bzw. zu sabotieren.[731]

Und weiter stellt sich hier für uns die Frage, wie weit sind denn die „führenden Wissenschaftler", „hochrangigen Politiker", Klimapropheten wie Greta Thunberg und „Weltverbesserer" (?) wie Al Gore, Rockefeller, George Soros & Co. tatsächlich von der Realität entfernt, wenn sie uns keine anderen Lösungen präsentieren wollen als Atomstrom, (Batterie-)Elektroautos, Biokraftstoffe und vor allem den Handel mit Verschmutzungsrechten an der Börse? Welche Ziele von welchen Gruppen verfolgen diese Menschen, wenn sie in keinem Wort die Forschung nach „freier Energie" für alle Menschen einfordern und das wohl nicht aus Unwissenheit, da Donald Trump und Wladimir Putin sie dazu ja bereits zu Gesprächen und Verhandlungen eingeladen haben und von wem werden diese Menschen bezahlt? Hier zählt vermutlich der eigene Vorteil mehr, als der Schutz der Erde und all ihrer Bewohner und es wird deshalb wohl die Forschung in eine Richtung gelenkt, die von der Elitegruppe vorgegeben wird. Warum haben diese Individuen noch so einen großen Einfluss, wenn sie offensichtlich nicht die Interessen der absoluten Mehrheit der Menschen zu vertreten scheinen? Warum lassen wir Menschen uns das gefallen, dass uns einige wenige vermeintlich gut vertreten und uns dabei nur abzocken, verraten, unser Vertrauen missbrauchen und uns hinters Licht zu führen scheinen?

Wir werden diesen Abschnitt mit einem Auszug der Rede von Wladimir Putin bei der UNO-Vollversammlung 2015 und mit einem Zitat von

Donald Trump abschließen, denn diese ebenso mutigen wie mächtigen Männer sind tatsächlich bereit, sich für die Menschen und den wundervollen Planeten mit all ihren Möglichkeiten einzusetzen (auch wenn sie deshalb von der Elite und den mächtigen Medien dafür täglich unberechtigte Kritik, ja viel mehr Anfeindungen über sich ergehen lassen müssen, die weit unter der Gürtellinie sind).

Wir denken, dass bei der UNO-Vollversammlung auch Vertreter aus Deutschland anwesend waren, warum wird das verschwiegen und warum werden hier von der Regierung keine Vereinbarungen mit Putin geschlossen? Er hat sie doch alle dazu eingeladen, mitzumachen? Warum werden stattdessen von unserer Regierung täglich neue Einschränkungen, Steuererhöhungen, Strafzahlungen, umweltschädliche „Alternativen" etc. von den Menschen in diesem Land eingefordert und wenn möglich auch eingeführt?

Rede von Vladimir Putin bei der UNO-Vollversammlung 2015

„Im Rahmen unseres nationalen Beitrags wollen wir bis zum Jahr 2030 die Treibhausgas-Emissionen um 70,75 Prozent gegenüber dem Stand von 1990 reduzieren.

Ich schlage aber vor, wir sollten eine umfassendere Sicht zu diesem Thema einnehmen. Ja, wir können das Problem für eine Weile entschärfen, indem wir Quoten für die schädlichen Emissionen setzen oder durch andere Maßnahmen, die nichts als taktische sind. Aber wir werden es so nicht lösen. Wir brauchen einen völlig anderen Ansatz.

Wir müssen uns auf die Einführung grundlegender und neuer Technologien von der Natur inspiriert konzentrieren, die nicht die Umwelt schädigen, sondern in Harmonie mit ihr stehen. Auch das würde uns ermöglichen, das Gleichgewicht von Biosphäre und Technosphäre, das durch menschliche Aktivitäten gestört wird, wiederherzustellen.

Es ist in der Tat eine Herausforderung planetarischen Umfangs, aber ich bin zuversichtlich, dass die Menschheit das intellektuelle Potenzial hat, es anzugehen. Wir müssen unsere Bemühungen zusammenschließen. Ich beziehe mich vor allem auf die Staaten, die eine solide Forschungsgrundlage haben und bedeutende Fortschritte in der Grundlagenforschung gemacht haben.

Wir schlagen die Einberufung eines Sonderforums unter Schirmherrschaft der Vereinten Nationen für eine umfassende Prüfung der Fragen im Zusammenhang mit der Erschöpfung der natürlichen Ressourcen und der Zerstörung von Lebensraum und Klimawandel vor."

Und Donald Trump behauptet (und das können wir ja in unserem Buch hoffentlich gut bestätigen):

„Ja, es gibt den Klimawandel,
aber dieser Klimawandel ist völlig normal."
US-Präsident Donald Trump

D. Aktuelles, Resümee und Ausblick

1. Das „Klimapaket" der deutschen Bundesregierung

20 Stunden sollen die Verhandlungen gedauert haben, dann wurde das Klimapaket der Großen Koalition in Deutschland der Öffentlichkeit präsentiert (dass das Ergebnis gerüchteweise in Wahrheit bereits davor festgestanden haben soll und der Verhandlungsmarathon nur Schauspiel gewesen sei, ließ sich für uns nicht verifizieren. Jedenfalls wurde bereits Kritik an den Beschlüssen laut, als das Paket offiziell noch gar nicht bekannt war).[732] Die Eckpunkte des Klimaschutzprogramms 2030 kannst du auf der Seite der Deutschen Bundesregierung (www.bundesregierung.de)[733] finden. Kernpunkte daraus sind unter anderem: eine CO_2-Bepreisung verteuert Benzin, Diesel, Heizöl und Erdgas schrittweise. Organisiert werden soll es durch einen Handel mit Verschmutzungsrechten. Dabei werden Zertifikate zu einem Festpreis pro Tonne CO_2 ausgegeben:

2021 zu 10 Euro pro Tonne CO_2
2022 zu 20 Euro pro Tonne CO_2
2023 zu 25 Euro pro Tonne CO_2
2024 zu 30 Euro pro Tonne CO_2
2025 zu 35 Euro pro Tonne CO_2

(Den Grünen ist das noch zu billig. Sie fordern in einem Antrag des Bundesvorstands für den Parteitag des Bündnis 90/Die Grünen im November 2019 einen Einstiegspreis von 40 Euro pro Tonne CO_2 im Bereich Verkehr und Wärme. Ein Energiegeld von 100 Euro für jeden Bürger wäre da wohl nur ein kleiner Tropfen auf den erhitzten Klimaabgaben-Stein).

Falls mehr Zertifikate ausgegeben werden, als Deutschland zustehen, müssen diese von anderen EU-Ländern zugekauft werden. Ab 2026 werden die Emissionszertifikate limitiert und jedes Jahr weiter eingeschränkt.
Es wurden Maßnahmen und jährliche Überprüfungen zur Einhaltung der Klimaziele für einzelne Bereiche getroffen. Im Bereich der Gebäude ist ab 2026 der Einbau von Ölheizungen (die als sehr langlebig gegolten haben) verboten, es werden künftig auch CO_2-Zertifikate fällig (die von 50 Euro sukzessive aufsteigend auf bis zu 300 Euro jährlich pro Haus steigen sollen)[734], bessere Wärmedämmung soll Energieverluste verhindern. Weitere Bereiche sind der Verkehr (ua. Förderung von

E-Autos/Ausbau der Ladestruktur, Radwegebau, Biokraftstoffe), Landwirtschaft (ua. Emissionsminderung in der Tierhaltung), Industrie (ua. Förderung erneuerbarer Energien), Energiewirtschaft (ua. Ausbau der erneuerbaren Energien und die Rückführung der Kohleverstromung sowie die Steigerung der Energieeffizienz) und Abfallwirtschaft (Deponiebelüftung) festgelegt. Werden in einem Bereich die angestrebten Ziele nicht eingehalten, hat das zuständige Ministerium 3 Monate Zeit, Vorschläge zur Erreichung der CO_2-Ziele zu machen. Damit ist Klimaschutz in Deutschland dann verbindlich. Bis 2030 soll der Anteil von erneuerbarer Energie am Stromverbrauch auf 65 Prozent steigen. Genaue Pläne dafür, wie die Regierung das konkret erreichen will, dürften bisher nicht vorliegen. Was das Volk (wegen mit der Windenergie verbundenen Wirkungen, die wir bereits vorne erläutert haben) kaum freuen dürfte: Kommunen können künftig die umstrittenen Windräder auch in geringerem Abstand zu den Siedlungen genehmigen. Die Pendlerpauschale wurde um 5 Cent auf 35 Cent ab dem 21. Kilometer erhöht, gültig ab 2021 bis Ende 2026 (egal, mit welchem Verkehrsmittel der Weg zur Arbeit zurückgelegt wird). Wohngeldbezieher sollen mit einer Anhebung des Wohngeldes unterstützt werden. Bahnfahren soll durch eine geringere Mehrwertsteuer im Fernverkehr günstiger, das Fliegen teurer werden.

Die Kosten für das Klimapaket: Alleine bis 2023 werden sie mit 54 Milliarden Euro beziffert, bis 2030 will die deutsche Bundesregierung einen dreistelligen Milliardenbetrag für eine Energiewende einsetzen (hin zu den, wie vorne dargestellt, nicht unumstrittenen erneuerbaren Energien – die vielleicht zukunftsweisenderen „Freien Energien" und neue Innovationen dürften hingegen kaum im Fokus der Regierung sein). Alles in allem sind es Maßnahmen aus dem Geld der Steuerzahler, die die Regierung als geeignet dafür sieht, „Deutschland als Wirtschaftsstandort fit für die Zukunft zu machen".[735] Ob das auf diesem Weg tatsächlich gelingen wird, bleibt fraglich, sprechen doch die Zahlen seit dem Aufflackern der Klimadiskussion eine gänzlich andere Sprache.

Was für die einen viel zu wenig weit geht (unter anderem Bündnis 90/ Die Grünen, Fridays for Future) ist für die anderen ein ungerechtfertigter Eingriff auf Kosten der Bürger, zumal die Koalition in ihrem Übereinkommen von 2018 Steuererhöhungen ausgeschlossen hatte. Auch die Parteiprogramme von CDU und CSU sollen keine Steuererhöhungen vorsehen.[736]

Fraglich bleibt, ob die beschlossenen Maßnahmen zur Reduktion der Treibhausgase geeignet wären (falls diese tatsächlich ein Problem für das Klima wären). Es gibt bereits seit rund 20 Jahren eine Ökosteuer. Diese ist laut zweier Studien des Deutschen Instituts für Wirtschaftsforschung (DIW) zwar gut fürs Rentensystem, jedoch umweltpolitisch ein Flop.[737] DIW-Steuerexperte Stefan Bach sieht bei der Ökosteuer zwar eine Rückerstattung der Beiträge an Haushalte und Wirtschaft, allerdings nicht unbedingt zugunsten einkommensschwacher Haushalte. Das heißt auch hier: Die Ärmeren zahlen demnach drauf!

Kritiker sehen weiters in der jetzigen CO_2-„Bepreisung" eine versteckte Maßnahme, um Geld zu generieren für die hohen Migrationskosten. (Auch hier sei nochmal die Forderung von Schäuble erwähnt, der 2016 ganz offen eine Benzinsteuer für die Migrationskosten verlangte, nach breiter Kritik daran war ein ähnlicher Vorschlag zumindest öffentlich nicht mehr zu hören).

LICHT

Auffallend ist: Auch wenn öffentlich in den Hauptmedien fast ausschließlich der menschenverursachte, CO_2-induzierte Klimawandel propagiert wird, schaffen es in den letzten Wochen und Monaten immer mehr kritische Wissenschaftler, die von einem natürlichen Klimawandel ausgehen, sich öffentlich Gehör zu verschaffen. Mit dem Gerichtsurteil bezüglich der Hockeyschlägerkurve und einer Studie von Prof. Frank sind die wichtigsten Stützen der menschenverursachten Klimawandel-Theorie in Unglaubwürdigkeit geraten. Dennoch scheint in der Politik und in den leitenden Medien kein Millimeter Platz dafür zu sein, auch die andere Seite (die tatsächlich zumindest gleich häufig vertreten sein dürfte in der Wissenschaft) zu Wort kommen zu lassen.

Die Frage, ob der Mensch überhaupt schuld sei am Klimawandel, darf anscheinend nicht mehr diskutiert werden. Wie ist es zu erklären, dass hier auf Kosten der Menschen und vor allem auch des Glücklichseins vieler Kinder und Jugendlicher, die in Angst und Panik versetzt wurden, just genau wieder Beschlüsse getroffen wurden, die auf einer menschenverursachten, CO_2-basierten Klimawandeltheorie basieren, obwohl sie in letzter Zeit sogar *noch* viel stärker ins Wanken gekommen ist? Eigentlich sollten diese viel strapazierten Studien und Wissenschaftler, die zumindest offiziell davon ausgehen, dass der Mensch mit dem lebenswichtigen

Stoff CO_2 den Klimawandel verursacht und damit einer sich selbst über-
holten Theorie anhängen dürften, nicht mehr als Grundlage von politischen Entscheidungen dienen, möchte man meinen. So haben sich
etwa, wie du gelesen hast, weder die großen Prophezeiungen des Club
of Rome aus den 1970er-Jahren, noch die Warnung des oscarprämierten
Nobelpreisträgers (und Klimamilliardär?) Al Gore mit dieser Theorie als
Grundlage erfüllt (gefüllt dürften sich allem Anschein nach jedoch die
Konten der involvierten Klima-Warnenden haben)!

Es gibt die Option eines völlig natürlichen Klimawandels in den Augen
der meisten nicht (die AfD scheint hier eine Ausnahme darzustellen,
diese hat das Thema immer wieder offen thematisiert und sich so zur
Angriffsfläche gemacht). Es gibt zumindest offiziell nur eine CO_2-in-
duzierte, menschenverursachte Erderwärmung und schnellstmögliche
Rettung vor dem vermeintlichen Untergang. Wenn es zwei große Strömungen in der Wissenschaft gibt (von denen nur eine massenmedial
publiziert wird), wäre es da nicht verantwortungsvoll, die Bundesregierung würde sich beide Seiten ansehen und dann besonnen, wohlüber-
legt und im gelindesten Ausmaß Entscheidungen treffen? Und nicht
riesengroße Eingriffe zulasten der Freiheit und des Wohlstands der
Menschen zu treffen, an die sich die oberen Schichten selbst, wie in
unseren Beispielen ersichtlich, nicht immer [nie?] zu halten scheinen?

Wird alles in einem raschen Tempo durchgepeitscht, um damit die finanziellen Mittel zur Bewältigung der Massenmigration hereinzubekom-
men? Wird es trotz aller Bedenken und gegen einen beträchtlichen Teil
der Wissenschaft so schnell wie möglich umgesetzt, um ein schon lange angestrebtes neues sozialistisches Gesellschaftsmodell einzuführen
(mit einer Herrscherklasse und einer Ebene gleichgeschalteter, unter-
drückter Untertanen wie im in letzter Zeit viel gelobten China oder im
Kambodscha der 70er-Jahre)? Eine Art „Klimakultur-Revolution", wie
es Luisa Neubauer lächelnd in einem Interview formuliert hat? Wenn
man sich so manche Wortspenden grüner Politiker anschaut, kann der
Grund für die Klimamission möglicherweise wohl nicht am Klima alleine
liegen, sondern eventuell doch eine größere Mission dahinterstehen.
Die Grünen sind wohlgemerkt jene Partei, die sich als größte Ökopartei
ausgibt und der die Eingriffe „für den Klimaschutz" zu billig sind und zu
langsam vor sich gehen.

Dafür, dass es „nur" um das Klima gehe und Umwelt ihre Kernkom-
petenz sei, dürften jedoch dennoch erstaunlich viele „Versprecher"

vorkommen (ein Zeichen von Inkompetenz im angeblich so wichtigen Thema?): So sprach, wie erwähnt, Annalena Baerbock[738] beispielsweise mehrmals von Kobold, Cem Özdemir von Energieverbrauch in der Mittagszeit in Deutschland in der Höhe von ungefähr 80 Gigabyte (!) und Robert Habeck wusste im ARD-Interview nicht, dass die Pendlerpauschale gleich ausbezahlt wird, egal ob jemand mit dem Zug oder Bus fährt.[739]

Ist es redlich, wenn die Bundesregierung auf die Angst und Panik einer 16-jährigen, kranken Jugendlichen reagiert und all jener, die sich wohlmeinend von ihrer Angst anstecken lassen haben? Sollten es nicht wenigstens die obersten Volksvertreter besser wissen und sich umfassender informieren, als sie es vermutlich getan haben? Wollen sie das überhaupt? Oder ist das Klima nur vorgeschoben? Sind Greta Thunberg, die Fridays for Future und Extinction Rebellion doch nicht rein zufällig am Horizont aufgetaucht? Ist es Zufall, dass die linksextreme, gewaltbereite Antifa im deutschen Parlament offen unterstützt wird[740] (und mit der auch Greta und ihre Eltern durch das Tragen von „Antifascism"-T-Shirts offen ihre Solidarität zeigten), während US-Präsident Donald Trump überlegt, die Antifa als terroristische Organisation einzustufen? Wikipedia ordnet den der Antifa zugerechneten Gruppen zu, *„Faschismus im Anschluss an die marxistische Kritische Theorie als besondere Form des Kapitalismus und Antifaschismus daher als Teil eines revolutionären Kampfes zur Überwindung jeder Klassengesellschaft" zu sehen. „Der Verfassungsschutz mancher Staaten, darunter Deutschland, ordnet autonome Antifagruppen dem Linksextremismus zu und beobachtet einige davon. Besonders umstritten ist deren Akzeptanz und Anwendung von Gewalt."*[741]

Gibt es nicht längst einen Linksruck (während die Aufmerksamkeit auf einen vermeintlich drohenden Rechtsruck gelenkt wird), wenn im Deutschen Bundestag eine Abgeordnete (Martina Renner von „Die Linke") sich bei der Antifa (einer gewaltbereiten linksextremen Gruppierung), für ihren Einsatz gegen Rechts bedankt? Das Tragen eines Antifa-Buttons am Blazer hat ihr immerhin einen Ordnungsruf eingebracht.[742]

Was wäre, wenn die Erde gar nicht so krank und hilfsbedürftig wäre, wie es scheint. Was wäre, wenn die Welt viel mehr gesund und kräftig wäre? Wenn wir nicht in kollektiver Lebensgefahr wären, sondern einfach „nur" Handlungsbedarf in einzelnen Bereichen hätten (z.B. Hanf statt Plastik, saubere Luft statt Geoengineering, heimische Quellen ohne Fluor statt Wasser aus Plastikflaschen aus Gebieten, in denen den Menschen von Großkonzernen das Wasser abgegraben wird – z.B. Äthiopien)? Vielleicht magst du mal rausgehen in die Natur und dich bewusst mit der Erde verbinden – möglicherweise kannst du dann selbst spüren, wie es der Erde geht?

Der Rapper „Kilez More" hat bereits 2011 einen Song mit dem Titel „Klimawandel" veröffentlicht, der heute nach einigen Jahren aktueller denn je ist – das Video findest du unter https://invidio.us/watch?v=AybBEuIpy44 oder https://youtu.be/AybBEuIpy44).

Die erfolgreiche Sängerin Kamaya Monika Maria Wunram hat einen aktuellen Klimasong mit dem Titel „Klima im Wandel" geschrieben. Er ist bei Kamasha-TV auf der Internetseite von www.nataras-welt.de zu hören und kann auch auf Social-Media-Kanälen per Download gehört werden.

2. Kurzzusammenfassung zur Klimawandel-„Mission"

Eine versuchte Kurzzusammenfassung rund um das Thema Klimawandel und möglichem Handlungsbedarf daraus aus unserer Sicht:
Nachdem Al Gore das globale Feld für die Klimawarnungen vorbereitet hat, tritt eine 16-jährige Jugendliche (mit einem Krankheitsbild, das sie alles schwarz oder weiß sehen lässt) in Erscheinung. Wie man uns glauben lassen will, aus ihrem eigenen Antrieb heraus und alleine. Wie sich später heraus stellt, dürfte jedoch nichts dem Zufall überlassen worden und das Mädchen nur Teil (Marionette?) eines großen Netzwerks sein, in welchem Namen wie Rockefeller, Rothschild, Soros, Club of Rome, WeDontHaveTime, Marshall-, Morgenthau- und Delors-Plan etc. fallen und in dem PR-Profis, Investment-Experten und höchste finanzielle Interessen vertreten sind. Der offensichtlich so uneigennützige Einsatz für das Klima dürfte wohl allen darin verwickelten Menschen und (deren?) Organisationen zum Wohle sein. Fraglich, ob das auch für die möglicherweise missbrauchte Jugendliche (und ihre indirekt im Familienbuch ebenso an die Öffentlichkeit gezerrte jüngere Schwester) gilt, die seit früher Kindheit in Angst und Panik lebt sowie ihrer Krankheit zum Trotz von einer Massenansammlung zur nächsten reist (reisen muss?). Möglicherweise missbraucht oder eventuell eben auch „an den Teufel verkauft", wie es ja nach Ansicht von Gretas Mutter auf dem schwedischen Titelblatt angeblich jeder tut?

Und das Volk sieht auch nicht nach Gewinner aus. Schließlich sind es die Menschen, die die (von den Demonstranten lautstark geforderte) Klima-Zeche zahlen und zudem noch große Einschränkungen ihrer Freiheit hinnehmen müssen, wenn alles nach linkem Plan läuft. Das Volk sollte sich schnellstmöglich für den vermeintlichen Klimaschutz einschränken und zahlen, während die Elite nichts davon zu halten scheint (siehe zahlreiche Beispiele vorne, die sicher nicht die komplette Bandbreite abdecken). Bereits bevor die deutsche Regierung das Klimapaket beschlossen und präsentiert hat, haben tausende Menschen ihren Arbeitsplatz verloren – sie und ihre Familien stehen vor einer ungewissen Zukunft. Zigtausende oder gar Millionen weitere Arbeitsplätze werden folgen. Eine wirtschaftliche Rezession hat bereits begonnen, dass sie nachhaltig sein und weit über die Branchen der Auto-(zuliefer-)Industrie hinausgehen wird, sehen nicht mehr nur Pessimisten so. Auch für die Jugend wird es in manchen Gegenden zukünftig schwierig werden, nach ihrer Schulausbildung einen Arbeitsplatz zu finden. Bezeichnenderweise durch genau die Maßnahmen, die sie mit ihrer Unterstützung von Greta Thunberg und den Demonstrationen selbst gefordert haben. Das dürfte die Elite doch perfekt inszeniert haben: Sie ließ vermutlich zuerst die Kinder und Jugendlichen über Al Gores Film „Eine unbequeme Wahrheit" und dann über Greta Thunberg in Panik versetzen. Kann es sein, dass viele Kinder durch diese Angstmission schlecht bis fast gar nicht mehr schlafen können? Dass so viele Kinder Angst haben, durch einen Sturm, eine Flut oder ein Feuer ums Leben zu kommen? Für wen hat diese lähmende Angst sonst noch Wirkungen? Kann es sein, dass in weiterer Folge auch die Pharmaindustrie vom Leid der Kinder profitiert, das über Greta Thunberg so schnell über den Erdball verteilt worden sein dürfte? Im nächsten Schritt nutzt die Elite die ehrlich gemeinten Forderungen der Kinder dazu, um global weitreichende Änderungen durchzusetzen und zu rechtfertigen – mit keinen positiven (oder wie im Fall der E-Autos, der Windkrafträder und der Solarenergie möglicherweise sogar negativen?) Folgen für die Umwelt und extremen Nachteilen für die Menschen?

Schleichende Eingriffe in bisherige gesellschaftliche Tabus scheinen sich jetzt schon abzuzeichnen: Eigentumseingriffe (ua. demolierte Autos, Enteignungen, niedergetrampelte Wiesen, Hausfriedensbrüche) und eine Radikalisierung der Gesellschaft scheinen zunehmend normal zu werden. Extreme, die von links kommen, werden toleriert, während der Blick der Öffentlichkeit geschickt nach rechts gelenkt wird. Herbert Grönemeyers gebrüllte Kampfansage gegen „Rechts" wird gefeiert, während Menschen wie Jo Conrad (bewusst.tv)[743] als rechtsradikal dargestellt werden. Satanische Rituale gehören auch bei den Demonstrationen der Fridays for Future immer mehr zum gewohnten Bild (so wie es allgemein in der Öffentlichkeit bereits bei der Eröffnungsfeier des Gotthard-Tunnels[744] unter Anwesenheit hoher Politiker [ua. Angela Merkel, Johann Schneider-Ammann, Francois Hollande, Matteo Renzi, Christian Kern] ganz klar offenbart wurde[745]). Das An-den-Pranger-Stellen von Menschen, die nicht gegen die Gesetze verstoßen haben, sondern nur ihre (gesetzlich zugesicherte) Freiheit leben, scheint „normal" zu werden. Nicht die Gesetze definieren den erlaubten Rahmen, sondern die Mehrheit (bei einer Demonstration) oder private Firmen mit Milliardären im Hintergrund (Faktenchecker) entscheiden, was gemacht werden darf und wer bestraft (verhöhnt, blockiert, gelöscht, gekündigt etc.) wird.

Selbst Kabarettisten, die immer schon aktuelle Themen lustig verpackt haben, dürfen sich offensichtlich nicht mehr kritisch äußern. Diese Erfahrung hat der bekannte deutsche Komiker Dieter Nuhr in den letzten Wochen trotz – wie wir meinen - achtsamer und respektvoller Formulierungen selbst erfahren müssen.[746] Bei Greta Thunberg und dem Klima hört sich der Spaß auf. Für Kabarettisten Detlev Schöner ist es ein Grund, warum er nach Auslaufen des aktuellen Programms die Bühne verlässt. Politisches Kabarett mache ihm keinen Spaß mehr. Wenn man nicht brav dem „links-grünen Mainstream nachplappere" und sich stattdessen traue, „abweichende und unbequeme Meinungen" zu äußern, werde man oft „in die rechte Ecke gestellt", wird Schönauer nach 40 Jahren Kabarett-Erfahrung im Saarländischen Rundfunk zitiert.[747]

Ungeachtet dessen dreht sich die Erde weiter und was hat sich für das Klima geändert? Das Erdklima *kann* sich durch solche Beschlüsse, Demonstrationen, Einschränkungen und noch höhere als die ohnehin weltweit fast höchsten Abgaben vermutlich nicht wesentlich verbessern. Stattdessen scheint sich das gesellschaftliche, zwischenmenschliche Klima (nach der Ablenkung und Vereinsamung durch Handys, nach der Gefährdung und Zerstörung der Familien, nach der immer früheren institutionellen [Kleinst-]Kinderbetreuung) noch weiter zu vergiften.

Es liegen mittlerweile noch mehr und sehr entlarvende Fakten am Tisch, die jetzt noch klarer als davor für einen völlig natürlichen Klimawandel sprechen. Dieser sei völlig normal, kein Grund zur Panik oder Anlass für radikale Eingriffe in die Finanzen und Freiheit der Menschen. Was wäre, wenn sich auch die Mehrheit der Politiker und der mit den Eliten (unter anderem finanziell) verbundenen Medien sich nochmal die nicht manipulierten Fakten ansehen würde, mit freien Wissenschaftlern sprechen und sich plötzlich darauf besinnen würde, auch (wieder) die These vom völlig natürlichen Klimawandel zu berichten? Was wäre, wenn die Menschen plötzlich nicht mehr Angst und Panik vor einem Untergang der Erde hätten, sondern sich wieder ruhig und gelassen mit der Natur und den Mitmenschen in ein friedvolles und liebevolles Miteinander begeben würden? Dann würde für diese Eliten das einzige Thema wegfallen, das global alle Menschen insofern miteinander verbindet, dass sie mit einheitlichen Maßnahmen mehr „unter Kontrolle gebracht" werden könnten. Und damit verlören sie die Rechtfertigung, mit der sie die Globalisierung und Gleichmachung der Menschheit nach dem Motto der neuen Weltordnung (Paneuropa, Morgenthau-Plan, Delors-Plan etc.) umsetzen könnte.

„Wir sitzen alle in einem Boot.
Die leidvolle Tatsache, dass es die Titanic ist,
kann Menschen ihr tiefes Bedürfnis nach
Zugehörigkeit auf globalem Niveau erfüllen."
Psychotherapeut Irvin Yalom,
zitiert von Dipl.-Psychotherapeut Fabian Chmielewski[748]

Spielen wir weiter mit? Oder ist unsere Vision ein Planet, der ebenso respektiert und wertgeschätzt wird, wie alle seine Bewohner (Menschen, Tiere, Pflanzen), eine Vision, in der jedes Volk in seine eigene Kraft kommen darf und wo alle im friedvollen Miteinander und in Freiheit glücklich leben können? Geht es um die Zukunft des Planeten, der Menschen, der künftigen (von der Elite offensichtlich unerwünschten) Generationen, geht es um neue Erfindungen, um Forschung, um Entwicklung, um neue Lösungen, um Schritte nach vorne in die Zukunft? Oder geht es wie in den letzten Jahrtausenden um Schuld, Einschränkungen, Mangel, der wieder der Mehrheit der Bevölkerung auferlegt werden soll und in dem sie weiterhin gehalten werden sollte?

Spielen wir das Spiel der Eliten mit oder sagen wir STOPP zu einer CO_2-Steuer, zu einer Impfpflicht, zu einer weiterhin unkontrollierten Überflutung mit Migranten (und Entvölkerung derer Heimatstaaten; mittlerweile auch bequem per Flugzeug und auch aus sogenannten Kriegsgebieten, in denen bereits wieder Luxusurlaube gebucht werden können, wie etwa in Syrien)? Sagen wir nein zu einer noch stärkeren Verarmung der Bevölkerung, zur Umsetzung einer „Neuen Weltordnung", zu noch mehr Unmenschlichkeit, Trennung und Vereinsamung, zu satanischen Handlungen als Normalbild, Frühsexualisierung der Kinder und Pädophilie etc.?

Wollen wir wirklich, dass unsere Politiker nach dem Motto „Wir schaffen das" und „Wir können das" handeln, einfach weil sie können, aber nicht, weil es das Beste für das Volk und verantwortungsbewusst wäre?

3. Zeit zu handeln – für die Zukunft der Erde und (all) ihrer Bewohner

Es ist nie zu spät ... Wir sind vielmehr der Meinung, es ist JETZT Zeit zu handeln. Egal, ob du bisher mit dem Klima nicht viel am Hut hattest oder ob du bereits aktiv an den Demonstrationen für eine bessere Zukunft teilgenommen hast:

Lass uns jetzt aktiv sein für eine bessere Zukunft, für das Wohl ALLER Menschen, Tiere und Pflanzen. Für eine respektvolle Behandlung unseres Planeten und keine zusätzliche Ausbeutung über z. B. E-Autos, über Tests der Pharmaindustrie, die möglicherweise Babys mit fehlenden Gliedmaßen auf die Erde kommen lassen, über eine Verlängerung der Anwendungserlaubnis von Pflanzen(„schutz")mitteln wie Glyphosat, die im Verdacht stehen, schwere Krankheiten auszulösen, über Tests an Natur und Menschen über die Freisetzung von infizierten Mücken und Versuchslabore,[749] über Giftstoffe in der Luft, die teilweise nicht mal auf natürliche Weise aufsteigen, sondern von oben angebracht worden sein mussten (Geo-Engineering), über das Ausbeuten und Abgrenzen von Quellen, um ihr Wasser in Plastikflaschen teuer in alle Welt zu verkaufen, während den Einheimischen nur mehr verschmutzte und krankheitsübertragende Kloaken übrig bleiben, wenn überhaupt (z.B. in Äthiopien) etc.

Gerade in den letzten Wochen sind einige sehr klare Hinweise öffentlich geworden, dass die CO_2-basierte Erderwärmungstheorie unter Verursachung der Menschen so nicht funktionieren kann. Wir haben aufgrund der Dringlichkeit binnen kurzer Zeit versucht, in diesem Buch möglichst viele Informationen für dich zu sammeln und bereitzustellen. Sieh es bitte als Einladung, dich selbst mit dem Thema (das letztendlich doch wieder mit allen anderen gesellschaftlich relevanten Themen und den im Hintergrund handelnden Mächten verbunden ist) näher zu beschäftigen. Lasst uns (noch einmal und mit umfassendem Wissen jetzt tatsächlich für eine bessere Zukunft) aufstehen und uns nicht mehr gefallen, wenn Politiker und Prominente glauben, sich über unsere Köpfe hinweg für sich selbst die Rosinen rauspicken zu können. Es reicht.

Und wenn du jetzt vielleicht enttäuscht oder wütend bist, weil du dich womöglich in den letzten Monaten durch eine perfekt inszenierte und durchgeplante Kampagne der Eliten täuschen und in die Irre führen hast lassen und deine Teilnahme an den Freitagsdemonstrationen nicht das bewirken hätte können, worum es dir eigentlich gegangen wäre: Bitte zieh dich nicht zurück, sondern bleib bei deinem Engagement! Sei dennoch stolz auf dich, dass du etwas bewegen wolltest, dass du aufgestanden bist und Handlungsbereitschaft signalisiert hast, dass du im Miteinander mit so vielen anderen etwas für unser aller Zukunft tun wolltest. Sei nicht entmutigt, sondern mach weiter – jetzt erst recht. Bleiben wir doch dabei, nur diesmal wirklich für die Freiheit und Gesundheit des Planeten und all seiner Bewohner sowie für eine wirkliche Gleichberechtigung aller Menschen. Wie wäre es mit einer Demo am Samstag oder Sonntag, wie wäre es, wenn sich noch mehr über die Gelbwesten (oder Goldherzen oder Ritter der Wahrheit ...) zusammenschließen würden (über eine Aktion, die tatsächlich aus dem Volk entstanden ist)? Wenn genug Menschen miteinander „Stopp" sagen und nicht mehr bei den Machenschaften der Drahtzieher im Hintergrund mitmachen, dann braucht es gar keinen „Hinter"-Grund mehr, sondern nur mehr einen Grund.

Petition zum Stopp der CO_2-Steuer

Wir haben eine Petition vom Volk an die deutsche Bundesregierung für einen Stopp der angekündigten CO_2-Steuer gestartet – Deutschland geht vor, andere Länder folgen? Lasst uns bitte alle unterschreiben! Nutzen wir unser Grundrecht. Je mehr Menschen zeichnen, desto größer die Erfolgsaussichten der Petition. Je mehr Stimmen aus dem Volk hier für einen Stopp der CO_2-Steuer (und damit auch der ganzen weitreichenden Pläne im Hintergrund!) stehen, desto mehr Kraft bekommt die Forderung.

Stoppen wir im Miteinander die CO_2-Steuer – und damit auch das finstere Spiel, das dahintersteckt. Bleib aktiv und werde aktiv, jetzt zum Besten und für eine liebe- und friedvolle goldene Zukunft für alle, und nicht nur für ein paar wenige Individuen!

Hier ist der Link

www.change.org/p/bundesministerium-f%C3%BCr-umwelt-naturschutz-und-nukleare-sicherheit-stoppt-die-co2-steuer

zur Petition „Stoppt die CO_2 Steuer" auf change.org (kann gerne auch als Brief an die Mitglieder der Bundesregierung gesandt werden).

Achtung: Wir sind gespannt, ob die Petition bei change.org bei Erscheinen des Buches noch online ist, wurde sie doch bei etwas mehr als 2000 Teilnehmern mit der folgenden „Warnung" versehen: *„Diese Petition wurde von Change.org-Nutzer*innen gemeldet. Wir legen nahe, dass Sie sich eingehender über das Thema informieren und die Informationen in dieser Petition prüfen, bevor Sie die Petition unterschreiben oder teilen."*

Überlege dir bitte: Unsere Petition basiert auf einem rechtskräftigen Gerichtsurteil! Auf diesem aufbauend fordern wir die deutsche Bundesregierung auf, die CO_2-Steuer-Beschlüsse zurückzunehmen. Was daran bedarf einer Warnung? Aber recherchieren ist immer gut, je mehr Menschen sich selbst umfassend und breit informieren (auch über das Hockeyschläger-Urteil), umso besser.

Wir haben zudem beobachtet, dass unsere Petition selbst bei wortgleicher Eingabe des Namens derzeit nicht in den Suchergebnissen angezeigt wird (dafür andere – möglicherweise sogar bewusst zur Streuung eingerichtete? – CO_2-Petitionen)! Wenn du die richtige Petition erreichen willst, gib also bitte den direkten Link ein.

So wie wir haben zudem auch andere Teilnehmer an der „Stoppt die CO_2 Steuer"-Petition an die deutsche Bundesregierung den Eindruck erhalten (und uns mitgeteilt), dass die Teilnehmer-Zahlen an unserer Petition allem Anschein nach sehr massiv nach unten reglementiert werden. Wir werden weiterhin unsere Augen darauf richten (und es als Ansporn dafür nehmen, den Betreibern und Politikern jetzt erst recht zu zeigen, dass wir viel mehr sind, als sie uns offensichtlich zugestehen wollen).

Change.org nennt übrigens als technischen Betreiber und Anbieter im Sinne des § 1 Abs. 1 Netzwerkdurchsetzungsgesetz (NetzDG) Change. org mit Sitz in San Francisco/USA. Vorstand und CEO ist demnach: Ben Rattray; Zustellungsbevollmächtigter für Zustellungen in Verfahren bzw. Gerichtsverfahren vor deutschen Gerichten ist Change.org (PBC) mit Sitz in Berlin.[749a] Und die deutsche Version der Petitionsplattform wird „kuratiert und administriert durch den gemeinnützigen Verein Change.org e.V., der seinen Sitz im Haus der Bundespressekonferenz hat – die Bundespressekonferenz ist ein Zusammenschluss von Parlamentskorrespondenten, der Pressekonferenzen mit maßgeblichen Personen aus Politik, Wirtschaft und Kultur veranstaltet.[749b] (Vielleicht möchtest du auch mal recherchieren, wer hinten den anderen bekannten Petitionsplattformen dem Volk [vermeintlich?] eine Stimme geben will).

Hier ist der Text unserer Petition „Stoppt die CO_2 Steuer":

Petition/Brief an die deutsche Bundesregierung
zur geplanten Einführung einer CO_2-Steuer

Sehr geehrte Damen und Herren,

wie Sie sicherlich schon informiert wurden, hat Prof. Michael Mann, Erfinder der umstrittenen Hockeyschlägerkurve von 2001, vor einem kanadischen Gericht die Herausgabe der ihr zugrunde liegenden Rohdaten verweigert (und damit freiwillig Millionen an Dollar Gerichtskosten und Entschädigungskosten für ein langjähriges und noch dazu von ihm selbst angestrebtes Gerichtsverfahren in Kauf genommen).

Mann klagte ursprünglich gegen die Aussage des Geografen Dr. Timothy Ball. Dieser hat behauptet, dass Michael Mann ins Gefängnis gehöre, weil dessen Rohdaten für die Temperaturanstiegskurve manipuliert und gefälscht seien. Im Gegensatz zu anderen Temperaturaufzeichnungen weist die Hockeyschläger-Kurve nur wenige natürliche Temperaturschwankungen auf und sieht einen Anstieg der Erderwärmung erst – optisch einem Hockeyschläger ähnelnd – menschenverursacht mit dem Einsetzen der Industrialisierung. Das Gericht hatte im Zuge des Verfahrens diese Rohdaten angefordert, um beurteilen zu können, ob der Vorwurf der Manipulation und Fälschung wahr oder falsch sei.
Die Geheimhaltung um jeden Preis, lässt – gerichtlich bestätigt – nur einen Schluss nahe: Prof. Michael Mann habe eine kriminelle Handlung begangen, da er lieber die von ihm selbst eingereichte Zivilklage verlor, als die Rohdaten seiner Arbeit zur Verfügung zu stellen. Damit verweigert er nicht nur den wissenschaftlich üblichen breiten Peer-Review, sondern entzieht damit auch der Theorie des menschenverursachten, CO_2-bedingten Klimawandels des internationalen Weltklimarats IPCC, die Glaubwürdigkeit.

Ich fordere Sie daher hiermit auf, Ihre Aktivitäten hinsichtlich der geplanten Einführung einer CO_2-Steuer für jeden deutschen Steuerzahler unverzüglich einzustellen. Wie sich herausstellt, basiert die ganze These des „menschengemachten Klimawandels durch CO_2" im Wesentlichen auf **einer einzigen,** auch noch absichtlich kriminell manipulierten Arbeit von Prof. Michael Mann. Diese wird vom IPCC als wissenschaftlicher Beweis herumgereicht und als Zünglein an der „Wahrheits"-Waage angesehen.

Ein umfangreicher E-Mail-Verkehr kann als Beweis dafür dienen, wie man versuchte, die Rohdaten absichtlich zu fälschen und „anzupassen", so dass sie politisch in die IPCC-Ideologie des menschengemachten, CO_2-bedingten Klimawandels passten. US-Präsident Donald Trump hat bereits eine strafrechtliche Anklage wegen Betruges gegen Prof. Michael Mann angekündigt.

Ich frage Sie, liebe Mitglieder der Bundesregierung, als unsere Vertreter: Wollen Sie sich mitschuldig machen an einer nun auch gerichtlich bewiesenen Klimalüge, um dem deutschen Steuerzahler noch mehr finanzielle Lasten aufzubürden? Vor allen Dingen für ein natürlich vorkommendes, geruchloses und ungiftiges Gas, welches die Pflanzenwelt und unsere Ozeane zum Überleben brauchen, welches sie sofort aufnehmen und wieder in den Kreislauf der Natur einbringen?

Ich hoffe auf Ihren Mut und Ihre Kompetenz, diesen Betrug am Volk sofort zu stoppen

Telegram-Kanal
„Stoppt die CO_2-Steuer jetzt"

Du möchtest mehr Informationen rund um das Thema Klimawandel und CO_2? Dann bist du im Telegram-Kanal „Stoppt die CO_2-Steuer jetzt" herzlich willkommen. Hier findest du regelmäßig aktuelle und allgemeine Informationen, Berichte, Videos und Posts aus unterschiedlichen Quellen zu dem Thema.

Der Link zum Kanal in der Telegram-App:
https://t.me/stoppt_die_CO2_Steuer_jetzt

4. Unsere Vision und unser Appell für die Zukunft

Liebe Demonstrierende von und mit „Fridays for Future",
liebe Kinder und Jugendliche,
liebe Eltern und Großeltern, Tanten und Onkeln,
liebe Schuldirektoren, Lehrer und Politiker,
liebe Wissenschaftler,
liebe Polizisten und Verfassungsschützer,
liebe Unternehmer, einfach liebe Mit-Menschen!

Lasst uns wieder unsere Verantwortung leben, nehmen wir sie wieder an uns, jeder bei sich im Kleinen und dann auch im Großen. Nicht mit Kampfparolen, sondern mit Menschlichkeit. Nicht mit Hass und Vorwürfen, sondern mit liebe- und friedvoller klarer Kommunikation. Nicht indem wir uns noch weiter trennen lassen und es so den bisherigen Eliten noch leichter machen, sondern indem wir wieder füreinander da sind, aufeinander aufpassen, über Verbindendes und auch Trennendes reden und gelassen Lösungen finden, anstatt in Zynismus und Angriffe überzugehen. Lassen wir uns nicht länger lähmen durch Angst und Panik, sondern gehen wir wieder in die Lebendigkeit, stehen wir auf und sagen wir „Stopp" zu dem, was falsch läuft. Spielen wir nicht länger jenes „Spiel" mit, in dem die Mehrheit der Menschen (sowie die anderen Lebewesen) und unser Planet verlieren würden, lasst uns unbesiegbar werden.
Lasst uns wieder in die Augen sehen, die Botschafter unserer Seelen. Lasst uns wieder mitfühlen, aber nicht mehr mitleiden. Lasst uns wieder glücklich und lebendig sein. Dann hat keine Macht mehr die Chance, uns von einer goldenen Zukunft abzuhalten. Lasst uns unsere genialen Möglichkeiten und Fähigkeiten wiederentdecken, die fast alle von uns für so lange Zeit vergessen hatten ... dann können wir Unmögliches möglich machen.

Es geht hier nicht mehr um rechts oder links, um Mann oder Frau, um weiß oder schwarz, um alt oder jung, um reich oder arm, um Polizist oder Verschwörungstheoretiker, um Ordner oder Journalist, um Kapitalismus oder Sozialismus – es geht hier um Menschlichkeit und um unsere Freiheit. Wenn es viele Politiker und Prominente auch offensichtlich verlernt haben – zeigen wir es ihnen wieder, wie es geht: Das Zusammenhalten, das einander Stärken, das Verbinden und das Miteinander, das Füreinander da zu Sein und das aufeinander Aufpassen.

Alle Menschen sind gleich wertvoll, es gibt keine Zweiteilung in eine herrschende Klasse (jene Politiker und Promis, die sich nicht an ihre eigenen Forderungen halten) und eine unterdrückte Klasse wie im Sozialismus beziehungsweise Kommunismus. Lasst uns unsere Zukunft selbst in die Hand nehmen, jedes Volk in seiner Kraft und alle Völker in einem friedvollen und liebevollen Miteinander. Lasst uns unsere Träume verwirklichen, für einen gesunden Planeten und für gleichberechtigte Menschen, von denen jeder im respektvollen Miteinander in seiner Freiheit und im Wohlstand leben kann (sodass auch niemand mehr gezwungen wäre, seine Heimat dauerhaft zu verlassen). Ohne weitere Einschränkungen, ohne weitere Abgaben bei ohnehin schon höchsten Steuerleistungen. Wenn man sieht, wohin die Gelder fließen, wäre doch bereits jetzt mit einem Bruchteil der Steuerleistungen Geld im Überfluss für die Lösung der wirklich gravierenden Themen vorhanden.

Lasst uns jetzt Hand in Hand mit jenen Politikern, Künstlern, Journalisten und Publizisten, Ärzten und Heilern, Wissenschaftlern, Politikern, Unternehmern, Gesundheitspflegern und Betreuern der Älteren und der Jüngsten, einfach mit allen Menschen aus den verschiedensten Bereichen aufstehen, die offen und gerade heraus klar für die Menschen wirken, die das Größte und Liebevollste für nicht nur wenige, sondern für alle auf diesem wundervollen Planeten als Vision haben.

Wir sind noch viel mehr!

Besinnen wir uns wieder auf das Wesentliche. Lassen wir uns nicht mehr länger einreden, wir müssten das und das besitzen oder dies und jenes kaufen oder verwenden, um glücklich zu sein. Lassen wir uns nicht mehr länger vormachen, wir müssten größer oder kleiner, dicker oder dünner, heller oder dunkler, begabter oder fleißiger sein. Lassen wir uns nicht mehr einreden, jeder von uns müsste gleich gut in Mathematik oder Deutsch oder Turnen sein, unser Wert würde an Schulnoten oder mit dem Befolgen von Anweisungen aus dem Außen oder mit einer Nase nach Norm zusammenhängen. Lassen wir uns nicht eintrichtern, wir müssten uns optimieren und verbessern. Jeder von uns ist bereits wundervoll und einzigartig. Es ist mehr als genug, wenn wir wieder lernen, unsere eigene Stimme, unsere Seele zu hören, wenn wir unser individuelles Licht zum Scheinen bringen, uns in unserer Einzigartigkeit zeigen und leben – in fried- und liebevollem Miteinander mit uns selbst, mit unseren Mitmenschen, Tieren und Pflanzen, mit dem ganzen Planeten Erde.

Gehen wir hinaus in die Natur, genießen wir die Sonne und verbinden wir uns mit ihr, die auch bei uns wieder immer häufiger wie früher am Himmel zu sehen ist. Genießen wir einen wolkenlosen, blauen Himmel, ohne Angst, erfahren wir den Wald, die Berge und Seen, das Meer. Öffnen wir unser Herz für die Tiere, auch sie fühlen wie wir, auch sie können mit uns kommunizieren. Sie „durchschauen" uns, lernen auch wir es wieder, uns ihnen gegenüber zu öffnen und seien wir bereit, von ihnen zu lernen. Du wirst dann spüren, dass die Erde nicht krank, nicht im Überlebenskampf ist, sondern wir einfach für uns selbst gewisse Dinge in die Veränderung bringen dürfen. Du wirst die Kraft und Stärke unseres Planeten spüren.

Und am wichtigsten: Beginnen wir bei uns selbst. Jeder von uns hat sich diesen wundervollen Körper manifestiert, damit wir darüber unsere Seele auf der Erde zum Ausdruck bringen können. Respektieren und achten wir ihn wieder, beschenken wir ihn mit den schönsten, liebevollsten und dankbarsten Gedanken und Gefühlen – wie auch immer er aussehen mag und welche Verbindung du bisher zu ihm hattest: Er ist rund um die Uhr für dich da, durch ihn atmest, siehst, hörst du, durch ihn liest du jetzt dieses Buch. Sagen wir einfach DANKE dafür, dass wir unseren wundervollen Körper haben und dieses wundervolle Leben in einer Zeit, wo so vieles ans Licht kommt und wo jeder von uns so vieles bewirken kann für eine bessere Zukunft. Wir dürfen nur das Richtige wählen. Wenn wir mit uns selbst, mit unserem Körper und mit unserem Leben Frieden schließen, in Frieden und in Liebe leben, dann kann auch um uns herum nur Liebe und Frieden sein. Alleine dadurch verändern wir die Welt schon ein bisschen.
Ein Lächeln für die Nachbarin, eine Schale Wasser für die Vögel an warmen Sommertagen, ein Weberknecht in der Wohnung, den du nicht tötest, sondern in die Natur bringst, eine Plastikflasche, die du im Geschäft lässt und dafür dein eigenes Wasser in einer wieder befüllbaren Flasche mitnimmst, durch das Aussprechen eines Kompliments für einen (auch fremden) Menschen, das du dir vielleicht bisher nur gedacht hättest, durch den Fokus auf das Positive, das es in jeder Situation dennoch gibt – auch jeder *kleine* Schritt kann im Miteinander Großes bewirken.

Die Liebe ist stärker, keine Macht kann verhindern und uns einschränken, wenn wir wieder Menschen sind und in voller Lebendigkeit und Aktion unser menschliches Licht leben. Konzentrieren wir uns auf zukunftsträchtige Lösungen und Weiterentwicklungen und nicht auf vergangene Einschränkungen und Ausbeutung von Umwelt und Menschen. Oder – wie Jo Conrad es formulierte – „Freidenk for Future"[750] statt „Fridays for Future"!

Es geht um unser aller Zukunft.
Es ist nie zu spät – und jetzt gerade richtig!

An dieser Stelle unser herzliches

DANKE

an dich für deinen Mut, dieses Buch bis zum Schluss zu lesen!
Danke, dass du dich damit möglicherweise
neuen Erfahrungen und Informationen geöffnet hast.
Danke, dass du dich mit der wundervollen Natur voll Freude und
ohne Schuld verbindest. Die Erde und alle Pflanzen geben jeden Tag
ihr Bestes, erschaffen die schönsten Blüten und Früchte, schenken
uns so viel Nährendes – nehmen wir es in Freude,
Dankbarkeit und Respekt an.
Danke auch an all die Schuldirektoren, die dieses Buch über
die Oronos Stiftung jetzt in Händen halten.
Wir freuen uns, dass es an vielen Schulen Verwendung findet.

Ein ganz großes

DANKE

auch all jenen mutigen Menschen aus den
verschiedensten Bereichen, die voran gegangen sind,
die ihren Weg der Wahrheit auch jetzt aufrichtig weitergehen,
sich nicht durch finanzielle Angebote oder
Drohungen von ihrem klaren Weg abbringen lassen,
die immer wieder ihre Stimme erheben und
dabei auch gegen den Strom schwimmen.
Denn, wie Heiko Schrang es formuliert:

Nur wer gegen den Strom schwimmt, der gelangt zur Quelle.

Die Liebe war schon immer stärker.

HERZLICHEN DANK

an
Michael Kent und Sabine Hinze von Kent-Depesche,
das Europäische Institut für Klima und Energie (EIKE),
Oliver Janich und
alle anderen Menschen,
die uns bei der Entstehung dieses Buches
auf die eine oder andere Art geholfen haben,
sodass es zu einem Manifest des Miteinanders
aus dem Volk und für das Volk werden konnte.

Unser besonderer Dank geht an
Jörg Loskant-Heim –
ohne ihn wäre dieses Buch nicht möglich gewesen.

Exkurs zu den Vorgängen in Chemnitz 2018
und zur Massenmigration

Eines ist uns an dieser Stelle wichtig festzustellen (auch wenn es nicht direkt das Klima betrifft – indirekt durch die Ankündigung des Weltklimarats IPCC von hunderten Millionen Klimaflüchtlingen und der Vermutung mancher Kritiker, dass die CO_2-Abgabe in Wahrheit zur Deckung der enormen Migrationskosten verwendet würde, allerdings schon; beide Themen – Migration und Klima – dürften in Wahrheit der Umsetzung der von den bisherigen Machthabern angestrebten „Neuen Weltordnung" dienen):

Für uns ist jeder Mensch gleich wichtig und es hat jeder Mensch das Recht darauf, glücklich in Freiheit und Wohlstand zu leben. Wie wir allerdings im Verlauf des Buches bereits dargelegt haben, gibt es gezielte und gesteuerte Pläne (untermauert durch zahlreiche Politiker-Aussagen), die einzelnen Nationalstaaten zurückzudrängen, zu globalisieren, die Völker zu vermischen und dadurch zu schwächen, leichter führbar- und kontrollierbar zu machen.
Dass eine Umsiedlung ganzer Völker weder im Interesse des einen, noch des anderen Volkes und auch nicht im Interesse des Weltfriedens sein kann, liegt auf der Hand. Man denke an den verzweifelten Appell eines afrikanischen Politikers, der dem Westen die Frage stellte, wie er sein Land und sein Volk jemals wieder in die Kraft bringen soll, wenn alle jungen Männer mit dem verlockenden Angebot einer Vollversorgung ohne etwas dafür tun zu müssen, nach Europa und vor allem Deutschland gelockt würden.

Gerade im Herbst 2019 kursierten Berichte über eine neuerliche Migrationswelle Richtung Europa.[11] Nicht weiter verwunderlich, wenn selbst der designierte EU-Kommissar für Migration in der Kommission von Ursula von der Leyen eine stärkere legale Migration und eine Öffnung von Herzen und Heim fordert (in einer Phase, wo die Wirkungen der zum Teil unkontrollierten Masseneinwanderung bereits deutlich sicht- und spürbar werden, wenn du dir beispielsweise die Berichte auf alternativen, unzensierten Medienseiten ansiehst).[12] Es habe sich zum einen herumgesprochen, dass es zumindest für Migranten fast alles umsonst gäbe, wie selbst Flüchtlingshelfer resigniert feststellen.[13,14] Zum anderen dürften die Regierungswechsel in Italien (wo Matteo Salvini mit seiner Partei zur Entstehung dieses Buches nicht mehr in der Regierung ist) und Österreich (wo nach der Regierung unter Sebastian Kurz eine vom ehemals grünen Bundespräsidenten eingesetzte Interimsregierung im Amt ist) möglicherweise auch eine Rolle dabei spielen, wie die Einwanderungswilligen ihre Chancen einschätzen. Gerade Deutschland dürfte seine Grenzen nach wie vor nicht entsprechend sichern (können oder wollen?), wie die Anzahl an illegalen Neuankünften per Flugzeug[15] zeigt (dafür hat Kanzlerin Angela Merkel nach einem Bericht des KOPP Reports 200 deutsche Polizisten zur Grenzsicherung nach Saudi Arabien (!) entsandt)[16].

Mittlerweile werden sogar Einwanderungswillige per Flugzeug in ihrer Heimat abgeholt und direkt in wenigen Stunden ins gewünschte Zielland Deutschland gebracht.[16a] Sogenannte Seenotretter (die immer wieder Menschen ins Meer und damit in Lebensgefahr locken, mit der Aussicht, von dort per Schiff direkt nach Europa geschleppt zu werden?) wie die ehemalige Seawatch-Kapitänin Carola Rackete und ihre Kollegen dürften sich stets geweigert haben, den nächsten Hafen anzufahren und die an Bord Geholten zurück an die afrikanische Küste zu bringen, sondern warteten lieber wochenlang, um die Migrationswilligen auch tatsächlich nach Europa zu bringen. (Mit einem Zurückbringen hätten sie weiteren Einwanderungswilligen signalisiert, dass sie sich nicht ins offene Meer begeben und damit in Lebensgefahr bringen sollen, sondern besser legal wie gesetzlich geregelt ihre Einreise beantragen sollen.)

Wie jetzt bekannt wurde, sollen unter den von ihr Geschleppten möglicherweise auch Männer gewesen sein, die davor bereits gemordet, gefoltert und vergewaltigt hatten.[17] (Von Männern, denen ein Zurückbringen in Flüchtlingslager nach Libyen „nicht zumutbar" gewesen sei, wie von Rackete als Rechtfertigung behauptet, warum nicht die nächsten Häfen angefahren werden, kann also hier eher nicht die Rede sein.) Überprüft wurden die Menschen demnach nicht, bevor sie nach Europa gebracht wurden.[18] Die „Seenotrettung" soll übrigens ein gut subventioniertes und zudem noch mit Spendengeldern versorgtes großes finanzielles Geschäft verschiedener NGOs sein (über NGOs nehmen übrigens allgemein gerne einige mächtige und meistens immer die gleichen Familiendynastien global Einfluss in die politische und gesellschaftlich-kulturelle Landschaft, wie wir bereits genauer beleuchtet haben). Ein großes Geschäft, das einbrechen würde, wenn man die Einwanderungswilligen nicht in Europa absetzen würde. Zudem wäre es möglich, dass die Seenotrettung nur ein Ablenkungsmanöver ist – so sollen mittlerweile weitaus mehr Migranten über den Nachzug der Familien der zuvor eingereisten Migranten sowie auf dem Landweg oder per Flugzeug nach Europa kommen.[15,15a]

Selbst Migrationsforscher Gerald Knaus warnt in einem Interview mit der rtl/ntv-Redaktion (Frühstart) angesichts überfüllter Sammelstellen in Griechenland: *„Wenn es uns nicht gelingt, hier mehr als 12 Leute im Monat aus einem EU-Land zurückzuschicken, nur weil wir die Verfahren nicht beschleunigen, was sagt uns das über die Handlungsfähigkeit der Europäischen Union und über die Zukunft des Asylwesens?"*[19]

Angesichts dessen, dass Politik und Hauptmedien teilweise nicht sensibel und aufrichtig der eigenen Bevölkerung gegenüber handeln dürften, mag es wenig verwundern, wenn die Stimmung in der Bevölkerung irgendwann kippen würde und sogar die anscheinend überdurchschnittliche Geduld der Deutschen angekratzt würde. So dürften immer wieder Entwicklungen vor der deutschen Bevölkerung, die die Migration mit ihren Steuergeldern finanzieren muss, geheim gehalten werden (etwa rund um die Vorfälle in Köln zum Jahreswechsel 2015/2016, als in den Morgenstunden noch berichtet wurde, es sei alles ruhig verlaufen – nachdem in der Nacht massenweise sexuelle Übergriffe durch hunderte männliche Migranten auf einheimische Frauen stattgefunden hatten und viele Opfer von traumatischen Erlebnissen erzählten. Erst später, unter dem Druck zahlreicher Berichte von Opfern und Zeugen in sozialen Netzwerken, wurde dann doch auch in den Hauptmedien vermeldet, dass die Nacht doch nicht so ruhig verlaufen sei). Wurde hier vertuscht? Warum? Wessen Schutz stand hier im Vordergrund? Der Schutz der deutschen Frauen und der eigenen Bevölkerung? Jener Menschen, die für die Migrationskosten aufkommen müssen, und darüber, wie es scheint, kein Mitspracherecht bekommen und teilweise von den darüber Finanzierten noch mehr als respektlos behandelt werden? Der Schutz jener Eingewanderten, die es legal gemacht haben und auch gewillt sind, die Kultur und Menschen in ihrer neuen Heimat zu respektieren und in einem offenen und wertschätzenden Miteinander sowie in Frieden zu leben?

Bestehende Probleme werden – ebenso wie die Ansichten über einen natürlichen Klimawandel? – meist nicht thematisiert, ebenso wie viele Gewalttaten gegen Frauen und die Herkunft von Tätern bei Gewaltverbrechen, wenn diese einen Migrationshintergrund aufweisen. Wenn irgendwo offen berichtet wird, dann meist in freien Medien – in den „leitenden Medien" hört man gefühlsmäßig nur dann etwas davon, wenn es aufgrund des öffentlichen Drucks nicht mehr anders ginge.

Wenn berichtet wird, wie einzelne Organisationen sich durch die Migrationsströme (die Tendenz der Asylanträge steigt!) zu bereichern scheinen. Wenn Straftäter als Deutsche ausgegeben werden, die augenscheinlich keine gebürtigen Deutschen sind.[19a] Wenn Ausgaben von mehr als 8000 Euro pro Monat für Menschen, die noch nie in das Sozialsystem einbezahlt haben und nicht aus einem Kriegsgebiet kommen, dem monatlichen Einkommen deutscher Rentner mit wenigen hundert Euro gegenüberstehen. Wenn von vielen (den meisten?) Einwanderungswilligen zwar das Geld genommen wird, jedoch die Kultur und gesellschaftliche Ordnung des ausgewählten Ziellandes nicht respektiert, sondern verletzt wird. Verwundert es dann, wenn die Deutschen (und ebenso Schweizer und Österreicher) skeptisch werden und nicht mehr uneingeschränkt und alle unkontrolliert willkommen heißen und finanzieren wollen? Sind sie deswegen schon rechts? Oder sind sie einfach nur besorgt um ihre Zukunft und die Freiheit (der Frauen z. B.)?

Ist es fair, jegliche Diskussion gleich als „rechts" abzuwürgen, anstatt sich mit den (egal ob begründeten oder unbegründeten) Ängsten und Problemen zu beschäftigen? Ist es nicht respektlos, wenn die Sorgen der Menschen mit dem Verweis „rechtsradikal" abgetan werden, anstatt in den Dialog zu treten und Lösungen zu suchen? Schließlich sollten die Politiker doch zuerst die Menschen vertreten, die sie als ihre Vertreter gewählt haben und mit ihrem Steuergeld bezahlen (in *jedem* Land die Politiker zuerst ihr eigenes Volk), möchte man meinen. Und dann, soweit es für die Gesellschaft verträglich ist, ohne deren gesamtes Bild auf den Kopf zu stellen und den Charakter des Landes zu verändern, auch für Flüchtlinge aus Kriegsgebieten da zu sein, in einer Menge, die mit der eigenen Identität verkraftbar ist? Kann Integration und ein friedliches Miteinander funktionieren, wenn die eine Seite der Bevölkerung (nämlich die, die die andere mitfinanzieren muss) übervorteilt und nicht in die Entscheidungen eingebunden wird?[20] Wollen die Entscheidungsträger hier überhaupt ein friedvolles Miteinander?

Auch auffallende Ungleichbehandlungen zwischen Neuzugezogenen und jenen Menschen, die bereits jahrzehntelang ins Sozialsystem eingezahlt haben, und dennoch an oder unter der Armutsgrenze leben müssen wie immer mehr Rentner, dürften nicht zu einem besseren Klima beitragen. So wurden Obdachlose in Düsseldorf mit Steinen von ihrem Unterschlupf unter der Rheinkniebrücke vertrieben. Nachdem Flüchtlinge zwei Häuser verlassen hatten, wurden sie dann letztendlich den Obdachlosen zur Verfügung gestellt.[21] In Leverkusen wurde eine 18-Millionen-Euro-Anlage[22] inklusive Hausmeisterbereich, Sicherheitsdienst, Caritas und Aufenthalts- und Schulungsbereich für Migranten

gebaut, während in Braunschweig Studenten aus zwei Gebäuden aus-
ziehen müssen (die ursprünglich nicht für sie, sondern für Migranten
gebaut und nicht gleich, jetzt aber doch wieder für sie benötigt wurden. Da der Wohnungsmarkt angespannt sei, würden die Flüchtlinge
länger in den städtischen Wohnungen bleiben – ob der angespannte
Wohnungsmarkt für die Studierenden kein Problem darstellt?[23] Unter-
dessen können sich viele deutsche Familien und Rentner den Strom angesichts der immensen staatlichen Aufschläge nicht mehr leisten. Das
heißt, auch hier wird der Anschein erweckt, als würden zuerst nicht die
eigenen Menschen untergebracht und versorgt und danach geschaut,
wieviel Kapazität an Einwanderung noch zusätzlich gut zu verkraften
ist, sodass sich die Gesellschaft nicht hinsichtlich ihrer erworbenen
Freiheiten wieder Rückschritte machen muss (wenn Frauen alleine unterwegs sind, beispielsweise, oder einen Minirock tragen wollen). Wenn
es Schulen gibt, wo von 370 Schülern nur ein deutschsprachiger ist[24],
wo Lehrer und Schuldirektoren von regelmäßigen Gewaltausbrüchen
berichten. Wenn Einwanderungswillige als wichtige Fachkräfte bezeichnet werden, während diese oft nicht mal eine Schulbildung besitzen,
Sprachkurse abbrechen und viele Deutsche gleichzeitig ihre Jobs verlieren. Wenn beispielsweise die Grüne EU-Abgeordnete und Co-Vorsit-
zende der europäischen Grünen/EFA Ska Keller[117] damit zitiert wird,
dass sie ganze syrische Dörfer nach Europa umsiedeln wolle: *„Die EU
könnte beispielsweise ein ganzes syrisches Dorf nach Litauen umsiedeln, wenn Flüchtlinge nicht in ein Land ziehen wollen, wo es noch keine anderen Flüchtlinge gibt. Menschen wollen dahin gehen, wo sie unter ihren eigenen Landsleuten sein können"*, so die grüne Abgeordnete
im EU-Parlament und Vize-Präsidentin unter anderem in der „Welt" und
auf „www.israelnationalnews.com".
Demnach stellte sie weiter fest, dass die Umsiedlung von Flüchtlingen
in großen Gruppen deren Integration verbessere.[118,119] Da dürfte sich
möglicherweise zwischen manchen Politikern und der Bevölkerung die
Interpretation von „Integration" nicht immer decken. Verwundert es
dann, wenn selbst Flüchtlingshelfer schon eine Änderung im System
verlangen, weil bei den Flüchtlingen eine Einstellung vorherrsche, dass
sie sowieso alles gratis haben könnten?[25]

Ist das fair sowohl den Einwanderern, deren entvölkerten Herkunfts-
ländern und geschwächten Völkern wie auch Europa und seinen Be-
wohnern gegenüber?
Bitte überleg es dir selbst: Es kann doch nicht im Sinne eines Volkes sein, wenn der Großteil seiner jungen, kräftigen Männer auf einen

anderen Kontinent gelockt wird. Es kann auch nicht im Sinne des aufnehmenden Volkes sein, wenn diese Männer die einheimische Kultur nicht nachvollziehen können, geschweige denn, sich daran halten wollen – die Unterschiede bezüglich Frauenrechten, Sexualität, Gesellschaftsstruktur, Religion zeigen sich immer wieder.[26,27,28,29,30,31]

Warum dürften die verantwortlichen Politiker z. B. in Deutschland hier offensichtlich keinen Willen dazu besitzen, ihr eigenes Volk und seine Kultur zu schützen und nicht mal wirksam zu kontrollieren, wer da einreist? Warum schweigen sie so oft bei Gewalttaten, die gegen ihr eigenes Volk (jenes, das sie zuallererst schützen und für das sie einstehen müssten) von Eingewanderten verübt wurden? Warum haben so viele (auch früher eingewanderte) Menschen das Gefühl, dass hier Gewalttaten verschleiert, abgewiesene Asylwerber nicht ausgewiesen und die dadurch entstehenden Probleme in der angestammten Bevölkerung noch verstärkt werden? Bewusst? Warum wird nicht nach vielen traumatischen Erfahrungen für das eigene Volk wenigstens nach mehreren Jahren ein Einwanderungsstopp eingezogen (zumindest aus jenen Ländern, wo man längst wieder Luxusurlaube buchen kann und Eingewanderte auf Heimaturlaub hinfliegen), bis sich die Situation möglicherweise entspannt. Warum darf das eigene Volk nicht über die entstandenen Probleme reden, warum wird in den Hauptmedien nur ein minimaler Bruchteil davon berichtet? Warum werden die wenigen Politiker, die sich noch für ihr Volk einsetzen und Probleme laut aussprechen, dann bekämpft, verunglimpft und sogar ihre Wähler bedroht und verfolgt – ist das fried- und liebevoll? Warum muss das Volk Angst davor haben, für jene (legale!) Partei zu stimmen, die wohl noch am ehesten ihre Ängste ernstnimmt – ohne sofort als Nazi, rechtsradikal, unmenschlich oder anderes diskreditiert zu werden, wo sie doch meist einfach nur besorgt sind um ihr eigenes Leben und das ihrer Kinder?

Zusätzlich zu den ohnehin schon einströmenden Einwanderern holen diese nach einiger Zeit ihre Familien nach, so sollen beispielsweise in Niedersachsen zu den rund 168700 Asylbewerbern noch 91000 Angehörige dazukommen.[32]
Doch abgesehen von den großen sozialen und finanziellen Problemen,[33] die dadurch in Europa entstehen dürften, kann eine Masseneinwanderung aus z. B. Afrika aus Gründen, die davor meist von den westlichen Hintergrundmächten gezielt ausgelöst wurden, nicht die Lösung sein. Das zeigt auch ein kurzweiliger Vortrag von Roy Beck, Einwanderungsexperte, Autor und Journalist, in dem er die Situation mit Hilfe vieler

bunter Murmeln erklärt. Du findest einen wenige Minuten langen Vortrag von ihm in einem Video (sofern es nicht zensuriert wird) auf dem YouTube-Kanal von NuoViso-TV unter dem Titel "Warum Einwanderung NICHT die globale Armut löst".[34]

Das heißt, auch wenn jeder Mensch die gleichen Rechte hat, muss es nicht gerecht sein, wenn ein Land entvölkert und ein anderes mit einer Überzahl an Kulturfremden überflutet wird.[35] Das hat unserer Meinung nach mit liebevoll und menschlich nicht viel zu tun.[36] Es muss eine andere Lösung gefunden werden, im Sinne aller involvierten Menschen, jener, die in ihrer alten Heimat unglücklich waren/sind und jener, die in ihrer Heimat unglücklich werden (auch wenn manche Entscheidungsträger nicht das Glück der Menschen hier wie dort im Fokus haben dürften).

Damit kommen wir zu den Vorkommnissen in Chemnitz 2018, anhand derer wir dir zeigen möchten, dass nicht immer alles so ist, wie es auf den ersten Blick zu sein scheint und medial berichtet wird: Dort wurde am Rande des Stadtfests ein 35-jähriger, dunkelhäutiger deutscher Familienvater mit kubanischen Vorfahren (der in Sozialen Medien unter anderem selbst immer wieder linke Seiten unterstützt habe)[37] durch einen syrischen Asylwerber mit mehreren Messerstichen getötet und zwei seiner Freunde, Russlanddeutsche, lebensgefährlich verletzt. Die Männer sind einer Frau zu Hilfe gekommen, die von Asylbewerbern bedrängt worden sein soll. (Oliver Janich recherchierte als mögliches Indiz für die Tat, dass es immer wieder Rassismus-Probleme von arabischer Seite gegen Dunkelhäutige gäbe.)[38]

Die Aufregung nach der Bluttat war groß – allerdings medial weniger wegen der Tötung eines zu Hilfe eilenden unschuldigen Mannes durch eine Messerattacke und die Bedrängung der Frau, sondern weil es danach zu Hetzjagden auf Migranten durch „rechte Horden" gekommen sei – was manche Augenzeugen bestritten.[39] Zum Beweis für rechtsradikale Ausschreitungen (und eine Umkehr der Opferstellung?) wurden auch Fotos medial verbreitet, auf denen zumindest ein Demo-Teilnehmer ganz offen und unverfroren den Hitlergruß in die Kameras zeigte. Chemnitz erhielt traurige Berühmtheit als vermeintlich rechtsradikaler Sündenpfuhl. Organisierte Demos und Konzerte nicht gegen die Bluttaten und die Belästigung von Frauen, sondern gegen „Rechts" waren die Folge.
War es in Wirklichkeit jedoch etwas anders als medial berichtet? Zweifel an den unter anderem von Bundeskanzlerin Angela Merkel (CDU) so bezeichneten Hetzjagden meldete unter anderem ihr Parteikollege,

Sachsens Ministerpräsident Michael Kretschmer, an („*Klar ist: Es gab keinen Mob, keine Hetzjagd und keine Pogrome*"). Auch der damalige Verfassungsschutzpräsident Hans-Georg Maaßen (CDU) bezweifelte die dargestellten Hergänge. Über eine Authentizität des (einzigen?!) Videos, das aus Chemnitz vorliegen soll, sei kein Beleg vorhanden. Der ehemalige Verfassungsschutzpräsident auf der Internetseite der ARD tagesschau: *„Die Skepsis gegenüber den Medienberichten zu rechtsextremistischen Hetzjagden in Chemnitz werden von mir geteilt.*"

Dem Verfassungsschutz seien damals demnach keine belastbaren Informationen darüber vorgelegen, dass so etwas stattgefunden habe. Und weiter, dass sogar gute Gründe dafürsprächen, dass es sich um eine gezielte Falschinformation handele, um möglicherweise die Öffentlichkeit von dem Mord in Chemnitz abzulenken.[41a] Maaßen wurde in weiterer Folge auf Antrag seines Parteikollegen Horst Seehofer vom deutschen Bundespräsident Frank-Walter Steinmeier im November 2018 in den vorzeitigen politischen Ruhestand versetzt (unter anderem über Twitter ist er jedoch – zum Leidwesen jener Entscheidungsträger, die ihre Migrationspolitik für gelungen halten und Kritik daran zum Schweigen bringen möchten? – alles andere als ruhig).[41]

Auch ein Gerichtsverfahren deutete später darauf hin, dass die Politikeraussagen und Medienberichte möglicherweise einseitig linksgerichtet waren. Dort bestätigte sich nämlich, was in Sozialen Medien schon recht bald die Runde machte: Rund ein Jahr nach den Vorfällen in Chemnitz gab der hitlergrüßende, vermeintlich Rechtsradikale vor Gericht zu, dass er eigentlich links wäre. Das untermauern auch zwei Tattoos des angeklagten Demonstranten: Er trägt ein auf den publizierten Fotos teilweise auch sichtbares RAF-Tattoo sowie ein Antifa-Tattoo (das ein Chemnitzer Bekannter des Mannes bezeugte und ein Gerichtsgutachter bestätigte). Die Antifa gilt als linksextrem und gewaltbereit und wird vom deutschen Verfassungsschutz überwacht.[42] Die RAF (Rote Armee Fraktion) war eine linksextremistische terroristische Vereinigung in der Bundesrepublik Deutschland, verantwortlich unter anderem für mehr als 30 Morde, Geiselnahmen, Banküberfälle und Sprengstoffattentate.[43] Er trägt also zwei eindeutig der linksextremen Szene zugeordnete permanente Zeichen. Aber warum zeigte ein Linker den verbotenen rechtsradikalen Hitlergruß? Welche Absicht könnte dahinterstecken? War er auf eigenen Antrieb bei der Demo dabei oder im Auftrag? Bieten (gesteuerte?) Aktionen wie diese eine Plattform, um noch offener gegen „Rechts" vorgehen zu können.

Demonstrierten in Chemnitz also Menschen gegen die Tötung eines Familienvaters, der andere Menschen noch dazu beschützen wollte? Durch einen Täter, der zwar offensichtlich die für ihn höchstwahrscheinlich kostenlose Vollversorgung in Deutschland genießen dürfte, dessen Kultur und Menschen – weder die Frauen noch danach deren Beschützer – jedoch offensichtlich nicht respektiert? Oder demonstrierten hier Rechtsradikale gegen alle Asylwerber, weil einer von ihnen jemanden getötet hat? Welchen Sinn würde das ergeben, wo doch der getötete Familienvater und die zwei anderen Männer, die den Frauen zu Hilfe gekommen sein sollen, ebenfalls ausländischen Hintergrund hatten? Es dürfte kein Videobeweis für Migranten-Jagden vorliegen.

Was ist rechts? Alles, was gegen Gesetze verstößt (und da sind „rechte" Straftaten geregelt, z. B. das Zeigen des Hitler-Grußes, die Leugnung des Holocausts etc.) kann bereits jetzt vor Gericht angezeigt und verfolgt werden. Warum dann jetzt ein Kampf gegen (vermeintlich?) rechts? Wird damit von irgendetwas abgelenkt? Der im Endeffekt also doch linke „Hitlergrüßer" kam vor Gericht trotz Vorstrafen vergleichsweise milde mit einer Bewährungsstrafe und Sozialarbeit davon.[44]

Möglicherweise steht also nicht immer die Gerechtigkeit und das Wohl für das eigene Volk an oberster Stelle: Auch das Gedenken an den ermordeten Familienvater ein Jahr später nahm einen speziellen Verlauf: Ein paar trauernde Angehörige, die sich am ersten Todestag des Mordopfers Daniel H. mit Kerzen offensichtlich friedlich in lockerer Sommerkleidung am Tatort zum Gedenken versammelten, wurden von Sicherheitskräften vom Platz verwiesen und vor laufenden Handykameras mit einer Anzeige bedroht, sollten die Handyaufnahmen im Internet landen. Die trauernden Frauen und Männer ließen sich jedoch nicht davon einschüchtern, das Video wurde dennoch veröffentlicht und über soziale Medien wie den Messenger Telegram weiterverbreitet).

Bitte versuche auch hier wieder, dir möglichst ohne vorgefasste Meinungen und Vorurteile dein eigenes Bild zu machen, was hier vor sich ging oder geht, wer welche Interessen haben könnte und wer hier geschützt wird. Recherchiere auch gerne selber noch nach – wie immer in möglichst unabhängigen Suchmaschinen, Quellen, Medien – vielleicht kommst du ja diesbezüglich oder zu den Gelbwestenprotesten[44a] in Frankreich und mittlerweile auch Deutschland zu einem anderen Ergebnis.

Quellenverzeichnis

0   https://www.klaus.cz/clanky/198

0a   George Orwell (Eric Arthur Blair), Roman „1984"
        (Original: „Nineteen Eighty-Four"), 1949

0b   In „Die Brüsseler Republik", Der Spiegel, 27. Dezember 1999

0c   https://kaltesonne.de/165-zitate/

0d   https://linkezeitung.de/2019/10/11/demokratie-ist-kein-allheilmittel/;
        https://npr.news.eulu.info/2019/10/09/demokratie-ist-kein-allheilmittel/

1   https://www.epochtimes.de/politik/welt/brasiliens-aussenminister-
        klimaschutz-ist-angriff-auf-nationale-souveraenitaet-a2998948.html

1a   U. a. https://www.tagesschau.de/ausland/thunberg-101.html

2   https://taz.de/Fridays-for-Future-in-Hamburg/!5574064/,
        „Tausende streiken mit Greta"

3   U. a. Ärzteblatt.de unter Berufung auf die Deutsche Presseagentur dpa

3a   https://anonhq.com/putin-nwo/

4   Epoch Times und FOCUS, 25.08.2019,
        unter Zitierung des Eigentümerverbands „Haus & Grund"

5   U. a. https://www.gmx.net/magazine/politik/co2-steuer-wuerde-drauff-
        zahlen-profitieren-33825384

5a   https://www.steuerklassen.com/steuern/oekosteuer/

5b   https://www.theeuropean.de/klaus-miehling/zehn-gruende-die-gegen-
        einen-klimawandel-sprechen/

6   https://www.diw.de/de/diw_01.c.617690.de/themen_nachrichten/20_
        jahre_oekosteuer_finanz_und_sozialpolitisch_top_umweltpolitisch_
        ein_flop.html

7   https://jura-medial.de/2017/01/rentner-sucht-im-muell-nach-essen-
        und-wird-verurteilt/

8   16.2.2019, https://edition.faz.net/faz-edition/wirtschaft/2019-02-16/
        6e470c6fad287dfe54d5f19dd471b2a7/

9   U. a. https://philosophia-perennis.com/2019/03/23/wird-macron-heute-
        franzoesisches-militaer-auf-franzoesische-buerger-schiessen-lassen/

10   https://kaltesonne.de/165-zitate/

10a   https://www.fischundfleisch.com/pommes/orwells-neusprech-wie-
        begriffe-unser-denken-praegen-sollen-58806

10b   https://www.alternativ-report.de/2019/09/27/das-versagen-der-klima-
        wandel-vorhersagen/;

10c http://nl.newsbank.com/nl- search/we/Archives?p_product=SJ&s_
     site=mercurynews&p_multi=SJ&p_theme=realcities&
     p_action=search&p_maxdocs=200&p_topdoc=1&p_text_direct-
     0=0EB7304FF9A84273&p_field_direct-
     0=document_id&p_perpage=10&p_sort=YMD_date:D&s_
     trackval=GooglePM

11   https://www.journalistenwatch.com/2019/09/23/griechenland-ein-
     fluechtlingstsunami/

12   https://www.epochtimes.de/politik/europa/oeffnung-von-herzen-und-
     heim-designierter-eu-kommissar-fordert-staerkere-legale-migrati-
     on-a3015362.html

13   https://www.epochtimes.de/politik/deutschland/fluechtlingshelferin-
     klagt-viele-haben-laengst-verinnerlicht-dass-es-fast-alles-umsonst-
     gibt-a3015788.html

14   https://www.rundblick-unna.de/2019/09/27/3-mio-asylheim-von-rot-
     gruen-beschlossen-trotz-einspruchs-des-nabu-und-klimanotstands/

15   https://jungefreiheit.de/politik/deutschland/2019/immer-mehr-fluecht-
     linge-kommen-per-flugzeug/

15a https://youtu.be/xzV5JgFu1PI, Kanal Oliver Janich, „Der Adel, die Roth-
     schilds und das Klimamärchen: Programm zur Bevölkerungsreduktion"

16   https://kopp-report.de/merkel-regierung-deutsche-polizisten-sichern-
     grenzen-in-saudi-arabien/

16a U.a. https://www.compact-online.de/un-umsiedlungsprogramm-afrika-
     nische-migranten-kommen-mit-dem-gratis-flieger-nach-deutschland/

17   https://19vierundachtzig.com/2019/09/26/schleusten-rackette-und-
     sea-watch-vergewaltiger-folterer-und-moerder-nach-europa/

18   https://www.welt.de/politik/ausland/article200997712/Seenotrettung-
     fuer-Folterer-Wir-koennen-nicht-scannen-wer-die-Leute-sind-Die-kom-
     men-ohne-Paesse.html

19   https://www.focus.de/politik/ausland/erleben-das-scheitern-eines-
     traums-migrationsforscher-knaus-warnt-europaeisches-asylsystem-
     droht-zu-scheitern_id_11135209.html

19a https://www.journalistenwatch.com/2019/07/11/mallorca-
     vergewaltigung-vater/

20   https://www.zdf.de/nachrichten/heute/fluechtlingsunterkuenfte-neben-
     sozialwohnungen-der-konflikt-um-den-wohnraum-100.html

21   https://www.journalistenwatch.com/2019/09/26/stadt-duesseldorf-
     obdachlose/

22   https://rp-online.de/nrw/staedte/leverkusen/baubeginn-fuer-fluecht-
     lingsheim-in-leverkusen_aid-37455805

23   https://www.braunschweiger-zeitung.de/braunschweig/artic-le222889929/Wohnstandorte-Oelper-und-Nordstadt-werden-fuer-Gefluechtete-benoetigt.html

24   https://www.epochtimes.de/wissen/gesellschaft/brennpunktschule-in-berlin-kreuzberg-von-370-schuelern-nur-ein-kind-mit-muttersprache-deutsch-a2852839.html

25   https://www.epochtimes.de/politik/deutschland/fluechtlingshelferin-klagt-viele-haben-laengst-verinnerlicht-dass-es-fast-alles-umsonst-gibt-a3015788.html

26   https://www.journalistenwatch.com/2019/09/27/hurra-erste-konferenz/

27   https://www.welt.de/politik/deutschland/article201004816/Fluechtlin-ge-Experten-fordern-mehr-sexuelle-Bildung.html

28   https://19vierundachtzig.com/2019/09/27/hilfeschrei-eines-maed-chens-ich-will-mich-nicht-verstecken-muessen/

29   https://19vierundachtzig.com/2019/09/26/gewalt-steht-auf-dem-stun-denplan-berliner-grundschuldirektorin-gibt-auf/

30   https://www.journalistenwatch.com/2019/09/24/deutscher-richterbund-kampf/ (gegen Clan-Kriminalität)

31   https://www.journalistenwatch.com/2019/09/19/bamf-fluechtlinge-immer-ungebildeter/

32   https://www.braunschweiger-zeitung.de/niedersachsen/artic-le227160459/Asylbewerber-holen-91-000-Angehoerige-nach-Woh-nungssuche-schwer.html

33   https://t.co/SIztidbq5s, www.zdf.de, Der Streit um Wohnraum – Wenn Flüchtlingsunterkünfte auf Sozialwohnungen treffen

34   https://youtu.be/YsRQNu9Jg7k, NuoViso-TV, „Warum Einwanderung NICHT die globale Armut löst"

35   https://ift.tt/2OwHHoE, Junge Freiheit, Stress mit Flüchtlingen: Groß-vermieter fordert Kulturmanager

36   https://t.co/mDszE3Yw49, www.tagesspiegel.de, Das sind die neuen Reviere der Clans in Berlin,

37   https://youtu.be/zU4RSOUnPTs, Oliver Janich, Bluttat in Chemnitz: Wird das wahre Motiv verschwiegen?

38   https://youtu.be/zU4RSOUnPTs, Oliver Janich, Bluttat in Chemnitz: Wird das wahre Motiv verschwiegen?

39   https://www.wochenblick.at/chemnitz-das-blutbad-schockiert-und-nicht-die-proteste/

40   https://www.tagesschau.de/inland/maassen-chemnitz-103.html

41   https://twitter.com/HGMaassen

41a   https://www.tagesschau.de/inland/maassen-chemnitz-103.html

42   https://de.wikipedia.org/wiki/Antifa

43   https://de.wikipedia.org/wiki/Rote_Armee_Fraktion

44   https://vera-lengsfeld.de/2019/08/13/der-linke-hitlergruesser-von-chem-nitz/, 13.08.2019, Vera Lengsfeld, Der linke Hitlergrüßer von Chemnitz

44a   https://www.vice.com/de_at/article/pa5m79/warum-sich-frankreichs-gelbwesten-in-ihrer-wut-nicht-stoppen-lassen

45   https://causa.tagesspiegel.de/politik/wie-umgehen-mit-dem-kohlendioxid/eine-co2-steuer-erfordert-eine-verfassungsaenderung.html

46   Robert Habeck, „Patriotismus – ein linkes Plädoyer", 2010

47   ZDF heute journal vom 11.08.2019

48   https://de.wikipedia.org/wiki/Hans-Georg_Maa%C3%9Fen

49   http://www.hirsemuehle.de/index.htm

50   https://jungefreiheit.de/kultur/gesellschaft/2019/politik-geht-durch-den-magen/

51   https://jungefreiheit.de/debatte/interview/2019/die-haben-ihre-ideologie/

52   https://www.bundestag.de/resource/blob/653722/918056e18ab9171e6 6bcaa960fcfccb8/WD-4-094-19-pdf-data.pdf

53   https://www.journalistenwatch.com/2019/09/22/das-klimapaket-bun-desregierung/

54   https://www.gesetze-im-internet.de/btgo_1980/__45.html

55   https://www.journalistenwatch.com/2019/07/02/hammelsprung-skandal-afd/

56   https://www.suv-cars.de/lexikon/was-bedeutet-suv.html

57   U. a. https://www.stern.de/panorama/suv-unfall-in-berlin--fahrer-hat-te-laut-bericht-epileptischen-anfall--8895106.html

58   U. a. https://web.de/magazine/auto/suv-unfall-berlin-debatte-wissen-34002970

59   https://www.t-online.de/auto/recht-und-verkehr/id_86407014/drasti-sche-massnahmen-wegen-berlin-unfall-deutsche-umwelthilfe-fordert-suv-verkaufsstopp-.html

60   https://www.weser-kurier.de/bremen/bremen-wirtschaft_artikel,-sena-torin-schaefer-will-hoehere-parkgebuehren-fuer-suv-_arid,1858897.html

61   https://www.stern.de/panorama/suv-unfall-in-berlin--fahrer-hatte-laut-bericht-epileptischen-anfall--8895106.html

62   https://web.de/magazine/auto/suv-unfall-berlin-debatte-wissen-34002970

63   https://web.de/magazine/auto/suv-unfall-berlin-debatte-wissen-34002970

64   https://www.adv.aero/quartalszahlen-der-deutschen-flughaefen-ver-langsamtes-wachstum-bei-zunehmend-ungleicher-verteilung-bereitet-sorgen/

65   https://www.bild.de/bild-plus/politik/inland/politik-in-land/bundestag-das-sind-die-vielflieger-des-parlaments-63863732,view=conversionToLogin.bild.html, Bild-Zeitung, 10.08.2019

66   https://youtu.be/N6u-MVFw2Ko, Kanal Comedy & Satire im Ersten, Monika Gruber am 26.9.2019/Nuhr im Ersten

67   https://vera-lengsfeld.de/2019/04/17/42000-km-flug-fuer-die-klimarettung/#more-4312

68   https://claudia-roth.de/globale-verantwortung-fuer-existentiell-durch-die-klimakrise-bedrohte-menschen-und-regionen-reise-nach-bangla-desch-kiribati-und-fidschi/

69   https://www.oliverjanich.de/klimabetrug-alle-wissenschaftlichen-quel-len-auf-einen-blick, BAZ/01.02.2018, Ozeanograph Nils-Axel Mörner

70   https://youtu.be/FXBVFNt3FcE; Kanal: ARD, 24.03.2019, „Kontraste: Doppelmoral – Die grünen Vielflieger und der Klimaschutz"

71   https://www.vice.com/de/article/nepaxb/flugreisen-von-prominenten-grunen-wie-viel-sie-geflogen-sind-co2

72   U. a. https://www.mmnews.de/politik/125600-roth-hofreiter-auf-fri-schem-flug-ertappt

72a   https://www.mmnews.de/vermischtes/131900-claudia-roth-auf-fri-schem-flug-ertappt

73   https://www.boell.de/de/2019/05/15/

73a   Bild-Zeitung, https://www.bild.de/politik/ausland/politik-ausland/terroristen-kontakte-bei-partnerorganisation-die-verlorene-ehre-der-heinrich-boe-65232458.bild.html

74   https://edition.faz.net/faz-edition/wirtschaft/2019-02-16/6e470c6fad287dfe54d5f19dd471b2a7/ Grüne, Klimaschützer und Vielflieger

75   https://www.journalistenwatch.com/2019/09/22/klimaheuchler-merkel-akk/

76   https://www.n-tv.de/politik/Gruene-wollen-Abstimmung-ueber-Tempo-limit-article21312781.html

77   https://www.bild.de/regional/berlin/berlin-regional-politik-und-wirtschaft/diesel-fahrverbot-und-tempo-30-strassen-in-berlin-kom-men-63491244.bild.html

78   U. a. https://www.wetter.com/news/biodiesel-als-co2-schleuder_aid_55c36d17cebfc0164e8b48a9.html

79   https://de.statista.com/statistik/daten/studie/234370/umfrage/ent-wicklung-der-haushaltsstrompreise-in-deutschland/

80   https://energiemarie.de/energiepreis/strompreis/strompreisentwicklung

81   https://1-stromvergleich.com/strompreise-in-europa/

82   https://causa.tagesspiegel.de/politik/wie-umgehen-mit-dem-kohlendi-oxid/eine-co2-steuer-erfordert-eine-verfassungsaenderung.html von Harmut Gaßner

83   U. a. https://youtu.be/F7OgcLbUjFw, ARD tagesschau, ARD-Sommerinterview mit Annalena Baerbock, 28.07.2019

84   https://youtu.be/k7FtP1OnPDo, Outdoor Chiemgau, „Blackout – kommt er ab 2023? Was Rezo uns verschweigt! e-Autos verantwortlich für Blackout?"

85   https://www.staubsauger.net/wattbeschraenkung/

85b   https://www.klaus.cz/clanky/198

86   https://www.journalistenwatch.com/2019/10/07/merkel-allmacht-eliten/

87   https://www.youtube.com/watch?v=tP6Fw_UcOxY&feature=youtu.be, WELT Nachrichtensender, „Shitstorm: Grünen-Politikerin wechselt vor Wahlkampftermin das Auto"

88   https://www.bild.de/regional/berlin/berlin-aktuell/berlins-senat-faehrt-mit-16-limos-zum-fussgaengergipfel-64770758.bild.html

89   https://www.welt.de/motor/article9209975/Arnold-Schwarzeneggers-Liebe-zum-Oeko-Hummer.html

90   Zitiert nach welt.de/politik/deutschland/article189620623/Berliner-Verkehrssenatorin-Wir-wollen-dass-die-Menschen-ihr-Auto-abschaffen.html (siehe oben/Depesche)

91   U. a. https://www.focus.de/finanzen/news/konjunktur/weil-keine-busse-mehr-fahren-gruenen-politikerin-will-esel-taxis-einfuehren_id_8375556.html

92   Stern, 15.8.2019, Seite 16, Kolumne von Hans-Ulrich Jörges

93   U. a. http://www.freigeist-forum-tuebingen.de/2015/10/die-uno-die-verschlusselten-reden-der.html

94   U. a. https://www.pravda-tv.com/2019/05/freie-energie-das-wasserauto-und-der-tote-erfinder-videos/

95   U. a. https://www.ted.com/talks/stewart_brand_proclaims_4_environmental_heresies/transcript

96   U. a. https://www.dailymail.co.uk/news/article-3762617/JFK-assassination-inside-job-Ex-government-agent-claimed-team-killed-president-remarkable-deathbed-confession-director-Oliver-Stone.html

97   https://www.oliverjanich.de/die-rede-die-john-f-kennedys-schicksal-besiegelte

98   http://www.jfklibrary.org/Research/Research-Aids/JFK-Speeches/American-Newspaper-Publishers-Association_19610427.aspx

99   https://taz.de/Kolumne-Der-rote-Faden/!5597166/

100   http://www.pi-news.net/2019/06/taz-redakteurin-rentner-sollen-fuehrerschein-und-wahlrecht-abgeben/

101   https://www.journalistenwatch.com/2019/03/26/die-bundesregierung-flaschensammler/

102   Szenen aus dem Herzen; Greta & Svante Thunberg, Beata & Malena Ernman, S. Fischer Verlag, 2019; S 108/109

103   https://ec.europa.eu/food/plant/pesticides/glyphosate_en#

104   U. a. https://www.wz.de/wirtschaft/bayer-aktie-stuerzt-nach-glyphosat-urteil-um-mehr-als-zehn-prozent-ab_aid-37569337

105   U. a. https://www.epochtimes.de/meinung/analyse/daniel-prinz-deckt-auf-bestandteile-von-menschlichen-foeten-glyphosat-anderen-kampf-stoffen-in-impfungen-offiziell-belegt-a2792339.html

106   https://worldtruth.tv/trump-promises-end-of-chemtrails/

107   https://connectiv.events/climategate-offizielle-aussagen-ueber-chem-trails-und-die-vergiftung-der-weltbevoelkerung/

108   https://m.youtube.com/watch?v=FeTaejpg18g, Galactic Service „Pilots, Doctors and Scientists Tell the Truth About Chemtrails"

108a   U. a. https://archive.is/ixeWr, Berliner Zeitung

108b   https://m.focus.de/wissen/klima/weltweite-klima-streiks-klima-aktivis-ten-sperren-in-berlin-ganze-kreuzung-ab-fridays-for-future-proteste-gestartet_id_11165229.html

109   U. a. https://www.anti-spiegel.ru/2019/leserfrage-was-wird-in-russ-land-ueber-greta-thunberg-berichtet/

110   https://taz.de/Kolumne-Der-rote-Faden/!5597166/;

111   U. a. http://www.pi-news.net/2019/06/taz-redakteurin-rentner-sollen-fuehrerschein-und-wahlreicht-abgeben/

112   Szenen aus dem Herzen / Unser Leben für das Klima; Greta & Svante Thunberg, Beata & Malena Ernman, S. Fischer Verlag, 2019; Seite 99

113   http://www.truth24.net/vatikan-hat-niedrigstes-schutzalter-fuer-kin-der-in-europa/

114   https://correctiv.org/faktencheck/hintergrund/2018/12/14/falsch-ver-schwoert-verwirrt-eine-reise-durch-dunkel-youtube

115   https://www.destatis.de/DE/Themen/Gesellschaft-Umwelt/Bevoelkerung/Migration-Integration/Tabellen/migrationshintergrund-privathaushalte.html

115a   https://axelkra.us/ich-will-dass-ihr-in-panik-geratet/

116   https://www.dw.com/de/streit-um-eu-fingerabdruckdatei/a-16463024

117   https://de.wikipedia.org/wiki/Ska_Keller

118   http://www.israelnationalnews.com/News/News.aspx/231418, https://www.welt.de/politik/deutschland/article165727071/Gruenen-Politikerin-will-syrisches-Dorf-in-Lettland-ansiedeln.html

119   https://www.welt.de/politik/deutschland/article165727071/Gruenen-Politikerin-will-syrisches-Dorf-in-Lettland-ansiedeln.html

120   https://www.zeit.de/politik/deutschland/2016-01/haushalt-wolfgang-schaeuble-fluechtlingskrise-benzinsteuer, 16.1.2016

121   https://youtu.be/SmVAdChRqOo, phoenix, Generaldebatte: Rede von Alexander Gauland am 11.09.19

121a https://dieunbestechlichen.com/2019/09/studie-40-der-ueberprueften-minderjaehrigen-fluechtlinge-nannten-falsches-alter/

122 https://youtu.be/SmVAdChRq0o, phoenix, Generaldebatte: Rede von Alexander Gauland am 11.09.19

122a https://axelkra.us/ich-will-dass-ihr-in-panik-geratet/; im CFR-Magazin Foreign Affairs (April 1974), Seite 558

123 U. a. https://www.epochtimes.de/politik/europa/juncker-habe-sechs-kandidaten-fuer-eu-kommission-abgelehnt-aber-keine-aus-polen-oder-ungarn-a2872673.html

124 https://www.zeit.de/politik/ausland/2019-07/ursula-von-der-leyen-de-signierte-eu-kommissionschefin-eu-politik-ziele, Zitat aus der polnischen „Rzeczpospolita"

125 https://www.epochtimes.de/politik/europa/vergabe-von-aufgabenbereichen-in-eu-kommission-abgeschlossen-a2997092.html

126 https://dieunbestechlichen.com/2019/07/wolfgang-schaeuble-gesteht-nwo-plaene-die-not-wird-die-menschen-zwingen-sich-zu-beugen-video/

127 U. a. https://www.watergate.tv/stanford-professor-entlarvt-klima-luege/

127a https://marialourdesblog.com/freimaurer-van-der-bellen-beim-bilder-berger-treffen-2015-in-tirol/

128 https://marialourdesblog.com/freimaurer-van-der-bellen-beim-bilder-berger-treffen-2015-in-tirol/

129 https://deutsch.rt.com/international/71041-bilderberg-konferenz-2018-liste-der-teilnehmer/

130 „Die Grünen" und in den 70er-Jahren eine Zeit lang Mitglied in einer Freimaurerloge

131 https://www.eike-klima-energie.eu/2014/05/07/prominente-klima-wissenschaftler-werden-skeptiker-bengtsson-und-zellner/

132 https://sciencefiles.org/2019/09/08/in-trummern-neues-paper-zerstort-klimamodelle-und-co2-hoax-vollstandig/

133 https://www.derstandard.at/story/2000108686852/oesterreich-er-hoeht-beteiligung-bei-internationalem-klimaschutz-fonds

134 https://www.blick.ch/news/wirtschaft/klimawandel-iv-oecd-bericht-mehr-klima-geld-aus-industriestaaten-fuer-arme-laender-id15514848.html

134a Sabina Marineo, „Die Rote Schlange, Geheimgesellschaften an der Macht, Bohmeier Verlag, Seite 125

134b https://www.bilderbergmeetings.org/, https://www.bilderbergmeetings.org/press/press-release/participantsV

135 https://deutsch.rt.com/international/71041-bilderberg-konferenz-2018-liste-der-teilnehmer/

136 https://de.wikipedia.org/w/index.php?title=Bilderberg-Konferenz&oldid=192000512 sowie offizielle Teilnehmerlisten

137 https://www.oliverjanich.de/die-rede-die-john-f-kennedys-schicksal-besiegelte

138 http://www.jfklibrary.org/Research/Research-Aids/JFK-Speeches/American-Newspaper-Publishers-Association_19610427.aspx

139 U. a. https://theworldnews.net/at-news/klare-ansage-miley-cyrus-will-wegen-klimawandel-keine-kinder

140 https://www.br.de/nachrichten/bayern/paedagogin-keine-kinder-kriegen-fuer-den-umweltschutz,RK1ne1z

140a https://www.tag24.de/nachrichten/ottawa-18-will-welt-dazu-bringen-keine-kinder-mehr-zu-bekommen-nofuture-nochildren-1220597

141 https://www.mirror.co.uk/news/uk-news/prince-harry-gives-climate-change-18809860

142 https://www.dailymail.co.uk/news/article-7313843/Prince-Harry-flew-private-jet-helicopter-Google-climate-change-camp.html

143 https://townhall.com/tipsheet/timothymeads/2019/07/31/prince-harry-and-meghan-markle-only-want-two-kids-due-to-climate-change-n2550958

144 https://climatechangedispatch.com/harry-meghan-another-private-jet/

145 https://www.journalistenwatch.com/2019/08/20/koenigliche-klima-heuchler/

146 https://kaltesonne.de/165-zitate/, EIKE – Europäisches Institut für Klima und Energie

147 https://www.epochtimes.de/politik/welt/usa-sanders-will-abtreibung-vor-allem-in-armen-laendern-foerdern-um-das-klima-zu-retten-a2994101.html

148 Szenen aus dem Herzen; Greta & Svante Thunberg, Beata & Malena Ernman, S. Fischer Verlag, 2019; Seite 157

149 Szenen aus dem Herzen; Greta & Svante Thunberg, Beata & Malena Ernman, S. Fischer Verlag, 2019; S 109

150 Szenen aus dem Herzen; Greta & Svante Thunberg, Beata & Malena Ernman, S. Fischer Verlag, 2019; S 140

151 https://www.neues-deutschland.de/kontakt/9 / Über uns

152 https://www.neues-deutschland.de/artikel/1123027.haustiere-lasst-uns-die-koeter-abschaffen.html?sstr=K%C3%B6ter

153 https://correctiv.org/?s=K%C3%B6ter+abschaffen,
https://www.mimikama.at/allgemein/faktencheck-koeter/

154 https://www.youtube.com/watch?v=2GfOIPVVRNw, There is no Nick Rockefeller

155 https://antiilluminatieng.blogspot.com/2015/05/nick-rockefeller-plan-end-of-elite-goal.html

156 https://relampagofurioso.com/2016/02/19/what-feminism-was-about/

156a https://www.journalistenwatch.com/2019/10/16/frankfurter-buchmesse-verlage/

157 https://www.stern.de/digital/technik/china--buergerscore---13-millionen-chinesen-leben-als-neue-aussaetzige-8684632.html

158 https://ef-magazin.de/2019/08/15/15562-bundestagszeitung-das-parlament-wuerdigt-den-chinesischen-einparteienstaat-alle-hemmungen-verloren

158a https://npr.news.eulu.info/2019/10/09/demokratie-ist-kein-allheilmittel/

159 https://www.oliverjanich.de/news-01-10-2017

160 https://www.oliverjanich.de/sensationelle-wikileaks-enthuellung-manipulieren-google-und-youtube-die-wahlen

161 https://www.epochtimes.de/politik/europa/eu-kommission-fortschritte-im-bereich-der-desinformation-zu-verzeichnen-a2941863.html

162 https://www.epochtimes.de/politik/europa/eu-kommission-fortschritte-im-bereich-der-desinformation-zu-verzeichnen-a2941863.html

163 https://www.journalistenwatch.com/2019/09/29/fake-news-schmiede-2/

164 https://correctiv.org/faktencheck/politik/2019/06/05/das-ist-kanku-diese-falsche-geschichte-eines-jungen-aus-dem-kongo-soll-stimmung-gegen-elektroautos-erzeugen

165 ZDF-Doku, Zoom, Die gezielte Manipulation, Fake-News-Macher im Netz, Oliver Koytek und Maren Boje

166 https://www.breitbart.com/tech/2017/10/27/google-partners-with-soros-funded-fact-checking-service-to-fight-fake-news/

167 https://www.poynter.org/international-fact-checking-network-transparency-statement/

168 https://www.breitbart.com/tech/2017/10/27/google-partners-with-soros-funded-fact-checking-service-to-fight-fake-news/

169 https://de.wikipedia.org/wiki/Correctiv

170 https://de.wikipedia.org/wiki/Correctiv,

171 www.handelsblatt.com / *Soros spendet für Kampf gegen Fake-News*

172 U. a. https://www.spiegel.de/kultur/gesellschaft/aufklaerung-ueber-fake-news-correctiv-erhaelt-geld-von-george-soros-a-1141799.html; Brancheninfodienst turi 2, https://de.rt.com/11k1

173 https://de.wikipedia.org/wiki/Correctiv

174 U. a. https://www.newsweek.com/google-engineer-anti-trump-conservative-bias-fox-news-employees-kevin-cernekee-tucker-carlson-1452492

175 https://politsatirischer.blogspot.com/2019/03/george-soros-orbans-der-staatsfeind-n-1.html

176 https://www.politaia.org/soros-unterstuetzt-wahlkampf-gegen-trump/

177 https://www.stern.de/politik/us-wahl/us-praesident--donald-trump-ist-respektlos---man-verzichtet-nicht-aufs-gehalt-7148878.html

178 https://www.politaia.org/soros-unterstuetzt-wahlkampf-gegen-trump/ unter Zitierung von Epoch Times

179 https://de.rt.com/11k1

180 https://www.amadeu-antonio-stiftung.de/publikationen/ene-mene-muh-und-raus-bist-du/

181 https://www.amadeu-antonio-stiftung.de/klarstellung-es-geht-um-das-kindeswohl-und-nicht-um-blonde-zoepfe-31355/

182 https://www.amadeu-antonio-stiftung.de/one-sweet-world-staedtetour-von-ben-jerrys-und-der-amadeu-antonio-stiftung-1-8113/

183 https://www.fischundfleisch.com/evaundhermannfeldreich/die-fruehse-xualisierung-und-ihre-spaetfolgen-49559?fbclid=IwAR3VnQiODti9IXmu XfUquHAaWPjdju3wTW9yl_GEDZr3myusgdggXVbXrqA

184 https://jungefreiheit.de/politik/deutschland/2016/analsex-theaterstue-cke-im-klassenzimmer/?fbclid=IwAR0nAdNa9EXyFJS50-7MSqkLJyNB_ IfMfBr2Evvnfn_GMrpwb3B-ILD5g-Q

185 https://www.epochtimes.de/politik/deutschland/fruehsexualisierung-nrw-ordnungsamt-zerrt-kind-mit-gewalt-zur-sexualerziehung-in-die-schule-a1251414.html

186 https://www.bild.de/regional/duesseldorf/duesseldorf-regional-politik-und-wirtschaft/duesseldorf-fetisch-politiker-niclas-ehrenberg-die-gruenen-in-zuerich-62669540.bild.html

187 https://www.dnn.de/Dresden/Lokales/Missbrauchsvorwuerfe-gegen-CSD-Vereinsvorstand-Ronald-Zenker

188 https://www.augsburger-allgemeine.de/augsburg/Gruene-Jugend-will-Sex-unter-Geschwistern-erlauben-id20952731.html

189 https://www.amadeu-antonio-stiftung.de/klarstellung-es-geht-um-das-kindeswohl-und-nicht-um-blonde-zoepfe-31355/

190 https://t.me/SchrangTV, Heiko Schrang auf Telegram

191 http://www.netz-und-boden.de, Katja Beeck

192 https://jungefreiheit.de/politik/deutschland/2019/amadeu-antonio-stiftung-fordert-gesellschaftliche-aechtung-der-afd/

193 http://neue-rechte.net/#

194 https://sciencefiles.org/2016/03/11/neue-denunziantenkultur-amadeu-antonio-stiftung-erstellt-wohl-abschussliste/

195 https://sciencefiles.org/2015/10/26/erst-sauline-dann-pauline-die-merkwuerdige-wandlung-der-anetta-kahane/

195a https://jungefreiheit.de/politik/deutschland/2019/amadeu-antonio-stiftung-betroffen-linken-initiativen-droht-aus/, z.T. Zitierung des Deutschlandfunks in dem Artikel

195b https://jungefreiheit.de/politik/deutschland/2019/amadeu-antonio-stiftung-fordert-mehr-unterstuetzung/

196 https://www.newsguardtech.com

197 https://www.newsguardtech.com

198 https://deutsch.rt.com/nordamerika/82956-zensur-plug-in-in-usa/

199 www.mintpressnews.com/newsguardneocon-backed-fact-checker-plans-to-wage-war-on-independent-media/253687

200 https://youtu.be/T3jmgsyiL8M, Kanal: NuoViso.TV, „News Guard" – Und raus bist du!, https://www.youtube.com/user/TheElissaHill, Lisa Haven News

201 https://deutsch.rt.com/nordamerika/82956-zensur-plug-in-in-usa/

202 https://deutsch.rt.com/gesellschaft/83122-newsguard-app-entscheidet-ueber-glaubwuerdige-oder-unglaubwuerdige-news/

203 https://deutsch.rt.com/nordamerika/82956-zensur-plug-in-in-usa/

204 https://www.newsguardtech.com/our-advisory-board/

205 https://deutsch.rt.com/nordamerika/82956-zensur-plug-in-in-usa/

206 https://www.atlanticcouncil.org/expert/richard-stengel/

207 https://www.atlanticcouncil.org/about/

208 ZDF-Zoom, Die gezielte Manipulation, 28.08.2019

209 https://youtu.be/pgCnpCBORyM, Kanal Words of the Wise, „Yuri Bezmenov Explains How to Brainwash an Entire Nation", Interview G. Edward Griffin's Interview

209a https://sciencefiles.org/2019/08/03/versteckte-agenda-was-hinter-dem-klimawandelhype-steckt-kein-dengue-fieber/ am 3. August 2019 ScienceFiles

210 https://www.deutschlandfunknova.de/beitrag/oekologischer-fussab-druck-hoher-wohnraumkonsum-sorgt-fuer-grossen-co2-abdruck (in der Update-Version vom 6.8.2019)

211 https://www.welt.de/finanzen/immobilien/article199283852/Wohneigen-tum-Bundesregierung-plant-Recht-auf-Ladesaeulen-und-Fahrstuehle.html

212 https://www.focus.de/immobilien/mieten/berlin-vermieter-duerfen-ab-2020-nur-noch-8-euro-miete-verlangen_id_11067392.html

213 https://www.focus.de/immobilien/mieten/14-8-milliarden-euro-pro-jahr-grundsteuer-steigt-um-bis-zu-4800-prozent-in-diesen-staedten-wird-wohnen-besonders-teuer_id_10592101.html

214 https://www.focus.de/politik/deutschland/kampf-gegen-wohnungs-not-gruenen-chef-habeck-enteignung-kann-das-letzte-mittel-sein_id_11198475.html

215 https://www.welt.de/politik/deutschland/article201377674/Gruene-Bundesvorstand-fuer-Enteignungen-bei-besonders-angespannten-Wohnungsmaerkten.html

216 https://t.me/GFTV_HH, GROSSE FREIHEIT TV auf Telegram

217 https://www.welt.de/finanzen/immobilien/article147182619/ Kuendigung-oder-Beschlagnahmung-was-ist-erlaubt.html

218 https://www.stern.de/wirtschaft/immobilien/hamburg--behoerde-enteignet-vermieter-von-sechs-wohnungen-7437404.html

219 https://www.welt.de/finanzen/immobilien/article147182619/Kuendi-gung-oder-Beschlagnahmung-was-ist-erlaubt.html

220 U. a. https://www.welt.de/wirtschaft/article147001172/Mieterin-soll-nach-23-Jahren-Fluechtlingen-Platz-machen.html

221 https://kaltesonne.de/165-zitate/, EIKE – Europäisches Institut für Klima und Energie

222 https://edition.faz.net/faz-edition/wirtschaft/2019-02-16/6e470c6fad28 7dfe54d5f19dd471b2a7/

223 https://www.breitbart.com/politics/2019/08/22/obamas-purchase-multimillion-dollar-mansion-marthas-vineyard/amp/?__twitter_ impression=true; TMZ

224 https://mobile.twitter.com/Tiwiegy/status/1166997961068470272

225 Die Zeit vom 01.05.2019

226 https://www.hessenschau.de/panorama/unbekannte-gruppe-bekennt-sich-zu-angriff-auf-autohaus,bekennerschreiben-autohaus-100.html

227 https://www.sueddeutsche.de/panorama/kriminalitaet-kronberg-im-taunus-maskierte-demolieren-bei-haendler-mehr-als-40-luxusautos-dpa.urn-newsml-dpa-com-20090101-190826-99-615094

228 https://www.welt.de/wirtschaft/plus196852169/Henryk-M-Broder-210-Autos-demoliert-doch-es-war-nicht-die-Antifa.html

229 https://www.butenunbinnen.de/nachrichten/kurz-notiert/greenpeace-protestaktion-bremerhaven-autofrachter-100.html

230 https://www.welt.de/wirtschaft/video200331518/IAA-Proteste-Polizist-bespricht-S

231 https://www.zeit.de/politik/deutschland/2019-05/klimaschutz-konstanz-klimanotstand-fridays-for-future

232 U. a. https://www.spiegel.de/wissenschaft/mensch/klimanotstand-immer-mehr-staedte-machen-mit-a-1281288.html

233 https://www.zeit.de/politik/deutschland/2019-05/klimaschutz-konstanz-klimanotstand-fridays-for-future

234 U. a. https://australianclimatemadness.com/2012/11/05/maurice-new-man-on-the-climate-religion/, https://www.smh.com.au/national/maurice-newman-the-milliondollar-smiler-20140630-3b2qs.html

235 https://www.focus.de/wissen/klima/grossstaedte-durch-extrem-ereig-nisse-bedroht-weltklimarat-rechnet-mit-280-millionen-fluechtlingen-durch-meeresspiegel-anstieg_id_11083763.html

236 https://jungefreiheit.de/politik/deutschland/2019/immer-mehr-fluecht-linge-kommen-per-flugzeug/

237 https://jungefreiheit.de/politik/deutschland/2018/viele-fluechtlinge-kommen-mit-dem-flugzeug-nach-deutschland/

238 https://jungefreiheit.de/politik/deutschland/2019/einreise-per-flugzeug-regierung-erklaert-fluechtlingszahlen-zur-geheimsache/

239 https://jungefreiheit.de/politik/deutschland/2019/immer-mehr-fluecht-linge-kommen-per-flugzeug/

240 https://www.weltwoche.ch/ausgaben/2019-28/artikel/wie-man-mich-zum-klimaleugner-machte-die-weltwoche-ausgabe-28-2019.html

241 https://www.abendblatt.de/hamburg/wandsbek/article226966905/Hamburg-Radschnellweg-Baeume-Gefaellt-Veloroute-Fahrradstrasse-Alster-Elbe-Radweg.html

241a https://m.bild.de/politik/talk-kritik/talk-kritk/klima-zoff-bei-hart-aber-fair-gruenen-chef-hofreiter-die-bahn-muss-mehr-baeume-f-65198654,view=amp.bildMobile.html

242 https://nypost.com/2019/09/09/scientist-suggests-eating-human-flesh-to-fight-climate-change/?utm_campaign=SocialFlow&utm_medium=SocialFlow&utm_source=NYPTwitter

243 http://apollo-news.net/kannibalismus-fuer-das-klima/

244 https://de.wikipedia.org/wiki/Kuru_(Krankheit)

245 https://www.zeit.de/politik/ausland/2019-06/bundesgesundheitsminis-ter-organspende-jens-spahn-lehrplan-schulen-aufklaerung; https://rp-online.de/wirtschaft/gesundheitsminister-jens-spahn-thema-organspende-soll-in-der-schule-behandelt-werden_aid-39635487

246 https://www.aerztezeitung.de/politik_gesellschaft/organspende/article/970860/organspende-spahn-befeuert-debatte-widerspruchsloesung.html

247 https://www.aerztezeitung.de/politik_gesellschaft/organspende/article/970860/organspende-spahn-befeuert-debatte-widerspruchsloesung.html

248 https://www.spiegel.de/gesundheit/diagnose/organspende-diskussion-umgesetzentwurf-von-jens-spahn-und-karl-lauterbach-a-1260643.html

249 https://www.spiegel.de/gesundheit/diagnose/organspende-diskussion-um-gesetzentwurf-von-jens-spahn-und-karl-lauterbach-a-1260643.html

250 https://www.eurotransplant.org/cms/index.php?page=pat_germany

251 https://www.stern.de/gesundheit/verkauf-von-spenderorganen--erster-aerztefunktionaer-fordert-finanzielle-anreize-fuer-moegliche-organ-spender-3459778.html

252 https://balkan-spezial.blogspot.com/2019/02/der-berliner-londoner-und-us-chaos.html

253 https://www.faz.net/aktuell/politik/ausland/kaum-freiwillige-spender-china-gibt-organhandel-zu-1843159.html

254 https://asr-stammtisch-nuernberg.blogspot.com/

255 https://sciencefiles.org/2016/06/17/persoenlichkeitsveraenderung-nach-organtransplantation-fuehren-fremdorgane-ein-eigenleben/

256 https://www.welt.de/vermischtes/article200151724/Niedersachsen-Gruene-wollen-Verbot-von-Luftballons-durchsetzen.html

257 Zitat von Publizist Gabor Steingart in Epoch-Times https://www.epochtimes.de/meinung/analyse/steuerquote-in-der-aera-merkel-explodiert-fuer-klimaschutz-soll-jetzt-auch-schwarze-null-fal-len-a2964401.html

258 https://files.taxfoundation.org/20180917120122/A-Comparision-of-the-Tax-Burden-on-Labor-in-the-OECD-2018.pdf

259 https://news.feed-reader.net/19217-fluechtlingsdrama.html, Carola Rackete spricht sich für die Aufnahme aller Flüchtlinge aus Libyen aus

260 U. a. https://www.youtube.com/watch?v=N4-ROrczqX0&feature=youtu.be; SchrangTV, Heiko Schrang

261 Salzburger Nachrichten, 8.8.2019, Kolumne „Mein Klima" – Vier Tonnen und 80 Kilo

262 https://deutsch.rt.com/europa/86149-schwedische-klimaaktivistin-schockiert-anhaenger-atomkraft-besser/

263 U. a. https://www.deutschland-kurier.org/die-hintergruende-zu-klima-greta-papas-bester-marketing-gag/

264 https://www.forbes.com/sites/jimdobson/2017/07/28/inside-the-secret-google-summer-camp-at-the-verdura-golf-and-spa-resort-in-sicily/

265 Quellen: https://www.jfklibrary.org/archives/other-resources/john-f-kennedy-speeches/american-newspaper-publishers-associati-on-19610427; https://www.oliverjanich.de/die-rede-die-john-f-kenne-dys-schicksal-besiegelte

266 https://www.journalistenwatch.com/2019/08/01/klima-weltretter-promis/

267 https://www.faz.net/aktuell/gesellschaft/menschen/google-camp-mit-den-privatjets-zum-klimagipfel-16322374.html

268 U. a. https://taz.de/Thunbergs-Segelreise-in-die-USA/!5615733/

269 https://www.theeuropean.de/wolfram-weimer/greta-und-die-geschaf-te-ihrer-hintermanner/

270 Szenen aus dem Herzen / Unser Leben für das Klima; Greta & Svante Thunberg, Beata & Malena Ernman, S. Fischer Verlag, 2019; ua. Seite 42

271 ARD Tagesschau, 14.08.2019, Interview mit Boris Herrmann, Skipper

272 Z. B.: https://de.pons.com/%C3%BCbersetzung/italienisch-deutsch/malizia

273 https://taz.de/Thunbergs-Segelreise-in-die-USA/!5615733/, Aktualisierung 15.8.

274 https://www.riffreporter.de/anthropozaen/boris-hermann-greta-thunberg/

275 ARD Tagesschau, 14.08.2019, Interview mit Boris Herrmann, Skipper

276   ARD Tagesschau, 14.08.2019, Interview mit Boris Herrmann, Skipper

276a https://www.br.de/nachrichten/netzwelt/verschwoerungstheorien-ist-greta-nur-eine-marionette,Rd53JMK

277   https://www.extremnews.com/berichte/weltgeschehen/34f01755c7b0829; Interview mit der F.A.Z.

278   https://www.extremnews.com/berichte/weltgeschehen/34f01755c7b0829

279   https://www.extremnews.com/berichte/weltgeschehen/34f01755c7b0829

280   Ua. https://youtu.be/9OqDFTgXGy4, Kanal Gerhard Wisnewski, „Atlantik: Greta – verzweifelt gesucht"

281   Hamburger Abendblatt, 23.08.2018, „Greta Thunberg gibt Hamburger Schülern ein Versprechen"

282   Unter anderen: https://youtu.be/QIMXerHaSsU Kanal gamesoftruth; „Greta ist abgetaucht?" https://youtu.be/9OqDFTgXGy4, Kanal Gerhard Wisnewski, „Atlantik: Greta – verzweifelt gesucht"

283   https://youtu.be/wJivEpepdlo, Kanal Monte-Carlo – Bretagne Télé, „Route du Rhum 2018: Malizia II – Monte-Carlo Bretagne Télé"

284   https://youtu.be/QIMXerHaSsU; Kanal gamesoftruth, „Greta ist abgetaucht?"

285   https://www.wisnewski.ch/kurs-azoren-wurde-klima-greta-von-bord-geholt/

286   https://www.merkur.de/politik/greta-thunberg-usa-kurz-vor-ankunft-in-new-york-zu-zwischenstopp-gezwungen-zr-12914106.html

287   https://invalidenturm.eu/2019/04/retortenoeko-details-von-den-maechten-hinter-greta-thunberg/

288   https://19vierundachtzig.com/2019/09/21/ekelhaft-100-verlierer-la-chen-einen-gewinner-aus/

288a https://www.kath.ch/newsd/heute-versuendigt-man-sich-gegen-das-klima/, Katholisches Medienzentrum

289   https://www.youtube.com/watch?v=OMYd7FP_bkM&feature=youtu.be, Oliver Janich, Die Welle 2.0

290   https://www.news.at/a/alfons-mensdorff-pouilly-schutzmasken-affaere-332072

291   https://www.heute.at/s/-13838889

292   https://vorarlberg.orf.at/v2/news/stories/2523608/

293   Greta Thunberg, „Meine Reden zum Klimaschutz / Ich will, dass ihr in Panik geratet", S. Fischer Taschenbuch

294   https://www.youtube.com/watch?v=rddoy5qhH7w, Malarich, „Conte biedert sich bei Merkel an"

295   https://de.wikipedia.org/wiki/Oliver_Janich

296   https://www.youtube.com/watch?v=4XQJQL5wPFs

297   https://www.oliverjanich.de/einladung-zur-klimadebatte-an-mrwissen-2go-mailab-rezo-lefloid-90youtuber

298 https://www.oliverjanich.de/1000-euro-fuer-klimadebatte-youtube-sperrt-anbieter-der-wette-meine-argumente-vorab

299 Oliver Janich & Team

300 https://www.oliverjanich.de/klimabetrug-alle-wissenschaftlichen-quellen-auf-einen-blick

301 https://youtu.be/QWfzim9Ttyc, Kanal Terra X Lesch & Co, „Missverständnisse zum Klimawandel aufgeklärt"

302 https://www.oliverjanich.de/die-zerstoerung-von-terra-x-harald-lesch-zitiert-mich-und-luegt-weiter

303 https://youtu.be/dSKWak6NrzI, Kanal Oliver Janich, Einschüchterungsversuche von ARD/ZDF

304 https://www.eike-klima-energie.eu/2009/01/10/ideologie-statt-wissenschaft-die-sieben-thesen-des-pik-potsdam-institut-fuer-klimafolgenforschung/

305 https://www.theeuropean.de/klaus-miehling/zehn-gruende-die-gegen-einen-klimawandel-sprechen/

306 https://www.focus.de/perspektiven/nachhaltigkeit/politologin-erklaert-bewegung-wird-zur-religion-warum-wir-anders-ueber-den-klimaschutz-reden-sollten_id_11123302.html

307 https://www.psychotherapeutenjournal.de/blaetterkatalog/PTJ-3-2019/22/index.html

308 https://www.achgut.com/artikel/psychotherapeutenkammer_klima-leugner_psychisch_krank

309 https://www.psychotherapeutenjournal.de/blaetterkatalog/PTJ-3-2019/22/index.html, Seiten 253, 254

310 https://www.psychotherapeutenjournal.de/blaetterkatalog/PTJ-3-2019/29/index.html#zoom=z, Seite 259

311 https://www.achgut.com/artikel/psychotherapeutenkammer_klima-leugner_psychisch_krank

312 U. a. https://twitter.com/maybritillner/status/1167097398965002240

313 https://de.wikipedia.org/wiki/Leugnung_der_menschengemachten_globalen_Erw%C3%A4rmung, Telegram-Account von Heiko Schrang, https://t.me/SchrangTV/359

314 https://youtu.be/NLWTMUrU8eI, Kanal RT Deutsch, 14.09.2019, „Der Grüne Andreas L. ist ein ehrenamtlicher Vollzeit-Wikipedianer"

315 U. a. Greta Thunberg auf Instagram, 01.09.2019

316 https://youtu.be/uZyK_MarY6s, Kanal ntv Nachrichten, „Live: Vor der Segelreise nach New York: Greta Thunberg gibt Pressekonferenz";

317 https://youtu.be/XLcYFPdjIwQ, Kanal RT Deutsch, „Live: Pressekonferenz von Greta vor ihrem Segeltörn nach New York"

318 https://de.wikipedia.org/wiki/Vereinigte_Staaten

319 U. a. https://www.spiegel.de/lebenundlernen/schule/greta-thunberg-will-zeit-nicht-mit-einem-treffen-mit-donald-trump-verschwen-den-a-1281130.html

320 Szenen aus dem Herzen / Unser Leben für das Klima; Greta & Svante Thunberg, Beata & Malena Ernman, S. Fischer Verlag, 2019; Seite 10

321 Szenen aus dem Herzen / Unser Leben für das Klima; Greta & Svante Thunberg, Beata & Malena Ernman, S. Fischer Verlag, 2019; Seite 15

322 Szenen aus dem Herzen / Unser Leben für das Klima; Greta & Svante Thunberg, Beata & Malena Ernman, S. Fischer Verlag, 2019; Seite 19

323 Anmerkung zu Asperger: Es gilt als eine Form des Autismus, der von so manchen Medizinern mit Impfungen in Zusammenhang gebracht wird. Siehe weiter hinten.

324 Szenen aus dem Herzen / Unser Leben für das Klima; Greta & Svante Thunberg, Beata & Malena Ernman, S. Fischer Verlag, 2019; ua. Seite 42;

324a http://www.schreiben10.com/referate/Biologie/19/Autismus-reon.php

324aa https://www.heilpraxisnet.de/krankheiten/asperger-syndrom/

324b https://autismus-kultur.de/autismus/asperger.html

324c https://de.wikipedia.org/w/index.php?title=Asperger-Syndrom&oldid=192930478

324d https://www.heilpraxisnet.de/krankheiten/asperger-syndrom/

324e Greta Thunberg, „Meine Reden zum Klimaschutz – Ich will, dass ihr in Panik geratet", Verlag S. Fischer, Seite 25

324f https://krank.de/krankheiten/asperger-syndrom/

325 Szenen aus dem Herzen / Unser Leben für das Klima; Greta & Svante Thunberg, Beata & Malena Ernman, S. Fischer Verlag, 2019; Seite 36

326 Szenen aus dem Herzen / Unser Leben für das Klima; Greta & Svante Thunberg, Beata & Malena Ernman, S. Fischer Verlag, 2019; Seite 45

327 Szenen aus dem Herzen / Unser Leben für das Klima; Greta & Svante Thunberg, Beata & Malena Ernman, S. Fischer Verlag, 2019; Seite 49

328 https://www.express.de/koeln/trauriges-phaenomen-babys-ohne-ha-endchen-geboren--auch-koelner-hebammen-sind-alarmiert-33151676

329 https://www.bild.de/bild-plus/news/ausland/news-ausland/kinder-ohne-haende-in-frankreich-hier-wird-jemand-mundtot-gemacht-64716496,view=conversionToLogin.bild.html

330 Szenen aus dem Herzen / Unser Leben für das Klima; Greta & Svante Thunberg, Beata & Malena Ernman, S. Fischer Verlag, 2019; Seite U. a. Seite

331 Szenen aus dem Herzen / Unser Leben für das Klima; Greta & Svante Thunberg, Beata & Malena Ernman, S. Fischer Verlag, 2019; Seite Seite 60

332 Szenen aus dem Herzen / Unser Leben für das Klima; Greta & Svante Thunberg, Beata & Malena Ernman, S. Fischer Verlag, 2019; Seite 77

333 Szenen aus dem Herzen / Unser Leben für das Klima; Greta & Svante Thunberg, Beata & Malena Ernman, S. Fischer Verlag, 2019; Seite 88

334 Szenen aus dem Herzen / Unser Leben für das Klima; Greta & Svante Thunberg, Beata & Malena Ernman, S. Fischer Verlag, 2019; Seite Seite 132, 145

335 Szenen aus dem Herzen / Unser Leben für das Klima; Greta & Svante Thunberg, Beata & Malena Ernman, S. Fischer Verlag, 2019; Seite Seite 132, 145

336 https://www.epochtimes.de/feuilleton/menschen/linke-wut-nach-kritik-an-fridays-for-future-wird-mario-barth-jetzt-zum-deutschen-gabalier-a2990727.html,

337 https://www.merkur.de/politik/greta-thunberg-heuchelei-leere-versprechungen-extreme-kritik-an-aktivistin-zr-12954060.html

338 Express Zeitung, Nr. 27, Juli 2019, Gerhard Wisnewski

339 https://de.wikipedia.org/wiki/Mao_Zedong

340 https://www.youtube.com/watch?v=JEaceBytSx4, Oliver Janich,

341 https://de.wikipedia.org/wiki/Skull_%26_Bones

342 Greta Thunberg, „Meine Reden zum Klimaschutz / Ich will, dass ihr in Panik geratet", S. Fischer, S 31

343 https://www.socialstyrelsen.se/orosanmalan

344 http://www.pi-news.net/2019/09/greta-schwedische-buerger-melden-verdacht-auf-kindeswohlgefaehrdung/

345 https://samnytt.se/uppgifter-greta-thunberg-ska-utredas-av-kungsholmens-socialtjanst/

346 https://youtu.be/rYxt0BeTrT8, Sky News, „In full: Climate activist Greta Thunberg rebukes world leaders"

346a https://youtu.be/5BcHBtwSt30, Kanal uncutnews.ch, September 2019: Greta Thunberg ohne Drehbuch – Deutsch

347 https://youtu.be/HuEUtINkEYw, RT Deutsch, 3. Internationalen Forum „Russische Energie-Woche"

348 http://votum24.votum1.de/de/politik/so-hat-die-16-jaehrige-klimafanatikerin-die-geopolitik-beeinflusst#

349 https://connectiv.events/die-klima-ikone-greta-thunberg-wird-dieses-maedchen-fuer-eine-profitable-good-cause-company-instrumentalisiert/

350 https://www.weltwoche.ch/ausgaben/2019-4/artikel/wir-basteln-uns-eine-klima-ikone-die-weltwoche-ausgabe-4-2019.html

351 https://matrixchange.blogspot.com/2019/03/warum-greta-thunberg-ein-star-ist-und.html

352 Stern, Nr. 34, 15.8.2019, Seite 3, Editorial CR Florian Gless

353 https://de.wikipedia.org/wiki/Greta_Thunberg

354 https://heckticker.blogspot.com/2019/03/die-goldene-kamera-rettet-mit-greta-das.html

355   https://www.epochtimes.de/politik/deutschland/schiffe-sind-
       besonders-dreckige-verkehrsmittel-schiffffahrt-will-die-maritime-
       energiewende-a2266359.html
356   https://www.epochtimes.de/politik/deutschland/fahrverbote-fuer-
       kreuzfahrtschiffe-abwegig-gruene-wollen-menschen-nicht-den-spass-
       verderben-a2222912.html, Interview mit der Neuen Osnabrücker Zeitung
357   https://theworldnews.net/de-news/hambacher-forst-streit-um-
       vermummte-aktivisten-bei-thunberg-besuch
358   https://youtu.be/GisohOqdCow, Kanal Oliver Janich, „Entstammt Greta
       Thunberg einer Freimaurer-Familie?"
359   https://de.wikipedia.org/wiki/Svante_Arrhenius
360   https://de.wikipedia.org/wiki/Svante_Arrhenius, wetter.tagesschau.de /
       Der Vater des Treibhauseffekts, Tim Staeger
361   U. a. Lichtsprache, Ausgabe Nr. 116, Juni/Juli/August 2019, 17. Jahrgang,
       „Weltereignisse und Hintergründe – Was Mainstream-Medien nicht weiter-
       geben", Zur Fridays-for-Future-Bewegung und Greta Thunberg
362   http://principia-scientific.org/publications/Experiment_on_Green-
       house_Effect.pdf
363   U. a. https://www.heise.de/forum/Telepolis/Kommentare/Klima-
       Europaeer-sind-etwas-gleicher-als-der-Rest-der-Menschheit/Treibhaus-
       Effekt-wurde-bereits-1909-widerlegt/posting-2227812/show/
364   https://www.chemie.uni-wuerzburg.de/fileadmin/08000000/
       Nobelpreistraeger/Arrhenius.pdf
365   https://www.youtube.com/watch?v=GisohOqdCow, Oliver JAnich
       „Entstammt Greta Thunberg einer Freimaurer-Familie?"
366   https://www.heise.de/tp/features/Extinction-Rebellion-Wie-wir-das-
       schaffen-koennen-bis-2025-4518612.html
367   https://invalidenturm.eu/2019/04/retortenoeko-details-von-den-
       maechten-hinter-greta-thunberg/
368   https://de.sputniknews.com/gesellschaft/20190609325173156-greta-
       thunberg-fridays-for-future-teil-2/
369   https://invalidenturm.eu/2019/04/retortenoeko-details-von-den-
       maechten-hinter-greta-thunberg/
370   https://invalidenturm.eu/2019/04/retortenoeko-details-von-den-
       maechten-hinter-greta-thunberg/
371   https://ueberhauptgarnix.blogspot.com/2019/02/greta-thunberg.
       html?view=classic
372   https://de.sputniknews.com/gesellschaft/20190609325173156-greta-
       thunberg-fridays-for-future-teil-2/
373   U. a. https://connectiv.events/die-klima-ikone-greta-thunberg-wird-dieses-
       maedchen-fuer-eine-profitable-good-cause-company-instrumentalisiert/

374 U. a. Lichtsprache, Ausgabe Nr. 116, Juni/Juli/August 2019, 17. Jahrgang, „Weltereignisse und Hintergründe – Was Mainstream-Medien nicht weitergeben", Zur Fridays-for-Future-Bewegung und Greta Thunberg

375 http://votum24.votum1.de/de/politik/so-hat-die-16-jaehrige-klimafanatikerin-die-geopolitik-beeinflusst

376 Ua. Lichtsprache, Ausgabe Nr. 116, Juni/Juli/August 2019, 17. Jahrgang, „Weltereignisse und Hintergründe – Was Mainstream-Medien nicht weitergeben", Zur Fridays-for-Future-Bewegung und Greta Thunberg

377 https://de.sputniknews.com/gesellschaft/20190609325173156-greta-thunberg-fridays-for-future-teil-2/, „Wenn Verschwörungstheorien wahr werden – Heute: Greta und die Fridays for Future – Teil 2"

378 Greta Thunberg, „Meine Reden zum Klimaschutz / Ich will, dass ihr in Panik geratet", S. Fischer, S 37

379 https://www.fischundfleisch.com/herbert/greta-thunberg-s-eltern-knallharte-geschaeftemacherei-mit-dem-klimaschutz-56660?fbclid=IwAR38SiLU7PRvgL0ueoWWkN6n7hwPUI6hDtkYJZynQcSorjXR48WlJQK6NuA

380 http://www.science-skeptical.de/klimawandel/greta-thunberg-we-dont-have-time-ingmar-rentzhog-und-der-club-of-rome/0017988/

381 https://www.eike-klima-energie.eu/2019/07/04/gegenwind-das-phaenomen-greta-thunberg/

382 http://www.science-skeptical.de/klimawandel/das-geschaeftsmodell-fridays-for-future-der-plant-for-the-plantet-foundation-des-club-of-rome/0017914/

383 https://www.eike-klima-energie.eu/2019/05/07/greta-thunberg-we-dont-have-time-ingmar-rentzhog-und-der-club-of-rome/

384 https://correctiv.org/faktencheck/gesellschaft/2019/06/13/greta-thunberg-keine-belege-fuer-systematische-pr-kampagne-der-eltern-und-eines-unternehmers

385 https://de.wikipedia.org/wiki/Desertec

386 https://www.ecomena.org/desertec/

387 https://de.wikipedia.org/wiki/Desertec

388 https://www.tichyseinblick.de/meinungen/die-marke-fridays-for-future-und-neue-ungereimtheiten/

389 https://www.clubofrome.org/members-groups/full-members/

390 https://www.eike-klima-energie.eu/2019/04/22/fridays-for-future-dieselbe-masche-ein-neues-kind/

391 https://www.eike-klima-energie.eu/2019/04/22/fridays-for-future-dieselbe-masche-ein-neues-kind/

392   http://www.science-skeptical.de/klimawandel/das-geschaeftsmodell-
      fridays-for-future-der-plant-for-the-plantet-foundation-des-club-of-
      rome/0017914/

392a http://www.propagandafront.de/121850/okofaschistische-sauberungs-
      aktion-des-club-of-rome-klimaskeptiker-sollen-kriminalisiert-werden.html

392b http://www.prisonplanet.com/flashback-obama-intimately-tied-to-car-
      bon-trading-scam.html

392c Kent-Depesche, Themenhefter CO_2-Betrug, John Truman Wolfe, Eine
      unbequemere Wahrheit; Der globale Schwindel

392d besser leben, Kent-Depesche, Ausgabe 9+10/2019, Seite 15

393   https://www.eike-klima-energie.eu/2019/07/04/gegenwind-das-phae-
      nomen-greta-thunberg/

393a http://www.scribd.com/doc/26753034/The-First-Global-Revolution-
      Text, Club of Rome

394   Club for Growth Economic Winterkonferenz 2010 in Palm Beach, Florida,
      05.03.2010, veröffentlicht unter: www.propagandafront.de/116020/
      vaclav-klaus-die-erderwarmungspanikmache-ist-ein-riesiges-problem-
      fur-unsere-freiheit.html

395   Ortschronik Thomatal, Peter Lüftenegger / Wolfgang Pfeifenberger
      Verlag, Seite 68

396   https://t.me/SchrangTV/314

397   http://christian-wulff.de/

398   https://www.eike-klima-energie.eu/2019/07/04/gegenwind-das-phae-
      nomen-greta-thunberg/

399   http://www.science-skeptical.de/klimawandel/das-geschaeftsmodell-fridays-
      for-future-der-plant-for-the-plantet-foundation-des-club-of-rome/0017914/

400   https://www.eike-klima-energie.eu/2019/05/12/scientist-for-future-
      und-der-club-of-rome/

401   https://www.clubofrome.org/members-groups/full-members/

402   https://www.clubofrome.org/members-groups/full-members/

403   https://www.clubofrome.org/members-groups/executive-committee/

404   https://de.wikipedia.org/wiki/Klaus_T%C3%B6pfer

405   https://de.wikipedia.org/wiki/Felix_Unger

406   Dresdner Neueste Nachrichten, www.dnn.de/Dresden/Lokales/Das-
      sind-Dresdens-Klimaknirpse, 06.07.2019

407   U. a. https://bayernheute.com/schule-belegt-fridays-of-future-teilneh-
      mer-mit-busgeldern/

408   U. a. Artikel über Fridays for Future am 02.03.2019 in der „Welt"

409   Allgäuer Zeitung, 27.07.2019

410   https://www.stern.de/panorama/weltgeschehen/bayern--polizei-kontrolliert-
      familien-am-flughafen--um-schulschwaenzer-zu-finden-7991588.html

411   https://www.spiegel.de/politik/deutschland/bundestag-abgeordnete-
      fehlen-am-liebsten-freitag-a-1272666.html

412   U. a. https://www.tichyseinblick.de/kolumnen/alexander-wallasch-heute/
      parents-for-future-und-schuldirektorin-noetigen-eltern-zu-klima-demo/

413   https://www.berliner-zeitung.de/politik/meinung/klimastreik-mit-aller-
      macht-schueler-unter-druck---wer-nicht-mitmacht--hat-ein-prob-
      lem-33178602

414   https://t.me/SchrangTV/310

414a https://www.epochtimes.de/genial/schuelerin-schlaegt-alarm-ich-will-
      nicht-zu-friday-for-future-demos-ich-will-lernen-a3026671.html/amp

415   https://t.me/oliverjanich/14127, ein Bild der „Express Zeitung" gesehen
      bei Oliver Janich auf Telegram

416   https://www.focus.de/magazin/kurzfassungen/focus-24-2019-lehrer-
      verband-warnt-kollegen-vor-missachtung-des-neutralitaetsgebots-mei-
      dinger-genderstern-hat-in-schulen-nichts-verloren_id_10802062.html

417   https://youtu.be/xzV5JgFu1PI, Kanal Oliver Janich, 15.08.2019,
      „Der Adel, die Rothschilds & das Klimamärchen: Programm zur
      Bevölkerungsreduktion

418   U. a. https://www.youtube.com/watch?v=fgUSezpquEA,
      Das kabbalistische Netzwerk hinter den Rothschilds

419   https://kaltesonne.de/165-zitate/, EIKE – Europäisches Institut für
      Klima und Energie

420   https://kaltesonne.de/165-zitate/, EIKE – Europäisches Institut für
      Klima und Energie

421   https://www.eike-klima-energie.eu/2019/07/04/gegenwind-das-
      phaenomen-greta-thunberg/

421a https://www.spiegel.de/international/growing-pains-fridays-for-future-
      is-about-to-turn-one-a-1279544.html

422   https://www.spiegel.de/international/growing-pains-fridays-for-future-
      is-about-to-turn-one-a-1279544.html

423   https://www.youtube.com/watch?v=hAooIa7OfbA, Die Illuminaten-
      Jugend: Weltzerstörung im Auftrag der elitären Blutlinien

424   Ua.: https://www.welt.de/politik/deutschland/article197729841/Fridays-
      for-Future-Jannik-Schestag-streitet-um-Rueckzahlung-von-70-000-
      Euro.html; Oliver Janich und weitere

425   https://www.youtube.com/watch?v=dSKWak6NrzI, Oliver Janich,
      „Einschüchterungsversuche von ARD/ZDF: ..."

426   https://www.neopresse.com/wirtschaft/greta-organisatorin-von-bill-
      gates-und-soros-finanziert/?fbclid=IwAR3gzktKDFoXNhr86RiK_uv9AO_
      DwpBeaMKFbJT8soifM1Hc0AGilUgYwC8

427   https://www.neopresse.com/wirtschaft/greta-organisatorin-von-bill-gates-und-soros-finanziert/?fbclid=IwAR3gzktKDFoXNhr86RiK_uv9AO_DwpBeaMKFbJT8soifM1Hc0AGilUgYwC8

428   https://www.one.org/de/uber-one/finanzen/

429   https://www.eike-klima-energie.eu/2019/05/07/greta-thunberg-we-dont-have-time-ingmar-rentzhog-und-der-club-of-rome/

430   http://www.science-skeptical.de/klimawandel/das-geschaeftsmodell-fridays-for-future-der-plant-for-the-plantet-foundation-des-club-of-rome/0017914/

431   https://www.spiegel.de/kultur/gesellschaft/luisa-neubauer-klimaakti-vistin-wird-stern-kolumnistin-a-1287430.html

432   https://www.youtube.com/watch?v=aT-lY2_wBj4, Oliver Janich, ARD aufgeflogen: Sender kennt Widerlegung des Treibhauseffektes & ver-weigert Debatte

433   http://www.science-skeptical.de/klimawandel/das-geschaeftsmodell-fridays-for-future-der-plant-for-the-plantet-foundation-des-club-of-rome/0017914/

434   http://www.science-skeptical.de/klimawandel/das-geschaeftsmodell-fridays-for-future-der-plant-for-the-plantet-foundation-des-club-of-rome/0017914/

435   https://www.tichyseinblick.de/meinungen/gretas-milliardaere-millio-nen-fuer-den-klimaaufstand/

436   https://www.eike-klima-energie.eu/2019/05/12/scientist-for-future-und-der-club-of-rome/

437   http://archive.is/qnUnv#selection-1477.216-1493.352 (horizont.net)

438   https://www.fr.de/politik/klimastreik-2092019-passiert-freitag-deutsch-land-zr-13012060.html

439   https://npr.news.eulu.info/2019/05/29/teilnehmer-bilderberg-2019/

440   https://lichtweltverlag.at/2019/07/09/greta-und-die-klima-hysterie/

441   https://www.focus.de/panorama/welt/aktion-von-klimaaktivisten-fluss-in-zuerich-wird-giftgruen-gefaerbt-polizei-ermittelt_id_11133211.html

442   https://twitter.com/DavidSamFrancis/status/1179696406061293568

443   https://t.me/unzensiert/11119,

444   https://www.spiegel.de/wissenschaft/technik/extinction-rebellion-gru-ender-roger-hallam-wenn-eine-gesellschaft-so-unmoralisch-handelt-wird-demokratie-irrelevant-a-1286561.html

445   https://www.eike-klima-energie.eu/2019/10/09/cui-bono-extinction-rebellion-xr-extrem-gut-organisiert-strukturiert-und-finanziert/

446   https://twitter.com/OliverJanich/status/1180090214313676800

447   https://twitter.com/XRLondon/status/1168871856675459073, Status Extinction Rebellion London vom 03.09.2019 (@XRLondon)

448 Oliver Janich, „Die Amazonas-Lüge und die Greta-Show",
https://www.youtube.com/watch?v=fsbKXjKZUPc

449 https://www.youtube.com/watch?v=fsbKXjKZUPc, Kanal Oliver Janich,
„Die Amazonas-Lüge und die Greta-Show"

450 https://www.deutschlandfunk.de/klima-proteste-in-stockholm-fridays-
mit-greta.795.de.html?dram:article_id=444309

451 https://www.tichyseinblick.de/meinungen/gretas-milliardaere-
millionen-fuer-den-klimaaufstand/

452 https://www.tichyseinblick.de/meinungen/gretas-milliardaere-
millionen-fuer-den-klimaaufstand/Mit der «Grünen Kulturrevolution»
in die weltweite Klimadiktatur?

453 https://www.youtube.com/watch?v=JEaceBytSx4, Kanal Oliver Jannich,
„Mit der „Grünen Kulturrevolution" in die weltweite Klimadiktatur?
Gerhard Wisnewski im Interview

454 https://www.tichyseinblick.de/meinungen/gretas-milliardaere-
millionen-fuer-den-klimaaufstand/

455 https://www.tichyseinblick.de/mein Ua. Preußische Allgemeine Zeitung,
28.06.2019, Florian Sturmfall

456 https://www.eike-klima-energie.eu/2019/07/04/gegenwind-das-
phaenomen-greta-thunberg/

457 https://fridaysforfuture.de/spenden/#faq

458 https://www.tichyseinblick.de/meinungen/gretas-milliardaere-
millionen-fuer-den-klimaaufstand/

459 https://www.nachhaltige.investments/wp-content/uploads/
Ausstellerinformation_5.Marktplatz.pdf

460 https://blog.gruenesgeld.net/plant-for-the-planet-felix-finkbeiner-
fordert-auch-gruenes-geld-auf-zu-handeln-statt-zu-reden/

461 https://www.tichyseinblick.de/daili-es-sentials/bestaetigt-fridays-for-
future-nicht-gemeinnuetzig/

462 https://www.welt.de/politik/deutschland/article197729841/Fridays-for-
Future-Jannik-Schestag-streitet-um-Rueckzahlung-von-70-000-Euro.html

463 Oberhessischen Presse

464 https://www.welt.de/politik/deutschland/article197729841/Fridays-for-
Future-Jannik-Schestag-streitet-um-Rueckzahlung-von-70-000-Euro.html;
Curd Wunderlich

465 https://youtu.be/Xqnh66iwVM8, Heiko Schrangs Kampansage an die
Politik vor dem Brandenburgertor, Demo „Nein zum Impfzwang" (heiko-
schrang.de)

466 https://www.blick.ch/news/schweiz/westschweiz/streit-schweiz-gemot-
ze-und-heulkraempfe-am-klimagipfel-in-lausanne-riesen-zoff-unter-
den-greta-juengern-id15455041.html

467   de/wikipedia.org/wiki/TED_(Konferenz),

468   www.ted.com/search?q=climate

469   https://www.vernunftkraft-odenwald.de/wp-content/uploads/2018/10/Zitate-zum-Klimawandel.pdf

470   https://www.algore.com/

471   Ua. https://www.futurezone.de/science/article226246281/NASA-In-jedem-Weltall-Bild-steckt-Photoshop-und-das-ist-gut-so.html

472   https://de.wikipedia.org/wiki/Al_Gore

473   de/wikipedia.org/wiki/TED_(Konferenz),

474   https://dailycaller.com/2016/05/03/an-inconvenient-review-after-10-ye-ars-al-gores-film-is-still-alarmingly-inaccurate/

475   https://www.youtube.com/watch?v=UPB6pZ-4kGo; ARD Extra/report MÜNCHEN, „Experten warnen vor Al Gore und dem Klimaschwindel

476   https://www.ted.com/talks/stewart_brand_and_chris_anderson_mam-moths_resurrected_geoengineering_and_other_thoughts_from_a_fu-turist/transcript#t-71519

477   de/wikipedia.org/wiki/Stewart_Brand

478   www.ted.com/talks/stewart_brand_proclaims_4_environmental_heresies#t-593366

479   http://sb.longnow.org/SB_homepage/Home.html

480   Ua. https://kenya-news-alerts.com/kommentar-greta-und-die-kern-energie-alles-nicht-so-einfach-kommentare-dw/

481   www.longnow.org

482   https://de.wikipedia.org/wiki/Warren_Buffett

483   https://de.wikipedia.org/wiki/Warren_Buffett

484   https://t.me/unzensiert/10529 / Telegram-Account von @unzensiert

484a Ua. https://youtu.be/rWorYTMIAKA, Kanal MrMarxismo, „'Blut' ausge-rotteter Tierarten gossen Aktivisten von Extinction Rebellion in Paris auf eine Treppe, 12.05.2019

484b Ua. https://www.imago-images.de/offers/340901/News/Aktuelles-Zeit-geschehen/London-Aktivisten-bespruehen-Schatzamt-in-Westminster-mit-Kunstblut?db=stock, „London, Aktivisten besprühen Schatzamt in Westminster mit Kunstblut"

485   https://www.focus.de/wissen/klima/fakten-oder-fake-argumente-der-klimaskeptiker-widerlegt_id_11161392.html

486   https://www.focus.de/perspektiven/nachhaltigkeit/politologin-erklaert-bewegung-wird-zur-religion-warum-wir-anders-ueber-den-klimaschutz-reden-sollten_id_11123302.html

487   https://t.me/oliverjanich/14140, Bilder der Express Zeitung auf dem Telegram-Account von Oliver Janich

488 https://youtu.be/cLNj57NS6is, Kanal Lisa Licentia, Clara Mayer von fff ist bei der Antifa!

489 https://www.youtube.com/watch?v=Xqnh66iwVM8, Heiko Schrang, „Kampfansage an die Politik vor dem Brandenburger Tor"

490 https://www.oliverjanich.de/klimabetrug-alle-wissenschaftlichen-quellen-auf-einen-blick

491 https://t.me/oliverjanich/13972, Oliver Janich auf Telegram

492 https://www.spiegel.de/wirtschaft/soziales/bundeswehr-warnte-vor-suv-nutzung-rund-um-klimaprotest-a-1289010.html

493 https://t.me/oliverjanich/13695, Konzert-Ausschnitt von Herbert Grönemeyer

494 https://jungefreiheit.de/politik/deutschland/2019/mit-klima-protesten-gegen-den-kapitalismus/

495 https://jungefreiheit.de/politik/deutschland/2019/linksextremisten-versuchen-klimaproteste-zu-kapern/

496 https://jungefreiheit.de/politik/deutschland/2019/mit-klima-protesten-gegen-den-kapitalismus/

497 https://www.eike-klima-energie.eu/2019/06/23/maos-rote-garden-noch-light-garzweiler-gewalttaetige-proteste-im-braunkohletagebau/

498 https://www.bild.de/wa/ll/bild-de/privater-modus-unangemel-det-54578900.bild.html

499 https://www.eike-klima-energie.eu/2019/06/23/maos-rote-garden-noch-light-garzweiler-gewalttaetige-proteste-im-braunkohletagebau/

500 https://www.journalistenwatch.com/2019/09/18/klimaterroristin-neubauer-flughafenblockaden/; Quelle: dts

501 https://youtu.be/5e3O7WqJSmE, ZDF.reporter; Kanal John Musicman „Satanismus Kannibalismus Menschenopfer in Deutschland"

502 http://www.guidograndt.de/2019/06/14/satanismus-ritueller-miss-brauch-schockbeichte-von-mariah-careys-schwester-video/

503 https://youtu.be/t3moUYEKD_o, KANAL-Körnchenbeschleuniger, „Unglaublich! Alpenkult, Satanische Zeremonie? Gotthard Tunnel Eröffnungsfeier Teil1 (indoor komplett)

504 https://www.journalistenwatch.com/2019/09/10/wie-fridaysforfuture-gruss/

505 https://youtu.be/VE2p7Hd5oLM, Kanal Oliver Janich, „Hollywood sagte Fridays for Future voraus: Okkulte Symbolik inklusive

506 https://youtu.be/TJCARS4NJIE, Kanal Schrang TV, Aufgedeckt: Extinction Rebellion – nur bezahlte Söldner

507 https://youtu.be/TJCARS4NJIE, Kanal Schrang TV, Aufgedeckt: Extinction Rebellion – nur bezahlte Söldner

508   https://twitter.com/mrsalphablue/status/1176513030416478209, vi, Titelblatt, Nr. 9, September 2011, aufgerufen am 28.9.2019 (Anfang Oktober dürfte der Post bereits gelöscht worden sein, ein Foto des Titelblattes kursiert nach wie vor in Sozialen Medien)

509   https://www.youtube.com/watch?v=A-bBptvMrIQ&feature=youtu.be, Oliver Janich, Die satanischen Hintergründe der Klimabewegung

510   https://t.me/oliverjanich/14314, Telegram-Account Oliver Janich (Bild aus Express Zeitung)

511   Compact-Live Mut zur Wahrheit, Vortrag von Prof. Wolfgang Thüne auf https://www.oliverjanich.de/klimabetrug-alle-wissenschaftlichen-quellen-auf-einen-blick

512   U. a. Freie Universität Berlin (zitiert nach Häckel 1999, S. 293), https://www.geo.fu-berlin.de/v/pg-net/klimageographie/einleitung/klima_begriffe/index.html

513   https://www.umweltbundesamt.de/service/uba-fragen/was-ist-eigentlich-klima

514   Compact-Live Mut zur Wahrheit, Vortrag von Prof. Wolfgang Thüne auf https://www.oliverjanich.de/klimabetrug-alle-wissenschaftlichen-quellen-auf-einen-blick

515   U. a. https://www.umweltbundesamt.de/service/uba-fragen/was-ist-eigentlich-klima

516   U. a. https://www.goruma.de/erde-und-natur/meteorologie/klima-witterung-und-wetter

517   Compact-Live Mut zur Wahrheit, Vortrag von Prof. Wolfgang Thüne auf https://www.oliverjanich.de/klimabetrug-alle-wissenschaftlichen-quellen-auf-einen-blick

518   https://www.geo.fu-berlin.de/v/pg-net/klimageographie/einleitung/klima_begriffe/index.html

519   https://www.umweltbundesamt.de/service/uba-fragen/was-ist-eigentlich-klima

520   https://www.geo.fu-berlin.de/v/pg-net/klimageographie/einleitung/klima_begriffe/index.html

521   Klimageograf Prof. Werner Kirstein im Gespräch mit Robert Stein, SteinZeit.tv, „Die CO_2-Verschwörung"

522   https://www.umweltbundesamt.de/service/uba-fragen/was-ist-eigentlich-klima

523   https://www.umweltbundesamt.de/service/uba-fragen/was-ist-eigentlich-klima

523a   besser leben, Kent-Depesche, Ausgabe 12+13/2010, Seite 13

523b   besser leben, Kent-Depesche, Ausgabe 14+15/2010, Seite 21

523c https://www.eike-klima-energie.eu/2019/10/07/klimawandel-und-co2-erklaert-fuer-kinder-und-erwachsene/

524 https://www.umweltbundesamt.de/service/uba-fragen/was-ist-eigentlich-klima

525 n-tv Reportage mit dem Titel „Der Klimawandel – Alles Schwindel" vom 25.10.2007*

526 https://de.wikipedia.org/wiki/Senckenberg_Biodiversit%C3%A4t_und_Klima_Forschungszentrum

527 https://de.wikipedia.org/wiki/Kohlenstoffdioxid

528 „Leben ohne Asthma. Die Buteyko-Methode", Andrey Novozhilov, Mobiwell-Verlag

529 Magazin BIO, Ausgabe 2008/5, Seiten 3 bis 8

530 https://www.duh.de

530a https://de.wikipedia.org/wiki/Treibhausgas

531 Klimageograf Prof. Werner Kirstein bei SteinZeit.tv im Gespräch mit Robert Stein; „Die CO_2-Verschwörung"

532 https://youtu.be/zzdtuW9B-tg, Kanal NuoViso.TV, Fakten vs. Klimahysterie, Prof. Werner Kirstein, SteinZeit.tv, 04.09.19

533 https://youtu.be/FpF-OXHJwBc, Kanal kulissenriss, Vortrag Prof. Ralf D. Tscheuschner, Der CO_2-Klima-Schwindel

534 https://youtu.be/zzdtuW9B-tg, Kanal NuoViso.TV, Fakten vs. Klimahysterie, Prof. Werner Kirstein, SteinZeit.tv, 04.09.19

535 https://youtu.be/FpF-OXHJwBc, Kanal kulissenriss, Vortrag Prof. Ralf D. Tscheuschner, Der CO_2-Klima-Schwindel

536 Prof. Wolfgang Thüne, Vortrag bei Compact-Live, „Einen Treibhauseffekt gibt es nicht.", https://youtu.be/8nWUhl_q5NU

537 Prof. Wolfgang Thüne, Vortrag bei Compact-Live, „Einen Treibhauseffekt gibt es nicht.", https://youtu.be/8nWUhl_q5NU

538 https://youtu.be/FpF-OXHJwBc, Kanal kulissenriss, Vortrag Prof. Ralf D. Tscheuschner, Der CO_2-Klima-Schwindel

539 https://youtu.be/FpF-OXHJwBc, Kanal kulissenriss, Vortrag Prof. Ralf D. Tscheuschner, Der CO_2-Klima-Schwindel

540 Prof. Richard Lindzen/IPCC in der n-tv Reportage „Der Klimawandel – Alles Schwindel?" am 25.10.2007, im Archiv nicht mehr verfügbar (http://www.n-tv.de/821345.html)

541 n-tv Reportage „Der Klimawandel – Alles Schwindel?" am 25.10.2007, im Archiv nicht mehr verfügbar (http://www.n-tv.de/821345.html), dennoch im Internet kursierend

541a besser leben, Kent-Depesche, Ausgabe 05/2003, Seite 38

542 https://youtu.be/FpF-OXHJwBc, Kanal kulissenriss, Vortrag Prof. Ralf D. Tscheuschner, Der CO_2-Klima-Schwindel

543   https://www.oliverjanich.de/klimabetrug-alle-wissenschaftlichen-quellen-auf-einen-blick

544   https://www.oliverjanich.de/klimabetrug-alle-wissenschaftlichen-quellen-auf-einen-blick

545   https://youtu.be/FpF-OXHJwBc, Kanal kulissenriss, Vortrag Prof. Ralf D. Tscheuschner, Der CO_2-Klima-Schwindel

546   http://www.biocab.org/Experimente_zum_Treibhauseffekt.pdf

546a https://www.fortschrittinfreiheit.de/veroeffentlichungen/falsi.pdf; https://www.oliverjanich.de/klimabetrug-alle-wissenschaftlichen-quellen-auf-einen-blick

546b https://www.eike-klima-energie.eu/2011/01/06/eisbohrkerne-und-pflanzenstomata-der-historische-co2-gehalt-der-atmosphaere-war-oft-deutlich-hoeher-als-280-ppm/

547   U.a. https://youtu.be/zzdtuW9B-tg, NuoViso.TV, „Fakten vs. Klimahysterie, Prof. Werner Kirstein bei SteinZeit, https://www.oliverjanich.de/klimabetrug-alle-wissenschaftlichen-quellen-auf-einen-blick

548   n-tv Reportage „Der Klimawandel – Alles Schwindel?" am 25.10.2007

549   Prof. Horst Malberg, Professor für Meteorologie an der Universität Berlin, „Klimawandel seit der kleinen Eiszeit". Bad Salzuflen 2010; EIKE (Europäisches Institut für Klima und Energie)

550   n-tv Reportage „Der Klimawandel – Alles Schwindel?" am 25.10.2007

551   n-tv Reportage „Der Klimawandel – Alles Schwindel?" am 25.10.2007

552   Klimageograf Prof. Werner Kirstein im Gespräch mit Robert Stein, SteinZeit.tv, „Die CO_2-Verschwörung"

553   n-tv Reportage „Der Klimawandel – Alles Schwindel?" am 25.10.2007

554   n-tv Reportage „Der Klimawandel – Alles Schwindel?" am 25.10.2007

555   https://www.eike-klima-energie.eu/2010/04/05/physik-und-chemie-ganz-kurz-warum-die-treibhausgase-die-atmosphaere-kuehlen/

556   https://youtu.be/zzdtuW9B-tg, Kanal NuoViso.TV, Fakten vs. Klimahysterie, Prof. Werner Kirstein, SteinZeit.tv, 04.09.19, ua. https://www.eike-klima-energie.eu/2012/04/13/nature-studie-befoerdert-co2-mit-statistiktricks-vom-trittbrettfahrer-zum-steuermann-wie-dem-co2-das-ende-der-eiszeit-angedichtet-wird/?print=print, Prof. Jan Clarke/Ottawa

557   https://www.lfu.bayern.de/buerger/doc/uw_82_klima_vergangenheit.pdf, Bayerisches Landesamt für Umwelt

558   Christian-Dietrich Schönwiese, Klimatologie, 4. Auflage, 2013, Ulmer UTB, S 362

559   in Phoenix-Runde am 9.12.2010 https://youtu.be/MyPzHeBUu6Y

560 Christian-Dietrich Schönwiese, Klimatologie, 4. Auflage, 2013, Ulmer UTB, S 362 Seydlitz, Geografie, Einführungsphase aus https://youtu.be/MyPzHeBUu6Y, Klima Manifest Heiligenroth, Harald Lesch verwendet gefälschte Grafik in seinen Vorträgen ... und weitere Peinlichkeiten!!

561 https://youtu.be/MyPzHeBUu6Y, Klima Manifest Heiligenroth, Harald Lesch verwendet gefälschte Grafik in seinen Vorträgen ... und weitere Peinlichkeiten!!

561a https://youtu.be/MyPzHeBUu6Y, Klima Manifest Heiligenroth, „Harald Lesch verwendet gefälschte Grafik in seinen Vorträgen ... und weitere Peinlichkeiten", https://www.oliverjanich.de/klimabetrug-alle-wissenschaftlichen-quellen-auf-einen-blick

561b https://youtu.be/d6MdfLOFNZY, Kanal Klima Manifest Heiligenroth, „Lesch und die gefälschte Wikipedia-Grafik: Antwort vom ZDF vom 18.06.2019"

562 https://youtu.be/4hrx08tInBg, Kanal Klima Manifest Heiligenroth, Fundstück #011: Stefan Rahmstorf über „Klimamodelle" !! [ZDF.DE, 2013]

563 https://youtu.be/4hrx08tInBg, Kanal Klima Manifest Heiligenroth, Fundstück #011: Stefan Rahmstorf über „Klimamodelle" !! [ZDF.DE, 2013]

564 https://youtu.be/MyPzHeBUu6Y, Klima Manifest Heiligenroth, Harald Lesch verwendet gefälschte Grafik in seinen Vorträgen ... und weitere Peinlichkeiten!!

565 n-tv Reportage „Der Klimawandel – Alles Schwindel?" am 25.10.2007

566 n-tv Reportage „Der Klimawandel – Alles Schwindel?" am 25.10.2007

567 https://www.youtube.com/watch?v=ZYXrGlYAZOg, „Norman.Investigativ", „Tricksen Täuschen Fabulieren – Der Klimaschwindel"

568 https://www.youtube.com/watch?v=wHAZ_DBh89w, Kanal EIKE – Europäisches Institut für Klima und Energie, Prof. Friedrich-Karl Ewert: NASA-GISS Temperaturdaten wurden geändert – warum?

569 https://www.youtube.com/watch?v=wHAZ_DBh89w, Kanal EIKE – Europäisches Institut für Klima und Energie, Prof. Friedrich-Karl Ewert: NASA-GISS Temperaturdaten wurden geändert – warum?

570 https://www.youtube.com/watch?v=ZYXrGlYAZOg, „Norman.Investigativ", „Tricksen Täuschen Fabulieren – Der Klimaschwindel"

571 https://data.giss.nasa.gov/gistemp/, NASA

572 https://www.georgesoros.com/2019/04/15/remarks-delivered-after-receiving-the-courage-award-at-the-16th-annual-ridenhour-prizes-event/

572a https://www.frontiersin.org/articles/10.3389/feart.2019.00223/full

572b https://uploadfiles.io/vyu9e78n

572c https://www.berlinjournal.biz/studie-penisse-klimawandel/; https://www.berlinjournal.biz/wp-content/uploads/2017/05/Peter-Boghossian-James-Lindsay-Penisse-tragen-zum-Klimawandel-bei.pdf

573 https://eifelon.de/region/klimawandel-ein-professor-analysiert-die-situ-ation.html?fbclid=IwAR3O8OlvmTu8KHvlLj3RWqvE3icEHUu6GKIzDgdFx EPVCQGKHX21Plw_Fvo, Prof. Klaus D. Döhler im Interview mit Eifelon

574 https://www.spiegel.de/politik/deutschland/groenland-reise-merkel-auf-eis-a-500231.html

575 https://www.eike-klima-energie.eu/2009/04/28/rekord-eis-in-der-arktis/

576 https://www.eike-klima-energie.eu/2019/07/24/wir-hatten-mehr-eisschmelze-erwartet-dickes-arktisches-eis-zwingt-norwegisches-for-schungsschiff-nach-spitzbergen-zurueckzukehren/

577 https://eifelon.de/region/klimawandel-ein-professor-analysiert-die-situ-ation.html?fbclid=IwAR3O8OlvmTu8KHvlLj3RWqvE3icEHUu6GKIzDgdFx EPVCQGKHX21Plw_Fvo, Prof. Klaus D. Döhler im Interview mit Eifelon

578 Ozeanografen Nils-Axel Mörner in der BAZ, zitiert von Oliver Janich, ht-tps://www.oliverjanich.de/klimabetrug-alle-wissenschaftlichen-quellen-auf-einen-blick

579 Ozeanografen Nils-Axel Mörner, siehe oben

579a besser leben, Kent-Depesche, Ausgabe 9+10/2019, Seite 16 (nach http://lv-twk-oekosys.tu-berlin.de/project/lv twk/02-intro-3-6-twk.htm)

579b https://www.eike-klima-energie.eu/2018/10/28/gore-gibt-zu-der-ipcc-klimareport-war-aufgemotzt-um-aufmerksamkeit-zu-erregen/?fbclid=IwAR04gd-uxl3hlcIoCgBiV2NjG0Ynq6FOoH8tt9GKrihp-CyQ6NeqzgRxfCwE

579c besser leben, Kent-Depesche, Ausgabe 9+10/2019, Seite 16

580 https://www.pik-potsdam.de/pik-startseite

581 Klimageograf Prof. Werner Kirstein im Gespräch mit Robert Stein, SteinZeit.tv, „Die CO_2-Verschwörung"

581a https://infowebseite.com/2019/09/03/streit-um-diesel-fahrverbote-kann-soder-in-beugehaft-genommen-werden/

581b https://www.epochtimes.de/politik/deutschland/fahrverbot-in-stutt-gart-duh-beantragt-beugehaft-geht-kretschmann-fuer-den-diesel-ins-gefaengnis-a2963239.html

582 n-tv Reportage „Der Klimawandel – Alles Schwindel?" am 25.10.2007

583 https://youtu.be/p-IAJ-xasvA, Oliver Janich; „Klimaforscher geben zu: Es gibt kein Experiment, unsere Beweise sind falsch"

584 Klimageograf Prof. Werner Kirstein im Gespräch mit Robert Stein, SteinZeit.tv, „Die CO_2-Verschwörung"

584a besser leben, Kent-Depesche, Ausgabe 04/2006, Themenheft Klima

585 n-tv Reportage „Der Klimawandel – Alles Schwindel?" am 25.10.2007

586 https://youtu.be/bpFK7QPZ6DU, Kanal Epoch Times, 16.03.2019, „Greenpeace-Gründungsmitglied: Klimawandel gibt es, aber ist weder menschengemacht noch eine Krise"

587 https://notrickszone.com/2019/09/24/no-climate-emergency-mit-climate-expert-500-prominent-global-scientists-write-in-letter-to-un/

588 https://klimatsans.com/2019/07/28/no-climate-emergency/

589 https://www.eike-klima-energie.eu/2009/11/15/anthropogene-klimaerwaermung-77-nobelpreistraeger-sind-skeptisch/

589a Kent-Depesche 09+10/2019 besser leben, Kent-Depesche, Ausgabe 9+10/2019, Seite 15

589b https://youtu.be/hAooIa7OfbA, Oliver Janich, „Die Illuminaten-Jugend: Weltzerstörung im Auftrag der elitären Blutlinien"

589c https://www.youtube.com/watch?v=UPB6pZ-4kGo; ARD Extra/report MÜNCHEN, „Experten warnen vor Al Gore und dem Klimaschwindel

589d https://www.eike-klima-energie.eu/2013/07/18/die-bodennahen-temperaturen-in-potsdam-und-hohenpeisenberg-und-sonnenfleckenhaeufigkeit-von-1900-bis-2012/

589e https://notrickszone.com/100-papers-sun-drives-climate/; https://www.oliverjanich.de/klimabetrug-alle-wissenschaftlichen-quellen-auf-einen-blick

589f https://www.eike-klima-energie.eu/2019/10/07/klimawandel-und-co2-erklaert-fuer-kinder-und-erwachsene/

589g https://www.eike-klima-energie.eu/2009/10/02/solareinfluss-2-zukunft-braucht-herkunft-langfristiger-klimawandel-auf-der-globalen-lokalen-und-regionalen-klimaskala-und-seine-primaere-ursache/

590 https://www.petitionproject.org/

591 Depesche/Kent Oregon-Petition

592 https://www.merkur.de 05.09.19

593 https://www.duh.de

594 https://m.geo.de/natur/nachhaltigkeit/21698-rtkl-artenschutz-windenergie-und-voegel-die-opferzahlen-sind-viel-hoeher

595 https://de.wikipedia.org/wiki/Elektroauto

596 ÖAMTC Clubmagazin „auto touring", September 2019, S. 18 ff

596a https://www.epochtimes.de/wirtschaft/verbraucher/e-autos-vs-verbrenner-analyse-kosten-konsequenzen-kfz-halter-gesellschaft-a3027477.html

597 https://www.erneuerbare-energien.de/EE/Redaktion/DE/Downloads/bmwi_de/marktanalysen-photovoltaik-wasserkraft.pdf;jsessionid=9514BD9E3F92A618EAD5EF61317F4303?__blob=publicationFile&v=11

598 Quelle: auto touring, sep/19, S. 19 – s.u.

599 ÖAMTC Clubmagazin „auto touring", September 2019, Seite 19

600 https://www.br.de/nachrichten/deutschland-welt/kobaltabbau-im-kongo-kinderarbeit-fuer-handy-akkus,RdHx9sm

601 https://de.wikipedia.org/wiki/Cobalt

602 https://www.deutschlandfunk.de/lithium-abbau-in-suedamerika-kehrseite-der-energiewende.724.de.html?dram:article_id=447604

603 https://www.welt.de/wirtschaft/article196797049/Kobalt-Abbau-Bundes-regierung-kann-Kinderarbeit-fuer-Elektroautos-nicht-ausschliessen.html

604 https://youtu.be/F7OgcLbUjFw, Kanal tagesschau (ARD), 28.07.2019, ARD-Sommerinterview mit Annalena Baerbock, ab Minute 9

605 https://www.heute.at/s/tesla-fangt-feuer-brennt-am-strasenrand-vol-lig-aus-59609900

606 zB https://www.youtube.com/watch?v=IrJZFT-0FOs

607 https://www.youtube.com/watch?v=pXqwOALHkrg

608 https://www.srf.ch/kultur/wissen/schifffahrt-das-schmutzigste-gewerbe-der-welt

609 https://www.tichyseinblick.de/daili-es-sentials/todesurteil-fuer-rein-hardswald-monster-windraeder-in-grimms-maerchenwald/

610 https://www.achgut.com/artikel/windkraft_irre_zerstoeren-deutsch-lands_maerchenwald?fbclid=IwAR3E6u6FAh2sz_ApbDzTEK43QYNhHo-0utocXY-znIA6xMmWDq3p5zTK9BI

611 https://www.mmnews.de/politik/125871-co2-steuer-bis-zum-letzten-atemzug

612 https://www.welt.de/wirtschaft/article176699938/Windkraft-TUEV-sieht-in-den-Anlagen-tickende-Zeitbomben.html

613 https://www.welt.de/wirtschaft/article176699938/Windkraft-TUEV-sieht-in-den-Anlagen-tickende-Zeitbomben.html

614 U. a. ein über Telegram verbreitetes Video mit Quellenangabe Andreas Kieling

615 https://m.geo.de/natur/nachhaltigkeit/21698-rtkl-artenschutz-wind-energie-und-voegel-die-opferzahlen-sind-viel-hoeher

616 https://m.spiegel.de/wirtschaft/soziales/energiewende-windkraftlobby-will-artenschutz-schwaechen-a-1285160.html

617 https://www.youtube.com/watch?v=M1Uy151CjWc&feature=youtu.be, Breaking Lab „Windkrafträder gefährlich? Infraschall wissenschaftlich geprüft"

618 U. a. https://www.neopresse.com/politik/kunden-bezahlen-fuer-geisterstrom/?source=ENL

619 https://www.journalistenwatch.com/2019/09/05/gruene-heuchler-wind-stromanlagen/

620 https://www.eike-klima-energie.eu/2019/05/27/deutschlands-flatter-strom-drama/Deutschlands Flatterstrom-Drama | Die Weltwoche, Nr. 21 (2019) | 23. Mai 2019 http://www.weltwoche.ch/

621 http://www.solaranlagen-vergleich-com/solarzellen/solarzellen-vorteile-nachteile

622 http://bewusst.tv/neutrinos-liefern-strom-energie-folie-vorgefuehrt/

623 Compact-Live Mut zur Wahrheit, Vortrag von Prof. Wolfgang Thüne auf https://www.oliverjanich.de/klimabetrug-alle-wissenschaftlichen-quellen-auf-einen-blick

624 Science files von Dipl. Ing. Lutz Ungermann, 30.07.2019

625 https://www.epochtimes.de/politik/welt/brasiliens-aussenminister-klimaschutz-ist-angriff-auf-nationale-souveraenitaet-a2998948.html

626 https://www.youtube.com/watch?v=UPB6pZ-4kGo; ARD Extra/report MÜNCHEN, „Experten warnen vor Al Gore und dem Klimaschwindel

627 https://www.watergate.tv/maassen-fordert-abschaffung-der-oeffentlich-rechtlichen/?source=ENL

628 https://sciencefiles.org/2019/09/22/deutschlandfunk-intendant-erklart-wie-beim-dlf-zensiert-wird/

629 https://youtu.be/KS9vjReLT3g NuoViso Filmproduktion, Kanal DeuschlandBuschFunk, „Ehemaliger FAZ-Journalist packt aus

629a https://www.zeit.de/politik/deutschland/2019-08/cdu-hans-georg-maassen-annegret-kramp-karrenbauer-parteiausschluss

630 https://www.youtube.com/watch?v=70Z3-0nU7Zs, Alice Weidel, Rede während der Generaldebatte im Bundestag am 11.09.2019

631 https://www.welt.de/politik/ausland/article188634787/George-Soros-eindringliche-Warnung-an-die-EU-Aufwachen.html

632 Allgäuer Zeitung Ausgabe Samstag, 27.07.2019

633 https://www1.wdr.de/nachrichten/bsirske-ruft-zu-klimademo-teilnahme-auf-100.html

634 https://www.focus.de/finanzen/boerse/aktien/continental-streicht-20-000-stellen-deutsche-autoindustrie-in-der-krise-wo-jobs-wackeln-und-wo-sie-schon-weg-sind_id_11182876.html

635 http://recentr.com/2017/06/01/die-kommentierte-sortierte-bilderberg-teilnehmerliste-2017/

636 Kent-Depesche, Ausgabe Nr. 631 + 632 vom 22.05.2019

637 Kent/Depesche Nr. 631 + 632 vom 22.05.2019

638 https://finanzreporter.blogspot.com/2009/08/matt-taibbi-great-american-bubble.html

639 https://finanzreporter.blogspot.com/2009/08/matt-taibbi-great-american-bubble.html

640 https://youtu.be/JR_UyV32Ba4ttps://finanzreporter.blogspot.com/2009/08/matt-taibbi-great-american-bubble.html

641 https://connectiv.events/blackrock-die-unheimliche-macht-eines-finanzkonzerns/

642 https://youtu.be/JR_UyV32Ba4, ARTEde, BlackRock – die unheimliche Macht eines Finanzkonzerns

643 https://en.wikipedia.org/w/index.php?title=BlackRock&oldid=919182600

643a https://de.wikipedia.org/w/index.php?title=Friedrich_ Merz&oldid=193993737

644 https://youtu.be/HhdeAQXsL6U, GabbaGote, „NWO Zitate, New World Order, Neue Welt Ordnungs Pläne"

645 Original: U.a. https://youtu.be/ZwQCBnhah0w?list=PLQgEmRrLEIYxk v_cA6XFex58BPvMv2Mbp, YouTube Kanal Zerocryption

646 Deutsch: https://www.youtube.com/watch?v=3Sd6-rWmF- c&app=desktop, Kanal Anon Rah

647 https://www.youtube.com/watch?v=uc-v_iShyiI&feature=youtu.be, YouTube-Kanal Phoenix

648 https://www.zeit.de/politik/2019-03/donald-trump-usa-praesidenten- gehalt-spende

649 https://www.youtube.com/watch?v=lOr17X8Td8I, YouTube Kanal Samet Akman

650 https://www.dehst.de

651 https://www.handelsblatt.com/finanzen/anlagestrategie/zertifikate/ nachrichten/emissionszertifikate-das-milliardengeschaeft-mit-dem- abgashandel-seite-5/3531832-5.html

652 https://en.wikipedia.org/w/index.php?title=Soros_Fund_ Management&oldid=899979468

653 https://www.focus.de/finanzen/boerse/serie-alpha-tiere-der-boerse- milliarden-wette-gegen-das-pfund-so-besiegte-george-soros-die-bank- of-england_id_9307755.html

654 https://www.deutschlandfunkkultur.de/jeder-hungertote-ist-eine-inak- zeptable-tragoedie.990.de.html?dram:article_id=227958

655 https://www.handelsblatt.com/finanzen/anlagestrategie/zertifikate/ nachrichten/emissionszertifikate-das-milliardengeschaeft-mit-dem- abgashandel-seite-5/3531832-5.html

656 https://www.handelsblatt.com/politik/international/klimaschutzab- kommen-kanada-beerdigt-kyoto-protokoll/5951420.html?ticket=ST- 4213578-e9I7aOXirfUwXyL0pNCo-ap4

657 https://www.zeit.de/wirtschaft/2011-12/kanada-kyoto-austritt

658 https://de.wikipedia.org/w/index.php?title=Kyoto- Protokoll&oldid=191757096

658a Link: https://www.youtube.com/watch?v=SmVAdChRq0o, Rede aus dem Bundestag

659 https://amp.handelsblatt.com/finanzen/zertifikate/emissionszertifikate- das-milliardengeschaeft-mit-dem-abgashandel/3531832.html

660 Kent Depesche Nr. 631 + 632 vom 22.05.2019

661 Kent Depesche Nr. 631 + 632 vom 22.05.2019

662 Kent Depesche Nr. 631 + 632 vom 22.05.2019

663 https://de.wikipedia.org/w/index.php?title=Kleiner_Perkins_Cau-field_%26_Byers&oldid=191516163

664 http://www.timesonline.co.uk/tol/news/environment/article6658672.ece

665 https://mehr-freiheit.blogspot.com/2010/12/uber-die-klimapolitik-zur-weltregierung.html

666 https://www.eike-klima-energie.eu/2010/06/22/al-gore-macht-oder-die-verquickung-von-geld-und-politik/

667 Kent-Depesche Nr. 631 + 632 vom 22.05.2019

668 https://www.youtube.com/watch?v=UPB6pZ-4kGo#action=share; Kanal: enjoyglobalwarming, „Experten warnen vor Al Gore und dem Klimaschwindel Report München"

669 https://en.wikipedia.org/w/index.php?title=The_Climate_Reality_Project&oldid=914608835

670 Wikipedia

671 https://www.kleinerperkins.com/people/al-gore/

672 https://www.eike-klima-energie.eu/2014/09/26/woher-stammen-die-gelder-der-european-science-foundation-ausschuss-des-us-senats-beklagt-fragwuerdige-einflussnahme-durch-umweltaktivistischen-milli-ardaersclub/

673 http://www.kaltesonne.de/?p=20772; https://newspunch.com/george-soros-paid-al-gore-millions-to-lie-about-global-warming/

673a https://newspunch.com/george-soros-paid-al-gore-millions-to-lie-about-global-warming/

674 http://www.kaltesonne.de/?p=20772

675 https://europeanclimate.org/people/funders/

676 Eike / www.kaltesonne.de / Blog

677 http://www.kaltesonne.de/?p=20772, EIKE (Europ. Institut für Klima und Energie)

677a (http://www.kaltesonne.de/?p=20772).

678 https://de.wikipedia.org/w/index.php?title=Bill_%26_Melinda_Gates_Foundation&oldid=191718926

679 https://de.wikipedia.org/wiki/Zustiftung

680 https://de.wikipedia.org/w/index.php?title=Alliance_for_a_Green_Re-volution_in_Africa&oldid=187805258

681 http://derwaechter.net/so-tarnt-sich-kriminalitat-als-wohltatigkeit-wie-die-gates-stiftung-finanziell-von-impfstoffen-und-gmos-profitiert

682 https://co2-luege.blogspot.com/2010/03/bill-gates-impfungen-benut-zen-um-die.html

683 https://www.epochtimes.de/meinung/analyse/daniel-prinz-deckt-auf-bestandteile-von-menschlichen-foeten-glyphosat-anderen-kampfstof-fen-in-impfungen-offiziell-belegt-a2792339.html

684 https://www.naturalnews.com/029911_vaccines_bill_gates.html

685 https://de.sott.net/article/20509-Endlich-Bill-Gates-wird-von-indischen-Arzten-wegen-seiner-illegalen-Impfexperimente-an-Kindern-verklagt

686 https://www.klimadebat.dk/bill-gates-ind-i-klimakampen-med-atomkraft-rn961.php

687 https://edison.handelsblatt.com/erleben/bill-gates-milliarden-wette-aufs-klima/23896598.html

688 https://edison.handelsblatt.com/erleben/bill-gates-milliarden-wette-aufs-klima/23896598.html

689 Zum Zeitpunkt des Redaktionsschlusses für dieses Buch. https://www.welt.de/wirtschaft/article195013789/Greta-Thunberg-ist-beim-Friedensnobelpreis-haushohe-Favoritin.html

690 Zum Zeitpunkt des Druckes dieses Buches war sie dafür vorgeschlagen. https://www.welt.de/wirtschaft/article195013789/Greta-Thunberg-ist-beim-Friedensnobelpreis-haushohe-Favoritin.html

691 https://de.wikipedia.org/w/index.php?title=Spezial:Zitierhilfe&page=The_Climate_Reality_Project&id=188683073

692 https://www.genfound.org

693 https://www.spiegel.de/kultur/gesellschaft/aufklaerung-ueber-fake-news-correctiv-erhaelt-geld-von-george-soros-a-1141799.html

694 https://www.tagesschau.de/faktenfinder/george-soros-107.html

695 https://www.tagesschau.de/faktenfinder/george-soros-107.html

695a https://youtu.be/Zf0JOL-HTYQ, Kanal Brennpunkt Politik, „So nicht mehr Frau Roth! Stellungnahme zu Neverforgetniki"

696 https://www.epochtimes.de/politik/welt/google-programmierer-veroeffentlicht-fast-1-000-interne-dokumente-als-beleg-fuer-vorurteile-manipulation-und-zensur-a2972303.html

697 https://www.epochtimes.de/politik/welt/google-programmierer-veroeffentlicht-fast-1-000-interne-dokumente-als-beleg-fuer-vorurteile-manipulation-und-zensur-a2972303.html

698 @DrREpstein auf Twitter / oliverjanich.de, https://www.oliverjanich.de/klimabetrug-aufgeflogen-gericht-urteilt-gegen-klimapapst-michael-mann

699 Sabine Hinze/Michael Kent von Kent Depesche, Themenhefter CO_2-Betrug

700 https://en.wikipedia.org/w/index.php?title=Special:CiteThisPage&page=Michael_Oppenheimer&id=911662808

701 https://www.dirk-c-fleck.de/de/oekosophie/starker-tobak

702 https://www.myphilanthropedia.org/top-nonprofits/national/climate-change/2009/alliance-for-climate-protection

703 https://www.wri.org/blog/2019/07/10-breakthrough-technologies-can-help-feed-world-without-destroying-it

704 https://www.nrdc.org/issues/climate-change

705   https://www.wikizero.com/de/Natural_Resources_Defense_Council

706   https://www.duh.de/presse/pressemitteilungen/pressemitteilung/
deutsche-umwelthilfe-begruesst-ausfuehrliche-verhandlung-am-euro-
paeischen-gerichtshof-zur-durchsetzungen/

707   U.a.: https://m.bild.de/politik/inland/politik-inland/fahrverbote-
umwelthilfe-beantragt-zwangshaft-fuer-landesregierung-63798302.
bildMobile.html###wt_ref=android-app%3A%2F%2Forg.telegram.
messenger&wt_t=1565159308531

708   https://www.eike-klima-energie.eu/2014/09/26/woher-stammen-die-
gelder-der-european-science-foundation-ausschuss-des-us-senats-
beklagt-fragwuerdige-einflussnahme-durch-umweltaktivistischen-milli-
ardaersclub/

709   https://de.wikipedia.org/w/index.php?title=Spezial:Zitierhilfe&page=T
he_Climate_Reality_Project&id=188683073

710   Kent-Depesche Themenhefter Der CO_2-Betrug

711   https://en.wikipedia.org/w/index.php?title=Paulson_
Institute&oldid=894904038

712   https://www.focus.de/panorama/welt/topverdienst-nach-politik-al-
gore-verdient-75-millionen-euro-im-monat_aid_984951.html

713   https://www.eike-klima-energie.eu/2010/06/22/al-gore-macht-oder-
die-verquickung-von-geld-und-politik/

714   https://de.wikipedia.org/w/index.php?title=Al_Gore&oldid=191577637

715   https://www.welt.de/wirtschaft/article5292471/Al-Gore-erklaert-war-
um-sich-Klimaschutz-rechnet.html

716   https://carbonmarketwatch.org/wp-content/uploads/2017/02/FAQ-on-
cement-EU-ETS_DE_final.pdf

717   https://de.wikipedia.org/w/index.php?title=EU-
Emissionshandel&oldid=191117190

718   https://www.focus.de/wissen/klima/iae-global-energy-co2-status-
report-kohle-monster-usa-und-china-treiben-co2-ausstoss-auf-rekord-
niveau_id_10509461.html

719   https://www.deraktionaer.de/artikel/aktien/co2-zertifikate-schmutzi-
ges-geschaeft-starke-rendite-424020.html

720   https://www.aktien-kaufen.de/ratgeber/co2-zertifikate-kaufen/

721   https://www.express.de/koeln/-klima-wahnsinn--koelner-konrad-ade-
nauer-wettert-gegen-greta-thunberg-32881780

722   https://www.express.de/koeln/klima-kritik-im-express-koelner-adenau-
er-kriegt-lob-und-kritik---jetzt-reagiert-er-32913370

723   https://de.wikipedia.org/w/index.php?title=Kyoto-
Protokoll&oldid=189922110

724 https://de.wikipedia.org/w/index.php?title=%C3%9Cbereinkommen_
von_Paris&oldid=191961037

725 https://www.theglobeandmail.com/news/politics/canada-formally-aban-
dons-kyoto-protocol-on-climate-change/article4180809/

726 https://en.wikipedia.org/wiki/Rajendra_K._Pachauri

727 https://de.investing.com/news/general/afd-will-ausstieg-aus-allen-
klimaschutzabkommen-504226

728 http://www.freigeist-forum-tuebingen.de/2015/10/russland-nutztt-
freie-energie-und.html

729 https://www.legitim.ch/post/2018/11/20/omg-trump-enthüllt-freie-
energie-die-ersten-türme-für-die-drahtlose-stromversorgung-ste

730 https://www.legitim.ch/post/2018/11/20/omg-trump-enthüllt-freie-
energie-die-ersten-türme-für-die-drahtlose-stromversorgung-ste

731 https://www.youtube.com/watch?v=nWQTmfvnvb0

732 https://www.spiegel.de/politik/deutschland/klimapaket-der-
bundesregierung-versuch-eines-neustarts-a-1287576.html

733 https://www.bundesregierung.de/resource/blob/997532/1673502/768b
67ba939c098c994b71c0b7d6c636/2019-09-20-klimaschutzprogramm-
data.pdf?download=1

734 https://jungefreiheit.de/debatte/kommentar/2019/das-auspressen-geht-
weiter/

735 https://www.bundesregierung.de/breg-de/themen/klimaschutz/
klimaschutzziele-finanzieren-1672906

736 https://www.journalistenwatch.com/2019/09/22/das-klimapaket-
bundesregierung/

737 https://www.diw.de/de/diw_01.c.617690.de/themen_nachrichten/20_jahre_
oekosteuer_finanz_und_sozialpolitisch_top_umweltpolitisch_ein_flop.html

738 U. a. https://www.youtube.com/watch?v=F7OgcLbUjFw, ARD-Sommerinterview mit Annalena Baerbock

739 U. a. https://www.focus.de/politik/deutschland/bericht-aus-berlin-
das-weiss-ich-gar-nicht-gruenen-chef-blamiert-sich-in-ard-interview_
id_11172712.html, https://youtu.be/0wj_k_FuT1M, Harald Weygand,
„Wer erklärt Robert Habeck das mit der Pendlerpauschale?"

740 https://www.youtube.com/watch?v=VZaLDjhju_A&feature=youtu.be,
Oliver Flesch

741 https://de.wikipedia.org/wiki/Antifa

742 https://www.journalistenwatch.com/2019/09/27/martina-renner-die/

743 https://www.youtube.com/watch?v=Z_BZr98lpMs, Bewusst Aktuell 65,
Jo Conrad

744 https://www.blick.ch/news/schweiz/gotthard/bizarre-show-an-der-gott-
hard-eroeffnung-die-welt-wundert-sich-ueber-die-schweiz-id5104415.html

745 https://www.youtube.com/watch?v=t3moUYEKD_o, KANAL-Körnchen-beschleuniger, „Unglaublich! Alpenkult, Satanische Zeremonie? Gotthard Tunnel Eröffnungsfeier Teil1 (indoor komplett)

746 https://deutsch.rt.com/inland/92999-falsche-opfer-kabarettist-dieter-nuhr/

747 https://www.sr.de/sr/home/kultur/detlefschoenauer_letztes_programm100.html

748 https://www.psychotherapeutenjournal.de/blaetterkatalog/PTJ-3-2019/30/index.html#zoom=z, S 259

749 https://youtu.be/HaPWJ1sajuU, Kanal NuoViso.TV, „Labor des Todes"

749a https://help.change.org/s/impressum-kontakt?language=de

749b https://www.bundespressekonferenz.de/verein/der-verein

750 http://bewusst.tv/freidenk-for-future/

751 https://edison.handelsblatt.com/erleben/bill-gates-milliarden-wette-aufs-klima/23896598.html

W1 Prof. Horst Malberg ,Professor für Meterologie an der Universität Berlin „Klimawandel seit der kleinen Eiszeit". Axel Klitzke „globaler Klimawandel im Sonnensystem". (NuoViso TV)

W2 Cityvision,Coca Cola, youtube

W3 Moeller K-T, Schmidt A, Licht P, Hein A, Veitenhansel S, Wildt L (2003) Expiratorische CO2-Messung in der Zyklusüberwachung – ein einfacher und zuverlässiger Marker zur Bestimmung der fertilen 4 Tage. J Fertil Reprod 13: 7-12

W4 www.vulcanodiscovery.com

W5 EIKE – Europäisches Institut für Klima und Energie, www.eike-klima-energie.eu, Prof. Ewert. Klimakonferenz Dez. 2018 München

W 6 Isaac Asimov „Die exakten Geheimnisse unserer Welt". Taschenbuch 1988

W 7 William Engdahl im Freitag: „Vom Mythos der begrenzten Vorräte"

W 8 „Die ZEIT: „Ein kleiner Liter Öl auf großer Fahrt"

W 9 PT-Magazin: „Die Legende von Peak Oil"

W 10 Telepolis: „Öl und Gas aus dem Erdmantel?"

W 11 Die Welt: „Der unwahrscheinliche Traum vom ewigen Erdöl"

W 12 FAQ bei Oelschock.de

W 13 Interview mit Prof. Vladimir Kutcherov über Experimente zur Entstehung von Öl sowie eine Analyse des im Interview genannten Ölfeldes Romashkino bei wirtschaftsquerschuss.blogspot.com

W 14 https://www.duh.de/fileadmin/user_upload/download/Projektinformation/Verkehr/F-Gase/

nuoviso 04.09.2019 Fakten v.s Klimahysterie, connective.Events

W15 https://www.duh.de/fileadmin/user_upload/download/Projektinformati-
     on/Verkehr/F-Gase/

       nuoviso 04.09.2019 Fakten v.s Klmahysterie

       connectiv. Events

W16 https://advances.sciencemag.org/content/5/8/eaax1396; https://
     sciencefiles.org/2019/09/01/der-wald-stirbt-weil-die-temperatur-nicht-
     steigt-ein-weiterer-schlag-fur-klimawandel-hysteriker/

A1   „mehr wissen–besser leben", Themenhefter KLIMA, Kent-Depesche-
     Verlag/www.kent-depesche.com

Die Autoren

Alfred Dorn
... setzte sich als ehemaliger Betriebsrat eines Großkonzerns und als Heiler-, Fülle- und Bewusstseins-Trainer schon immer für das Wohlergehen und ein friedvolles Miteinander der Menschen untereinander und mit dem Planeten ein. Ihm wurde schon früh bewusst, dass in der Wirtschaft meist Gewinne, das Zufriedenstellen von Aktionären und das Einstreifen von Millionenzahlungen an Tantiemen mehr zählen, als der „bloße Kostenfaktor Mensch". Korruption in verschiedensten Bereichen mit mächtigen Strippenziehern im Hintergrund und das alles gezielt von den Medien unterstützt, hat ihn dazu bewogen, dieses Buch der Offenbarung vom Volk für das Volk zu schreiben. Je mehr Menschen dieses Wissen erreicht, desto mehr werden mutig und friedvoll aufstehen und sich im Miteinander für eine bessere Zukunft aller Lebewesen und unseres Planeten einsetzen, ist der Autor überzeugt.

Rosi Sonnenschein
... dient als Pseudonym für eine studierte Juristin und ehemalige Nachrichtenjournalistin in einer öffentlich-rechtlichen Medienanstalt. Die Autorin hat über mehrere Jahre hinweg tiefe Einblicke hinter die Kulissen von Politik und Macht erhalten. Je intensiver sie sich in den vergangenen Monaten und Jahren mit aktuellen Themen beschäftigte, desto mehr Missstände wurden für sie offensichtlich. Es ist jetzt an der Zeit, um im Miteinander diesen Planeten wieder lebenswert für alle Menschen, Tiere und Pflanzen zu machen – die Autorin will unter anderem mit diesem Buch einen Beitrag dazu leisten.

Frieda Wolkenlos
... steht als Pseudonym für eine Frau, die 1968 in der damaligen DDR geboren wurde. Ihre Eltern haben durch den diktatorischen Kommunismus ihre Existenz-Grundlage, eine Firma mit 200 Angestellten, durch Enteignung verloren. Die Autorin musste sich dann in der BRD ab ihrem 14. Lebensjahr alles selbst erarbeiten, da der Familie das Geld fehlte. Sie absolvierte die Meisterprüfung als staatl. geprüfte Technikerin für Landbau und studierte klinische Embryologie mit dem Abschluss „Master of Science". Seit 1990 arbeitet sie in verschiedenen medizinischen Universitäten, Privatpraxen, Kliniken und Laboren und weiß auch aus ihrem beruflichen Alltag, dass es den menschengemachten, CO_2-verursachten Klimawandel nicht geben kann. Frieda Wolkenlos will mit diesem Buch die Jugend über völlig normale biologische Abläufe aufklären und die Menschen wachrütteln, dass hinter dem vermeintlichen Kampf für das Klima etwas ganz anderes steckt.

Oronos Stiftung
Bewege Gutes,
verschenke Glück

Mit dieser Motivation haben wir die Oronos Stiftung am 05.07.2018 gegründet. Wir, das sind Marianne Amsler aus der Schweiz, Stefan Sieberer aus Österreich und Eva Hemm aus Deutschland, als Stiftungsrat. Und dem Oronos Verein, als Förderverein der Oronos Stiftung. Es ist uns gelungen, innerhalb von fünf Monaten, dieses Manifest sichtbar werden zu lassen. Die Oronos Stiftung ist eine internationale gemeinnützige Stiftung mit Sitz in der Schweiz. Sie ist politisch und religiös neutral und verfolgt keine kommerziellen Zwecke. Mit dieser Stiftung werden wir weltweit 194 Friedenszentren errichten, die den Menschen, Tieren und Pflanzen, aber ganz besonders den Kindern eine gesunde, glückliche und friedvolle Zukunft ermöglichen.

Eine Zukunft, in der wir Menschen lernen in Gemeinschaft und Miteinander zu leben, mit der Natur, den Tieren und Pflanzen. Diese Friedenszentren geben uns den Raum die Liebe, Geborgenheit und den Respekt zu uns selbst und unserem Leben zu erfahren. Durch neues Wissen bekommt jeder Mensch die Möglichkeit, sich aus den bestehenden Abhängigkeiten zu befreien und neue ganzheitliche Lebensformen zu entwickeln.
Das Wissen für die Heilung der DNA der Menschen, Tiere und Pflanzen wird in verschiedenen Ausbildungen in den Friedenszentren gelehrt.

Es wird neue Schulformen geben, in denen die Kinder in lebendiger und kreativer Weise, das neue Wissen über die Erde und das Leben erfahren und in ihren persönlichen Fähigkeiten gefördert werden. Wir helfen Straßenkindern eine Zukunft zu geben in Kinderhäusern direkt vor Ort.
Der Oronos Stiftung geht es um die Völkerverständigung und das Stabilisieren der Völker zum Frieden und zur Gerechtigkeit weltweit. Und das auf der Grundlage, dass jedem Menschen sauberes Wasser, saubere Luft und gesunde Nahrungsmittel bereitgestellt werden.
Wir werden Friedensfeste feiern, Missstände aufdecken und in vertrauensvoller Kommunikation gemeinsam Lösungen finden und Miteinander eine Welt des Friedens und des Glücks erschaffen.
Wir freuen uns über jeden Menschen, der in sich den Ruf hört:
Bewege Gutes, verschenke Glück

Adresse: Oronos Stiftung, C/O Betschart Treuhand, Kapuzienerweg 16CH-6460 Altdorf
Tel: 0041 (0) 79 80699 99 email: praesidentin@oronos-stiftung.ch

Oronos Verein
Gestalte die Zukunft
von Mutter Erde
aktiv mit!

Der ORONOSVEREIN bewegt Gutes in eine lebendige glückliche Zukunft für alle Menschen, Tiere und Pflanzen.

EINE ERDE – EINE VISION
Eine Zukunft, in der die Menschen in Frieden und im liebevollen Miteinander mit allen Lebewesen und Mutter Erde leben, die Tiere sich frei bewegen, die Kinder im Vertrauen und in Geborgenheit aufwachsen. Eine Zukunft, in der die Saaten geschützt sind, das Wasser und die Luft sauber sind und alle Kinder, alle Menschen, alle Tiere satt sind.

Der ORONOS VEREIN wurde 2016 gegründet und ist offen für alle Menschen, die etwas für die Erde und unsere friedvolle geniale Zukunft tun möchten. Es werden viele öffentliche Termine für Menschen angeboten, die diese Vision kennen lernen, erfahren und umsetzen möchten. Es gibt auch wundervolle Seminare mit den Meistern, die nur für Vereinsmitglieder und Geistchirurgen sind.

Im ORONOS VEREIN erfährst du das Miteinander und was es heisst, mit Liebe die Welt zu verändern.

Der ORONOS VEREIN ist der Förderverein der internationalen gemeinnützigen ORONOS STIFTUNG, welche am 5.7.2018 in der Schweiz gegründet wurde. **Sei dabei, wir freuen uns auf dich!!**

Anmeldung & Infos - länderübergreifend- Marianne Amsler,
Käppelistrasse 24
4600 Olten, Schweiz
info@oronosverein.ch

oder Tel. 0041 (0) 79 354 99 99

www.oronosverein.ch

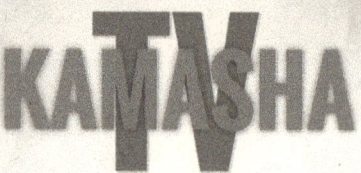

KAMASHA TV

Eine neue Ära des Kochens beginnt mit Natara® und den Meistern bei Kamasha-TV!

GIB DER NATUR
EINE CHANCE

Sei dabei und erfahre welche energetischen Kräfte sich in den Nahrungsmitteln und Früchten entfalten können, durch spezielle Schnitt-Techniken und Zubereitungsarten, für die Lebendigkeit, Gesundheit und Präsenz im Körper.

Veranstaltungsort:
Morgensternhaus, Gerloser Weg 70, Tel. +49661/25181-070
info@morgensternhaus.eu
7 km vom 3 G Kompetenzzentrum entfernt auch mit
Übernachtungsmöglichkeiten

- ♥ 01. März 2020
- ♥ 17. Mai 2020
- ♥ 06. September 2020
- ♥ 15. November 2020

Die Anmeldung erfolgt ausschließlich über Kamasha-TV.

Du kannst dich
direkt einloggen
über Kamasha-TV
– egal wo du bist!

www.Nataras-welt.de